汽车新技术系列教材

电控柴油发动机结构原理与维修

中国劳动社会保障出版社

图书在版编目(CIP)数据

电控柴油发动机结构原理与维修/杨庆彪主编. —北京：中国劳动社会保障出版社，2010
汽车新技术系列教材
ISBN 978-7-5045-8081-8

Ⅰ.电… Ⅱ.杨… Ⅲ.①汽车-电子控制-柴油机-结构②汽车-电子控制-柴油机-车辆修理 Ⅳ.U464.172.03 U472.43

中国版本图书馆 CIP 数据核字(2010)第 005049 号

中国劳动社会保障出版社出版发行
(北京市惠新东街 1 号 邮政编码：100029)
出 版 人:张梦欣

*

北京北苑印刷有限责任公司印刷装订 新华书店经销
787 毫米×1092 毫米 16 开本 25.5 印张 585 千字
2010 年 1 月第 1 版 2016 年 1 月第 8 次印刷
定价：45.00 元
读者服务部电话:(010) 64929211/64921644/84626437
营销部电话:(010) 64961894
出版社网址：http：//www.class.com.cn

前言

随着汽车工业的发展，汽车电子技术、新能源技术以及检测与维修技术逐渐成为汽车技术发展的热点。自20世纪50年代汽车技术与电子技术开始结合以来，电子技术在汽车工业中的应用范围越来越广，尤其是近十年，电子技术在汽车工业中迅速发展，汽车电子控制系统提高了汽车的动力性、经济性、安全性、舒适性。在汽车新能源方面，随着世界能源危机和环保问题日益突出，世界各大汽车公司纷纷致力于开发新能源与新燃料汽车，近几年柴油电控发动机和混合动力车辆已经大批量面世，新能源汽车获得了长足发展。随着汽车技术的发展，特别是电子技术、计算机技术在汽车上的应用，汽车故障诊断从传统的听、看、闻等经验诊断方式，向以集成化、智能化的诊断设备为手段，以信息技术为依托的现代汽车故障诊断技术发展。

面对汽车新电器、新能源及诊断维修技术三方面的迅猛发展，传统教材已经无法满足培养技术、维修人员的实际需求。在汽车新电器培训教材之后我们组织开发了汽车新能源培训教材，包括《电控柴油发动机结构原理与维修》《混合动力汽车结构原理与维修》《汽油直喷发动机结构与检修》三本，以后还要陆续开发汽车诊断维修培训教材等。

随着新能源车辆的不断增多，国内的很多从业人员意识到要抓紧时间学习新能源的相关内容，而国内关于新能源发动机的维修参考资料还很少，能够直接利用到修车的资料就更加少了，编写此套书的目的主要是为了把新能源发动机的维修知识进行透彻讲解，为从业人员提供良好的学习材料，为维修人员提供及时的资料信息，以便能解决实际故障。

本系列培训教材适合汽车维修从业人员培训使用，尤其适合作为汽车技术培训高级班学生用教材，也可作为职业院校教师参考用书。

人力资源和社会保障部教材办公室

简介

20世纪90年代初，欧洲的汽车厂家开展了广泛的柴油轿车研发工作，产品推出之后其优势很快获得了消费者的认同。在很多知名汽车生产厂家的产品序列当中，柴油轿车已经相当普及，新一代柴油电脑控制发动机轿车的二氧化碳排放比汽油轿车减少30%~45%，节能25%~30%。因此从燃油方面来说，特别从燃油的成本上来说，柴油机有明显的优势。

本书主要包括两部分，第一部分主要讲解柴油电喷发动机维修的基础知识和必备知识；第二部分是对国内常见的几款柴油电喷发动机进行详细的讲解，如福田、捷达、奥迪A6、双龙爱腾等发动机。

本书注重图文结合，对内容进行了充分生动的讲解，采用大量各车型的位置图、结构图、原理图、电路图，配合必要的文字进行讲解，对各系统进行充分描述。

本书先讲述系统组成、元件位置、元件结构与工作原理，再讲述系统的工作过程、电路控制与电路分析，要求读者在懂结构原理的基础上再进一步深化学习，引导读者对各系统进行充分必要的认识。

本书由杨庆彪主编；付亚军、杨兆春、郭庆林、蒋万岭、高仲兰、史学芝、张素梅、杨光、段志东、刘秀丽、郭涛、祖影春、杨庆魁、杨露、杨颖华、刘志国、郭婕、宁建涛、顾金兰、张贺平、张涛参与编写；郭涛主审。

目录

CONTENTS

上　篇

基础篇

第一章 柴油发动机概述

第一节 柴油发动机的发展过程

一、柴油发动机的发展历程

自从1886年德国人卡尔·本茨发明了世界上第一辆汽车后，至今虽然只有一百多年的历史，但是汽车技术发展日新月异，各种能源、各种品牌、各种排量的汽车层出不穷。第一辆汽车实物如图1—1—1所示。

图1—1—1　世界上第一辆汽车实物

1892年，第一辆汽车发明不久，德国人鲁道夫·狄塞尔发明了世界上第一款柴油发动机，从此，世界上有了一款以他的名字“DIESEL”命名的发动机，这款发动机在发明以后得到了非常广泛的应用，狄塞尔发明的柴油发动机实物如图1—1—2所示。

图1—1—2　狄塞尔发明的柴油发动机实物

狄塞尔先生于 1893 年 2 月 23 日获得柴油发动机的发明专利证书，其证书实物如图 1—1—3所示。

1897 年，狄塞尔制造了第一台四冲程式柴油发动机，其热效率为 26%，如图 1—1—4 所示。

图 1—1—3　柴油发动机的发明专利证书

图 1—1—4　第一台四冲程式柴油发动机实物

1898 年，柴油发动机开始应用在汽车上。

1923 年，奔驰公司生产了第一辆柴油发动机卡车，装备 36.75 kW（50 马力）发动机，载质量 5 t。

1936 年，世界上第一辆柴油发动机轿车奔驰 260D 制造成功。

1976 年，德国大众汽车开始批量生产 1.5 L 自然吸气涡流室式柴油发动机，安装在第一代高尔夫轿车上，如图 1—1—5 所示。

图 1—1—5　第一代高尔夫轿车

1989 年，大众高尔夫柴油轿车荣获“低排放车”的称号。

1989 年，大众第一台 5 缸 88 kW（90 kW/265 N · m）TDI 发动机，采用喷油压力达 90 MPa的径向柱塞喷油泵。

1991 年，4 缸 66 kW（67 kW/182 N · m）TDI 发动机，采用喷油压力达 95 MPa 的径向柱塞喷油泵。

1993 年，装于 Audi ASF 概念车上的 V8 - TDI 发动机在法兰克福国际车展亮相。使用 TDI 发动机比汽油发动机节油 25% ~30%，噪声比 SDI 发动机小。

1994 年，所有奥迪 TDI 发动机均满足欧Ⅱ排放法规。5 缸 103 kW（104 kW/290 N · m）TDI 发动机采用喷油压力达 100 MPa 的径向柱塞喷油泵。

1995 年，对 TDI 发动机采用可变喷嘴截面的涡轮增压技术，采用喷油压力达 110 MPa 的径向柱塞喷油泵及可变进气几何截面（VTG）的涡轮增压器，提高了 TDI 发动机的适应性，1. 9 L 由 67 kW 提高到了 82 kW。

1997 年，世界上轿车首次采用 110 kW（112 kW/310 N · m），带喷油压力达 150 MPa 的径向柱塞喷油泵及可变进气几何截面（VTG）涡轮增压器的 V6 - TDI 发动机。TDI 发动机首次采用 4 气阀技术。

1998 年，出现了 TDI - PD 泵喷嘴形式的柴油发动机，且燃油在主喷射开始之前有少量的预喷，达到了高性能柴油发动机平稳燃烧的理想状态。

1999 年，经济环保 3 L 路波轿车作为世界上第一辆排放达到欧 4 标准的柴油轿车，80 天环球 33 333 km，平均油耗 2. 38 L/100 km，如图 1—1—6 所示。

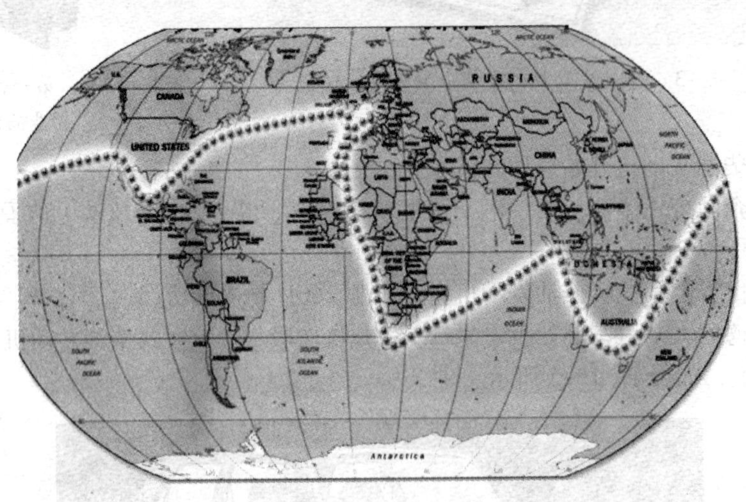

图 1—1—6　3 L 路波环游世界图

2001 年，大众生产新型 1.9 L 泵喷嘴形式的 TDI 发动机，功率 110 kW，如图 1—1—7 所示。

图 1—1—7　TDI 发动机

2003 年，大众轿车生产了 1.4 L 泵喷嘴形式的 TDI 发动机，功率 74 kW，2.5 L 泵喷嘴形式的 TDI 发动机，功率 128 kW，以及 2.0 L 泵喷嘴形式的 TDI 发动机，功率 100 kW。

二、柴油发动机在主流车型上的应用现状

20 世纪 90 年代初，各大汽车厂家广泛开展了柴油轿车研发工作，德国博世公司，美国通用公司的底特律柴油机公司、Stanadye 公司，日本 Zexel 公司都有自己的产品投放市场。产品推出之后，很快获得了消费者的认同，柴油轿车占轿车总产量的比例达到了 20%，而 1998 年至 2002 年，这一比例从 24.8% 攀升至 40.3%，2004 年，柴油轿车所占比例已超过 45%。在很多知名汽车生产厂家的产品序列当中，柴油轿车已经相当普及，以德国大众公司为例，目前几乎所有品牌的轿车都可以提供柴油发动机的选择，大众高尔夫 TDI、捷达 1.9GDX、宝来 1.9TDI、大众全新途锐 V10TDI、帕萨特 1.8 LTDI、BORA1.9 L SDI、欧宝、雅阁、奥迪 A4 新款 TT、奥迪 A6 2.5TDI、奔驰、宝马、雷诺、沃尔沃等品牌都有采用柴油发动机的车型。2006 年欧洲新上牌的车辆中，柴油发动机占 40% 左右，预计到 2012 年将上升至 53%。

1. 博士（BOSCH）公司柴油喷射系统

如图 1—1—8 所示，博士柴油喷射系统有多种供油系统，使用了多种燃油泵：PF 是单活塞喷射泵，M、MW、A、P、ZWM、CW 等几种泵都是多活塞直列喷射泵，按顺序其尺寸越来越大，VE 是轴向分配泵，VR 是径向分配泵，UPS 是单元泵系统，UIS 是泵喷射系统，CR 是燃油喷射共轨系统。

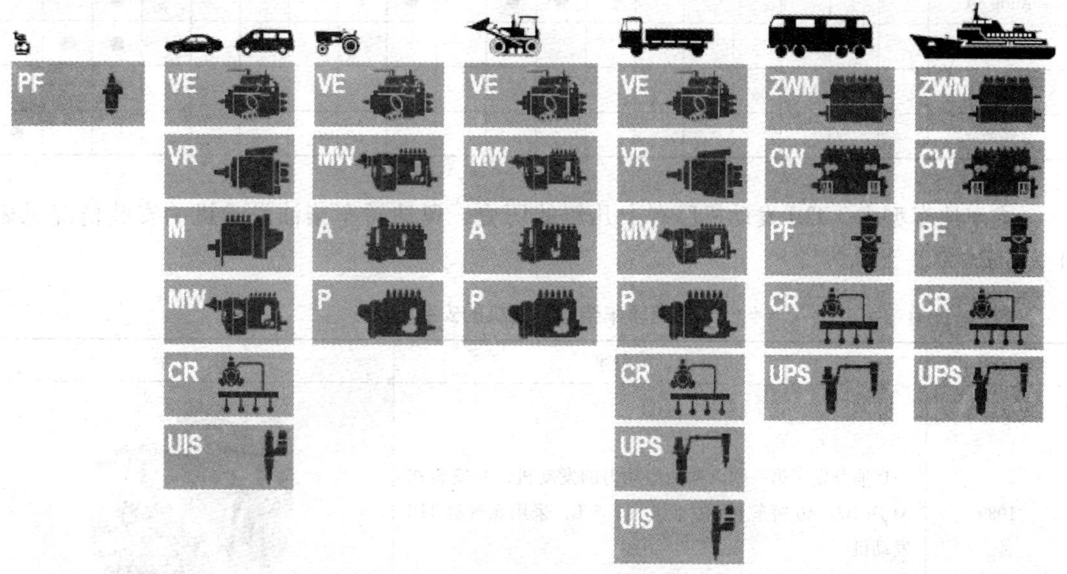

图 1—1—8　BOSCH 供油系统

2. 大众与奥迪车系柴油发动机的应用

目前，大众轿车很多车型都安装了柴油发动机，柴油发动机的安装情况见表1—1—1。

表1—1—1　　大众轿车柴油发动机安装情况

排量/L	1.2	1.4	1.7	1.9	1.9	1.9	1.9	1.9	1.9	1.9	1.9	1.9	1.9	1.9	2.4	2.5	2.5	2.5	5.0
功率/kW	44	55	44	47	47	50	55	55	66	74	81	85	96	110	57	75	110	133	230
车型	TDI	TDI	SDI	SD	SDI	SDI	TD	TDI	TDI	TDI	TDI	TDI	TDI	TDI	SD	TDI	TDI	TDI	TDI
捷达A2					●														
Arosa		●	●																
路波	●	●	●																
波罗		●	●	●	●				●										
Caddy				●	●				●										
Vento				●	●		●		●		●								
Golf A3				●	●		●		●		●								
Golf A4						●			●	●	●		●	●					
Bora A4						●			●	●	●		●	●					
Audi A3									●		●								
Skoda Oktavia						●			●		●								
帕萨特								●	●		●	●							
夏朗									●		●						●		
Caravalle							●								●	●		●	
Audi A4								●	●		●						●		
Audi A6																	●	●	
Audi A8																	●		
辉腾																			●

在奥迪车型中，TDI发动机已有十几年的历史，奥迪轿车柴油发动机的安装情况见表1—1—2。

表1—1—2　　奥迪轿车柴油发动机的安装情况

年份	TDI发动机概述	图　示
1989	奥迪开发了第一款以柴油为动力的发动机，并安装在AUDI 100/A6轿车上，发动机为2.5 L，采用5气缸TDI发动机	

续表

年份	TDI 发动机概述	图　示
1991	奥迪开发了 1.9 L 直列 4 缸柴油发动机，采用 TDI 涡轮增压柴油直喷式，并安装在 AUDI80 轿车上	
1995	奥迪在原有柴油发动机的基础上开发了 1.9 L 增强型 TDI 柴油发动机，是第一款具备可变流量涡轮增压型柴油发动机。截至 1995 年，大众共生产 250 000 台 TDI 发动机	
1997	1997 年是奥迪轿车柴油发动机发展的一个里程碑，因为奥迪开发了一款 V 型 6 缸 4 气门 TDI 发动机，这款发动机是当时动力最强劲的 TDI 发动机	
1999	奥迪开发了 V 型 8 缸 TDI 发动机，排量为 3.3 L，这款发动机具备非常优秀的燃油经济性和低排放性能	
2004	奥迪 A6 上采用了共轨喷射系统的 3.0 L TDI 发动机，该发动机是奥迪公司新一代 V 型发动机，这种发动机结构紧凑，总质量约 220 kg，堪称当时最轻巧的 V6 柴油发动机	

奔驰车型从重型卡车到高档轿车都应用了很多柴油电控发动机，表1—1—3列出了安装柴油电控发动机的奔驰车型，表1—1—4列出了奔驰E系轿车使用柴油发动机的情况。

表1—1—3　　安装柴油电控发动机的奔驰车型

车　型	发动机形式	底盘形式
C200CDI	611 柴油发动机	W202 底盘
C200CDI	611 柴油发动机	W203 底盘
C220CDI	611 柴油发动机	W202 底盘
C220CDI	611 柴油发动机	W203 底盘
C270CDI	612 柴油发动机	W203 底盘
C320CDI	642 柴油发动机	W203 底盘
C320CDI	642 柴油发动机	W204 底盘
E200CDI	611 柴油发动机	W210 底盘
E220CDI	611 柴油发动机	W210 底盘
E270CDI	612 柴油发动机	W210 底盘
E280CDI	642 柴油发动机	W211 底盘
E320CDI	613 柴油发动机	W210 底盘
E320CDI	642 柴油发动机	W211 底盘
E400CDI	628 柴油发动机	W211 底盘
E420CDI	629 柴油发动机	W211 底盘
S320CDI	648 柴油发动机	W220 底盘
S320CDI	642 柴油发动机	W221 底盘
S400CDI	628 柴油发动机	W220 底盘
S420CDI	629 柴油发动机	W221 底盘

表1—1—4　　奔驰E系轿车使用柴油发动机情况

车型	E220 CDI	E270 CDI	E200 CDI	E320 CDI	E400CDI
上市时间	2002年3月	2002年3月	2002年9月	2002年9月	2003年3月
气缸形式	R4	R5	R4	V6	V8
每缸气门数	4	4	4	4	4
排量/mL	2 148	2 685	2 148	3 222	3 996
压缩比	18	18	18	18	18.5
输出功率/（$kW/r\cdot min^{-1}$）	110/4 200	130/4 200	90/4 200	150/4 200	185/4 000
转矩/（$N\cdot m/r\cdot min^{-1}$）	340/2 000	400/1 800	270/1 400	500/1 800	560/1 700
废气排放	EURO 3				

三、柴油发动机的发展趋势

1. 高的喷射压力

为满足排放法规要求，喷射压力从最初的 100 MPa 升高到 120 MPa 直到 200 MPa。高喷射压力可明显改善燃油和空气的混合效果，从而降低烟（颗粒）排放。高喷射压力还可大大缩短着火延迟期。如果减少先期着火时喷入的燃油量，再与推迟喷射正时相结合，能显著降低 NO_x的排放。

2. 独立的喷射压力控制

一般的喷油泵—高压油管—喷油器系统，其喷射压力与柴油发动机负荷有关。这种特性对于低转速、部分负荷条件下的燃油经济性和烟度不利。如果按照这种特性，那么标定转速、标定工况下的喷射压力会过高，系统的机械应力太高。为保证柴油发动机在低速、部分负荷工况下形成混合气所需要的足够能量，系统应具有不依赖于转速和负荷的喷射压力控制能力，这样就可采用选择最合适的喷射压力的办法来使喷射持续期、着火延迟期最佳化，使柴油发动机在各种工况下，NO_x和烟度最低而经济性最优。

3. 改善柴油发动机燃油经济性

用户对柴油发动机的燃油消耗率始终十分关心。必须对燃油系统采取各种措施来实现低燃油消耗率这一要求。高喷射压力、独立于转速和负荷的喷射压力控制、小喷孔、平均喷油压力与峰值压力之比值尽量大，以及尽可能地把产生于喷射持续期结束时的燃油系统内部压力能部分地转化为驱动链的能量等，都是实现这一要求的措施。

4. 独立的喷射正时控制

众所周知，喷射正时直接影响着在柴油发动机上止点前喷入气缸的油量，因而决定着气缸的峰值爆发压力和最高温度。一般来说，高的气缸压力和温度，可以改善柴油发动机的经济性，但会导致 NO_x增加。因此不依赖于转速和负荷的喷射正时控制能力，是在燃油消耗率和排放之间实现最佳组合的关键措施。

5. 可变的预喷射控制能力

预喷射可以降低颗粒排放，而又不增加 NO_x的排放，也可改善柴油发动机冷启动性能，降低柴油发动机在冷态工况下白烟的排放。预喷射还可降低噪声，改善低速转矩。但是预喷射量、预喷射与主喷射之间的时间间隔在不同工况下的要求是不一样的。因此具有可变的预喷射控制能力对柴油发动机的性能和排放十分有利。

6. 最小油量的控制能力

燃油系统具有高喷射压力的能力往往与柴油发动机怠速所需要的小油量控制能力发生矛

盾。燃油系统具有预喷射能力后将会使控制小油量的能力进一步降低。但是燃油系统又必须具备能控制最小怠速稳定油量一半的要求。对于重型车来说，这种控制能力要求达到稳定最小供油量水平为 12 mm^3/循环。

7. 快速断油能力

喷射结束时，必须快速断油。要求在结束喷射时仍然处于较高喷射压力条件下，使燃油和空气的混合始终很好，直到燃烧结束。如果不能快速断油，那么在低压力下喷射的燃油就会因燃烧不充分而冒烟，增加 HC 的排放。

8. 降低驱动转矩冲击载荷

燃油喷射系统在很高的压力下工作，既增加了驱动系统所需要的平均转矩，也增加了转矩的冲击载荷。因此，燃油喷射系统对驱动系统是否具有平稳地加载和卸载的能力，是衡量喷射系统的标准。

第二节 柴油发动机的工作原理

一、柴油发动机的工作行程

柴油发动机的工作过程其实跟汽油发动机一样，每个工作循环也经历进气、压缩、作功、排气四个行程，如图 1—2—1 所示。但由于柴油发动机用的燃料是柴油，其黏度比汽油大，不易蒸发，而其自燃温度却较汽油低，因此可燃混合气的形成及点火方式都与汽油发动机不同。

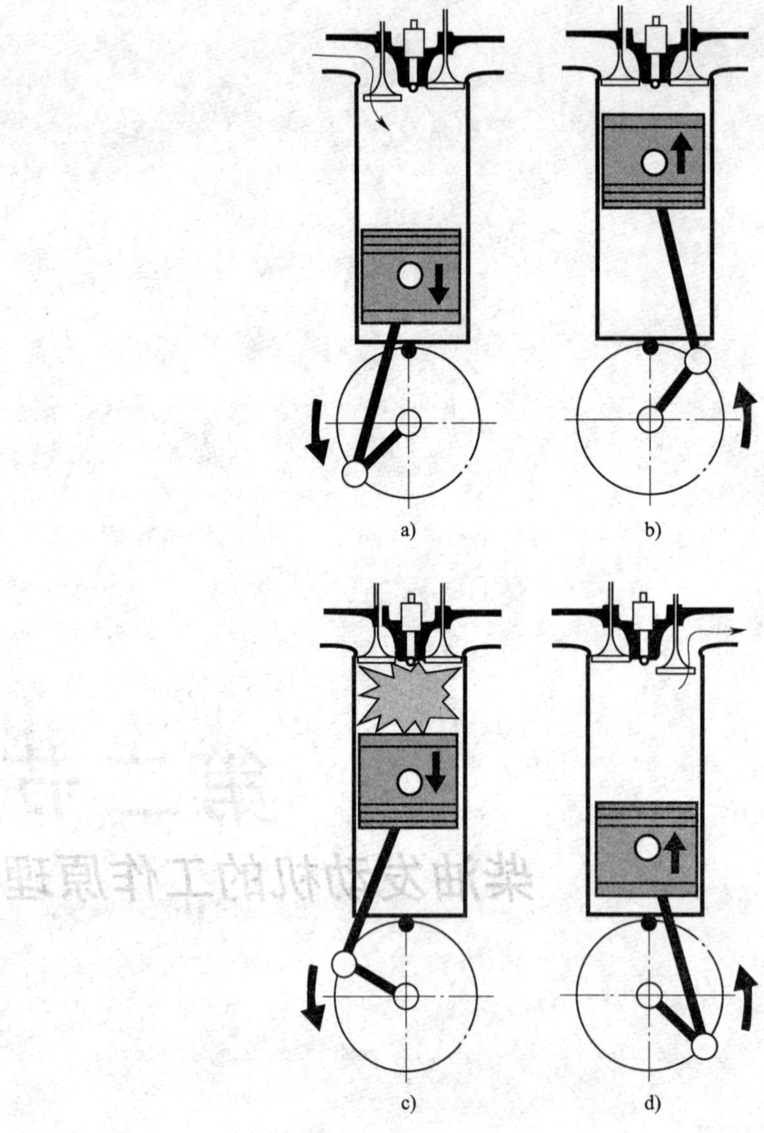

图 1—2—1　柴油发动机四行程工作过程

a）进气　b）压缩　c）作功　d）排气

柴油发动机在进气行程中吸入的是纯空气。在压缩行程接近终了时，柴油经喷油泵将油压提高到 10 MPa 以上，通过喷油器喷入气缸，在很短的时间内与压缩后的高温空气混合，形成可燃混合气。由于柴油发动机压缩比高（一般为 16 ~ 22），所以压缩终了时气缸内的空气压力可达 3.5 ~ 4.5 MPa，同时温度高达 750 ~ 1 000 K（而汽油发动机在此时的混合气压力为 0.6 ~ 1.2 MPa，温度为 600 ~ 700 K），大大超过了柴油的自燃温度。因此柴油在喷入气缸后，在很短的时间内与空气混合后便立即自行发火燃烧。气缸内的气压急速上升到 6 ~ 9 MPa，温度也升到 2 000 ~ 2 500 K。在高压气体的推动下，活塞向下运动并带动曲轴旋转而作功，废气同样经排气管排入大气中。

二、可燃混合气的形成

柴油的燃烧过程分为备燃期、速燃期（压力最高点为 6 ~ 9 MPa）、缓燃期和后燃期四个过程。

1. 备燃期

时间为从喷油开始到开始着火燃烧为止。喷入气缸中的雾状柴油并不能马上着火燃烧，气缸内的气体温度，虽然已高于柴油的自燃点，但柴油的温度还不能马上升高到自燃点，要经过一段物理和化学的准备过程。也就是说，柴油在高温空气的影响下，吸收热量，温度升高，逐层蒸发而形成油气，向四周扩散并与空气均匀混合（物理变化）。

随着柴油温度的升高，少量的柴油分子首先分解，并与空气中的氧分子进行化学反应，具备着火条件而着火，形成火源中心，为燃烧做好准备。这一过程很短，仅为 0.000 7 ~ 0.003 s。

2. 速燃期

从燃烧开始到气缸内的压力达到最大时为止。这个阶段，火源中心已经形成，已准备好的混合气迅速燃烧，在这一阶段，由于喷入的柴油几乎同时着火燃烧，而且是在活塞接近上止点，气缸工作容积很小的情况下进行燃烧的，因此，气缸内的压力 p 迅速增加，温度升高很快。

3. 缓燃期

这一阶段喷油器继续喷油，燃烧室内的温度和压力都很高，柴油的物理和化学准备时间很短，几乎是边喷射边燃烧。但因为气缸中氧气减少，废气增多，燃烧速度逐渐减慢，气缸容积增大，所以气缸内的压力略有下降，温度达到最高值，这时，通常喷油器已结束喷油。

4. 后燃期

后燃期是缓燃期以后的燃烧，这一时期，虽然不喷油，但仍有一少部分柴油没有燃烧完，它们随着活塞下行继续燃烧。后燃期没有明显的界限，有时甚至延长到排气冲程还在燃烧。后燃期放出的热量不能充分利用来作功，很大一部分热量将通过缸壁散至冷却液中，或随废气排出，使发动机过热，排气温度升高，造成发动机动力性下降，经济性下降。因此，要尽可能地缩短后燃期。

普通柴油发动机的燃油供给系统由发动机凸轮轴驱动，借助于高压泵将柴油输送到各缸燃烧室。这种供油方式要随发动机转速的变化而变化，做不到在各种转速下均具有最佳供油量。而现在越来越普遍采用的电控柴油发动机的共轨喷射式系统可以较好地解决这个问题。

近年来，柴油发动机的关键技术都有很多突破性的发展。燃油喷射系统是影响燃烧过程的重要因素，高压直喷系统和共轨系统都使柴油发动机的燃油经济性和排放性能有很大改善。废气再循环和催化器改善了柴油发动机的各项排放。发动机管理系统对喷油和进气过程进行综合控制，保证发动机能够在保持良好的动力性的基础上，燃油经济性和排放性能都达到最优，同时降低了振动和噪声。

第一章 柴油发动机概述

第三节 柴油发动机的工作特点

一、柴油发动机与汽油发动机的不同

1. 燃油不同

汽油在常压下的闪点为－20℃，燃点为427℃左右。柴油在常压下的闪点为45℃，燃点接近220℃，但柴油的挥发性不强，不易起火燃烧，存储和使用时遇到明火不易点燃，引起火灾；所以柴油轿车在使用、保养、维修时要比汽油轿车安全得多。

2. 点火方式不同

汽油发动机采用点燃式，即在每个气缸中都设置了一个火花塞，在作功冲程前由火花塞点燃；柴油发动机采用压燃式，在气缸中没有安装火花塞，柴油在压缩状态下以自燃方式点火，如图1—3—1所示。

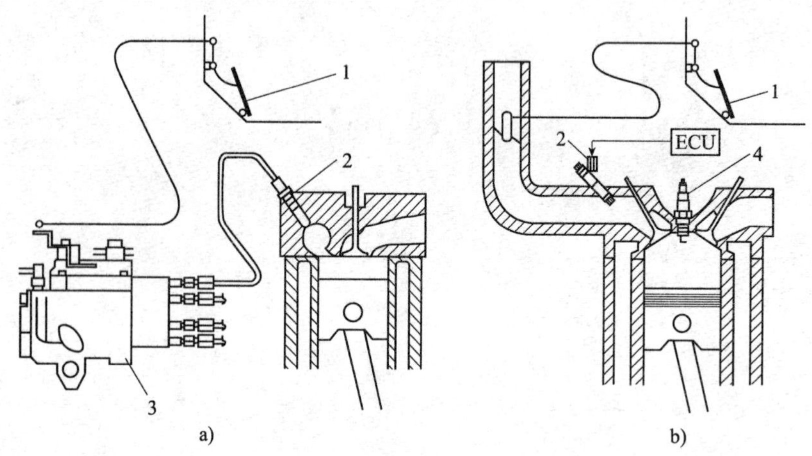

图1—3—1　柴油发动机和汽油发动机点火方式的不同

a）柴油发动机　b）汽油发动机

1—加速踏板　2—喷油器　3—喷射泵　4—火花塞

此外，柴油发动机的供油方式、混合气形成时间以及所需要的过量空气系数等均与汽油发动机不同。

柴油发动机和汽油发动机特征参数对比见表1—3—1。

表1—3—1　　柴油发动机与汽油发动机特征参数比较表

	汽油发动机	柴油发动机
压缩比	(6～11):1	(21～30):1
压缩压力/MPa	1.1～1.8	3～6
压缩温度/℃	400～600	700～900
燃烧最高压力/MPa	4～6	6.5～9

续表

	汽油发动机	柴油发动机
全负荷排气温度/℃	700～1 000	500～600
转速（平均值）/（r/min）	5 000～6 000	4 000
低速转矩	小	大
升功率/（kW/L）	高	低
总效率（%）	15～30	25～40
点火方式	外部点火	自燃

二、柴油发动机的优点

1. 较低的油耗

柴油发动机的燃油消耗比汽油发动机低 30% 左右，并具有较低的燃油价格，经济性好。

2. 没有点火系

油路系统机件精密，故障相对减少，工作可靠性高。

3. 排放污染物少

利于环保，直喷柴油发动机燃烧效率通常高于 40%，而汽油发动机仅为 30% 左右。尾气排放对温室效应影响小，但易产生碳烟。汽油发动机与柴油发动机排放对比如图 1—3—2 所示。近几年，对柴油发动机与汽油发动机的排放要求越来越严格，相继实行了欧洲 EU Ⅱ、Ⅲ、Ⅳ标准，其排放标准如图 1—3—3 所示。

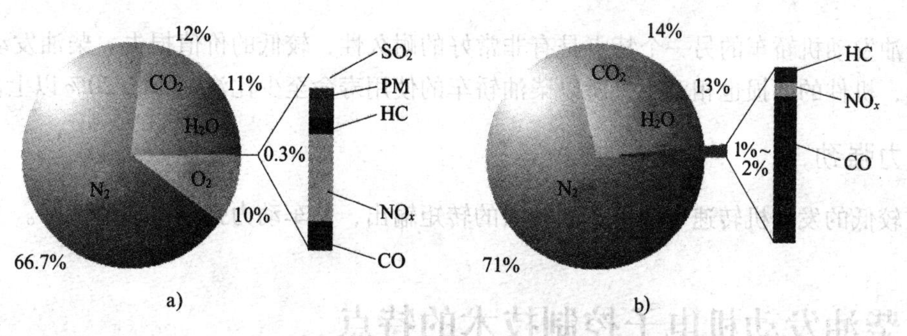

图 1—3—2　柴油发动机与汽油发动机排放对比图

a）柴油发动机的排放　b）汽油发动机的排放

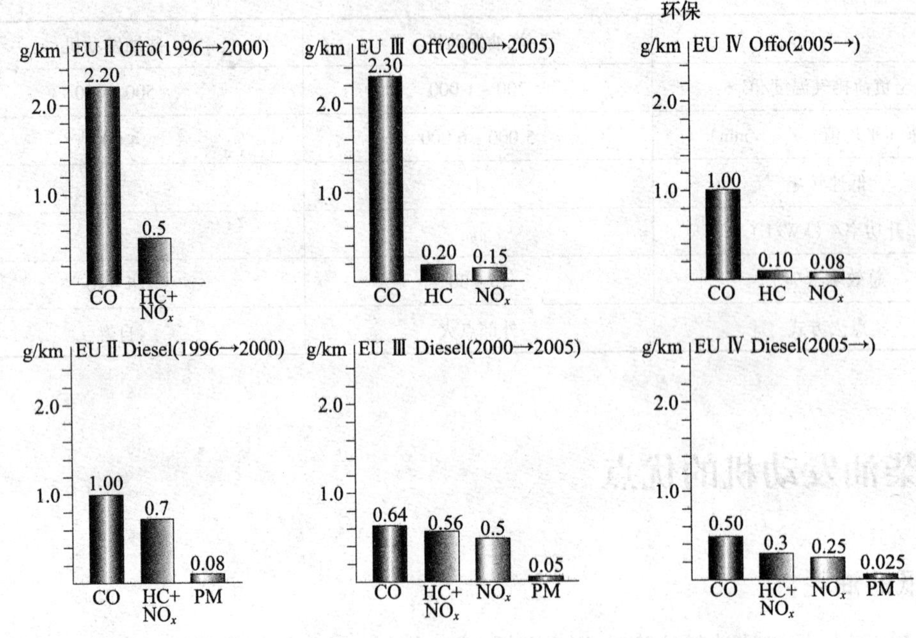

图 1—3—3　欧洲 EU Ⅱ、Ⅲ、Ⅳ排放标准图

4. 比汽油轿车安全

一般军车都选择柴油车，遇到严重的交通事故时，柴油会大量泄漏，但极少出现燃烧、爆炸的情况。

5. 故障率低于汽油发动机

柴油发动机的转速较低，气缸燃烧温度也相对较低，没有高压点火系统，故柴油发动机的故障率低于汽油发动机，整车首次大修里程比汽油车要长。

6. 使用寿命长于汽油车

柴油发动机轿车的另一个特点是有非常好的耐久性，较低的价值损失。柴油发动机的转速较低，机件的磨损也相对小，所以柴油轿车的使用寿命至少比汽油车长 20% 以上。

7. 动力强劲

在较低的发动机转速下即可达到较大的转矩输出，整车动力强劲，加速性好。

三、柴油发动机电子控制技术的特点

柴油发动机电控技术与汽油发动机电控技术有许多相似之处，整个系统都是由传感器、电控单元和执行器三大部分组成。在电控柴油发动机所用的传感器中，如转速、压力、温度等传感器以及加速踏板位置传感器，与汽油发动机电控系统都是一样的。电控单元在硬件方面也很相似，在整车管理系统的软件方面也有相似之处。柴油发动机电控技术有两个明显的特点：一是其关键技术和难点在柴油喷射电控执行器上，二是柴油电控喷射系统的多样化。

柴油发动机是一个热效率比较高的动力机械。它采用高压喷油泵和喷油器将适量的燃油，在适当的时期，以适当的空间状态喷入柴油发动机的燃烧室，以造成最佳的燃油与空气混合和燃烧的有利条件，实现柴油发动机在功率、转矩、转速、燃油消耗率、怠速、噪声、排放等多方面的要求。

柴油发动机燃油喷射具有高压、高频、脉动等特点，其喷射压力高达 60 ~ 150 MPa，甚至 200 MPa，为汽油喷射的几百倍、上千倍。对燃油高压喷射系统实施喷油量的电子控制，困难大得多。而柴油喷射对喷射正时的精度要求很高，相对于柴油发动机活塞上止点的角度位置远比汽油发动机要准确，这就使柴油喷射的电控执行器要复杂得多。因此柴油发动机电控技术的关键和难点是柴油喷射电控执行器，也即电控柴油喷射系统。它主要控制喷油量和喷油正时。

柴油发动机在机械控制时代，就已经有直列泵、分配泵、泵喷油器、单缸泵等结构完全不同的系统，每个系统各有其特点和适用范围，每种系统中又有多种不同结构。实施电控技术的执行器比较复杂，因此形成了柴油喷射系统的多样化。

第四节

柴油发动机的类型

燃油喷射系统是影响缸内燃烧过程的关键因素，对柴油发动机的动力性、经济性和排放性能都有重要影响。要改善柴油发动机缸内燃烧，燃油喷射系统一方面要有理想的喷射速率特性，另一方面要有较高的喷射压力。传统的喷射系统由于结构和原理等的限制，不能同时达到这两个要求，因此，柴油发动机电控喷射系统逐渐发展起来。

一、按喷射方式分类

1. 预燃室方式

柴油发动机中有预燃室，燃油喷入炽热的预燃室内，如图 1—4—1 所示。

2. 涡旋室方式

该发动机中设置有一个旋涡状辅助燃烧室，如图 1—4—2 所示。

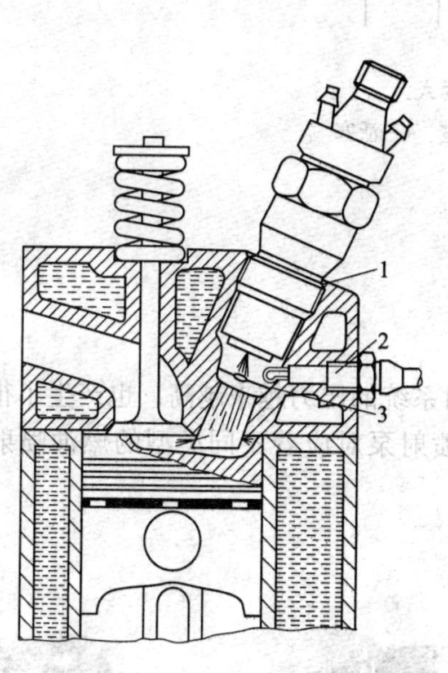

图 1—4—1　预燃室方式的喷射方式
1—喷油器　2—预热塞　3—预燃室

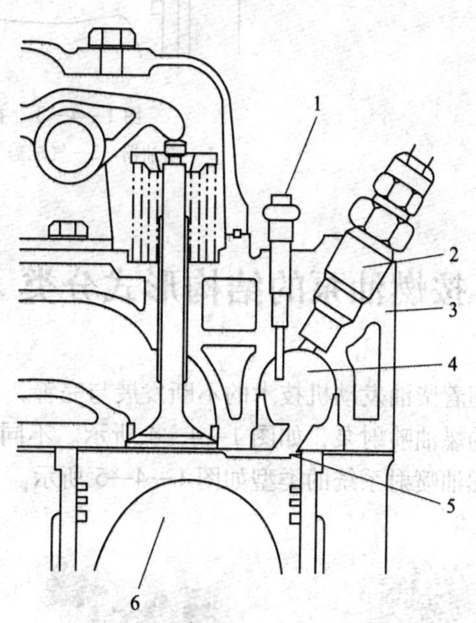

图 1—4—2　旋涡状辅助燃烧室
1—预热塞　2—喷油器　3—气缸盖　4—涡流燃烧室
5—主燃烧室　6—活塞

3. 直喷方式

燃油直接喷入活塞上面的燃烧室内，如图 1—4—3 所示。

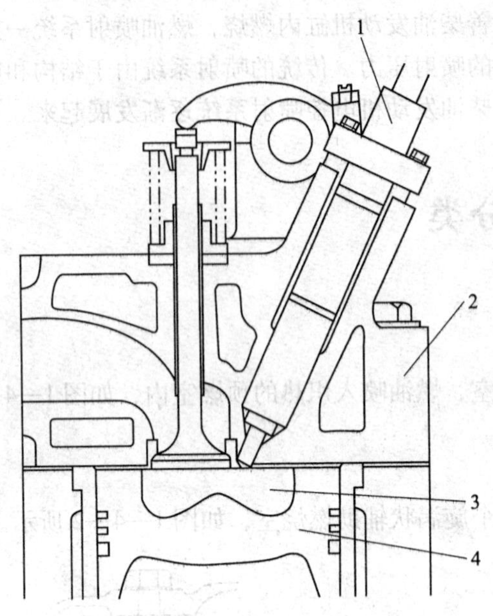

图 1—4—3　直接喷射方式

1—喷油器　2—气缸盖　3—燃烧室　4—活塞

二、按燃油泵的结构形式分类

随着柴油发动机技术的不断发展与完善，燃油喷射系统的压力越来越高，也产生了很多类型的燃油喷射泵，如图 1—4—4 所示。不同的燃油喷射泵对应着不同类型的燃油喷射系统，燃油喷射系统的类型如图 1—4—5 所示。

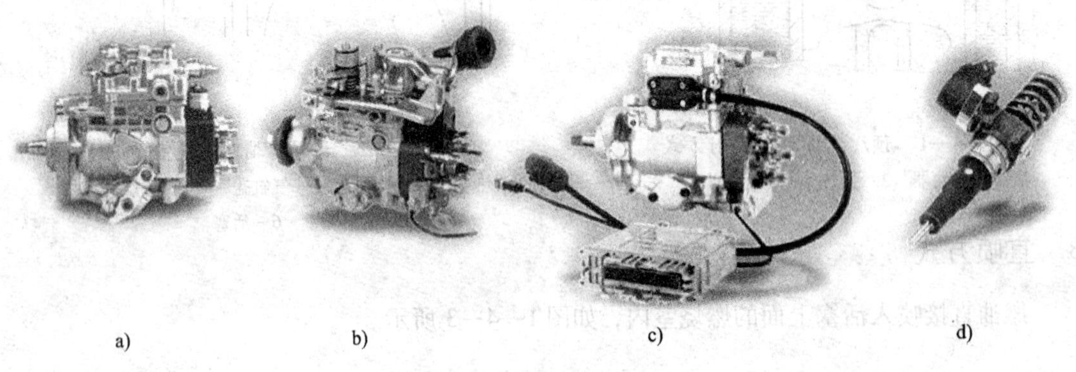

图 1—4—4　燃油喷射泵类型图

a）1976 VE 4/8　b）1987 VE 4/9F　c）1989 VP 37　d）1998 泵喷嘴

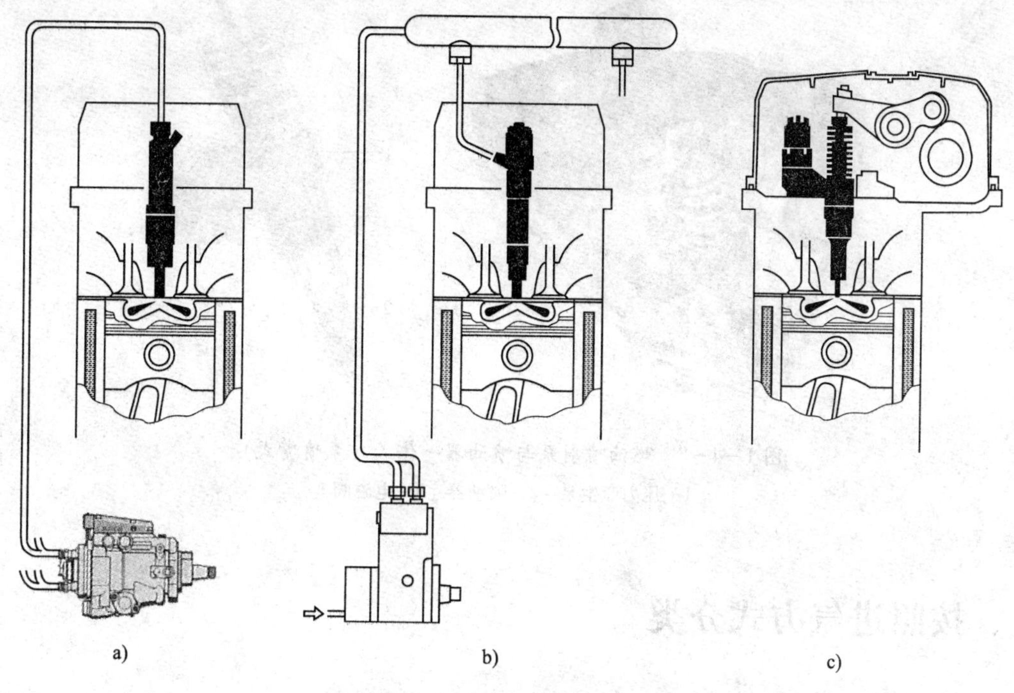

图 1—4—5　燃油喷射系统类型图

a）分配泵喷射（捷达）　b）共轨喷射　c）泵喷射（宝来）

早期轿车柴油发动机使用直列式柱塞泵，如图 1—4—6 所示，随着技术的发展，在不同的车型上开始使用轴向分配泵（VE 泵）和径向分配泵（VP 泵），轴向分配泵如图 1—4—7 所示，近几年，为了满足燃油压力进一步提升的要求，一些柴油发动机将燃油泵与喷油器结合为一个整体，如图 1—4—8 所示。

图 1—4—6　直列式柱塞泵图

图 1—4—7　轴向分配泵（VE 泵）

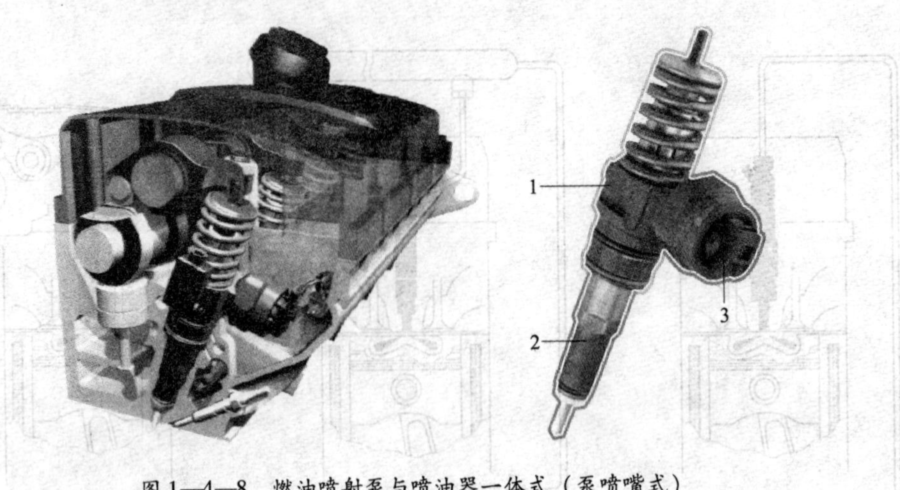

图 1—4—8　燃油喷射泵与喷油器一体式（泵喷嘴式）

1—压力产生泵　2—喷油器　3—电磁阀

三、按照进气方式分类

按照柴油发动机进气方式分类，可以分为自然吸气式柴油发动机 SDI 和涡轮增压式柴油发动机 TDI 两种类型，SDI 和 TDI 的含义见表 1—4—1。

表 1—4—1　　**SDI 和 TDI 的含义表**

类型	英文原意	中文含义
SDI	SUCTION DIRECT INJECTION	自然吸气式直接喷射柴油发动机
TDI	TURBO DIRECT INJECTION	涡轮增压式直接喷射柴油发动机

四、按电控柴油发动机控制方式分类

在传统的柴油喷射系统的基础上首先发展起来的电控喷射系统是位置控制系统，称之为第一代电控喷射系统，而基于电磁阀的时间控制系统则称为第二代电控喷射系统。第三代电控喷射系统为高压共轨系统，被世界内燃机行业公认为 20 世纪三大突破之一，将成为 21 世纪柴油发动机燃油系统的主流。

1．第一代位置控制系统

位置控制系统不仅保留了传统的泵－管－嘴系统，还保留了原喷油泵中的齿条、滑套、柱塞上的斜槽等控制油量的机械传动机构，只是增加了对齿条或者滑套的运动位置予以电子控制的功能。

日本Denso公司的ECD－V1，德国BOSCH公司的EDC和日本Zexel公司的COVEC等都属于位置控制的电控分配泵系统。日本Zexel公司的COPEC，德国BOSCH公司的EDR系统和美国Caterpillar公司的PEEC系统等都属于位置控制的电控直列泵系统，如图1—4—9所示。

2. 第二代时间控制系统

时间控制系统利用高速强力电磁阀直接控制高压燃油，一般情况下，电磁阀关闭，开始喷油；电磁阀打开，喷油结束。喷油始点取决于电磁阀的关闭时刻，喷油量取决于电磁阀关闭的持续时间。传统喷油泵中的齿条、滑套、柱塞上的斜槽和提前期等全部取消，对喷射定时和喷射油量控制的自由度更大。

日本Zexel公司的Model－1电控分配泵，美国Detroit公司的DDEC电控泵喷嘴、德国BOSCH公司的EUP13电控单体泵都属于时间控制系统。我国专家欧阳明高和丹麦Sorenson研制的“泵－管－阀－嘴（Pump/Pipe/Valve/Injector－PPVI）”电控燃油喷射系统也属于第二代电控喷射系统，如图1—4—10所示。

图1—4—9　位置控制系统的电控直列泵

图1—4—10　时间控制系统的柴油电控系统

3. 第三代共轨电控喷射系统

共轨式电控喷射系统改变了传统的柱塞泵脉动供油的原理，通过油锤响应、液力增压、共轨蓄压或者高压共轨等形式形成高压。采用压力时间式燃油计量原理，用电磁阀控制喷射过程，可以实现对喷射油量和喷射定时的灵活控制。共轨燃油喷射系统如图1—4—11所示。

图1—4—11　共轨燃油喷射系统

德国 BOSCH 公司、日本 Denso 公司和英国 Lucas 公司都研制出了电控高压共轨系统。

德国戴姆勒·奔驰公司利用 BOSCH 公司的技术首先在世界范围内推出了采用新型高压共轨燃油喷射系统的 4 气门直喷式柴油发动机，并用于 A、C 级轿车上。日本 Hino 公司利用 Denso 公司的技术在新型 K13C 型柴油发动机和 J 系列柴油发动机上均采用了高压共轨系统，日本 Mitsubishi 公司也利用 Denso 公司的技术在重型柴油发动机上应用了高压共轨系统。

共轨电控喷射系统为高压共轨系统，它利用较大容积的共轨腔将油泵输出的高压燃油蓄积起来，并消除燃油中的压力波动，然后再输送给每个喷油器，通过控制喷油器上的电磁阀实现对喷射开始和终止的控制。其主要特点可以概括如下：

共轨腔内的高压直接用于喷射，可以省去喷油器内的增压机构；共轨腔内可保持持续高压，高压泵所需的驱动转矩比传统油泵小得多。

通过高压泵上的压力调节电磁阀，可以根据发动机负荷状况以及经济性和排放性的要求对共轨腔内的油压进行灵活调节，优化了发动机的低速性能。

通过喷油器上的电磁阀控制喷射定时、喷射油量以及喷射速率，还可以灵活调节不同工况下预喷射和后喷射的喷射油量以及与主喷射的间隔。

高压共轨系统由五个部分组成，如图 1—4—12 所示，即高压泵、共轨腔及高压油管、喷油器、电控单元、各类传感器和执行器。供油泵从油箱将燃油泵入高压泵的进油口，由发动机驱动的高压泵将燃油增压后送入共轨腔内，再由电磁阀控制各缸喷油器在相应时刻喷油。

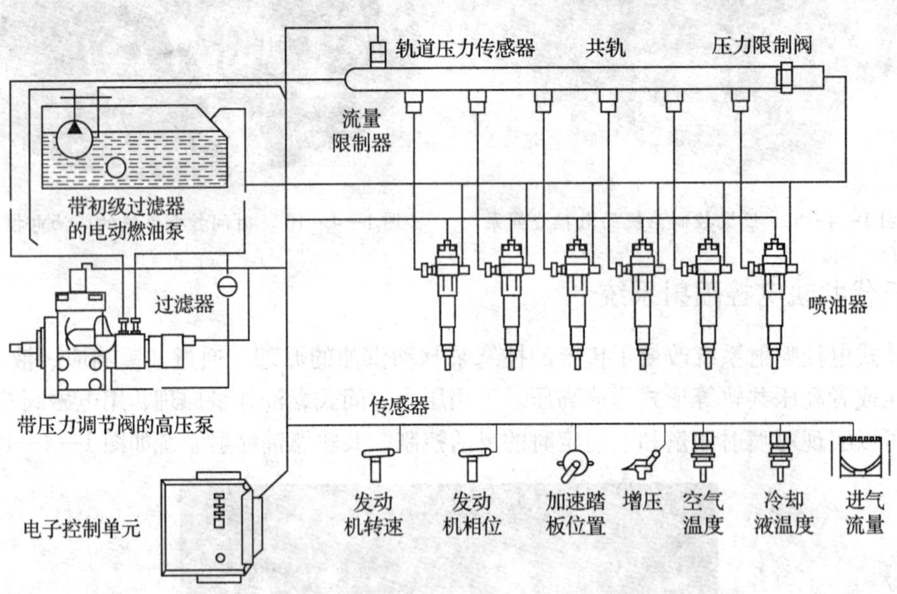

图 1—4—12　高压共轨系统组成图

预喷射在主喷射之前将小部分燃油喷入气缸，在缸内发生预混合或者部分燃烧，缩短主喷射的着火延迟期。这样缸内压力升高率和峰值压力都会下降，发动机工作比较缓和，同时缸内温度降低使得 NO_x 排放减少。预喷射还可以降低失火的可能性，改善高压共轨系统的冷启动性能。

主喷射初期降低喷射速率，也可以减少着火延迟期内喷入气缸内的油量。提高主喷射中期的喷射速率，可以缩短喷射时间从而缩短缓燃期，使燃烧在发动机更有效的曲轴转角范围内完成，提高输出功率，减少燃油消耗，降低碳烟排放。主喷射末期快速断油可以减少不完全燃烧的燃油，降低烟度和碳氢排放。

发动机管理系统的核心功能由电控单元来实现。传感器为 EDC 电控单元提供发动机的即时工况信息，电控单元对传感器的信号进行分析以后，根据预定的控制策略对执行器发出控制信号，控制喷油量、喷油始点、增压压力、废气再循环和电热塞系统。

第二章 电控柴油发动机的供油系统

第一节 直列泵控制的燃油供给系统

柴油发动机的电控系统形式多样，有直列泵和分配泵的可变预行程系统，有基于时间控制的泵喷嘴系统，有蓄压共轨系统和高压共轨系统等。

喷油泵是根据发动机各缸工作顺序定时、定量地向各缸喷油器提供高压柴油的供油装置，车用柴油发动机的喷油泵按作用与原理的不同大体可分为：柱塞式喷油泵（有单体式和多缸直列式）、泵－喷嘴一体式喷油泵和转子分配式喷油泵三大类。

直列泵式燃料供给系统主要由柴油箱、输油泵、低高压油管、柴油滤清器、喷油泵、喷油器、回油管、调速器和喷油提前器等组成，如图2—1—1所示。

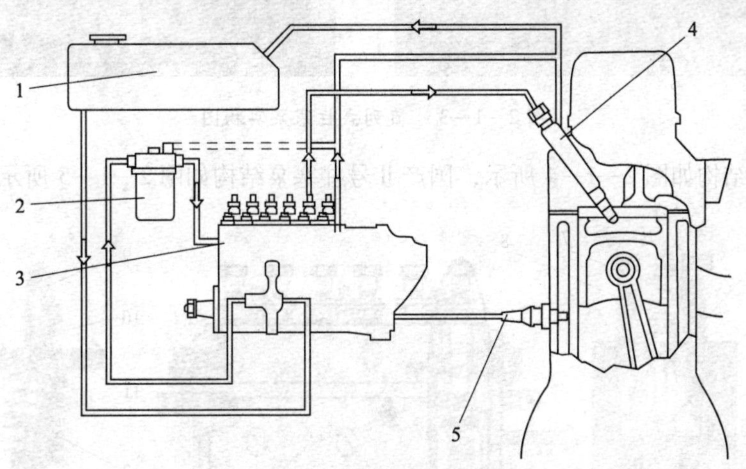

图2—1—1　直列泵式燃油系统组成

1—油箱　2—燃油滤清器　3—直列式喷油泵　4—喷油器　5—冷却液温度传感器

柱塞泵的功用是提高柴油压力，按照发动机的工作顺序、负荷大小，定时定量地向喷油器输送高压柴油，且各缸供油压力均等。工作过程中要求供油次序与发火次序保持一致，各缸供油量均匀（不均匀度不大于4%），各缸供油提前角相同（相差不大于0.5°曲轴转角），供油延续时间相等，油压的建立和供油的停止必须迅速，防止发生滴漏现象。直列式柱塞泵外形如图2—1—2所示，实物如图2—1—3所示。

图2—1—2　直列式柱塞泵外形图

图 2—1—3　直列式柱塞泵实物图

柱塞泵的结构如图 2—1—4 所示，国产Ⅱ号柱塞泵结构如图 2—1—5 所示。

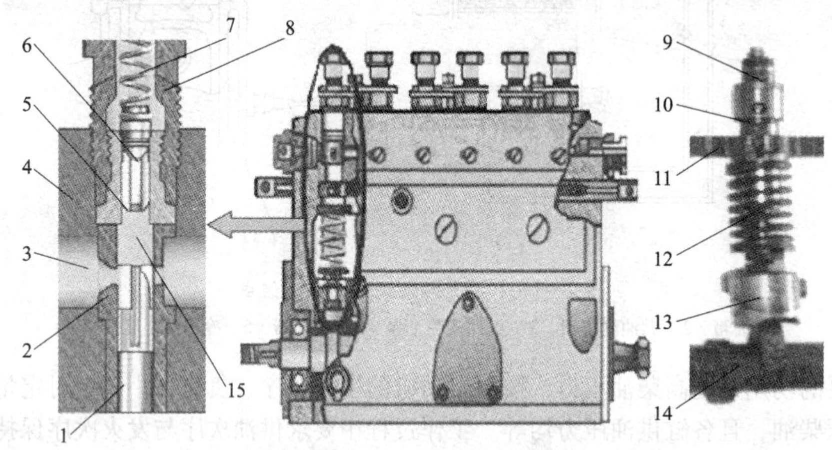

图 2—1—4　柱塞泵结构图

1—柱塞　2—柱塞套　3—进油室　4—泵体　5—出油阀座　6—出油阀芯　7—弹簧　8—出油阀紧固座　9—出油阀偶件　10—柱塞偶件　11—油量调节齿条　12—弹簧　13—滚轮体　14—凸轮轴　15—泵油室

柱塞泵的泵油原理是：工作时，在喷油泵凸轮轴上的凸轮与柱塞弹簧的作用下，迫使柱塞作上、下往复运动，从而完成泵油任务。泵油过程可分为以下三个阶段：进油过程、压油过程、回油过程。柱塞式喷油泵泵油原理如图 2—1—6 所示。

调速器是一种根据发动机负荷变化自动调节控制喷油泵循环供油量大小的调节装置，按其工作原理的不同可分为机械调速器、气动调速器、复合式调速器、液压调速器和电子调速器；按其功能的不同可分为单速调速器、两速调速器、全速调速器和全速两速调速器。

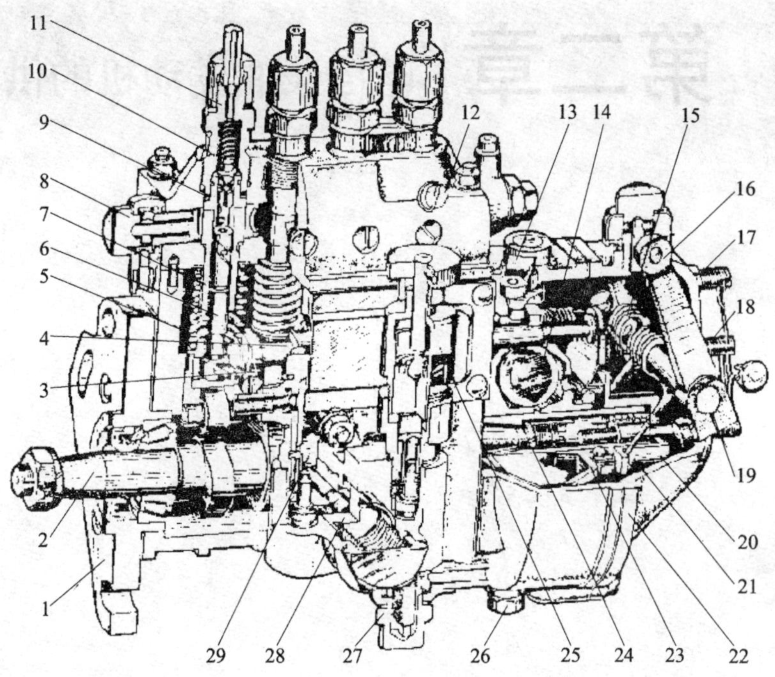

图 2—1—5　国产Ⅱ号柱塞泵结构图

1—固定接盘　2—凸轮轴　3—调节臂　4—油门拉杆　5—柱塞弹簧　6—柱塞　7—套筒　8，27—进油螺钉　9—出油阀座　10—出油阀　11—高压油管接头　12—放气螺钉　13—停车手柄　14—钢球　15—调整弹簧　16—调速手柄　17—高速限位螺钉　18—怠速限位螺钉　19—油量调整螺钉　20—校正弹簧　21—滑套　22—壳体　23—从动盘　24—驱动盘　25—手油泵　26—放油螺塞　28—输油泵　29—输油泵偏心轮

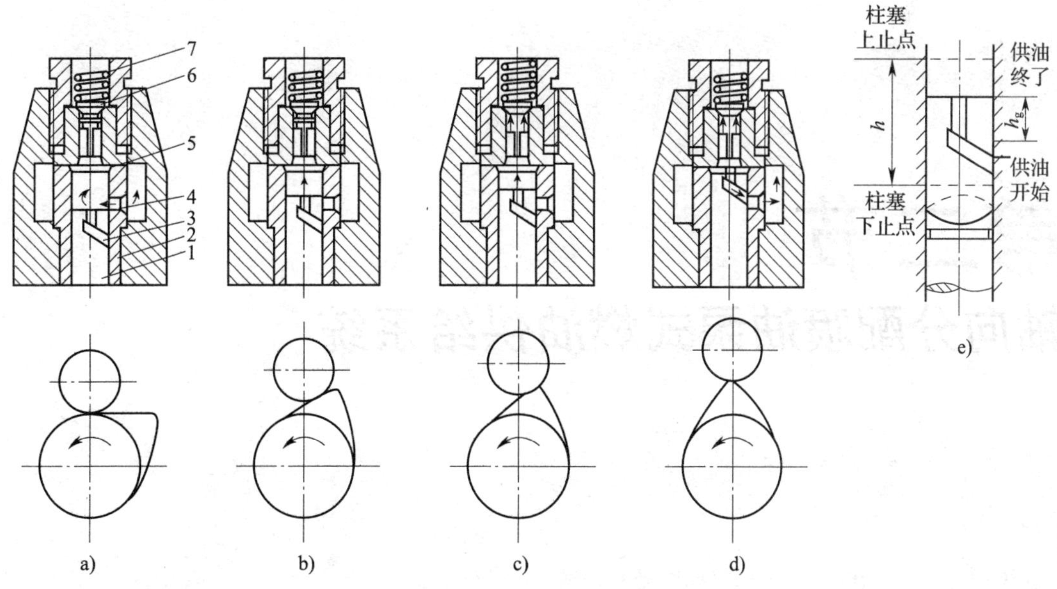

图 2—1—6　柱塞式喷油泵泵油原理图

1—柱塞　2—柱塞套　3—斜槽　4—油孔　5—出油阀座　6—出油阀　7—出油阀弹簧

第二章 电控柴油发动机的供油系统

第二节 轴向分配喷油泵式燃油供给系统

分配式喷油泵（简称分配泵）是国外20世纪50年代后期发展起来的一种喷油泵，它的特征是一组供油元件通过分配机构定时定量地将燃油分别供给各气缸。分配泵的零件结构比较简单，体积小，质量轻，制造成本低，维修方便。此外，它的结构和工作特点保证了各缸供油的均匀性而不需调整，因此使用比较方便。

分配泵的凸轮升程较小，泵油压力较柱塞泵低，一般在73.5 MPa以下，因此多用于小型高速车用柴油发动机。分配泵对燃油要求较高。由于分配泵中的零件配合精度很高，对柴油中的杂质和水分较为敏感，因此对于柴油的滤清有极其严格的要求。

一、分配泵的结构

分配泵按其结构可分为两大类，即轴向压缩式分配泵和径向压缩式分配泵。目前轿车柴油发动机燃油供给系统中广泛使用的VE泵，即为德国BOSCH公司从1976年开始生产的单柱塞、轴向压缩式分配泵，下面以VE泵为例介绍该种分配泵的结构及工作特点。VE型分配泵的结构如图2—2—1和图2—2—2所示。

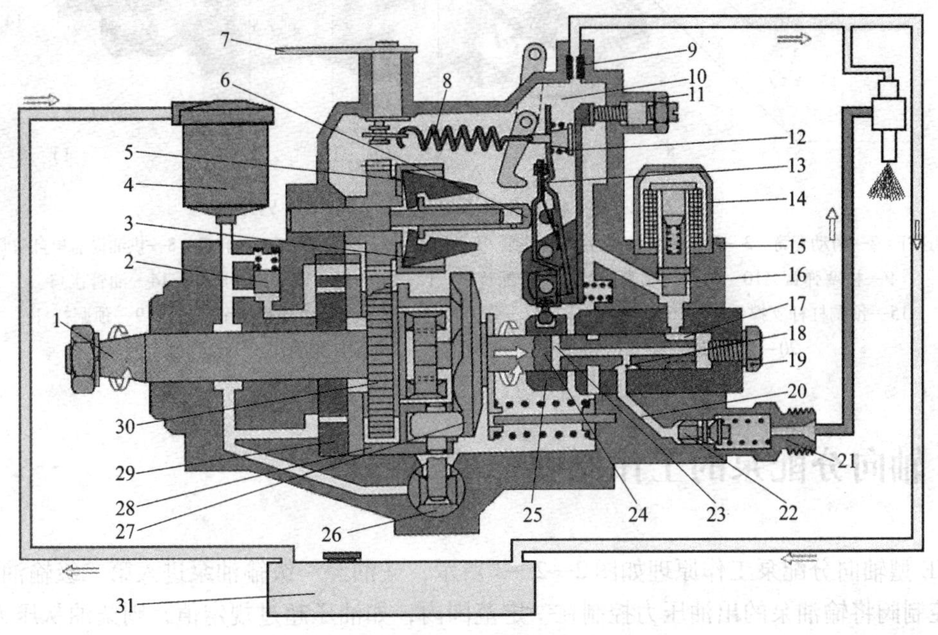

图2—2—1 VE型分配泵结构图

1—传动轴 2—压力控制阀 3—飞块 4—燃油滤清器 5—飞块架 6—滑动套筒 7—调速杆 8—调速弹簧 9—溢油阀 10—燃油 11—全负荷油量调节螺钉 12—怠速弹簧 13—张力杠杆 14—断油电磁阀 15—分配头 16—进油道 17—进油槽 18—分配槽 19—螺钉 20—出油道 21—出油阀紧固座 22—出油阀 23—泄油孔 24—柱塞 25—溢流环 26—液压式喷油提前器 27—凸轮盘 28—滚轮架 29—叶片式输油泵 30—齿轮 31—燃油箱

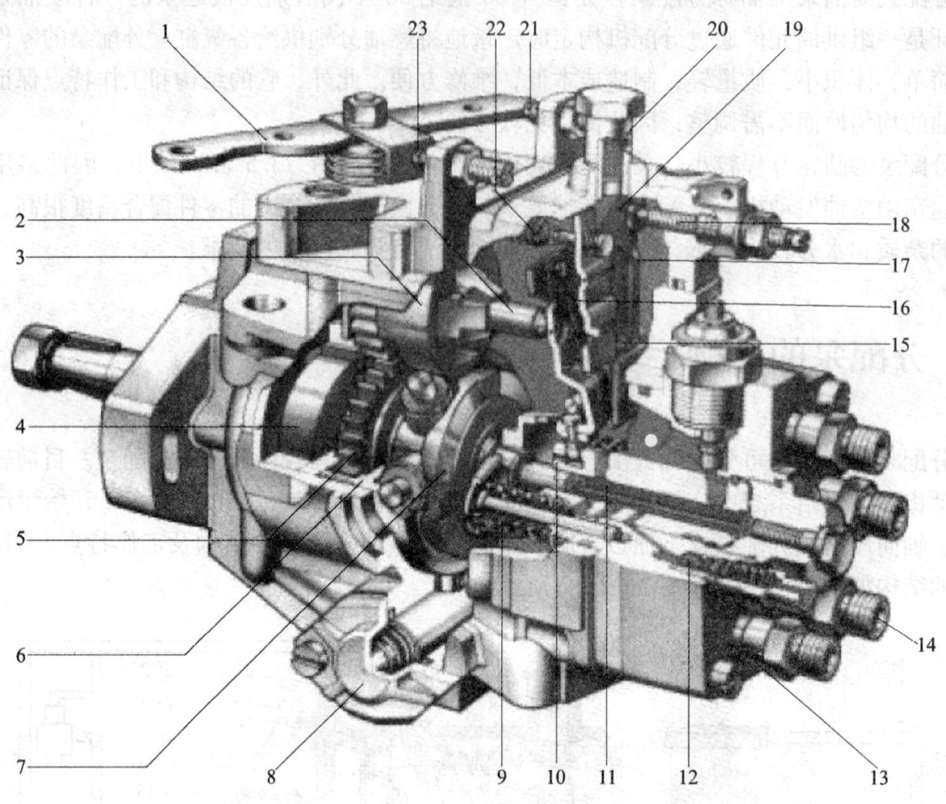

图 2—2—2　轴向分配泵结构图（BOSCH VE）

1—调速杆　2—滑动套筒　3—飞锤体　4—叶片式输油泵　5—齿轮　6—滚轮架　7—凸轮盘　8—供油提前角自动调节器　9—柱塞弹簧　10—油量控制套筒　11—分配转子　12—出油阀　13—出油阀体　14—油管接口　15—预调杠杆支撑销轴　16—启动杠杆　17—张力杠杆　18—全负荷油量调节螺钉　19—预调杠杆　20—溢流节流孔　21—标定转速调节螺钉　22—调速弹簧　23—怠速螺钉

二、轴向分配泵的工作原理

VE 型轴向分配泵工作原理如图 2—2—3 所示，柴油经一级输油泵进入第二级输油泵内，压力控制阀将输油泵的出油压力控制在一定范围内，如油压超过规定值，则柴油从压力控制阀的入口一侧流回输油泵的入口，因此分配泵内始终充满着具有一定压力的柴油。由曲轴驱动的传动轴带动叶片式输油泵旋转，同时通过联轴器（主动叉）带动凸轮盘转动，凸轮盘上有传动销钉带动柱塞一起旋转，柱塞弹簧通过压板将柱塞压向凸轮盘的右端面，凸轮盘的型面（左端面）则与滚轮紧密接触。当凸轮盘转到凸峰与滚轮相接触时，凸轮盘即被顶起向右移动至极限位置，同时推动柱塞压油。柱塞上有轴向和径向油道，起进油和配油作用，所以这种分配泵的柱塞同时具有压油与配油的功能。柱塞的往复运动起压油和进油作用，旋转运动起配油作用。

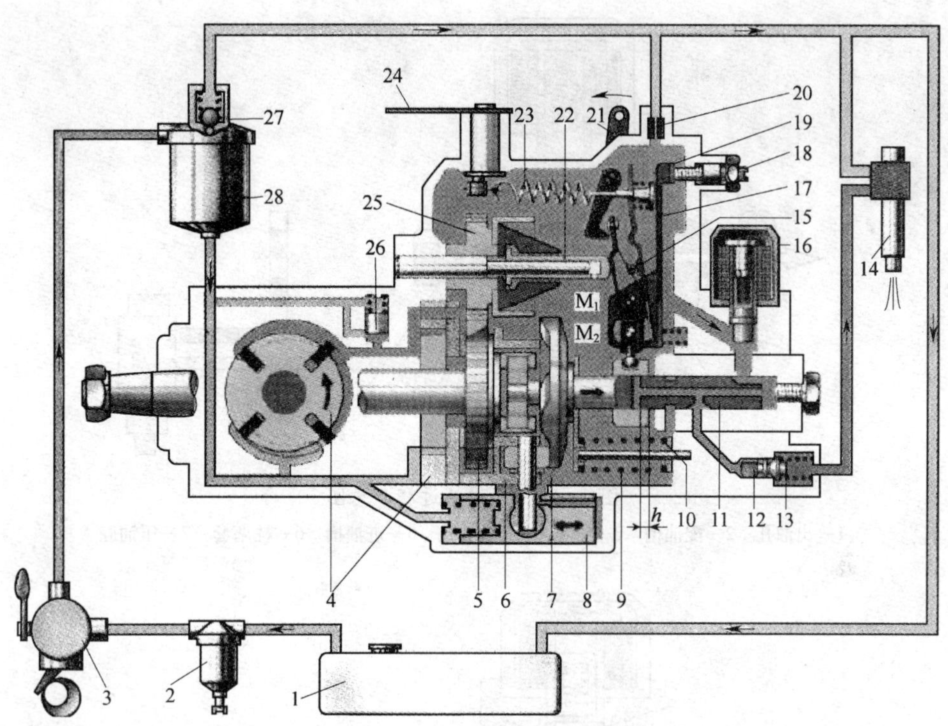

图 2—2—3 VE 型轴向分配泵工作原理

1—燃油箱 2—沉淀器 3—预压泵 4—叶片式输油泵 5—滚轮 6—滚轮架 7—凸轮盘 8—供油提前角自动调节器 9—柱塞弹簧 10—油量控制套筒 11—分配转子 12—出油阀 13—出油阀体 14—喷油器 15—张力杠杆挡块 16—断油电磁阀 17—张力杠杆 18—全负荷油量调节螺钉 19—预调杠杆 20—溢流节流孔 21—停机杆 22—滑动套筒 23—调速弹簧 24—调速杆 25—飞锤体 26—压力控制阀 27—溢流阀 28—燃油滤清器 *h*—最大有效行程（启动） M_1—预调杠杆支撑销轴 M_2—启动杠杆和张力杠杆支撑销

VE 型分配泵由一个柱塞泵油元件向多个气缸供油，柱塞右端为压油部分，沿周向均布着四个轴向进油槽，柴油通过进油孔和柱塞上的进油槽进入压油腔内。柱塞的中心有轴向油道，柱塞中部的配油槽有径向油孔与中心油道相通。中心油道的末端与泄油孔相连。下面介绍分配泵的工作过程。

1. 进油过程（见图 2—2—4）

滚轮由凸轮盘的凸峰移到最低位置时，柱塞弹簧将柱塞 3 向左推移，在柱塞接近终点位置时，柱塞头部的进油槽 5 与柱塞套 6 上的进油孔 4 相通，柴油经电磁阀下部的进油孔 4 和柱塞头部的进油槽 5 流入柱塞右端的压油腔 7 内并充满中心油道。此时柱塞 3 上的配油槽 2 与柱塞套 6 上的出油孔隔绝，泄油孔也被溢油环封死。

2. 压油与配油过程（见图 2—2—5）

随着滚轮由凸轮盘的最低处向凸峰部分移动，柱塞在旋转的同时，也自左向右运动。此时，进油槽 4 与泵体进油孔 3 隔绝，柱塞泄油孔仍被封死，柱塞配油槽 1 与分配油路 8 相

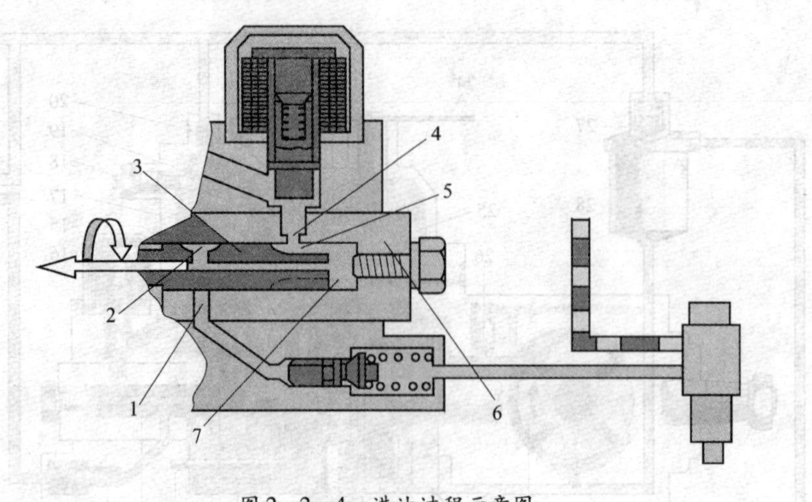

图 2—2—4 进油过程示意图

1—出油孔 2—配油槽 3—柱塞 4—进油孔 5—进油槽 6—柱塞套 7—压油腔

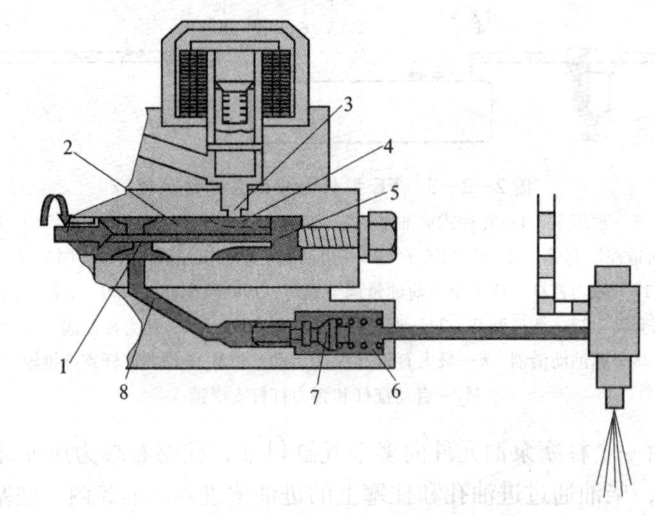

图 2—2—5 压油与配油过程

1—配油槽 2—柱塞 3—进油孔 4—进油槽 5—压油腔 6—弹簧 7—出油阀 8—分配油路

通。随着柱塞的右移，柱塞压油腔 5 内的柴油压力不断升高，当油压升高到足以克服出油阀弹簧的弹力而使出油阀 7 向右移动时，柴油经分配油路、出油阀及油管被送入喷油器。由于凸轮盘上有四个凸峰（与气缸数相等），柱塞套上有四个分配油路，因此，凸轮盘每转 360°，柱塞便往复运动 4 次，配油槽与各缸分配油路各接通一次，轮流向各缸供油一次。

3. 供油结束（见图 2—2—6）

柱塞在凸轮的推动下继续右移，柱塞左端的泄油孔露出溢油环的右端面时，泄油孔与分配泵内腔相通，高压油立即经泄油孔流入泵内腔中，柱塞压油腔、中心油道及分配油路中的油压骤然下降，出油阀在其弹簧作用下迅速左移关闭，停止向喷油器供油。停止喷油过程持续到柱塞到达其向右行程的终点。

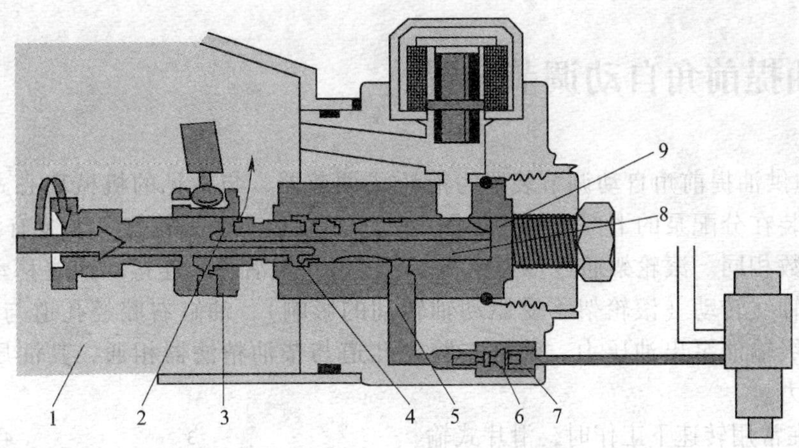

图 2—2—6　供油结束

1—泵腔　2—泄油孔　3—溢油环　4—压力平衡槽　5—分配油路　6—出油阀　7—弹簧　8—柱塞　9—压油腔

4. 供油量控制（见图 2—2—7）

从柱塞上的配油槽与出油孔相通到泄油孔与分配泵内腔相通为止，柱塞所移动的距离为有效供油行程 h（见图 2—2—7）。柱塞上的泄油孔什么时候和泵室相通由控制套筒的位置决定，当移动控制套筒时，柱塞上的泄油孔与分配泵内腔相通的时刻改变，即供油结束的时刻改变，从而使供油有效行程 h 改变。溢油环向左移动，供油行程缩短，供油结束时刻提早，供油量减少；溢油环向右移动则相反。可见，在使用中这种分配泵油量的调节是靠驾驶员通过加速踏板控制调速器使控制套筒轴向移动来实现的。油路中柴油压力与分配泵内腔油压相同，这样可使各缸分配油路内的燃油压力在喷油器喷射前趋于均匀，从而使各缸喷油压力均衡。

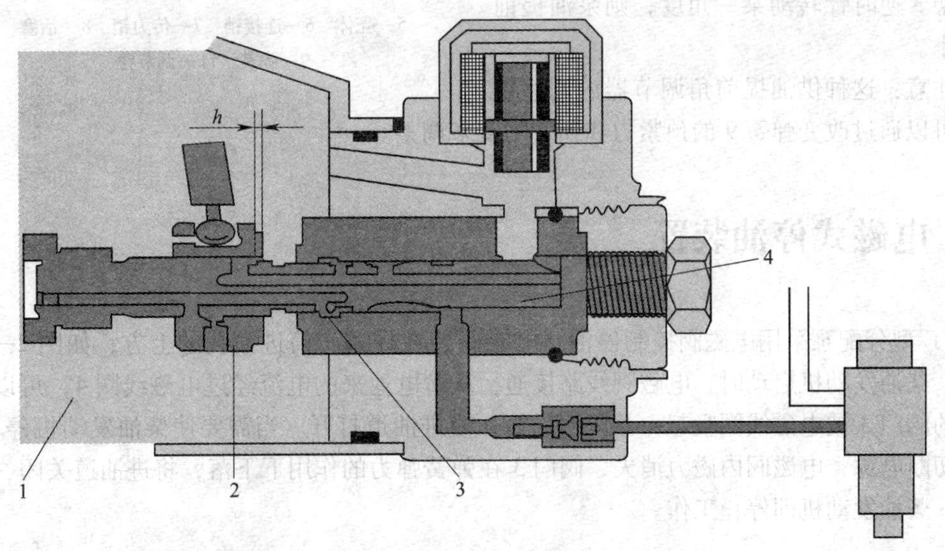

图 2—2—7　压力平衡过程

1—柴油　2—溢油环　3—压力平衡槽　4—柱塞

三、供油提前角自动调节装置

VE 泵的供油提前角自动调节装置为液压式调节器，与常见的机械离心式调节器不同，它直接装在分配泵的下部，结构如图 2—2—8 所示。在滚轮架 3 上装有滚轮 4，其数目与气缸数相同。滚轮架通过传力销 7、连接销 6 与活塞 8 连接。活塞移动时，拨动滚轮架绕其轴线转动（滚轮架不受驱动轴转动的影响），油缸右腔经孔道与泵腔相通，其油压为二级输油泵出油压力。油缸左腔经孔道与柴油精滤器相通，其油压为二级输油泵进油压力。

发动机在常用转速下工作时，滑片式输油泵输送到泵腔内的低压柴油，经孔道进入油缸右腔。油缸活塞受到低压柴油向左的推力与向右的油缸左腔弹簧力及精滤后的柴油压力之合力相平衡。当发动机转速升高时，滑片式输油泵转速随之增加，泵腔内柴油压力上升，油缸中的活塞 8 两端受力失衡，活塞左移。经连接销 6、传力销 7 推动滚轮架 3 绕其轴线顺时针转动某一角度（与凸轮盘转向相反），使凸轮盘端面凸峰提前某一角度与滚轮 4 相抵靠，从而使柱塞向右移动时刻提前，完成泵油提前。反之，活塞右移，使滚轮架 3 逆时针转动某一角度，则泵油提前角减小。

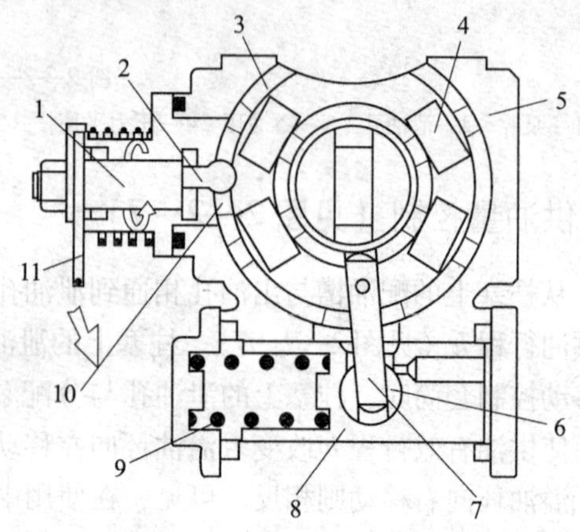

图 2—2—8　供油提前角自动调节器

1—销轴　2—偏心拨销　3，10—滚轮架　4—滚轮　5—壳体　6—连接销　7—传力销　8—活塞　9—弹簧　11—调节臂

注意：这种供油提前角调节器的调速特性，可以通过改变弹簧 9 的预紧力和弹簧刚度来调整。

四、电磁式停油装置

VE 型分配泵采用电磁阀控制停油。电磁阀装在柱塞套筒进油孔的上方，如图 2—2—9 所示，柴油发动机启动时，电磁阀线路接通，从蓄电池来的电流经过电磁线圈 4，可以上下活动的阀门 3 被电磁线圈吸起，并压缩弹簧，使进油道打开。当需要使柴油发动机停车时，只需切断电源，电磁阀内磁力消失，阀门 3 在弹簧弹力的作用下下落，将进油道关闭，进油停止，柴油发动机即停止工作。

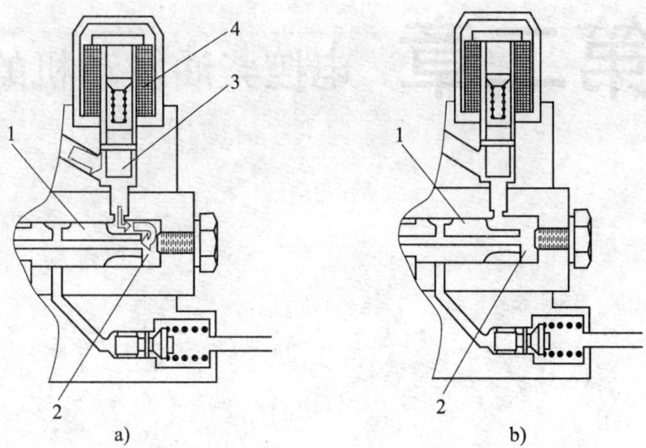

图 2—2—9　电磁阀停油装置

a）进油道开启　b）进油道关闭

1—柱塞　2—进油室　3—阀门　4—电磁线圈

第二章 电控柴油发动机的供油系统

第三节

径向分配喷油泵式燃油供给系统

一、径向分配泵燃油系统的组成

在大众奥迪车型中，很多柴油发动机使用了径向柱塞分配式喷油泵，该喷油泵可以产生更高的燃油系统压力，可以达到150～250 MPa的压力，径向柱塞泵的主要作用是从油箱中吸出燃油，将燃油加压后，分配给各个气缸，径向柱塞分配式喷油泵系统组成如图2—3—1所示。

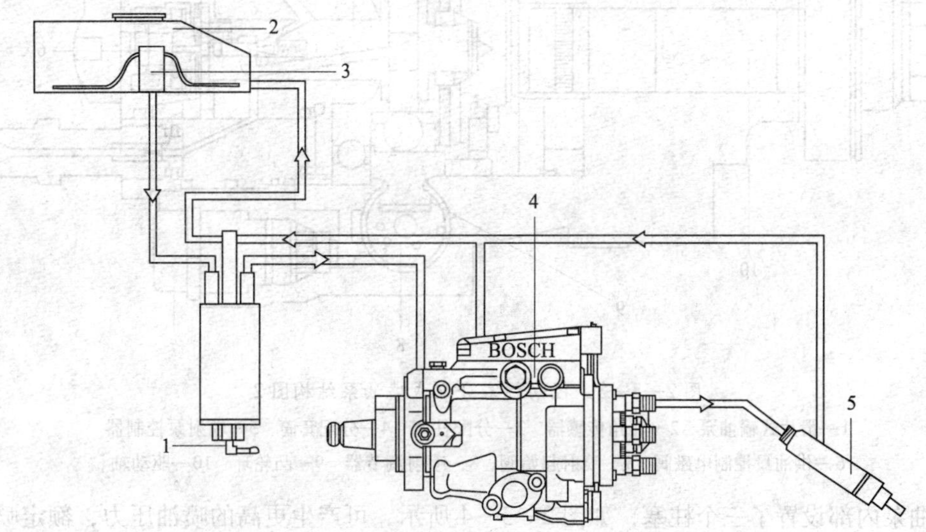

图2—3—1　径向柱塞分配式喷油泵系统组成图

1—燃油滤清器　2—油箱　3—带背压腔的燃油泵　4—径向柱塞分配式喷油泵　5—喷油器

径向柱塞分配式喷油泵是电子控制喷油泵，泵体上安装有喷油泵控制单元，其结构如图2—3—2和图2—3—3所示。

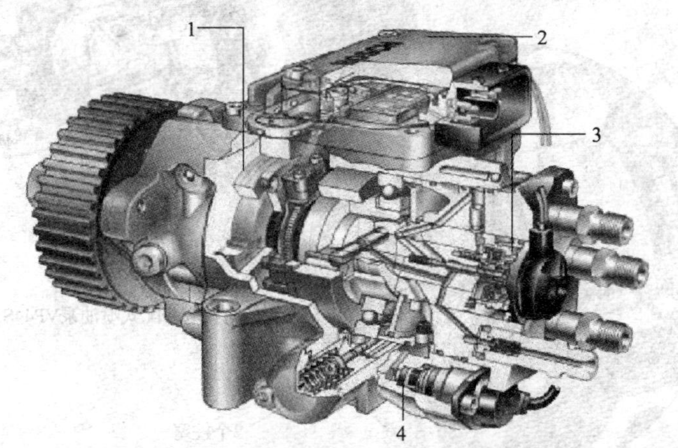

图2—3—2　径向柱塞分配式喷油泵结构图1

1—转角传感器　2—喷油泵控制单元　3—油量调节电磁阀　4—喷油起始阀

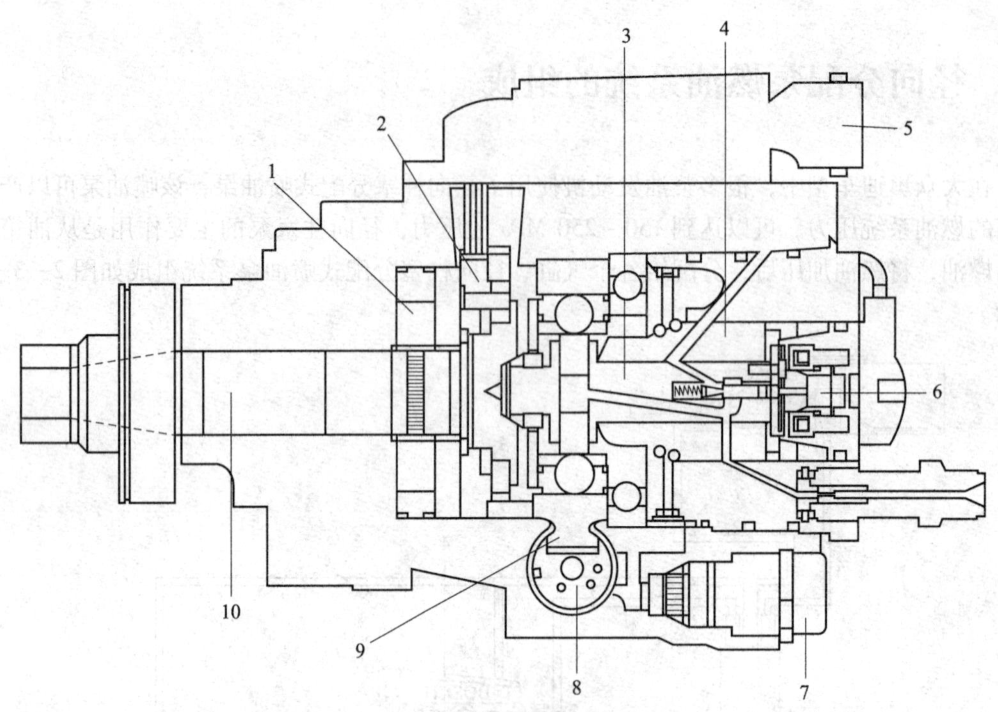

图 2—3—3 径向柱塞分配式喷油泵结构图 2

1—滑片式输油泵 2—转角传感器 3—分配柱塞 4—分配套筒 5—喷射泵控制器 6—供油量控制电磁阀 7—喷射起始阀 8—喷射调节器 9—凸轮环 10—驱动轴

喷油泵内部设置了三个柱塞，如图 2—3—4 所示，可产生更高的喷油压力，额定喷油压力可高达 185 MPa，2004 年，通过提高液压效率的方式将喷油压力升至 200 MPa。

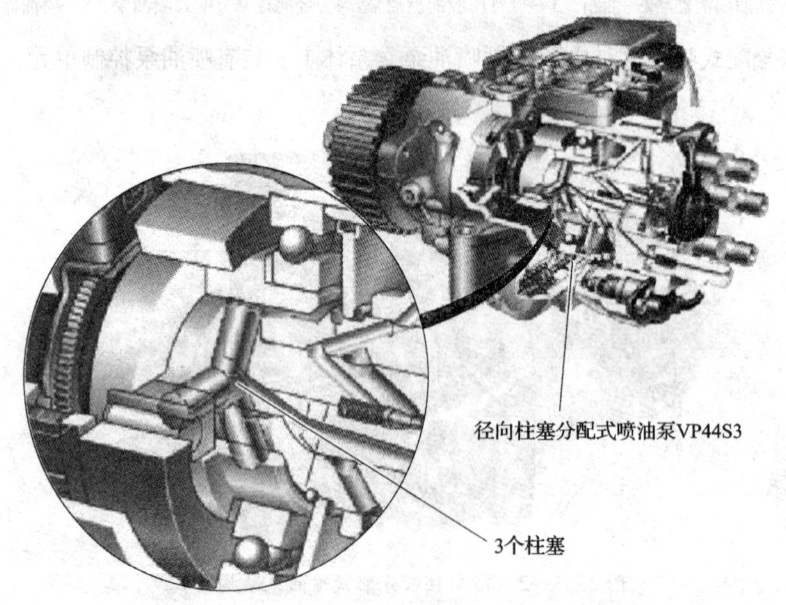

图 2—3—4 喷油泵的三柱塞结构图

径向柱塞泵泵体上一般安装有标签，标签中各项含义如图 2—3—5 所示。

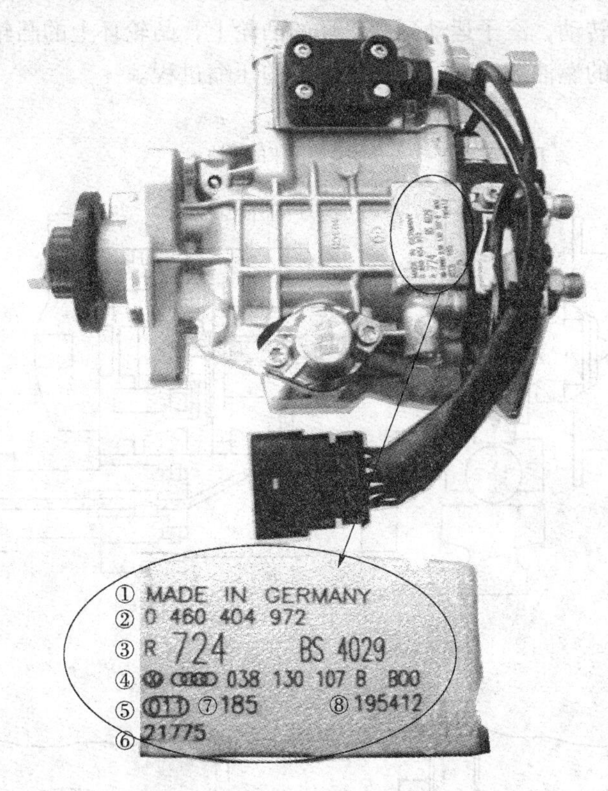

图 2—3—5　径向柱塞分配泵标签图

注：①—生产国家　②—博士公司订货号　③—旋转方向（从输入端看）　④—大众公司备件号　⑤—制造厂家代码（德国本土）　⑥—产品批次号　⑦—生产日期　⑧—产品序号

二、径向柱塞泵工作过程

1. 吸出燃油

在径向柱塞泵内有一个滑片式输油泵，滑片式输油泵将燃油从油箱中吸出，并在径向柱塞泵中形成压力，如图 2—3—6 所示。

由于径向柱塞泵内的压力，燃油会通过电磁阀压入到压缩腔内，如图 2—3—7 所示。

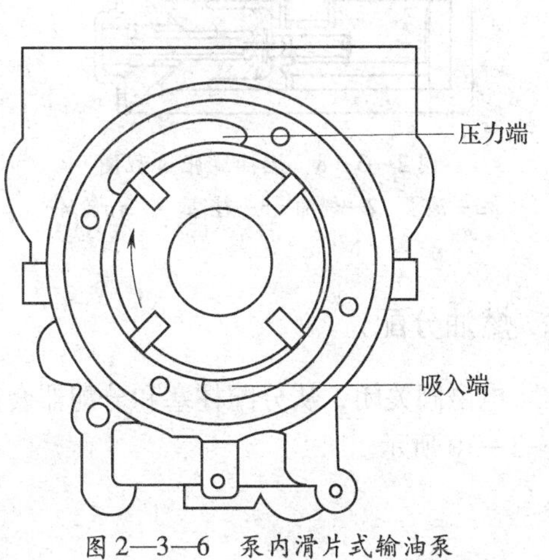

图 2—3—6　泵内滑片式输油泵

2. 压缩燃油

如图 2—3—8 所示，滚子处于凸轮环的凹陷处，滚子向外运动，燃油进入工作腔内，可看成是燃油膨胀的过程。

凸轮环上的凸轮推动两个柱塞，对燃油进行压缩，如图 2—3—9 所示，驱动力由驱动轴提供。通过驱动轴的转动，滚子运动到凸轮环的凸轮上，凸轮环上的凸轮同时推动柱塞向内运动，两个柱塞之间的燃油被压缩，此即为燃油的压缩过程。

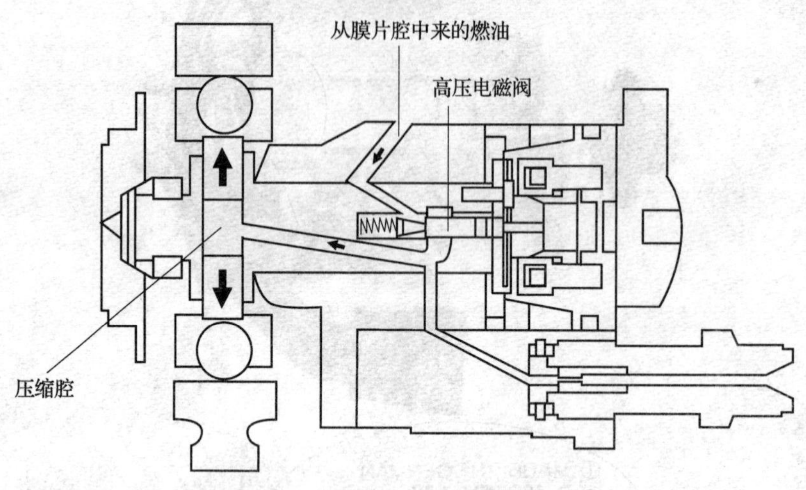

图 2—3—7　燃油压入压缩腔

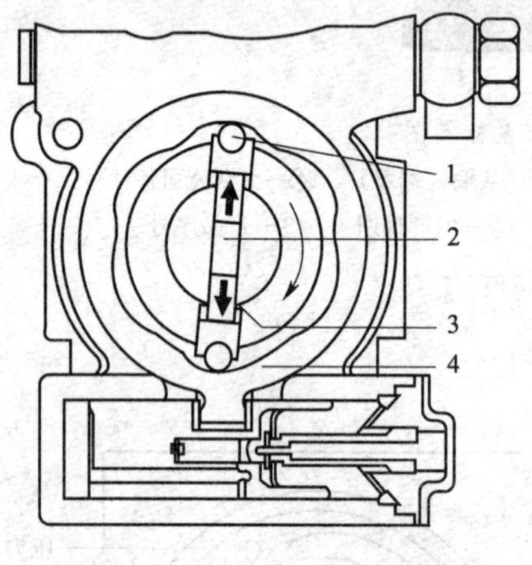

图 2—3—8　燃油膨胀过程图

1—滚子　2—燃油　3—柱塞　4—凸轮环

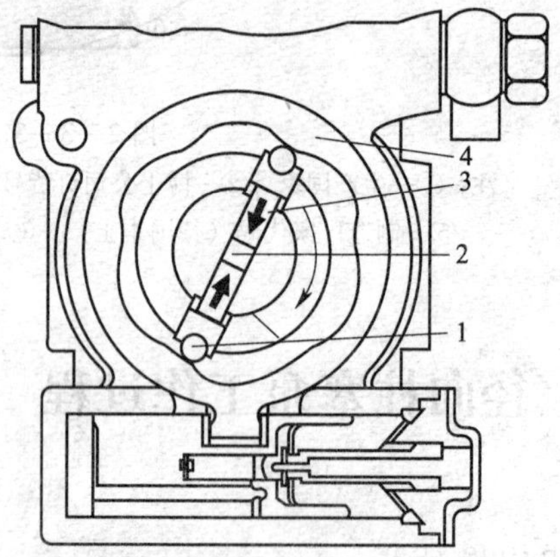

图 2—3—9　燃油压缩过程图

1—滚子　2—燃油　3—柱塞　4—凸轮环

3. 燃油分配

电磁阀关闭，从分配柱塞和分配器套筒来的燃油经单向阀和喷油器进入各个气缸，如图 2—3—10 所示。

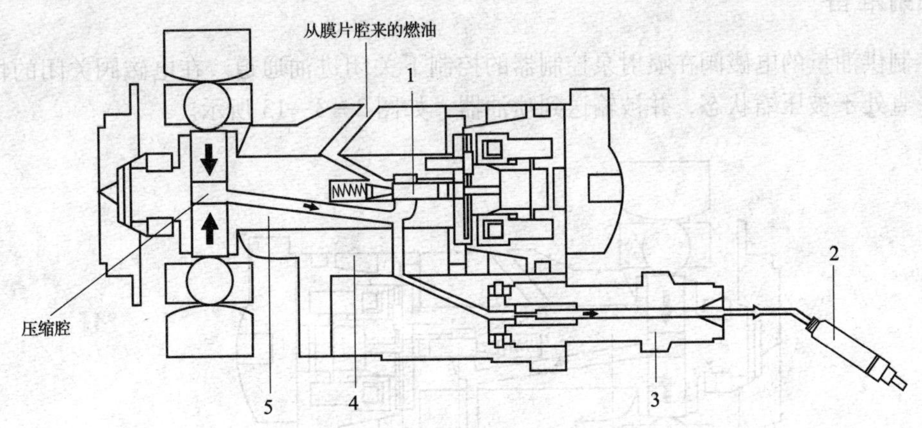

图 2—3—10　燃油分配过程图

1—电磁阀　2—喷油器　3—单向阀　4—分配器套筒　5—分配柱塞

在分配器套筒上有和各个气缸分别对应的孔。分配柱塞和驱动轴一起转动，和分配器套筒上的孔一起形成了压缩腔，如图 2—3—11 所示。

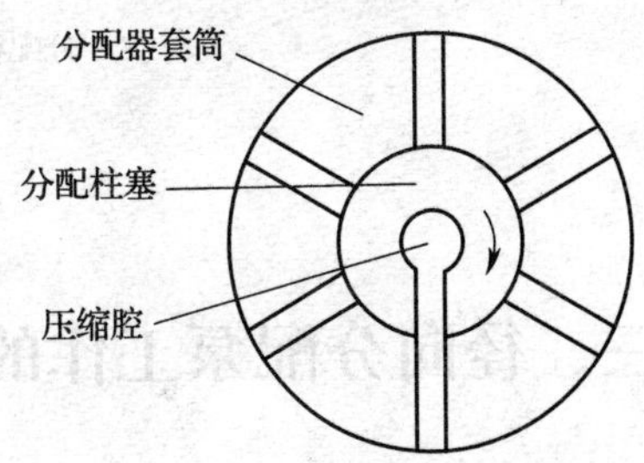

图 2—3—11　压缩腔的形成图

4. 充油过程

用于控制供油量的电磁阀打开，燃油从泵的膜片腔进入到压缩腔，如图 2—3—12 所示。

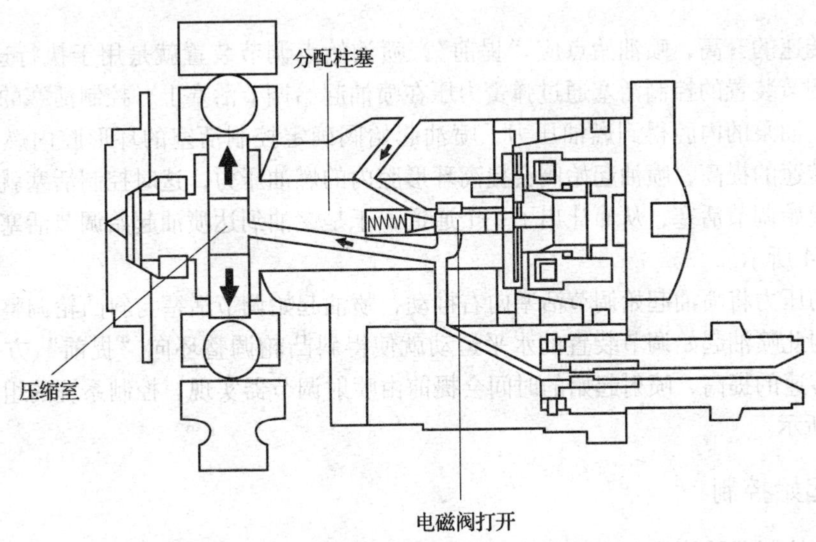

图 2—3—12　充油过程图

5. 喷射准备

控制供油量的电磁阀在喷射泵控制器的控制下关闭进油通道。在电磁阀关闭的情况下，燃油一直处于被压缩状态，并被输送到喷油器，如图 2—3—13 所示。

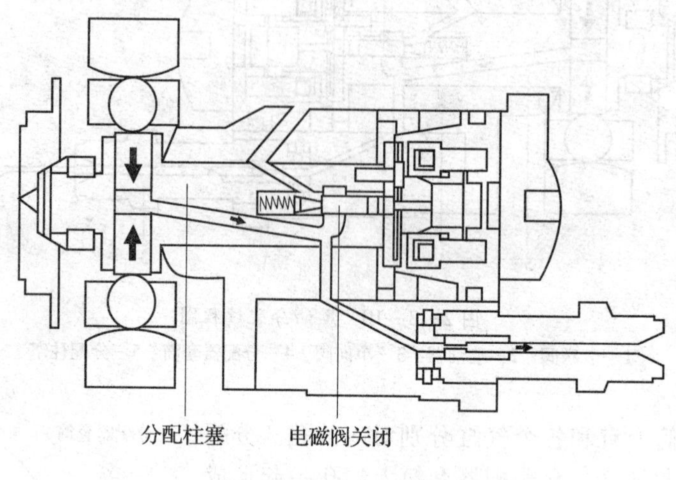

图 2—3—13 喷射准备图

三、径向分配泵工作的控制过程

1. 喷油始点调节过程

随着转速的升高，喷油始点应“提前”，喷油始点调节装置就是用于执行这个任务的。喷油始点调节装置的控制活塞通过弹簧力压在喷油起始调节活塞上，控制活塞的环形腔通过一个孔从喷油泵的内腔得到燃油压力，喷油起始阀确定控制活塞的环形腔内燃油压力的大小。随着转速的提高，喷油起始阀会提高环形腔内的燃油压力，这时控制活塞就克服弹簧力离开喷油起始调节活塞，从而让出了一个通道，于是燃油到达喷油起始调节活塞的后部，如图 2—3—14 所示。

燃油的压力将喷油起始调节活塞向右推动，喷油起始调节活塞与斜凸轮调整环是连接在一起的，因此喷油起始调节装置的水平运动就使得斜凸轮调整环向“提前”方向转动。随着发动机转速的提高，喷射起始的时间会提前由喷射调节器实现，控制系统的组成元件如图 2—3—15 所示。

2. 喷射起始控制

发动机控制器的信号由喷射泵控制器转换成控制喷射开始时间的信号。喷射起始控制的任务是根据发动机的转速确定开始供油的时间，如图 2—3—16 所示。

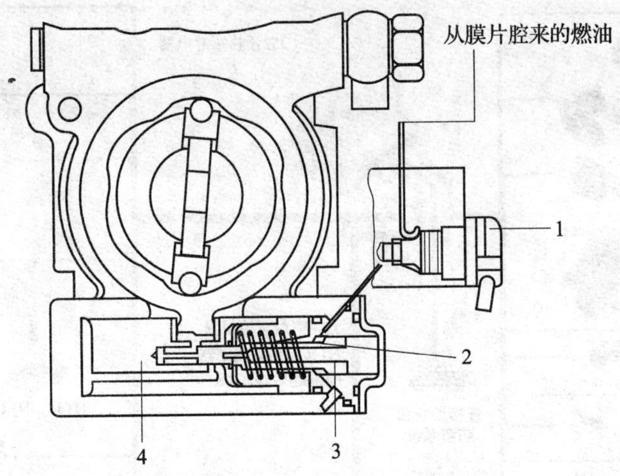

图 2—3—14　喷油始点调节过程图

1—喷油起始阀　2—斜凸轮调整环　3—控制柱塞　4—喷油起始调节活塞

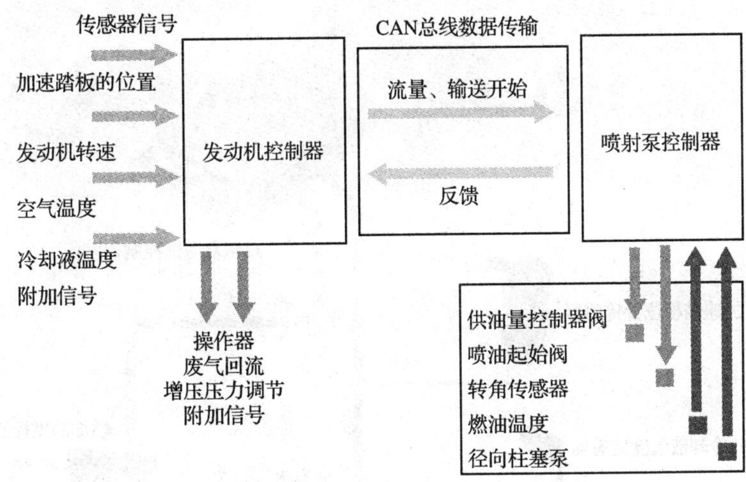

图 2—3—15　控制系统组成元件图

3. 供油量控制

从发动机控制器来的信号由喷射泵控制器转换成电磁阀的信号用于控制供油量，如图 2—3—17 所示。

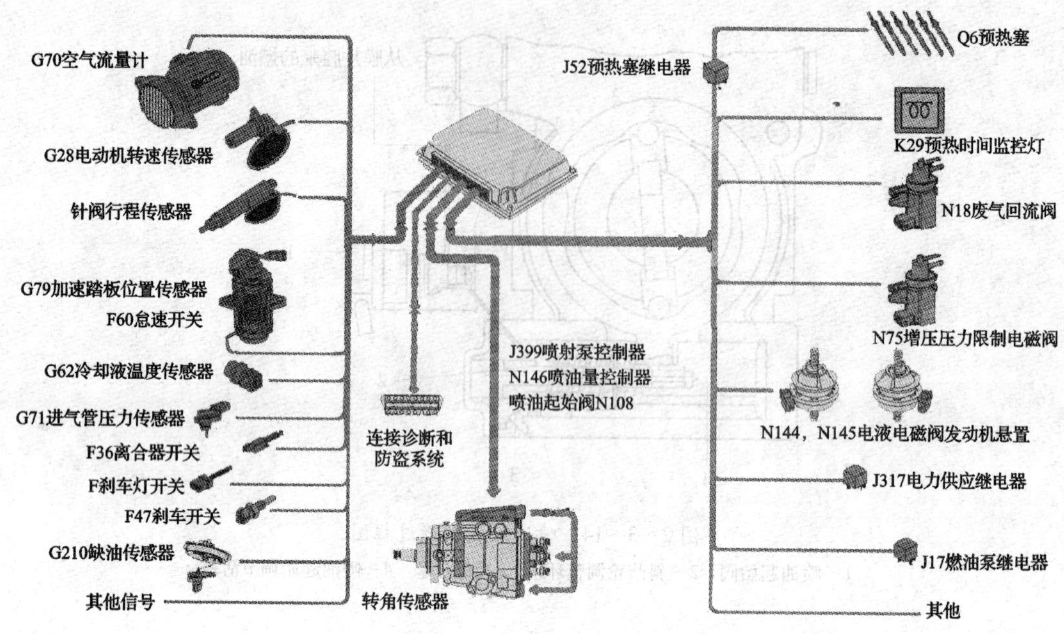

图 2—3—16　喷射起始控制

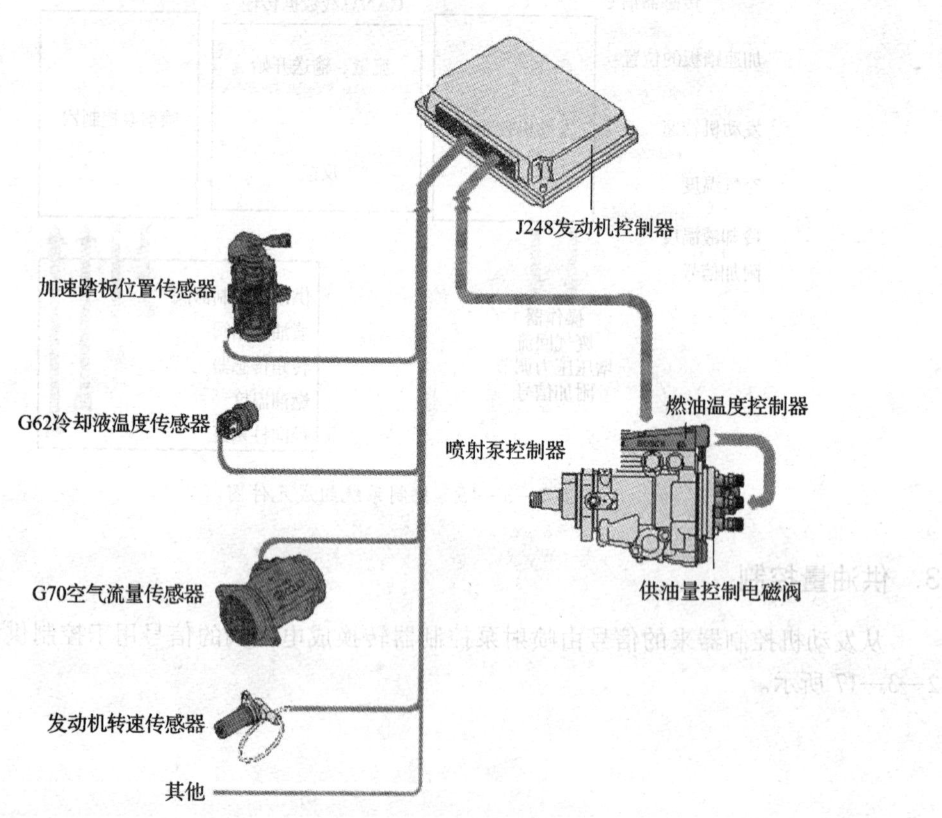

图 2—3—17　供油量控制

四、喷油器（径向分配式喷油泵系统）

燃油系统要求喷油器具有一定的喷射压力和射程，喷射时具有合适的喷注锥角，停止喷油时能迅速切断供油，并且没有滴漏现象。喷油器的常见形式有两种，包括孔式喷油器和轴针式喷油器，如图 2—3—18 所示。

1. 孔式喷油器

孔式喷油器主要包括喷油器锥体、针阀、调压弹簧等元件，其结构如图 2—3—19 所示。

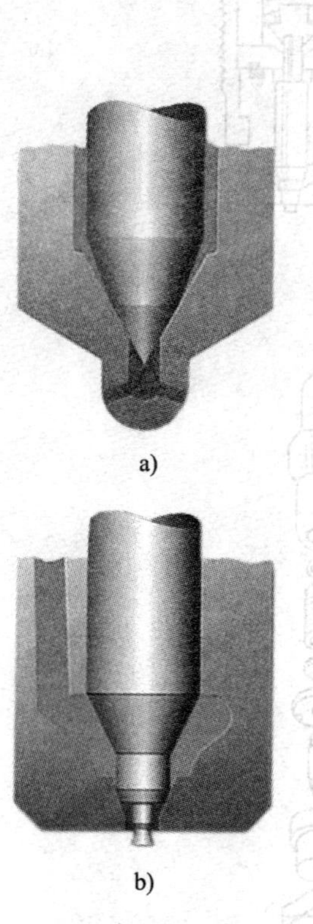

图 2—3—18　喷油器的常见类型图
a）孔式喷油器　b）轴针式喷油器

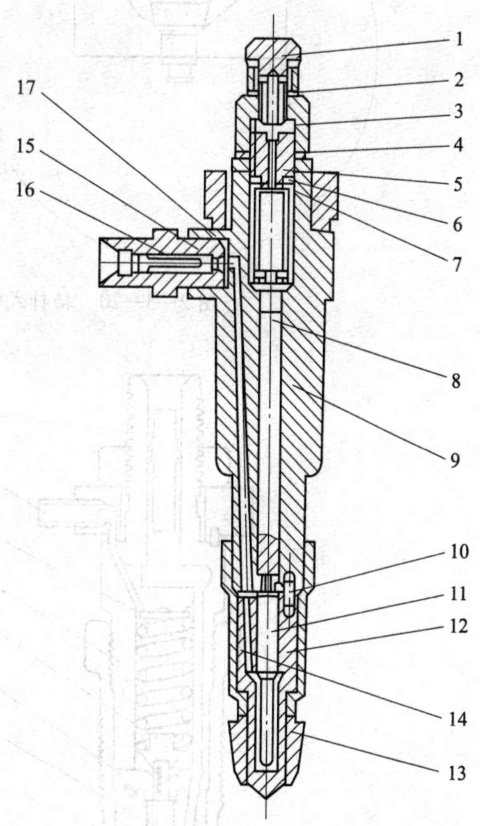

图 2—3—19　孔式喷油器的结构图
1—回油管螺栓　2—回油管衬垫　3—调压螺钉护帽
4—调压螺钉垫圈　5—调压螺钉　6—调压弹簧垫圈
7—调压弹簧　8—顶杆　9—喷油器体　10—定位销
11—喷油器针阀　12—针阀体　13—喷油器锥体　14—紧固螺套
15—进油管接头　16—滤芯　17—进油管接头衬垫

2. 轴针式喷油器

轴针式喷油器的轴针伸出喷油器体外，如图2—3—20所示。轴针式喷油器主要包括压力销、喷油器针阀和喷油器壳体等部分，如图2—3—21和图2—3—22所示。

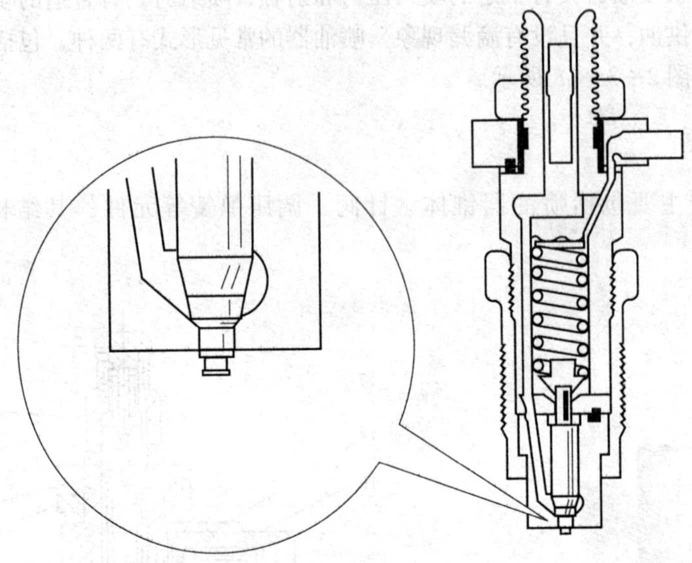

图2—3—20　轴针式喷油器示意图

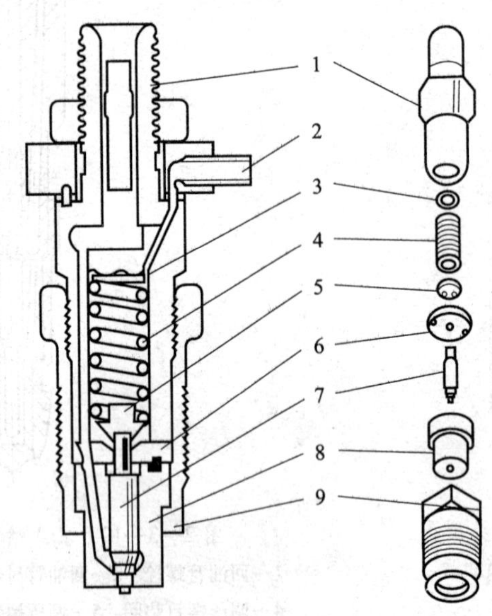

图2—3—21　轴针式喷油器结构图

1，8—喷油器壳体　2—溢流管　3—调节垫片　4—压力弹簧　5—压力销
6—隔片　7—喷油器针阀　9—固定螺母

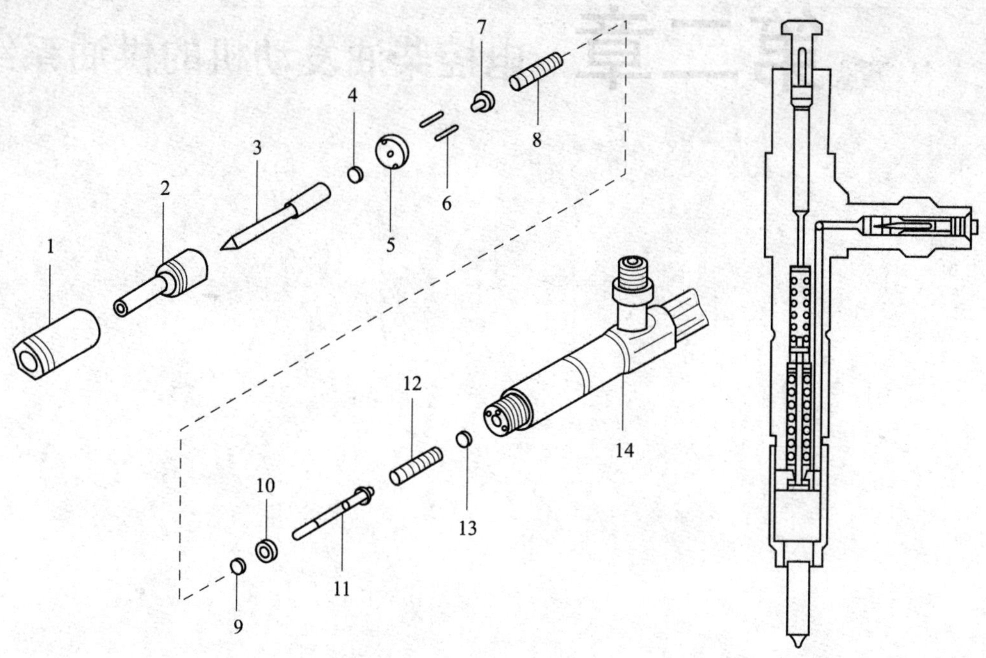

图 2—3—22 双极轴针式喷油器

1—固定螺母 2，14—喷油器壳体 3—喷油器针阀 4，9，13—压力弹簧垫片 5—隔片 6—直销子 7，10—压力弹簧座 8，12—压力弹簧 11—压力销

轴针式喷油器的正常工作状态如图 2—3—23 左图所示，其故障情况包括不喷油或滴油等情况，滴油的故障状态如图 2—3—23 所示。

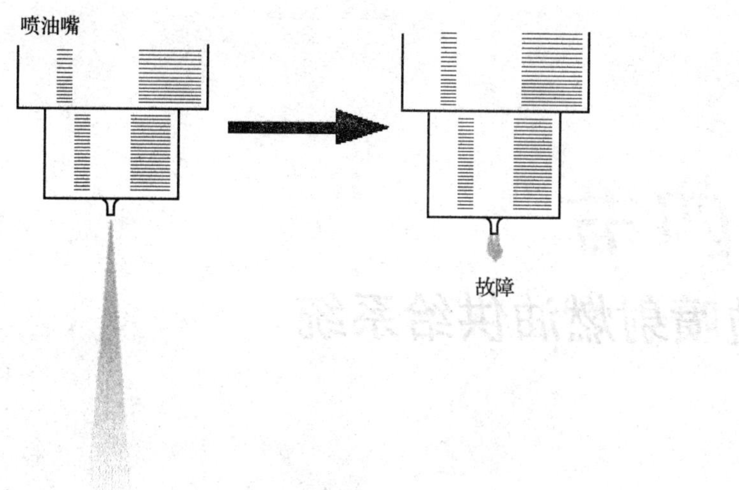

图 2—3—23 轴针式喷油器的工作状态

第二章 电控柴油发动机的供油系统

第四节 共轨喷射燃油供给系统

一、共轨喷射系统概述

1. 共轨喷射系统的主要特点

共轨喷射系统各喷油器之间可以各自独立工作，可以保证发动机在各工况下均能提供规定压力和数量的燃油，能够提供更加准确的空燃比。在喷油器工作的开始阶段，喷油量应尽可能少，这个要求与共轨系统工作特性也是一致的。传统柴油发动机的高压泵是受发动机的转速控制的，共轨系统高压泵不但尺寸更小，可以传递相同的燃油量，而且其工作不受发动机高转速高负荷的影响。

共轨喷射可以完成预喷射，预喷射可以将喷射时间提前到上止点前90°曲轴转角，如果喷射开始时小于上止点前40°曲轴转角，燃油可能会停留在活塞表面和燃烧室，导致机油稀释。对于预喷射，可以先将少量的燃油喷入燃烧室，可以有效提高燃油经济性，减少燃烧噪声和废气排放。主喷射为发动机动力输出提供主要动力，在共轨发动机的喷射过程中，系统一定要保持稳定不变的燃油压力。

2. 共轨喷射系统的组成

直列六缸燃油共轨喷射柴油发动机系统的组成如图2—4—1所示，V型八缸燃油共轨喷射柴油发动机系统的组成如图2—4—2所示。

共轨燃油系统的基本功能是保证燃油以正常的压力在合适的时刻以一定的数量供应给各个气缸，不但要保证柴油发动机运转平稳，还要保证其经济性。共轨喷射柴油发动机的元件布置如图2—4—3所示，共轨燃油系统包含低压油路部分和高压油路部分，低压元件包括预压泵和燃油滤清器，高压元件包括高压泵、燃油轨道、喷油器等元件，高低压油路布置如图2—4—4所示。

二、燃油预压泵

燃油系统低压部分为高压部分提供充足的燃油，如图2—4—5所示，其重要的元件包括燃油箱、预压泵、低压管路（进油和回油）、燃油滤清器、高压泵的低压部分。

预压泵是一个滚柱泵，其作用是为高压泵提供足够的低压油，除此之外，预压泵还可在紧急情况下切断高压泵的燃油供给。预压泵的结构如图2—4—6所示，滚柱泵的泵油过程如图2—4—7所示。

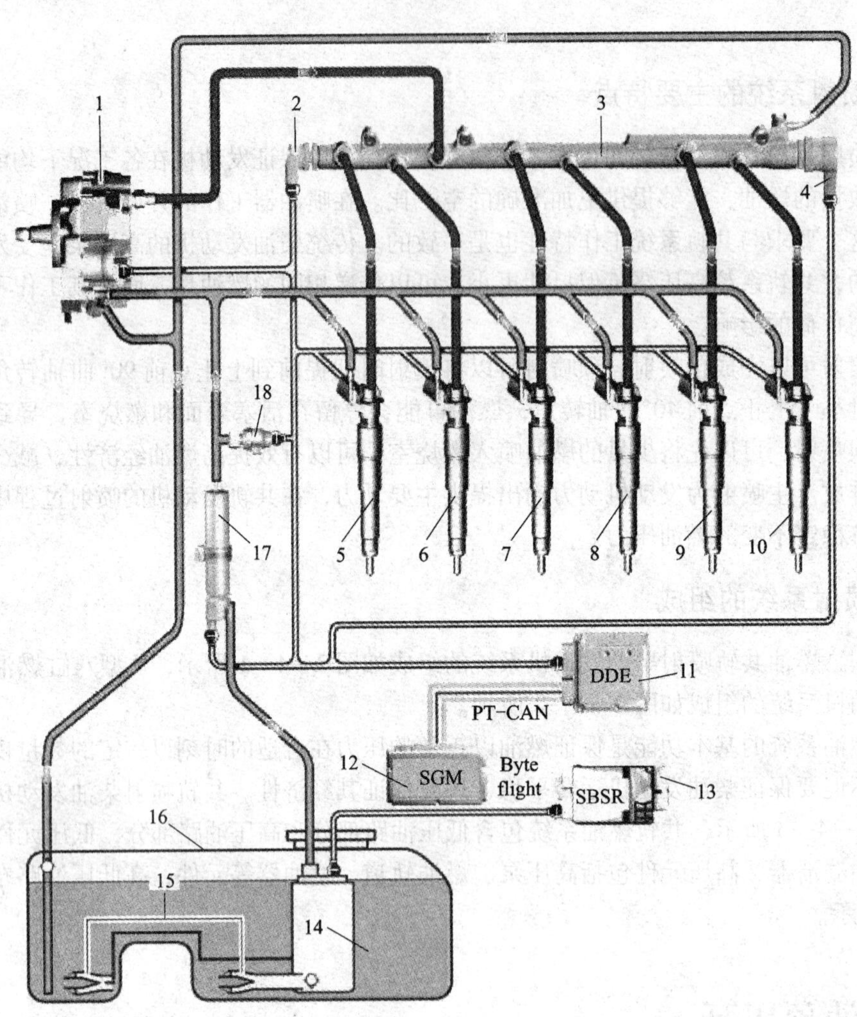

图 2—4—1　直列六缸燃油共轨喷射柴油发动机系统组成

1—带流量调节阀的高压泵　2—油轨压力传感器　3—油轨　4—油轨压力调节阀
5—1 缸喷油器　6—2 缸喷油器　7—3 缸喷油器　8—4 缸喷油器　9—5 缸喷油器　10—6 缸喷油器
11—数字式柴油发动机电子控制单元　12—安全和网关模块　13—右侧 B 柱卫星式控制单元 SBSR
14—电动燃油泵　15—引流泵　16—燃油箱　17—燃油滤清器及燃油滤清器加热装置
18—燃油温度传感器　Byte flight—被动安全系统的光缆　PT - CAN—传动系 CAN

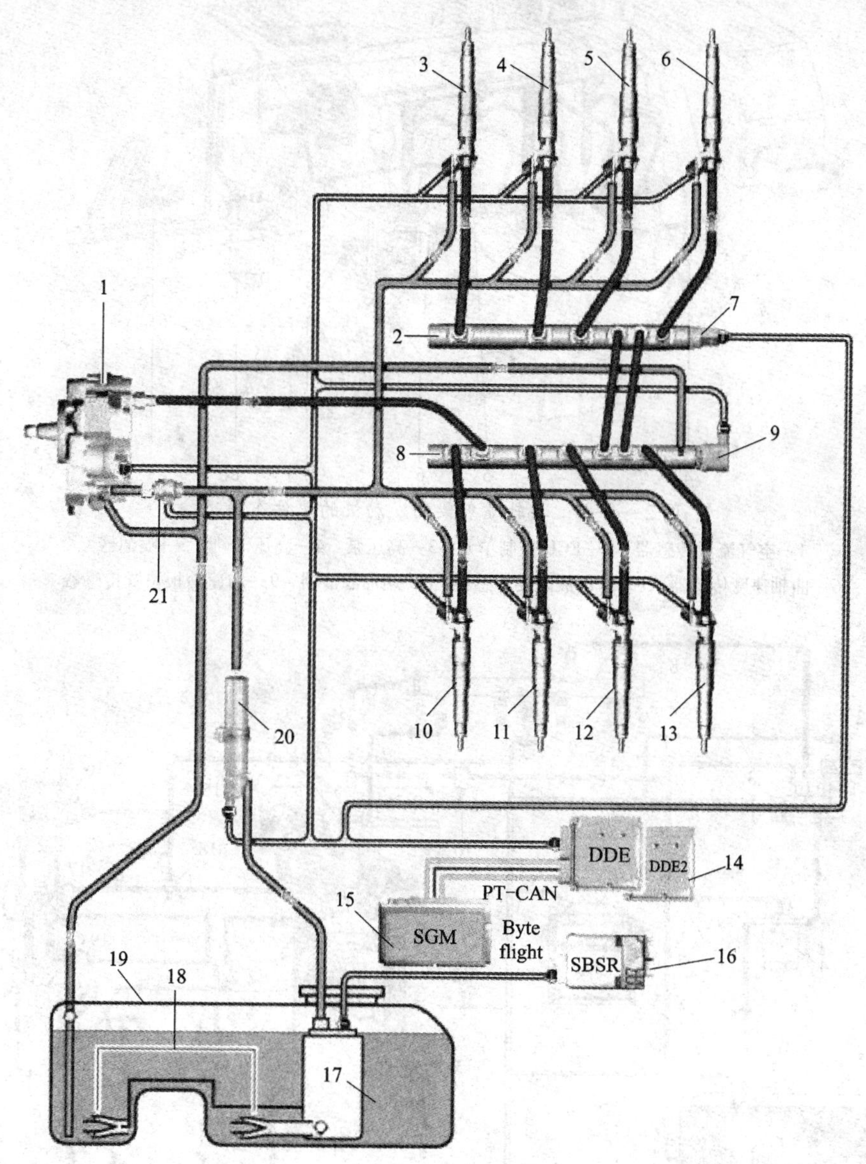

图 2—4—2 V 型八缸燃油共轨喷射柴油发动机系统

1—带流量调节阀的高压泵 2—油轨 1 3—1 缸喷油器 4—2 缸喷油器 5—3 缸喷油器
6—4 缸喷油器 7—油轨压力传感器 8—油轨 2 9—油轨压力调节阀 10—5 缸喷油器 11—6 缸喷油器
12—7 缸喷油器 13—8 缸喷油器 14—数字式柴油发动机电子控制单元 2 15—安全和网关模块
16—右侧 B 柱卫星式控制单元 SBSR 17—电动燃油泵 18—引流泵
19—燃油箱 20—燃油滤清器及燃油滤清器加热装置 21—燃油温度传感器
Byte flight—被动安全系统的光缆 PT - CAN—传动系 CAN

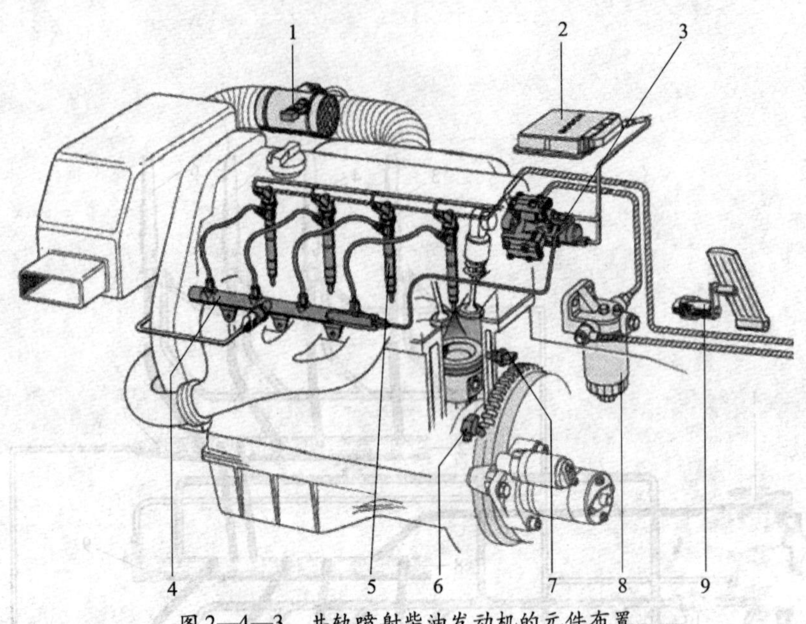

图 2—4—3　共轨喷射柴油发动机的元件布置

1—空气流量传感器　2—ECU 控制单元　3—高压泵　4—高压油轨　5—喷油器
6—曲轴速度传感器　7—冷却液温度传感器　8—燃油滤清器　9—加速踏板位置传感器

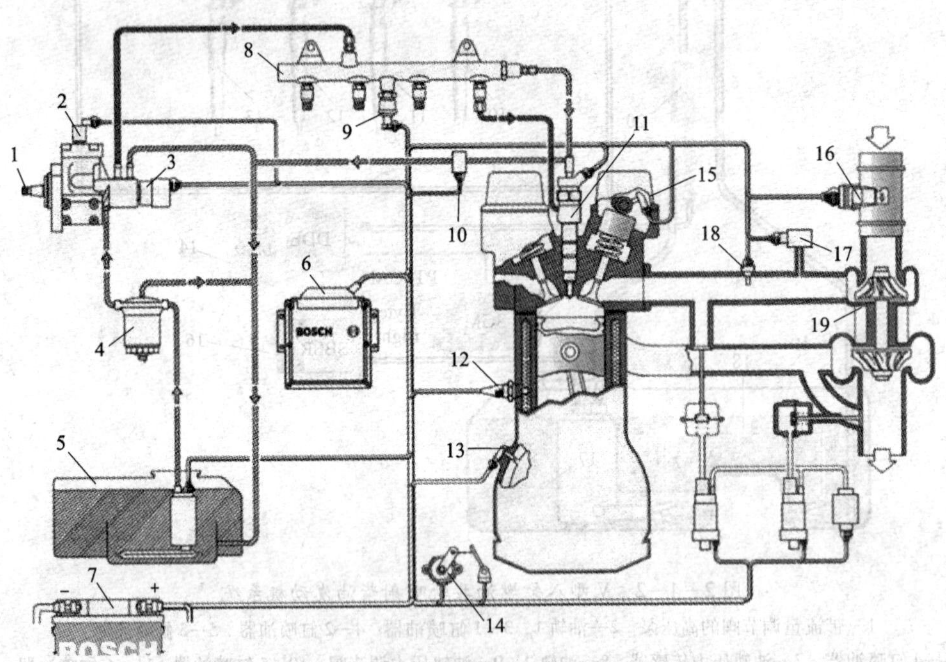

图 2—4—4　高低压油路布置图

1—高压泵　2—切断阀　3—压力控制阀　4—燃油滤清器　5—油箱（含滤网和预压泵）
6—ECU 控制单元　7—蓄电池　8—燃油高压轨道　9—轨道压力传感器　10—燃油温度传感器
11—喷油器　12—冷却液温度传感器　13—曲轴转速传感器　14—加速踏板位置传感器
15—凸轮轴传感器　16—空气流量传感器　17—压力传感器　18—进气温度传感器　19—涡轮增压器

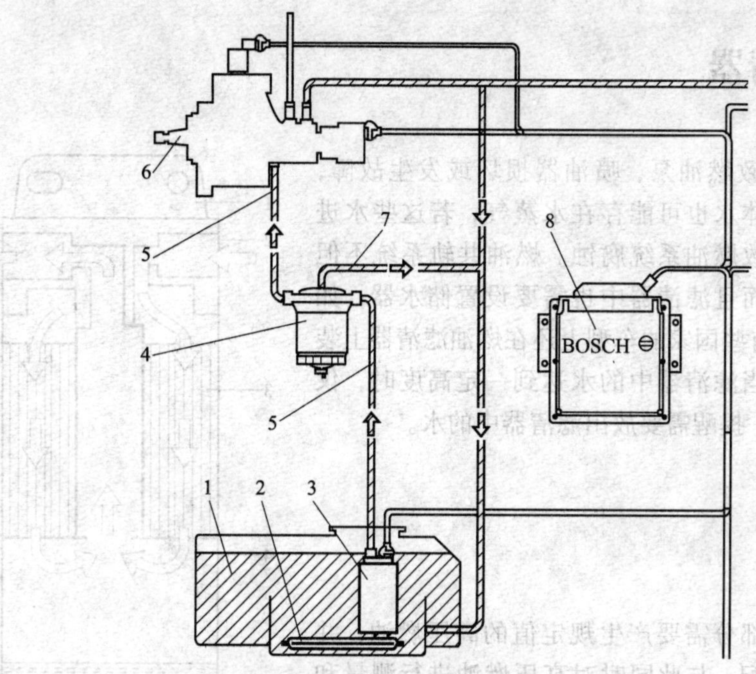

图 2—4—5　低压油路布置

1—燃油箱　2—滤网　3—预压泵　4—燃油滤清器　5—低压管路（进油和回油）
6—高压泵的低压部分　7—低压管路　8—控制单元

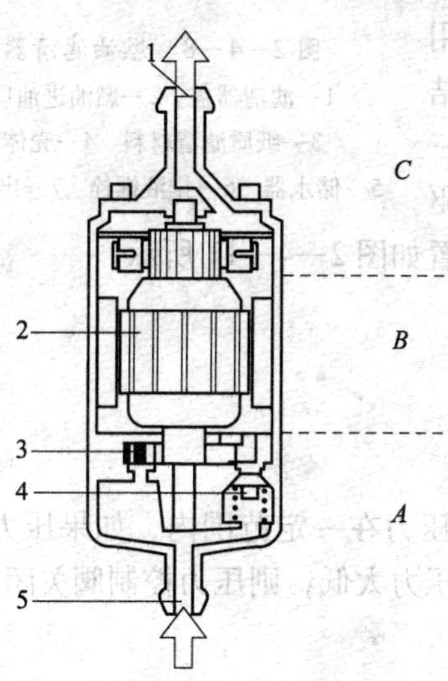

图 2—4—6　预压泵结构

1—泵出油口　2—电动机转子
3—滚柱　4—压力阀　5—进油口
A—泵体　*B*—电动机　*C*—泵出口盖

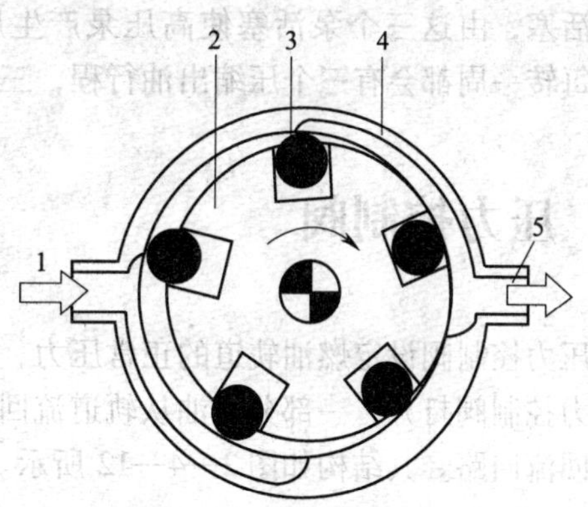

图 2—4—7　滚柱泵泵油过程

1—进油口　2—转子　3—滚柱
4—底座　5—出油口

三、燃油滤清器

燃油脏污会导致燃油泵、喷油器损坏或发生故障，燃油中可能存在液体水也可能存在水蒸气，若这些水进入燃油系统，会导致燃油系统腐蚀。燃油共轨系统不但需要燃油滤清器，而且滤清器中也需要设置储水器，如图2—4—8所示，有些国家的车型上还在燃油滤清器上装有液位提醒装置，当滤清器中的水达到一定高度时，仪表中对应指示灯亮，提醒需要放出滤清器中的水。

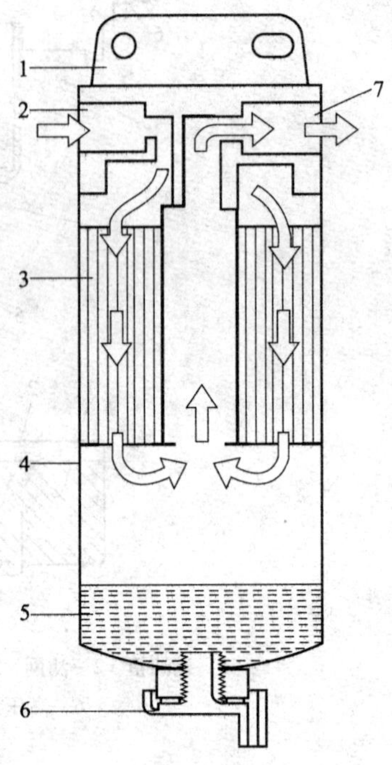

图2—4—8　燃油滤清器

1—滤清器盖　2—燃油进油口　3—纸质滤清材料　4—壳体　5—储水器　6—排液螺栓　7—出油口

四、高压泵

燃油系统高压部分需要产生规定值的高压燃油，并对高压燃油进行分配，与此同时对高压燃油进行测量和监控。如图2—4—9所示，高压部分的元件包括高压泵（含切断阀和压力控制阀）、高压储液器（轨道）、轨道压力传感器、压力限制阀、流量限制阀和喷油器。

高压泵是一个连续供油的燃油分配泵，由发动机用链条或齿形带驱动，由通过其中的柴油进行润滑，其结构如图2—4—10所示，在高压泵的内部，均匀布置了三个泵活塞，由这三个泵活塞使高压泵产生压力，因此驱动轴每转一周都会有三个压缩出油行程，三个泵活塞布置如图2—4—11所示。

五、压力控制阀

压力控制阀设定燃油轨道的正常压力，并且保持该压力在一定范围内，如果压力过高，则压力控制阀打开，一部分燃油从轨道流回油箱。如果压力太低，则压力控制阀关闭，从而关闭回流回路。其结构如图2—4—12所示。

六、高压轨道

高压轨道储存和保持燃油的压力，同时用来保证即使喷油器打开也有足够的压力油提供，其结构如图2—4—13所示。

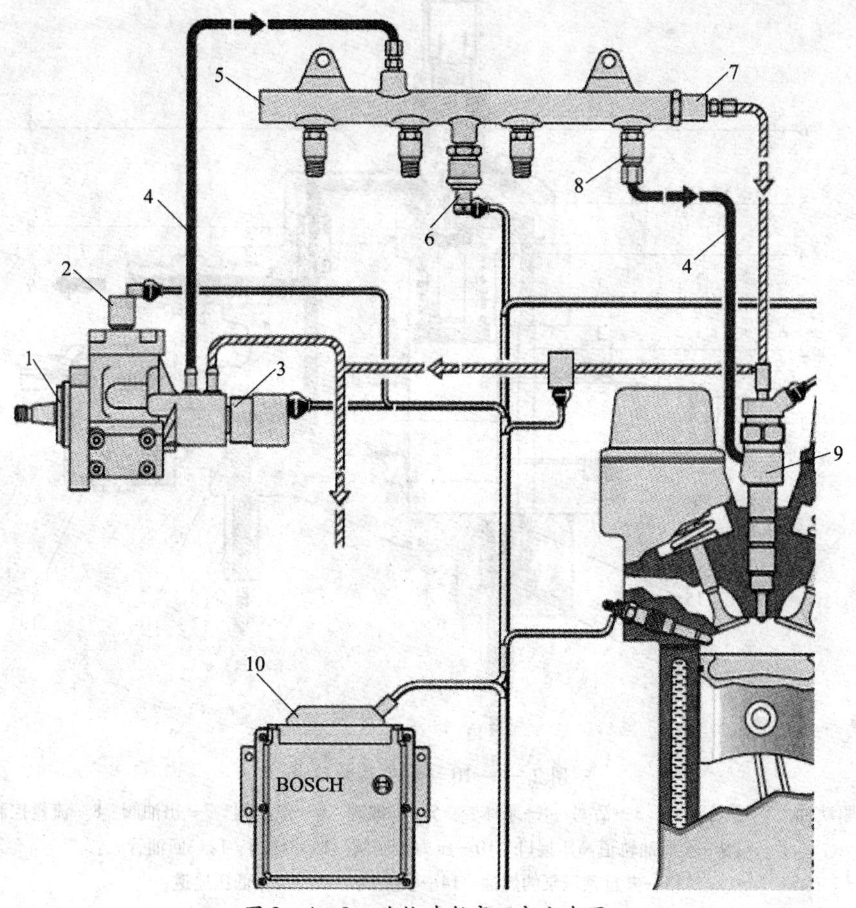

图 2—4—9　共轨喷射高压部分布置

1—高压泵　2—切断阀　3—压力控制阀　4—高压管路　5—轨道　6—轨道压力传感器
7—压力限制阀　8—流量限制阀　9—喷油器　10—ECU 控制单元

七、轨道压力传感器

轨道压力传感器测量每个瞬间轨道内的压力，并输出一个与之相当的电压信号给 ECU 控制单元。

八、喷油器

喷油器的喷油起始时间和喷油量的大小都是由电控触发的，喷油器可以按功能划分为孔式喷油器、液压伺服系统和电磁阀三部分，其结构如图 2—4—14 所示。

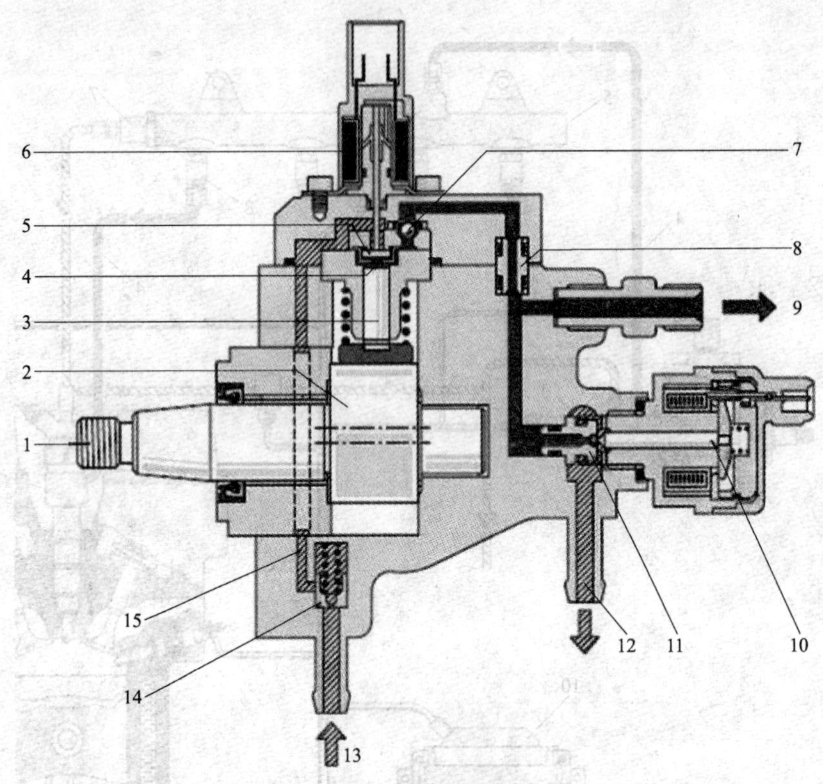

图 2—4—10　高压泵的结构

1—驱动轴　2—偏心凸轮　3—活塞　4—泵体腔　5—进油阀　6—停止阀　7—出油阀　8—流量控制阀　9—至燃油轨道高压接口　10—压力控制阀　11—球阀　12—回油管　13—来自预压泵的燃油　14—安全阀　15—泵体低压通道

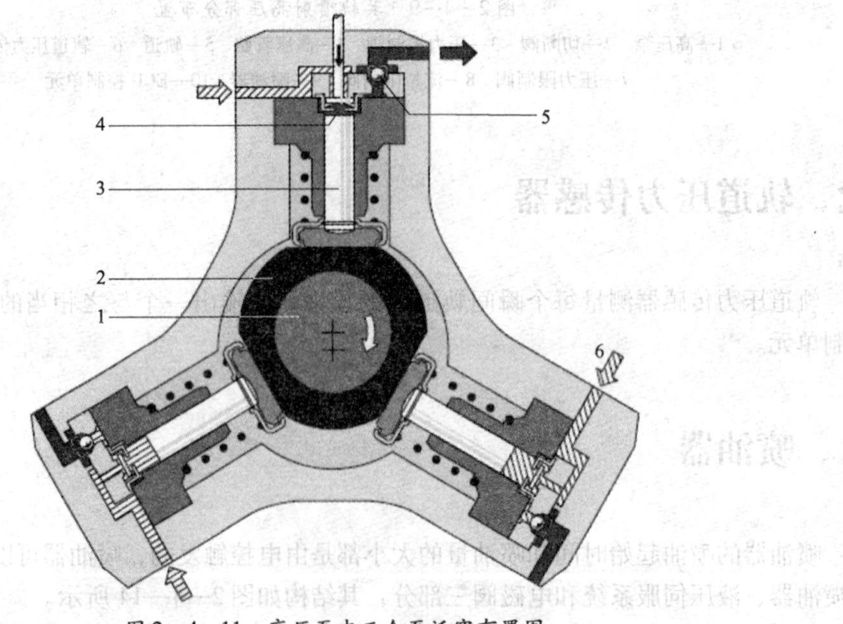

图 2—4—11　高压泵内三个泵活塞布置图

1—驱动轴　2—偏心凸轮　3—泵体和活塞　4—进油阀　5—出油阀　6—进油口

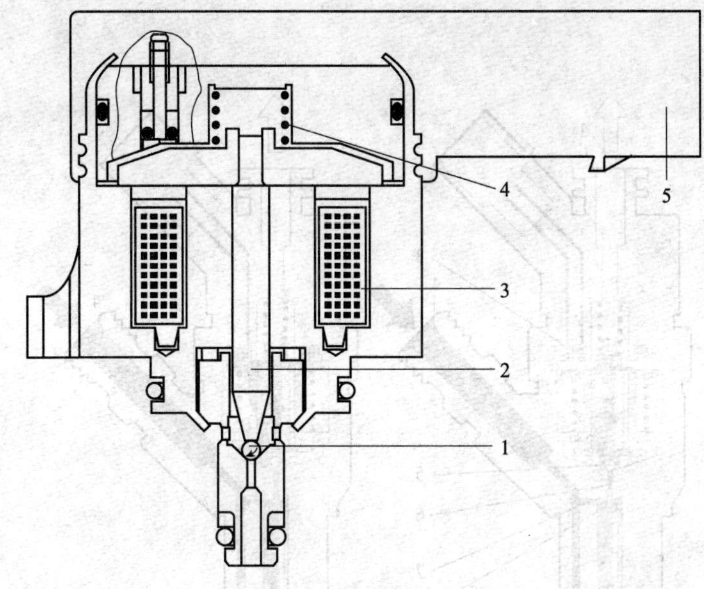

图 2—4—12　压力控制阀

1—阀球　2—转子电枢　3—电磁线圈　4—弹簧　5—导线接头

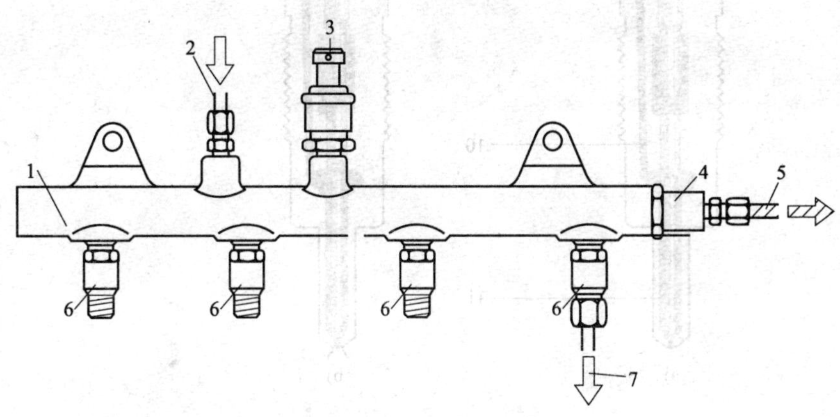

图 2—4—13　高压燃油轨道

1—轨道　2—进油口　3—油压传感器　4—压力限制阀　5—至油箱回油管　6—流量限制阀　7—至喷油器

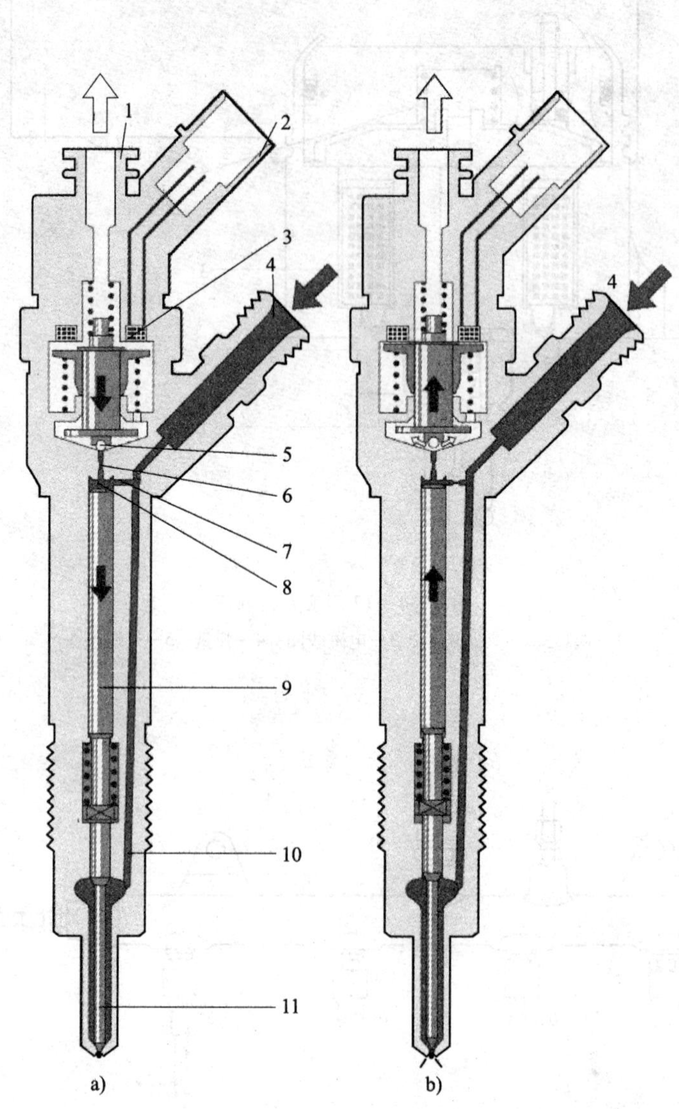

图 2—4—14　喷油器结构

a）喷油器关闭　b）喷油器打开

1—回油管　2—导线接头　3—电磁阀　4—来自轨道的进口　5—阀球　6—出油孔　7—进油孔　8—阀控制油腔　9—阀控制活塞　10—喷油器进油通道　11—喷油器

第二章 电控柴油发动机的供油系统

第五节 电控泵喷嘴系统

一、概述

1930—1940 年间，柴油发动机开始使用独立喷射系统。最早使用的是机械式（柱塞 + 喷油器）喷射系统。但由于当时电子技术在汽车上的应用程度较低，各种优越性得不到充分体现。直到 20 世纪后期，电子技术才在汽车上广泛应用，电控技术也比较成熟，这时欧洲汽车公司又开始研制柴油独立喷射系统。其中，德国大众汽车公司、德国奔驰汽车公司研制的独立喷射系统比较成熟。

大众汽车公司主要研制了 1.9 L TDI 发动机，主要应用于 PASSAT（帕萨特）汽车。在汽车尾部标识为 TDI，其中，“DI”为红色标志的汽车装备的就是独立喷射系统。

1. 独立喷射系统的实现条件

（1）喷油压力提高：一般喷油压力为 205 MPa。

（2）过程控制精确：一般采用控制单元（ECU）集中控制。

（3）采用二次喷油技术，能实现预喷、主喷油过程。

2. 独立喷射系统的优点

采用独立喷射系统的发动机与一般柴油发动机相比具有如下优点：喷油压力高，喷油雾化良好；采用 ECU 集中控制，控制喷油量、供油提前角更精确；采用预喷 + 主喷油方式，能实现先缓后急的喷油等。彻底改善了柴油发动机各种性能，这些优点得益于高达 205 MPa 的喷射压力，以及对喷射循环，预喷射循环的精确控制。除上述优点外，独立喷射系统还具有如下优点：

（1）噪声小。

（2）废气中的有害气体少。

（3）油耗下降。

（4）功率提高。

3. 泵喷嘴的含义

独立喷射发展到现代车型的形式就是泵喷嘴，泵喷嘴就是喷油泵与控制单元和喷油器组合在一起，如图 2—5—1 所示。同带喷嘴的分配式喷射系统一样，泵喷射系统有如下功能：产生所需的高喷射压力，按正确的时间和正确的喷油量喷油。发动机每个缸都有一个泵喷嘴，这意味着不再需要高压管或分配式喷射泵。

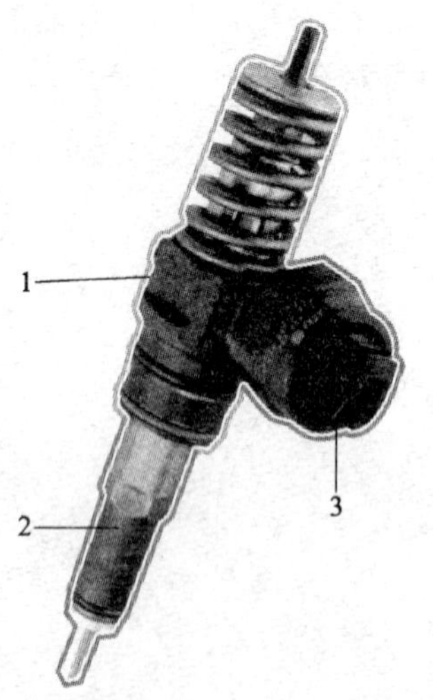

图 2—5—1 泵喷嘴示意图
1—压力产生泵 2—喷油器
3—控制单元（电磁阀）

4. 泵喷嘴的安装位置

泵喷嘴直接集成在缸盖上，如图 2—5—2 所示。

泵喷嘴通过卡块固定在缸盖上，泵喷嘴必须安装正确，如图 2—5—3 所示，若泵喷嘴与缸盖不垂直，紧固螺栓会松动，结果会使泵喷嘴或缸盖损坏。

图 2—5—2　泵喷嘴的安装位置

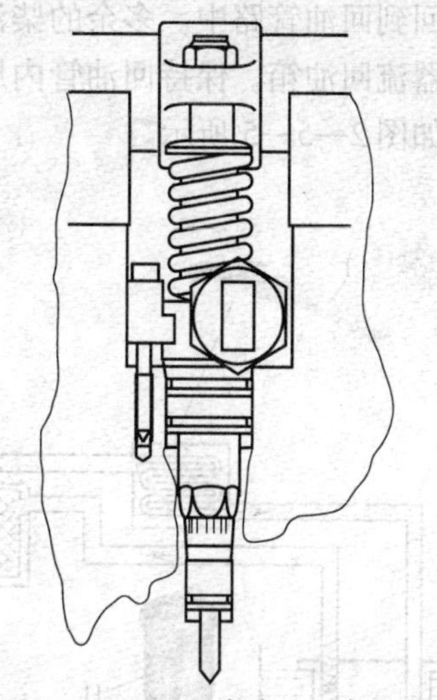

图 2—5—3　泵喷嘴的正常安装

二、泵喷嘴式燃油系统的结构组成

泵喷嘴式燃油系统与其他系统相似，主要由进气供给装置、燃油供给装置、电控系统、排气装置等组成。

1. 供油系统的结构与原理

如图 2—5—4 所示，泵喷嘴式燃油系统的供油系统主要由油箱、滤清器、冷却器、输油泵、泵喷嘴等主要部件组成。

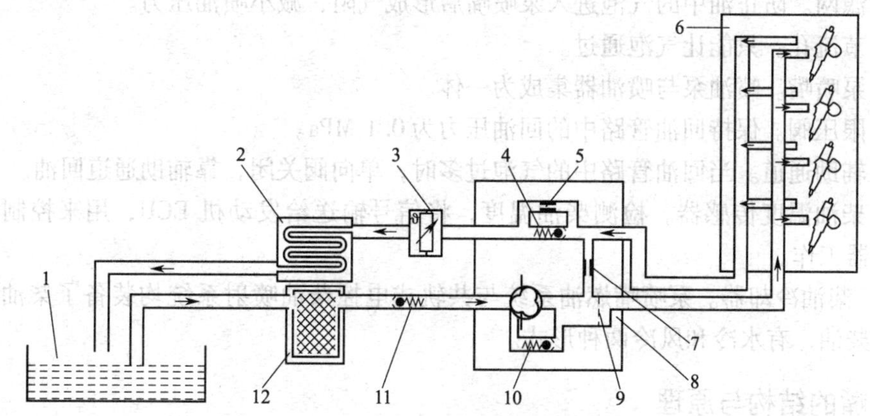

图 2—5—4　泵喷嘴燃油系统供油系统组成

1—油箱　2—燃油散热器　3—燃油温度传感器　4—压力调节阀　5—旁通道　6—缸盖　7—节流通道　8—燃油泵　9—滤网　10—压力调节阀　11—单向阀　12—燃油滤清器

发动机转动，叶片转子式输油泵运转，单向阀打开，油箱中的柴油经滤清器过滤后进入输油泵，输油泵产生一定压力后输送给泵喷嘴。同时，柴油中的气泡不能经过滤网，而经节流孔回到回油管路中。多余的柴油经回油管、限压阀（辅助通道）、柴油温度传感器、柴油冷却器流回油箱。保持回油管内压力为0.1 MPa，使电磁阀针阀处压力平衡。燃油系统供油过程如图2—5—5所示。

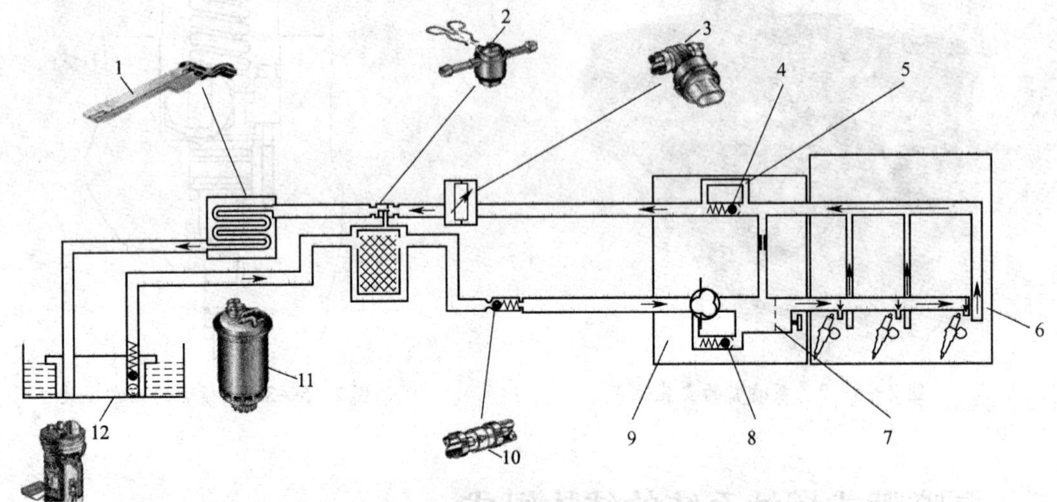

图2—5—5　泵喷嘴燃油系统工作过程图

1—燃油冷却器　2—燃油预热阀　3—燃油温度传感器　4，8—压力限制阀　5—旁通管路　6—缸盖　7—过滤网　9，12—油泵　10—单向阀　11—燃油滤清器

（1）柴油滤清器。与其他燃油系统的滤清器作用相同，主要用于过滤柴油中的杂质，同时，还能将柴油中的水分离出来。

（2）单向阀。在发动机熄火后，保持低压油路中有0.02 MPa的压力油，以便下次顺利启动。

（3）限压阀。当发动机高速运行，输油泵出油口压力大于0.75 MPa后，限压阀打开，输油泵空转，防止输油泵过载。

（4）滤网。防止油中的气泡进入泵喷嘴后形成气阻，减小喷油压力。

（5）节流孔。只能让气泡通过。

（6）泵喷嘴。喷油泵与喷油器集成为一体。

（7）限压阀。保持回油管路中的回油压力为0.1 MPa。

（8）辅助通道。当回油管路中的气泡过多时，单向阀关闭，靠辅助通道回油。

（9）柴油温度传感器。检测柴油温度，将信号输送给发动机ECU，用来控制喷油量、柴油冷却器工作。

（10）柴油冷却器。泵喷嘴燃油系统与共轨式电控柴油喷射系统均装备了柴油冷却器，用来冷却柴油，有水冷和风冷两种形式。

2. 泵喷嘴的结构与原理

（1）泵喷嘴的结构。如图2—5—6所示，泵喷嘴主要由柱塞式高压泵、喷油器、油量控制电磁阀、驱动部分等组成。

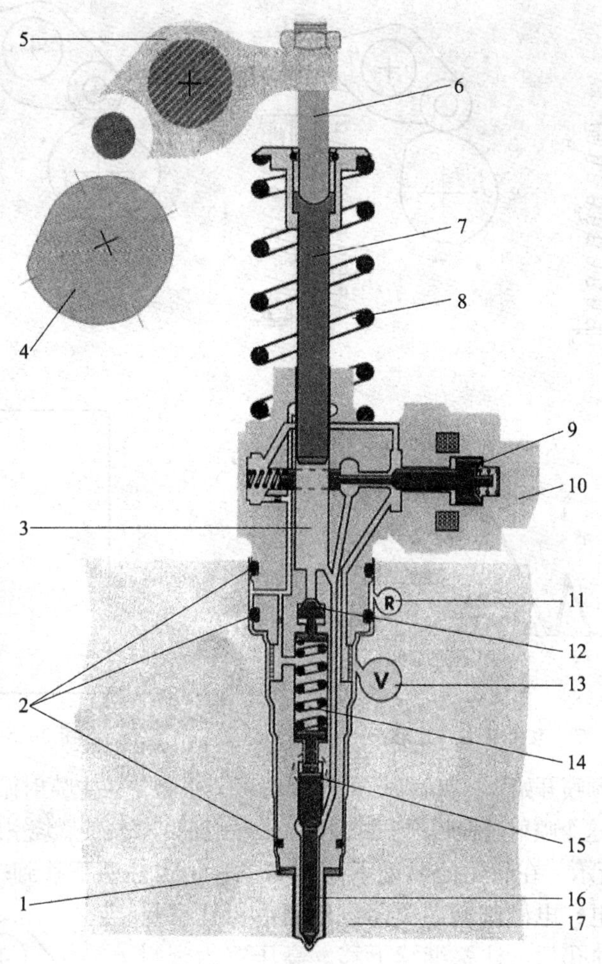

图 2—5—6　泵喷嘴结构示意图

1—隔热密封垫　2—O 形密封圈　3—高压腔　4—喷射凸轮　5—滚柱式摇臂　6—球头销　7—泵活塞　8—活塞弹簧　9—电磁阀针阀　10—喷油器电磁阀　11—回油管　12—锥阀　13—供油管　14—喷油器弹簧　15—喷油器针阀缓冲元件　16—喷油器针阀　17—缸盖

（2）泵喷嘴的工作过程。如图 2—5—7a 所示，高压泵的柱塞由凸轮驱动。由于凸轮轮廓结构决定了柱塞向下运动的速度较快，而在柱塞回位弹簧的作用下向上运动的速度较慢。另外，由于针阀减振器的作用，当高压泵开始泵油时，针阀打开少许，喷油器喷少许油，随后逐渐关闭。凸轮继续驱动高压泵柱塞，油压继续升高，针阀迅速打开，喷油器又开始喷油。如图 2—5—7b 所示，当凸轮转过最大升程后，升程开始减小，柱塞回位弹簧作用，柱塞开始向上移动。油压下降，针阀开度减小，直到关闭，喷油器停止喷油。因此，泵喷嘴式高压泵在喷油过程中实现二次喷油，与柴油发动机理想喷油相适应，如图 2—5—7c 所示。

1）进油过程。如图 2—5—8 所示，摇臂落在凸轮的基圆上，凸轮未驱动摇臂。在柱塞回位弹簧的作用下，柱塞上移，同时，电磁阀打开。输油泵输送来的压力油从进油道“V”处进入泵喷嘴，经过电磁阀，进入高压室。

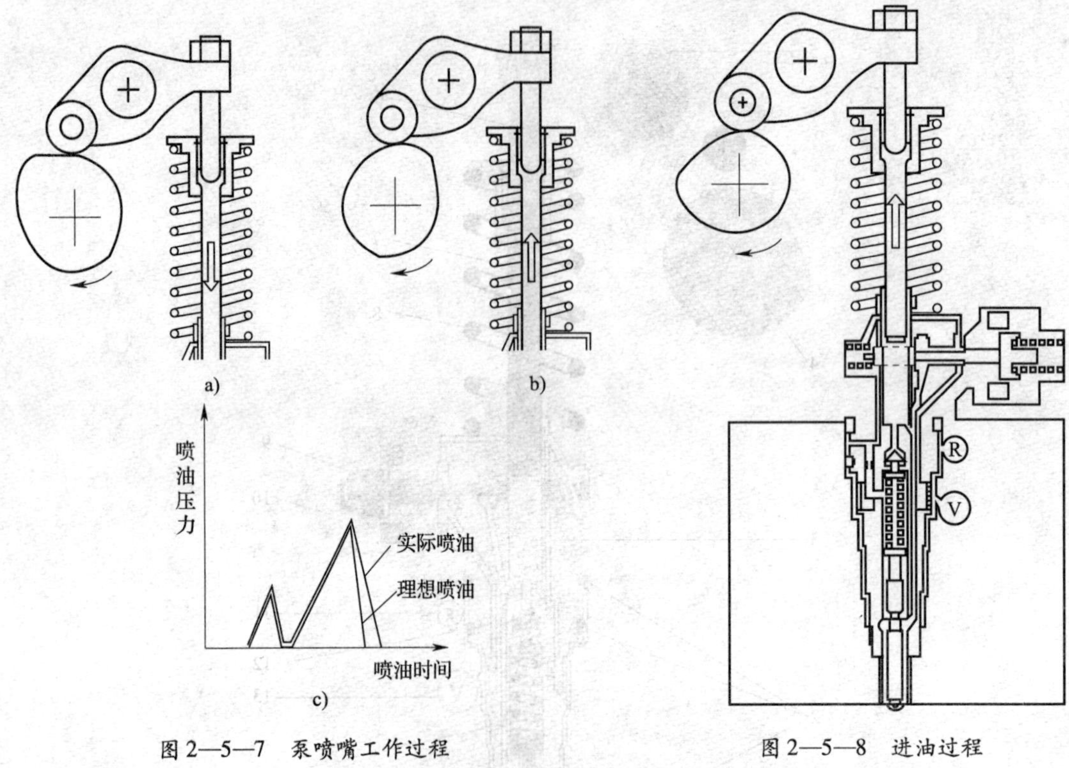

图 2—5—7　泵喷嘴工作过程　　　图 2—5—8　进油过程

2）压油过程（预喷开始）。为确保燃烧过程尽可能平稳，在主喷射循环开始之前，少量燃油在低压下被喷入，这个喷射过程叫预喷射循环。少量燃油的燃烧使燃烧室内的压力和温度上升。

如图 2—5—9 所示，在凸轮的驱动下，柱塞下移。当柱塞下移到一定位置时，发动机 ECU 控制电磁阀断电，电磁阀阀芯关闭进油道。当柱塞封闭了柱塞套上的进油孔后，柱塞继续下移。高压室为密封空间，由于空间减小，油压升高，压油开始。此时油压可达 18 MPa，喷油器预喷开始。

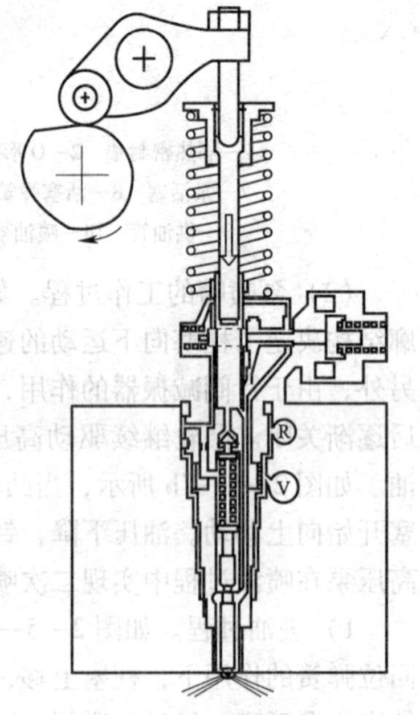

图 2—5—9　压油过程（预喷开始）

柱塞开始下移时，电磁阀尚未关闭。柱塞下移一定行程后，电磁阀才关闭。只有电磁阀关闭，高压室才处于密闭状态，油压才能升高。由此，电磁阀的关闭时间决定了喷油器的喷油时刻。由此可见，发动机 ECU 通过控制电磁阀的关闭时刻来控制供油提前。

如图 2—5—10 所示，在喷油器针阀上端有一个活塞（减振器）。当油压上升达到 18 MPa 时，针阀上移，喷孔打开，开始预喷油。同时，减振器向上移动，通过弹簧推动锥阀关闭了柱塞泵高压腔。此时，上腔容积减小，油压升高。另外，由于减振器上端作用面积大于下端面积，柱塞针阀不能继续向上移动，保持在平衡状态，实现了预喷。利用活塞直径不同，减振器可产生不同的压力。

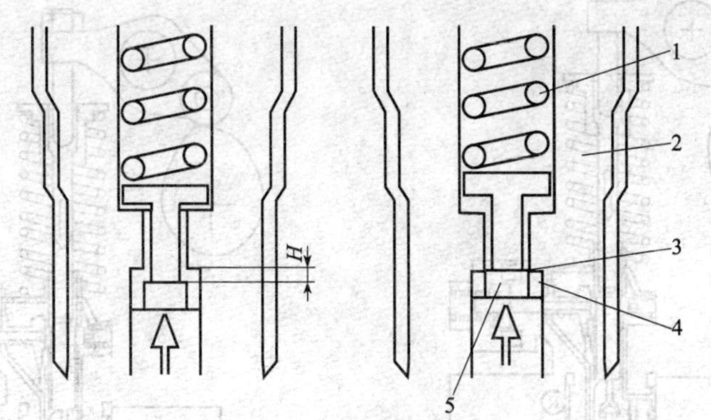

图 2—5—10　减振器工作原理

1—减振器弹簧　2—针阀体　3—减振器限位台阶
4—针阀上腔　5—减振器（活塞）　H—减振器行程（预喷时针阀的行程）

3）压油过程（预喷结束）。如图 2—5—11 所示，柱塞在凸轮的驱动下，继续下移。柱塞内腔（高压室）油压升高，使减振器室上端锥阀打开，锥阀下端的高压室与高压腔相通，油压下降，针阀下移，关闭喷孔，预喷结束。

4）主喷过程。主喷射循环的关键是产生良好的混合气，使燃油完全燃烧。高喷射压力使空气和燃油完全混合，最终雾化，充分燃烧，减少排放污染并确保发动机高效率运转。

如图 2—5—12 所示，柱塞继续下移，高压室与喷油器针阀承受高压腔压力的作用，针阀位置保持不变。当高压室压力达到 30 MPa，高压油作用在针阀承压锥面上的压力大于针阀上端作用力时，针阀上移，主喷油开始。由于此时高压泵柱塞下移速度快，喷孔直径小，喷油压力可达 205 MPa。

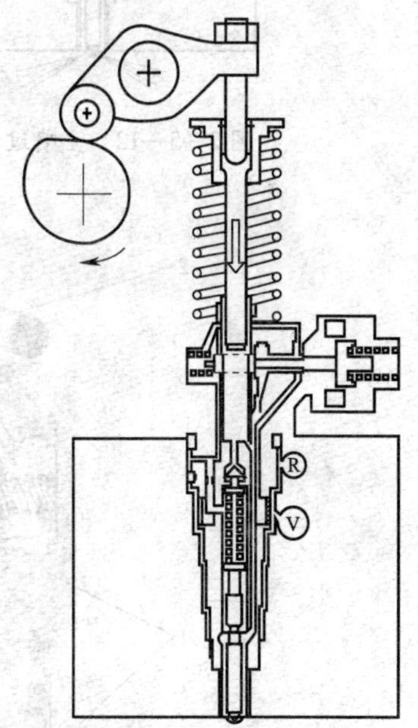

图 2—5—11　压油过程（预喷结束）

5）主喷油结束。在喷射结束过程，压力迅速下降和喷嘴迅速关闭是很重要的。这样可防止燃油在低喷射压力下以大颗粒滴入燃烧室，否则燃油不完全燃烧，会造成严重的排气污染。

如图 2—5—13 所示，柱塞继续下移，电磁阀打开，高压室与进油腔（低压腔）相通，油压迅速下降，针阀在弹簧力的作用下迅速下移，关闭喷孔，停止喷油。电磁阀阀芯两端的压力相等，打开速度快，油压下降快，针阀关闭迅速，停油快。

6）燃油返回泵喷嘴。泵喷嘴的回油管具有如下功能：来自供油管的燃油冲刷通向回油管的泵喷嘴油道，起到冷却泵喷嘴的作用；排出泵活塞处泄出的燃油；通过回油管内的节流孔分离来自供油管内的气泡，如图 2—5—14 所示。

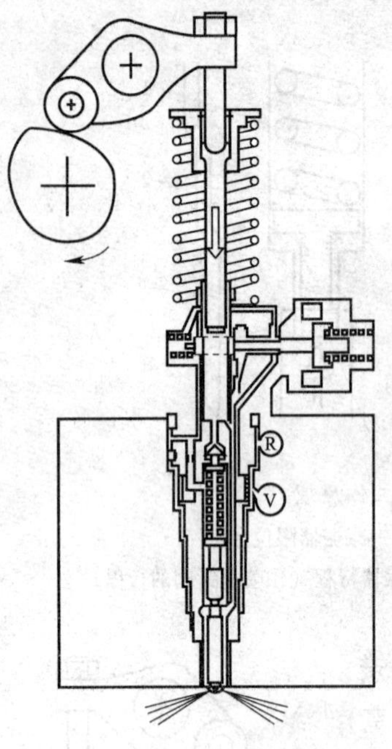

图 2—5—12　主喷过程

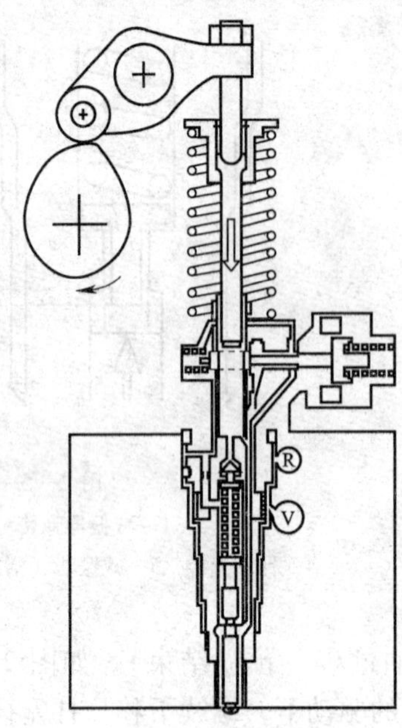

图 2—5—13　主喷油结束

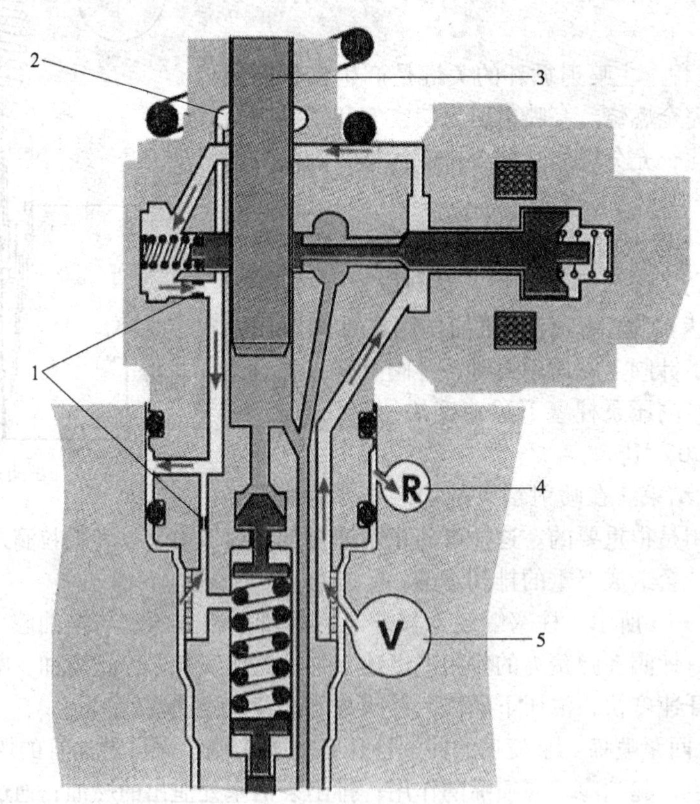

图 2—5—14　燃油返回泵喷嘴

1—节流孔　2—泄油通道　3—泵活塞　4—回油管　5—供油管

3. 燃油输油泵的结构与原理

如图 2—5—15 所示，燃油输油泵（也称燃油泵）位于缸盖上，紧挨在真空泵后面，其功能是将燃油从油箱传送到泵喷嘴。两个泵都由凸轮轴驱动，因此称两泵为串联泵。

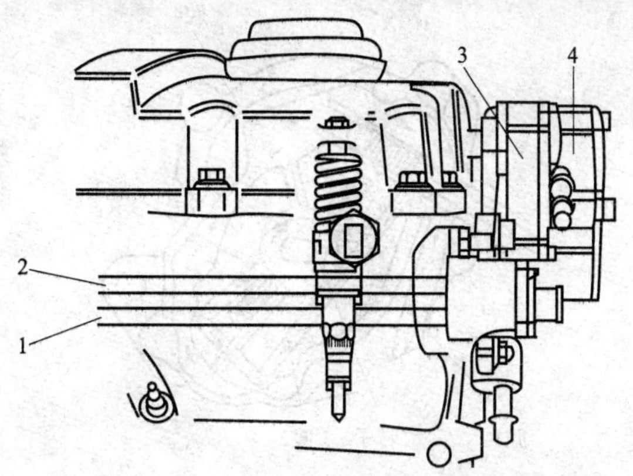

图 2—5—15 燃油泵安装示意图

1—回油管 2—供油管 3—真空泵 4—燃油泵

为了检查供油管压力，油泵上有一个用于接压力测试仪 V. A. G5187 的接头。燃油泵是间歇式叶片泵，间歇叶片被弹簧压力压紧在转子上，其优点是在发动机转速较低时也可供油。而旋转叶片泵在发动机达到一定转速时在离心力作用下叶片才能压紧在定子上，此时方开始供油。泵体内的油道使转子始终处于被燃油浸润的状态，从而可随时输送燃油。叶片转子式输油泵的结构如图 2—5—16 所示。

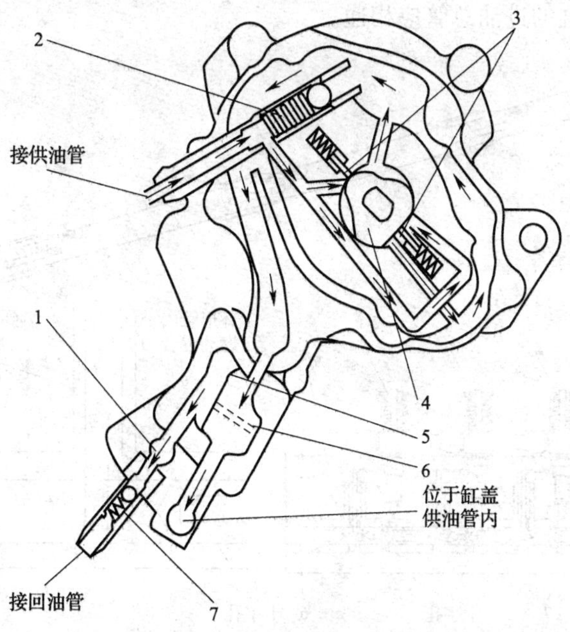

图 2—5—16 叶片转子式输油泵结构示意图

1—来自缸盖的回油管 2—供油管压力调节阀 3—间歇叶片 4—转子 5—节流孔 6—过滤器 7—回油管压力调节阀

容积增大时油泵进油，容积减小时油泵输油，燃油被吸出和泵入两个油腔（吸油腔和供油腔）。吸油腔和供油腔通过隔断叶片彼此分开。叶片转子式输油泵工作原理如图 2—5—17 所示，燃油被吸入腔 1 并从腔 2 泵出，转子的旋转运动使腔 1 容积增加，腔 2 容积减小。另外两个腔工作，燃油被吸入腔 3 并从腔 4 泵出。

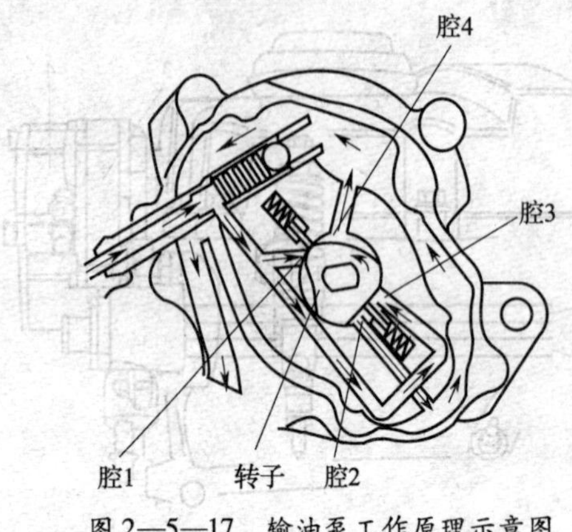

图 2—5—17　输油泵工作原理示意图

4. 供油总管

工作过程：油泵将燃油输送到缸盖内的供油管内。如图 2—5—18 所示，在供油管内，燃油沿着分配管内管流向 1 缸，并通过十字孔进入分配管和缸盖壁之间的环形管。在此，常温燃油与受热燃油混合，并被泵喷嘴强制流回供油管，使供油管流到各缸的燃油温度一致。所有的泵喷嘴被提供相同量的燃油，发动机运转平稳。为了保证发动机各缸的燃油温度、压力、质量等相同，各缸的进油总管应相通。

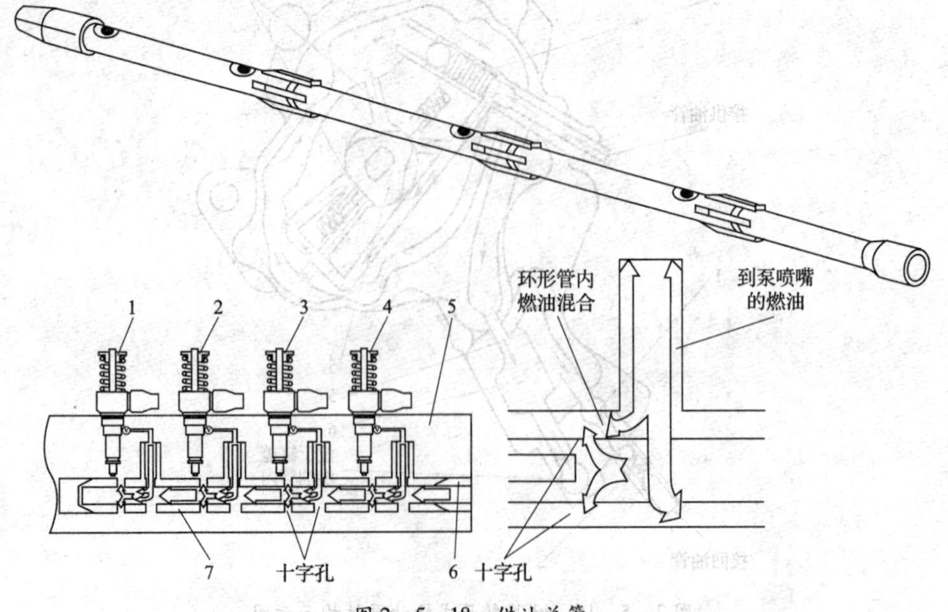

图 2—5—18　供油总管

1—1 缸　2—2 缸　3—3 缸　4—4 缸　5—气缸盖　6—分配管　7—环形管

若没有分配管，各缸泵喷嘴的油温将不相同。泵喷嘴强制流回供油管的受热燃油在供油管内被流动的燃油直接从4缸推到1缸喷嘴。结果，油温从4缸到1缸上升，并且泵喷嘴被提供了不同质量的燃油，这将会使发动机运转不平稳并将在前几缸中产生极度高温。

5. 燃油冷却系统

泵喷嘴的高压使燃油温度提高，在它们流回到油箱前必须将其冷却。燃油冷却器安装在燃油滤清器内，用于冷却回油，防止油箱和油位传感器受到过热燃油的影响。如图2—5—19所示，燃油冷却系统主要由燃油冷却器、燃油冷却泵、燃油泵（油泵）、燃油温度传感器、辅助水冷器、膨胀罐等组成。其工作原理如图2—5—20所示。

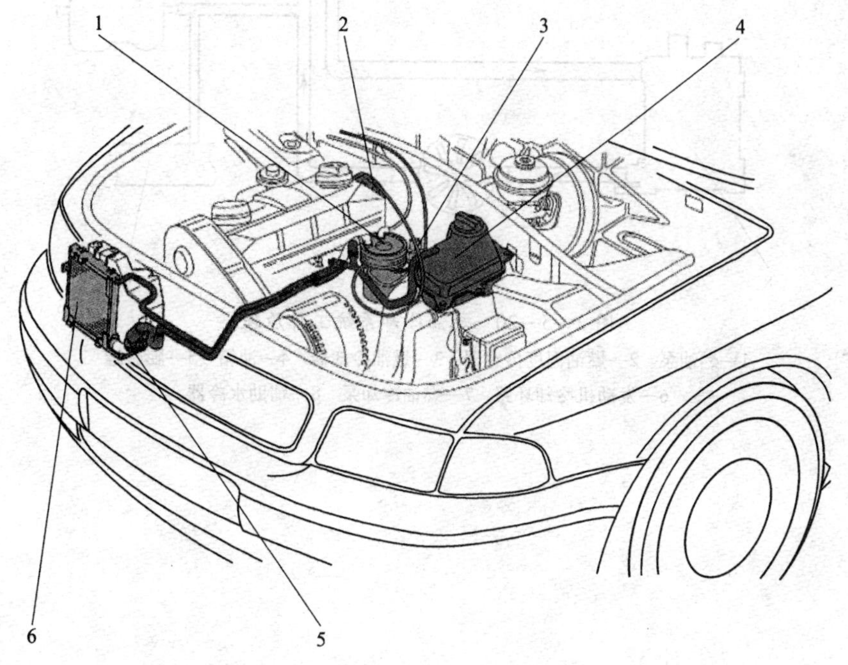

图2—5—19　燃油冷却系统

1—燃油冷却器　2—燃油泵　3—燃油温度传感器　4—膨胀罐　5—燃油冷却泵　6—辅助水冷器

如图2—5—20所示，从泵喷嘴回来的燃油流经燃油冷却器并将高温传递给燃油冷却环路中的冷却液。燃油冷却循环与发动机冷却环路分开，这是很有必要的，因为在发动机运行时的冷却液温度过高，无法冷却燃油。燃油冷却环路与发动机冷却环路在膨胀罐附近相通，这样，燃油冷却环路能够充注冷却液，且因温度波动而引起的体积变化也会得到补偿。

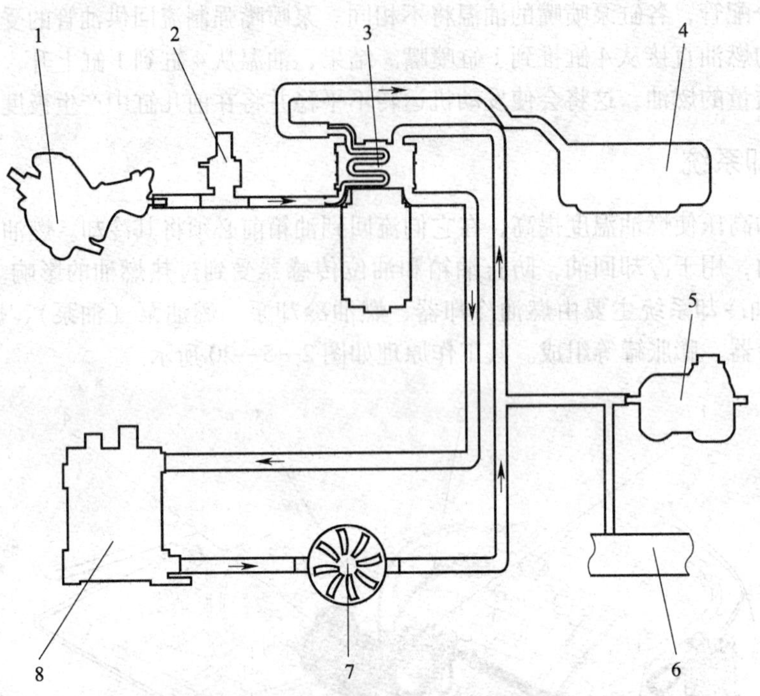

图 2—5—20　燃油冷却系统工作原理

1—燃油泵　2—燃油温度传感器　3—燃油冷却器　4—油箱　5—膨胀罐
6—发动机冷却环路　7—燃油冷却泵　8—辅助水冷器

第三章 柴油发动机的电控系统

第一节 柴油发动机电控系统的组成

一、柴油发动机电控系统概述

柴油发动机的电子控制包括燃油喷射控制、进排气的控制以及对废气的后处理。其中，燃油喷射控制是关键，也是柴油发动机电子控制中的难点。高压喷射可以有效地改善柴油发动机的经济性和排放，而灵活的喷油速率控制（例如预喷射）是解决柴油发动机的排放和噪声的有效措施。废气涡轮增压则不仅能改善柴油发动机的动力性、经济性，而且还可以有效地降低柴油发动机的微粒排放。通过废气再循环（EGR），柴油发动机的氮氧化物排放也可大大降低。最后，通过后处理装置可以进一步降低柴油发动机的废气排放。所有这些控制功能只有利用电子控制系统，实现系统综合与优化匹配，才能获得柴油发动机的最佳性能。柴油发动机典型电控系统如图 3—1—1 所示。

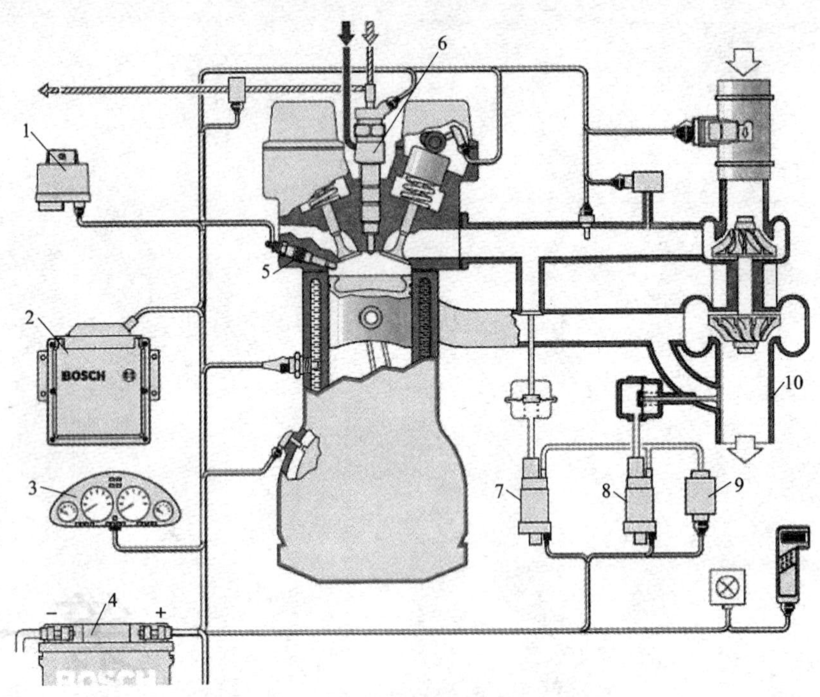

图 3—1—1　柴油发动机典型电控系统组成图

1—预热控制单元　2—ECU 控制单元　3—燃油消耗仪表显示　4—蓄电池
5—预热塞　6—喷油器　7—EGR 调节阀　8—压力执行器　9—真空泵　10—涡轮增压器

二、常见 SDI 柴油发动机电控系统的主要部件

1. 控制单元

SDI 柴油发动机又称为自然进气控制式柴油发动机，其电控系统部件相对 TDI 较少，喷

油量控制、喷油起始时间控制与废气排放控制等均以控制单元为核心，控制单元外形如图3—1—2 所示。

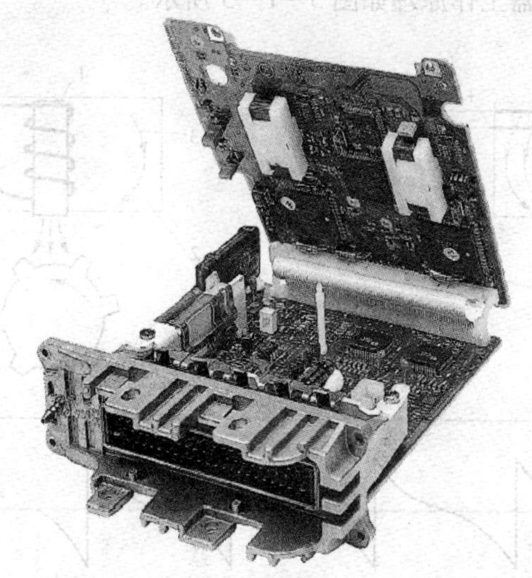
图 3—1—2　电控柴油喷射系统控制单元

当控制单元失效时，行驶特性恶化直至发动机熄火，同时，预热时间控制灯 K29 闪烁。

2. 温度传感器

温度传感器相当于电位计，其工作原理如图 3—1—3 所示。

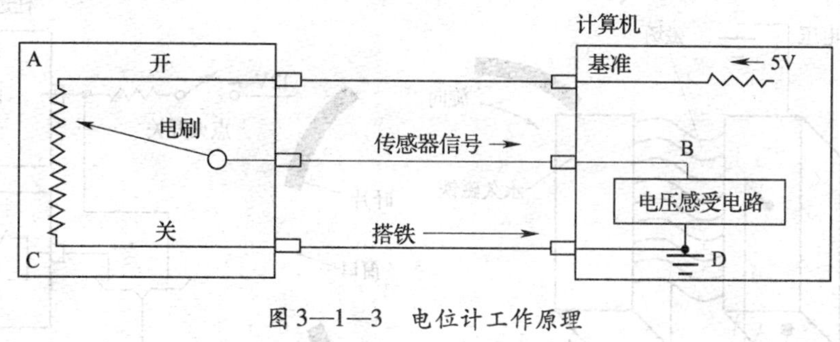

图 3—1—3　电位计工作原理

发动机冷却液温度传感器工作原理如图 3—1—4 所示。

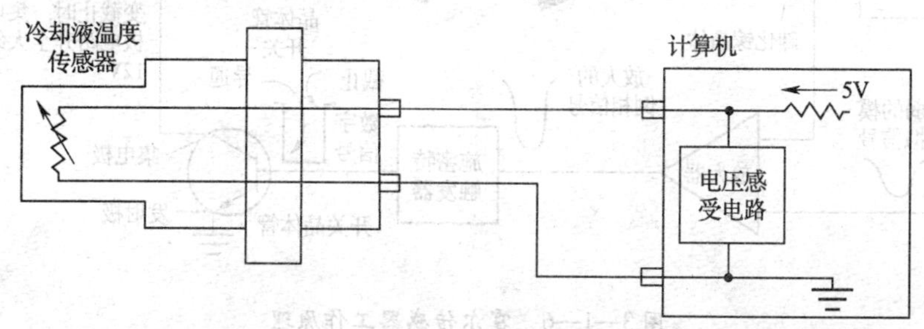

图 3—1—4　发动机冷却液温度传感器工作原理

3．发动机转速传感器

（1）感应式转速传感器工作原理如图 3—1—5 所示。

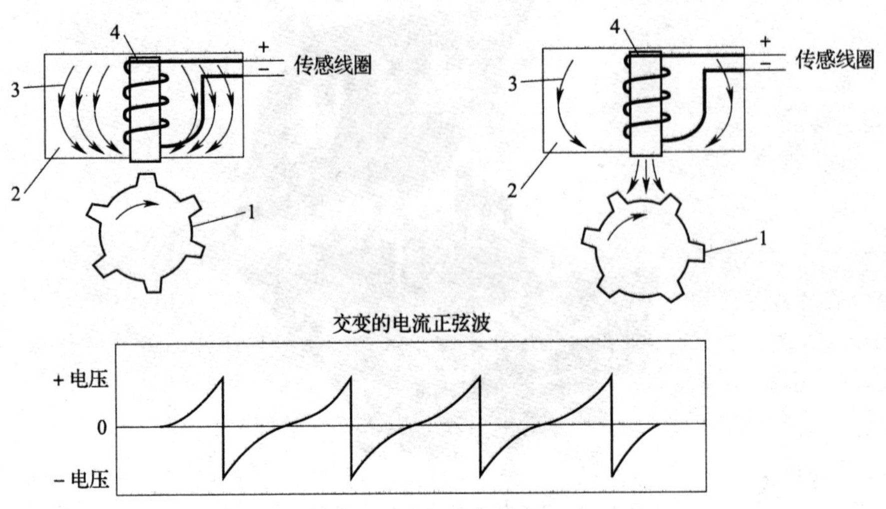

图 3—1—5　感应式转速传感器工作原理

1—传感器转子　2—信号发生器　3—磁场　4—电磁线圈

（2）霍尔传感器工作原理如图 3—1—6 所示。

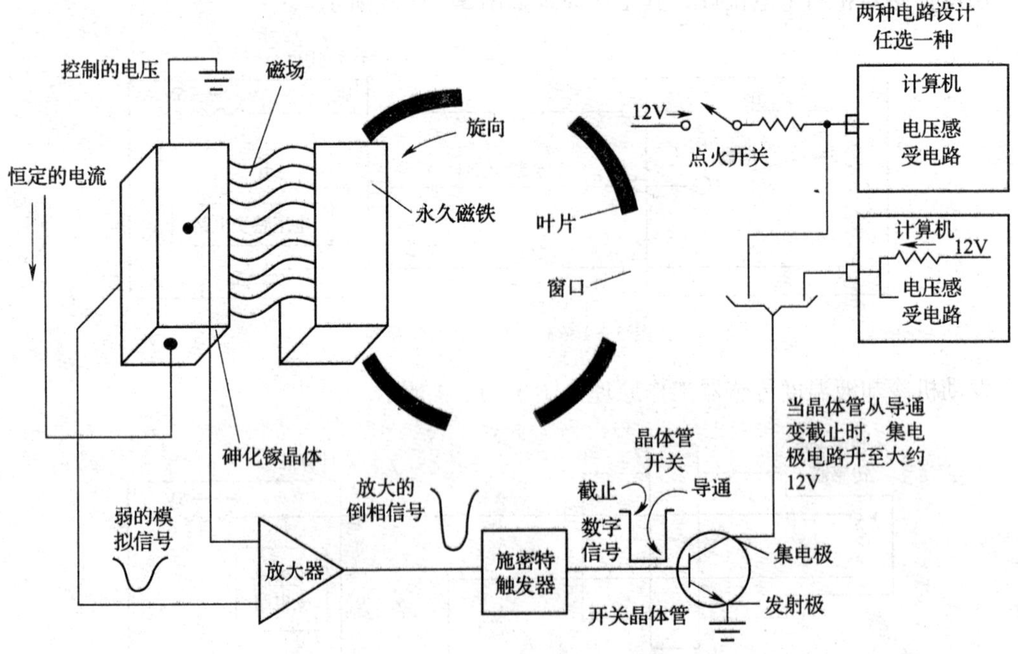

图 3—1—6　霍尔传感器工作原理

（3）转速传感器 G28 如图 3—1—7 所示。发动机转速传感器 G28 采用感应式转速传感器，安装在曲轴后端，信号轮固定在飞轮上，传感器安装在飞轮壳体上。

发动机转速传感器 G28 是控制发动机喷油量的基本参数之一。当发动机转速传感器 G28 失效时，发动机出现不能启动、发动机运行中熄火、预热时间控制灯 K29 闪烁、转速表不显示转速等故障现象。

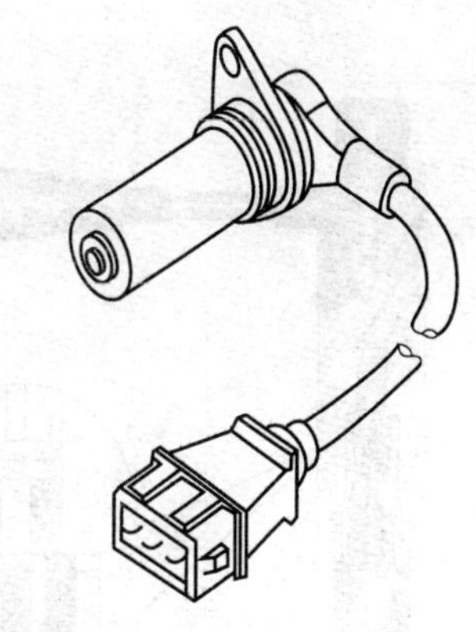

图 3—1—7　发动机转速传感器 G28

4. 油量控制滑套位置传感器

如图 3—1—8 所示，油量控制滑套位置传感器 G149 安装在 VE 泵内，利用差动位移传感器原理，将油量控制滑套位移变化转化为电压信号，输送给发动机。由发动机 ECU 判断油量控制滑套的位置，确定喷油量的多少。同时，发动机 ECU 根据各种传感器输送来的工况信号确定喷油量。控制油量调节器 N146 使油量控制滑套向左或向右滑动，从而增加或减少喷油量。

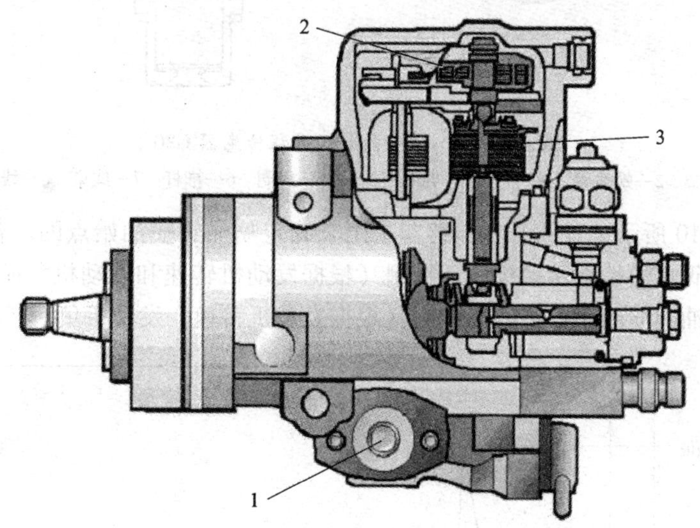

图 3—1—8　VE 泵上的油量控制滑套位置传感器和油量调节器安装示意图

1—调速机构　2—滑套位置传感器 G149　3—油量调节器 N146

当滑套位置传感器 G149 失效时，发动机行驶特性恶化直至发动机熄火，同时，预热时间控制灯 K29 闪烁。

油量调节器 N146 调节不准时，行驶特性恶化直至发动机熄火，同时，预热时间控制灯 K29 闪烁。

5. 针阀升程传感器

如图 3—1—9 所示，针阀升程传感器 G80 是一种位移式传感器，安装在喷油器壳体内，用于检测喷油器针阀的开度。

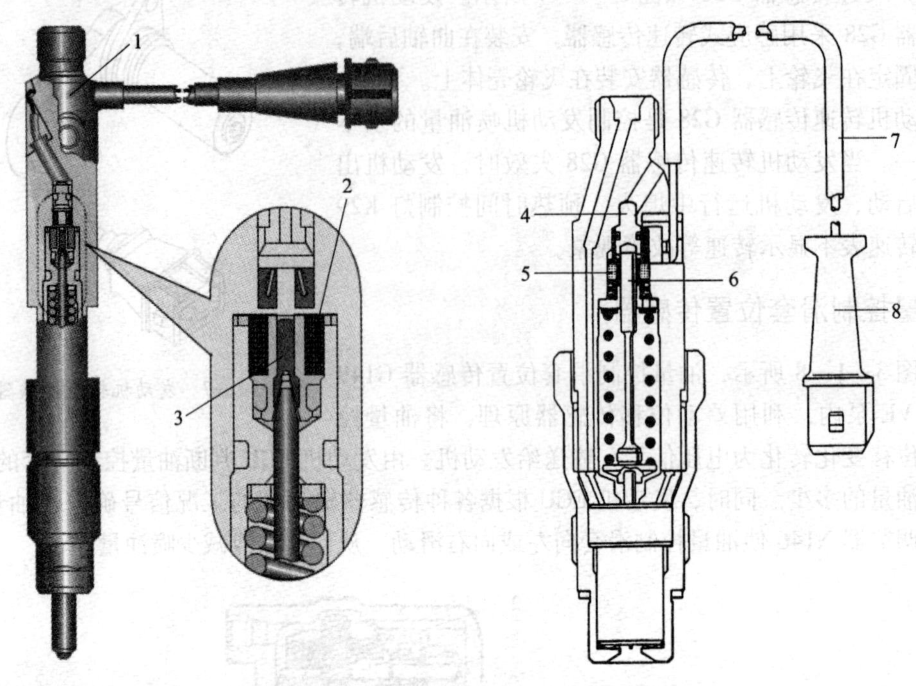

图 3—1—9　喷油器针阀升程传感器 G80

1—喷油器架　2—螺线管　3—压力销　4—回油道　5—线圈　6—推杆　7—线束　8—线束插接器

如图 3—1—10 所示，针阀升程传感器是用来确定喷油阀喷油始点的。若针阀升程传感器失效，则喷油阀喷油始点转换为开环控制（根据发动机转速和发动机负荷控制）。在正常操作过程中，喷油阀喷油始点为闭环控制（根据发动机转速、发动机负荷和温度控制）。

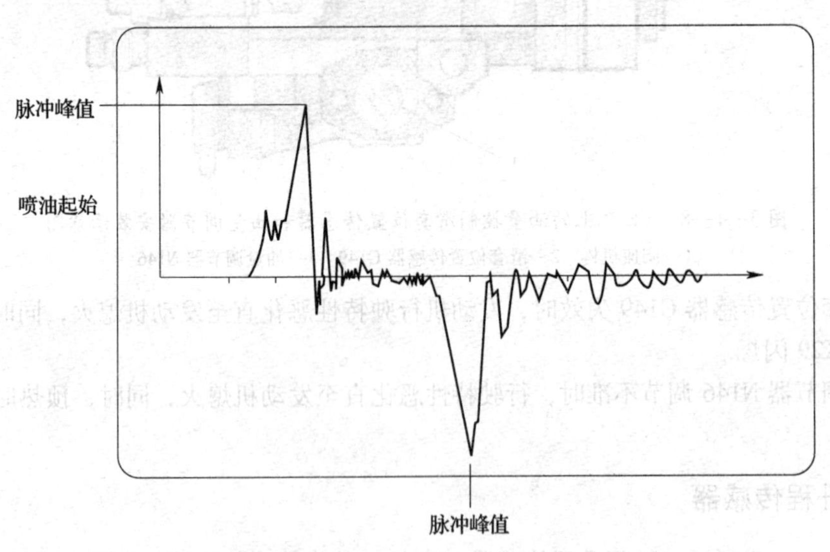

图 3—1—10　针阀升程传感器信号波形

如图 3—1—11 所示，曲轴转速信号 A 与针阀升程传感器信号 B 共同作用，控制各缸的喷油器。

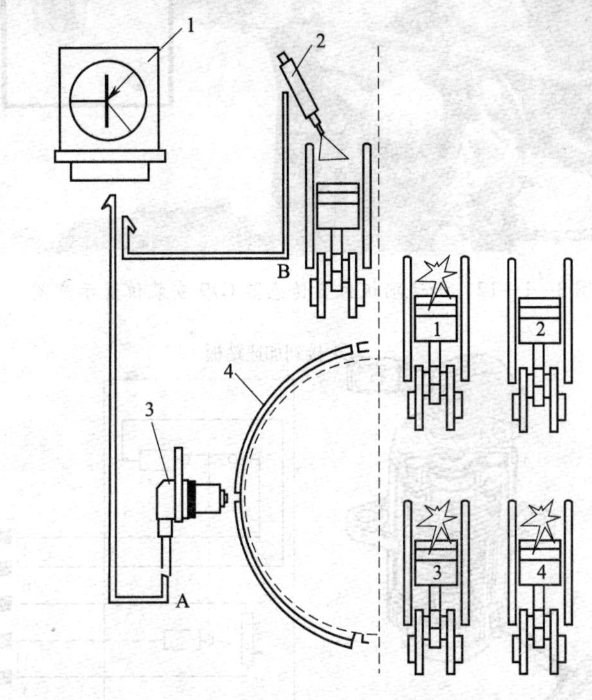

图 3—1—11　曲轴转速信号与针阀升程传感器信号控制喷油器

1—EDC　2—针阀升程传感器 G80　3—转速传感器 G28　4—信号轮靶轮

A—曲轴转速信号　B—针阀升程传感器信号

在检测针阀升程传感器 G80 时可测量电阻，正常值为 80 ~ 120 Ω；也可以测量其波形。当 G80 失效时，发动机将出现功率损失大、废气排放恶化、预热时间控制灯 K29 闪烁、无废气再循环功能、发动机运转粗暴、耸车等现象。

6. 加速踏板位置传感器

如图 3—1—12 所示，加速踏板位置传感器 G79 安装在发动机舱中箭头所指位置，通过拉索与加速踏板连接。该传感器失效时，发动机将以较高的怠速运行。

加速踏板位置传感器 G79 外形如图 3—1—13a 所示，工作原理如图 3—1—13b 所示。踩下加速踏板，经过拉索改变了可变电阻，从而改变了输出电压 U_{12}。同时，加速踏板位置传感器还集成了离合器开关 F36。

7. 燃油温度传感器

如图 3—1—14 所示，燃油温度传感器 G81 是采用 NTC 制成的温度传感器。当燃油温度传感器 G81 失效时，发动机 ECU 用替代温度 -5.4℃工作，发动机出现功率损失大、废气排放恶化等现象。

图 3—1—12　加速踏板位置传感器 G79 安装位置示意图

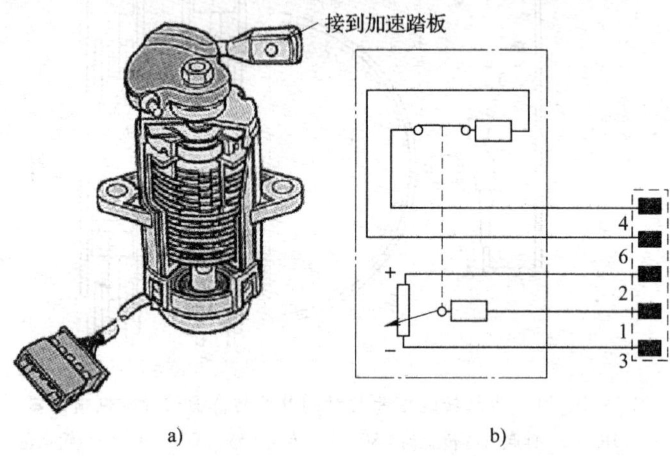

图 3—1—13　加速踏板位置传感器 G79 外形与工作原理图
a）外形图　b）工作原理图

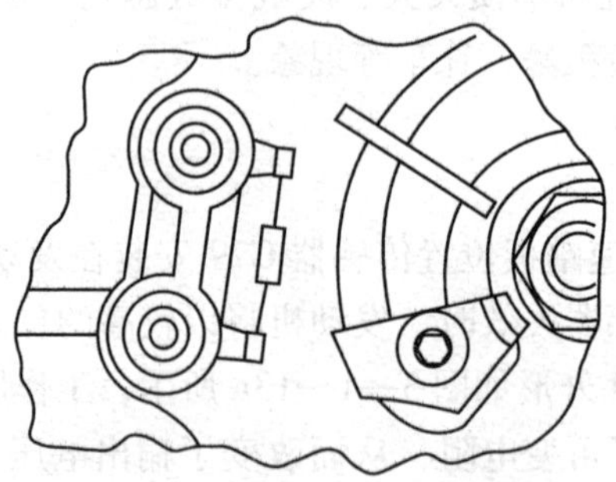

图 3—1—14　燃油温度传感器 G81

8. 冷却液温度传感器

冷却液温度传感器 G62 是采用 NTC 制成的温度传感器，其外形如图 3—1—15a 所示，温度特性如图 3—1—15b 所示。当冷却液温度传感器 G62 失效时，发动机 ECU 以固定温度替代燃油温度传感器工作，发动机启动时有黑烟，总是有约 20 s 的预热。

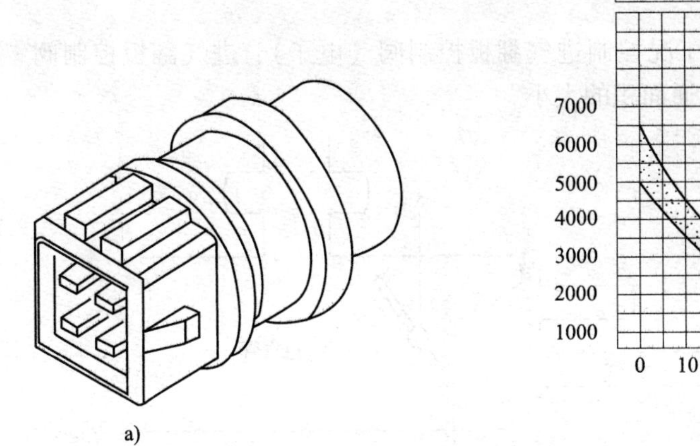

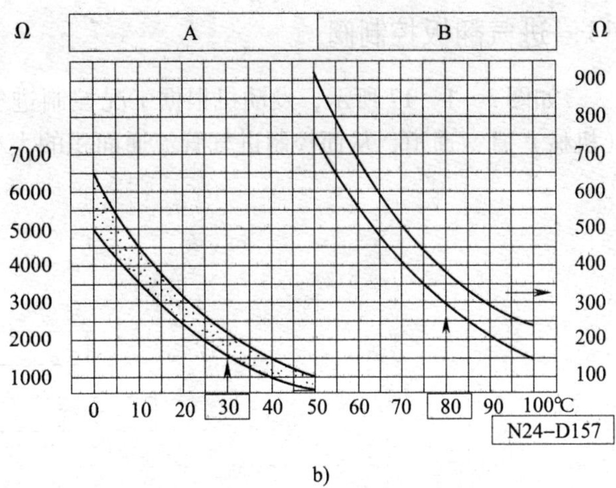

a)　　b)

图 3—1—15　冷却液温度传感器 G62

a）外形图　b）温度特性

9. 进气温度传感器

进气温度传感器 G72 与冷却液温度传感器 G62 相似，是采用 NTC 制成的温度传感器。其外形与工作特性与冷却液温度传感器 G62 相似。当进气温度传感器 G72 失效后，发动机 ECU 以 136.8℃替代温度工作。

10. 离合器开关、制动灯开关、制动踏板开关

离合器开关、制动灯开关、制动踏板开关分别如图 3—1—16a、b、c 所示。制动灯开关和制动踏板开关失效时，控制单元将减少供油量，降低发动机的输出功率。

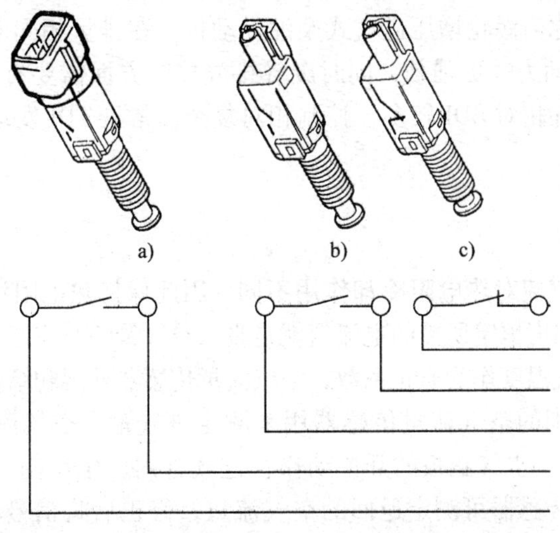

图 3—1—16　离合器开关、制动灯开关、制动踏板开关

11. 进气翻板控制阀

如图3—1—17所示，发动机根据工况控制进气翻板控制阀（电子）、进气翻板控制阀（机械）真空通道，从而控制进气管流通面积的大小。

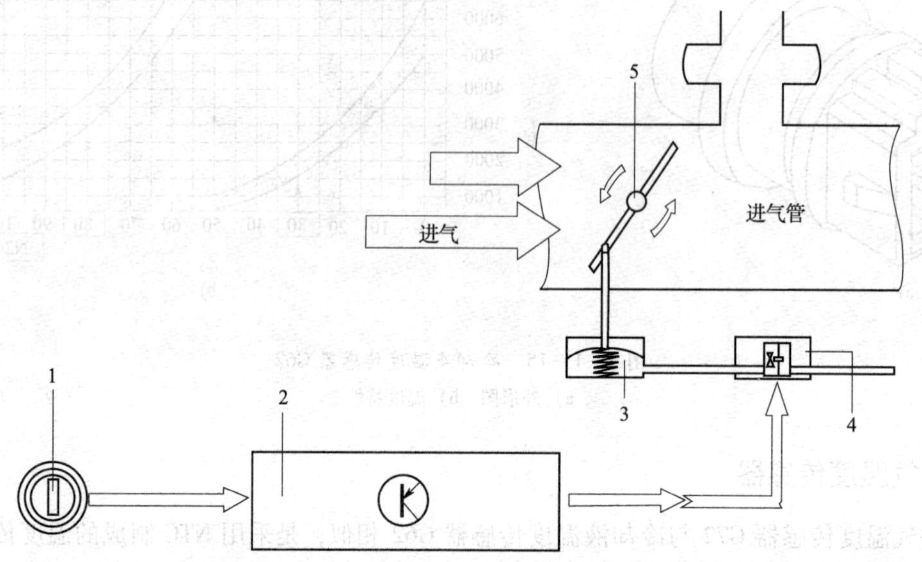

图3—1—17 进气翻板控制系统

1—点火开关 2—EDC 3—进气翻板控制阀（机械） 4—进气翻板控制阀（电子） 5—进气翻板

三、常见TDI柴油发动机电控系统主要部件

TDI柴油发动机又称为涡轮增压进气式柴油发动机，在排量相同的情况下，与SDI柴油发动机相比，发动机的动力性更强劲，同时废气排放控制方面需要有更有效的元件相配合，TDI发动机电控系统元件相对SDI较多，控制相对复杂。常见TDI发动机电控系统组成如图3—1—18所示。

1. 空气流量传感器

由于流经G70的空气流对热电阻冷却作用不同，因此保持热电阻温度恒定所需的电流不同。所以，保持热电阻温度恒定所需的电流值就是吸入空气量的对应值。另外，由于冷空气的冷却作用较强，需要空气温度作为修正系数，空气流量传感器外观和结构如图3—1—19所示。

带反向空气流量识别的空气流量传感器用来测定进气量。空气流量传感器位于进气管内，如图3—1—20所示。空气翻板的开关动作在进气管内产生反向气流，带反向空气流量识别的热膜式空气流量传感器可测定返回的空气流量，修正后将信号传给发动机控制单元，以便精确测量进气量。发动机控制单元利用该测量值计算喷油量和废气再循环率。信号失效时，柴油喷射控制单元用增压压力和转速计算出空气流量替代值。

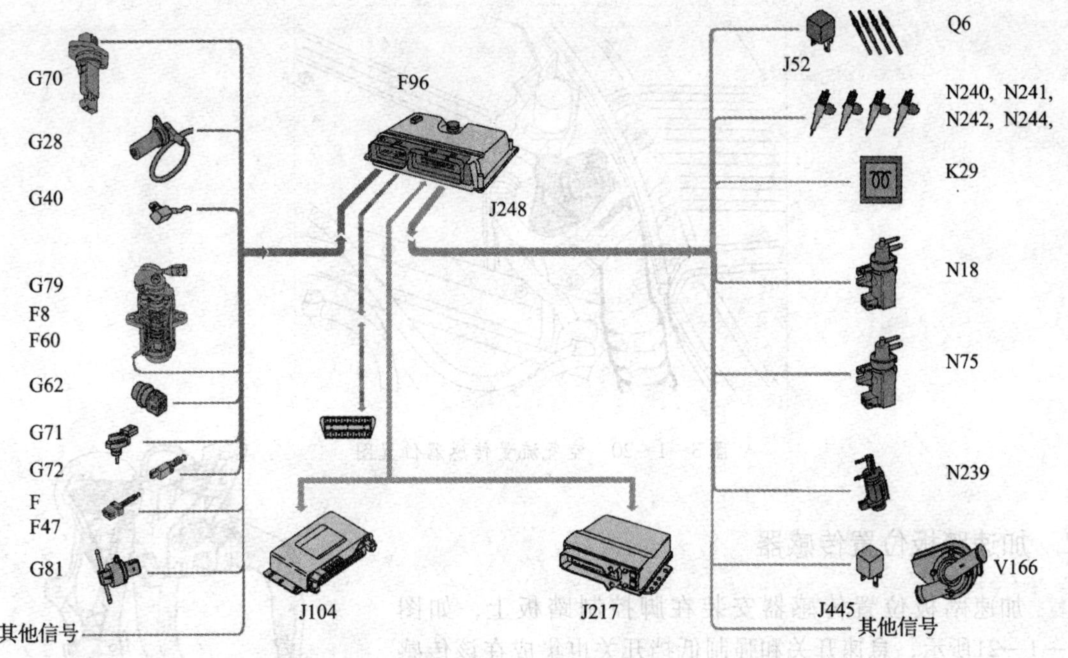

图 3—1—18 常见 TDI 发动机电控系统组成

G70—空气流量传感器 G28—转速传感器 G40—霍尔传感器 G79—加速踏板位置传感器 F8—强制降挡开关 F60—怠速开关 G62—冷却液温度传感器 G71—进气压力传感器 G72—离合器踏板开关 F—制动灯开关 F47—制动踏板开关 G81—燃油温度传感器 Q6—预热塞 N240～N244—喷油器 K29—预热报警灯 N18—废气再循环阀 N75—涡轮增压电磁阀 N239—发动机进气开关阀 V166—进气歧管翻板电动机 J445—继电器 F96—大气压力传感器 J248—柴油喷射控制单元 J104—变速器控制单元 J27—ESP 控制单元

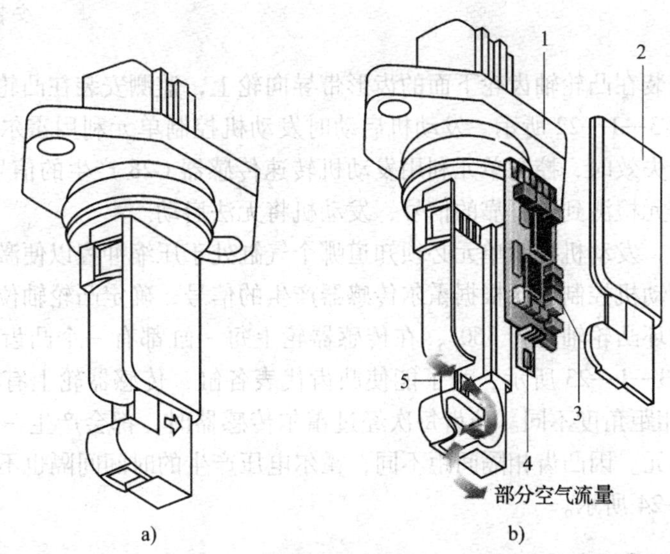

图 3—1—19 空气流量传感器外观和结构图

a）外观 b）结构图

1—壳体 2—壳盖 3—电子电路 4—传感器体 5—测量管路

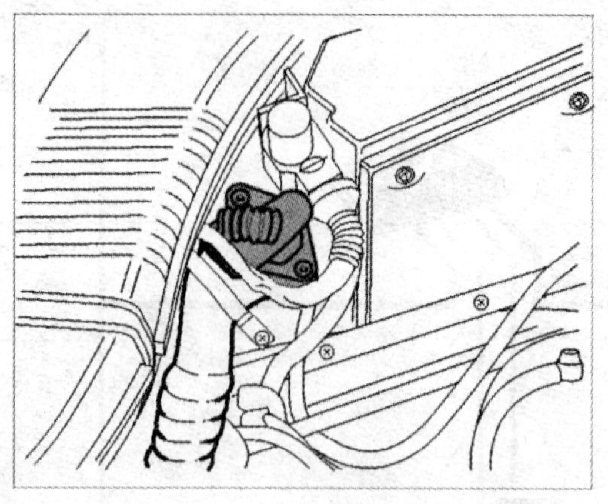

图 3—1—20　空气流量传感器位置图

2. 加速踏板位置传感器

加速踏板位置传感器安装在脚控制踏板上，如图3—1—21所示，怠速开关和强制低挡开关也集成在该传感器内。发动机控制单元利用这个信号识别加速踏板的位置，计算喷油量。该信号失效时，发动机控制单元不能识别加速踏板的位置。发动机在很高的怠速下运转，以便驾驶员将车开到附近的服务站。怠速开关和强制低挡开关也集成在加速踏板位置传感器脚踏板上壳体内。

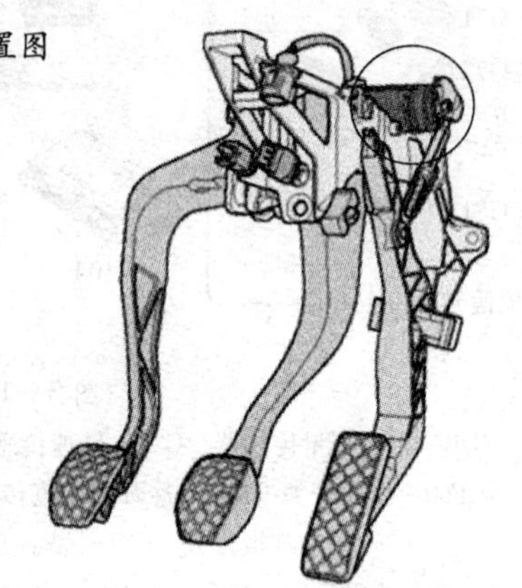

图 3—1—21　加速踏板位置传感器安装位置图

3. 霍尔传感器

霍尔传感器安装在凸轮轴齿轮下面的齿形带导向轮上，监测安装在凸轮轴齿轮上的七个凸齿的位置，如图 3—1—22 所示。发动机启动时发动机控制单元利用霍尔传感器产生的信号识别各缸。信号失效时，控制单元利用发动机转速传感器 G28 产生的信号作为替代信号。如果发动机控制单元检测到不可靠的信号，发动机将无法启动。

发动机启动时，发动机控制单元必须知道哪个气缸处于压缩冲程以便激励相应的泵喷嘴电磁阀。为此，发动机控制单元根据霍尔传感器产生的信号，确定凸轮轴位置。

因每个工作循环凸轮轴旋转 360°，在传感器轮上每一缸都有一个凸齿来代表，这些凸齿相距 90°，如图 3—1—23 所示，为了能使凸齿代表各缸，传感器轮上有额外的凸齿来代表 1，2 和 3 缸，相距角度不同。凸齿每次经过霍尔传感器时，都会产生一个霍尔电压并传送给发动机控制单元。因凸齿相隔间距不同，霍尔电压产生的时间间隔也不同，由此来识别气缸，如图 3—1—24 所示。

4. 发动机转速传感器

发动机转速传感器是一个感应式传感器，位于缸体上，如图 3—1—25 所示。发动机转

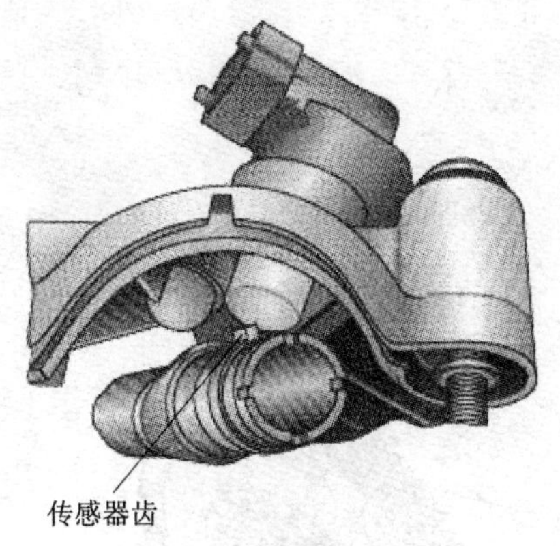

图 3—1—22 霍尔传感器安装位置图

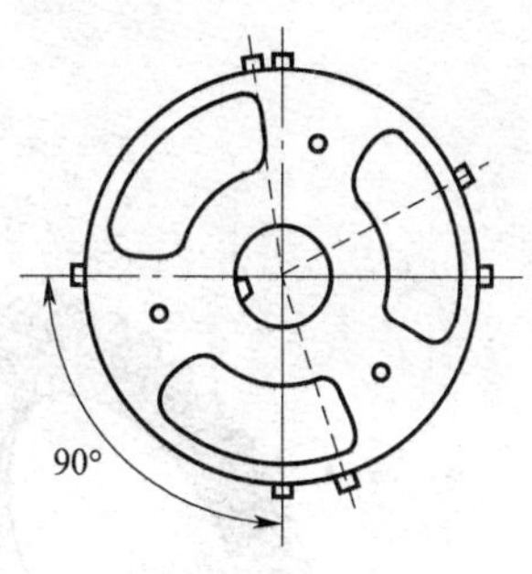

图 3—1—23 凸齿位置

速传感器产生的信号记录发动机转速和确切的曲轴位置。利用此信息，发动机控制单元计算出喷油始点和喷油量。信号失效时，发动机熄火。该传感器外形如图3—1—26所示。

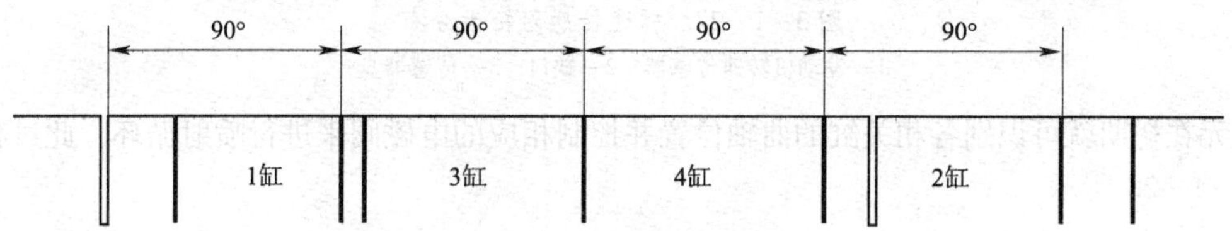

图 3—1—24 气缸位置识别

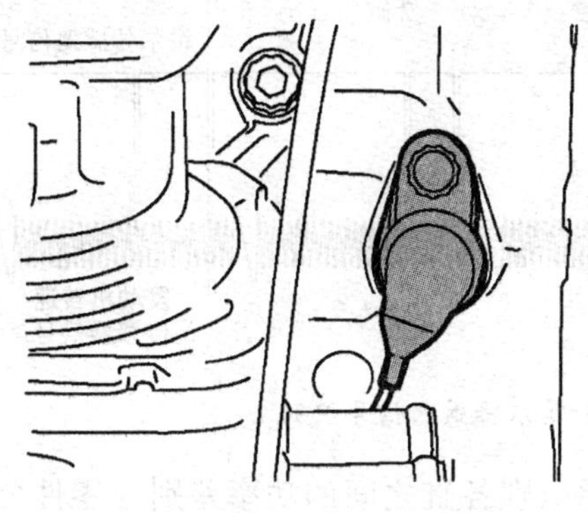

图 3—1—25 转速传感器安装位置图

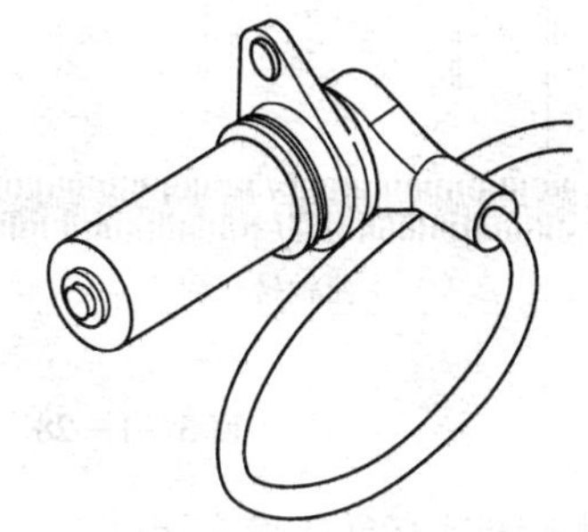

图 3—1—26 传感器外形

5. 发动机转速传感器轮

发动机转速传感器监测位于曲轴上的 60—2—2 齿的传感器轮。在其圆周上，有 56 个齿和 2 个双齿的齿缺，齿缺相距 180°，如图 3—1—27 所示，并作为确定曲轴位置的参考标记。

发动机控制单元计算来自霍尔传感器和发动机转速传感器的信号，实现发动机快速启动。发动机控制单元利用来自霍尔传感器的信号识别各缸。因为曲轴传感器轮上的 2 个齿缺，当曲轴仅转过半圈时，发动机控制单元就会获得一个相关信号。通过此方式，发动机控

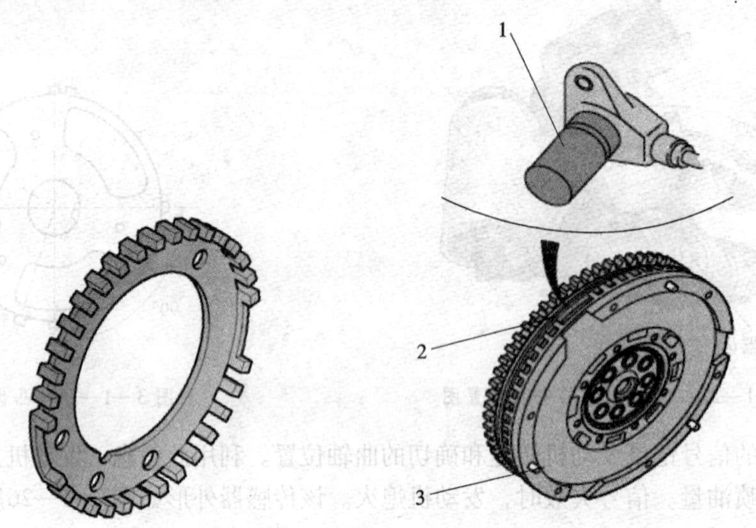

图 3—1—27　转速传感器轮齿分布

1—发动机转速传感器　2—缺口　3—传感器盘

制单元在初期就可识别各相关缸的曲轴位置并控制相应的电磁阀来进行喷射循环，此过程如图 3—1—28 所示。

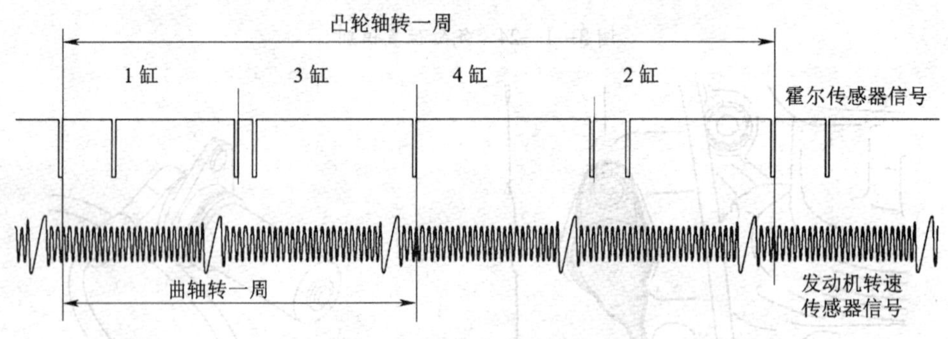

图 3—1—28　转速传感器和霍尔传感器信号识别

喷射系统具有怠速稳定运转调节功能。它能识别各缸之间的功率差别（零件公差，喷嘴通过能力，压缩比等），并在怠速时通过一个可选喷油量修正来平衡。在怠速时，通过发动机转速传感器信号进行识别，传感器每转向计算机发送 4 个信号。当信号具有相同的频率时，发动机各缸作功相同。当一个缸输出功率较弱时，曲轴转过下一个半圈所需时间较长。当一个缸输出功率较强时，曲轴转过下一个半圈所需时间较短。计算机识别这种差别后，立即向相关各缸增加或减少供油量，直至发动机运转平稳。

6. 冷却液温度传感器

冷却液温度传感器安装在缸盖的冷却液接头上，如图 3—1—29 所示，用于将当前冷却液温度信号送给发动机控制单元。发动机控制单元利用冷却液温度传感器信号修正喷油量。

信号失效时，控制单元利用燃油温度传感器产生的信号修正喷油量。冷却液温度传感器外形如图 3—1—30 所示。

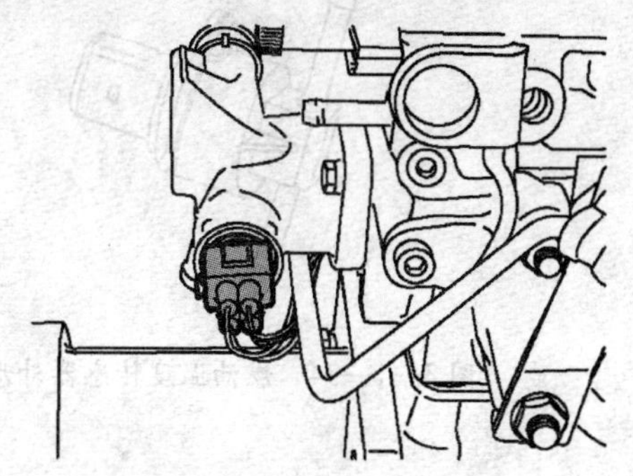

图 3—1—29　冷却液温度传感器安装位置图

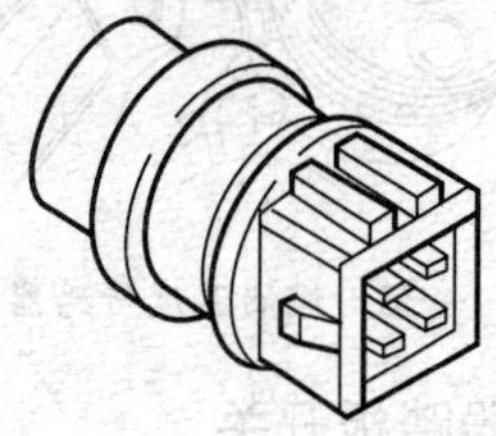

图 3—1—30　冷却液温度传感器外形图

7. 进气歧管压力传感器与温度传感器

进气歧管压力传感器提供的信号用于检查增压压力。发动机控制单元将实际测量值与增压压力脉频图上的设定值进行比较，若实际值偏离设定值，发动机控制单元通过电磁阀调整增压压力，实现增压压力控制。信号失效时，不能调节增压压力，发动机功率下降。进气歧管压力传感器和进气歧管温度传感器集成在一起，安装在进气管内，如图 3—1—31 所示，其外形如图 3—1—32 所示。

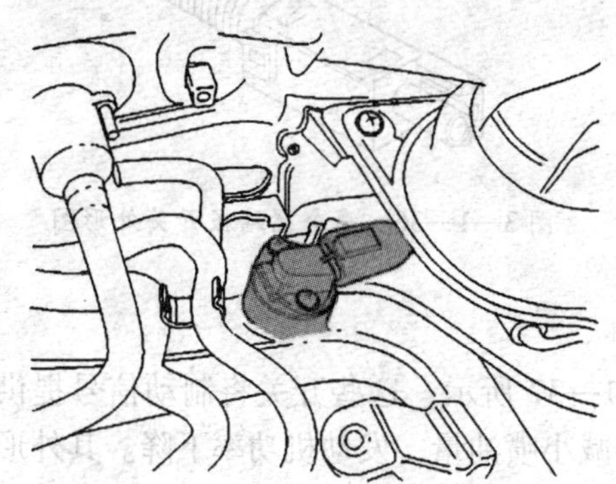

图 3—1—31　进气歧管压力传感器安装位置图

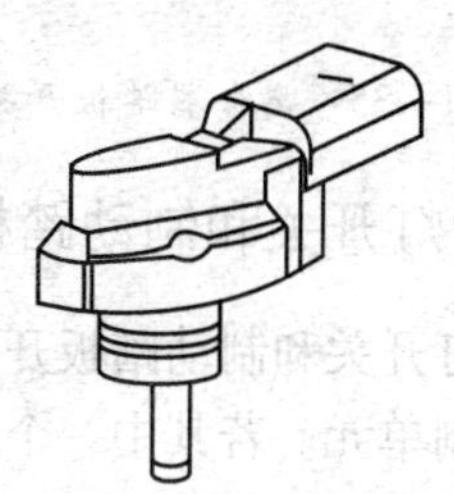

图 3—1—32　进气歧管压力传感器外形图

8. 燃油温度传感器

燃油温度传感器信号用来监测燃油温度，其安装位置如图 3—1—33 所示。发动机控制单元需要这个信号来计算喷油始点和喷油量。温度不同，燃油密度也不相同。此外，在有些车上，该信号也用来控制燃油冷却泵开关闭合。信号失效时，发动机控制单元利用来自冷却液温度传感器 G62 的信号计算出一个替代值，有些车型，控制单元采用一个固定值 90℃ 作为替代值。燃油温度传感器外形如图 3—1—34 所示。

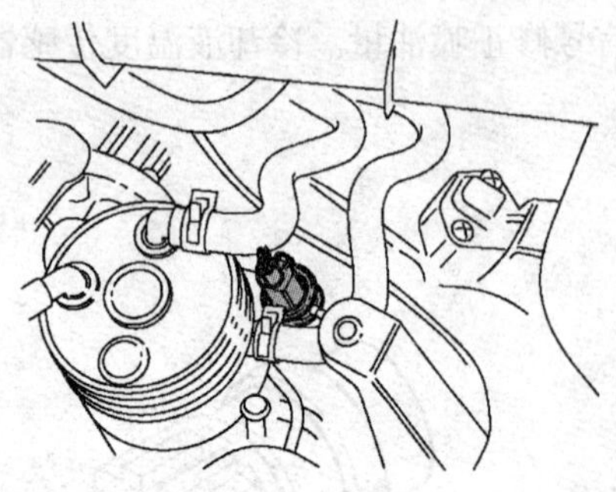

图 3—1—33 燃油温度传感器安装位置图

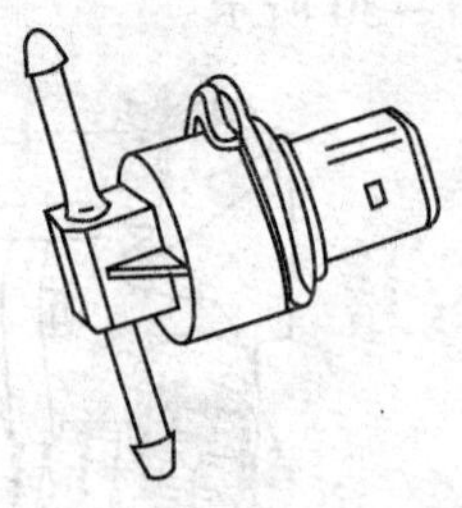

图 3—1—34 燃油温度传感器外形图

9. 离合器踏板开关

离合器踏板开关的安装位置如图 3—1—35 所示，发动机控制单元利用该信号识别离合器是分离还是接合，若分离，喷油量短时减少可确保换挡平顺。若信号失效，换挡时会出现发动机熄火现象，其外形如图 3—1—36 所示。

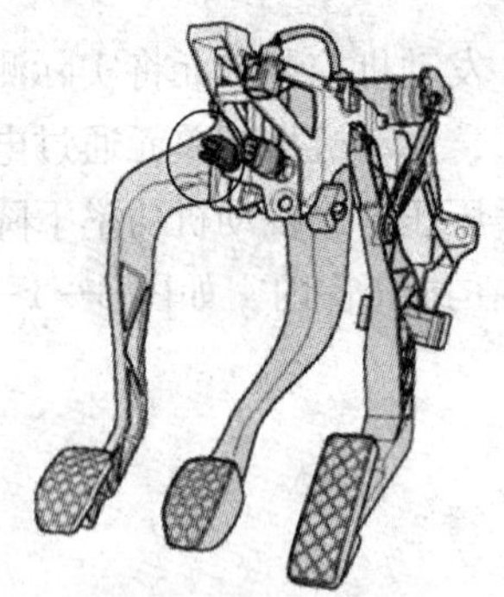

图 3—1—35 离合器踏板开关安装位置图

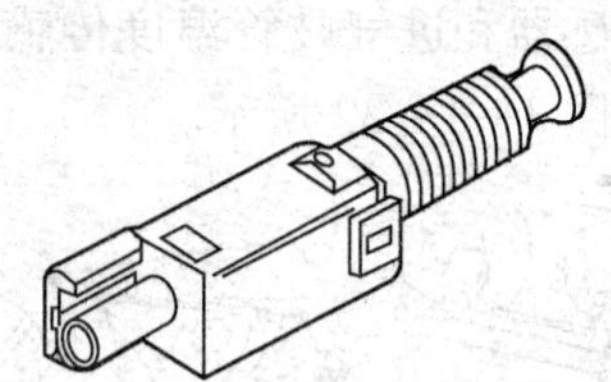

图 3—1—36 离合器踏板开关外形图

10. 制动灯开关和制动踏板开关

制动灯开关和制动踏板开关安装位置如图 3—1—37 所示，这些开关将制动信号提供给发动机控制单元。若其中一个失效，则控制单元将减小喷油量，发动机功率下降。其外形如图 3—1—38 所示。

11. 海拔高度传感器

海拔高度传感器位于发动机控制单元上，如图 3—1—39 所示，该传感器向发动机控制单元传送取决于海拔高度的环境压力。发动机控制单元利用该信号计算增压压力和废气再循环的海拔高度修正值。信号失效时，发动机将冒黑烟。

12. 辅助输入信号

（1）车速信号。发动机控制单元从车速传感器获得该信号。此信号用于判断不同工况、换挡时减少冲击以及检查车速巡航控制系统功能是否正常。

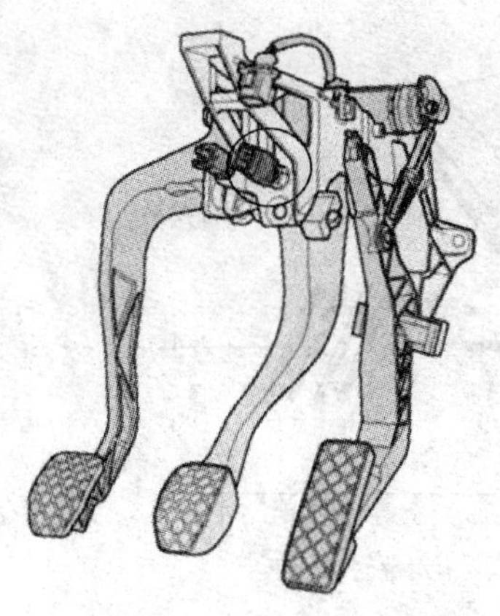

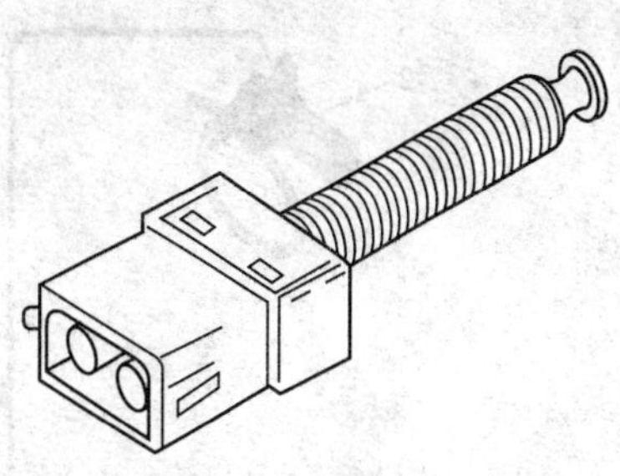

图 3—1—37　制动灯开关和制动踏板开关安装位置图　图 3—1—38　制动灯开关和制动踏板开关外形图

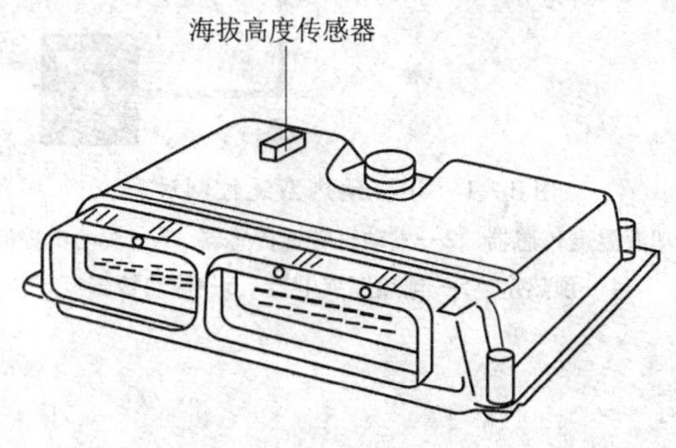

图 3—1—39　海拔高度传感器安装位置图

（2）空调加入信号。空调开关向发动机控制单元发送信号，提示空调压缩机将很快被接通，发动机控制单元在空调压缩机接通前提高发动机怠速转速，以防空调压缩机接通后发动机转速突然下降。

（3）CCS 开关。CCS 开关向发动机控制单元发送信号，表明车速巡航系统已开始工作。

（4）CAN 数据总线。发动机控制单元、ABS 控制单元和自动变速箱控制单元通过 CAN 数据总线交换信息。

13. 预热塞系统

预热塞系统使发动机在低温条件下容易启动。当冷却液温度低于 9℃时，发动机控制单元激活预热塞继电器，启动预热塞系统。预热过程分为预热阶段和后预热阶段两个阶段。

预热阶段：点火钥匙打开后，当冷却液温度低于 9℃时预热塞被接通，预热期间警报灯亮。预热循环结束时警报灯熄灭，发动机可以启动。

后预热阶段：不论之前是否为预热阶段，发动机启动后即为后预热阶段。后预热阶段将降低燃烧噪声，提高怠速质量和降低 HC 化合物排放水平。后预热阶段不会超过 4 min，当发动机转速超过 2 500 r/min 后，后预热阶段终止，预热系统控制过程如图 3—1—40 所示。

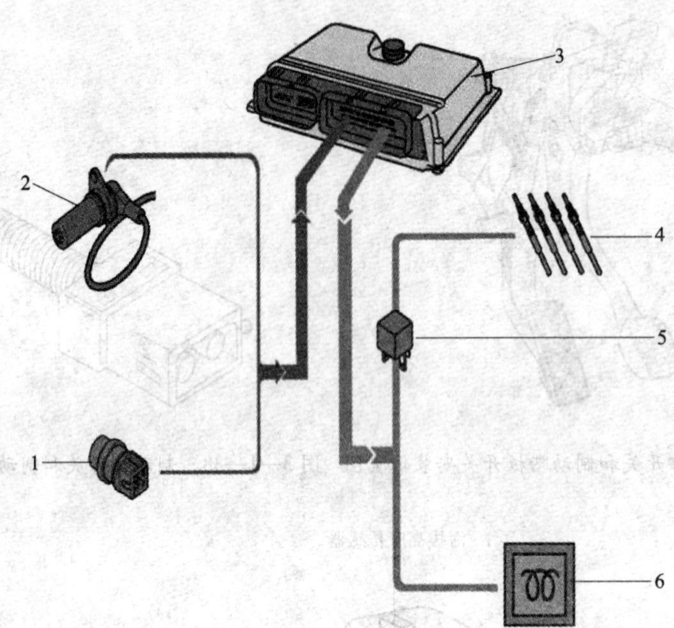

图 3—1—40　预热系统控制过程

1—冷却液温度传感器　2—发动机转速传感器　3—发动机控制单元

4—预热塞　5—预热塞继电器　6—预热警告灯

14. 喷油器电磁阀

发动机控制单元通过喷油器电磁阀调节泵喷嘴的喷射始点和喷射量，喷油器电磁阀安装位置如图 3—1—41 所示。发动机控制单元激活某一个喷油器电磁阀后，电磁线圈将电磁阀针阀压到阀座内，切断至泵喷嘴高压腔的通道，喷射循环开始。喷油量由电磁阀激活时间的长短决定。只要喷油器电磁阀关闭，燃油即被喷射至燃烧室内。

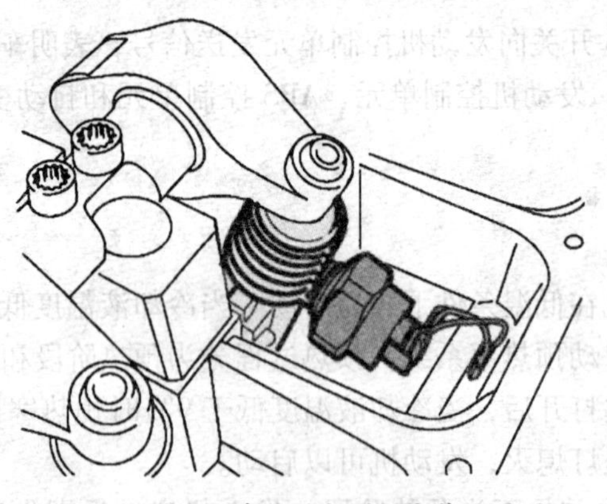

图 3—1—41　喷油器电磁阀安装位置图

信号失效时，发动机将不能平稳运转，功率也将下降，控制单元通过发动机转速传感器来识别点火中断，经过几个工作循环后关闭有问题的气缸。喷油器电磁阀有双保险功能，若电磁阀保持常开状态，泵喷嘴内无法建立起压力；若电磁阀保持常闭状态，泵喷嘴高压腔内无法充注燃油。在这两种情况下，都没有燃油喷到气缸内。

注意：电磁阀插头的插拔次数最多为 8 ~ 10 次，否则将造成连接部位电阻过大。

15. 涡轮增压压力控制电磁阀

如图 3—1—42 所示，控制单元根据进气管压力传感器、进气管温度传感器和海拔高度传感器等提供的信号确定增压压力控制电信号，传给增压压力控制阀。增压压力控制阀把电信号转化成真空度信号，传给废气涡轮增压器上的增压压力调节阀，控制增压压力沿理想的特性曲线运行。

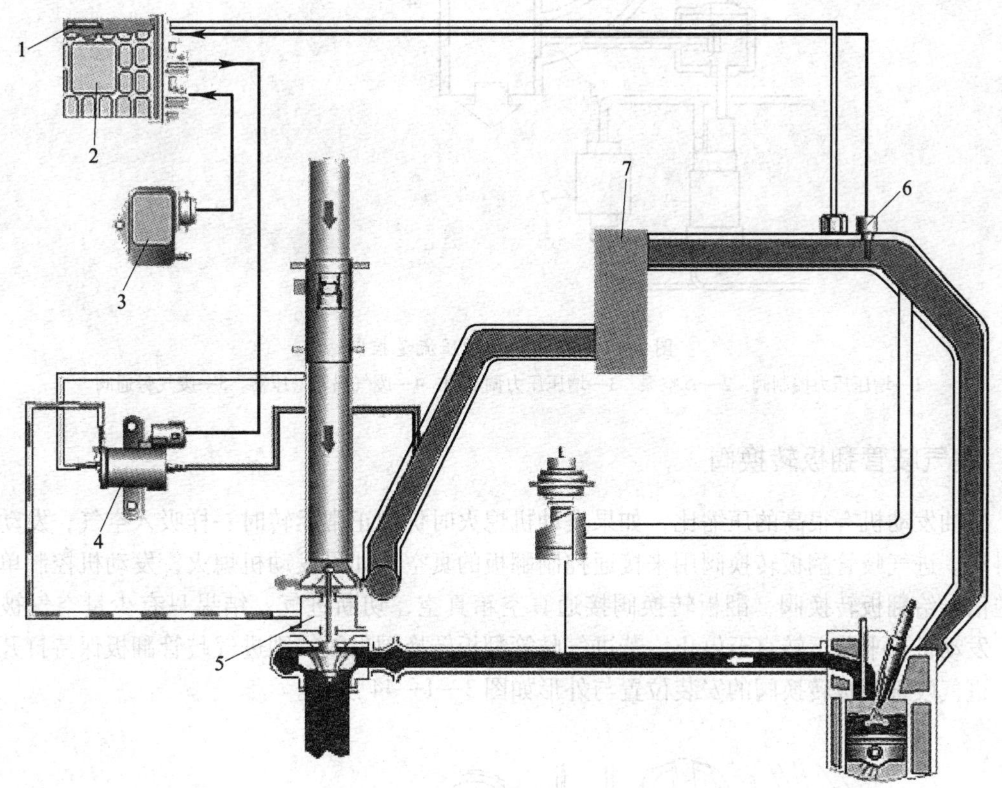

图 3—1—42 涡轮增压系统工作过程

1—进气压力传感器 2—电控单元 3—海拔高度传感器 4—增压压力控制阀
5—增压压力调节阀 6—进气温度传感器 7—中冷器

发动机配有一个可变涡轮增压器，可按实际驾驶条件产生最佳增压压力。增压压力控制电磁阀由发动机控制单元激活。如图 3—1—43 所示，控制单元只需要控制增压压力控制电磁阀工作，便会使真空或大气压进入增压压力调节阀的真空腔中。当真空进入真空腔时，增压压力调节阀会被真空打开，使废气旁通阀打开，涡轮增压器中没有废气经过，废气涡轮不工作，所以涡轮增压器不工作；当大气压进入增压压力调节阀真空腔时，增压压力调节阀不工作，废气旁通阀关闭，涡轮增压器工作。电控单元也可以通过调节旁通阀的开度来调节涡轮增压的压力。

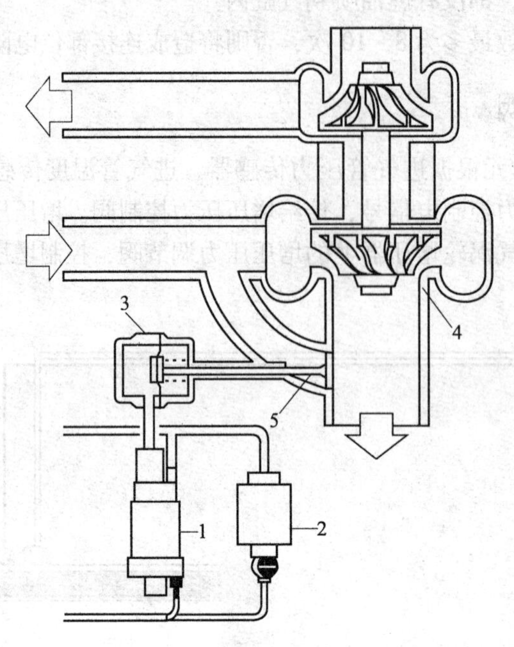

图 3—1—43 涡轮增压流量控制

1—增压压力控制阀 2—真空泵 3—增压压力调节阀 4—废气涡轮增压器 5—废气旁通阀

16. 进气歧管翻板转换阀

柴油发动机有很高的压缩比，如果发动机熄火时仍像正常运转时一样吸入空气，发动机将抖动。进气歧管翻板转换阀用来接通控制翻板的真空。如果发动机熄火，发动机控制单元发送信号给翻板转换阀，翻板转换阀接通真空箱真空，切断进气，结果只有少量空气被压缩，发动机可平稳运转直至停止。若进气歧管翻板转换阀失效，则进气歧管翻板保持打开状态。进气歧管翻板转换阀的安装位置与外形如图 3—1—44 所示。

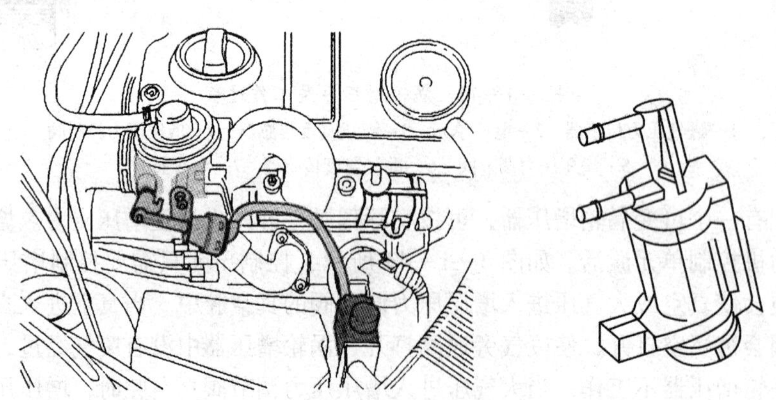

图 3—1—44 进气歧管翻板转换阀的安装位置与外形图

17. 燃油的冷却

燃油的冷却通过集成在发动机冷却环路中的燃油/冷却液热交换器和冷却液/空气热交换器来实现，如图 3—1—45 所示。

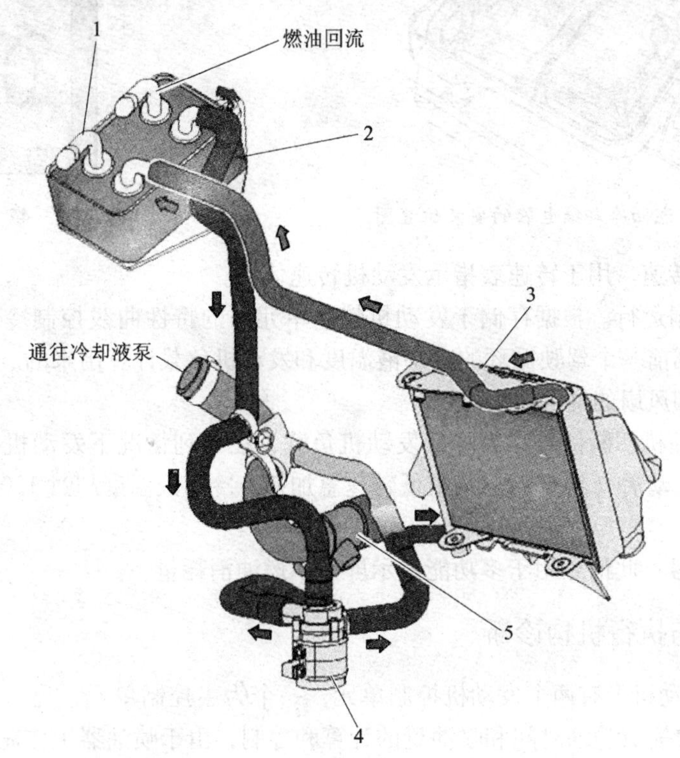

图 3—1—45 燃油冷却系统工作过程

1—燃油管道 2—燃油－冷却液热交换器 3—冷却液－空气热交换器（低温时）
4—燃油冷却液泵 5—冷却液管路

燃油冷却继电器安装于控制单元壳体内，如图 3—1—46 所示，燃油温度达 70℃时，发动机控制单元将其激活，并接通燃油冷却泵工作电流。执行元件自诊断功能可用来检查燃油冷却继电器是否已被发动机控制单元激活。若拔出继电器，从泵喷嘴流回油箱的燃油将无法被冷却，油箱和油位传感器将被损坏。

18. 预热警报灯

预热警报灯安装在仪表板组件中，如图 3—1—47 所示，用于提醒驾驶员启动前预热阶段正在进行中。这种情况下，预热警报灯持续点亮。若可以被自诊断识别的部件损坏，警报灯闪亮。信号失效时警报灯并不闪烁，故障存储器将存储一个故障信息。

19. 辅助输出信号

（1）冷却液辅助加热器。辅助加热器由 3 个预热塞组成，接在缸盖的冷却液接头上。发动机控制单元根据发动机提供的信号激活相应的低热和高热继电器，使辅助预热塞参与工作。

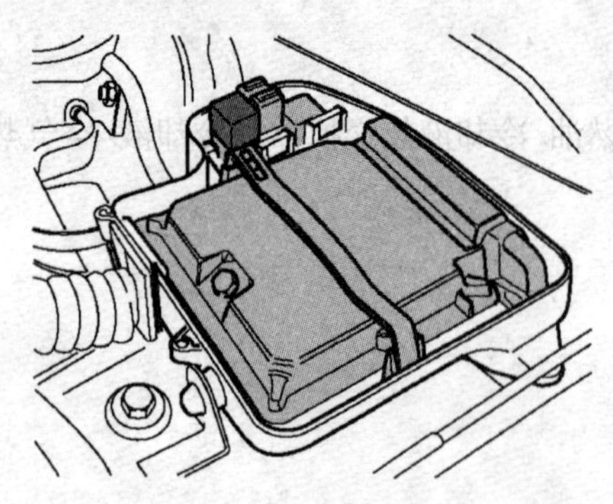

图 3—1—46　燃油冷却继电器的安装位置图

图 3—1—47　预热警报灯

（2）发动机转速。用于转速表指示发动机转速信息。

（3）冷却风扇运行。根据存储于发动机控制单元内的特性曲线控制冷却风扇的运行时间。该时间是根据前一个驾驶循环的冷却液温度和发动机负载计算出来的。发动机控制单元用该信号激活冷却风扇的继电器。

（4）空调压缩机切断信号。为降低发动机负载，在下列情况下发动机控制单元切断空调压缩机：每次启动后（约 6 s）、从最低转速急加速、冷却液温度超过 120℃、应急程序运行。

（5）油耗信号。此信号用于多功能显示屏显示燃油消耗量。

20. 控制单元与执行机构诊断

在 V8 TDI 发动机上有两个发动机控制单元，一个为主控制单元，另一个为辅助控制单元，主控制单元要完成喷油时间和喷油量的计算和控制，由于喷油器工作需要在短时间内能够提供 80V 以上的电压，这就要求控制单元有高电压和高容量供电的性能，因此主控制单元只能为 2 缸侧气缸喷油器供电，辅助控制单元只能为 1 缸侧气缸喷油器供电。同时，辅助控制单元还控制燃油旁通阀、燃油定量阀、燃油冷却泵继电器、发电机、风扇等。两个控制单元之间通过 CAN - BUS 网络进行通信，主控制单元告知辅助控制单元其完成了哪些工作等信息，如图 3—1—48 所示。

利用执行机构诊断功能，下列零件将按顺序被操控：

废气再循环控制阀 N18；
空调压缩机继电器；
增压压力限制电磁阀 N75；
发动机进气开关阀 N239；
预热时间检查灯 K29；
风扇继电器 J323；
预热塞继电器 J52；
小功率暖风加热继电器 J359；
大功率暖风加热继电器 J360。

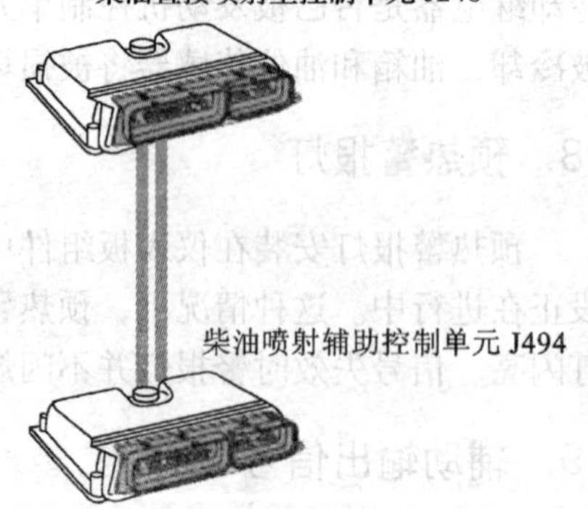

图 3—1—48　发动机控制单元通信

注意：每一个执行机构的操控时间限制为30 s，但是可以通过车辆诊断仪结束任务，在重新进行执行机构诊断前必须关闭点火开关。

四、其他柴油发动机电控系统组成

不同的柴油发动机，其电控系统的组成有所区别，下面是其他几种柴油电控发动机的电控系统总成。

1. 1.2 L、1.4 L TDI 柴油发动机电控系统组成

1.2 L、1.4 L TDI 柴油发动机电控系统组成如图 3—1—49 所示，其电路控制如图 3—1—50所示。

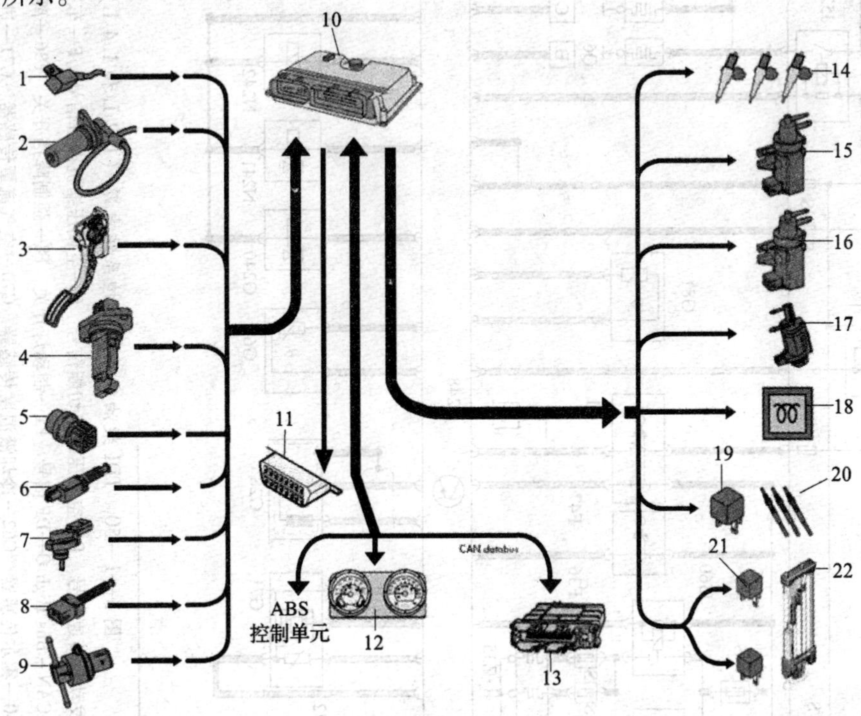

图 3—1—49　TDI 柴油发动机电控系统组成（1.2 L 和 1.4 L）

1—霍尔传感器　2—发动机转速传感器　3—加速踏板位置传感器（强制降挡开关和怠速开关）　4—空气流量传感器　5—冷却液温度传感器　6—离合器踏板开关　7—进气压力和进气温度传感器　8—制动灯开关和制动踏板开关　9—燃油温度传感器　10—大气压力传感器　11—自诊断接头　12—仪表显示控制单元　13—变速器控制单元　14—泵喷嘴　15—流量压力控制电磁阀　16—EGR 电磁阀　17—进气风板转换阀　18—预热警告指示灯　19—预热继电器　20—预热塞　21—低热量输出继电器　22—附加加热单元

2. 3.0 L V6 TDI 共轨喷射发动机电控系统组成

3.0 L V6 TDI 共轨喷射发动机电控系统组成如图 3—1—51 所示，其电路控制如图 3—1—52所示。

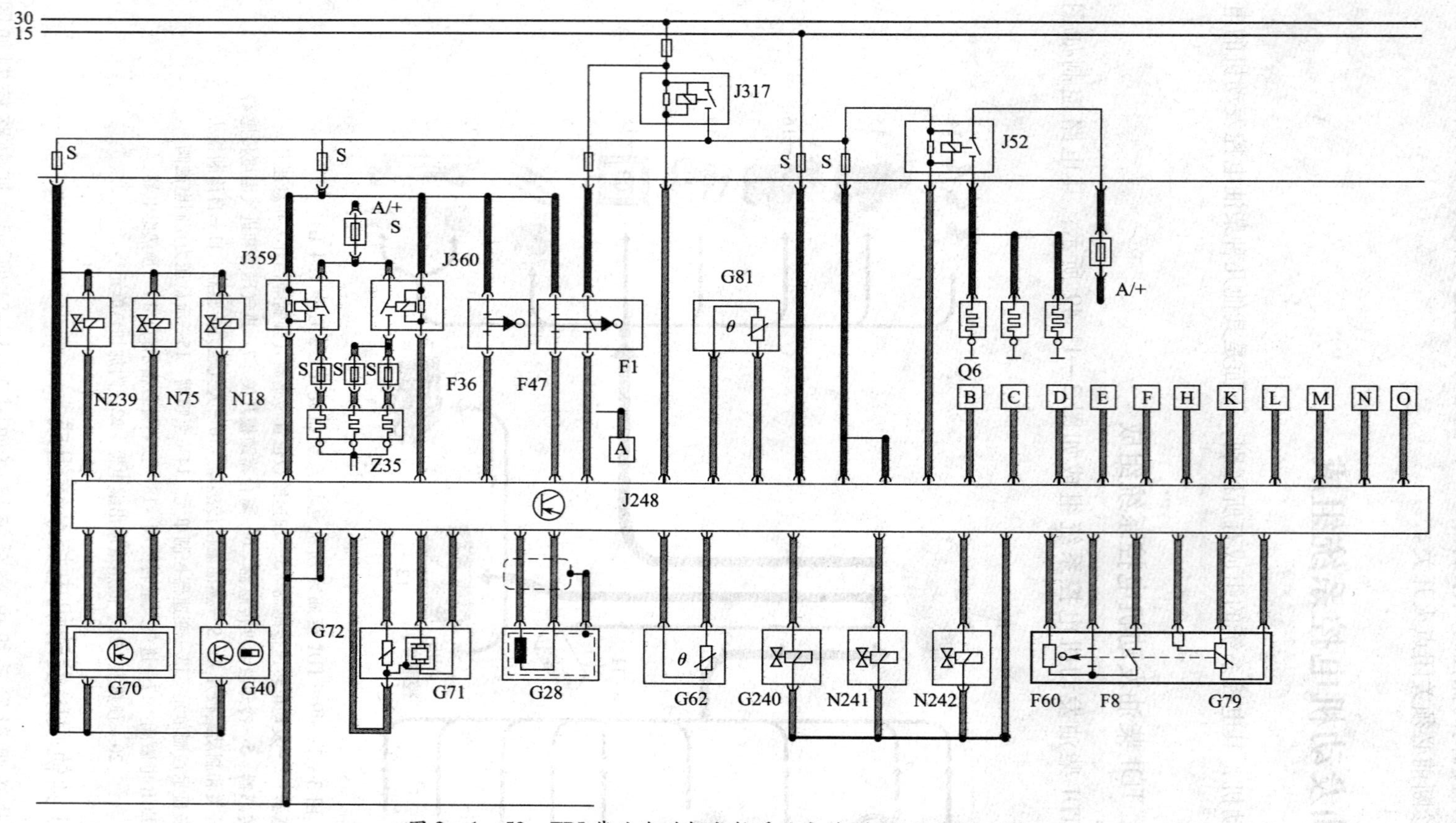

图 3—1—50　TDI 柴油发动机电控系统电路（1.2 L 和 1.4 L）

A—制动灯　B—燃油消耗信号　C—发动机转速信号　D—空调压缩机切断信号　E—空调压缩机准备信号　F—车速信号　H—冷却风扇工作信号　K—诊断接头　L—预热控制　M—CAN - Bus Low　N—CAN - Bus High　O—DF 信号　F1—制动灯开关　F8—强制降挡开关　F36—离合器开关　F47—制动踏板开关　F60—怠速开关　G28—发动机转速传感器　G40—霍尔传感器　G62—冷却液温度传感器　G70—空气流量传感器　G71—进气压力传感器　G72—进气温度传感器　G79—加速踏板位置传感器　G81—燃油温度传感器　J52—预热塞继电器　J248—柴油直接喷射控制单元　J317—供电继电器　J359—低热量输出继电器　J360—高热量输出继电器　N18—EGR 阀　N75—流量压力控制电磁阀　N239—进气风板转换阀　N240—1 缸电磁喷油器　N241—2 缸电磁喷油器　N242—3 缸电磁喷油器　Q6—预热塞（发动机）　Z35—附加加热单元

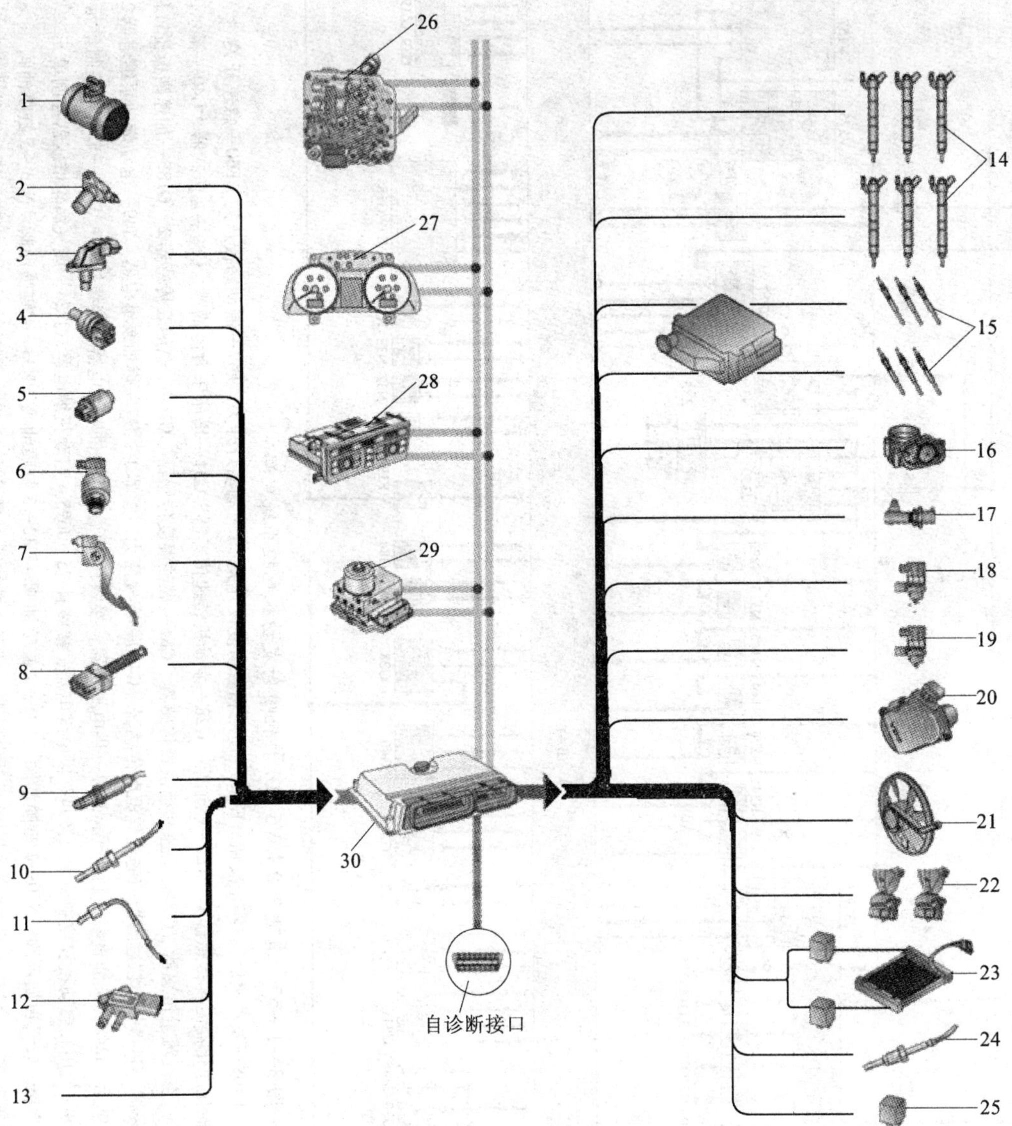

图 3—1—51　奥迪 3.0 L V6 TDI 共轨喷射发动机电控系统组成

1—空气流量传感器　2—发动机转速传感器　3—霍尔传感器　4—冷却液温度传感器　5—燃油温度传感器　6—燃油压力传感器　7—加速踏板位置传感器　8—制动灯开关和制动踏板开关　9—氧传感器　10—颗粒过滤器的温度传感器　11—涡轮增压器的温度传感器　12—压差传感器　13—附加信号（车速信号、碰撞信号等）　14—喷油器　15—预热塞　16—节气门控制单元　17—燃油压力调节阀　18—废气再循环电磁阀　19—节流阀调节器　20—废气再循环冷却器转换阀　21—发动机左右电液悬置电磁阀　22—电动风扇　23—辅助电加热器继电器　24—氧传感器加热器　25—燃油泵继电器　26—自动变速器控制单元　27—组合仪表控制单元　28—空调面板控制单元　29—ESP 控制单元　30—发动机控制单元

3. 3.3 L V8 TDI 发动机电控系统组成

3.3 L V8 TDI 发动机电控系统组成如图 3—1—53 所示。

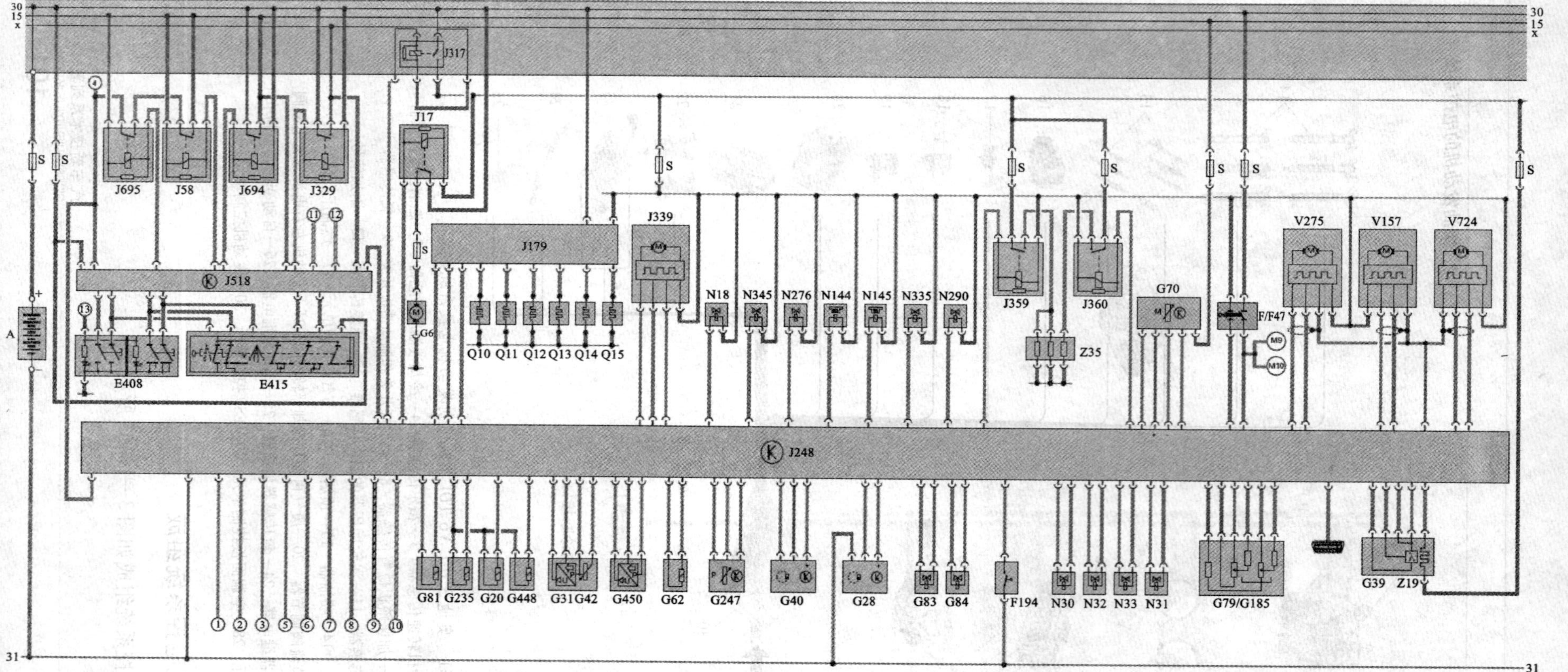

图 3—1—52 奥迪 3.0 L V6 TDI 共轨喷射发动机电控系统电路

A—蓄电池 E45—巡航车速调节装置开关 E408—发动机启动/停止按钮 E415—使用和启动授权开关 F—制动灯开关 F47—制动踏板开关 F60—怠速开关 F194—离合器踏板开关（仅用于美国车型） G20—催化净化器温度传感器 1 G23—燃油泵 G28—发动机转速传感器 G31—增压压力传感器 G39—λ 传感器 G40—霍尔传感器 G42—进气温度传感器 G62—冷却液温度传感器 G70—空气流量传感器 G79—加速踏板位置传感器 G81—燃油温度传感器 G169—燃油表传感器 2 G185—加速踏板位置传感器 2 G235—废气温度传感器 1 G247—燃油压力传感器 G448—颗粒过滤器前的废气温度传感器 G450—废气压力传感器 1 J17—燃油泵继电器 J49—电动燃油泵继电器 2 J53—启动机继电器 J179—预热时间自动控制单元 J248—柴油直喷控制单元 J317—供电继电器，接线柱 30 J329—供电继电器，接线柱 15 J338—节气门控制单元 J359—低热继电器 J360—高热继电器 J518—使用和启动授权控制单元 J694—供电继电器，接线柱 75 J695—启动机继电器 J724—废气涡轮增压器控制单元 M—左制动灯灯泡 M10—右制动灯灯泡 N18—废气再循环阀 N30—1 缸喷油阀 N31—2 缸喷油阀 N32—3 缸喷油阀 N33—4 缸喷油阀 N83—5 缸喷油阀 N84—6 缸喷油阀 N144—发动机左侧电液悬置电磁阀 N145—发动机右侧电液悬置电磁阀 N276—燃油压力调节阀 N290—燃油计量阀 N335—进气空气转换阀 N345—废气再循环冷却器转换阀 Q10 ~ Q15—预热塞 S—熔丝 S204—熔丝 V157—进气管翻板电动机 V275—进气管翻板电动机 2 Z35—空气辅助加热元件 Z19—λ 传感器加热器

①风扇 1 挡 ②风扇 2 挡 ③发动机转速 ④接启动机 ⑤接线柱 50 ⑥换挡杆（P/N） ⑦接线柱 50，1 挡 ⑧接线柱 50，2 挡 ⑨CAN－总线 L ⑩CAN－总线 H ⑪CAN 舒适总线 ⑫ CAN 驱动总线 ⑬接照明灯

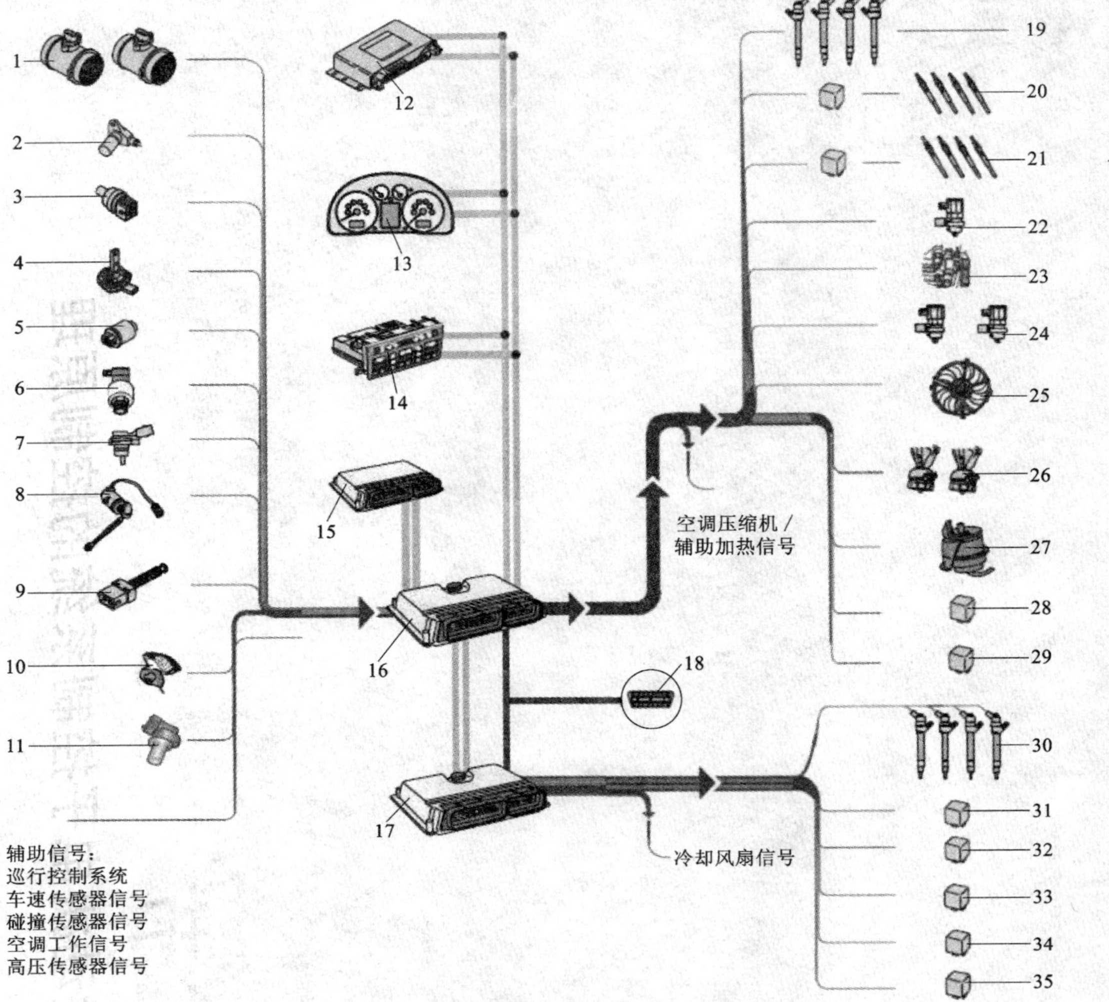

图 3—1—53　3.3 L V8 TDI 发动机电控系统组成

1—热线流量计　2—发动机转速传感器　3—冷却液温度传感器　4—机油温度传感器　5—燃油温度传感器　6—燃油压力传感器　7—进气压力传感器　8—加速踏板位置传感器、怠速开关　9—制动灯开关、制动踏板开关　10—强制降挡开关　11—霍尔传感器　12—自动变速器控制单元　13—仪表和显示控制单元　14—空调系统开关和显示单元　15—ESP 控制单元　16—柴油直接喷射控制单元　17—柴油直接喷射控制单元Ⅱ　18—诊断接头　19—5 至 8 缸喷油嘴　20—预热塞继电器、1 至 4 缸预热塞　21—预热塞继电器、5 至 8 缸预热塞　22—进气歧管风板转换阀　23—燃油压力调节阀　24—EGR 阀　25—风扇控制电磁阀　26—发动机左右支脚控制电磁阀　27—炭罐压力控制电磁阀　28—炭罐压力继电器　29—电控燃油泵继电器　30—1 至 4 缸喷油嘴　31—燃油旁通阀　32—燃油定量控制阀　33—预压泵继电器　34—燃油冷却泵继电器　35—发电机控制继电器

第三章 柴油发动机的电控系统

第二节
柴油发动机电子控制系统的控制原理

一、电子控制系统的基本理论

采用灵活的电子控制功能可使燃油系统控制自由度大大增加。以前，人们根本无法想象的控制功能，采用电子控制系统以后可以方便地实现了。电子控制系统的功能见表3—2—1。

表 3—2—1　　电控燃油系统的主要功能

控制项目	具体内容
喷油量控制	基本喷油量控制
	怠速转速控制
	启动喷油量控制
	加速时喷油量控制
	不均匀油量补偿控制
	定车速控制
喷油时间控制	基本喷油时间控制
	启动喷油时间控制
	低温时喷油时间控制
喷油压力控制	基本喷油压力控制
喷油率控制	预喷油量控制
	预行程控制
附加功能	自我故障诊断
	故障应急系统
	数据通信
	变速器控制
	EGR 控制
	进气量控制

1．喷油量控制

电控单元分析发动机转速、加速踏板位置和冷却液温度等传感器的信号，确定所需喷油量，并发出相应的控制信号给喷油泵中的油量调节器。通过安装在油量调节器上的活塞位移传感器的反馈，实现油量的闭环控制。在空气量不够的情况下为了避免黑烟，要根据烟度限制油量，如图 3—2—1 所示。

（1）基本喷油量控制。不同的发动机要求不同的转矩特性，而不同的转矩特性通常是通过控制喷油量来实现的。具有代表性的转矩特性如图 3—2—2 所示。等速特性与发动机负荷无关，始终保持恒定的转速，该特性广泛地应用于发电机用发动机中。在机械式调速系统中调速率约为3%，负荷变化，转速随之变化。但在电控燃油系统中，通过发动机转速的反馈控制，可以得到恒定不变的转速。

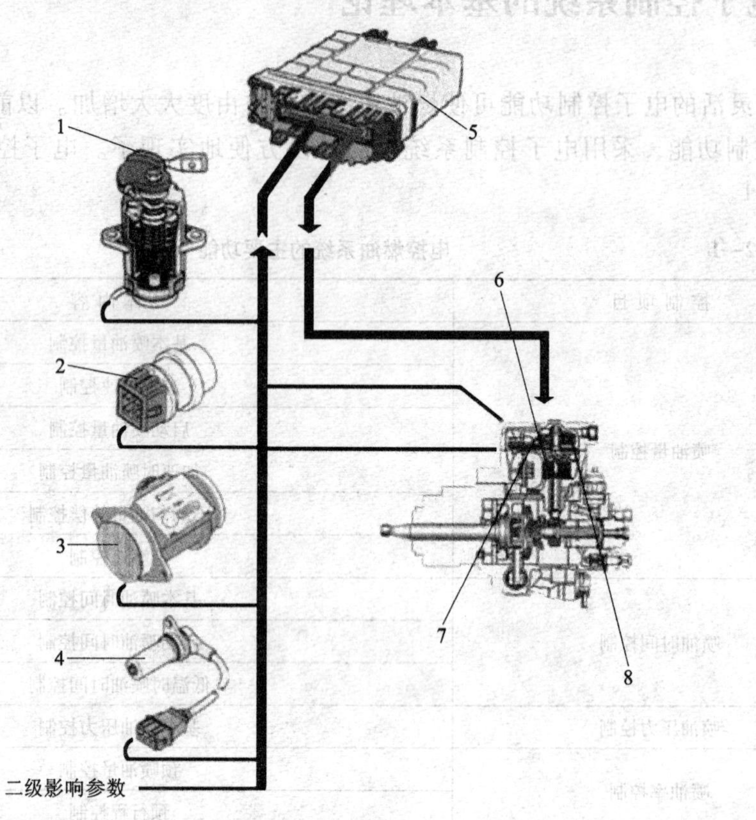

图3—2—1　喷油量控制

1—加速踏板位置传感器　2—冷却液温度传感器　3—空气流量传感器　4—发动机转速传感器　5—电控单元　6—油量调节器　7—油温传感器　8—活塞位移传感器

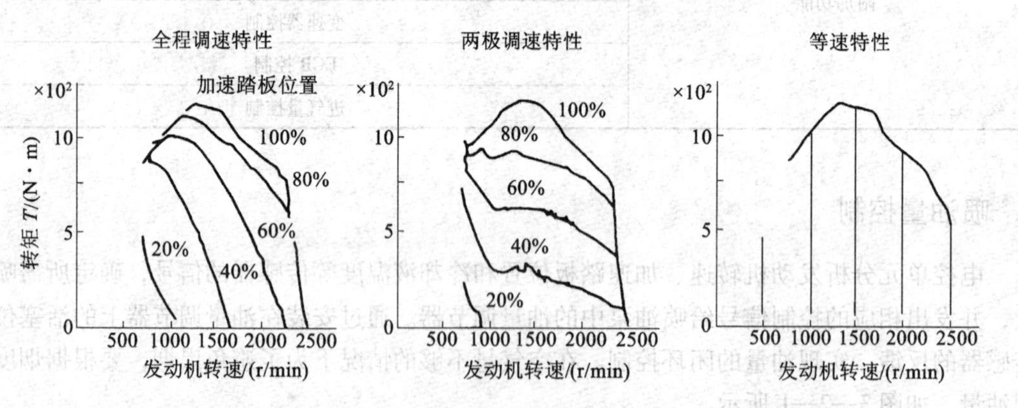

图3—2—2　基本喷油量特性图

（2）怠速转速控制。在怠速工况下，发动机产生的转矩和发动机自身的摩擦转矩平衡，维持稳定的转速，如图3—2—3所示，如果在低温下工作，润滑油的黏度大，发动机的摩擦阻力大，怠速工况下，发动机转速不稳，乘车者感到不舒服；而且，发动机启动时容易失速。相反，如果发动机怠速转速高，则发动机噪声大，燃油消耗率高。为了克服上述问题，必须保证即使发动机负荷转矩发生了变化，也要维持目标转速所需要的喷油量，这就是怠速转速自动控制功能。

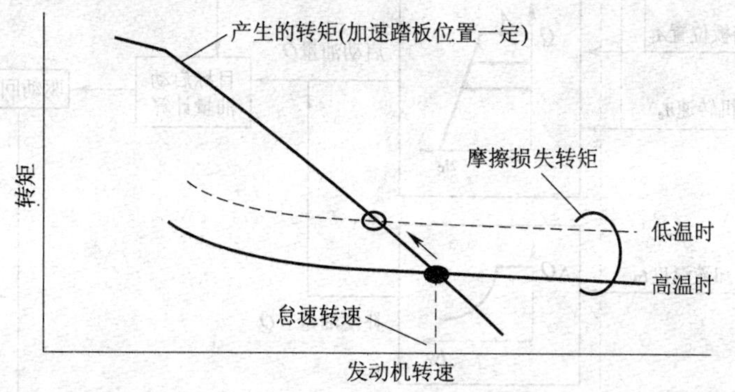

图 3—2—3　怠速转速下的转矩平衡

怠速转速的控制框图如图 3—2—4 所示。将发动机的实际转速和发动机的目标转速——由发动机的冷却液的温度、空调压缩机的负荷状态决定——进行比较，根据两者的差值求得恢复到目标转速时所必需的喷油量，从而进行反馈控制。

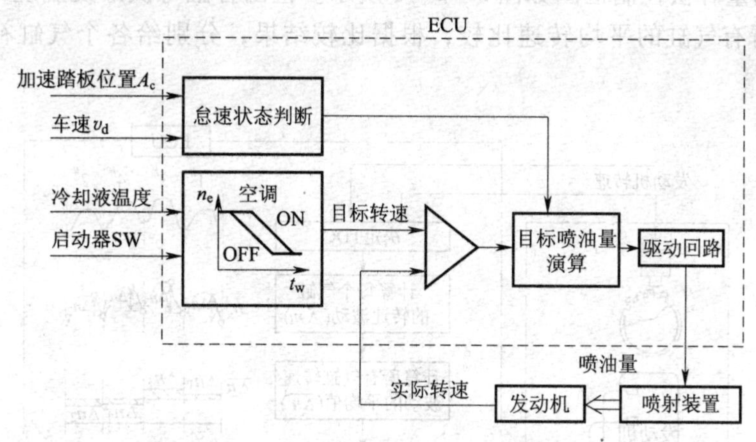

图 3—2—4　怠速转速的控制框图

（3）启动油量控制。汽车加速踏板位置和发动机转速决定基本喷油量，冷却液温度等决定补偿喷油量，对两者进行比较后，控制启动喷油量。控制框图如图 3—2—5 所示。

（4）不均匀油量补偿控制。在发动机中，由于各缸爆发压力不均匀，使曲轴旋转速度变化引起发动机振动。特别是在怠速状态下，乘车者会感到不舒服。各缸喷油量不均匀，各缸内燃烧的差异等会引起各缸间的转速不均匀，因此，为了减小转速波动，需要检出各个气缸的转速波动情况。且为了使转速均匀平稳，需要逐缸调节喷油量，使喷到每一个气缸内的燃油量最佳化。这就是不均匀油量补偿控制。

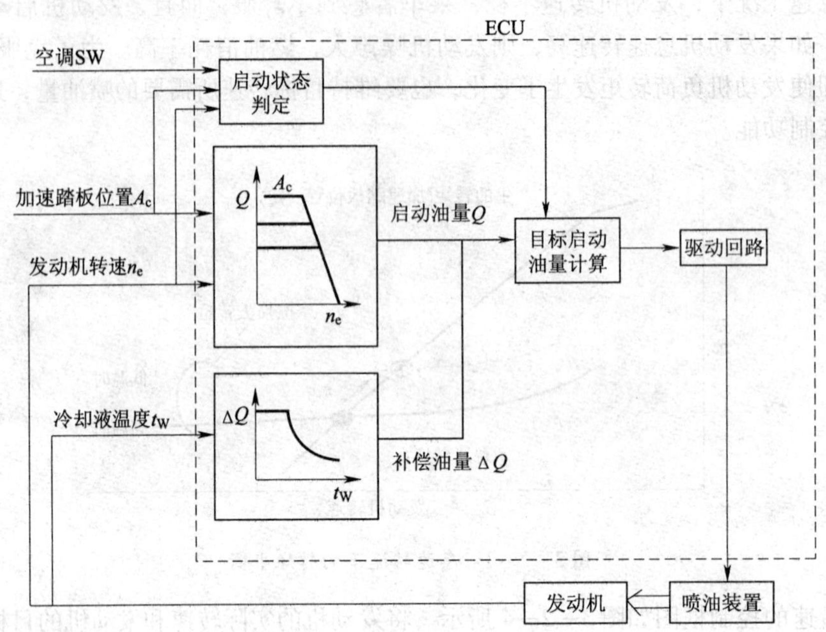

图 3—2—5　启动喷油量的控制框图

不均匀油量补偿控制框图如图 3—2—6 所示。检出各缸每次爆发燃烧时转速的波动情况，再和所有气缸的平均转速比较，根据比较结果，分别给各个气缸补偿相应的喷油量。

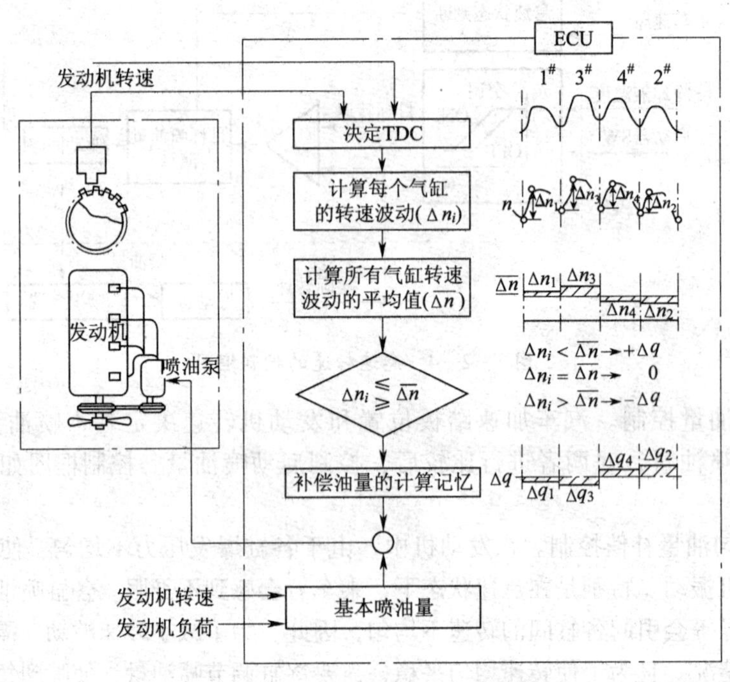

图 3—2—6　不均匀油量补偿控制框图

（5）恒定车速控制。汽车在高速公路上长距离行驶时，驾驶员为了维持车速一直要操纵加速踏板，很容易疲劳。对此，不需要驾驶员操纵加速踏板而维持定速行驶的控制过程就是恒定车速控制。恒定车速控制框图如图 3—2—7 所示。

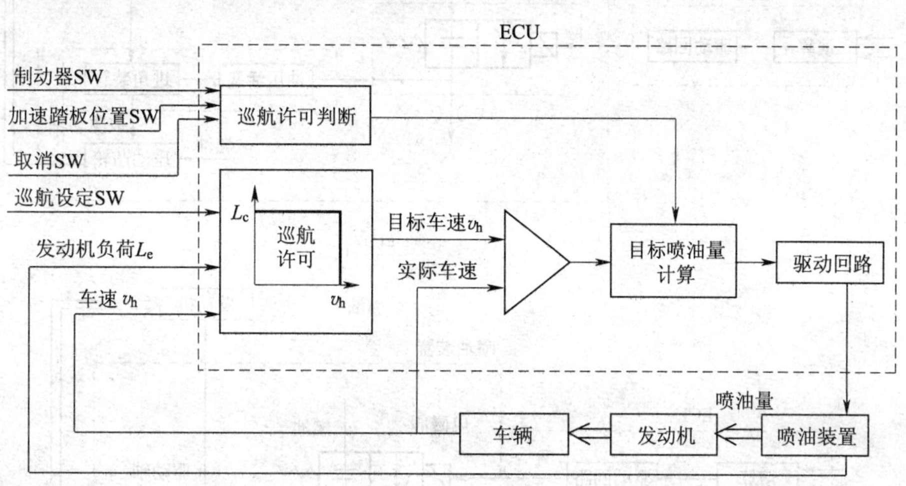

图 3—2—7　恒定车速控制框图

2. 喷油时间控制

电子控制燃油喷射系统中喷油时间的控制方法如图 3—2—8 所示。根据各个传感器的信息，在 ECU 的演算单元中计算出目标喷油时间，喷油装置中的电磁阀从 ECU 接收到驱动信号，控制流入或流出提前器的工作油。由于工作油对提前机构的作用，燃油压送凸轮相位角或提前，或延迟，从而控制喷油时间。同样地，如果将 ECU 中的目标喷油时间值用数据表示成三维图形（MAP 图），则可得到自由的喷油时间特性。目标喷油时间采用图 3—2—9 中的方法进行计算。

为了实现发动机的最佳燃烧，必须根据运行工况和环境条件经常地调节喷油时间。该项功能就是最佳喷油时间控制功能，控制框图如图 3—2—10 所示。根据发动机的转速决定基本喷油时间，同时，还要根据发动机的负荷、冷却液温度、进气压力等对基本喷油时间进行修正，决定目标喷油时间。

3. 喷油压力控制

共轨式燃油系统中喷油压力的控制方法如图 3—2—11 所示。根据各个传感器的信息，ECU 演算单元经过演算后定出目标喷油压力。根据装在共轨上的压力传感器的信号，ECU 计算出实际喷油压力。并将其值和目标压力值比较，然后发出命令控制供油泵升高或降低压力。将 ECU 中的目标喷油压力特性用具体数据表示成三维图形，即所谓 MAP 图，可以得到最佳喷射压力特性。

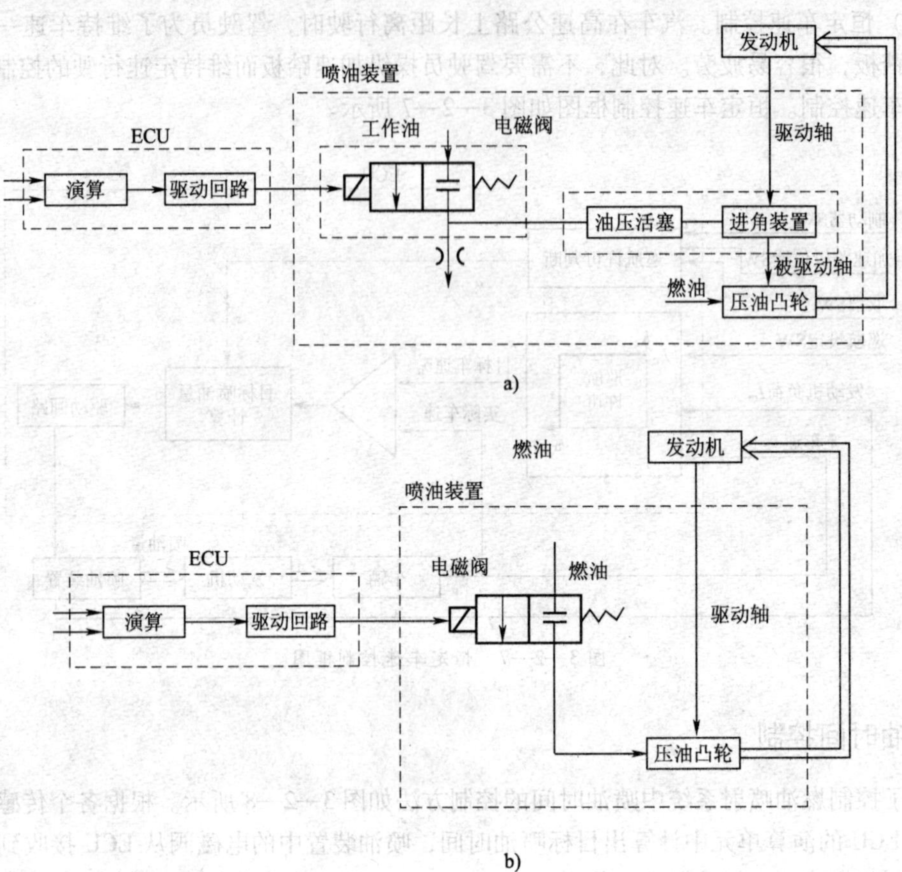

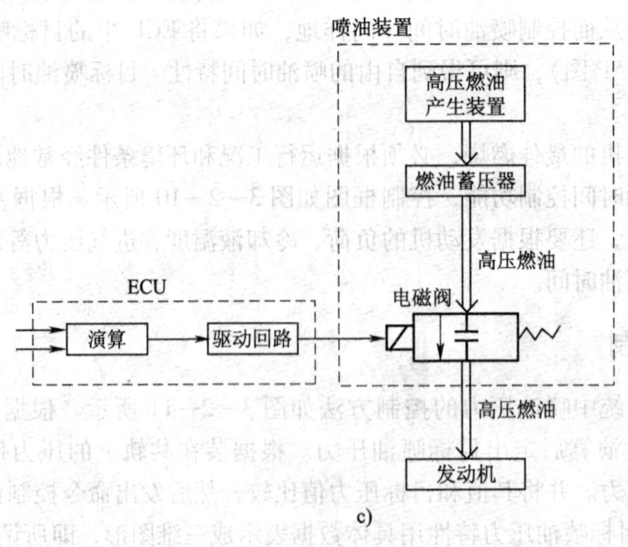

图 3—2—8　喷油时间控制框图

a）第一代喷油时间控制　b）第二代喷油时间控制　c）第三代喷油时间控制

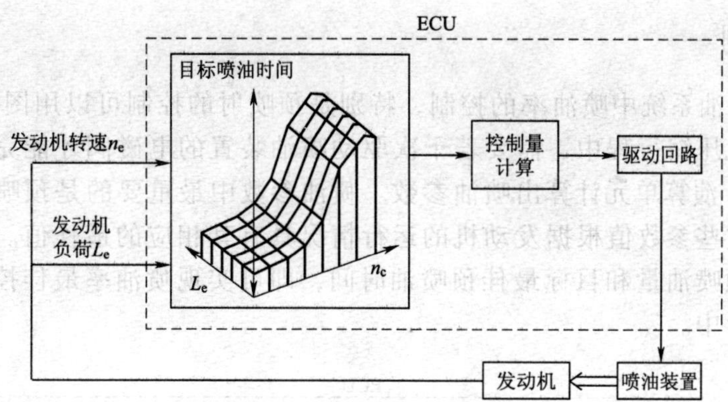

图 3—2—9　目标喷油时间计算框图

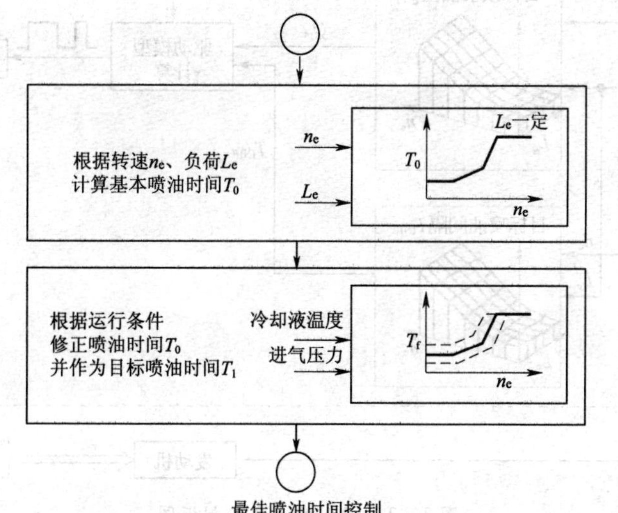

图 3—2—10　最佳喷油时间控制框图

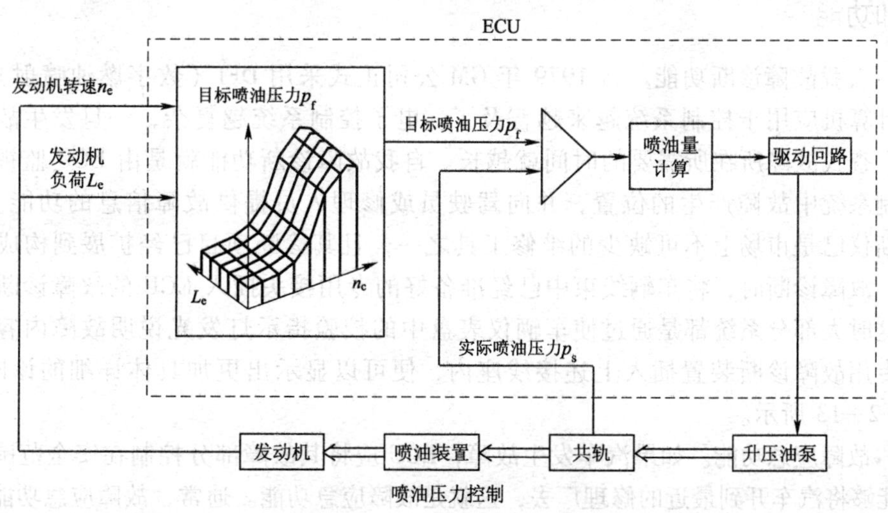

图 3—2—11　喷油压力控制框图

4. 喷油率控制

最新电控燃油系统中喷油率的控制，特别是预喷射的控制可以用图 3—2—12 进行说明。在发动机压缩行程中，需要若干次驱动喷油装置的电磁阀才能完成，根据传感器的信息，ECU 演算单元计算出喷油参数。喷油参数中最重要的是预喷射油量和预喷射时间间隔，这些参数值根据发动机的运行情况具有其相应的最佳值。将这些最佳值作为目标最佳预喷油量和目标最佳预喷油时间，即可实现喷油率最佳控制，具体数据表示在三维图形中。

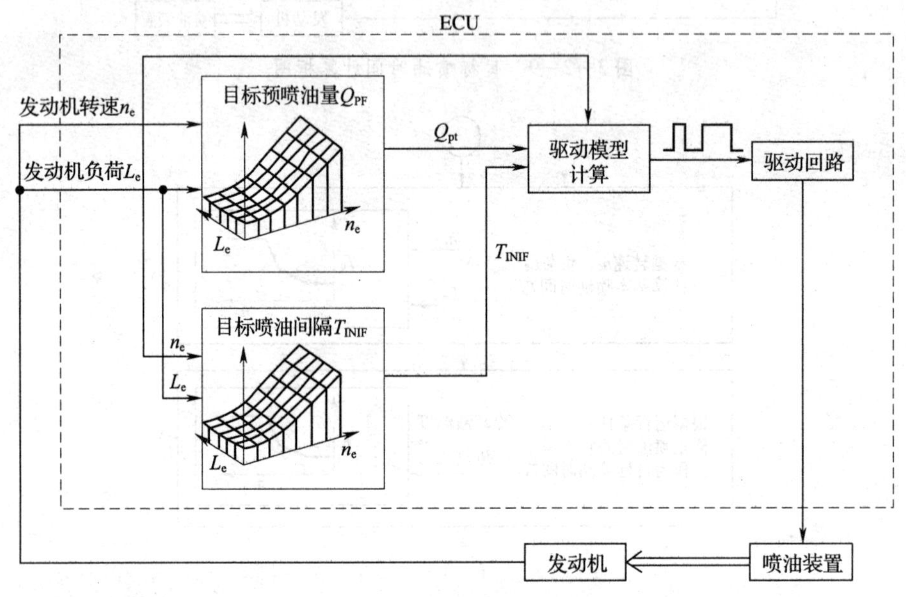

图 3—2—12　喷油率控制框图

5. 附加功能

（1）自我故障诊断功能。自 1979 年 GM 公司正式采用 DFI（数字燃油喷射）以来，将微型计算机应用于控制系统越来越普及了。电子控制系统越复杂，一旦发生故障，在修理工厂查找故障所在所需要的时间就越长。自我故障诊断功能就是由 ECU 监视、发现电子控制系统中故障产生的位置，并向驾驶员或修理人员提供故障信息的功能。目前，故障诊断仪已是市场上不可缺少的维修工具之一，且其诊断项目已经扩展到构成系统的零部件。故障诊断时，将车辆线束中已经准备好的专用接头插入 ECU 的故障诊断仪接线座内，这时大部分系统都是通过使车辆仪表盘中的校验指示灯发光说明故障内容的。如今，将专用故障诊断装置插入上述接线座内，便可以显示出更加具体详细的诊断信息，如图 3—2—13 所示。

（2）故障应急功能。如果汽车发生故障，ECU 应将其故障部分控制在安全范围内，使驾驶员能够将汽车开到最近的修理厂去，这就是故障应急功能。通常，故障应急功能和故障自我诊断功能同时具备。

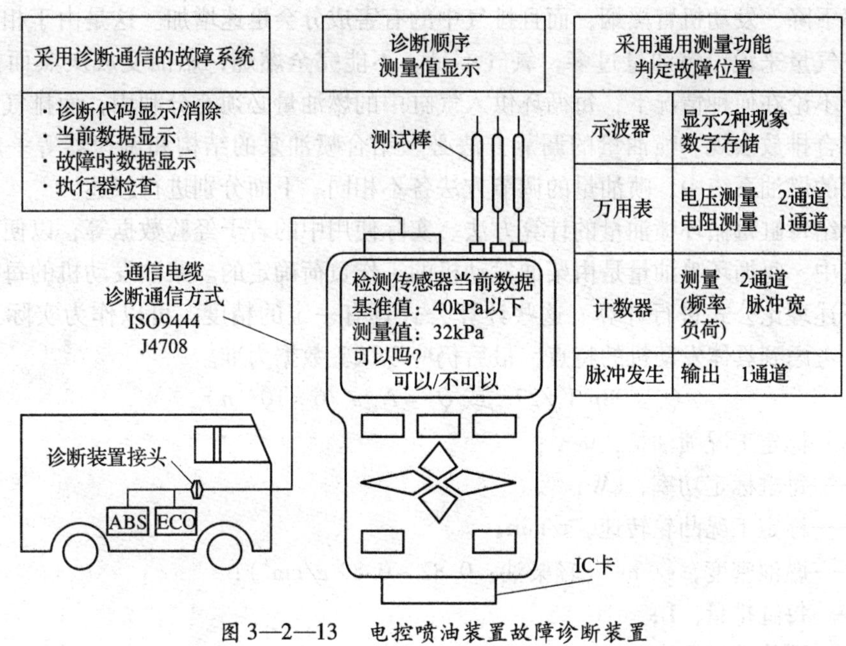

图 3—2—13　电控喷油装置故障诊断装置

二、喷油量控制

柴油发动机的基本能量是来自柴油在气缸内燃烧所作的功，柴油发动机输出的动力决定于供入气缸内油量的多少。喷油量的计量机构和控制机构是燃油系统的重要组成部分。但是，直列泵、分配泵以及电子控制式燃油系统中喷油量的计量和控制方法各不相同，各有特点，又都有各自的缺陷和不足。本章将分别进行讨论，从对比中充分说明各种系统的特点。

1. 每缸每循环喷油量与发动机性能

众所周知，如果不考虑节流效应，在柴油发动机进气行程中进入气缸内的空气量与发动机转速和负荷无关，可以视为常量。如果使发动机的转速和喷油时间保持不变，仅改变每循环供入气缸中的燃油量，则发动机的输出功率和燃油消耗量的变化情况如图 3—2—14 所示。这是由气缸内部混合气的形成过程、燃烧过程等一系列的物理的、化学的变化因素决定的，所以，对每循环供油量的多少应有严格的限制。但是，由图中的曲线可以看到，在一定的范围内，发动机的输出功率大体上和每循环的供油量成正比，所以，按照加速踏板位置决定喷油量，从而可以控制发动机的输出功率。

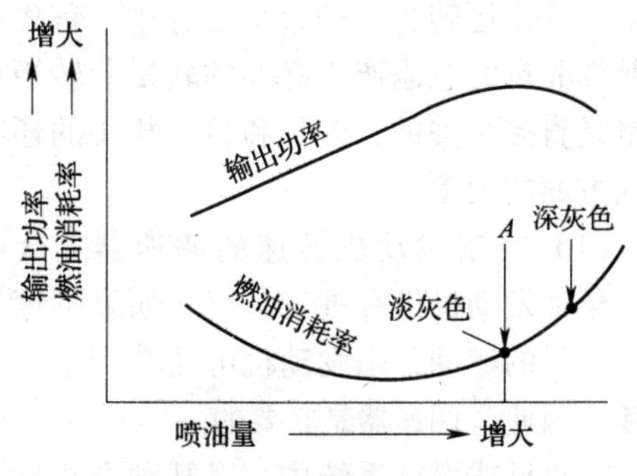

图 3—2—14　每循环喷油量的影响

在图 3—2—14 中，如果喷油量越过 A 点，则输出功率下降，发动机冒黑烟，而且排气中的有害成分会迅速增加。这是由于相对于气缸中有限的空气量来说，燃油量过多，氧气不足，不能完全燃烧，燃油变成炭黑而排出的缘故。因此，不论在何种情况下，每循环供入气缸中的燃油量必须充分利用，而排气中的有害成分必须符合排放法规。喷油量的调节方法必须结合喷油泵的结构和调速器等一起进行控制。在不同的燃油系统中，喷油量的调节方法各不相同。下面分别进行叙述。

首先介绍每缸每循环喷油量的计算方法、实际使用中的若干经验数据等，以便查用。在柴油发动机中，每循环喷油量是由柴油发动机的工作负荷确定的。柴油发动机的每循环喷油量可以用下述理论公式进行计算。这些计算公式具有一定的精度，可以作为实际工作的参考，但是，考虑到具体发动机的特点，最后仍应以试验数据为准。

$$Q_p = 98p_e V_h / 27r_m \text{或} Q_p = N_{eg} g_e / 6 \times 10^{-2} n_t r_m$$

式中 Q_p——标定工况喷油量，mm^3；

N_{eg}——每缸标定功率，kW；

n_t——标定工况凸轮转速，r/min；

r_m——燃油密度，g/cm^3（轻柴油：0.82～0.89 g/cm^3）；

V_h——每缸排量，L；

p_e——平均有效压力，kPa；

g_e——比油耗，g/kW·h。

标定工况的喷油量是柴油发动机工作过程中的最基本的喷油量。其他工况下的喷油量和标定喷油量之间有一定的关系。例如：在各种工况下工作时，每循环喷油量的变化范围是 $1.0Q_p \sim 1.5Q_p$。

上述喷油量的计算公式都是经验公式。在机械式供油系统中，这些公式曾经被广泛应用，但在电子控制燃油喷射系统中，为了满足排放法规，对每循环喷油量必须进行精确计算，实现精确控制。

2. 喷油量调节

喷油量是柴油发动机工作过程中最重要的参数之一。工程师们的最高理想是根据柴油发动机的实际工况自由地调节每循环喷油量。

如图3—2—15所示，从发动机启动开始到发动机停止运转为止的整个过程中，首先应当按照驾驶员的意志产生必要的转矩。转矩和喷油量是直接相关的，但是和转矩相关的还有下述四方面的因素：

(1) 控制发动机转速的调速器。众所周知，柴油发动机没有进气节流，如果不停地供给一定量的燃油，则发动机可能会产生飞车而损坏。因此，调速器是必要的。

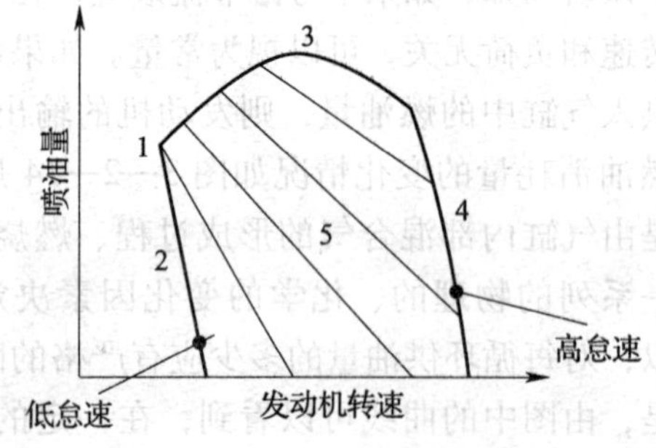

图3—2—15 喷油量控制的基本功能

1—启动 2—得到稳定的怠速转速

3—防止发动机超速 4—防止全负荷转矩、转速

5—按照驾驶员的意志产生转矩或维持转速

在机械式燃油系统中，以某种方式检测出发动机的转速，相对于发动机转速适当调节喷

油量是调速器的基本功能。

（2）为了满足排放法规的要求需要考虑 λ 控制。本来，柴油发动机在每一个循环中总是将气缸内充满空气，只要考虑改变供入气缸内的燃油量和需要产生的转矩的关系就可以了，但是，由于降低 NO_x 的需要，EGR 技术逐渐被采用。为了保证 EGR 率，也就是使进气中的氧气的含量与喷油量相匹配，宏观（不是指混合气内部局部空气过剩率，而是平均的概念）地说，就是进行 λ 控制。这也正是柴油发动机燃油系统需要实现电子控制的重要原因之一。

（3）车辆安全提出的要求。例如，在危险的情况下，可以自动地，或者按照驾驶员的意志使发动机立即停止运转，或在系统故障不是致命故障的情况下，既可保证安全，又可使车辆尽可能继续行驶一段距离的所谓故障应急功能。近年来，针对这些安全概念正在构筑非常细致的系统。

（4）关于预喷射和主喷射的问题。在一次燃烧过程中，燃料分成两次或更多次喷入气缸中。从广义上说，这就是控制喷油率的问题，但是，从喷油量控制的意义上来说，应当首先理解其困难的程度。大型卡车柴油发动机的最大喷油量约为 300 mm^3/行程，预喷射的必要的最小喷油量应当在 1 mm^3/行程以下。相对比例很小，微小喷油量的控制技术及测量技术都是最近几年所面临的实现清洁柴油发动机的重要课题。

为了实现柴油发动机现代化，伴随着低排放的要求，控制工程、系统工程等多方面的技术也越来越显得重要了。

3. 喷油量受到诸多因素制约

在柴油发动机喷油过程模拟计算中已经详细地说明：燃油系统中的每一个结构参数都会影响到喷油量。在这个复杂的工作过程中人们无法实现自由地控制喷油量的目标，非但如此，比较准确地预测每循环喷油量都不容易。与喷油量有关的参数很多，与其相应的试验曲线也很多，这里不能一一列举。下面是两组比较典型的、经常用到的与喷油量有关的曲线。

当齿杆的位置一定时，改变发动机转速所对应的喷油量曲线如图 3—2—16 所示。即每循环喷油量随着发动机转速的增加而稍稍增加。但是，当转速增加到一定的值时，喷油量反而开始下降。其原因请参看动态供油部分。

当转速一定时，喷油量与柱塞直径、齿杆位移的关系如图 3—2—17 所示。一般情况下，每循环喷油量与齿杆位移成正比。

如图 3—2—18 所示，柱塞的控油导槽的形状有直线形和曲线形两种。导槽和柱塞顶部的接通方法有中心孔式和纵向导槽式两种。在柱塞表面展开图中，直线形导槽的展开图是曲线，曲线形导槽的展开图为直线。齿杆位移和喷油量的关系如图 3—2—18 所示。

当控油导槽的形状为直线形时，齿杆位移与喷油量成曲线关系；当控油导槽的形状为曲线形时，齿杆位移与喷油量成直线关系。

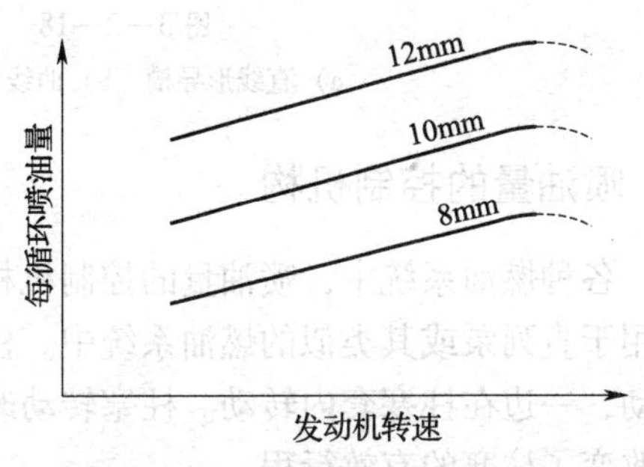

图 3—2—16　转速与喷油量的关系

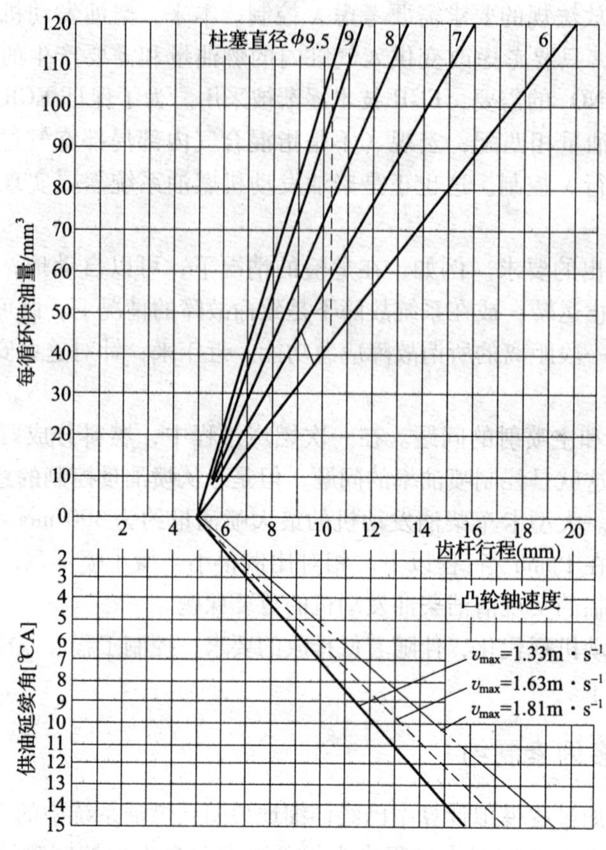

图 3—2—17　喷油量与柱塞直径、齿杆位移

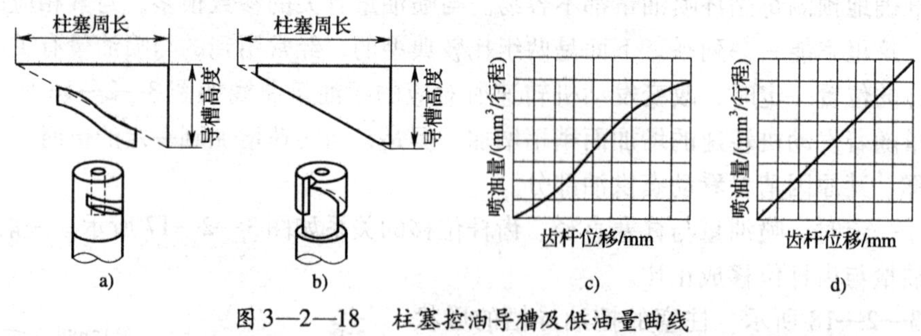

图 3—2—18　柱塞控油导槽及供油量曲线

a）直线形导槽　b）曲线形导槽　c）直线形导槽　d）曲线形导槽

4．喷油量的控制机构

各种燃油系统中，喷油量的控制机构如图 3—2—19 所示。控油槽式喷油量调节机构主要用于直列泵或其类似的燃油系统中。柱塞、齿杆和滑套所组成的机构可以使柱塞一边上下滑动，一边在柱塞套内转动。柱塞转动改变了控油导槽与进、回油孔之间的相对位置，也就是改变了柱塞的有效行程。

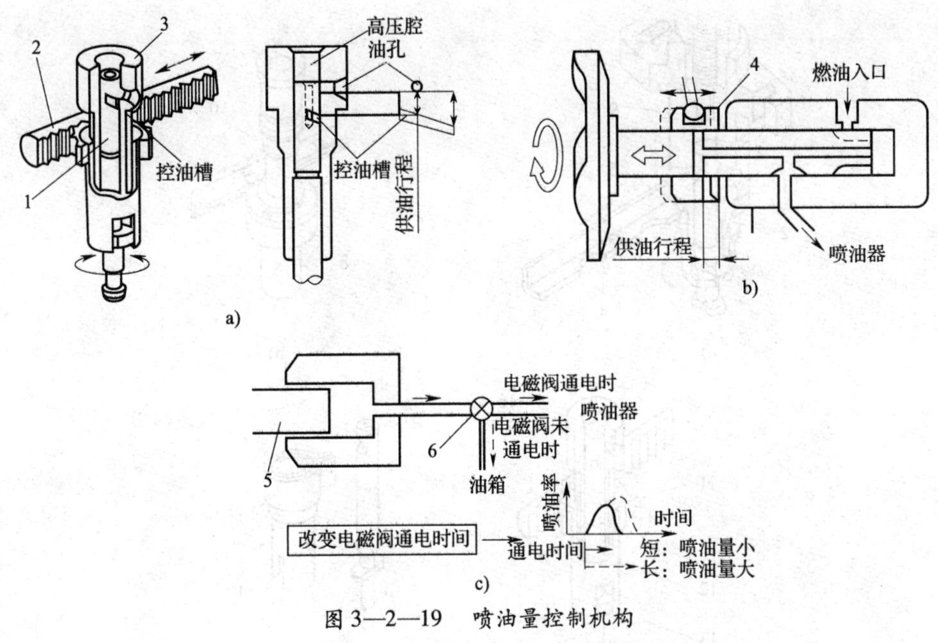

图 3—2—19　喷油量控制机构

a）控油槽式　b）滑套式　c）电磁阀式

1—柱塞（随齿杆位置转动）　2—齿杆　3—柱塞套（固定）　4—控油套筒　5—柱塞　6—电磁阀

图 3—2—20 所示为几种常见的喷油量调节机构。控油槽式调节喷油量的详细过程说明如图 3—2—21 所示。滑套式调节喷油量的机构主要用于分配泵。从柱塞开始升起到柱塞上的油孔被柱塞套筒的端面开放为止的行程为供油行程。上述两种喷油量控制方法都是使高压燃油从高压腔中溢出而结束喷油的，所以叫做溢流调量方式。与之相对应的还有一种节流调量方式，使向高压腔中充注燃油时产生节流，即充入高压腔中的燃油量被严格控制，不多也不少，正是所需要的燃油量。这种调量方式很少采用，但在蓄压式燃油系统中常常用来控制供油量。上述两种喷油量控制方式的共同特点是：根据齿杆或滑套的位置控制燃油溢出时柱塞的有效行程，所以又叫做位置控制方式。与之相对应的还有一种时间控制方式，即在目标齿杆行程达到的时刻，电磁阀开启，使高压燃油溢出，喷油结束。这是一种通过电磁阀的作用时间进行控制的方法，所以叫做喷油量的时间控制方式。图 3—2—19 所示的电磁阀式就是喷油量的时间控制式的示意图。

5. 动态供油

燃油系统中的喷油过程是一个十分复杂的液力过程，暂且不考虑高压油管中的波动过程，仅从喷油泵端来看，图 3—2—22 所示说明了供油关系，实际上由于液力节流效应，存在着前供油和后供油现象。

柱塞上升挤压柱塞腔内的燃油，部分燃油从油孔回流到进油腔。随着柱塞上升，回流截面不断减小，节流效应越来越大，柱塞上端面尚未完全遮断油孔时，柱塞腔内压力即开始上升，以致燃油除经油孔回流外，一部分流向出油阀，使出油阀提前开启，产生前供油现象。

在控油导槽棱边开启回油孔后，由于卸流截面很小，节流严重，柱塞供油过程并不能立即停止。这种在卸油的同时仍继续向高压系供油的现象叫后供油。随着发动机转速上升，后

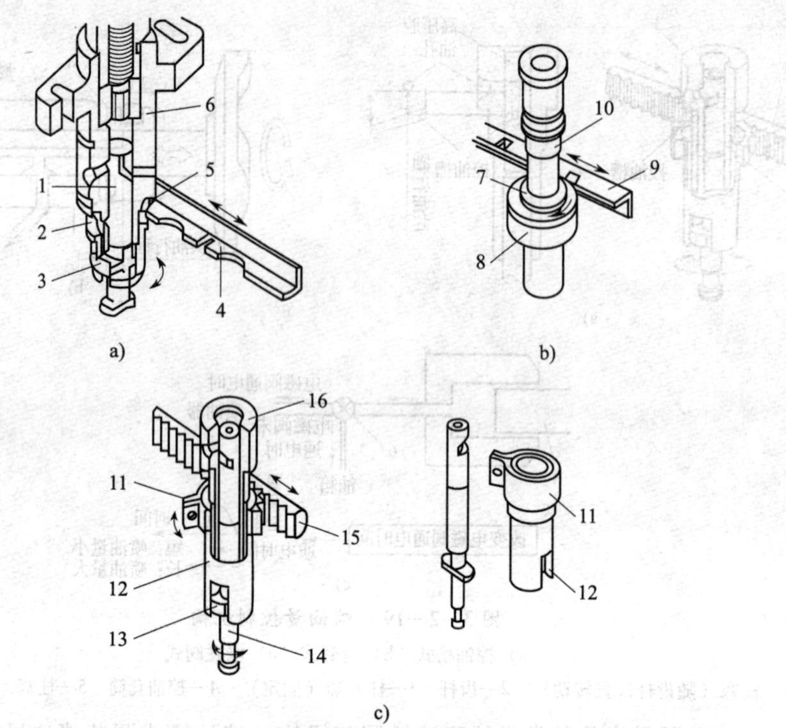

图 3—2—20　几种常见的喷油量调节方式

a）电装 NB 型喷油泵　b）P 型泵　c）博世 A 型泵

1，10，14—柱塞　2，12—滑套　3，13—驱动凸缘　4，9，15—齿杆

5—球　6，16—柱塞套　7—控制套筒　8—上弹簧座　11—调节齿圈

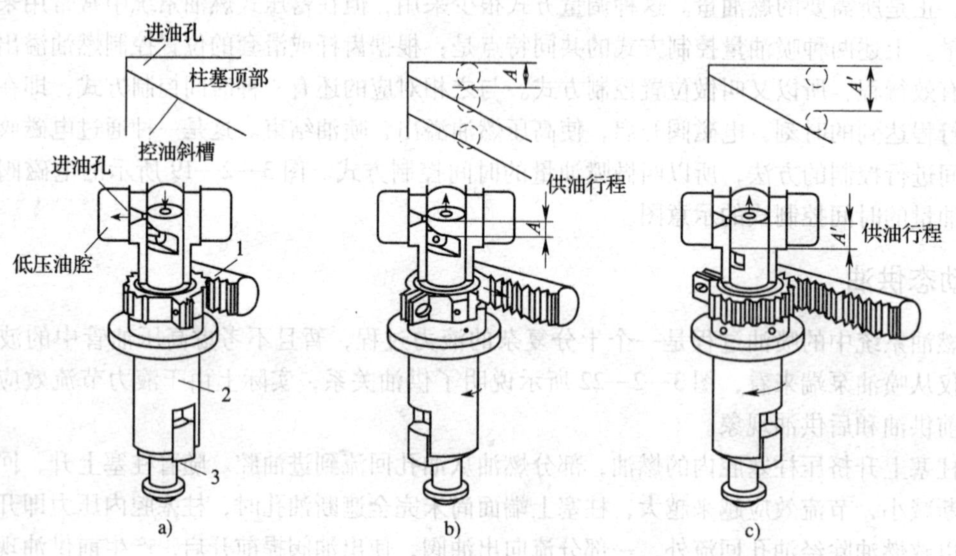

图 3—2—21　控油槽式调节喷油量的过程

a）不供油　b）小供油量　c）大供油量

1—齿杆　2—滑套　3—柱塞凸缘

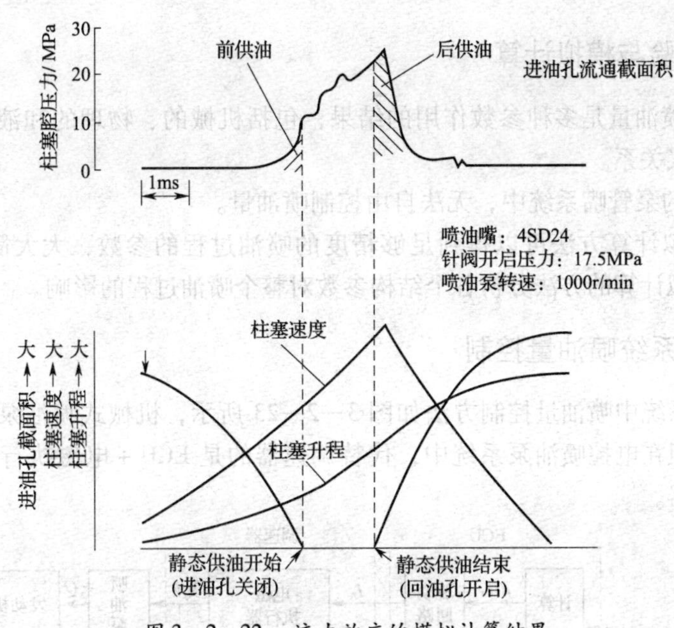

图 3—2—22　液力效应的模拟计算结果

供油量随之增加。前、后供油的程度常用柱塞升程的当量值表示，亦即前供油升程和后供油升程，该值与凸轮轴转速关系密切，并与喷油泵的结构参数如柱塞直径、进回油孔数目和直径有关。前、后供油现象使实际供油升程比几何供油升程大，使供油延续时间增加，造成如下结果：

（1）出油阀作用减小。由于减压过程中的节流使出油阀不能在几何供油终了后立即关闭，因而高速时精确计量喷油困难。

（2）供油时期和喷油时期之间的关系变得不确定，尤其在高速工况下。

（3）容易出现过后喷油，同时会使系统内压力波增强，容易引起二次喷射。

（4）喷油泵速度特性变陡，多缸泵的各缸供油不均匀度增加。

（5）由于前供油和后供油的关系，当发动机转速升高到某一转速以上时，喷油量反而会逐渐减小。

为了减少柱塞的上述前、后供油效应，即动力供油效应，可采用下列措施：设计足够大的进回油通道，尽量避免回油油流通道存在曲折和窄颈结构，采用小柱塞直径和高柱塞速度。

在机械式泵管嘴供油系统中，供油量、供油开始时间、供油结束时间等重要参数受到许多难以控制的因素的约束，是不能自由控制的。

6. 喷油量

柱塞速度高时，泵端压力以压力波的形式向嘴端传送。调节压力波的持续时间，即调节供油行程可以实现从最大循环喷油量到无喷油的连续调节。但是，柱塞速度低、供油行程小时，压力上升达不到针阀开启压力，这样的工作循环不喷油。如果稍稍增大供油行程，则每隔一个工作循环进行一次喷油。如再增大供油行程，则每个工作循环都喷出相等的油量。这种能够进行正常喷油的极限喷油量叫做最小喷油量。

7. 喷油量的试验与模拟计算

（1）每循环喷油量是多种参数作用的结果，包括机械的、物理的和液力的，任何参数之间都不存在显式关系。

（2）在传统的泵管嘴系统中，无法自由控制喷油量。

（3）采用模拟计算方法可以得到足够精度的喷油过程的参数，大大简化试验工作量，并且可以采用模拟计算的方法分析各个结构参数对整个喷油过程的影响。

8. 电控式燃油系统喷油量控制

电控式燃油系统中喷油量控制方法如图 3—2—23 所示，机械式喷油泵中，主要由调速器控制喷油量，但在电控喷油泵系统中，代替调速器的是 ECU + 电磁执行器 + 齿杆位置传感器 + 转速传感器。

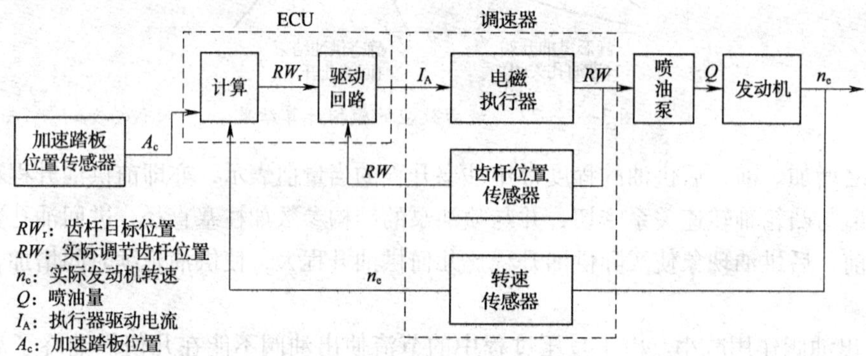

图 3—2—23　电控燃油系统的喷油量控制框图

ECU 的运算器根据各传感器送来的信息设定目标齿杆位置，将齿杆位置的目标值和装在调速器内的齿杆位置传感器的实际检测值在驱动电路中进行比较，通过比较产生与二者之差值成比例的驱动电流。执行器则根据 ECU 发出的驱动电流动作，使齿杆移动到目标位置。在 ECU 的运算器中，齿杆位置目标值的计算过程如图 3—2—24 所示。

在电控燃油系统中，通过将目标喷油量数值图谱（MAP）化，可以得到灵活的控制特性，如图 3—2—25 所示。

（1）基本喷油量控制。用途不同的发动机，要求的转矩特性也不同。为了使发动机有相应的转矩特性，必须按一定规律设定基本供油量特性。等速型喷油量特性与发动机的负荷无关，始终保持恒速，这种特性在发电机组柴油发动机中被广泛采用。在机械式燃油系统中，规定速度变化量为 3%，所以，负荷变化时转速也会发生变化。但是，在电控燃油系统中，通过发动机转速的反馈，可以实现恒速运转。

（2）怠速运转控制。怠速运转时，发动机产生的转矩和发动机自身的摩擦转矩相平衡。若在低温下，发动机润滑油黏度高，自身摩擦增大，因而怠速转速降低。怠速转速降低，则运转速度不稳，而且可能产生振动，使发动机启动变得困难。相反，若怠速转速增高，则发动机的噪声和油耗都要恶化。为了解决这些问题，必须实现即使发动机的负荷变化，仍能保证维持目标怠速转速所必需的喷油量，这种功能就是怠速转速控制功能。

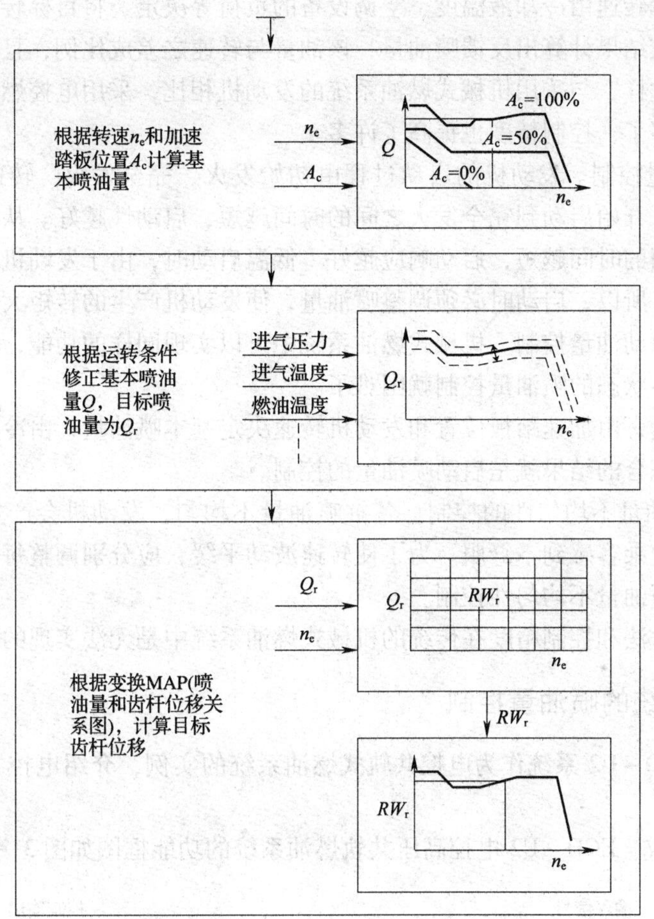

图 3—2—24　齿杆目标位置计算框图

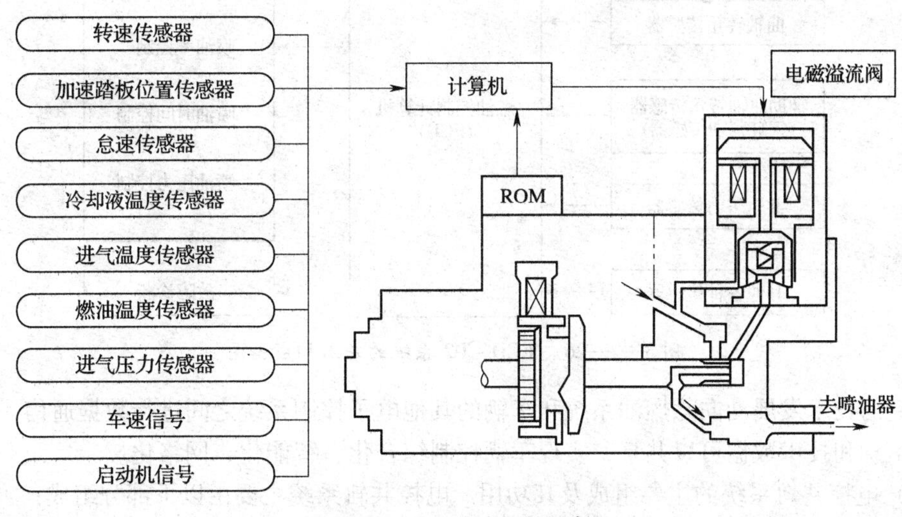

图 3—2—25　油量控制示意图

发动机的目标转速由冷却液温度、空调设备的负荷等决定。将目标转速和实际转速进行比较，并根据比较结果计算出反馈喷油量，该油量与转速之差成比例，且能使发动机转速向目标转速靠近。这样，与采用机械式燃油系统的发动机相比，采用电控燃油系统的发动机的控制就变得容易多了，控制精度也提高了许多。

（3）启动油量控制。发动机的启动过程由初始发火、完全发火、转速上升和启动完成等几个阶段组成。开始启动到完全发火之间的时间越短，启动性越好。从发动机开始启动到速度开始上升之间的时间越短，启动响应越好。低温启动时，由于发动机的摩擦大，启动性和启动响应都差，所以，启动时必须调整喷油量，使发动机产生的转矩大于发动机自身的摩擦力矩，这就是启动油量控制。机械式燃油系统中可以实现同样的功能，但是，要适应温度和海拔高度等外界状态的喷油量控制就困难了。

对于启动油量，由加速踏板位置和发动机转速决定基本喷油量，由冷却液温度等决定补偿喷油量，两者综合的结果就是启动喷油量的控制。

（4）各缸喷油量不均匀性的控制。各缸喷油量不均匀，发动机会产生振动，特别是在怠速工况下，会使乘客感到不舒服。为了使转速波动平缓，应分别调整每一缸的喷油量，这一功能就是各缸喷油量不均匀性控制。

这样的控制方法和控制精度在传统的机械式燃油系统中是无法实现的。

9. 电控共轨系统的喷油量控制

本节将以 ECD－U2 系统作为电控共轨式燃油系统的实例，介绍电控共轨系统中喷油量的控制方法。

（1）系统构成。ECD－U2 电控高压共轨燃油系统的功能框图如图 3—2—26 所示。

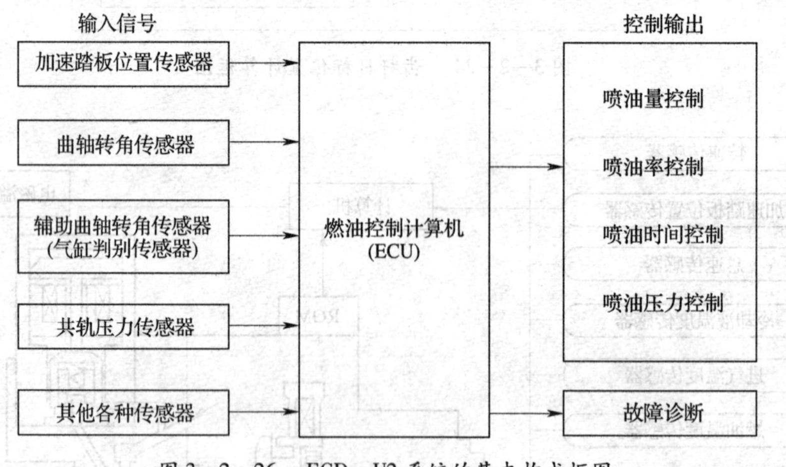

图 3—2—26　ECD－U2 系统的基本构成框图

最新的技术发展动向是燃油系统和车辆的其他电子控制系统之间进行数据通信，各种传感器的信息和技术数据可以共享，实现车辆控制综合化、智能化、网络化。

（2）电控共轨系统的主要组成及其功用。电控共轨系统主要由以下部分组成：

1）输入部分。包括各类传感器和开关，用于检测发动机的运行状态和环境条件。

2）电控单元——ECU。处理传感器等送来的各种信息，计算出最佳喷油量、最佳喷油时间等所对应的控制参数。并将这些参数作为控制指令送到各个执行器——供油泵和喷油器。

3）控制输出。对于电控共轨式燃油系统来说，最重要的执行器就是供油泵和喷油器。

近来，ECD－U2 系统又取得了新的进展，在一次喷油循环中可以实现 5 段，甚至 7 段喷油。其中有一次是主喷射，其余均为辅助喷射，目的在于改善燃烧质量，改善排放等。ECD－U2 高压共轨燃油系统是完全的“时间－压力调节系统”。

喷油量由共轨压力和喷油器电磁阀通电脉冲宽度决定，可以方便地、自由地进行控制。如图 3—2—27 所示，以共轨压力为参数，改变脉冲宽度，可以得到一条线性的喷油器的喷油量特性曲线。利用这一特性，在发动机全部工况范围内，可以方便地得到设定的调速特性。

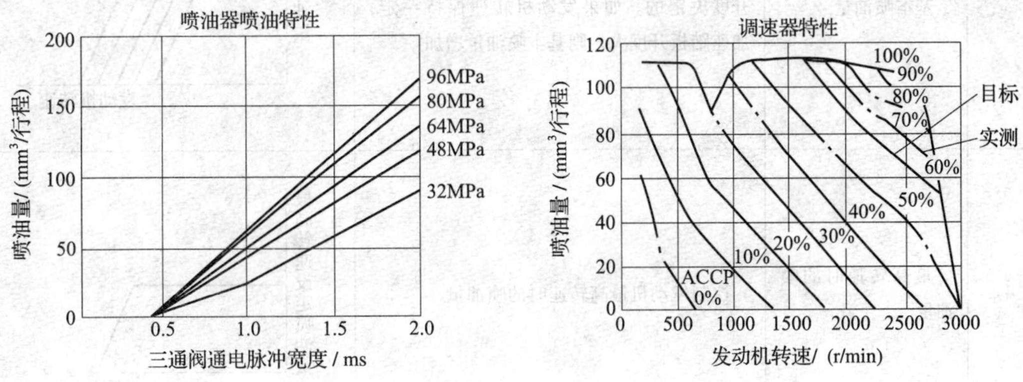

图 3—2—27 ECD－U2 系统喷油器的喷油特性

在传统的泵管嘴系统中经常见到的因液力效应引起的控制困难区域、不可能控制区域，起因于调速器控制能力不足的调节不良等问题，原则上都解决了。

喷油器的最小喷油量的目标值是：压力为 140 MPa，每循环的喷油量为 1 mm^3/行程。当喷油压力一定时，喷油量主要决定于脉冲宽度。喷油器电磁阀的响应特性要求达到 0.5 ms 以下。高速电磁阀的质量是决定电控共轨系统性能的关键。

（3）喷油量的调节。电控共轨式喷油量的调节见表 3—2—2。

表 3—2—2　　电控共轨式喷油量的调节

序号	调节项目	具体内容	示意图
1	启动喷油量	启动时加速踏板踩到一定程度，再由发动机转速和冷却液温度决定喷油量	启动喷油量；水温；发动机转速

续表

序号	调节项目	具体内容	示意图
2	过渡状态的喷油量	加速时加速踏板开度变化大，为了使燃油增加得慢一点，从而控制排出黑烟	
3	基本喷油量	基本喷油量是由发动机转速和加速踏板开度决定的。如果发动机转速保持一定，加速踏板开度大，则基本喷油量增加	
4	最高转速时的喷油量	控制发动机最高转速时的喷油量	
5	最大喷油量	由发动机转速决定的最大基本喷油量中，还要加上全负荷喷油量补偿电阻的修正喷油量和燃油温度的补偿喷油量	
6	全负荷喷油量补偿电阻	由计算机计算出全负荷喷油量调整电阻所决定的补偿喷油量	
7	进气压力修正喷油量	进气压力低时，为了减少排烟，应限制进气压力所对应的最大喷油量	

三、喷油压力控制

随着对柴油发动机排放要求的不断提高，进一步改进缸内燃烧过程是降低有害排放物的重要条件。为了改进气缸内的燃烧质量，除了改进空气的运动、充注量和燃烧室的几何形状外，最主要和最关键的因素是喷油压力和喷油率的控制。

1．最高喷油压力

提高喷油压力一直是人们针对柴油发动机燃油系统追求的基本目标之一。1927 年，博世公司首次推向市场的 A 型泵的最高压力约为 30 MPa。1998 年，在博世公司本部已经停止生产，转移到印度继续生产的 A 型喷油泵的最高喷油压力已经达到 75 MPa。一种最传统的直列泵在其持续生产的数十年间仍要通过各种手段不断地提高它的喷油压力，新设计的每一种喷油泵更是将最高喷油压力作为其工作能力的最基本的评价参数。图 3—2—28 和图 3—2—29所示是各种燃油系统的最高喷油压力随着年代的推移而逐步升高的记录。

最近的试验表明：喷油压力与发动机的 PM、NO_x 排放量关系很大。提高喷油压力是改善柴油发动机排放的有效措施之一。

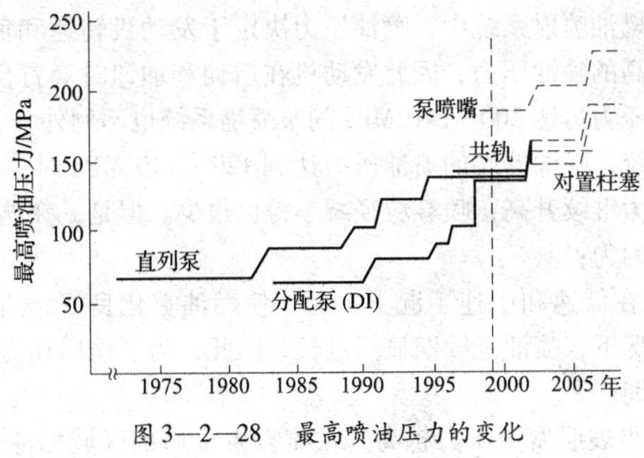

图 3—2—28　最高喷油压力的变化

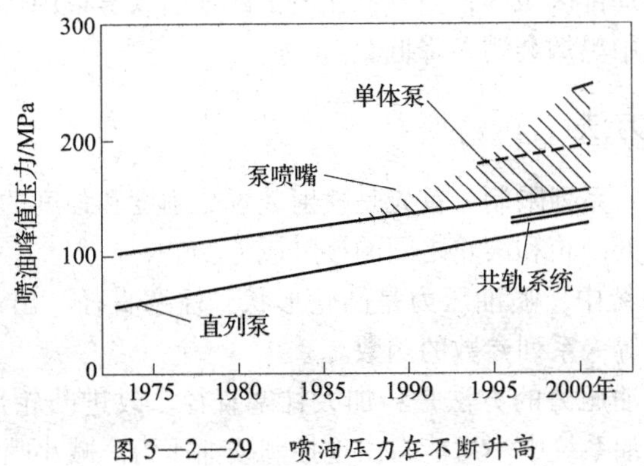

图 3—2—29　喷油压力在不断升高

图3—2—30所示为喷油压力和喷雾粒径之间的关系。图3—2—30a所示是早期的试验结果，当时，喷油压力较低，喷油孔直径较大。图3—2—30b所示是利用超高压喷油装置所进行的试验，采用三种燃油系统对喷雾的平均粒径进行了测量。

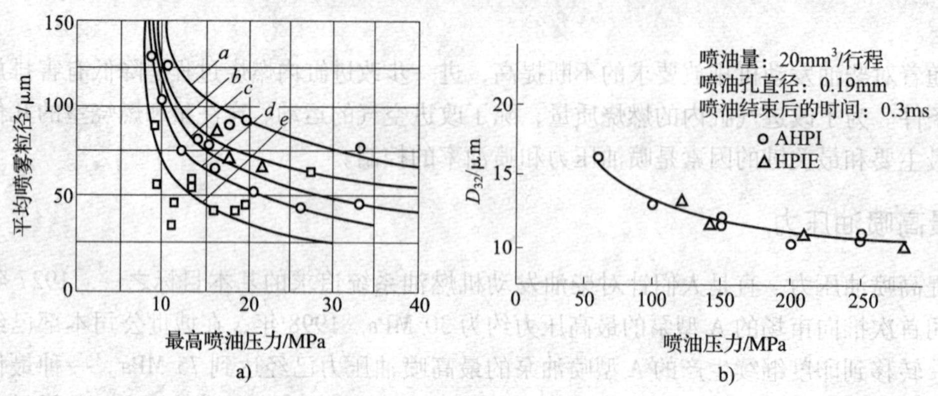

图3—2—30　喷油压力和平均喷雾粒径的关系

柴油发动机燃烧过程与燃油雾化质量紧密相关。燃油喷入气缸中，气缸内气体流动，促进燃油雾化，并和气缸内的气体混合，形成均匀的混合气。通过改进进气系统，可以在气缸内形成具有更高能量的空气流动，使燃油一边运动，一边雾化，一边燃烧。因此，要求燃油系统必须具有足够高的喷射能量。

但是，在传统的燃油喷射系统中，喷油压力决定于发动机转速和负荷。特别是低转速、高负荷时，很难得到高的喷油压力，因此发动机在启动和加速时会冒黑烟。即使在高转速、高负荷工况下，喷油压力可达200～240 MPa的泵喷嘴系统也不例外。

对于高压喷射系统，喷油器端的喷油压力达到120～140 MPa时，平均喷雾粒径几乎已达极限，即使喷油压力继续升高，喷雾粒径减小得也很少。但是，在这种情况下，仍需要更高的喷油压力，这是因为：

（1）柴油发动机在低速和中速工况下，为了使燃油雾化良好，所以减小喷油孔直径。这样，在动力输出工况下，喷油延续期显然过长，因此，为了输出动力，必须要有高的喷油压力，缩短喷油延续期。

（2）试验观察结果表明喷油压力越高，在喷雾束中局部区域的油气当量比越低。由于高压喷射，在能量高的局部区域内，空气能比较活跃地引入雾束内部，使局部过浓的混合气比例降低，所以，排气中黑烟会明显降低。

2. 控制喷油压力的方法

提高喷油压力受到一系列限制，首先是喷射装置的刚度和强度的限制。在机械式燃油系统中，传统的方法是改变凸轮和滚轮之间的接触应力。

（1）机械式燃油系统中，喷油压力是凸轮形状、柱塞直径、出油阀直径、高压油管长度和内径、喷油器参数等一系列参数的函数。

通常采用的提高喷油压力的方法是：加大柱塞直径、改进凸轮形状、减小喷油孔直径等。但是，在机械式燃油系统中不可能自由地控制喷油压力。减小喷油孔直径与喷射高压化直接相关。在轿车柴油发动机中，喷油孔直径已经减小到 $\phi0.13$ mm，商用车中已经成功使用了喷油孔直径为 $\phi0.17$ mm 的喷油器。

机械式燃油系统中，喷油压力是随着发动机的转速变化而升降的。特别是在低转速、高负荷区域内不可能得到高的喷油压力，这常常会导致启动时由于不完全燃烧而冒黑烟。另一方面，提高喷油压力还常常会导致 NO_x 排放增加。

（2）电控式共轨系统中喷油压力的调节。电控共轨系统的最大特点之一是可以自由控制喷油压力。图 3—2—31 所示为共轨系统喷油压力和直列泵、机械驱动式泵喷嘴系统喷油压力的比较。由图中可看出，共轨系统的喷油压力高，而且接近于常数，没有波动；机械式燃油系统的最高喷油压力和平均压力差别很大。电控共轨系统中是采用特种传感器来控制喷油压力的。

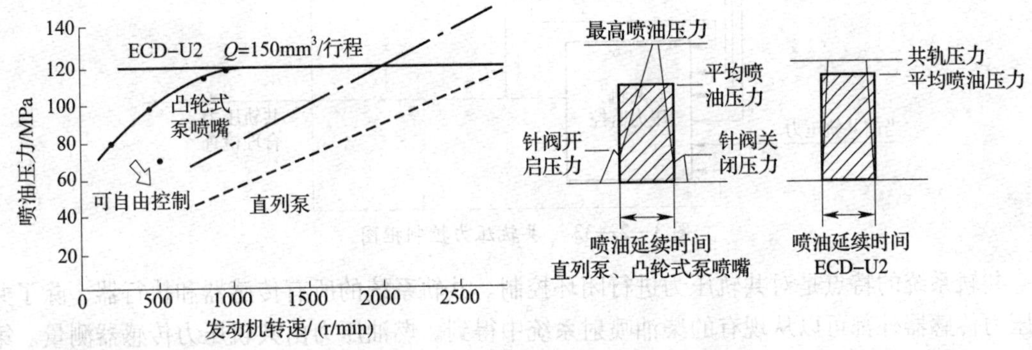

图 3—2—31　不同系统的喷油压力比较

电装公司 ECD－U2 系统中装有供油泵控制阀（PCV——Pump Control Valve）和压力限制器，其作用是调整和控制共轨内的燃油压力。

PCV 的基本作用是调整供油泵供入共轨内的燃油量。所以，ECU 向控制阀发出的通电和断电的时刻决定了供油泵供入共轨内的燃油量，也就决定了供油压力。控制阀的外形和控制电路如图 3—2—32 所示。

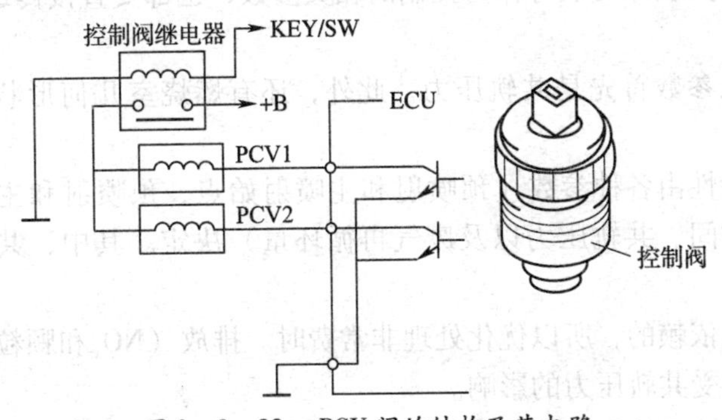

图 3—2—32　PCV 阀的结构及其电路

压力限制器相当于安全阀，它的基本作用是限制共轨中的压力，防止其过高或过低。当共轨中的压力升高到 140 MPa 时，压力限制器开启，打开卸油孔卸压，当压力降到约 30 MPa时，球阀复位，从而始终维持共轨内的压力在一个指定的范围内，不至过高，也不至过低。

在博世共轨系统中也有类似的限压阀和调压阀。图 3—2—33 所示是博世公司共轨系统共轨压力控制框图。

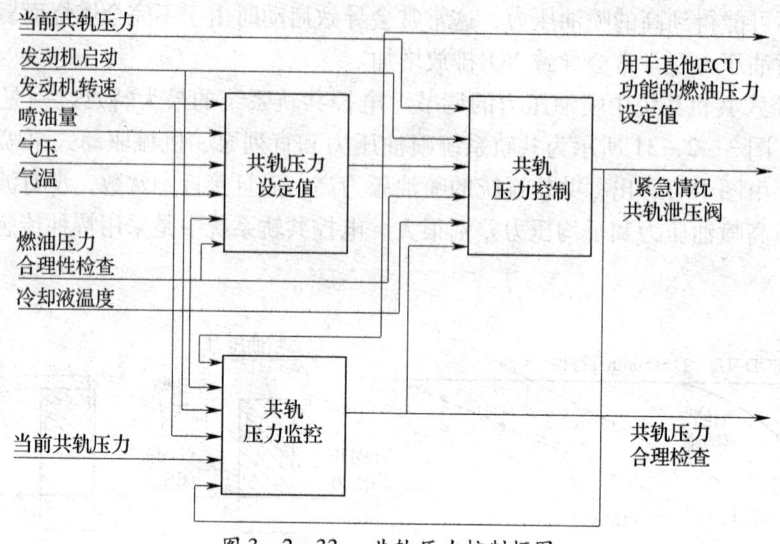

图 3—2—33　共轨压力控制框图

共轨系统的特点是对共轨压力进行闭环控制。共轨系统的所有传感器和执行器，除了共轨压力传感器外都可以从现有的柴油喷射系统中得到。燃油压力由共轨压力传感器测量。第一代电控共轨系统产品中，由调压阀按柴油发动机工况（如发动机转速、负荷和温度等）将压力调到正确的静态或动态设定值。

在共轨压力控制功能中有三项任务：共轨压力设定、共轨压力控制和共轨压力监控。柴油发动机转速、喷油量、大气压力、进气温度和冷却液温度都对共轨压力设定值有影响。共轨压力设定值是共轨压力控制中最基本的输入参数。

共轨压力监控单元将当前共轨压力与共轨压力设定值进行比较。发动机转速、发动机启动、冷却液温度以及共轨压力值等作为控制的相关参数，也都要直接传送到共轨压力监控单元中。

喷油器端的输入参数首先是共轨压力，此外，还有燃烧室几何形状、涡流、标定转速等。

柴油发动机的特性由各种参数（预喷射和主喷射始点、预喷射和主喷射喷油量、相对于主喷射的预喷射时间、共轨压力以及废气再循环量）决定。其中，共轨压力是最重要的参数之一。

大量参数是相互依赖的，所以优化处理非常费时。排放（NO_x和颗粒）和噪声之间的协调就是一例，两者均受共轨压力的影响。

在电控共轨式燃油系统中，喷油压力与发动机的转速无关，由供油泵直接决定。目前，实用的喷油压力已达 120 MPa，不久的将来会达到 150 MPa。有关资料表明，共轨系统的供油压力可以没有困难地达到 180 MPa，而在此以上将会遇到巨大的障碍。

四、喷油率控制

在电控共轨系统中，喷油率的定义是：在一次喷油循环过程中，从喷油开始到喷油结束，引导喷射、预喷射、主喷射和后喷射、次后喷射等的喷油时间所占的比率。

单元时间的概念随着技术的进步也在变化。假设按照0.1°曲轴转角作为时间间隔控制喷油率，则转速为4 000 r/min时，1°曲轴转角相当于4.2 μs，因此，每4.2 μs就要向喷油率控制机构发出一次控制指令。但是，直到目前为止，还没有这样的超高速喷油率执行机构。

在实际电控燃油系统中所采用的时间间隔是比较大的，但是随着技术的进步，喷油率的时间控制间隔会越来越小。

喷油率直接影响着柴油发动机的燃烧过程、排放特性等重要指标。在排放法规实施以后，喷油率形状的重要性逐渐被认识，但是，由于机械式燃油系统中的喷油过程非常复杂，实际上没有办法有效地控制喷油率形状。20世纪90年代中期，电控共轨系统正式投入使用以后，控制喷油率才真正成为可能。

由于喷射技术不断发展，围绕喷油率形状问题已经进行了很多研究。关于控制喷油率的研究历史可以分为两个阶段：机械式燃油系统的喷油率、电控式燃油系统的喷油率。

在机械式燃油系统中，燃油喷射过程是一个非常复杂的过程。机械的、液力的和弹性的各种作用综合在一起，人力是难以干预这个过程的。最基本的方法是通过参数组合，进行一系列试验，最后由试验结果决定。

实际上，机械式燃油系统中的喷油率形状是比较简单的，基本上都是一次主喷射，或者更加形象地说，机械式燃油系统的喷油率形状都是一段波形。从喷油率形状来看，代表性的图形有：上升波形、下降波形、靴形等。

改变喷油率的方法主要有三种：平均喷油率可变、控制喷油率的形状、多段喷射。

1. 各种燃油系统的喷油率

大量的试验结果表明，不同的燃烧方式，对应着相应的最佳喷油率形状。同一种发动机在不同的负荷状态下也有对应的不同的最佳喷油率。

通过对组合型喷油率，如靴形喷油率中不同靴形持续时间及喷油定时的试验研究表明，提前喷油使放热提前，可降低放热峰值和燃烧后期的燃气温度，NO_x的生成可以在一定程度上受到抑制。

通过对下降形喷油量、上升形喷油率和矩形喷油率形状对燃烧和排放影响的试验研究表明，喷射后期的快速断油功能可以提高有效喷油压力，缩短扩散燃烧期，改善燃油经济性，减少碳烟和颗粒排放。

喷油终了时，喷油压力从最大压力降到针阀关闭压力，这个过程的时间越长，在低压状态下喷油的时间越长。这样，必然导致燃烧恶化、排放变差、发动机性能下降。所以，应当尽可能缩短喷油结束时断油过程的时间。但是，还要注意另一方面的不良影响，即针阀落座时对座面的冲击作用。

在机械式燃油系统中，通过几何位置的改变来控制断油特性的直列泵以及一部分高压分配泵中，适当设计溢油孔的直径和形状等可以改善燃油系统的断油特性。

在电控式燃油系统中（电控分配泵、电控泵喷嘴、电控单体泵、电控共轨系统），通过电磁阀的开启或关闭来控制断油特性时，电磁阀的形状和电磁阀的响应特性是至关重要的。从喷油器方面考虑，减少喷油器的后滴现象对于改善HC排放是非常有效的。最有效的方法是减小压力室的容积。所以，在轿车柴油发动机中广泛采用无压力室的所谓VCO型喷油器。

快速断油特性对颗粒（碳烟及SOF）的影响和排放的试验研究表明，通过缩短喷油持续时间，下降波形喷油速率是可以降低发动机的碳烟排放的喷油率形状。当喷油持续期不变时，上升波形喷油率与矩形喷油率相比，碳烟排放高而NO_x排放低。因下降波形喷油率的初始喷油率过高，故NO_x排放比另外两种波形的喷油率高。

对燃烧过程的研究发现：燃烧初期的速率对发动机性能的影响很大。为了抑制NO_x生成，需减小预混合燃烧的比例。为此，需要减小着火预燃期内的喷油量。从喷油装置方面来看，需要降低初期喷油率和促进着火燃烧，即缩短着火滞燃期。

在机械式燃油系统中经常采用的办法是：减小喷油孔直径和改进凸轮型线。改进凸轮型线只适用于利用凸轮压送燃油的所谓脉动式燃油系统；减小喷油孔直径可以提高燃油雾化质量，采用引导喷射，可以促进燃油着火，缩短预燃期。表3—2—3集中了现有的各种燃油喷射系统的基本喷油率形状及其相关参数。

表3—2—3　各种燃油喷射系统的基本喷油率形状及其相关参数

项　目	凸轮压送式				蓄压式	
	预行程可调直列泵	高压分配泵	泵喷嘴	单体泵	共轨	增压共轨
现在最高喷油压力/MPa	145	140	200	140	140	150
将来最高喷油压力/MPa	150～160	150～180	220	220	180	180
喷油时间控制自由度	△	△	△	△	○	○
喷油压力控制自由度	×	×	×	×	○	○
多段喷射适应性	×	△	△	△	○	△
喷油率形状						
与发动机的匹配性	○	○	×	×	○	△

注：×——无此项功能或很差，△——一般性，○——优良。

2. 共轨系统的喷油率

在电控共轨系统中，由供油泵提供高压燃油，经过高压配管，高压燃油存储在共轨内。电控喷油器内的电磁阀控制针阀偶件的背压决定喷油器的开启和关闭时间。喷油压力与发动机燃油系统的喷油率及其相对参数无关，始终维持在高压状态——目前一般为135 MPa。电磁阀直接控制针阀升程进行喷射。因此，在电控共轨系统中，不仅可以完成一般意义上的喷射，而且还可以实现引导喷射、预喷射等多段喷射。可以完全独立地、自由地控制喷油压力、喷油量、喷油率和喷射时间。

（1）电控喷油器的喷油过程。电控喷油器可以在高压下将共轨内的燃油喷入发动机气缸内，而且可以按照最佳的时间，最合适的喷油率进行喷射。电控喷油器的主要组成零部件有喷油器、控制针阀升程的指令活塞、具有进油量孔和出油量孔的控制腔和电磁阀等。流入或流出控制腔的燃油是通过电磁阀的 ON/OFF 进行控制的。电控喷油器的喷油过程如图3—2—34所示。

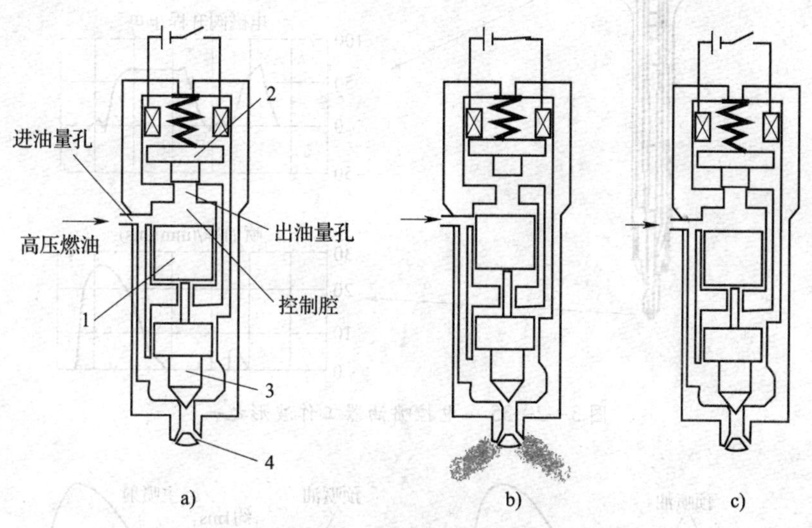

图 3—2—34　电控喷油器的喷油过程

a）不喷油　b）喷油开始　c）喷油结束

1—指令活塞　2—电磁阀　3—针阀　4—喷油器

1）当电磁阀中没有电流流过时，如图 3—2—34a 所示，针阀被压在下方座面上，出油量孔被关闭，通过进油量孔，燃油从共轨中流入控制腔内。因此，等于在针阀尾部外施加了高压燃油的作用力，从指令活塞到喷油器的通路被截断，所以不喷油。

2）当电流开始通入电磁阀时，如图 3—2—34b 所示，由于电磁力的作用，将电磁阀向上拉。结果，通过出油量孔，喷油器背部（控制腔）的燃油逐步流向低压腔，当喷油器端部高压燃油的作用力大于针阀开启压力时，针阀升起，喷油开始。如果持续通电，则针阀可以升起到最大升程位置，达到最大喷油率状态。

3）一旦停止向电磁阀供电，如图 3—2—34c 所示，则电磁阀下降，出油量孔被关闭。这时，高压燃油通过进油量孔流入控制腔中，通过指令活塞使针阀快速关闭。

图 3—2—35 所示是实际电控喷油器工作波形之一。

综上所述，向电磁阀通电的时刻决定了喷油时间，向电磁阀通电的时间长短决定喷油延续时间。这些都是电子控制系统独立完成的，与发动机的转速和负荷等无关。这样的控制特性在传统的机械式燃油系统中是不可能实现的。

（2）预喷射及其控制。所谓预喷射就是在主喷油之前有一个喷油量相当小的喷射过程。评价预喷射的参数是预喷油量和预喷油与主喷油之间的时间间隔，如图 3—2—36 所示。

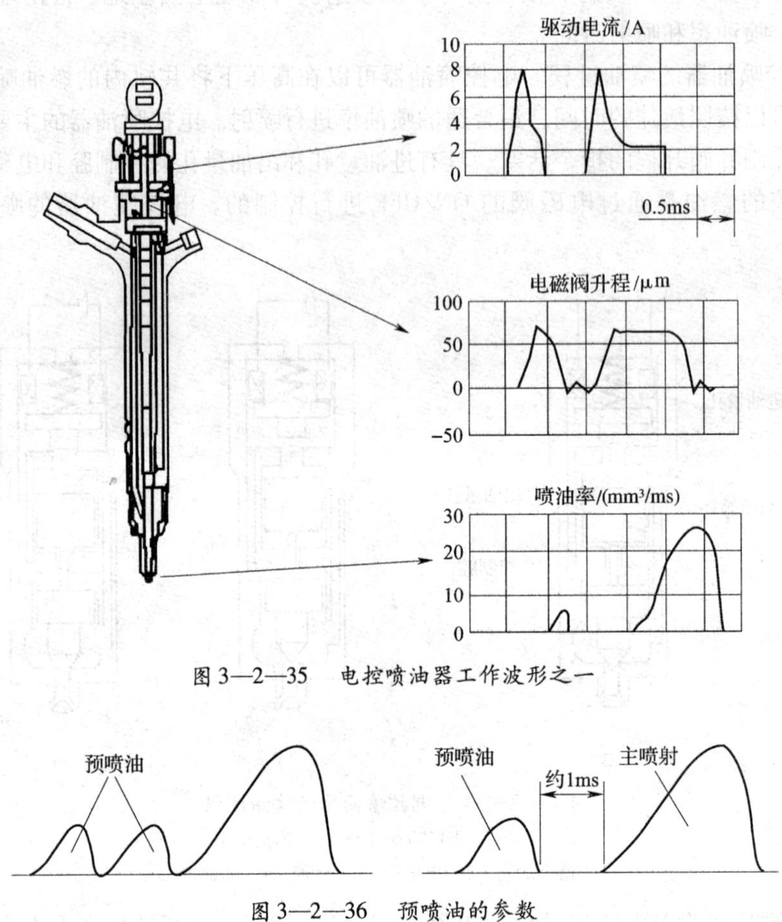

图 3—2—35　电控喷油器工作波形之一

图 3—2—36　预喷油的参数

在主喷射之前进行的预喷射（时间间隔约 1 ms）可以使燃烧噪声明显降低，这是一项已经实用化了的技术。但是，由于预喷射会导致 PM 排放增加，因此，可以使预喷射段靠近主喷射段，从而降低 PM 排放。

利用预喷射特性改善燃烧过程的实例如图 3—2—37 所示。这是电装公司利用 ECD - U2 系统进行研究后实测到的。由图可知，适当的预喷油量可以明显降低初期燃烧率，降低噪声。

在电控共轨系统中，喷油率的控制是相当自由的，不仅可以实现靴形喷油率，而且可以实现图 3—2—38 所示的预喷射：在主脉冲之前，有一个脉宽相当小的预喷射脉冲。根据发动机的实际需要，预喷射参数可以自由调节。

图 3—2—39 所示为电控喷油器波形，从图中可以看出利用电控喷油器控制预喷油的过程和方法。由电控单元发出控制指令，电磁阀产生相应的位移，随之产生相应的针阀升程，开始喷油。喷油量的多少由指令脉冲的宽度决定。图中还表示出了系统响应特性的影响。显然，响应特性越高，系统的性能越好。高频电磁阀是电控共轨系统的重要元件。

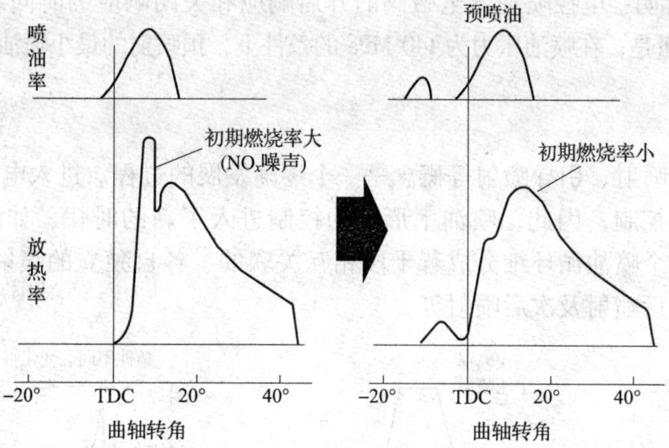

图 3—2—37 预喷射对燃烧过程的影响

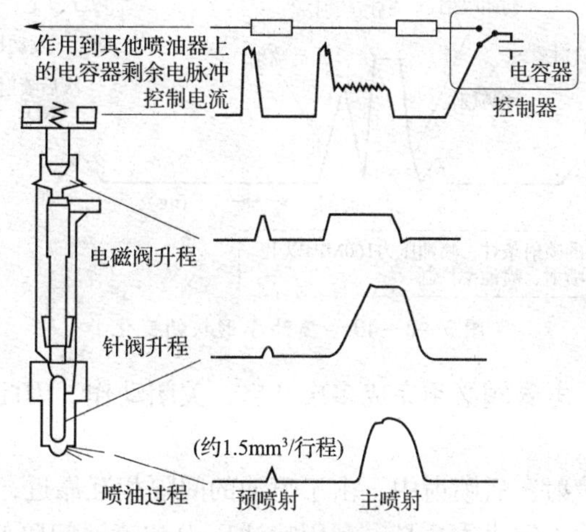

图 3—2—38 电控喷油器波形

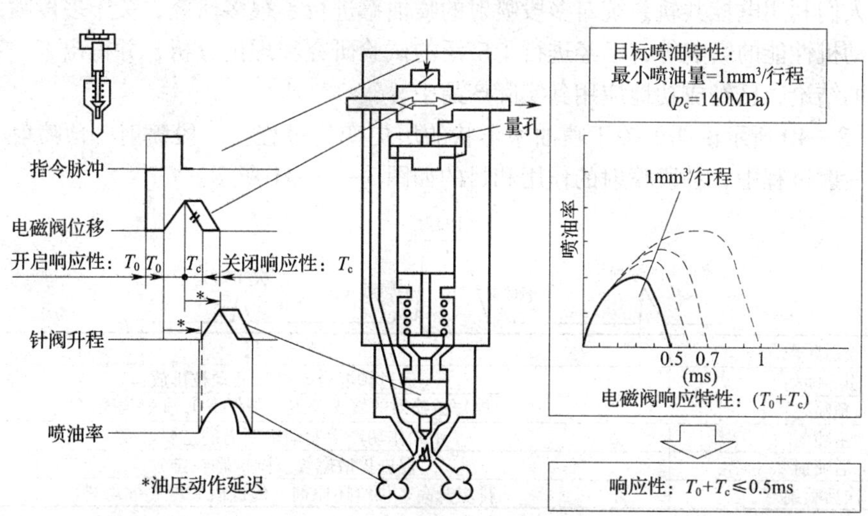

图 3—2—39 电控喷油器波形

图 3—2—39 标明：电控喷油器电磁阀的开启响应和关闭响应的时间之和应小于或等于 0.5 ms；目标喷油量是，在喷油压力为 140 MPa 的条件下，预喷射的最小喷油量为 1 mm^3/行程。

3. 多段喷油

预喷射、靴形喷射、引导喷射等概念是一个逐渐发展的过程。进入电控共轨系统时代以后，由于采用时间控制，因此，喷油率形状的控制进入了新的时代。如图 3—2—40 所示，多段喷油就是将一个喷油循环细分成若干段相互关联的、各自独立的喷射段——引导喷射、预喷射、主喷射、后喷射及次后喷射等。

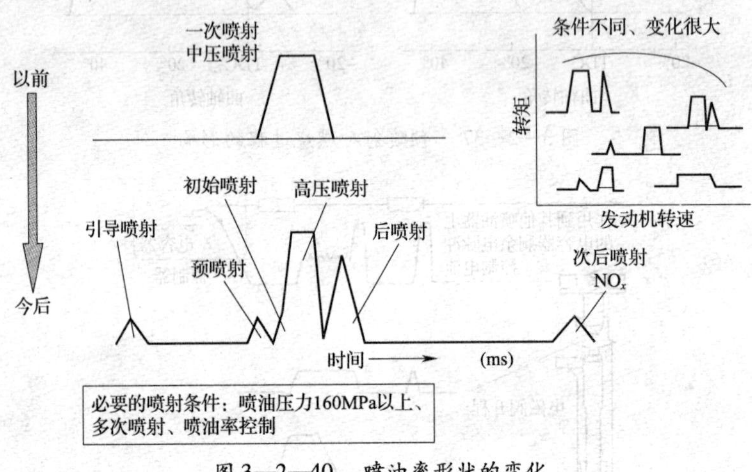

图 3—2—40　喷油率形状的变化

在多段喷射过程中，电磁阀必须完成多次开启、关闭动作，因此驱动能量和消耗能量成了问题。

在主喷射前后的预喷射、后喷射中，由于喷油的间隔相互靠近，因此，前段喷射会对后段喷射的喷油量带来影响。解决方法是：利用喷油压力和喷油间隔修正后续的喷油量指令。近几年，人们利用电控共轨系统对多段喷射的喷油率进行了很多研究，关于多段喷射对燃烧过程、发动机性能的影响等，已经进行了广泛的试验研究和理论分析，并得出了一系列具有实际价值的结论，已经成功地应用到实际产品中。

图 3—2—40 所示说明了关于喷油率形状的历史变化过程：一段喷射—预喷射—多段喷射。多段喷射过程中，各段喷射的作用和目的如图 3—2—41 所示。

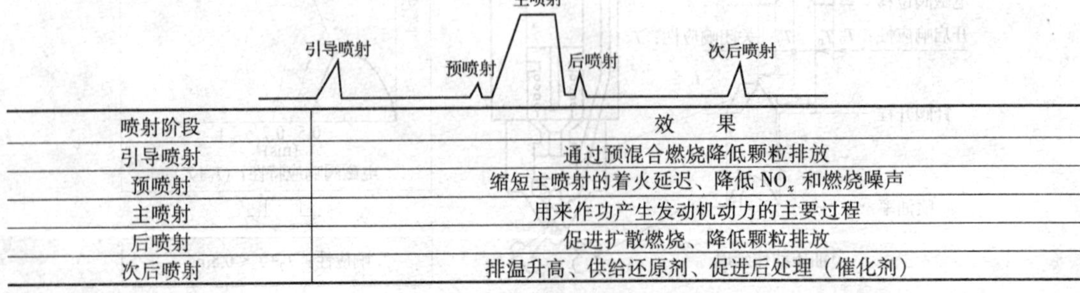

喷射阶段	效　果
引导喷射	通过预混合燃烧降低颗粒排放
预喷射	缩短主喷射的着火延迟、降低 NO_x 和燃烧噪声
主喷射	用来作功产生发动机动力的主要过程
后喷射	促进扩散燃烧、降低颗粒排放
次后喷射	排温升高、供给还原剂、促进后处理（催化剂）

图 3—2—41　各段喷射的作用和目的

五、喷油时间控制

各种不同的燃油系统中，喷油时间的控制方法是不同的。本章介绍几种具有代表性的燃油系统喷油时间的控制方法。从对比中可以看到电控燃油系统的优越性。

在电控式柴油系统中，例如电控共轨系统，传感器和开关检测发动机转速和负荷等基本参数，电控单元（ECU）根据这些参数，通过计算处理，向执行器——喷油器发出执行指令：各个气缸所对应的喷油器电磁阀在什么时刻开启、什么时刻关闭、开启到什么程度等。喷油时间可以自由控制，可以精确控制，可以简单地进行控制。

在电控式燃油系统中，控制喷油量、喷油时间以及喷油率等都是通过电磁阀的开启和关闭来实现的。

1. 喷油时间概述

为了实现良好的燃烧，燃油喷射时间应随柴油发动机的转速和负荷的变化而变化。发动机的排放性能与压缩比的关系如图 3—2—42 所示。

在传统的泵管嘴系统中，由于喷油延迟等因素的作用较大，一般采用专门设计的机构和装置（如喷油角度自动提前器）随着发动机的转速和负荷自动改变喷油始点。

改变喷油始点主要是依靠燃油喷射装置。改变喷油始点的方法在不同的燃油系统中是不同的。

（1）在 TICS 那样的直列式喷油泵系统中通过可动滑套改变供油预行程，从而改变喷油始点。

（2）在高压分配泵中，通过由燃油压力驱动的提前器活塞改变凸轮相位，从而改变喷油始点。

（3）在电控喷油泵、电控泵喷嘴、电控单体泵和电控共轨系统中，通过电磁阀的开启和关闭改变喷油始点。

随着电控技术的发展，喷油时间的控制精度越来越高，控制机构越来越简单，控制手段逐步由硬件转向软件。如图 3—2—42a 所示的曲线表明：推迟喷油始点是降低 NO_x 排放的有效手段。将初期燃烧向后推迟，则气缸内的温度会随之降低，因而能减少 NO_x 生成。但是，这又会导致热效率降低，燃油消耗增加，输出功率下降，而且，PM、HC 和 CO 也会增加，低温启动性恶化等诸多弊端。为了克服这些问题，可以适当提高压缩比，根据试验结果，选择良好的燃烧效果和合适的 PM 排放值所对应的压缩

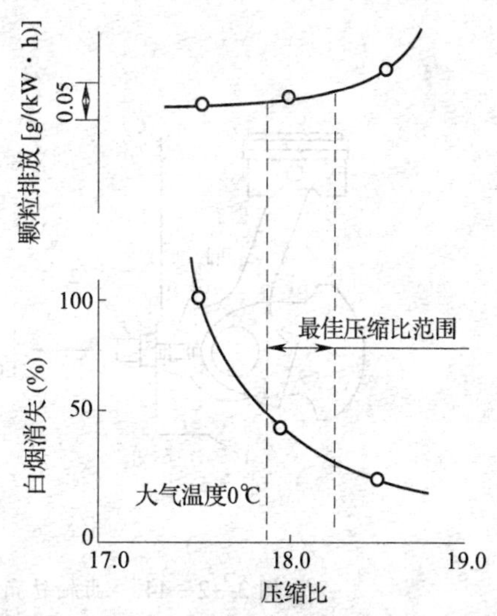

图 3—2—42　发动机排放性能与压缩比的关系

比（见图3—2—42b）。

2. 电控燃油系统的喷油时间控制

本节将以具体的、具有代表性的电子控制燃油系统产品为基础给予说明。

（1）电控分配泵喷油时间控制概要。电控分配泵喷油时间控制框图如图3—2—43所示。通过各种传感器，计算机检测出发动机即时的工况条件和环境状况，并根据这些条件计算出最佳喷油时间。将计算结果送给定时控制阀（TCV），控制喷油时间。

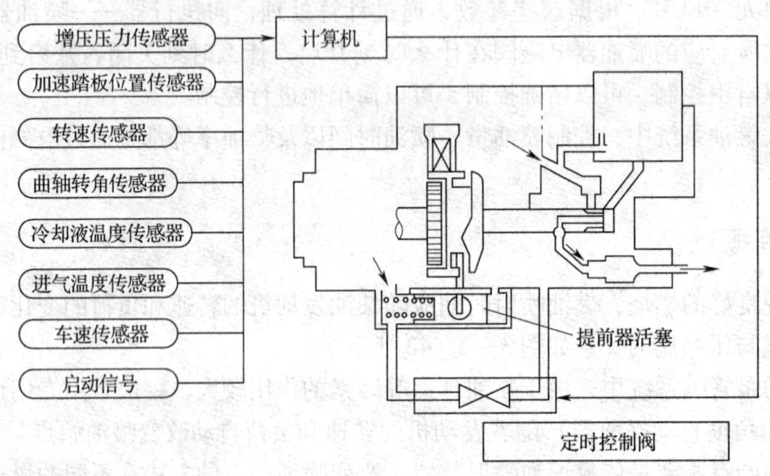

图3—2—43　电控分配泵喷油时间控制框图

目前，日本电装公司正在大量生产、销售的ECD－V5型电控分配泵是这种电子控制分配泵中的代表产品。该产品所采用的喷油时间控制方法能够代表第二代电控分配泵的水平。

（2）主要零部件。控制喷油时间的主要零部件是：曲轴转角传感器和定时控制阀。

1）曲轴转角传感器。曲轴转角传感器的安装位置、结构和输出信号如图3—2—44所示。

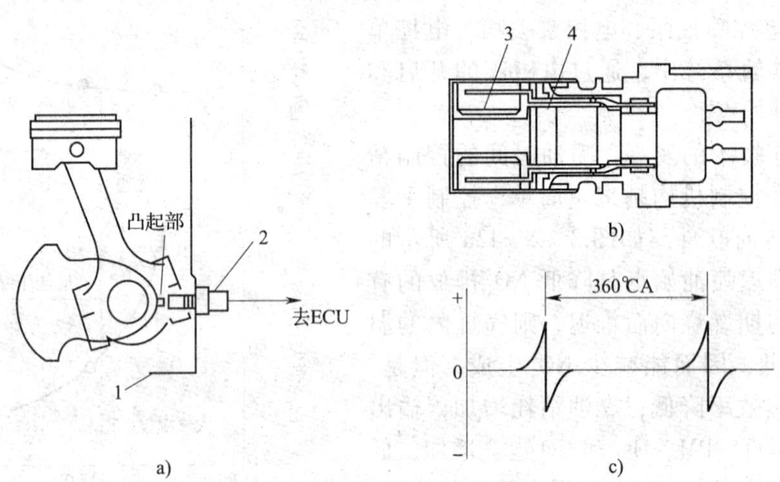

图3—2—44　曲轴转角传感器的安装位置、结构和输出信号

a）安装位置　b）结构　c）输出信号

1—气缸体　2—曲轴转角传感器　3—线圈　4—电磁铁

曲轴转角传感器安装在发动机气缸体上，通过曲轴上特殊设计的凸起，使发动机每旋转一周产生一个脉冲。该脉冲作为曲轴转角的基本位置信号送到计算机中。

2）定时控制阀。定时控制阀的结构和占空比控制信号如图 3—2—45 所示。定时控制阀（TCV：Timing Control Valve）安装在喷油泵上。其作用是根据计算机送来的信号，开启或关闭提前器活塞两侧的高压腔和低压腔。当线圈中有电流流过时，定子铁心被磁化，定子铁心被吸引而压缩弹簧，柴油通路被打开。阀的开度是由计算机送来的电流信号控制的，由电流流过线圈中的 ON 和 OFF 的时间比（占空比）进行控制。ON 的时间越长，阀的开度越大。

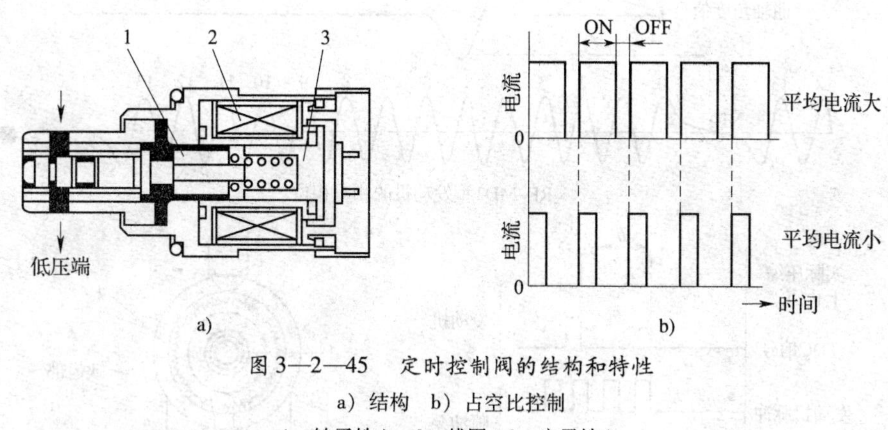

图 3—2—45 定时控制阀的结构和特性

a）结构 b）占空比控制

1—转子铁心 2—线圈 3—定子铁心

3. 电控分配泵喷油时间控制方法

（1）喷油时间控制方法。电控分配泵中喷油时间控制方法如图 3—2—46 所示。喷油时间控制部分的结构与机械式分配泵的相关部分基本相同，所不同的是增加了定时控制阀（TCV）。通过改变定时控制阀的开启时间调节施加在定时器活塞上的定时器低压腔内的燃油压力，使滚轮环移动，从而控制喷油时间。

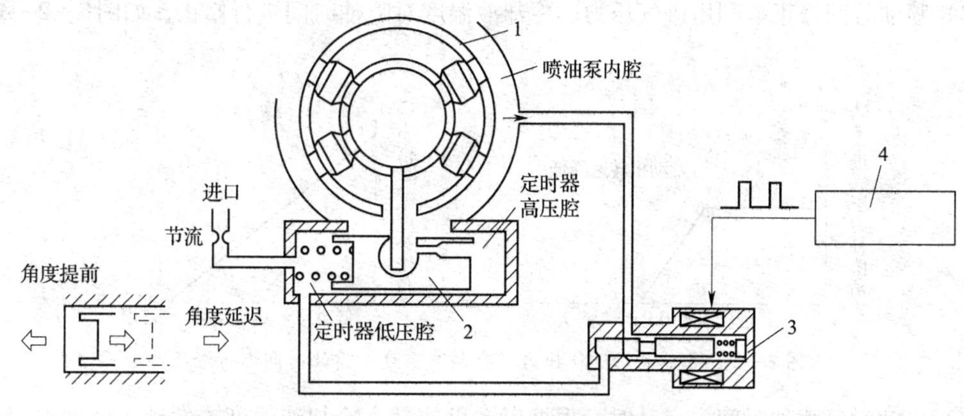

图 3—2—46 喷油时间的控制方法

1—滚轮环 2—定时器活塞 3—定时控制阀 4—计算机

TCV 的开启时间长，从喷油泵腔内流入定时器低压腔内的燃油多，定时器低压腔内的压力就高，因此，定时器活塞向角度延迟方向移动。反之，TCV 开启时间短，定时器活塞向角度提前的方向移动。

（2）喷油时间的计算。控制计算机根据各传感器送来的信息对最基本的目标喷油时间进行修正，计算出适合于发动机运行状态的最佳喷油时间。

利用曲轴转角传感器的信号和曲轴转角基准位置信号（TDC）计算出曲轴的实际转角，并反馈给控制单元，以修正目标喷油时间，如图 3—2—47 所示。

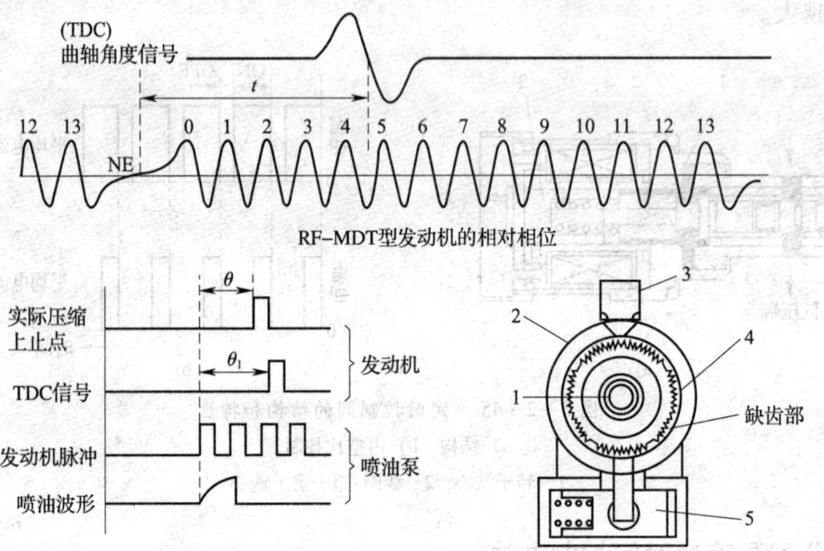

图 3—2—47 喷油时间的确定方法

1—驱动轴 2—滚轮环 3—转速传感器 4—脉冲发生器（52 个） 5—定时器活塞

在计算过程中，需要进行下述几项基本计算：

1）目标喷油时间。控制计算机根据加速踏板位置以及发动机的转速计算出目标喷油时间。

2）喷油时间修正。利用进气压力、冷却液温度对喷油时间进行修正，如图 3—2—48 所示。

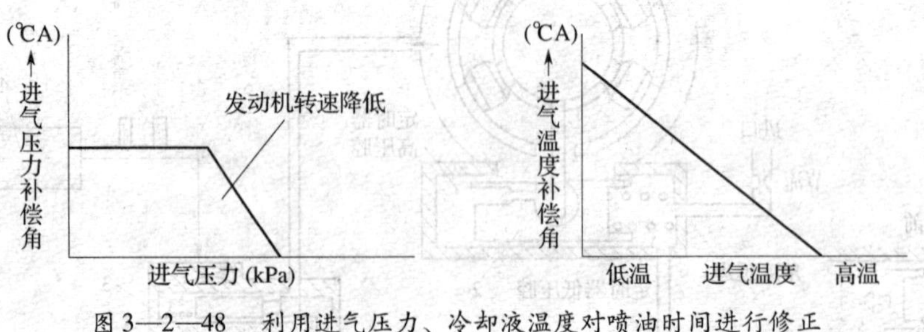

图 3—2—48 利用进气压力、冷却液温度对喷油时间进行修正

3）启动时的喷油时间。启动时，根据启动机信息、冷却液温度、发动机转速对目标喷油时间进行修正。

实际喷油时间的计算方法如下：

①从发动机方面，检测出压缩上止点位置和曲轴转角传感器的上止点信号之间的关系。

②在喷油泵方面，求出喷射波形与转速传感器的发动机脉冲之间的关系，这样，如果计算出上止点信号和发动机脉冲之间的相位差，就可以推算出实际喷油时间。

(3) 喷油时间和喷油量的关系。压油开始点决定于和滚轮环连接在一起的定时器活塞的位置，改变定时器活塞的位置就可以改变喷油时间。因此，如果将喷油始点提前一点，则喷油终点也会随之提前相应的角度，喷油量不受喷油始点变化的影响。这是因为转速传感器安装在滚轮环上，和滚轮环一起运动。所以，即使改变滚轮环的位置，也不会改变与喷油量控制有关系的凸轮升程和发动机脉冲之间的关系。

(4) 反馈控制。所谓反馈控制是指利用实际压缩上止点和喷油开始点之间的角度差进行控制。但是，实际压缩上止点和喷油波形都不作为信号检出。为此，必须用上述方法计算出实际喷油时间。反馈控制的目的是使目标喷油时间和实际喷油时间一致，为此需要修正定时控制阀（TCV）的占空比。

(5) 目标喷油时间计算框图。目标喷油时间的计算框图如图 3—2—49 所示。

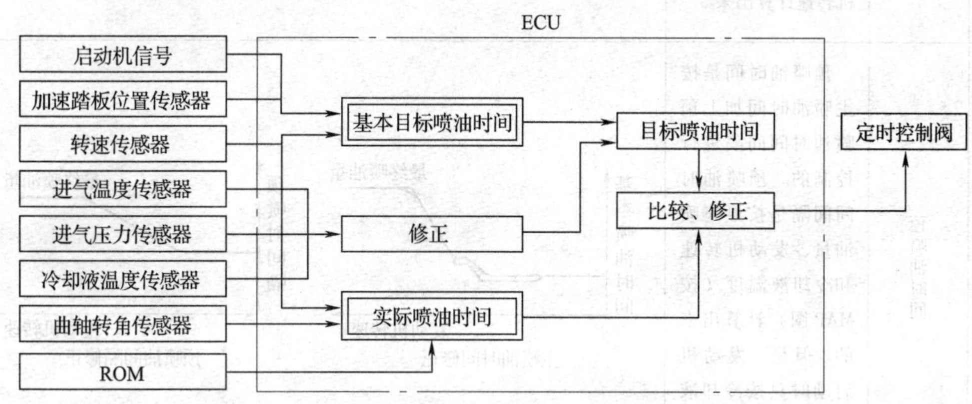

图 3—2—49　目标喷油时间的确定

(6) 喷油时间的修正。由于环境和实际运行工况是千差万别的。所以，必须根据具体条件对喷油时间进行修正。在 ECD - V5 系统中采用如下修正模式：

1）利用进气压力修正提前角——如果进气压力低，则需修正喷油提前角。

2）利用进气温度修正喷油提前角——如果进气温度低，则需修正提前角。

3）利用曲轴转角角度修正喷油提前角。

利用转速传感器检测到的发动机脉冲（凸轮角度信号）作为控制喷油时间的基本参数。

4. 电控共轨系统喷油时间控制

ECD - U2 高压共轨柴油系统是完全的“时间—压力调节系统”。喷油量是由共轨压力和喷油器电磁阀通电脉冲宽度唯一决定的。以共轨压力为参数，改变脉冲宽度，可以得到一条线性的喷油器的喷油量特性曲线。利用这一特性，在发动机全部工作范围内，可以方便地得到目标设定的特性。

电控共轨系统与机械式燃油系统及电控喷油泵系统相比有明显的不同。例如，后者喷油时间的控制都是通过复杂的机械机构实现的，前者是由时间控制的；后者是由硬件实现的，前者是由软件实现的；后者控制复杂，前者控制简单。

燃油喷射时间因主喷射和预喷射的关系，其特性是不同的。喷油时间可以以曲轴转角传感器的信号为基准，也可以以气缸判别信号传感器的信号为基准进行控制。但是，通常是以曲轴转角传感器的信号为基准的。主要控制详见表3—2—4。

表3—2—4　电控共轨系统喷油时间控制

序号	控制项目	具体内容	示意图
1	主喷油时间	基本喷油时间是按最终喷油量、发动机转速和冷却液温度（按MAP图）计算出来的。但是发动机启动时只按冷却液温度和发动机转速计算出来	用曲轴角度修正　进气压力修正
2	预喷油时间	预喷油时间是按主喷油时间加上预喷油时间间隔进行控制的。预喷油时间间隔是按最终喷油量、发动机转速和冷却液温度（按MAP图）计算出来的。但是，发动机启动时只按冷却液温度和发动机转速进行计算	主喷油时间修正　预喷油间隔修正

第四章 发动机机械机构

柴油发动机的机械系统主要由配气机构、曲柄连杆机构、润滑系统、冷却系统等组成。

一、配气机构

配气机构由气门、凸轮轴、液压挺杆等组成，其结构如图4—1—1所示。液压挺杆不能互换，拆下后工作面向下放置。在安装前，要检查凸轮轴的轴向间隙，并用油润滑工作面。如果气门导管超过磨损极限，则需要更换气缸盖。在装入凸轮轴后，大约30 min内发动机不允许启动。液压补偿元件必须入位，否则气门可能碰撞活塞。为了确保在启动时气门不会顶死，在气门传动机构工作后，应小心谨慎地使发动机转动两圈，使用中要注意检查凸轮轴的轴向间隙，并用径向间隙测量仪检查其径向间隙，凸轮轴的径向间隙磨损极限应不大于0. 11 mm，最大径向圆跳动量应不大于0. 04 mm。

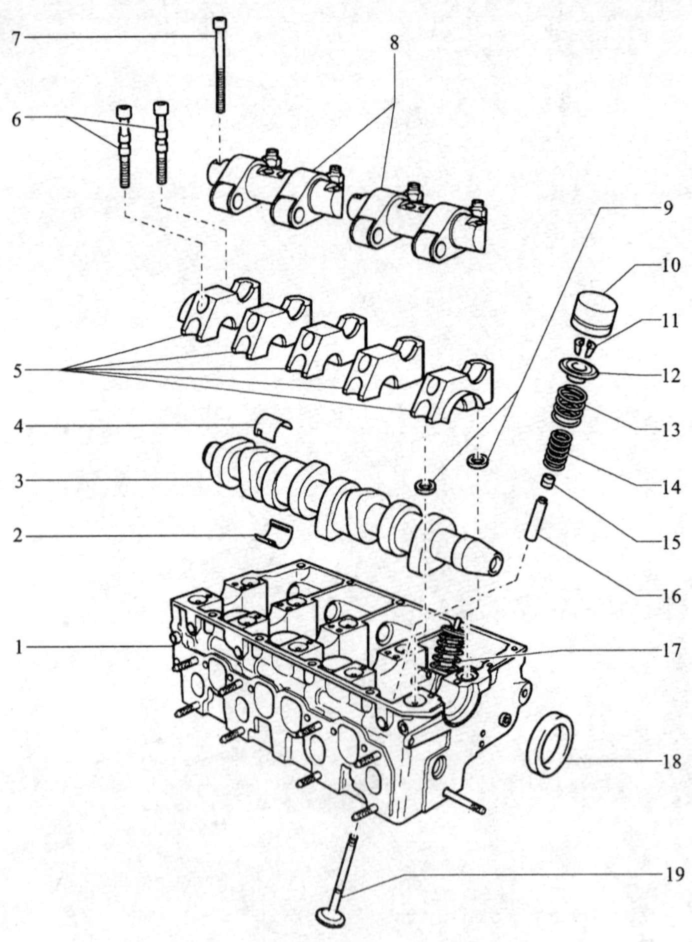

图4—1—1　配气机构结构图

1—气缸盖　2，4—轴瓦　3—凸轮轴　5—轴承盖　6，7—螺钉　8—摆动杆轴　9—垫圈　10—液压挺杆　11—气门锁片　12—上部的气门弹簧座　13—外部气门弹簧　14—内部气门弹簧　15—气门杆密封垫　16—气门导管　17—泵喷油器单元　18—密封圈　19—气门

注意检查气门的几何尺寸，如图4—1—2所示，各尺寸的规范数据见表4—1—1，气门不允许修正，只允许研磨。

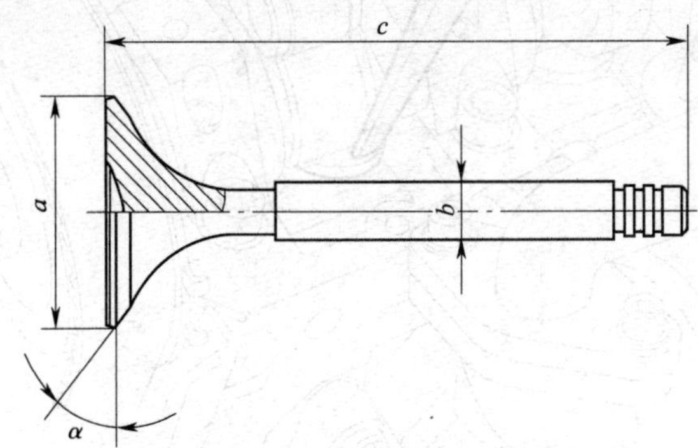

图4—1—2　气门尺寸图

表4—1—1　气门数据规范表

尺　寸	进　气　门	排　气　门
a	35.95 mm	31.45 mm
b	6.980 mm	6.956 mm
c	89.95 mm	89.95 mm
α	45°	45°

检查液压挺杆必需的工具和辅助工具有塞尺、木制或者用塑料材料制作的楔。液压挺杆不可修理。在发动机启动时，出现不规则气门噪声属于正常现象。检查液压挺杆的方法如下：

启动发动机，并且让其运转至冷却液温度达到大约80℃。将发动机转速提高至大约2 500 r/min，运转2 min，必要时，进行道路试车。

如果液压挺杆处仍然发出噪声，则按照下述方法检查液压挺杆：

拆下气缸盖罩，转动曲轴，使被检查的液压挺杆的凸轮朝上。对装有手动变速器的车辆，在关闭点火开关的情况下，挂入4挡，用力向前推车。对装有自动变速器的车辆及带有驻车加热装置的车辆，则拧出隔声板上驻车加热装置和辅助加热装置之间排气管上的螺栓，松开快速连接件，然后取下前部的隔声板，后部的隔声板仍然装在上面，挑开减振器上的覆盖罩，顺时针方向转动齿形带轮。

对所有车辆，测量凸轮轴和液压挺杆之间的间隙，用木制楔或者塑料制楔向下压出液压挺杆。如果凸轮轴和液压挺杆之间可以放入厚0.2 mm的塞尺，如图4—1—3所示，则要更换液压挺杆。

气缸盖包括气缸盖罩、气缸盖和气缸盖罩密封垫、覆盖罩等元件，其结构如图4—1—4所示。拆装气缸盖后，要更换气缸盖螺栓。在维修气缸盖和气缸体的过程中，应仔细清除密封件上的残留物，还要注意不要使气缸盖和气缸体表面产生长的磨纹或者划痕。气缸盖罩的密封垫在损坏或者密封不良时应更换，气缸盖罩的密封垫只能和气缸盖罩一起订购，在安装前，要用密封胶密封通道，然后将销钉装入气缸盖上的孔内。

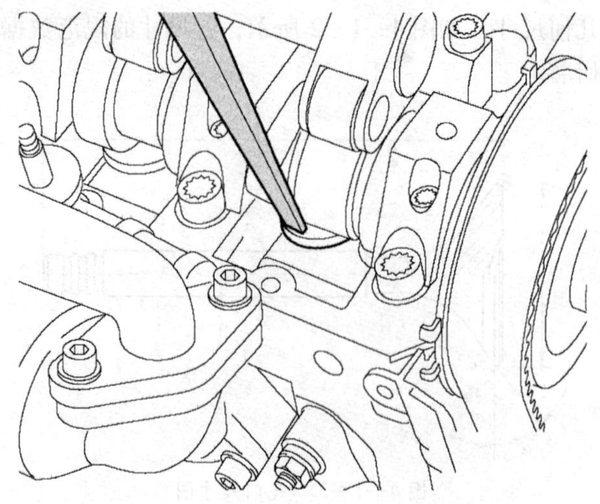

图 4—1—3　凸轮轴和液压挺杆之间的间隙测量

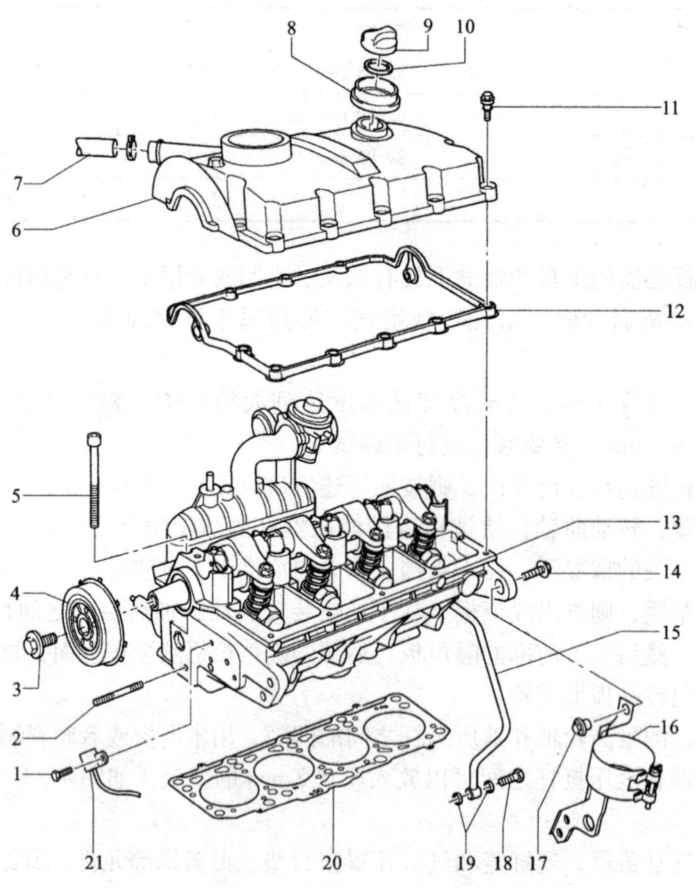

图 4—1—4　气缸盖分解图

1，2，3，11，14—螺栓　4—轮毂（带有霍尔传感器 G40 的传感轮）　5—气缸盖螺栓　6—气缸盖罩　7—通气软管　8—覆盖罩　9—密封盖　10—密封垫　12—气缸盖罩密封垫　13—气缸盖　15—机油预增压管路　16—支架　17—螺纹轴套　18—空心螺栓　19—密封圈　20—气缸盖密封垫　21—霍尔传感器 G40

用直尺和塞尺检查缸体多个位置上的翘曲，如图 4—1—5 所示，缸体最大允许翘曲为 0.1 mm，如果超过允许值，则需要更换气缸体。

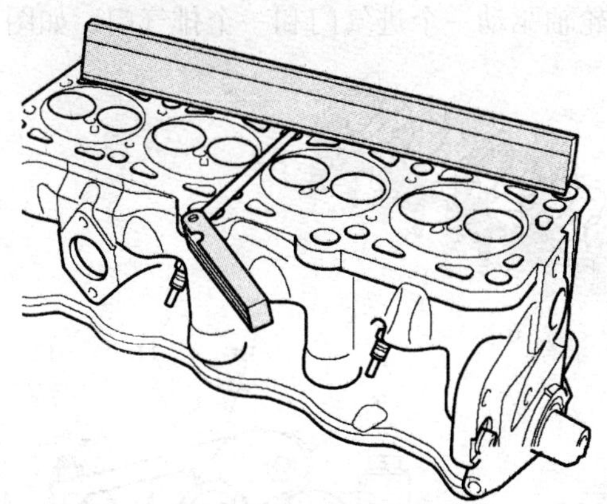

图 4—1—5　气缸体翘曲检查

齿形带传动机构如图 4—1—6 所示。在拆卸传动带之前，应用粉笔或者毡笔标出其旋转方向。如果使用一条已用过的传动带反方向旋转会导致其损坏。

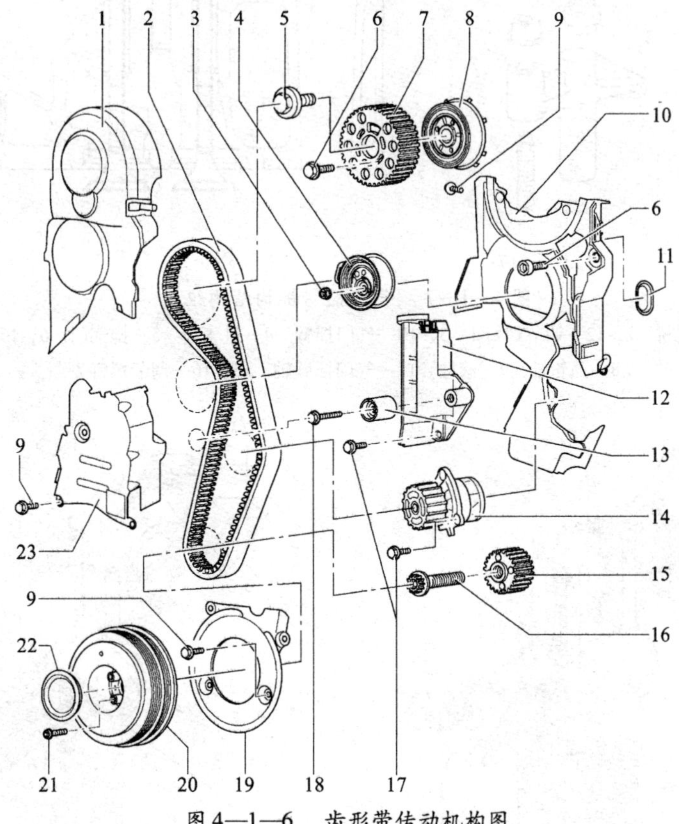

图 4—1—6　齿形带传动机构图

1—齿形带保护罩上段　2—齿形带　3，5，6，9，16，17，18，21—螺栓　4—张紧轮　7—凸轮轴驱动齿轮　8—轮毂（带有霍尔传感器的传感轮）　10—齿形带保护罩后段　11—橡胶套管　12—齿形带的张紧装置　13—导向辊　14—冷却液泵　15—曲轴齿形带轮　19—齿形带保护罩下段　20—减振器　22—覆盖罩　23—齿形带保护罩中段

一个中央喷嘴支架周围各有两个进气门和两个排气门，如图 4—1—7 所示。中央喷嘴是竖直的，又由于活塞凹坑在中央位置，所以燃油可均匀分配到燃烧室内，如图 4—1—8 所示。

每个气缸上的每个凸轮轴驱动一个进气门和一个排气门，如图 4—1—9 所示。每个气缸

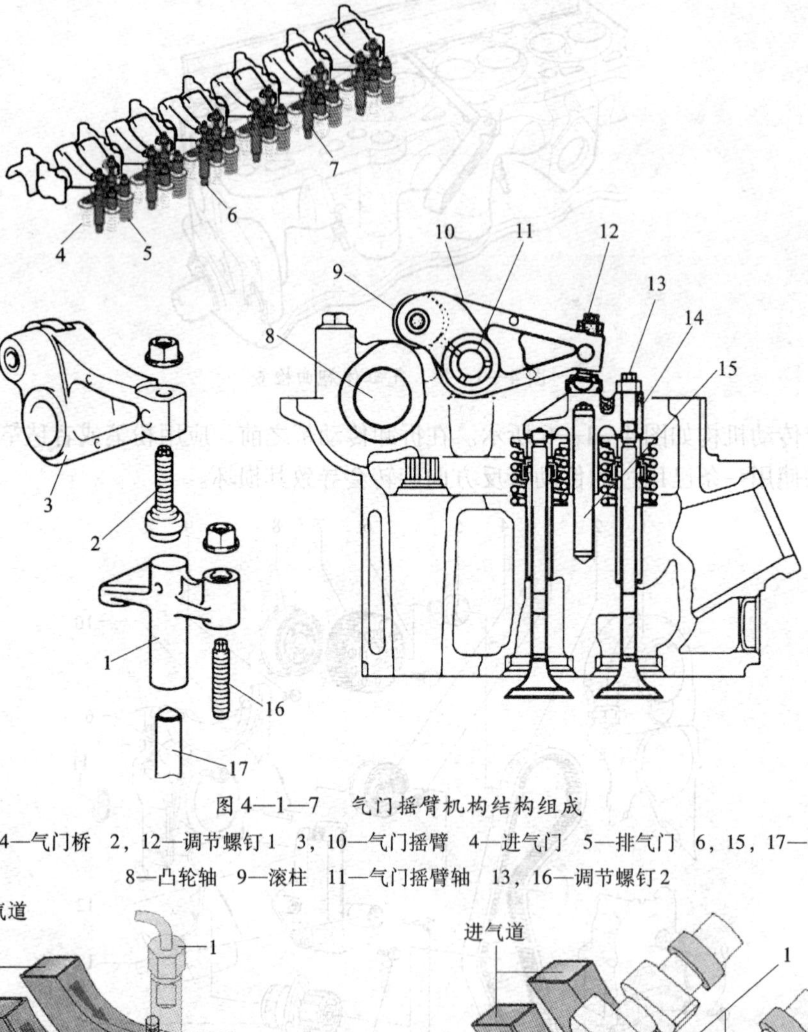

图 4—1—7　气门摇臂机构结构组成

1，7，14—气门桥　2，12—调节螺钉 1　3，10—气门摇臂　4—进气门　5—排气门　6，15，17—导向销　8—凸轮轴　9—滚柱　11—气门摇臂轴　13，16—调节螺钉 2

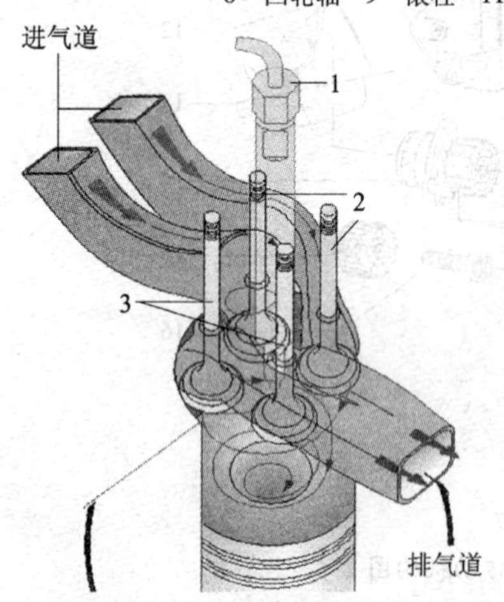

图 4—1—8　混合气分配示意图

1—中央喷嘴支架　2—进气门　3—排气门

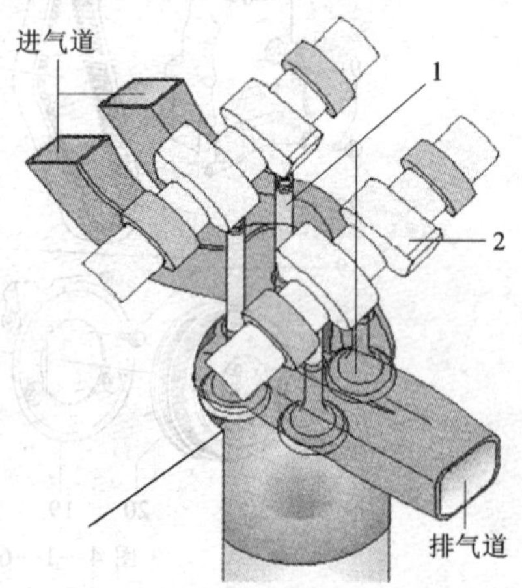

图 4—1—9　气门的布置

1—进气门　2—凸轮轴

有两个分开的进气道，涡旋状进气道可使吸入的空气在该通道内形成涡旋运动，如图4—1—10所示，这样才能在每个气缸内形成强涡流。充气道的形状可使吸入的空气直达气缸内，这样才能保证在转速高时，气缸能快速充气。排气通道汇成一个总通道，称叉形管通道，如图4—1—11所示。

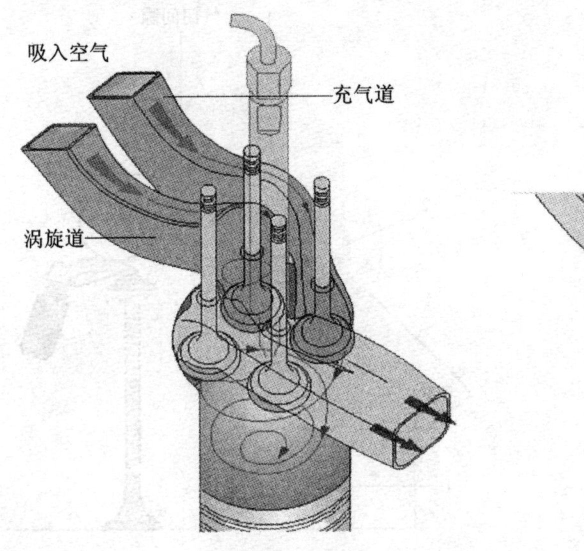

图4—1—10　涡旋气道示意

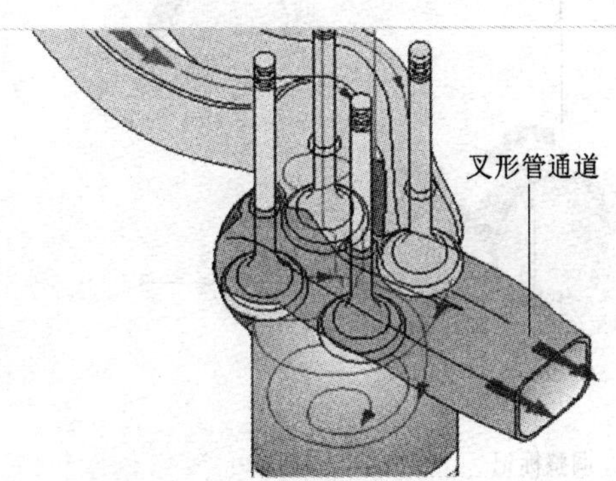

图4—1—11　叉形管通道示意

发动机的24个气门由4个凸轮轴驱动，每个凸轮轴操纵3个进气门和3个排气门。每个气缸盖上有一根凸轮轴由曲轴经齿形带传动，如图4—1—12所示。

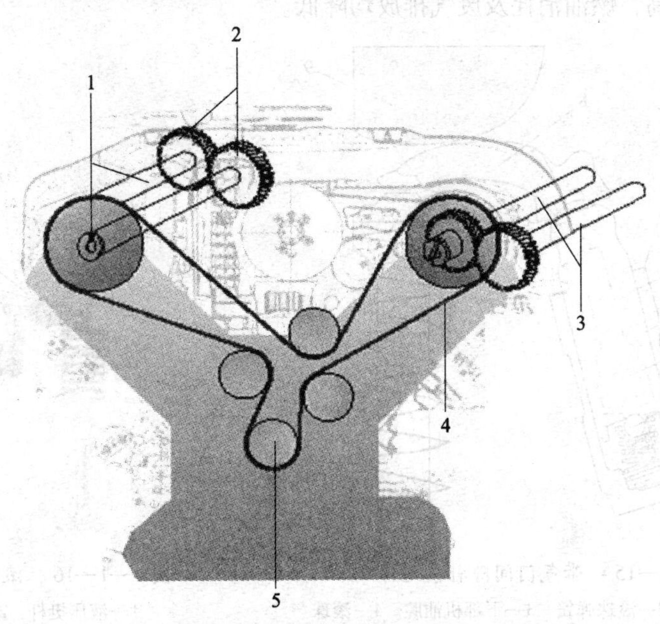

图4—1—12　凸轮轴的布置

1—凸轮轴　2—斜齿圆柱齿轮副　3—凸轮轴　4—齿形带　5—曲轴

另两个凸轮轴经斜齿圆柱齿轮副传动，因此同一缸盖上的两个凸轮轴转向相反，如图4—1—13所示。

气门由凸轮经摇臂来控制，摇臂支撑在固定的液压气门间隙补偿元件上，如图4—1—14所示，气门间隙补偿元件结构如图4—1—15所示。

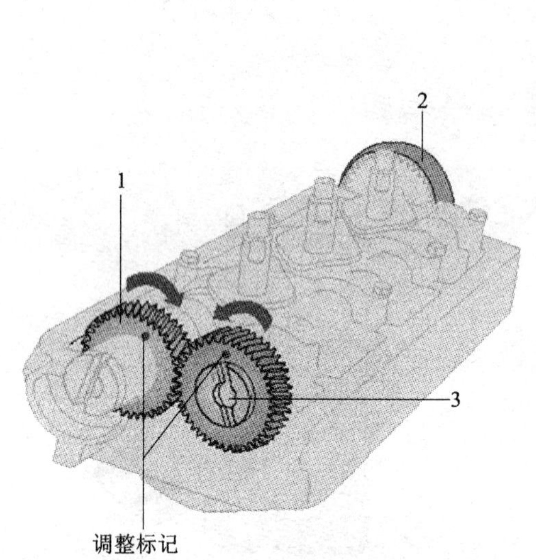

图4—1—13 斜齿轮的布置

1—斜齿圆柱齿轮副 2—齿形带 3—凸轮轴

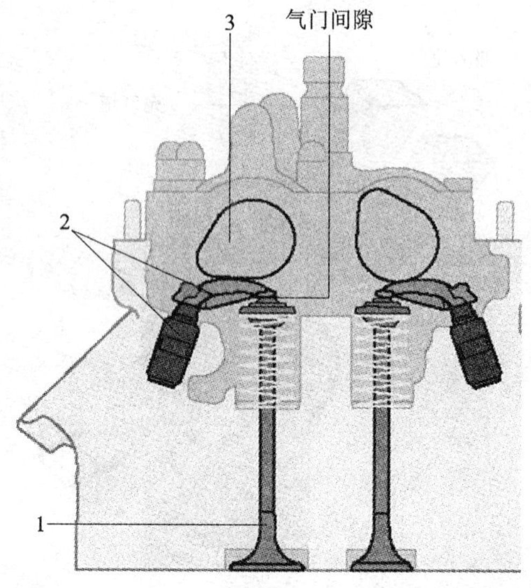

图4—1—14 带气门间隙补偿元件的摇臂总成

1—气门 2—带气门间隙补偿元件的摇臂 3—凸轮

由于采用了滚动式摇臂，如图4—1—16所示，配气机构的摩擦功率损失大大减小了，而且效率得以提高，燃油消耗及废气排放均降低。

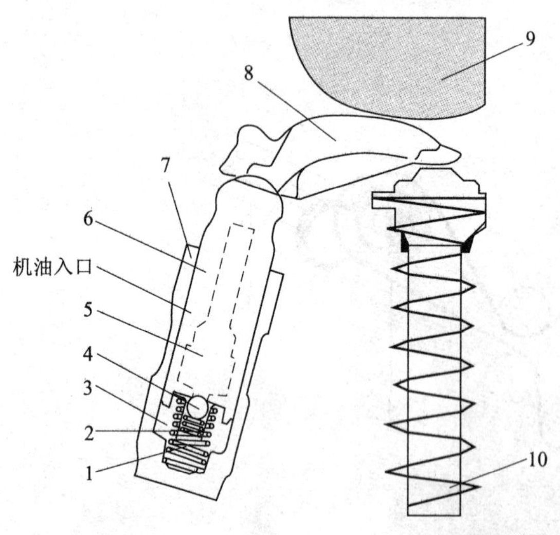

图4—1—15 带气门间隙补偿元件

1—活塞弹簧 2—滚珠弹簧 3—下部机油腔 4—滚珠 5—上部机油腔 6—活塞 7—气门间隙补偿元件 8—摇臂 9—凸轮 10—气门

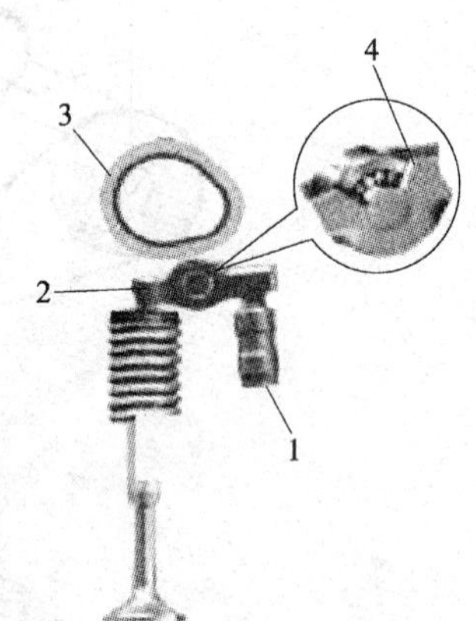

图4—1—16 滚动式摇臂结构

1—液压挺杆 2—摇臂滚子 3—凸轮 4—带滚针轴承的滚子摇臂

二、曲柄连杆机构

曲轴机构如图 4—1—17 所示。

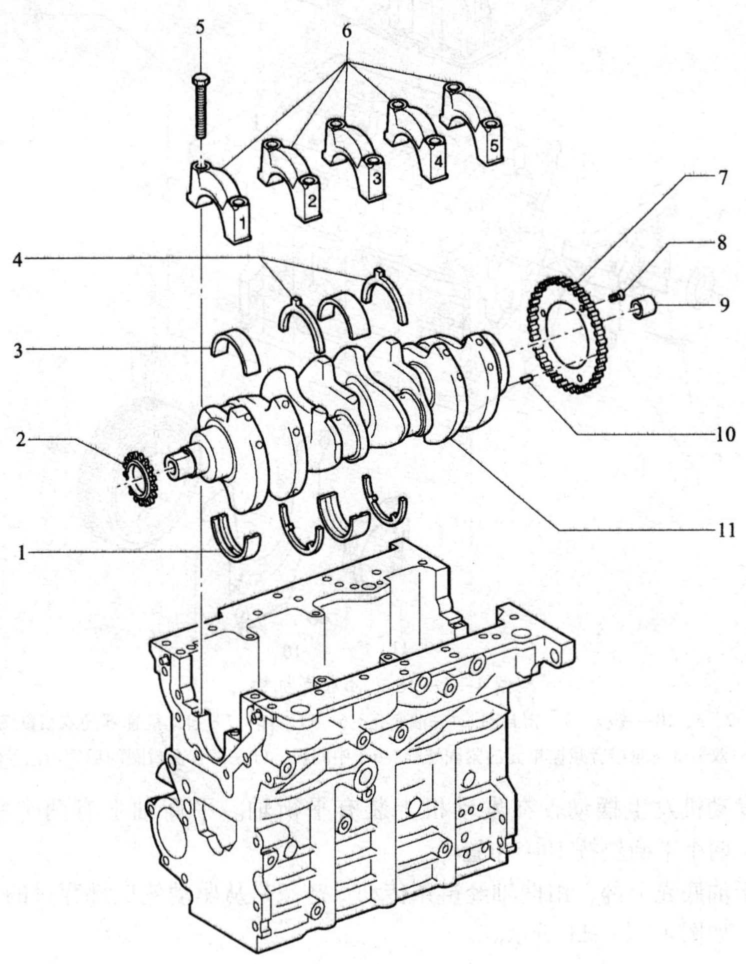

图 4—1—17　曲轴机构

1，3—轴瓦　2—链轮　4—止推片　5，8—螺栓　6—轴承盖

7—传感轮　9—滚针轴承　10—定位销　11—曲轴

油底壳机构如图 4—1—18 所示。

V 带传动机构如图 4—1—19 所示。

对于 6 缸 V 型发动机来说，其活塞力的方向是按 V 形角方向作用的，如图 4—1—20 所示。因此转矩无法相互抵消，这种无法抵消掉的转矩会使发动机处于摆动状态，如图 4—1—21所示。

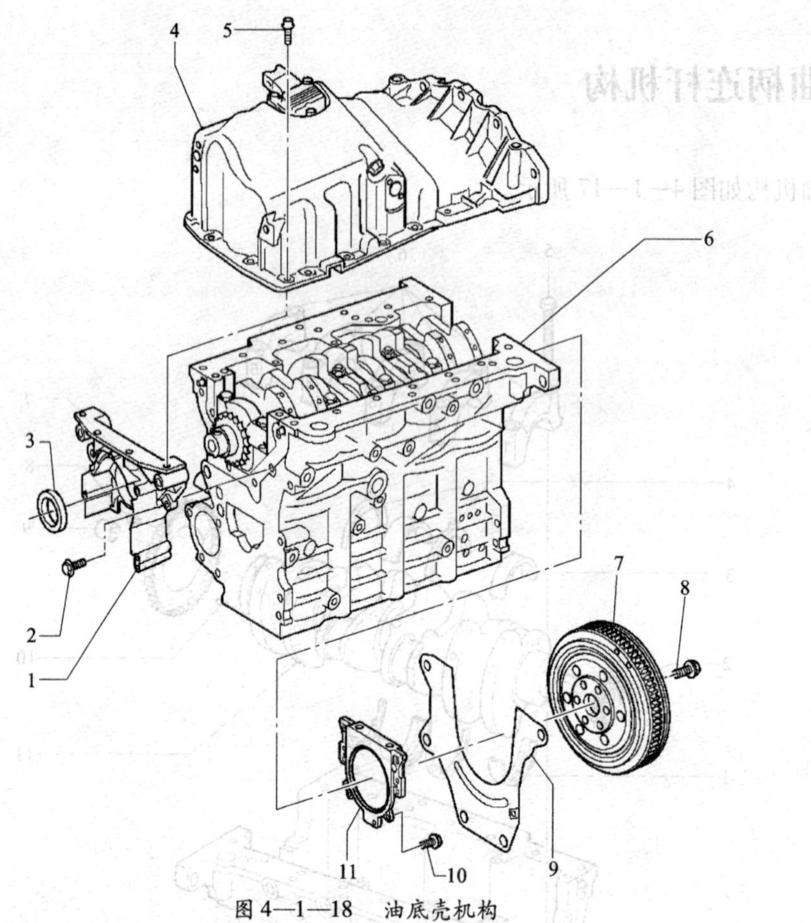

图 4—1—18　油底壳机构

1—前密封法兰　2，5，10—螺栓　3—密封圈　4—油底壳　6—气缸体　7—自动变速器的双惯量飞轮或减振单元　8—双惯量飞轮或者减振单元的紧固螺栓　9—中间板　11—带有密封圈的后密封法兰

为了避免发动机发生摆动，在发动机上装有平衡轴。平衡轴上有两个平衡块，如图 4—1—22所示，两个平衡块按 180°布置。

平衡轴位于油底壳上部，由曲轴经链条传动。链条是从驱动轮底部穿过的，故平衡轴与曲轴转向相反，如图 4—1—23 所示。

活塞和连杆的装配如图 4—1—24 所示，装配时要注意活塞环的标识“TOP”或标签必须朝向活塞顶，且要将活塞环开口扩大 120°，用活塞环钳拆卸和安装，并注意检查其开口间隙和高度间隙。

在安装活塞时要在气缸上标出其安装位置和接触位置，如果活塞裙上出现裂纹应更换活塞，活塞顶上的箭头朝向齿形带轮一侧，利用活塞环夹带进行安装，安装后检查在上止点位置时活塞的超出长度。如果活塞销在拆装时有困难，可以将其加热到约 60℃，用专用工具拆卸和安装。

连杆只能成组更换，拆装时要标出其在气缸上的位置。记号“A”应朝向齿形带轮一侧。连杆轴承盖在拆装过程中也要标出其在气缸上的位置“B”。连杆轴承盖的安装位置记号“A”也应朝向齿形带轮一侧。

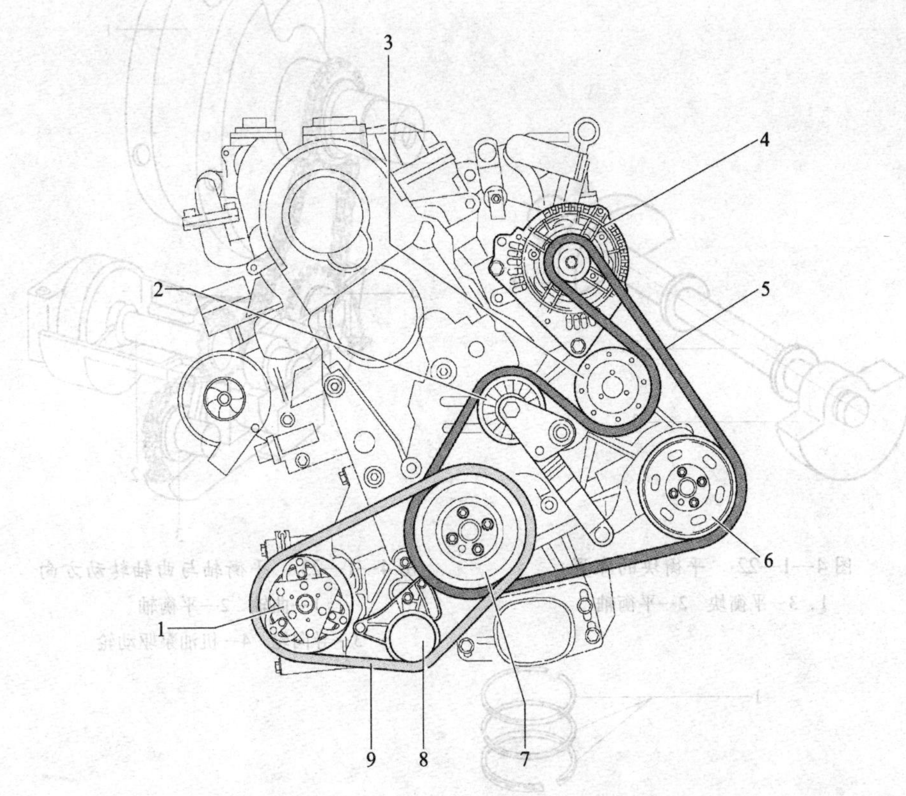

图 4—1—19　V 带传动机构

1—空调压缩机　2—张紧轮　3—带轮　4—发电机　5，9—V 带
6—叶轮泵　7—减振器　8—V 带的张紧装置

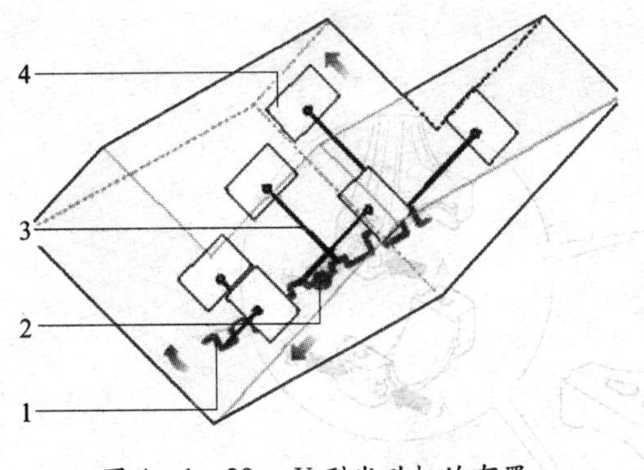

图 4—1—20　V 型发动机的布置

1—曲轴　2—中点　3—连杆　4—活塞

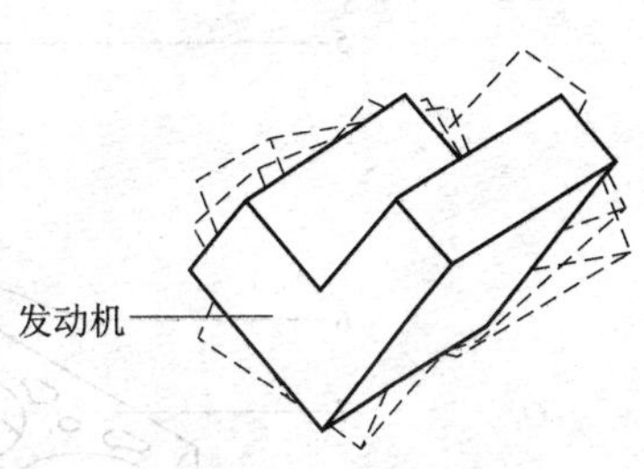

图 4—1—21　发动机的摆动状态

使用过的轴瓦不得混淆，拆装时要做标记，上轴瓦（对着活塞）由耐磨材料制成。新轴瓦上应有辨识标志，分离点区域内的滑动面上有黑色条纹，轴向间隙磨损极限为 0. 37 mm。利用曲轴径向间隙测量工具测量曲轴径向间隙，其磨损极限为 0. 08 mm。注意：测量径向间隙时曲轴不得转动。

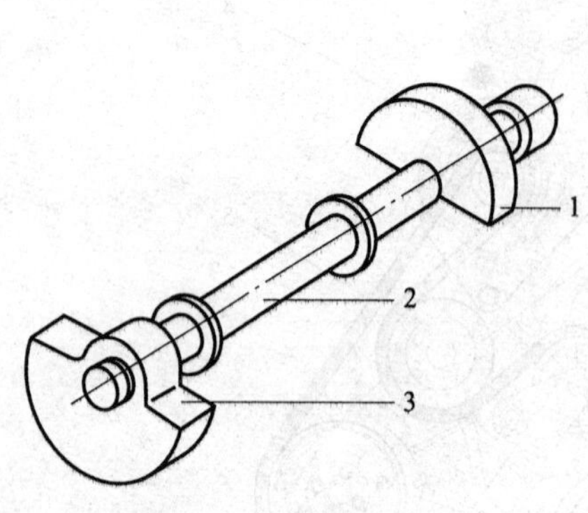

图 4—1—22　平衡块的布置

1，3—平衡块　2—平衡轴

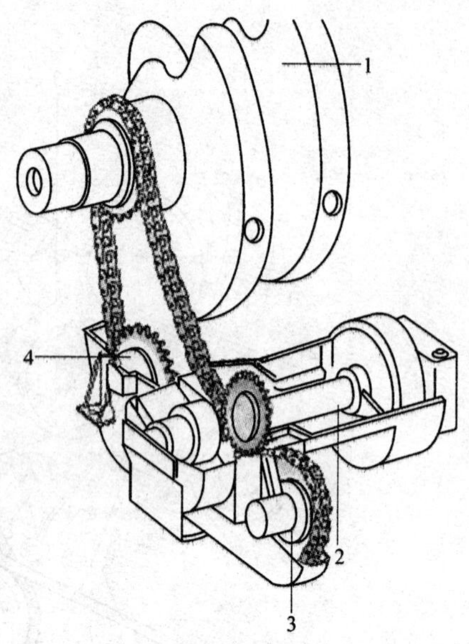

图 4—1—23　平衡轴与曲轴转动方向

1—曲轴　2—平衡轴

3—导向轮　4—机油泵驱动轮

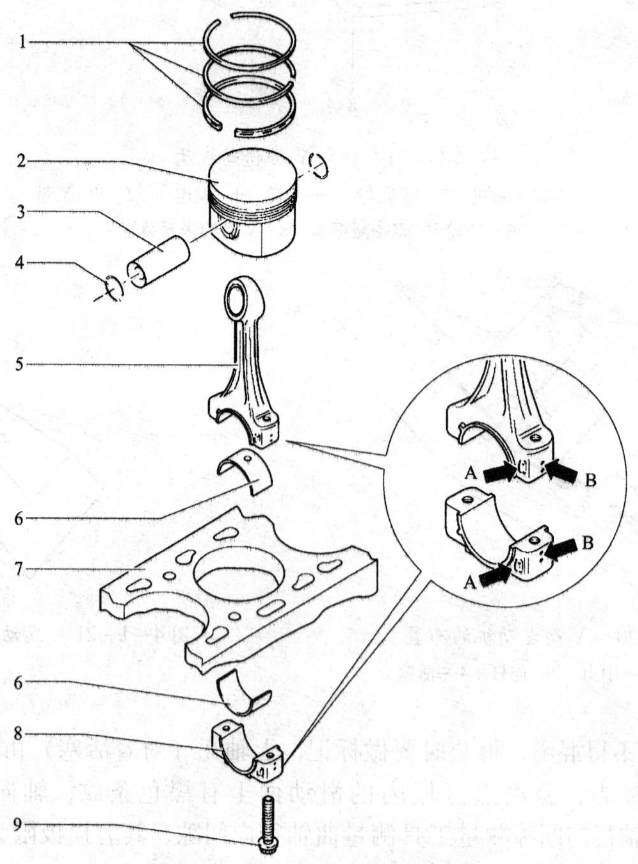

图 4—1—24　活塞和连杆的装配

1—活塞环　2—活塞　3—活塞销　4—保险环　5—连杆　6—轴瓦　7—气缸体　8—连杆轴承盖　9—连杆螺栓

活塞环开口间隙的检验规范数据见表 4—1—2。

表 4—1—2　　活塞环开口间隙数据规范表　　mm

活　塞　环	新　　值	磨损极限
第一气环	0. 20 ~ 0. 40	1. 0
第二气环	0. 20 ~ 0. 40	1. 0
刮油环	0. 25 ~ 0. 50	1. 0

活塞环高度间隙的检验如图 4—1—25 所示，在检验前需清洁活塞环表面，高度间隙规范数据见表 4—1—3。

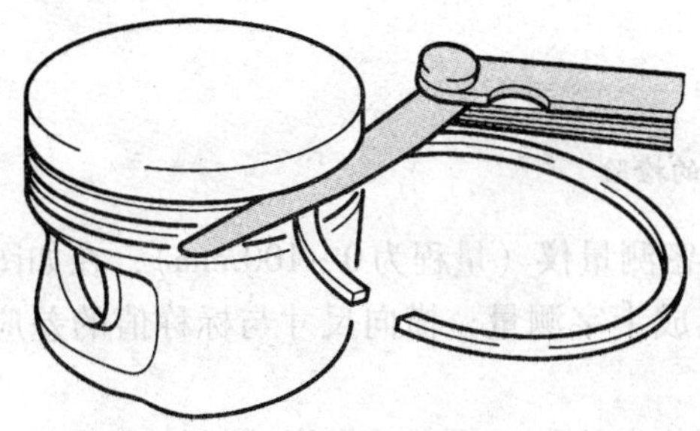

图 4—1—25　活塞环高度间隙检验

表 4—1—3　　活塞环高度间隙规范表　　mm

活塞环	新值	磨损极限
第一气环	0. 06 ~ 0. 09	0. 25
第二气环	0. 05 ~ 0. 08	0. 25
刮油环	0. 03 ~ 0. 06	0. 15

注意活塞安装位置和气缸与活塞的配合位置，利用电子笔或者毡笔在活塞内部标出其安装位置和与气缸的配合（不要在活塞顶上）位置，如图 4—1—26 所示，气缸 1 和气缸 2 中的活塞进气阀较大的气门袋朝向飞轮一侧，气缸 3 和气缸 4 中的活塞进气阀较大的气门袋方向如图中的箭头所示。

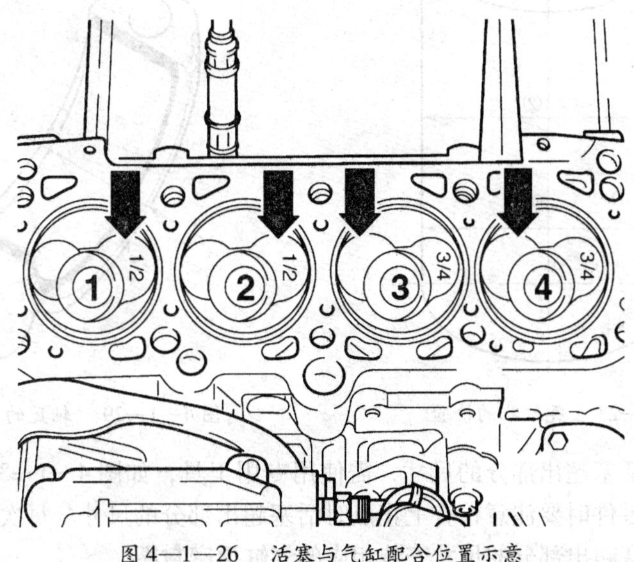

图 4—1—26　活塞与气缸配合位置示意

提示：使用新的活塞时，在活塞顶上用彩笔标出活塞与气缸的配合位置。用于气缸 1 和气缸 2 的活塞标志为 1/2，用于气缸 3 和气缸 4 的活塞标志为 3/4。

活塞的检验如图 4—1—27 所示，在距下边缘 10 mm 处，与活塞销轴线成 90°方向测量，与标称值的差应不大于 0.04 mm。

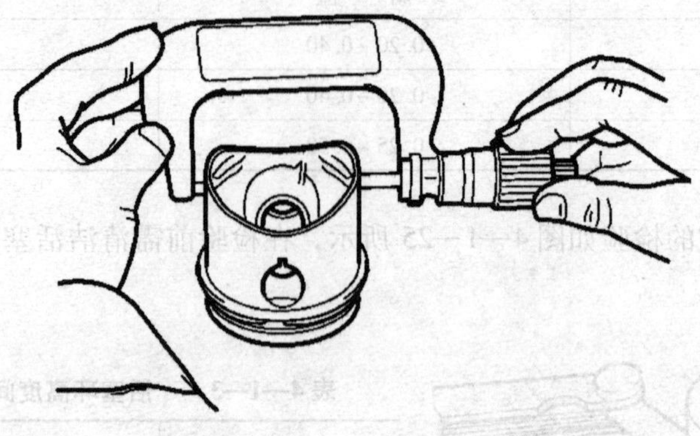

图 4—1—27　活塞的检验

气缸孔的检验如图 4—1—28 所示，使用内径精密测量仪（量程为 0 ~ 100 mm），在如图 4—1—28 所示的三个位置分别在横向 A 和纵向 B 上成十字测量，横向尺寸与标称值的差应不大于 0.10 mm。

轴瓦的安装位置如图 4—1—29 所示，把轴瓦安装在连杆正中央或者说连杆轴承盖正中央，a = 2.5 mm。

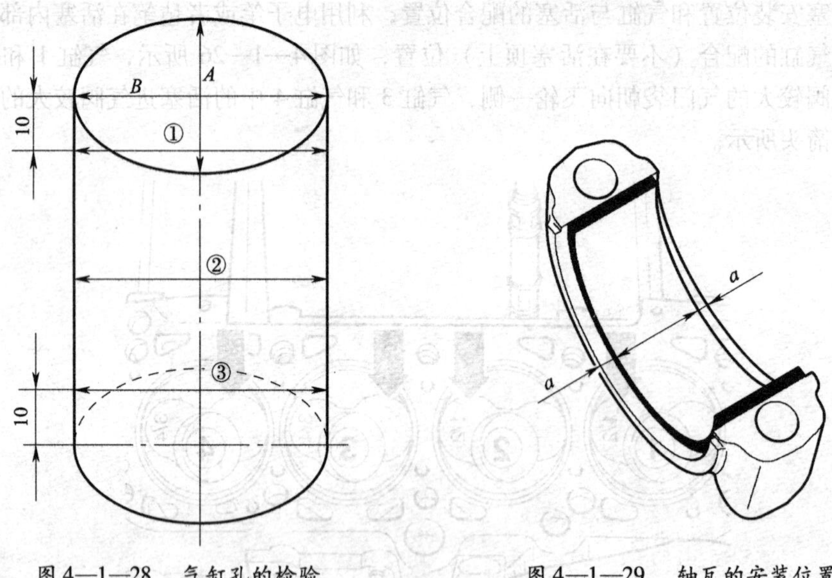

图 4—1—28　气缸孔的检验　　　　图 4—1—29　轴瓦的安装位置

检查上止点时活塞超出部分的尺寸，需使用专用工具，如图 4—1—30 所示，在安装新的活塞或者发动机零件时要注意检查上止点时活塞超出部分的尺寸。每次活塞超出后，应根据表 4—1—4 中活塞超出部分的尺寸安装相应的气缸顶密封圈。

如果在测量活塞超出值时出现了不同的测量值，则将其中最大的测量值作为密封圈的配合值。活塞和气缸体尺寸见表 4—1—5，气缸盖密封垫的标志如图 4—1—31 所示。

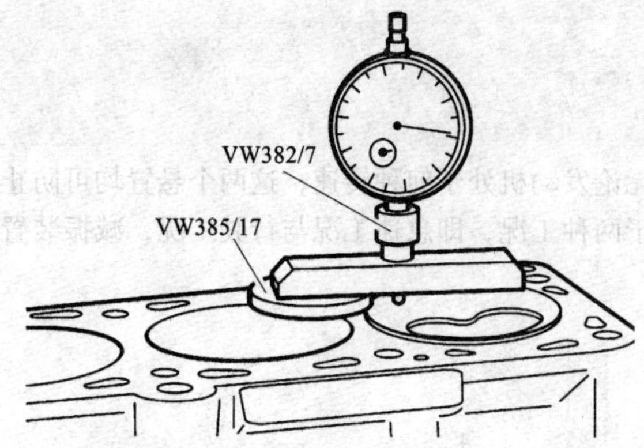

图 4—1—30　上止点时活塞超出部分尺寸的检查

表 4—1—4　活塞超出部分数据表

超出气缸体上边缘的活塞部分	标识孔
0.91 ~1.00 mm	1
1.01 ~1.10 mm	2
1.11 ~1.20 mm	3

表 4—1—5　活塞和气缸体尺寸　mm

磨损尺寸	活塞外径	气缸内径
基本尺寸	79.47	79.51
Ⅰ级	79.72	79.76
Ⅱ级	79.97	80.01

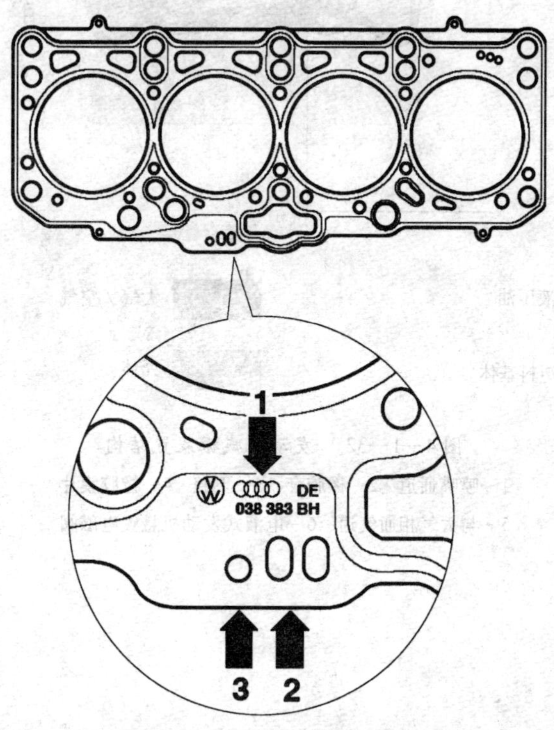

图 4—1—31　气缸盖密封垫的标志图
1—零件号码　2—控制编码　3—孔

三、发动机悬置

柴油发动机有两个液压式发动机悬置，无论发动机处于何种转速，这两个悬置均可防止发动机的振动传至车身。这种减振方式适用于两种工况，即怠速工况与行驶工况，减振装置结构如图 4—1—32 所示。

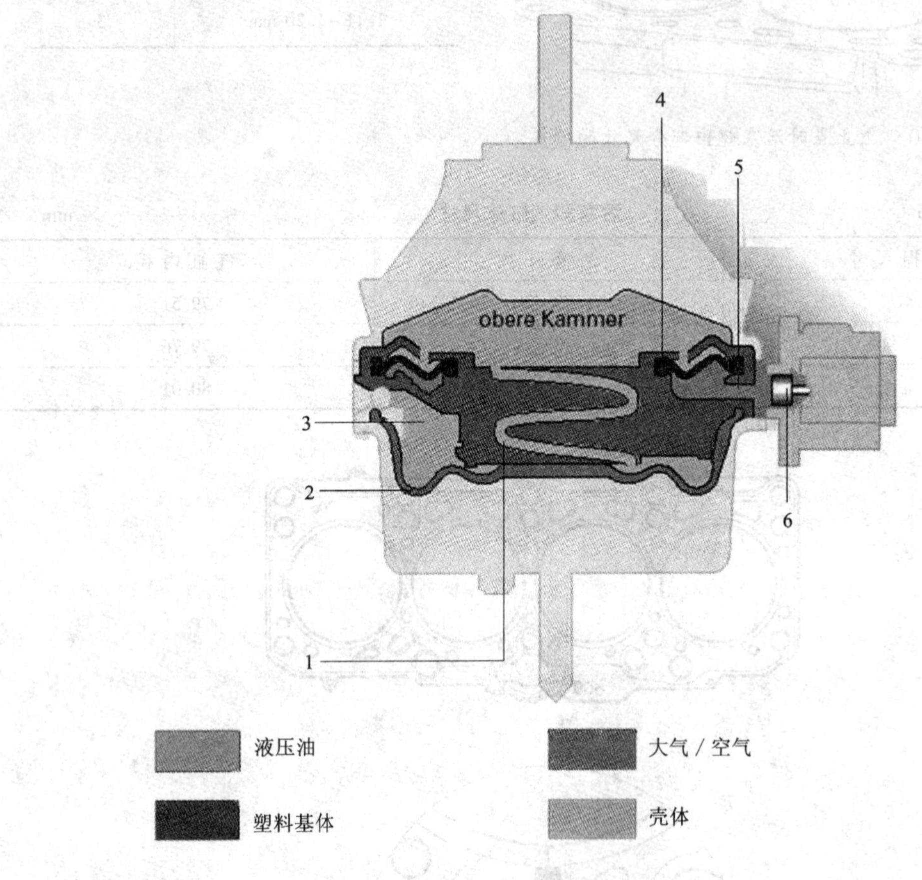

图 4—1—32　发动机减振装置结构

1—喷嘴通道　2—橡胶套　3—下腔　4—橡胶膜片

5—与大气相通气道　6—电液式发动机悬置电磁阀

四、润滑系统

如图 4—1—33 所示，大众奥迪 V 型柴油发动机润滑系统包括压力调节阀、机油泵、安全阀、机油止回器、旁通阀和压力限制阀等。机油泵是一个内齿轮泵，安装在油底壳内；压力调节阀安装在机油泵壳体内，用于调节发动机机油压力；安全阀安装在机油泵壳体内，当机油压力过高时会打开，防止系统压力过高造成元件损坏；机油止回器安装在缸体和机油滤清器壳体内，用于防止在发动机停转时机油从机油滤清器和缸盖内流回油底壳；旁通阀在机油滤清器堵塞时打开，以保证发动机的机油供应；压力限制阀用于限制缸盖内的机油压力，从而可防止在液压气门间隙补偿元件内产生过高的机油压力。

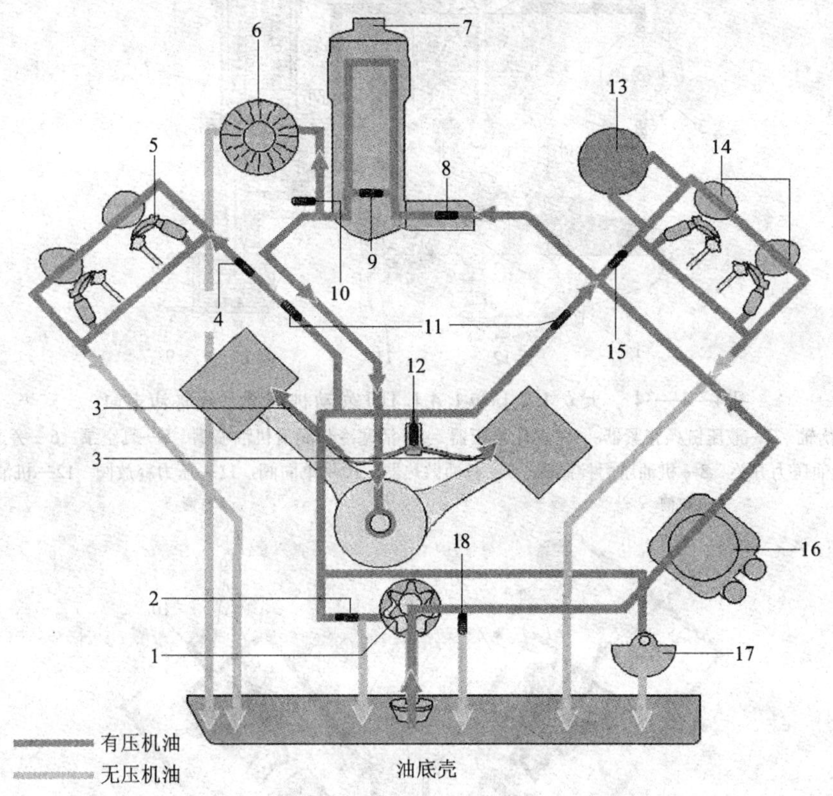

图 4—1—33　大众奥迪 V 型柴油发动机润滑系统机油循环

1—机油泵　2—压力调节阀　3—活塞喷油冷却　4，15—压力限制阀　5—气门间隙补偿元件　6—废气涡轮增压器　7—机油滤清器　8，11—机油止回器　9—旁通阀　10—压力开关　12—喷嘴阀　13—真空泵　14—凸轮轴　16—机油冷却器　17—平衡轴

其他发动机的润滑系统与此大同小异，大众 1. 2 L 和 1. 4 L TDI 发动机润滑系统机油走向如图 4—1—34 所示，奥迪 3. 3 L V 型发动机润滑系统机油走向如图 4—1—35 所示。

如果在维修发动机时，发现在发动机机油内有大量金属屑，或其他杂质，为避免损坏发动机，必须彻底清洗油道，润滑系统装配关系如图 4—1—36 所示。此外，还要更换机油冷却器，机油冷却器装配关系如图 4—1—37 所示。机油油位不允许超过最大刻度，否则有损坏催化器的危险。

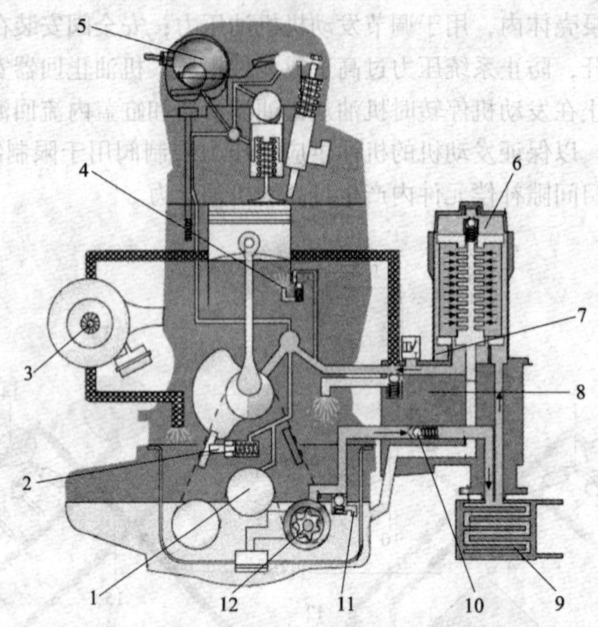

图 4—1—34　大众 1.2 L 和 1.4 L TDI 发动机润滑系统机油走向

1—平衡轴　2—液压链条张紧器　3—涡轮增压器　4—活塞冷却润滑机油喷嘴　5—真空泵　6—旁通阀　7—机油压力开关　8—机油压力控制阀　9—机油散热器　10—单向阀　11—压力释放阀　12—机油泵

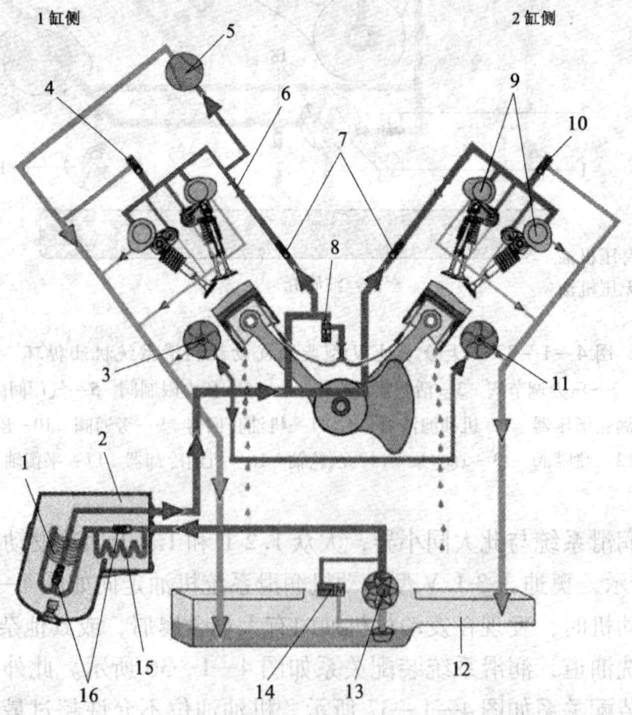

图 4—1—35　大众奥迪 3.3 L V 型发动机润滑系统机油走向

1—滤网　2—机油滤清器　3，11—涡轮增压器　4，10—机油压力限制阀　5—真空泵　6—限流阀　7—机油压力保持阀　8—机油喷嘴　9—凸轮轴　12—机油油底壳　13—机油泵　14—机油压力控制阀　15—机油冷却器　16—旁通阀

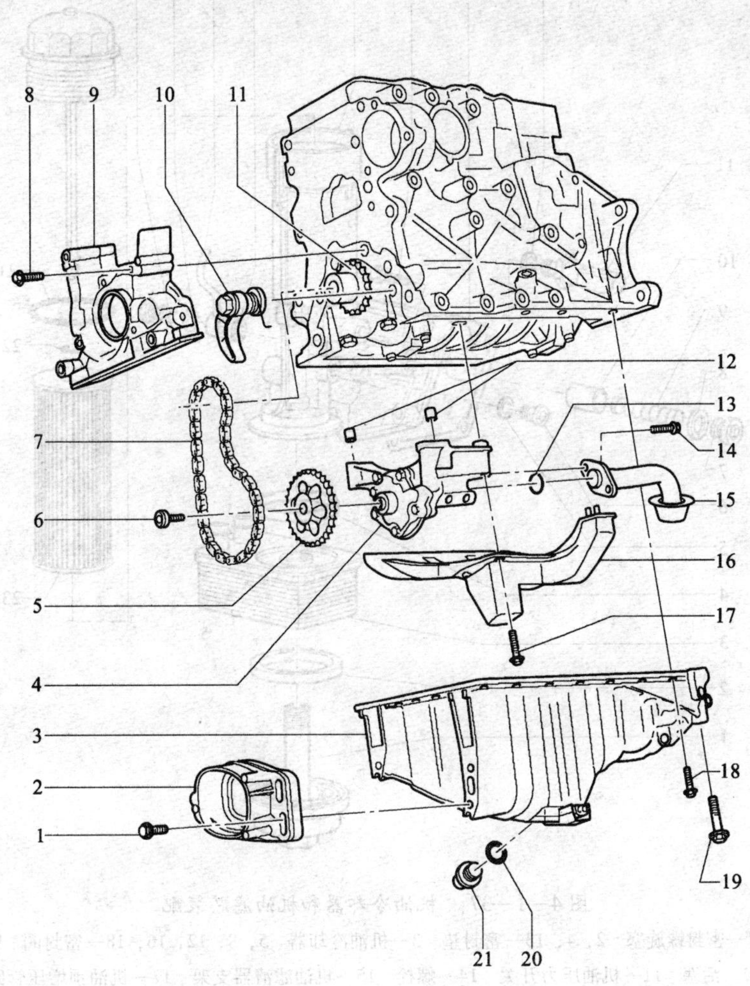

图 4—1—36　润滑系统装配

1，6，8，14，17，18，19—螺栓　2—转矩支撑的挡块　3—油底壳
4—机油泵　5，11—机油泵链轮　7—机油泵链条　9—前密封法兰
10—链条张紧器　11—机油泵链轮　12—定位套　13—O 形圈
15—进油管　16—防溅件　20—密封滤网　21—放油螺塞

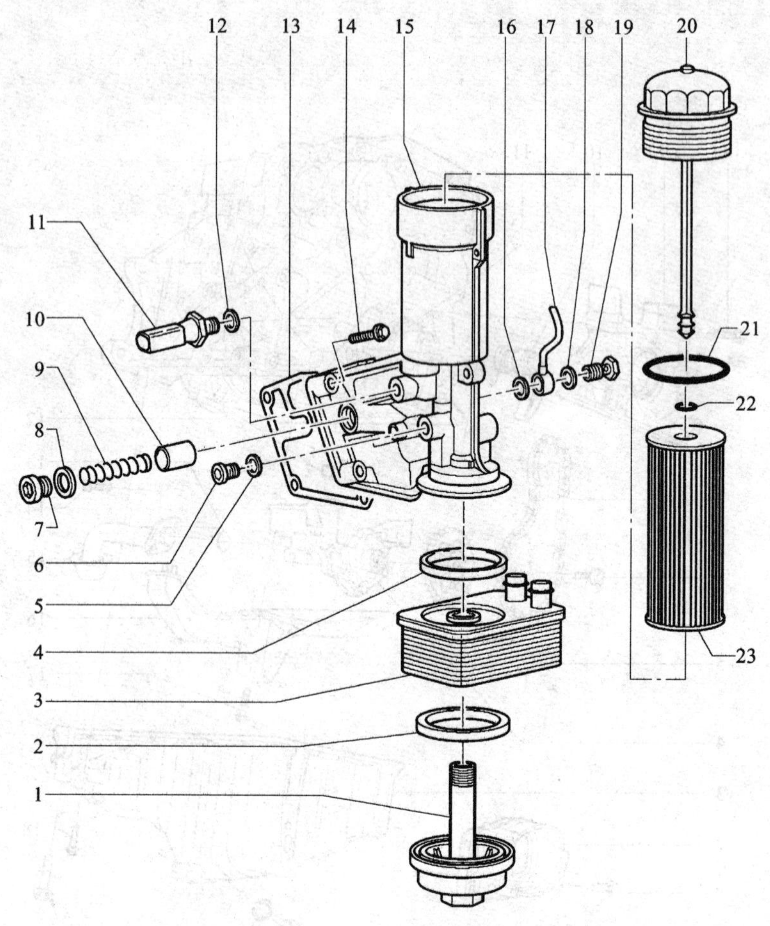

图 4—1—37　机油冷却器和机油滤芯装配

1，6，7—密封螺旋塞　2，4，13—密封垫　3—机油冷却器　5，8，12，16，18—密封圈　9—弹簧　10—活塞　11—机油压力开关　14—螺栓　15—机油滤清器支架　17—机油预增压管路　19—空心螺栓　20—密封盖　21，22—O 形圈　23—机油滤清器滤芯

五、冷却系统

1. 发动机冷却系统

发动机冷态时，冷却液不流经散热器，这样可使发动机很快达到正常工作温度，奥迪 V 型发动机冷却系统冷却液循环如图 4—1—38 所示，冷却系统管路布置如图 4—1—39 和图 4—1—40 所示。

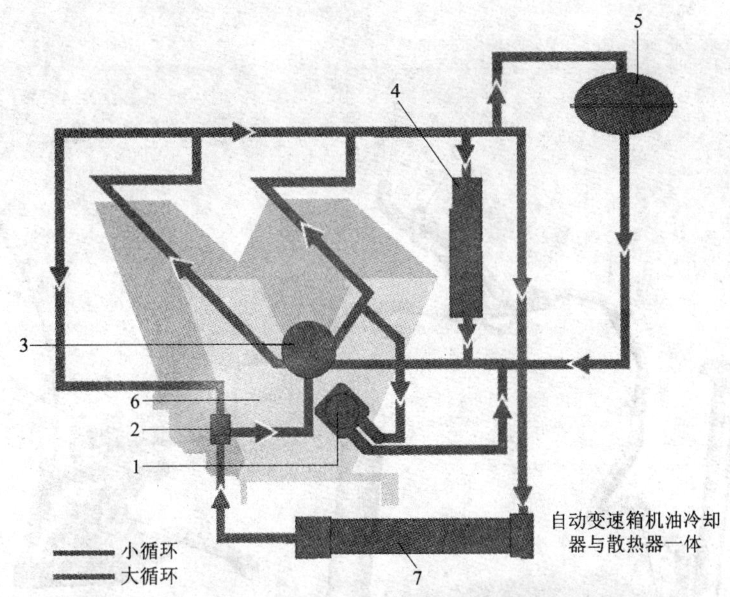

图 4—1—38　奥迪 V 型发动机冷却系统冷却液循环

1—机油冷却器　2—节温器　3—水泵　4—热交换器　5—膨胀罐　6—发动机　7—冷却器

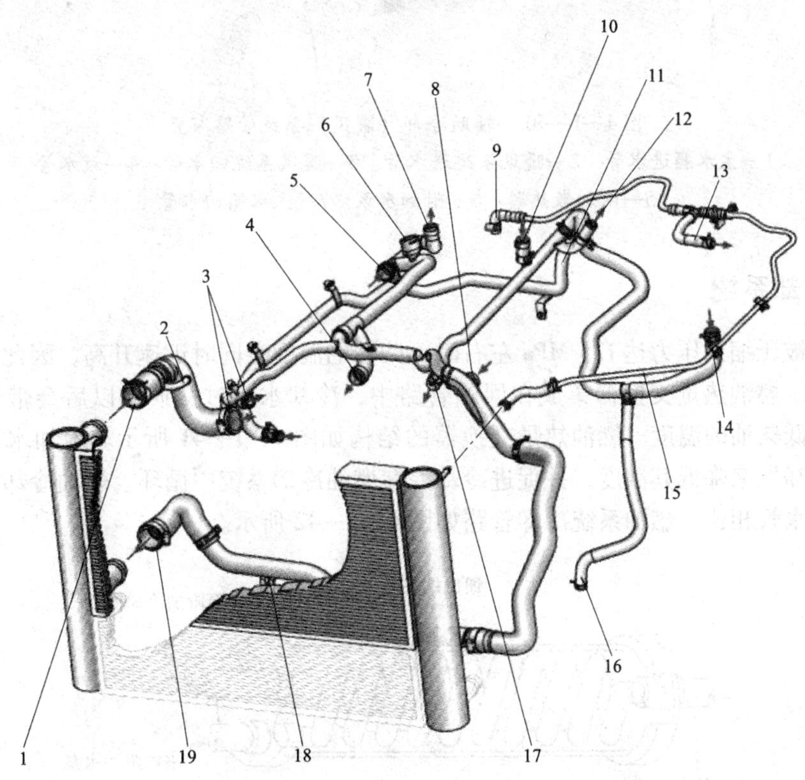

图 4—1—39　主冷却系统管路布置（3.3 L TDI）

1—散热器回水管（主冷却管路）　2—燃油冷却管路　3—散热器壳体　4—水泵供水口　5—气缸盖右后　6—冷却液温度传感器　7—EGR 冷却管路　8—气缸盖左前　9—永久通风管　10—EGR 冷却回水管　11—加热回水管　12—加热供应管　13—膨胀水箱顶部　14—膨胀水箱底部　15—主冷却通风管　16—暖风系统连接管　17—发动机缸体接头　18—交叉接头　19—散热器供水管（主冷却管路）

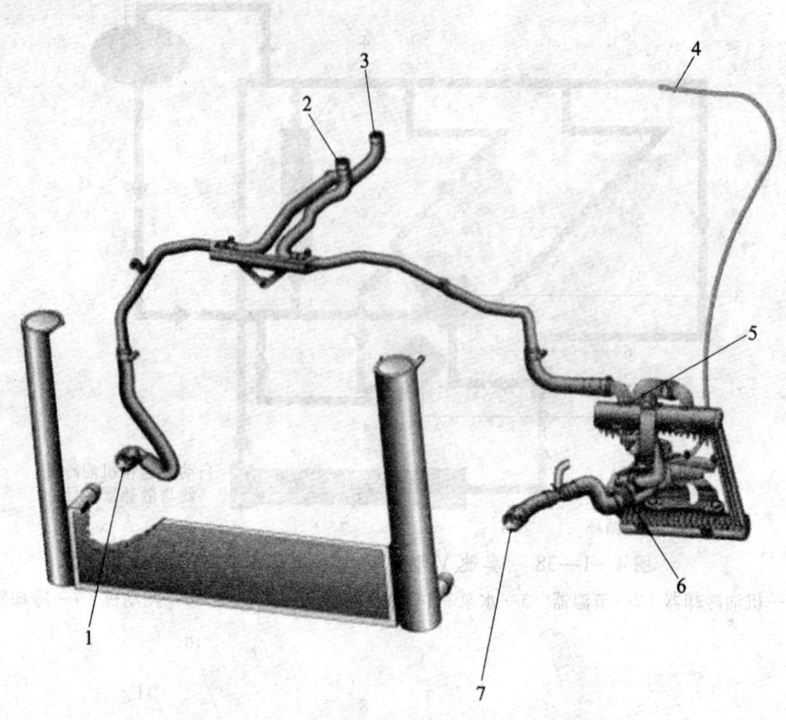

图 4—1—40　辅助冷却（暖风）系统管路布置

1—主水箱进水管　2—暖风系统进水管　3—暖风系统回水管　4—放水管
5—附加散热器　6—附加水泵　7—主水箱回水管

2. 燃油冷却系统

当柴油被压缩到压力达 135 MPa 左右时，柴油的温度会同时迅速升高，因此燃油冷却系统非常重要。燃油热量交换器集成在回油管路中，冷却水流过交换器以后会带走柴油的热量，从而降低柴油的温度。燃油热量交换器的结构如图 4—1—41 所示。附加水泵将热水传送到附加冷却器来降低其温度，并促进冷却液在燃油冷却系统中循环。燃油冷却管路与主冷却系统的回水管相连。燃油系统冷却管路如图 4—1—42 所示。

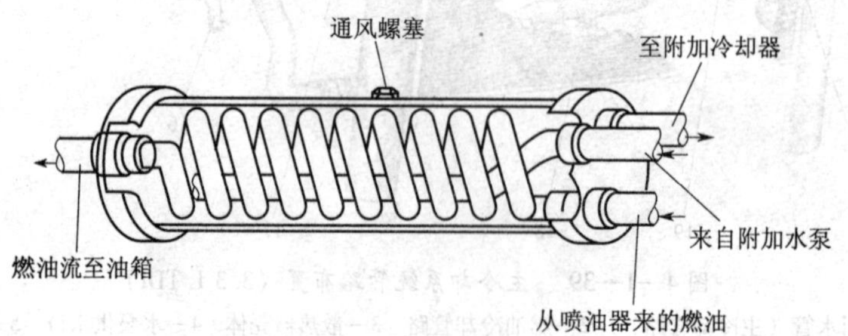

图 4—1—41　燃油热量交换器

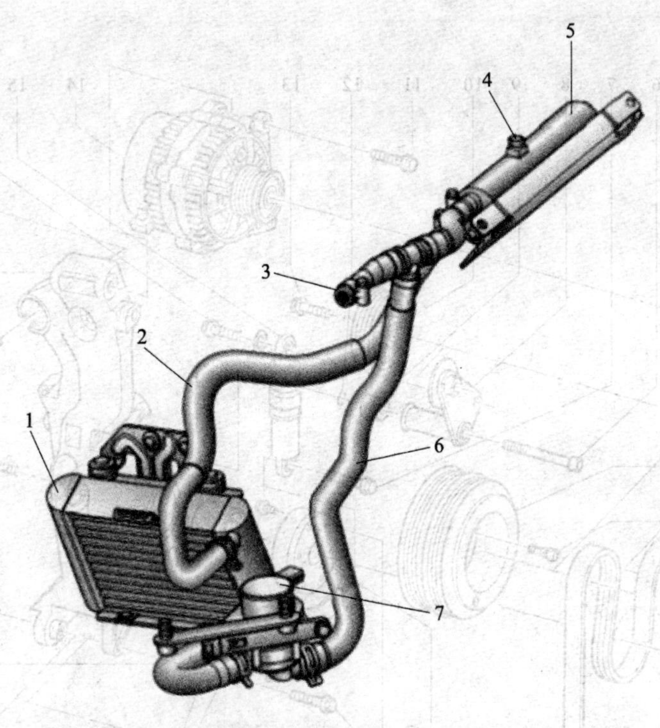

图 4—1—42　燃油冷却管路组成

1—燃油冷却器　2—供水管　3—连接管　4—通风螺塞　5—燃油热量交换器　6—回水管　7—附加水泵

3．液压冷却风扇

风扇传动带总成如图 4—1—43 所示。

液压冷却风扇系统包括双液压泵、冷却风扇控制电磁阀、冷却风扇液压电动机、机油储液罐和机油冷却器等元件，如图 4—1—44 所示。

双液压泵由 V 带驱动，双液压泵可以为转向机和冷却风扇液压电动机提供一定压力的机油。当发动机温度和转速达到一定值后，发动机控制单元通过冷却风扇控制电磁阀的工作，从而控制冷却风扇工作。双液压泵的组成如图 4—1—45 所示。液压泵盖上安装有压力释放阀，如图 4—1—46 所示。

4．活塞的冷却

活塞内有环形冷却通道，如图 4—1—47 所示，这个冷却通道可使活塞环周围的温度降低约 30℃。

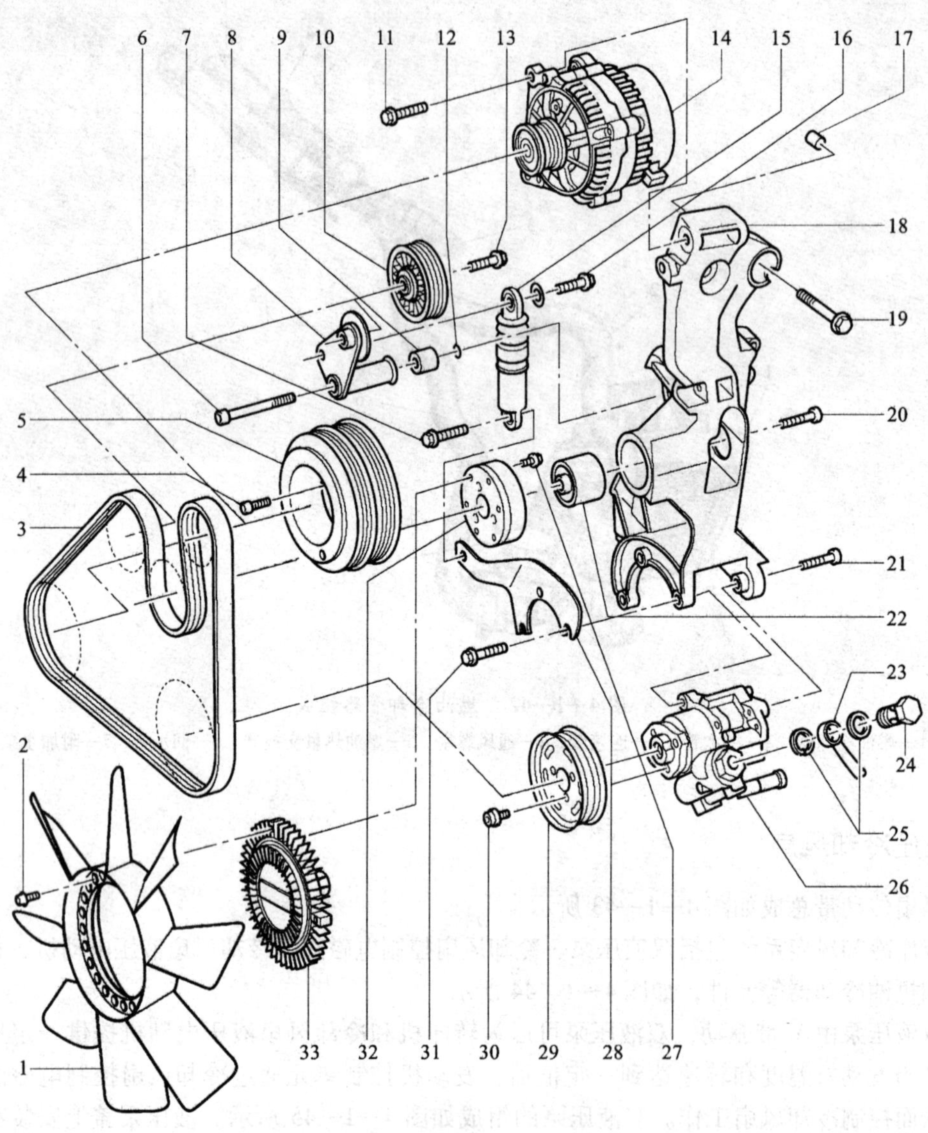

图 4—1—43　风扇传动带总成

1—风扇叶轮　2，4，6，7，11，13，16，19，20，21，30，31—螺栓　3—V 带　5—减振器　8—杠杆　9—支撑轴套　10—张紧轮　12—O 形圈　14—发电机　15—张紧元件　17—定位套　18—支架　22—轴承　23—压力管路　24—空心螺栓　25—密封圈　26—叶轮泵　27—防松螺钉　28—支架　29，32—带轮　33—硅油黏性离合器风扇

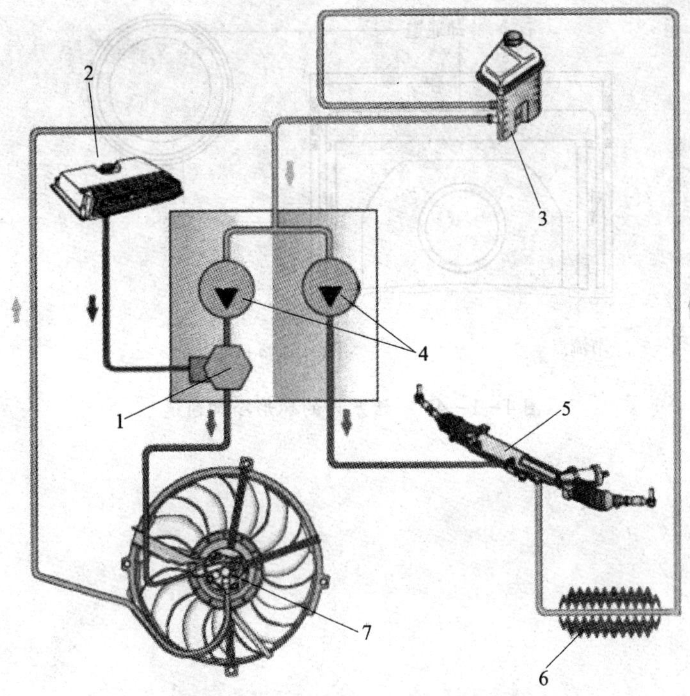

图 4—1—44　液压冷却风扇系统

1—冷却风扇控制电磁阀　2—发动机控制单元　3—机油储液罐　4—液压泵　5—转向机
6—机油冷却器　7—冷却风扇液压电动机

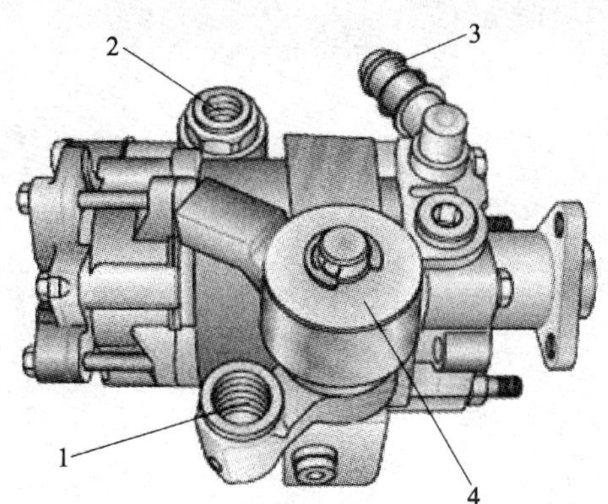

图 4—1—45　双液压泵组成

1—液压马达的压力接头　2—转向机压力接口　3—回油管　4—冷却风扇控制电磁阀

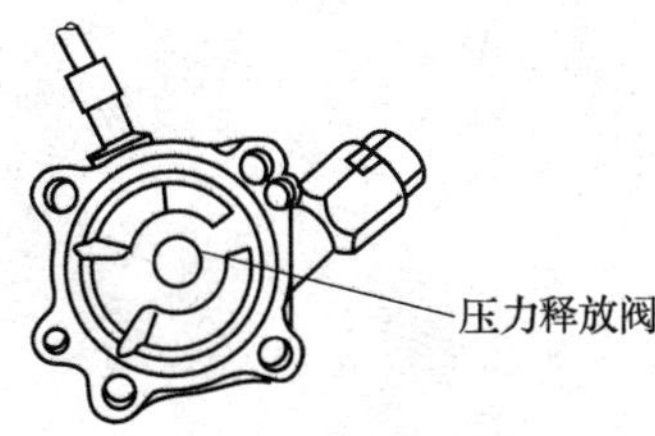

图 4—1—46　液压泵盖

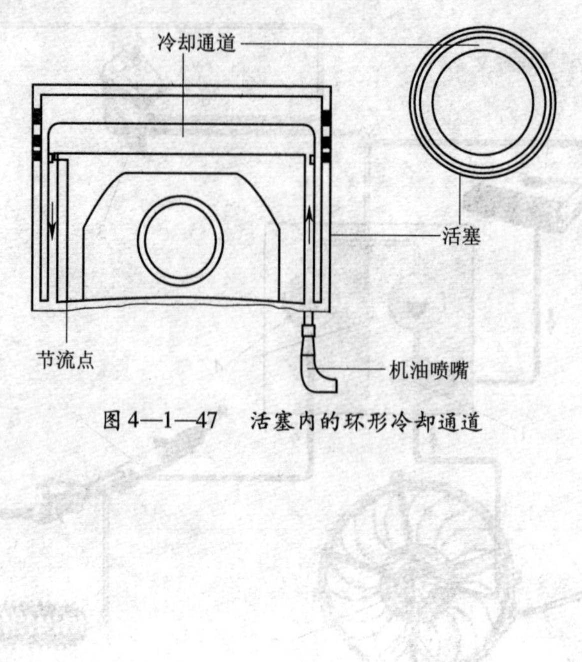

图 4—1—47　活塞内的环形冷却通道

第五章 电控柴油发动机的排放净化装置

柴油发动机的电子控制包括燃油控制、进排气控制以及对废气的后处理。其中，燃油喷射控制是关键，也是柴油发动机电子控制中的难点。高压喷射可以有效地改善柴油发动机的经济性和降低排放，而灵活的喷油速率控制（例如预喷射）是解决柴油发动机的排放和噪声问题的有效措施。废气涡轮增压则不仅能改善柴油发动机的动力性、经济性，而且还可以有效地降低柴油发动机的微粒排放。通过废气再循环（EGR），柴油发动机的氮氧化物排放也可大大降低。最后，通过后处理装置可以进一步降低柴油发动机的排放。所有这些控制功能只有利用电子控制系统，实现系统综合与优化匹配，才能获得柴油发动机的最佳性能。

一、微粒捕捉器

微粒捕捉器主要用来净化柴油发动机排气中的颗粒物，是现代柴油发动机满足欧Ⅲ以上排放法规的有效手段。柴油发动机微粒捕捉器的核心是过滤体和过滤体再生装置。过滤体由多孔陶瓷过滤材料或多孔金属材料制成，如图5—1—1所示，目前，过滤体的过滤效率可达90%以上，且不会引起过高的排气阻力。当过滤体过滤的颗粒物引起柴油发动机排气不畅时，需要及时消除这些颗粒物，以免影响发动机性能。再生装置一般通过直接加热微粒，同时利用催化剂降低微粒着火点，使微粒氧化达到过滤体再生的目的。

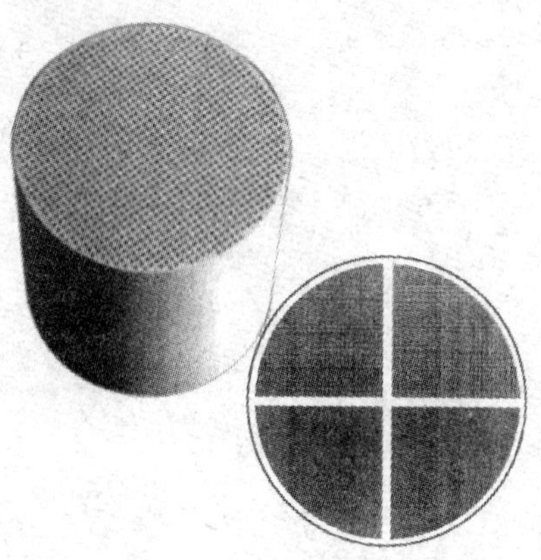

图5—1—1　微粒捕捉器结构

二、颗粒过滤器

奥迪TDI柴油发动机使用了无催化净化添加剂的颗粒过滤器，如图5—1—2所示。颗粒过滤器有一个含有多种金属的过滤层，为了能还原过滤器和监控排放系统，需要安装多个传感器，包括3个温度传感器和1个压差传感器。温度传感器分别安装在涡轮增压器前方、催化净化器后方和颗粒过滤器前方。压差传感器用于监控颗粒过滤器前、后的压力差，还可识别出过滤器是否被碳烟堵塞。

在被动还原中（即不由发动机管理系统控制），颗粒过滤器中所含的碳烟被缓慢地转化成CO_2，被动还原过程发生在350～500℃，主要是车辆行驶在高速公路上时，由于短程行驶或城市循环而使排气温度过低而造成的。对于常见的城市循环工况，每行驶1 000～2 000 km应通过发动机管理系统进行一次主动的还原过程。

滤芯的结构与传统的催化净化器相似，二者的区别在于该催化净化器的通道在进气和排气方向上是交替锁闭的，这样，含有碳烟的废气就必须穿过透气的氧化硅层，使废气流到排气系统出口，而碳烟则滞留在陶瓷壁上。陶瓷壁上涂有一层铑和氧化陶瓷的混合物。

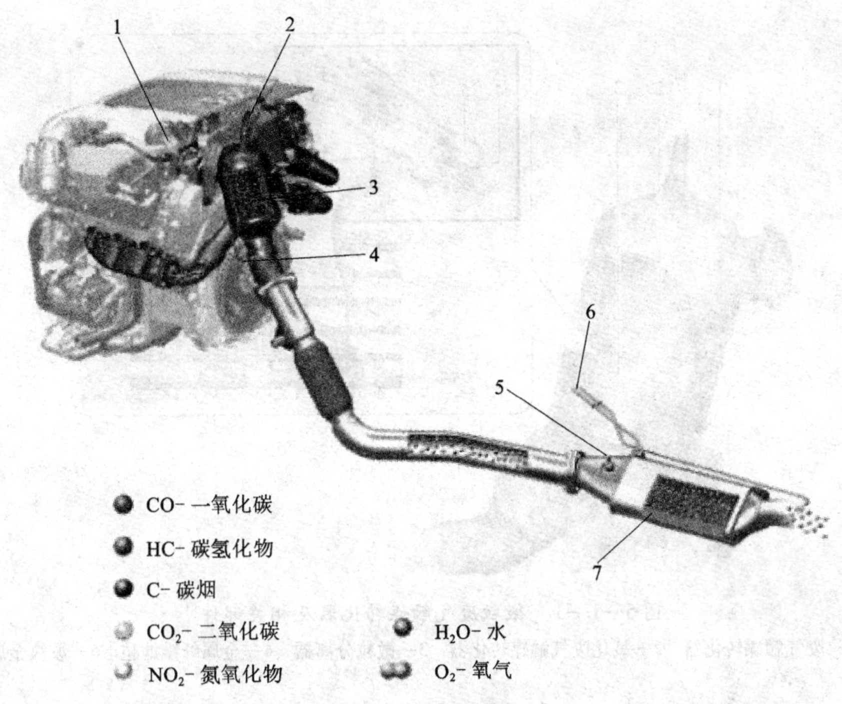

图 5—1—2 颗粒过滤器

1—废气再循环系统 2—λ 传感器 3—催化净化器 4，5—温度传感器 6—压差传感器 7—有涂层的颗粒过滤器

发动机排放出来的气体通过滤芯的铑涂层可产生二氧化氮（NO_2），NO_2 在 350℃以上时会引起碳烟氧化（被动还原）。涂层中的氧化陶瓷成分在 580℃时可以用氧气（O_2）来加速热还原反应（主动还原）。

发动机控制单元中有一个预先编制好的模拟模式程序，该程序根据使用者的驾驶风格和压差传感器获得的信号来判断过滤器的吸附饱和程度，在必要时执行主动还原程序。因此要通过补充喷油（与主喷油接近）、加大喷油量、延迟喷油时刻、关闭废气再循环、阻塞节气门等多种方法来将涡轮增压器的温度提高到约 450℃。

当催化净化器的温度超过 350℃时，控制单元会进行第二次补充喷油。补充喷油时，燃油只来得及气化，而尚未燃烧，这些燃油蒸气将在催化净化器处发生反应，从而将气体温度提高到 750℃，于是碳烟颗粒开始燃烧。

过滤器上有一个温度传感器，它可以调节第二次补充喷油的喷油量，使颗粒过滤器前的温度达到 620℃，于是碳烟颗粒很快被烧掉。机油燃烧后的剩余物（机油灰）无法烧掉，它们堆积在过滤器内，当行驶里程达到 150 000 ~ 200 000 km 时，过滤器就会失效，这时，必须更换过滤器。

在宝马 3 系车型上安装有微粒废气触媒转化器，用在装备了自动变速器的车型上，如图 5—1—3 所示。微粒废气触媒转化器安装在发动机附近，它与氧化废气触媒转化器和微粒分离器共用一个壳体。氧化废气触媒转化器由陶瓷制成，内含一个用于氧化的铂基涂层，波纹金属板与金属纤维滤毡交替布置。

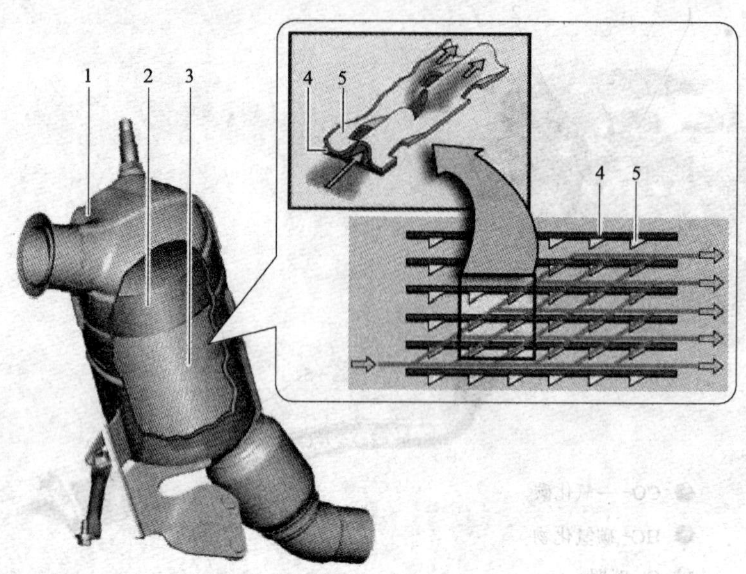

图 5—1—3　微粒废气触媒转化器及相关部件

1—微粒废气触媒转化器　2—氧化废气触媒转化器　3—微粒分离器　4—金属纤维滤毡　5—波纹金属板

三、氧催化转化器

柴油发动机的排放物主要由氮氧化物、碳氢、一氧化碳和微粒组成。氧催化转化器如图 5—1—4 所示，它可以降低碳氢、一氧化碳以及部分微粒的排放量，氮氧化物的排放要通过废气再循环等方式进行控制，而微粒则由微粒捕捉器处理。

柴油发动机工作在富氧的环境下，不适宜采用三元催化器，这里采用氧催化转化器。氧催化转化器是一个圆筒形的陶瓷载体，中间有许多细长的通道，可以大大增加陶瓷载体内部的表面积。活性催化材料是用真空金属化的方法加到陶瓷表面的，有害物质与催化材料接触时就会被转化。在氧催化转化器中，大约 80% 未燃烧或部分燃烧的 HC 被转化成水蒸气和 CO_2，有害的 CO 被转化成 CO_2，工作过程如图 5—1—5 所示，氮氧化物 NO_x 不能被氧催化转化器转化，因此采用废气再循环的方法减少 NO_x 的排放。

图 5—1—4　氧催化转化器

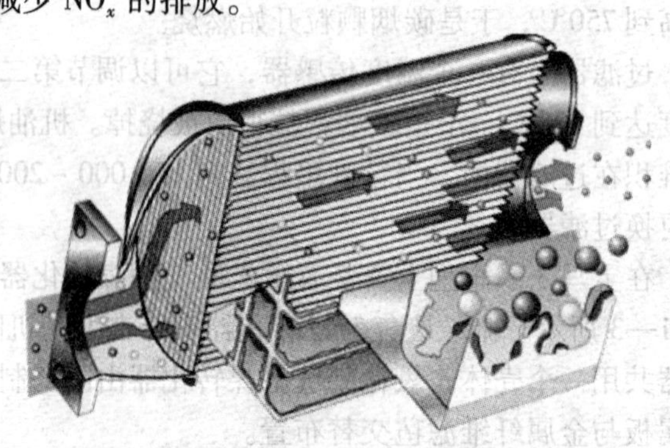

图 5—1—5　氧催化转化器工作示意

四、废气再循环系统

废气再循环（EGR）是为了减少排气中的氮氧化物，如图5—1—6所示。直喷系统的缸内温度相对较高，而且柴油发动机工作在富氧的环境下，因此排气中存在大量的氮氧化物。若部分排气通过废气再循环阀与新鲜空气混合进入发动机，则缸内混合气的含氧量就会降低，从而降低氮氧化物的排放。废气再循环率要受到限制，因为过多的废气会使碳氢、一氧化碳和微粒排放恶化。

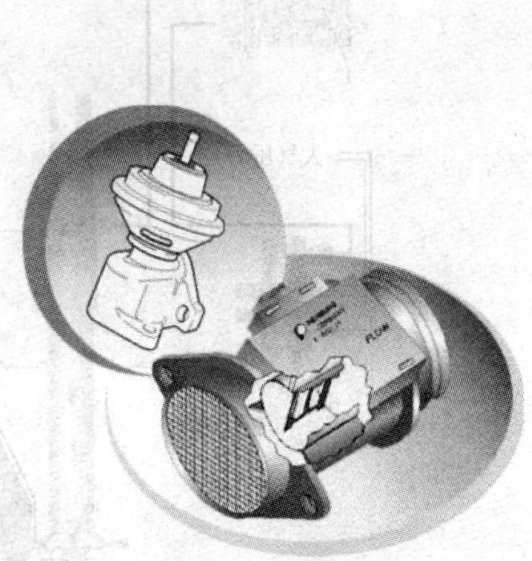

图5—1—6　废气再循环阀

废气再循环系统按一定比例将废气与新鲜空气混合提供给发动机，从而降低燃烧温度并减少氮氧化物的生成量。发动机控制单元激活废气再循环阀。用于调节废气再循环的真空由脉冲负载参数信号设定，通过此方式，控制返回的废气量。废气再循环系统管路连接如图5—1—7所示，系统工作过程如图5—1—8所示。

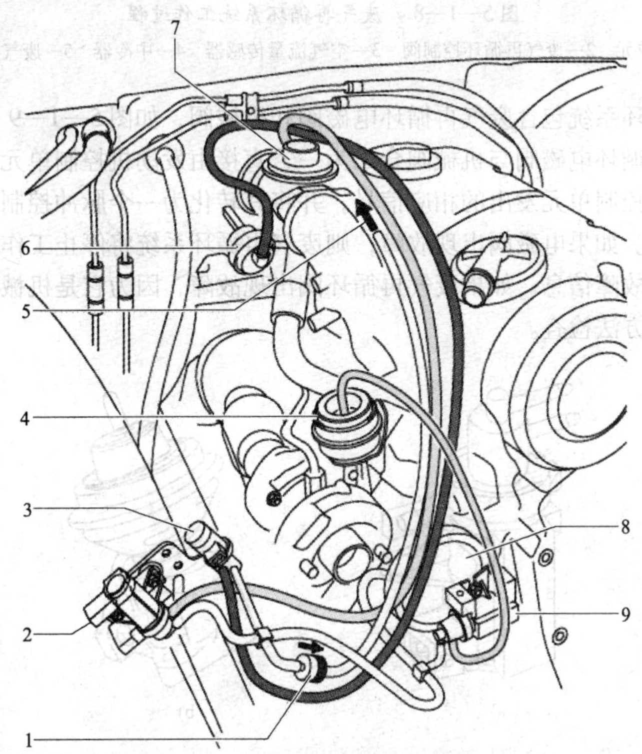

图5—1—7　废气再循环系统管路连接图

1—止回阀　2—废气再循环装置的整流器　3—进气管阀门的转换阀　4—增压调节装置的真空盒　5—接到串联泵
6—进气管阀门的真空盒　7—机械废气再循环阀　8—真空储能箱　9—增压压力限制装置的电磁阀

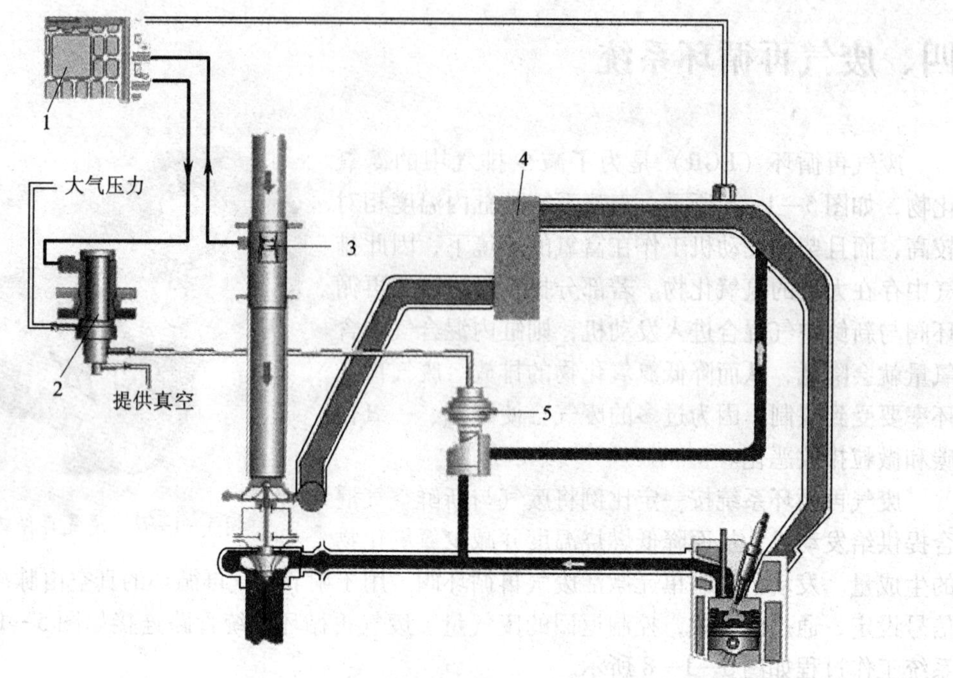

图 5—1—8　废气再循环系统工作过程

1—电控单元　2—废气再循环控制阀　3—空气流量传感器　4—中冷器　5—废气再循环阀

有些废气再循环系统包含废气再循环电磁阀和机械阀，如图 5—1—9 所示，有的废气再循环系统将废气再循环电磁阀与机械阀合二为一，直接由发动机控制单元控制。废气再循环控制阀接收发动机控制单元发出的相应信号，并将其转化为一个脉冲控制信号，从而控制废气再循环阀的动作。如果电磁阀出现故障，则废气再循环系统将停止工作。发动机控制单元可以监测到相应的故障信息。如果废气再循环阀出现故障，因为它是机械阀，所以无故障记忆，只能通过常规方法检查。

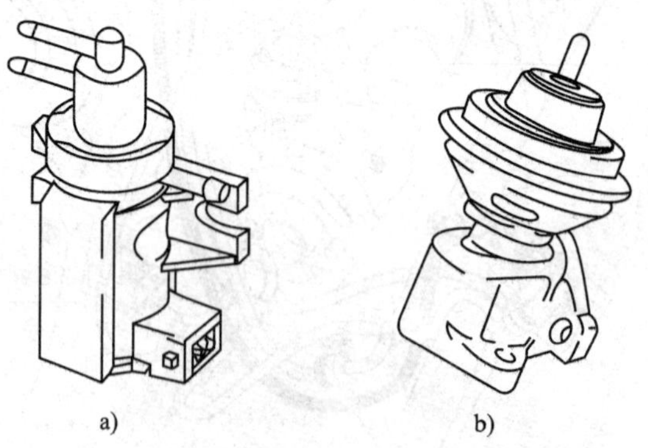

图 5—1—9　废气再循环电磁阀和机械阀

a）废气再循环电磁阀　b）废气再循环机械阀

真空测试仪用于检测电磁阀的真空度，开始电磁阀处于非真空状态，电磁阀开始工作后将产生真空。电磁阀本身的电阻标定值为 14 ~ 20 Ω。对废气再循环机械阀进行检查时，可以施加 51 kPa 的真空到机械阀真空管上，这时应出现怠速不稳或熄火现象。注意废气再循环孔及真空软管的检查。阀底容易产生积炭使再循环通道受阻或泄漏，清洗时须更换垫圈并涂锂基润滑脂。阀芯剧烈运动、阀门全开将使发动机动力性下降，甚至熄火。

五、曲轴箱通风系统

发动机工作过程中，燃烧室中燃烧完的或未充分燃烧的气体会通过活塞与气缸之间的间隙进入曲轴箱，因此曲轴箱中会产生大量的气体，该气体易使机油过早变质，这就需要设置曲轴箱通风系统，其工作过程如图 5—1—10 所示。

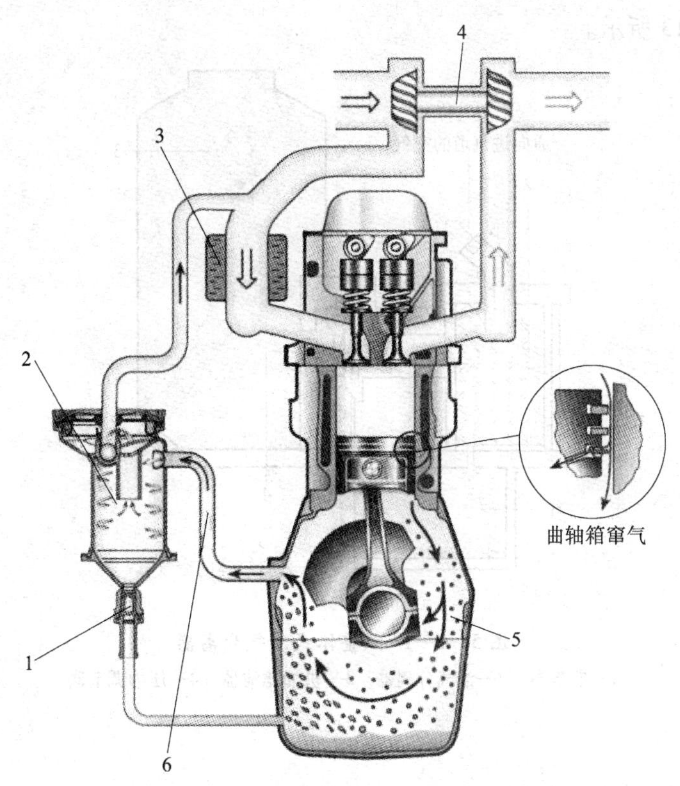

图 5—1—10　曲轴箱通风系统工作过程

1—阀活塞　2—机油和蒸气过滤器　3—空气冷却器　4—涡轮增压器　5—曲轴箱　6—油气分离管

曲轴箱窜气通过管路引入油气分离器，液态的机油在重力和惯性的作用下会沉积到油气分离器的底部，并回流到发动机的油底壳，而窜气会经过油气分离器的上部进入进气管，并和新鲜空气一起进入燃烧室燃烧。油气分离器膜片用于调节曲轴箱内的真空，油气分离器的工作过程如图 5—1—11 和图 5—1—12 所示。

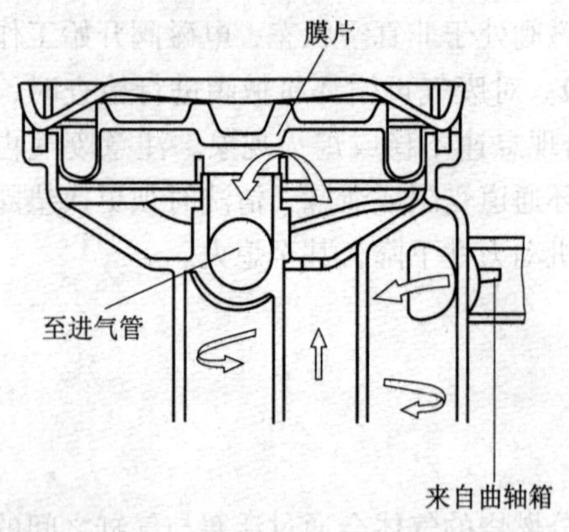

图 5—1—11　油气分离器工作过程图 1

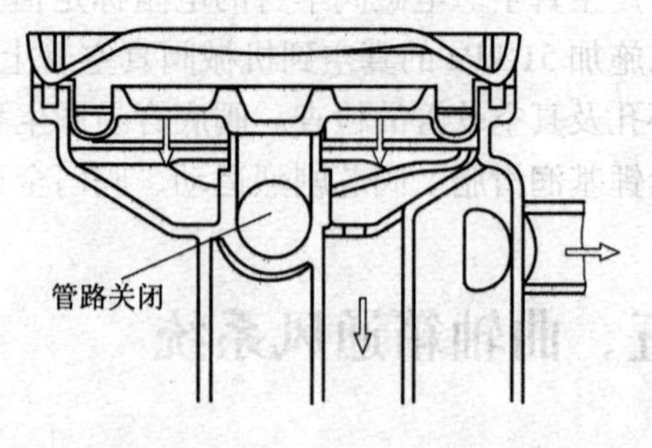

图 5—1—12　油气分离器工作过程图 2

奥迪 V6 TDI 发动机上，其缸体通气装置、油气分离器及机油滤清器都集成在一个部件内，如图 5—1—13 所示。

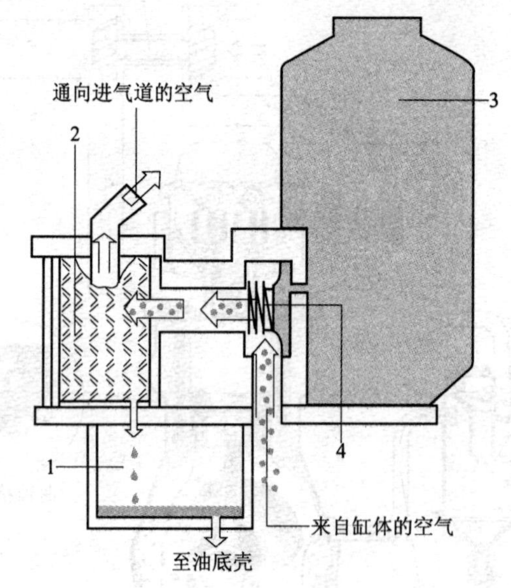

图 5—1—13　整体式油气分离器

1—收集器　2—油气分离器　3—机油滤清器　4—压力调节阀

第六章 柴油发动机辅助系统

第一节 涡轮增压系统

一、涡轮增压的作用

100 多年前发动机刚刚问世时，都是自然吸气式的，后来出现了涡轮增压发动机，它用压缩机压缩吸入的空气，提高进气压力后再进入发动机。废气涡轮增压是利用发动机排出的高温高压废气能量驱使涡轮作高速运转，带动同轴的压气机压缩吸入的空气并将之送入气缸内，如图 6—1—1 所示，从而显著提高进气效率，达到提高输出功率和转矩、提高燃油经济性的目的。

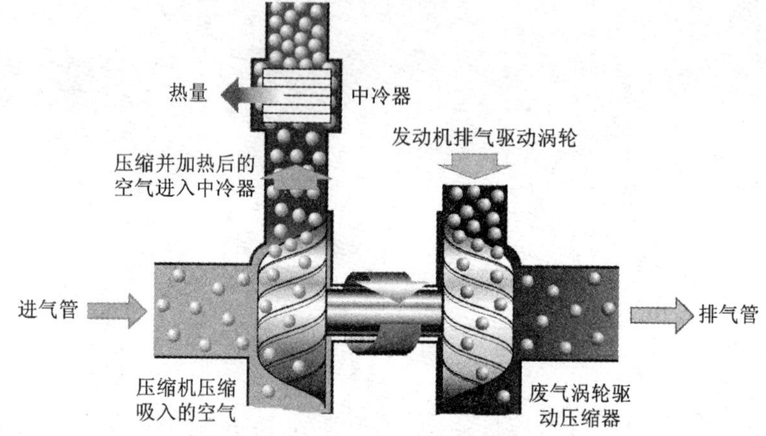

图 6—1—1　涡轮增压工作原理图

采用增压技术可以提高发动机部分负荷工况的负荷率，涡轮增压器与进、排气管的关系如图 6—1—2 所示。

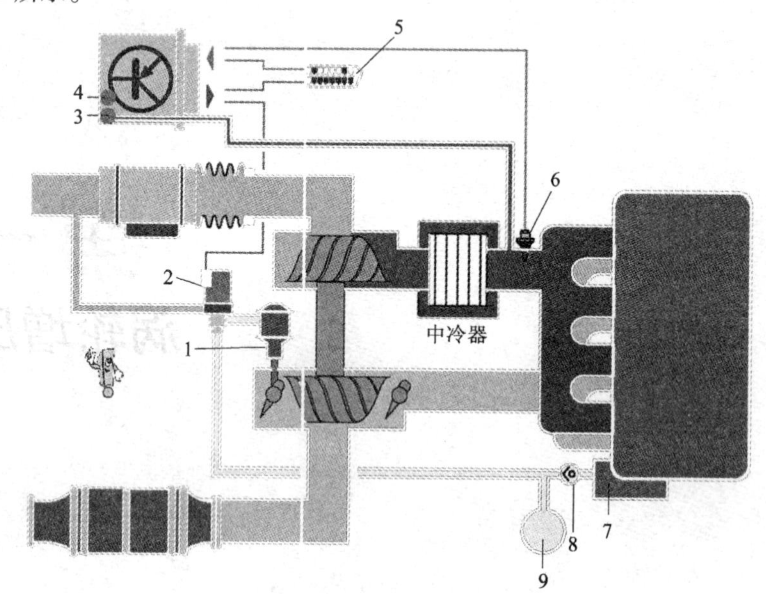

图 6—1—2　涡轮增压器与进、排气管的关系

1—低压箱　2—充气压力控制阀　3—进气压力传感器　4—海拔高度传感器　5—自诊断接口　6—进气管温度传感器　7—真空泵　8—单向阀　9—低压蓄压器

二、涡轮增压系统的组成与布置

涡轮增压系统主要由废气涡轮、进气涡轮（压缩机）、中央轴承、增压控制器及中冷器五部分组成。废气涡轮和进气涡轮同轴连接，并一起运转，其部件装配关系如图 6—1—3 所示。

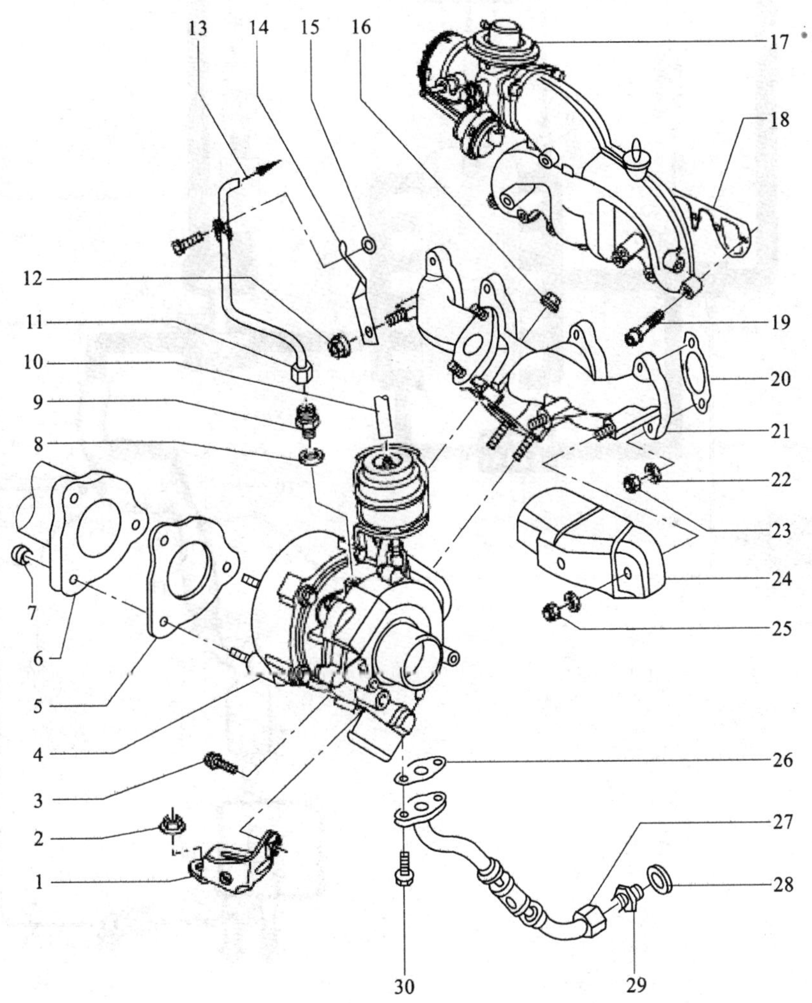

图 6—1—3　涡轮增压系统的装配关系

1—支架　2，7，12，16，23，25—25 N · m 螺栓　3—20 N · m 螺栓　4—废气涡轮增压器　5，18，20，26，28—密封垫　6—催化器　8—密封圈　9，29—螺纹套节　10—来自增压压力限制电磁阀软管　11—进油管路　13—到机油滤清器支架　14—支架　15—10 N · m 螺栓　17—进气管　19—22 N · m 螺栓　21—排气弯管　22—垫片　24—隔热板　27—回油管路　30—15 N · m 螺栓

通过压缩，吸入空气的密度增大，每个进气冲程进入燃烧室的空气量相应增多，从而增加了氧含量，达到了提高燃烧效率的目的。发动机废气具有热能和动能，利用这些能量可驱动涡轮增压器中的涡轮。涡轮增压系统的布置如图 6—1—4 所示，双涡轮增压器布置如图 6—1—5 和图 6—1—6 所示。

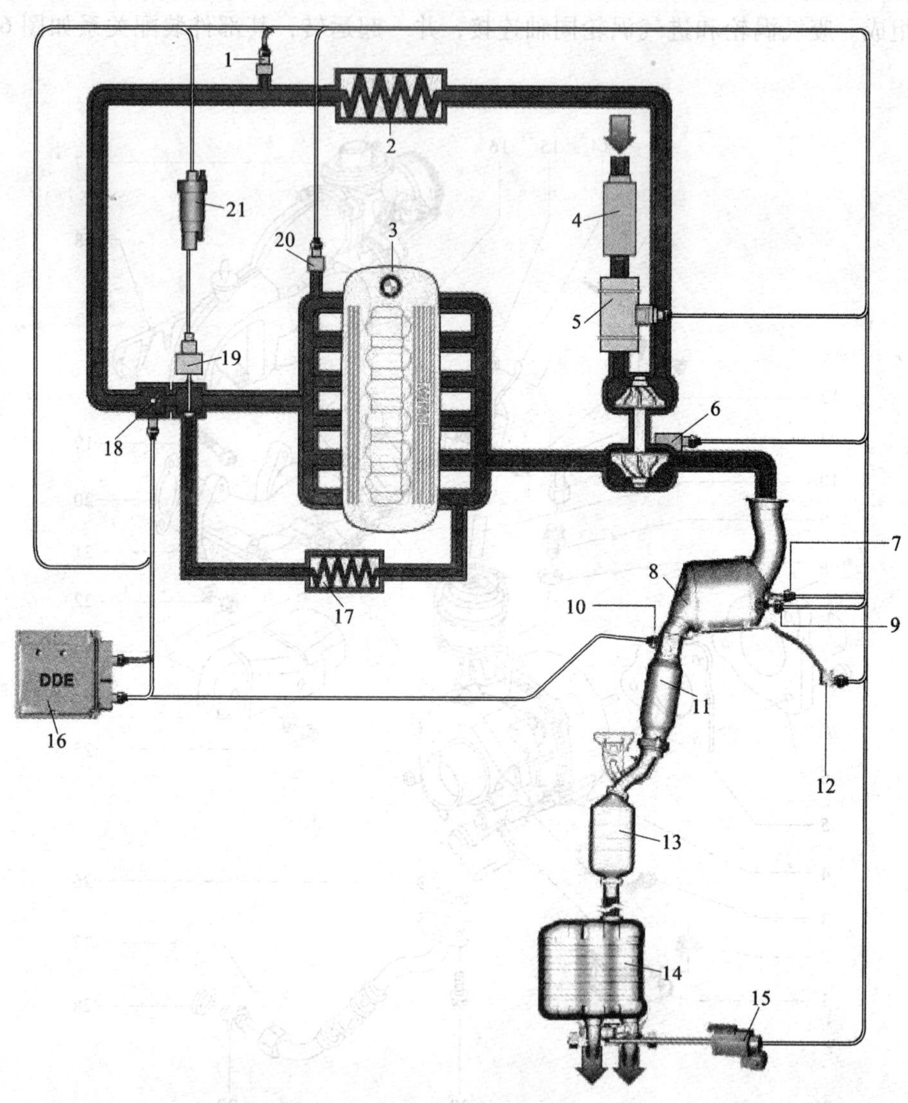

图 6—1—4　涡轮增压系统的布置

1—增压空气温度传感器　2—增压空气冷却器　3—M57TU2　4—进气消声器　5—空气质量计
6—废气涡轮增压器上的电动增压压力调节器　7—氧传感器　8—废气触媒转换器
9—废气触媒转换器的废气温度传感器　10—微粒过滤器的废气温度传感器　11—柴油微粒过滤器
12—废气反压传感器　13—中间消声器　14—后消声器　15—废气风门的电子转换阀　16—数字式柴油控制单元
17—废气再循环冷却器　18—节气门　19—废气回流阀　20—增压压力传感器　21—废气回流阀的电子转换阀

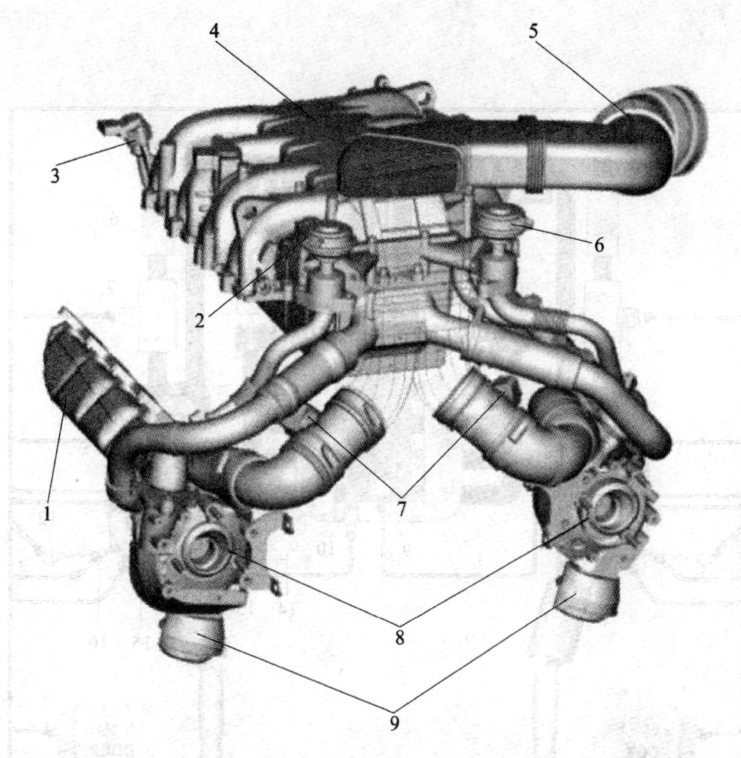

图 6—1—5　双涡轮增压器布置方式 1

1—排气歧管　2，6—EGR 阀　3—进气压力传感器　4—进气管（集成 EGR 和进气冷却管）　5—进气管（空气滤清器后）　7—热线式流量计　8—涡轮增压器　9—可变进气道真空箱

三、中冷器（中间冷却器的简称）

经过涡轮增压的空气，在进气管中由于压力的升高，压缩空气的温度也会相应升高，而温度高会使空气的密度减小，空气变得稀薄。若在涡轮增压系统中设置一个中冷器，则可以冷却压缩的空气，从而使空气的密度增大，提高进气效率，如图 6—1—7 所示。

中冷器的布置如图 6—1—8 所示，图中，空气导流装置将压缩空气导入增压空气冷却器，支架用于支撑增压空气冷却器。涡轮增压过程中进气的温度可达 200℃左右。通常，空气可被压缩到 0. 15MPa。压缩后的空气经中冷器冷却至 50℃左右，然后进入燃烧室。空气被压缩、冷却后，体积缩小，密度增加，所以更多的氧气进入燃烧室支持燃烧。与同等排量的非直喷发动机相比，涡轮增压直喷发动机可节省 15% 的燃油。同时，发动机噪声问题得到了很好的解决。涡轮增压直喷发动机转速低时增压压力大些，转速高时增压压力小些。现代轿车的柴油发动机都装备了中冷器。中冷器使增压发动机有更高的充气效率，更好的动力性，并能降低排放，提高燃油经济性。

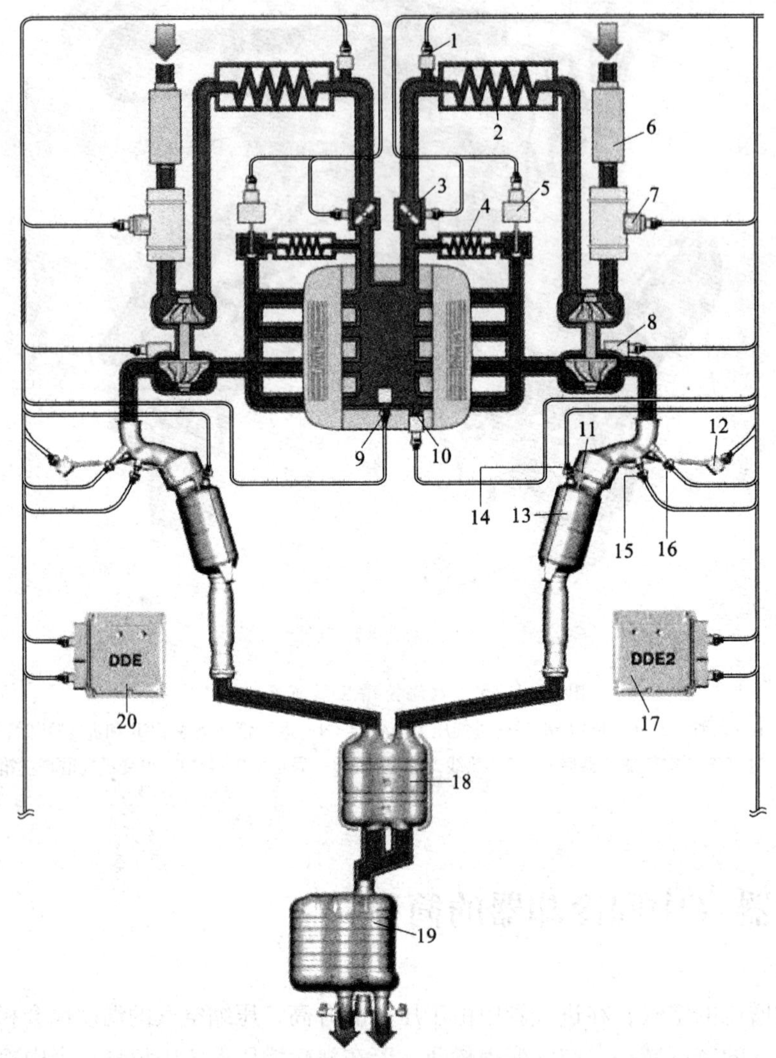

图 6—1—6　双涡轮增压器布置方式 2

1—增压空气温度传感器　2—增压空气冷却器　3—节气门　4—废气再循环冷却器　5—废气回流阀　6—进气消声器　7—空气流量传感器　8—废气涡轮增压器上的增压压力调节器　9—扰流风门调节装置　10—增压压力传感器　11—氧化触媒转换器　12—废气反压传感器　13—微粒过滤器　14—微粒过滤器的废气温度传感器　15—废气触媒转换器的废气温度传感器　16—氧传感器　17—数字式柴油发动机控制单元 2　18—中间消声器　19—后消声器　20—数字式柴油发动机电子控制单元

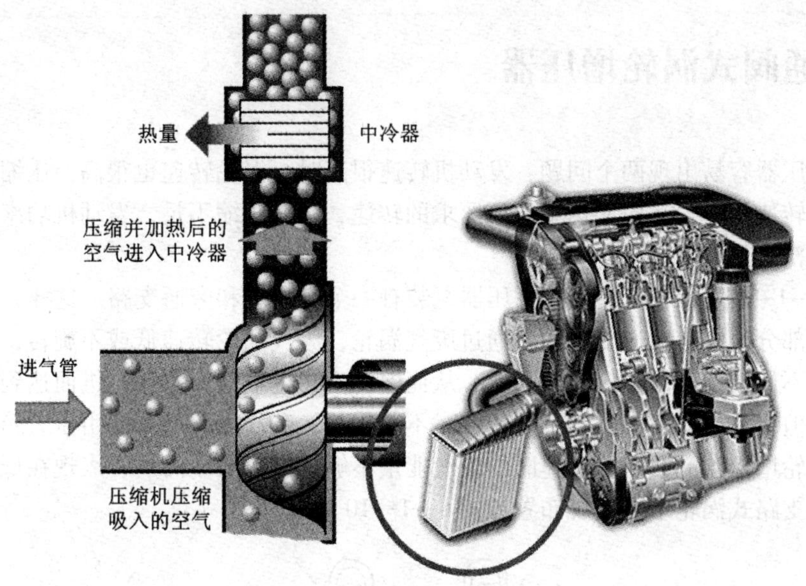

图 6—1—7　中冷器的作用

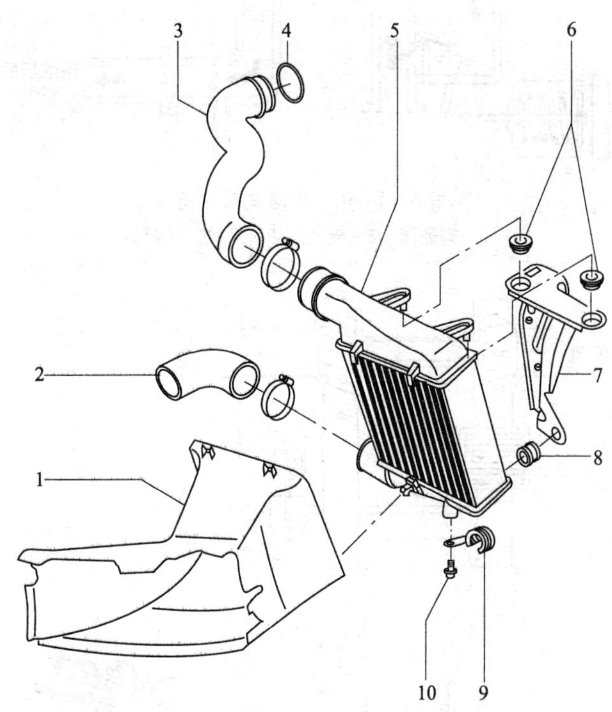

图 6—1—8　中冷器的布置

1—空气导流装置　2，3—空气导流软管　4—O 形密封圈　5—中冷器　6—10 N · m 螺栓
7，9—支架　8—橡胶套管　10—10 N · m 螺栓

四、旁通阀式涡轮增压器

涡轮增压器容易出现两个问题：发动机转速很高时，涡轮转速也很高，压缩空气超出需要；发动机转速低时，涡轮又达不到所要求的转速，空气压缩不足，发动机功率也就达不到要求（增压滞后）。

如图 6—1—9 所示，有些涡轮增压器上装有一个旁通阀和旁通支路。这样，当发动机转速较高时，部分废气走旁通支路而不通过废气涡轮，废气涡轮转速低或不旋转，则进气涡轮也转速低或不旋转，进气增压效果降低，从而保证不超过最佳压缩比，进而达到所要求的发动机功率。但该旁通支路在发动机转速低时不起作用，旁通支路的开闭由压力箱控制。这种旁通阀式涡轮增压器的缺点是低速时的废气能量不够，所以增压滞后，表现在低转速时提速滞后。旁通支路式涡轮增压系统布置如图 6—1—10 所示。

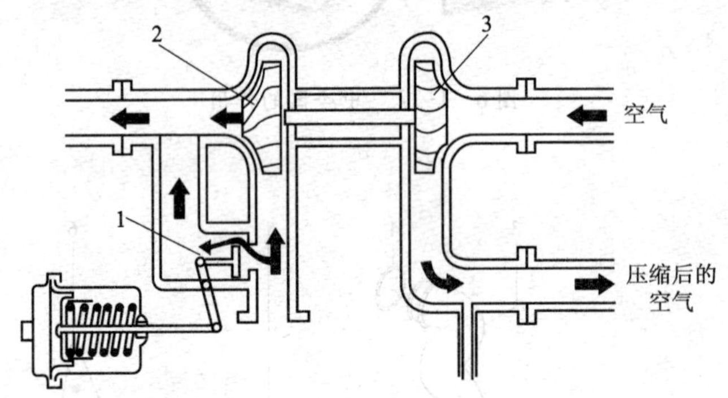

图 6—1—9　旁通支路示意

1—旁通阀　2—废气涡轮　3—进气涡轮

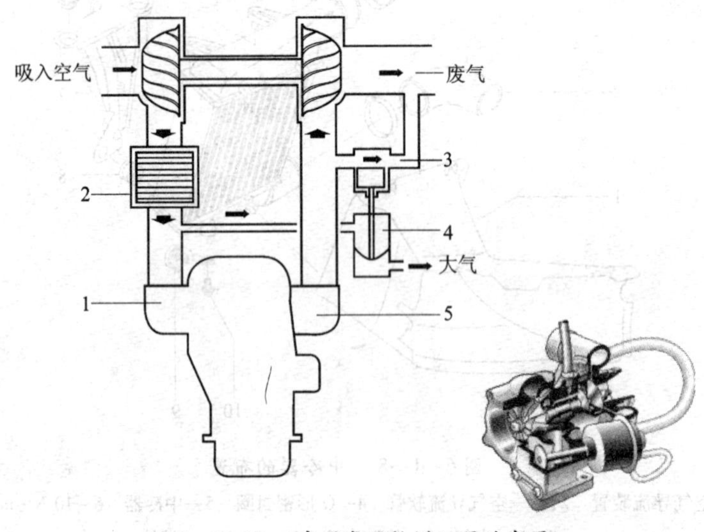

图 6—1—10　旁通式涡轮增压器的布置

1—进气歧管　2—中冷器　3—旁通支路　4—压力箱　5—排气歧管

五、可调叶片式涡轮增压器

宝来 TDI 发动机的涡轮增压器采用可调叶片取代旁通支路，如图 6—1—11 所示，由于废气流量由可调叶片控制，在发动机转速较低时也可以保证大功率的输出。作用于涡轮上较低的排气背压可降低发动机高转速时的油耗，同时也提高了低转速时的输出功率。由于可调叶片式涡轮增压器的充气压力可达到最佳状态，从而在整个转速范围内提高了燃烧效率。

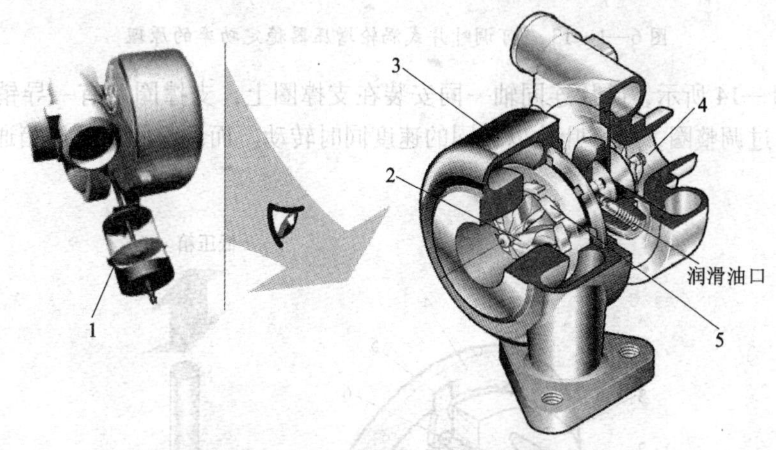

图 6—1—11　可调叶片式涡轮增压器结构

1—调整叶片低压箱　2—涡轮　3—涡轮壳体　4—压缩机　5—可调叶片

可调叶片式涡轮增压器废气通过可调叶片作用于涡轮上，在任何转速下均可产生所需的充气压缩力。可调叶片式涡轮增压器布置如图 6—1—12 所示。

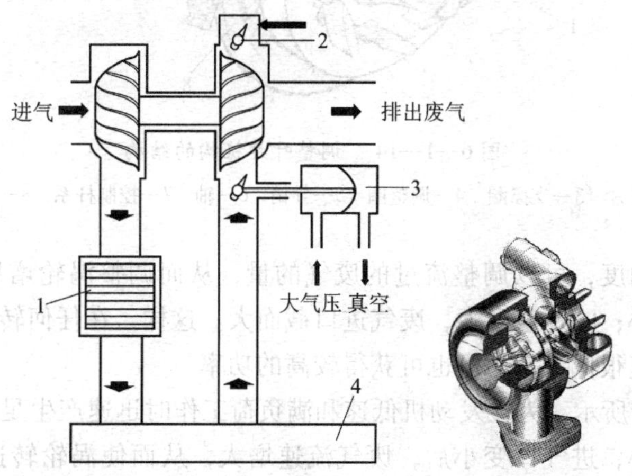

图 6—1—12　可调叶片式涡轮增压器布置

1—中冷器　2—叶片　3—低压箱　4—气缸盖

如图 6—1—13 所示，若两个管内的压力相同，则气体流过有颈缩的管的速度要比流过无颈缩的管快很多，可调叶片式涡轮增压器就是利用此原理来稳定功率的。

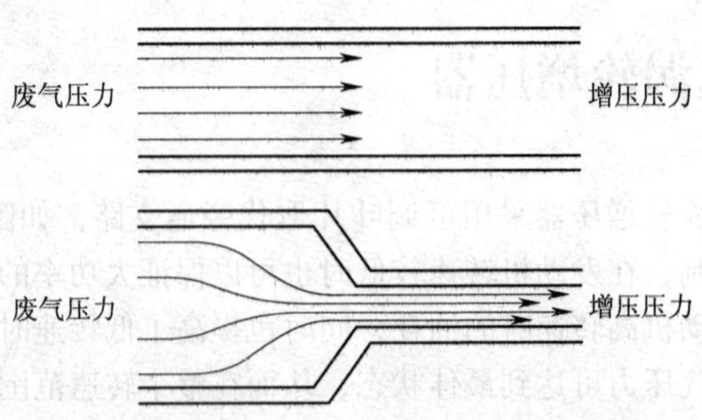

图 6—1—13　可调叶片式涡轮增压器稳定功率的原理

如图 6—1—14 所示，叶片连同轴一同安装在支撑圈上，支撑圈后有一导销，该销卡在调整圈内。通过调整圈，所有叶片以相同的速度同时转动。而调整圈由低压箱通过控制杆系导向销驱动。

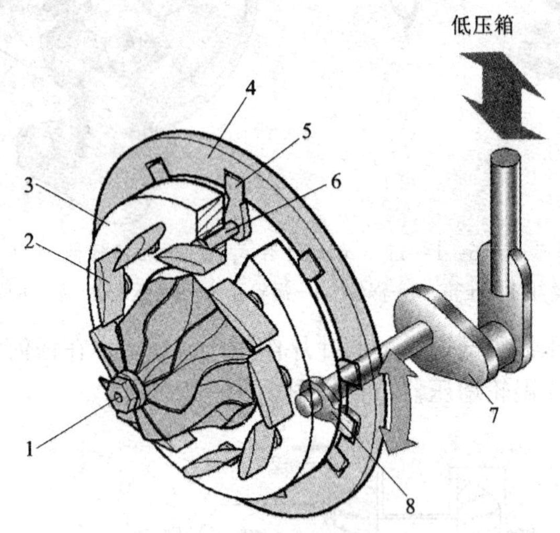

图 6—1—14　调整叶片机构的结构

1—涡轮　2—叶片　3—支撑圈　4—调整圈　5—导销　6—轴　7—控制杆系　8—控制杆系导向销

通过调整叶片角度，可以调整流过的废气的量，从而调整涡轮增压的流量。叶片角度小，废气进口截面小；叶片角度大，废气进口截面大。这样，在任何转速下都能获得最佳的增压压力，即使转速很低，发动机也可获得较高的功率。

如图 6—1—15a 所示，为在发动机低速和满负荷工作时迅速产生足够的充气压力，可转动叶片使进气口变小，进气口变小后，废气流速增大，从而使涡轮转速提高。如图 6—1—15b 所示，如果要减小充气压力，可转动叶片，增大进气口，进气口增大后，废气流量增大，从而保证涡轮转速不变。最大叶片角度（也就是进气口截面最大）也是紧急情况时的叶片角度。如图 6—1—15c 所示，发动机转速低时需要高的充气压力，而叶片减小了作用于涡轮的废气流通截面，当废气流过该截面时，其流速加快，涡轮转速也随之加快。这样在发动机转速很低时，涡轮转速仍很高，仍能产生足够的充气压力，废气背压也较高。如图 6—1—15d 所示，发动机转速高时不希望充气压力过高，涡轮增压器截面适应废气流量的要求，通过转动叶片增大进气截面，从而使废气背压降低。与旁通支路式涡轮增压器不同，使用可调式叶片，所有废气均作用于涡轮。

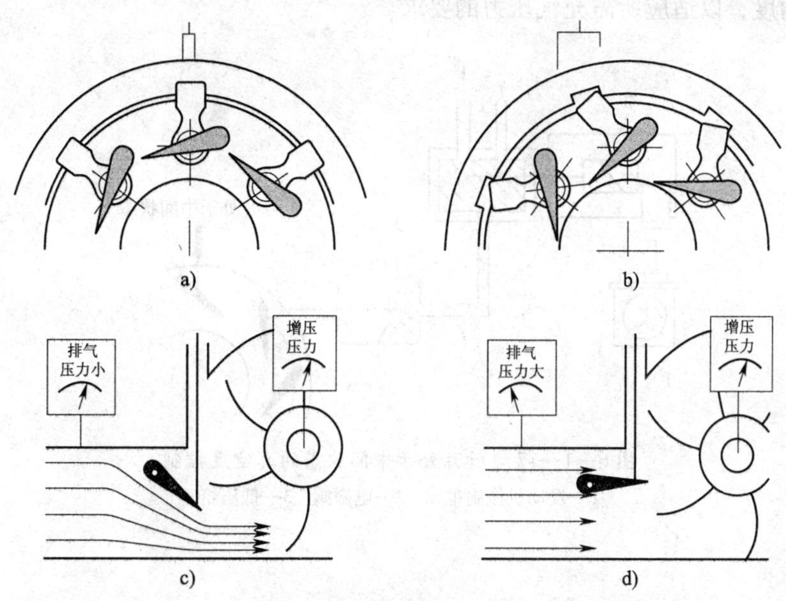

图 6—1—15　调整叶片工作状态

叶片真空度控制过程如图 6—1—16 所示。图 6—1—16a 所示为叶片平置时的真空度控制过程，发动机控制单元操纵电磁阀产生真空。真空达到最大，并作用于低压箱上。叶片调至某个小角度时，可迅速产生最大充气压力。

图 6—1—16b 所示为叶片竖置时的真空度控制过程，电磁阀不通电流，大气压力直接作用于低压箱上。

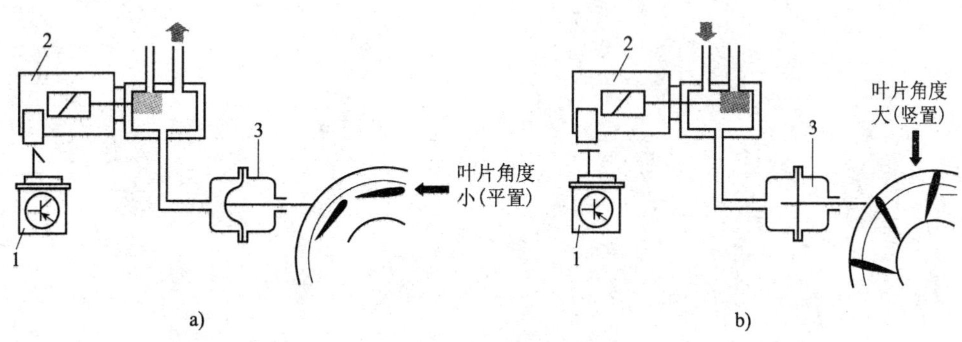

图 6—1—16　叶片真空度控制过程

a）叶片竖置时的真空度控制　b）叶片平置时的真空度控制

1—发动机控制单元　2—电磁阀　3—低压箱

图 6—1—17 所示为叶片处于中间状态的真空度控制过程，为适应轿车的行驶条件，发动机输出功率必然时大时小，因此涡轮增压器必须能随时产生最佳充气压力，通过驱动电磁阀，将低压箱内的真空度调整到大气压力和最大可能真空度中间，这时所产生的真空度根据速度及负荷将叶片角度调整到最佳状态。发动机控制单元能迅速连续地根据变化中的行驶状况改变叶片角度，以适应所需充气压力的要求。

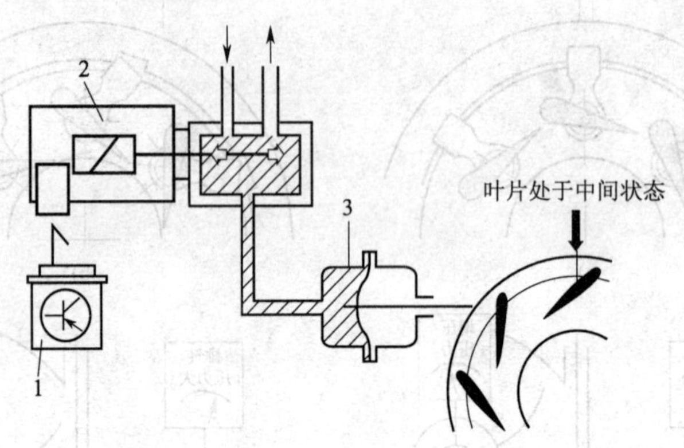

图 6—1—17　叶片处于中间状态的真空度控制

1—发动机控制单元　2—电磁阀　3—低压箱

第六章 柴油发动机辅助系统

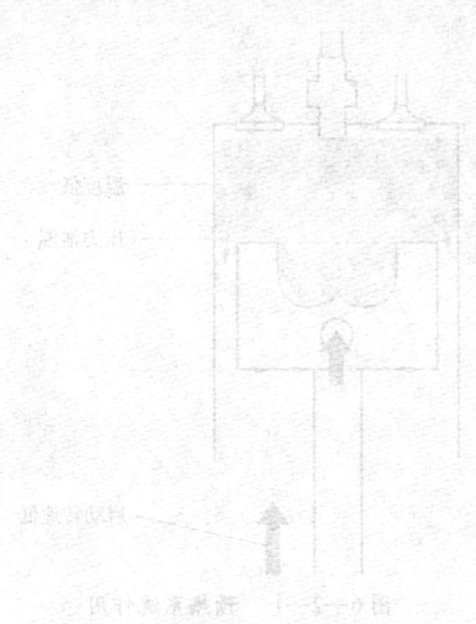

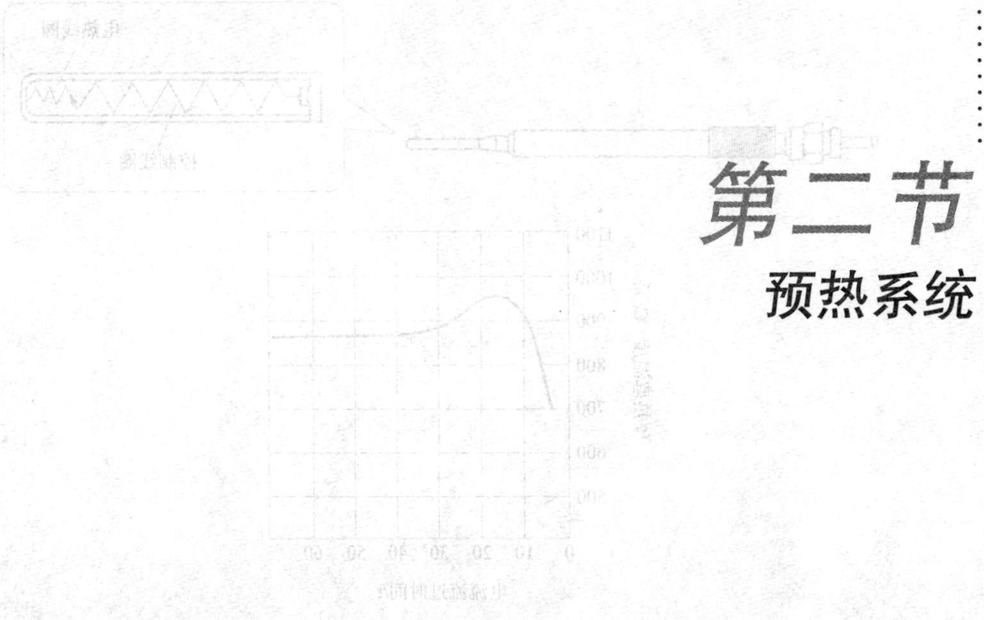

第二节 预热系统

发动机冷车启动时，压缩空气容易从燃烧室窜到曲轴箱，如图6—2—1所示，有时，即使压缩压力足够，发动机也很难冷车启动。预热系统可以在冷车启动前加热空气，这对于提高柴油发动机的点火性能及冷启动性能都是非常必要的，预热系统工作一段时间后可以有效减少爆震和白烟。

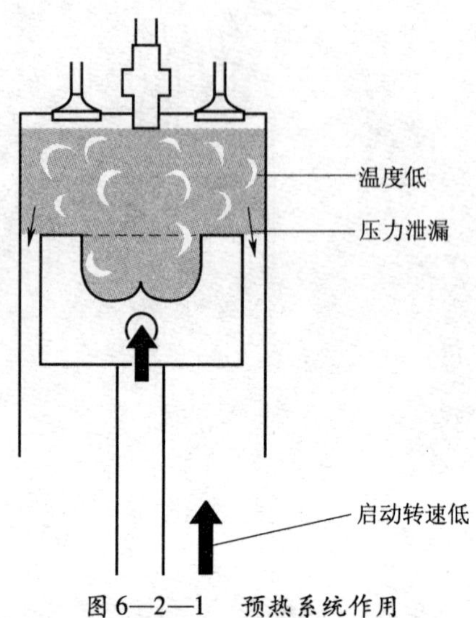

图6—2—1　预热系统作用

预热塞是预热过程的执行元件，很多车型的预热塞都可以自动控制温度。预热塞中有一个控制线圈，线圈电阻随温度升高而增大，当温度升高到一定程度时，电阻的增大将限制通过的电流，从而使预热塞的温度受到限制，这就是预热塞能够自动控制温度的原理。预热塞最多可以使温度升高到900℃左右，如图6—2—2所示。

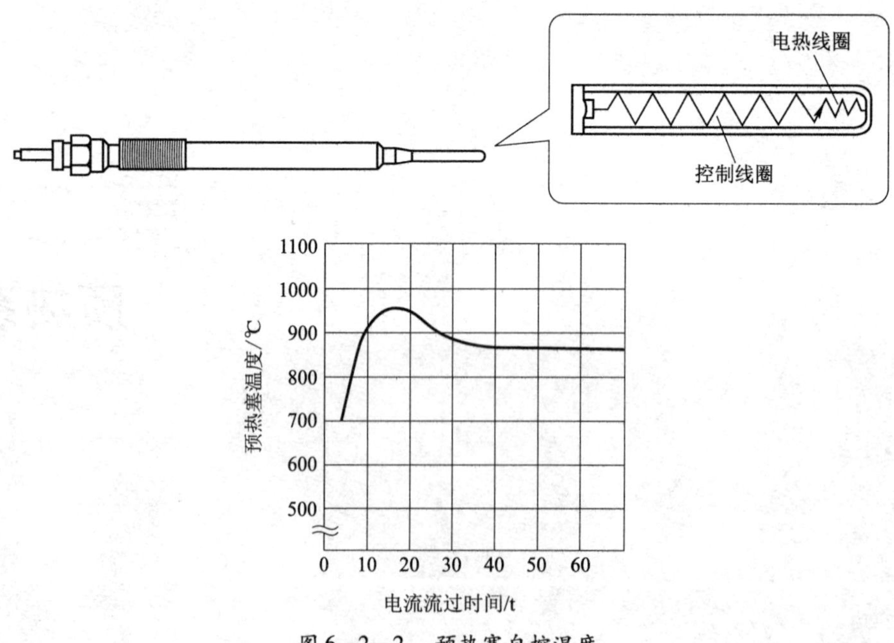

图6—2—2　预热塞自控温度

在柴油轿车上，一般会在仪表内安装预热指示灯，如图 6—2—3 所示，当点火开关处于 ON 位置时，指示灯亮，表示预热系统在工作，当点火开关处于 ST 位置时，指示灯熄灭，表示发动机准备启动。灯亮的时间和温度与发动机的类型有很大关系，不同的发动机，灯亮的时间和温度也不相同。

图 6—2—3　预热指示灯

如图 6—2—4 所示为预热塞控制电路，预热塞由预热时间或废气控制 ECU 控制工作，当点火开关处于 ON 位置时，控制单元 ECU 使 r1 工作，接通预热指示灯电路，控制 r2 工作，并控制预热塞继电器接合，从而使预热塞电路接通。

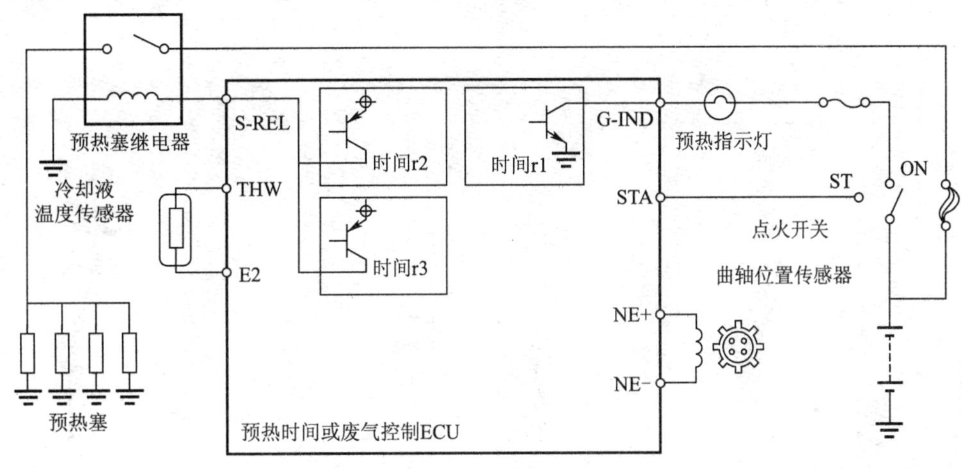

图 6—2—4　预热塞控制电路

下　篇

实战篇

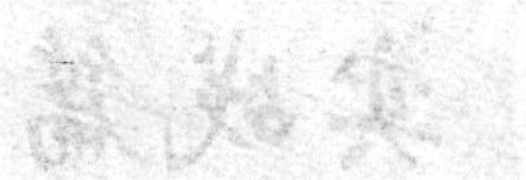

第七章 福田柴油发动机结构与维修

第一节 福田柴油发动机共轨系统结构组成

一、柴油共轨总体结构

共轨系统可用来提供最合适的燃油喷射量和喷射时刻，以此来保证发动机的可靠性、动力性，满足发动机低烟、低噪声、高输出、低排放的要求。发动机的工作情况（如发动机转速、加速踏板的位置、冷却液温度）可通过各种传感器检测到，电子控制单元（ECU）根据上述传感器检测到的信号对燃油喷射量、喷射时刻、喷射压力进行全面的控制，确保发动机处于最佳的工作状态。ECU 控制着大多数的零部件并且具备诊断和警报系统，用来在故障发生时提醒驾驶员。共轨系统由电控供油泵总成、喷油器总成、共轨总成组成，如图 7—1—1 所示。它们与 ECU、传感器等共同控制各种零部件。

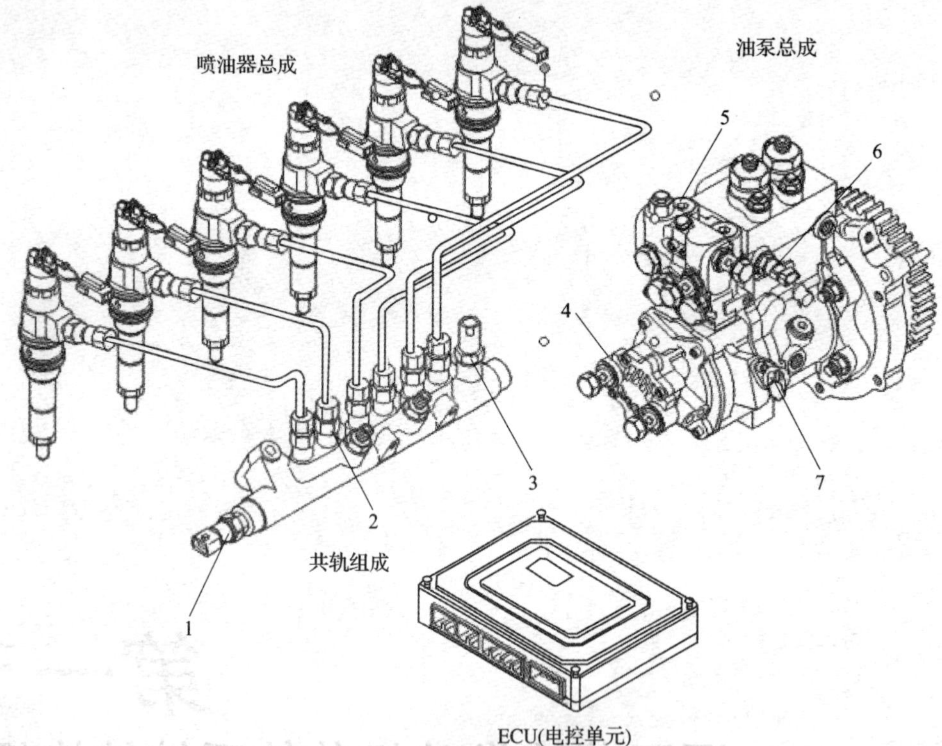

图 7—1—1　福田燃油共轨系统的组成

1—共轨压力传感器　2—流量限制器　3—压力控制阀　4—输油泵
5—燃油计量单元（FMU）　6—燃油温度传感器　7—转速传感器

二、共轨系统主要零部件介绍

1．柴油共轨系统的管路布置

柴油共轨系统的管路布置如图 7—1—2 所示。

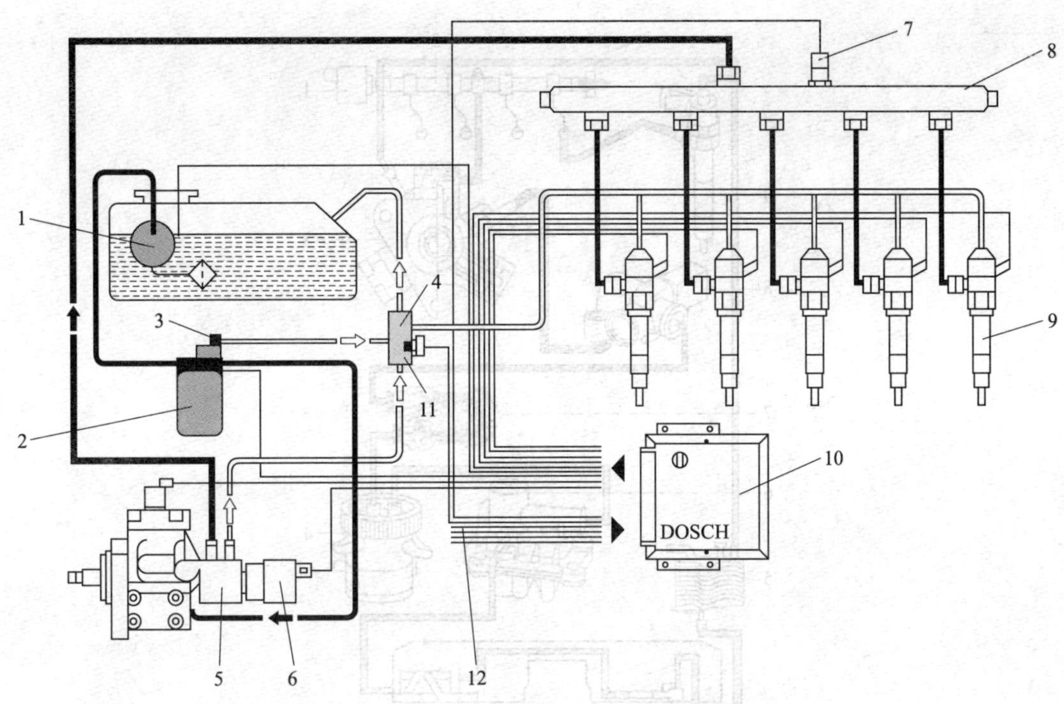

图 7—1—2　柴油共轨系统的管路布置

1—电动输油泵　2—燃油滤清器　3—回油阀　4—回油储存器　5—CP1 高压泵
6—高压控制阀　7—共轨压力传感器（RPS）　8—共轨　9—喷油器
10—EDC 控制单元　11—油温传感器　12—其他传感器

2. 低压部分

低压油路部分为高压油路部分供给足够的油量，其中重要的零部件有油箱、带有粗滤装置的供油泵，低压回路的进、出油管，细滤器、喷油泵、高压泵等，如图 7—1—3 所示。

供油泵的工作是维持足够的供给高压泵的燃油量，在不同的工作状态和不同的工作压力下，以及在整个工作寿命期都必须满足上述要求。目前，柴油发动机上主要使用齿轮驱动的燃油泵。

在轿车、商务汽车和越野汽车上，齿轮式燃油泵是用来为共轨高压泵提供燃油的。它既可以集成在高压泵中，由高压泵驱动轴驱动，也可以直接连接到发动机上，由发动机驱动。

齿轮式燃油泵的主要零部件是两个在旋转时相互啮合的反转齿轮，如图 7—1—4 所示。燃油被吸入泵体和齿轮之间的空腔内，并被输送到压力端的出油口，旋转齿轮间的啮合在吸油端与泵的压力端提供了良好的密封，并且能防止燃油回流。齿轮式燃油泵的供油量与发动机转速成比例，齿轮泵的供油量由进油口端的节流阀或者出油口端的溢流阀限制。齿轮式燃油泵是免维护的。在第一次启动前，或者油箱内的燃油用尽后，燃油系统内要排尽空气。在齿轮式燃油泵上或者低压油路中还可安装一个手动泵。

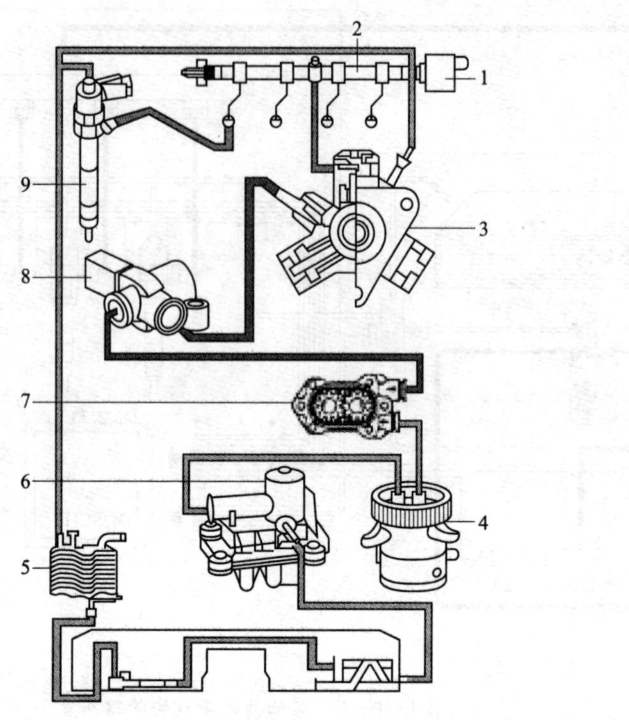

图 7—1—3 共轨燃油喷射系统图

1—压力控制阀 2—共轨 3—高压泵 4—燃油滤清器 5—燃油冷却器
6—燃油预热器 7—输油泵 8—停车阀 9—喷油器

3. 高压部分

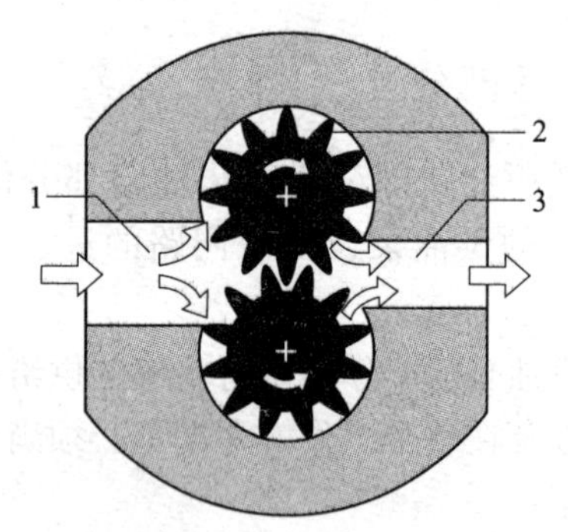

图 7—1—4 齿轮泵

1—吸油端 2—驱动齿轮 3—压力端

共轨系统的高压部分主要由高压发生器、压力蓄能器和燃油计量元件等组成。其中重要的零部件有配有元件关闭阀和压力控制阀的高压泵（CP1）或者带有进油计量比例阀的高压泵（CP2、CP3）、高压蓄能器、共轨压力传感器、压力控制阀、流量控制阀和喷油器。

（1）高压泵。如图 7—1—5 所示，高压泵是高压回路和低压回路的分界部件，它主要负责在车辆的整个使用寿命期内供给足够的高压燃油，同时保证为使发动机迅速启动所需要的额外的供油量和压力要求。

高压泵不断地产生高压蓄能器所需的系统压力，这意味着燃油并不是在每个单一的喷射过程都必须被压缩（相对于传统的系统燃油）。高压泵的实物如图 7—1—6 所示。

高压泵安装在与传统柴油发动机分配泵相同的位置上。它通过联轴器、齿轮、驱动链条或者驱动齿带由发动机驱动，其最高转速不超过 3 000 r/min。高压泵可以由来自低压油路的燃油或者来自发动机主油道的机油润滑。高压泵上安装有用于对压力进行控制的压力控制

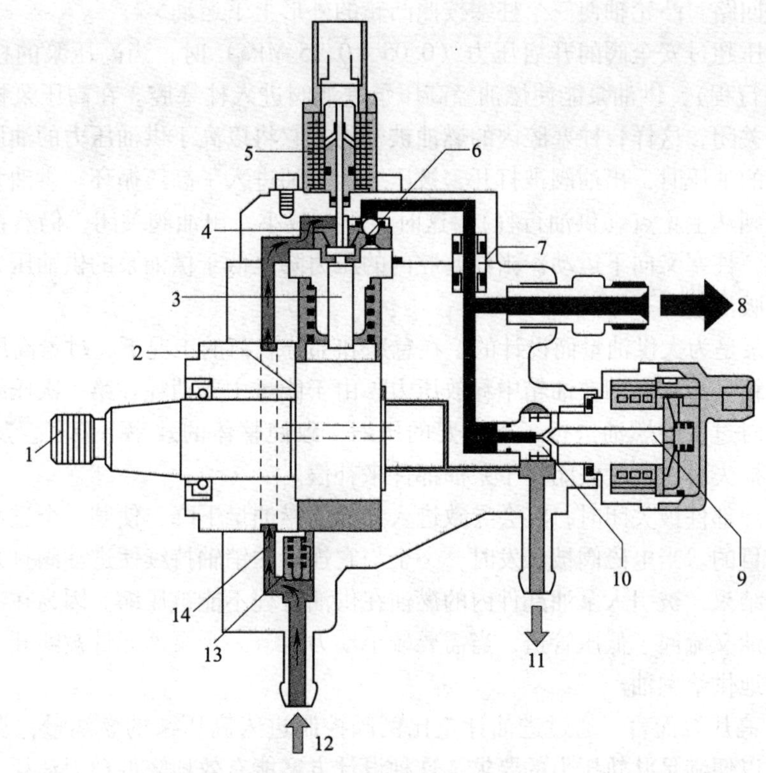

图 7—1—5　高压泵结构（CP1）

1—带偏心凸轮的驱动轴　2—多边环　3—油泵柱塞　4—进油阀　5—元件关闭阀　6—出油阀
7—套　8—去共轨的高压接头　9—压力控制阀　10—球阀/压力控制阀　11—回油
12—燃油供给 250 kPa　13—节流阀（安全阀）　14—燃油供给通道

阀（压力控制阀亦可安装于高压蓄能器上）或者进油计量比例阀。燃油被三个互隔 120°成辐射状安装的泵油柱塞压缩，高压泵每转一圈，供油三次。峰值驱动转矩较小，油泵驱动系统可保持较稳定的负荷。平均 16 N · m 的转矩大概是驱动一个同等分配泵所需转矩的 1/9，这意味着共轨系统比传统的喷射系统在泵的驱动方面具有较小的负荷。驱动泵所需的动力是随着共轨压力和泵的速度（供油量）成比例上升的。对于 2 L 的发动机，在标定转速共轨压力为 135 MPa 时，高压泵仅需要 3. 8 kW 的功率消耗（保证油泵效率接近 90%）。

供油泵将燃油从油箱吸出来，经过带有油水分离装置的燃油滤清器到达高压泵的进油口。供油泵使燃油经安全阀的节流孔，进入高压泵

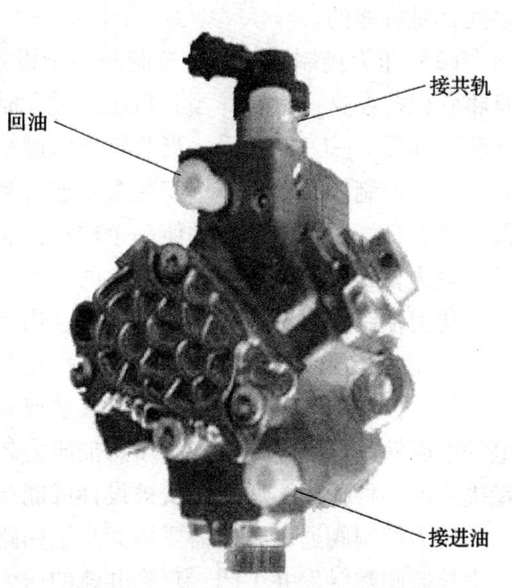

图 7—1—6　高压泵的实物

的润滑和冷却回路。凸轮轴使三个柱塞按照凸轮的外形上下运动。

当供油油压超过安全阀的开启压力（0.05～0.15 MPa）时，当高压泵的柱塞正要向下运动时（吸油行程），供油泵能使燃油经高压泵进油阀进入柱塞腔。在高压泵柱塞越过下止点后，进油阀关闭，这样，柱塞腔内的燃油被密封，它将以高于供油压力的油压被压缩。油压升高到共轨的油压时，出油阀被打开，被压缩的燃油进入了高压循环。供油泵继续供给燃油，直至柱塞到达上止点（供油行程），这时，压力减小，出油阀关闭，仍然在柱塞腔内的燃油压力下降，柱塞又向下运动。当柱塞腔内的压力降至低于供油泵的供油压力时，进油阀开启，另一个吸油过程开始。

CP1 高压泵是为大供油量而设计的，在怠速和部分载荷的工况下，过量高压燃油经压力控制阀流回油箱。压缩燃油在油箱中释放压力，由于能量主要消耗在第一次压缩燃油的过程中，这个过程对过量的燃油进行了不必要的压缩，致使整体的效率下降了。从某种程度上讲，这种效率损失可以通过关闭一个泵油部件来补偿。

当一个泵油部件被关闭时，将会导致进入共轨的燃油量下降，使某一个进油阀保持常开即可实现这个目的。当电磁阀被触发时，一个与它连接的销轴持续使进油阀打开，该泵油部件即被关闭，结果，被引入泵油部件内的燃油在供油行程不能被压缩。因为在部件腔内没有压力产生，燃油又流回了低压管道，当需要较小动力时，一个泵油元件被断开，高压泵不是连续而是间歇地供给燃油。

对于 CP3 高压泵而言，通过进油计量比例阀控制进入高压泵的燃油量，从而控制高压泵的供油量，以便满足共轨压力的要求。这种设计方案能有效地降低动力消耗，同时避免对过量燃油进行不必要的压缩。

高压泵的供油率是与它的旋转速度成比例的，与油泵及发动机转速有关。喷油泵传动比确定的依据是使喷油泵的供油量与发动机对燃油系统的性能要求相适应，同时保证在加速踏板踏到底的情况下，发动机燃油量覆盖全部范围。相对于曲轴而言，传动比在 1∶2 到 2∶3 之间都是可能的。

（2）压力控制阀。压力控制阀用于设定一个正确的对应于发动机负荷的共轨压力，并且将它保持在这一水平。当共轨压力过大时，压力控制阀打开，一部分燃油经回油管路流回油箱，如图 7—1—7 所示。当共轨压力过小时，压力控制阀关闭，并将高压与低压段密封隔开。压力控制阀是通过一个安装法兰连接到高压泵或者高压蓄能器的。为了使高压段与低压段之间有良好的密封，枢轴使一个球阀抵靠在密封座上，有两个力作用在枢轴上：一是压下的弹簧力，二是一个由电磁铁产生的作用力。为了保证润滑和冷却，燃油必须流经枢轴。

压力控制阀由两个闭环控制组成，用于设定变化的平均共轨压力的慢速作用的电子控制环，和用于补偿高频压力波动的快速作用的机械控制环。

压力控制阀未通电时，来自于共轨或者高压泵出口的高压作用于压力控制阀。由于未通电的电磁铁不产生作用力，高压燃油压力超过了弹簧弹力导致控制阀打开，并维持至由供油量决定的某种程度，所以弹簧被设计成能产生近似 10 MPa 的压力。

压力控制阀通电时，需要增大高压回路中的压力，由电磁铁产生的力将作用于弹簧上。压力控制阀被触发并关闭，直到共轨的压力与弹簧弹力和电磁铁的合力平衡。接着压力控制阀保持部分开启状态，并维持一定的燃油压力。因泵的供油量改变或者由于喷油器引起共轨油量降低而导致的压力变化由压力控制阀的不同开度设置来补偿。电磁铁产生的力与由变化的脉宽控制的激励电流的大小成比例。1 kHz 的脉冲频率足够用来防止不期望的电磁铁－衔铁运动或者共轨压力波动。

（3）高压蓄能器。高压蓄能器用于存储高压燃油。同时，由于高压泵的供油和燃油喷射产生的高压振荡在共轨容积中衰减，所以可保证在喷油器打开时刻，喷射压力维持定值。共轨可同时作为燃油分配器，其实物如图 7—1—8 所示。

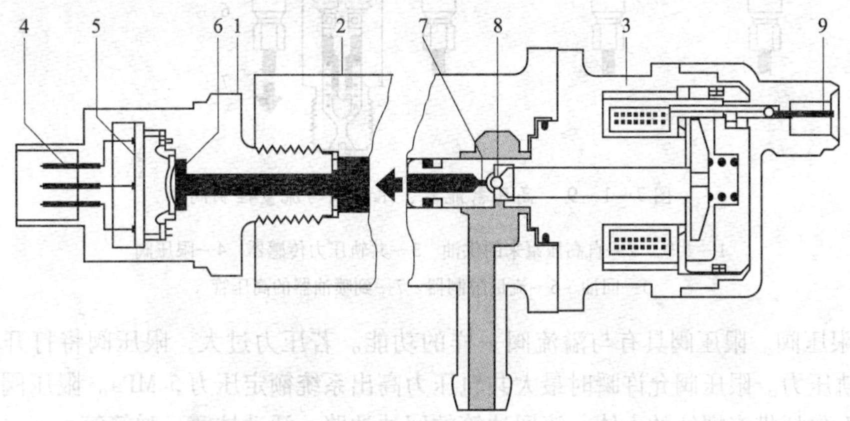

图 7—1—7　压力控制阀与压力传感器

1—共轨压力传感器　2—共轨　3—压力控制阀　4，9—电子连接
5—电路　6—带传感器元件的膜片　7—0.7 mm 节流孔　8—球

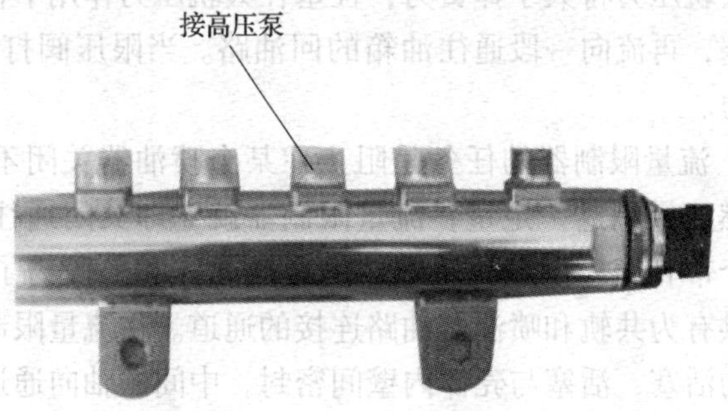

图 7—1—8　共轨实物

根据发动机的安装条件，对共轨的约束管状燃油共轨的设计是可变的。共轨上装有用于测量供给燃油的共轨压力传感器、限压阀和流量限制器、压力控制阀（如果高压泵上未装压力控制阀）。由高压泵过来的高压燃油通过高压油管到达共轨的进油口，通过进油口，燃油进入共轨并被分配到各个喷油器。

如图 7—1—9 所示，燃油压力由共轨压力传感器测量并通过压力控制阀调节到所要求的数值。限压阀用来防止油压超过最大许用压力。高压燃油通过流量限制器从共轨进入喷油器，它可以防止喷油器关闭不严时，燃油进入燃烧室。共轨的内部永久充满着压力油。高压下燃油的可压缩性被用来产生储能作用，当燃油从共轨进入喷油器用于喷射时，即使喷油量较大，高压蓄能器的压力也可保持实质上的定值。

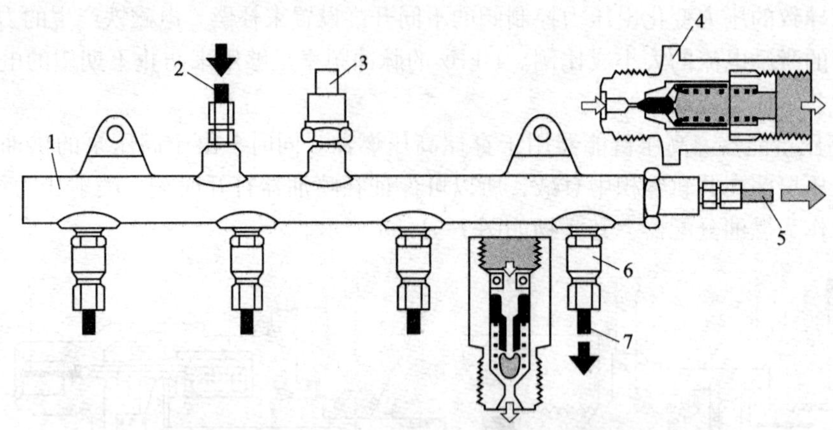

图 7—1—9　高压蓄能器、限压阀与流量控制阀

1—共轨　2—自高压泵来的供油　3—共轨压力传感器　4—限压阀
5—回油　6—流量限制器　7—到喷油器的高压管

(4) 限压阀。限压阀具有与溢流阀一样的功能。若压力过大，限压阀将打开泄油通道来控制共轨压力。限压阀允许瞬时最大共轨压力高出系统额定压力 5 MPa。限压阀是一种机械装置，上包括带有螺纹的壳体、流回油箱的回油油路、活动柱塞、弹簧等。

在通向共轨油路的末端，壳体上开有一个通道，柱塞的锥形末端顶住壳体的密封座，限压阀处于关闭状态。在正常工作压力时，弹簧力使柱塞抵住密封座，限压阀始终关闭。一旦超过系统最大压力，共轨压力将大于弹簧力，柱塞在共轨压力作用下被迫上升，此时，高压燃油通过通道流入柱塞，再流向一段通往油箱的回油路。当限压阀打开时，燃油流出共轨，从而限制共轨内部压力。

(5) 流量限制器。流量限制器的任务是阻止在某个喷油器关闭不严时不期望的连续喷射。只要流出共轨的燃油量超过一定量，流量限制器就立即关闭通往有问题的喷油器的油路。流量限制器由一个带有旋入高压共轨螺纹的金属壳体和一段为了旋入喷油器的螺纹组成。壳体在每端都提供有为共轨和喷油器油路连接的通道。在流量限制器内部有一个被弹簧推向燃油蓄能器方向的活塞，活塞与壳体内壁间密封，中间的轴向通道用来连接进油、出油口。轴向通道末端直径减小，其节流作用用于控制燃油流量。

在正常工作过程，活塞处于自由位置，即活塞抵靠在流量限制器的共轨端。燃油喷射时，喷油器端的喷油压力下降，导致活塞向喷油器方向移动，流量限制器通过活塞移动来补偿由喷油器从共轨中获得的燃油量，而不是通过节流孔来补偿，因为它的孔径太小了。在喷油过程结束时，处于居中位置的活塞并未关闭出油口，而是在弹簧的作用下回位到自由位置，此时燃油通过节流孔向喷油器方向流动。

弹簧和节流孔是经过精确设计的，即使在最大喷油量（加上安全储备），活塞都有可能移回流量限制器共轨端位置，并保持在该位置直到下一次喷射开始。

大量泄漏故障状态下，由于大量燃油流出共轨，流量限制器活塞被迫离开自由位置，抵靠在出口处的密封座上，即处于流量限制器的喷油器端，并保持在这个位置，阻止燃油进入喷油器。少量泄漏的故障工作过程由于燃油泄漏，流量限制器活塞无法回到自由位置，经过数次喷油后，活塞移向出油口处的密封座，并保持在这个位置，直到发动机熄火，关闭通向喷油器的进油口。

（6）喷油器。喷油时刻和喷油量的调整是通过电子触发的喷油器实现的。这些喷油器取代了喷油器－帽总成（喷油器和喷油器帽）。与已经存在的直喷柴油发动机中的喷油器－帽总成相类似的压具同样被应用于气缸顶部用于安装喷油器，也就是说，共轨的喷油器可以在发动机无须变动的情况下，就安装在已存在的直喷柴油发动机的气缸顶部。

喷油器可以被拆分为一系列功能部件：孔式喷油器、液压伺服系统和电磁阀。燃油来自于高压油路，经通道流向喷油器，同时经节流孔流向控制腔，控制腔与燃油回路相连，途经一个受电磁阀控制其开关的泄油孔。泄油孔关闭时，作用于针阀控制活塞的液压力超过了它在喷油器针阀承压面的力，结果，针阀被迫进入阀座且将高压通道与燃烧室隔离、密封。

如图 7—1—10 所示，当喷油器的电磁阀被触发时，泄油孔被打开，这将会引起控制腔的压力下降，结果，活塞上的液压力也随之下降，一旦液压力降至低于作用于喷油器针阀承压面上的力，针阀即被打开，燃油经喷孔喷入燃烧室。这种对喷油器针阀的不直接控制采用

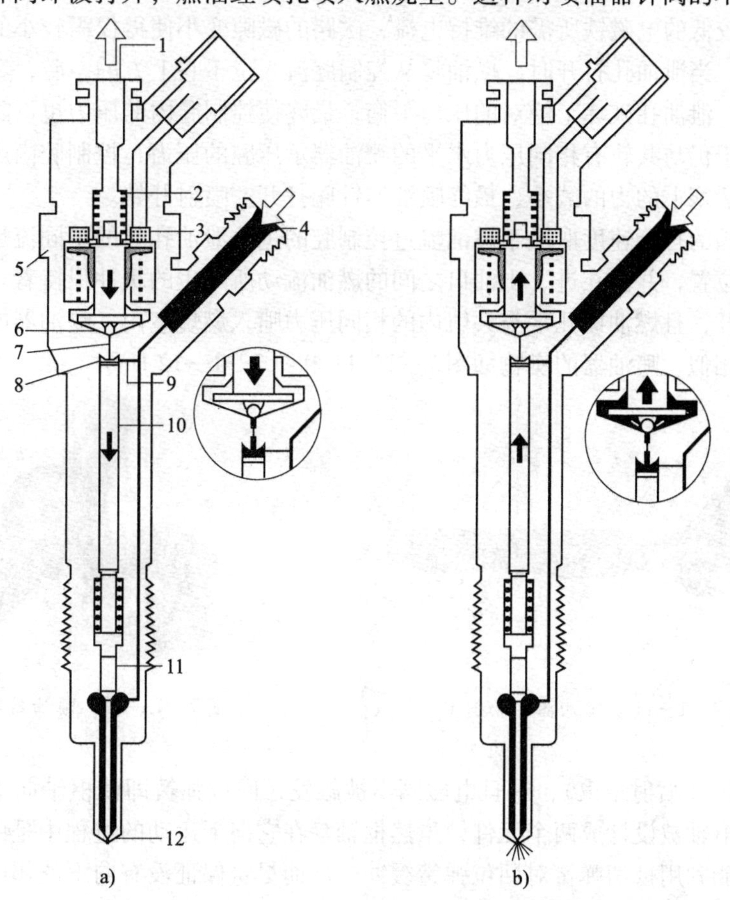

图 7—1—10　共轨系统喷油器

a）喷油器关闭　b）喷油器打开

1—回油管　2—回位弹簧　3—线圈　4—高压连接　5—枢轴盘　6—球阀　7—泄油孔
8—控制腔　9—进油口　10—控制活塞　11—油嘴轴针　12—喷油器

了一套液压力放大系统，快速打开针阀所需的力不能直接由电磁阀产生，而是通过电磁阀打开泄油孔使得控制腔压力降低，从而打开针阀的。

此外，燃油在针阀和控制柱塞处会产生泄漏，控制和泄漏的燃油，通过回油管，会同高压泵和压力控制阀的回油流回油箱。在发动机运转和高压泵产生压力的状态下，将喷油器的工作过程划分为四个阶段：喷油器关闭（有高压时）、喷油器打开（开始喷射）、喷油器完全打开和喷油器关闭（喷射结束）。

这些工作阶段是由作用于喷油器各零部件的分配力所决定的。发动机停机时，共轨中没有压力，喷油器弹簧使喷油器关闭。喷油器关闭，在自由状态，电磁阀没有通电。泄油孔关闭，回位弹簧使枢轴的球体顶在泄油孔座上，共轨高压在控制腔建立，同样的压力也存在于喷油器的承压腔内。共轨压力作用于控制活塞的末端面，与喷油器弹簧力共同作用，克服由承压腔产生的开启力，维持喷油器在关闭位置。

喷油器打开（开始喷射），喷油器处于自由状态，电磁阀通以用于保证它快速打开的峰值电流。由电磁触发产生的力超过了阀的弹簧力，触发器打开了泄油孔。几乎同时，较高的拾取电流降至较低的电磁铁所需的维持电流，磁路的磁隙变小使得仅需较小的维持电流使控制阀保持开启。当泄油孔打开时，燃油将从控制腔流入位于它上方的空腔，燃油并由此经回油管回到油箱。泄油孔破坏了绝对的压力平衡，最终使控制腔内的压力也下降。这时，控制腔内的压力低于仍与共轨有相同压力水平的喷油器承压腔的压力，控制腔内压力的减小，导致作用于控制活塞上的力的减小，最终喷油器针阀打开，喷射开始。

喷油器针阀的打开速度取决于燃油流过控制腔的进、泄油孔时的不同流量。控制活塞到达上方的停止位置，并由在进、出油口之间的燃油流动所产生的缓冲保持着。这时，喷油器喷油嘴完全打开，且燃油以几乎与共轨内的相同压力喷入燃烧室内。喷油器的强制分配与它在打开阶段时相似。喷油器的实物如图 7—1—11 和图 7—1—12 所示。

图 7—1—11　喷油器实物图 1

图 7—1—12　喷油器实物图 2

喷油器关闭（喷射结束），一旦电磁阀不被触发，回位弹簧即使枢轴向下运动，球阀将关闭泄油孔。枢轴被设计成两个元件，虽然枢轴盘在它向下运动的过程中是由一个驱动凸肩导向的，但它能利用抵消弹簧对回位弹簧缓冲，从而尽量保证没有向下的作用力作用在枢轴和球阀上。泄油孔关闭，燃油经进油口进入控制腔建立压力，这个压力与共轨内的压力相同，该压力在控制活塞末端面上产生一个增大的力，这个力加上弹簧力，超过了由承压腔产生的力，所以喷油器针阀关闭。喷油器针阀的关闭速度取决于进油孔的流量，一旦喷油器针阀运动至底部密封位置，喷射立即停止。

第七章 福田柴油发动机结构与维修

第二节 福田柴油发动机控制系统

一、ECU 的控制功能

福田柴油发动机是非常典型的柴油电控发动机，普遍安装在很多福田客、货车型上，其实物如图 7—2—1 所示，柴油发动机电控单元实物如图 7—2—2 所示。其电控系统具有很多实用的功能。

图 7—2—1　福田柴油发动机实物图

图 7—2—2　柴油发动机电控单元实物图

1. 启动控制

对于一台发动机，为确保启动的可靠性和满足启动烟度排放要求，喷油定时和启动转矩必须根据以下方式设定。启动控制功能一直处于激活状态直到发动机转速超过启动结束转速，进入怠速控制，只有这时驾驶员才能对发动机进行操作。启动停止转速由冷却液温度和大气压力决定。

2. 低怠速控制

当发动机进入怠速控制阶段后，怠速控制器起作用，控制发动机运转。怠速控制器是一个纯 PID 控制器，该控制器可保持发动机怠速转速为一常数。怠速转速与冷却液温度相关，例如：在发动机温度低时的怠速转速比温度高时的转速要高。此外，如果加速踏板出现故障，怠速转速将提高，并保持驾驶员可将车辆开到维修站的最低转速。

3. 驾驶性控制

（1）转矩控制。当采用转矩控制时，来自加速踏板的值被解释为：根据当时发动机的转速和驾驶者对车轮输出转矩的期望值确定。期望转矩 =f（加速踏板位置值，发动机转速）。该控制方式类似于两极式的机械调速器。

（2）速度控制。当速度控制起作用时，来自加速踏板的值被解释为：驾驶者对转速的期望值，并且运行于某一设定的调速率下。转速的期望值 =f（加速踏板位置的值）。该控制方式类似于全程式的机械调速器。

4. 转矩限制

发动机发出的最大转矩可用以下方式进行限制：

（1）烟度限制。最大转矩的限制与吸入的空气量有关，空气压力和空气温度这两个参数决定进气量。由进气量限制最大转矩，防止发动机冒黑烟。

（2）发动机保护。不管在什么状态下，一旦冷却液温度超出上限，最大转矩就必须相应减小，以防止发动机过热。

（3）应急转矩限制。当电控单元诊断出电控系统有严重故障时，发动机将降低最大转矩，迫使驾驶员到维修站维修。以下错误类型可使该功能起作用：加速踏板位置传感器故障、转速信号故障、电磁阀驱动故障。

5. 喷油定时调整

喷油定时调整功能是为了满足排放法规和燃油经济性的需要，同时兼顾冷启动和低噪声的要求而设定的。喷油定时调整与发动机性能和附加修正有关。喷油定时 =f（转速，喷油量，冷却液温度，进气压力，大气压力）。

6. 燃油温度补偿

随着温度的升高，发动机性能下降。原因是：燃油密度和黏度下降，喷油泵的泄漏量增加。通过测量燃油温度和相应调整控制补偿来平衡温度对喷油量的影响。

7. 各缸均匀性

各缸均匀性功能是用于对由于喷油泵的制造公差而引起的燃油喷射量不同而进行补偿。

8. 冷启动辅助控制

在低温环境下，为提高发动机的冷启动性能，电控单元会根据当前发动机的温度来决定是否需要进气预热以及预热时间的长短，这是通过对进气预热继电器进行控制实现的。

9. 发动机保护功能

用于在某些极限条件下对发动机进行保护。如在冷却液温度太高、机油压力太低等工况下，就要降低发动机功率，甚至使发动机停机，以达到保护发动机的目的。

10. 发动机排气制动

一旦电控单元检测到了来自排气制动开关的需求信号，就会根据当前发动机转速，决定是否启动排气制动功能。如果启动了排气制动功能，则同时燃油系统将立刻停止喷油。如果这时驾驶员踩加速踏板加速，即使排气制动开关是关闭的，也会自动退出排气制动。

11. 最大车速限制

最大车速控制功能设定最大的行车速度，防止驾驶员超速行驶。最大车速限制值由电控系统预先编程设定。

12. 巡航功能

车辆按照恒定的车速行驶，不需要驾驶员控制加速踏板，这样可以减轻驾驶员的劳动强度，提高驾驶舒适性。驾驶员可以通过巡航控制开关调整车速。

13. 通信接口

ISO 通信接口采用 ISO9141（K 线）标准串行数据通信方式，可实现与电控单元之间的数据交换。它包括诊断数据的交换（错误信息，清除出错列表）、控制系统的编程（读取和编程有关的参数）、实现发动机测试功能、读出测量值和计算值、CAN 接口等功能，CAN 接口具有进行数据的交换、读出测量参数值和计算值、喷射限制、发动机制动操作、降低性能操作、输入默认值或性能特征量（替代加速踏板）等功能。

二、传感器检修

1. 曲轴转速传感器（磁电式）

曲轴转速传感器安装位置如图 7—2—3 所示。

曲轴转速传感器通过测量发动机飞轮上的齿信号向 ECU 提供发动机的瞬时转速，以对发动机进行精确的定时和油量控制。该传感器失效会导致发动机无法正常启动。传感器精确测量范围为 50 ~ 4 000 r/min，如图 7—2—4 所示为曲轴转速传感器的两个线束插头，两插头内部为一传感器线圈，使用万用表可以测量如图 7—2—5 所示端子 1 与端子 2 之间的电阻，线圈电阻规范值约 860 Ω。

图 7—2—3 曲轴转速传感器安装位置

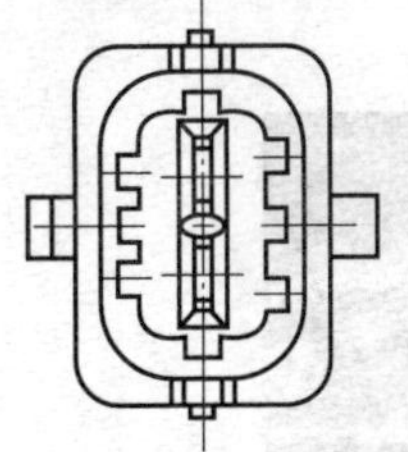

图 7—2—4 曲轴转速传感器插头排列

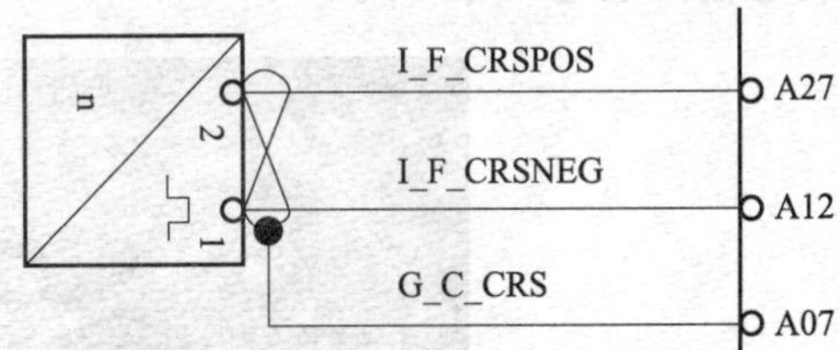

图 7—2—5 曲轴转速传感器外部线路布置

2. 凸轮轴位置传感器

凸轮轴位置传感器连同曲轴转速传感器给 ECU 提供正确的一缸上止点信号，该传感器失效会导致发动机启动困难。传感器的精确测量范围为 50 ~ 4 000 r/min。该传感器安装位置如图 7—2—6 所示，安装间隙为（1.0 ±0.5）mm。

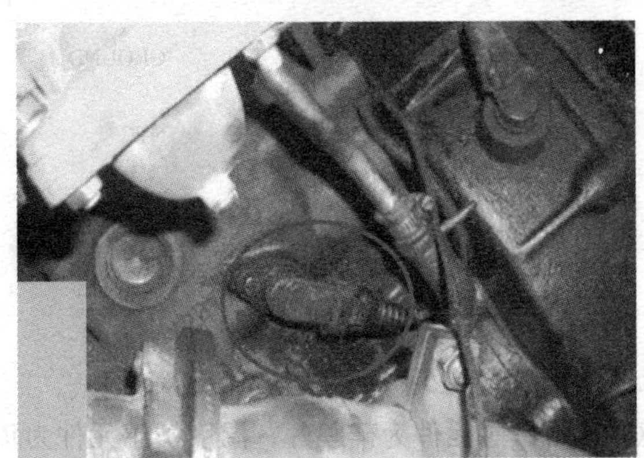

图 7—2—6 凸轮轴位置传感器安装位置

该传感器外部共有三条导线，如图 7—2—7 所示，包括电源、信号和搭铁，电源所需供电电压为 5 V。

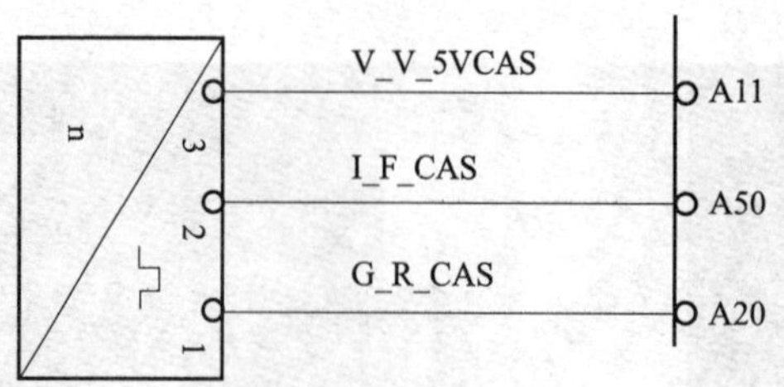

图 7—2—7　凸轮轴位置传感器外部导线布置

3. 进气压力温度传感器

进气压力温度传感器向 ECU 提供发动机中冷后的进气温度和进气压力信息。进气压力温度传感器安装位置如图 7—2—8 所示。

如图 7—2—9 所示，该传感器外部共有四条导线，包括电源、温度信号、压力信号和搭铁，传感器供电电压为 5 V。

图 7—2—8　进气压力温度传感器安装位置

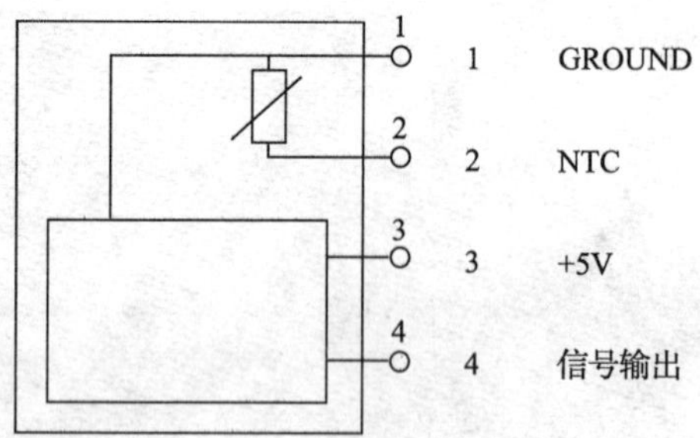

图 7—2—9　进气压力温度传感器外部导线

进气压力温度传感器压力敏感元件为硅膜片，温度敏感元件为负温度系数的热敏电阻（NTC），其压力测量范围为 0.02 ~ 0.25 MPa（绝对压力），温度测量范围为 - 40 ~ 130℃。传感器温度变化规范见表 7—2—1，压力传感器特性（绝对压力）曲线如图 7—2—10 所示。

表 7—2—1　　传感器温度变化规范

温度/℃	电阻/Ω		
	最小	标准	最大
-40 ±1	42 661	48 153	54 224
-35 ±1	31 810	35 763	40 118
-30 ±1	23 976	26 855	30 015
-25 ±1	18 258	20 376	22 695
-20 ±1	14 039	15 614	17 333
-15 ±1	10 895	12 078	13 365
-10 ±1	8 529. 5	9 426. 0	10 399
-5 ±1	6 733. 5	7 419. 0	8 161. 4
0 ±1	5 358. 1	5 886. 7	6 457. 8
5 ±1	4 295. 9	4 706. 9	5 149. 8
10 ±1	3 469. 2	3 791. 1	4 137. 3
15 ±1	2 820. 9	3 074. 9	3 347. 5
20 ±1	2 308. 8	2 510. 6	2 726. 8
25 ±1	1 904. 0	2 062. 9	2 235. 6
30 ±1	1 586. 1	1 715. 4	1 853. 1
35 ±1	1 326. 3	1 431. 8	1 544. 1
40 ±1	1 113. 0	1 199. 6	1 291. 5
45 ±1	937. 41	1 008. 6	1 084. 2
50 ±1	792. 27	851. 10	913. 45
55 ±1	671. 90	720. 65	772. 28
60 ±1	571. 72	612. 27	655. 16
65 ±1	488. 07	521. 91	557. 67
70 ±1	417. 98	446. 33	476. 24
75 ±1	359. 08	382. 89	407. 99
80 ±1	309. 41	329. 48	350. 61
85 ±1	267. 40	284. 06	302. 22
90 ±1	231. 76	246. 15	261. 27
95 ±1	201. 44	213. 68	226. 53
100 ±1	175. 52	186. 00	196. 95
105 ±1	153. 18	162. 35	171. 88
110 ±1	134. 04	142. 08	150. 43
115 ±1	117. 59	124. 66	132. 00
120 ±1	103. 42	109. 65	116. 12
125 ±1	91. 18	96. 68	102. 39
130 ±1	80. 58	85. 45	90. 51

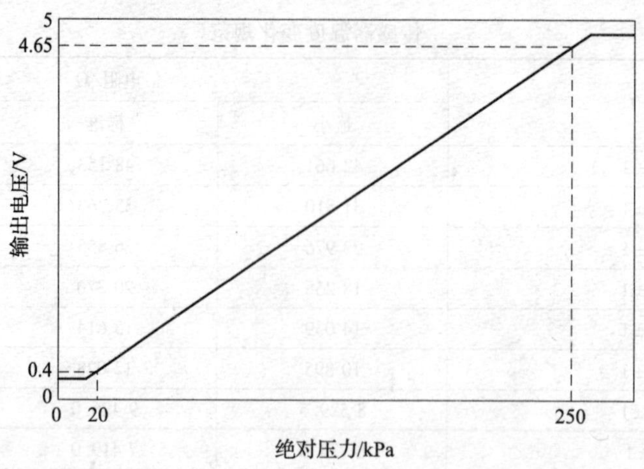

图 7—2—10　压力传感器特性（绝对压力）曲线

4. 冷却液温度传感器

冷却液温度传感器向 ECU 提供发动机冷却液温度信息，冷却液温度传感器安装位置如图 7—2—11 所示。

图 7—2—11　冷却液温度传感器安装位置

敏感元件为负温度系数的热敏电阻（NTC），如图 7—2—12 所示，测量范围为 - 40 ~ 140℃，传感器特性（NTC）曲线如图 7—2—13 所示。

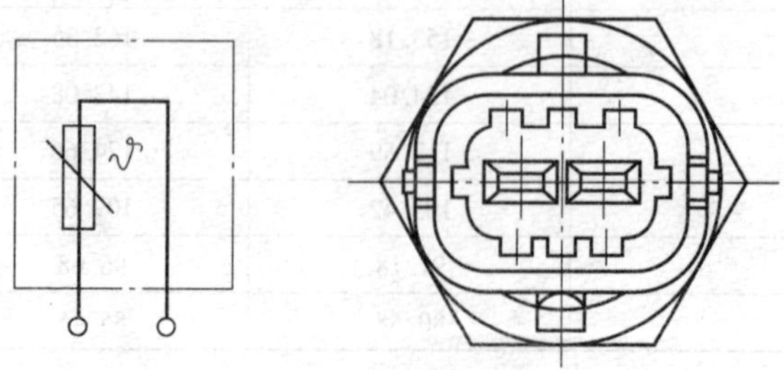

图 7—2—12　负温度系数的热敏电阻结构

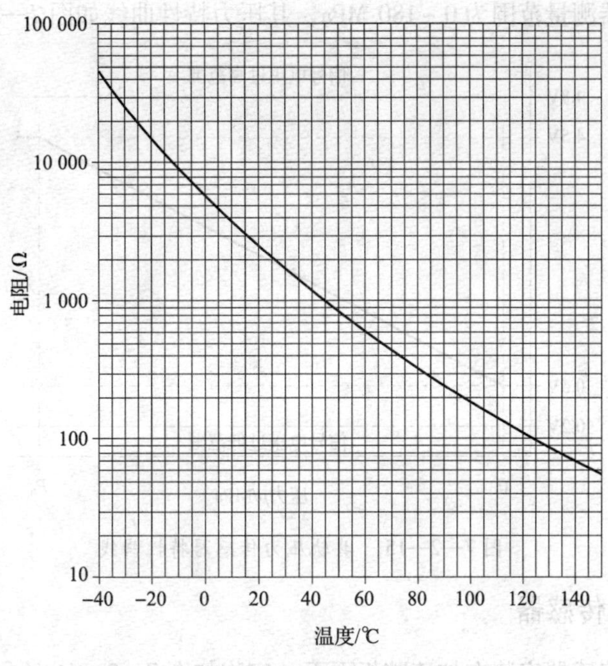

图 7—2—13　传感器特性（NTC）曲线

5．共轨压力传感器

共轨压力传感器向 ECU 提供共轨中的燃油压力信息。对于传感器压力部分的检测，由于传感器内部集成了整形补偿电路，所以不能用万用表测量信号输出脚与其他脚间的电阻值。因为用万用表测量电阻时，万用表本身会对被测电路施加一个电压，有可能将传感器内部的整形补偿电路击穿，造成传感器损坏。如图 7—2—14 所示，传感器外部共有三条导线，包括电源、信号和搭铁，该传感器供电电压为 5 V，信号输出电压为 4.6 ~ 0.5 V。

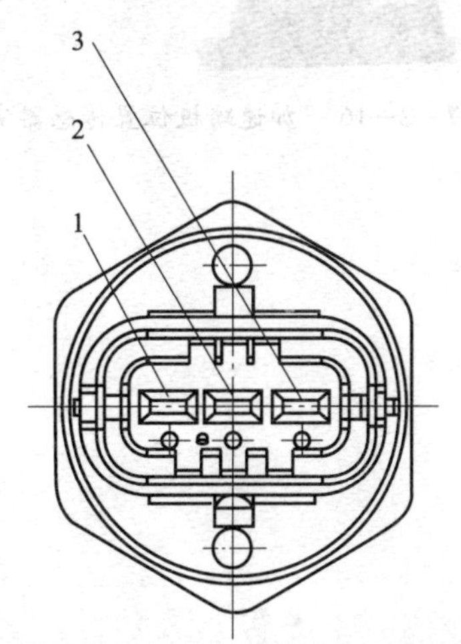

图 7—2—14　共轨压力传感器外部导线排列

1—搭铁　2—信号线　3—电源线

共轨压力传感器测量范围为 0 ~ 180 MPa，其压力特性曲线如图 7—2—15 所示。

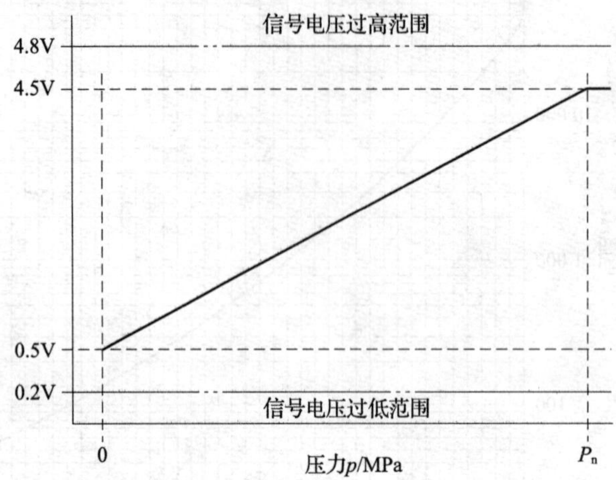

图 7—2—15　共轨压力传感器特性曲线

6. 加速踏板位置传感器

加速踏板位置传感器安装在加速踏板下面，实物如图 7—2—16 所示。

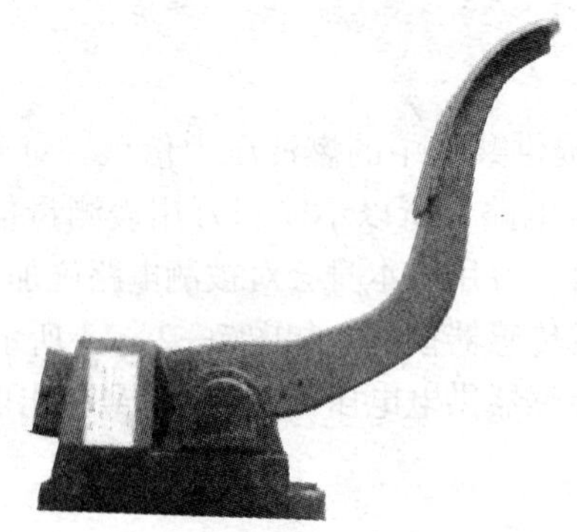

图 7—2—16　加速踏板位置传感器实物

第七章 福田柴油发动机结构与维修

第三节 福田柴油发动机检测与维修

一、发动机装配调试过程的注意事项

1. 喷油器的安装

在拆装喷油器前必须仔细清洁喷油器四周，拆装下来的喷油器要注意保护，防止磕碰。安装喷油器时，其前端必须使用2 mm铜垫，并且只能装一个。

2. 高压泵的安装

高压泵安装包括从高压泵到共轨，从共轨到各个喷油器之间的高压油管的安装，要求在紧固螺母前各油管接头端应自由对准共轨或喷油器连接处，使紧固螺母时不别劲。

3. 线束的安装

发动机线束的安装要严格遵守工艺要求，喷油器、高压泵、冷却液温度传感器、进气压力/温度传感器线束要从各缸喷油器高压油管下端共轨上端穿过，注意高压泵和冷却液温度的线束标记，不要接反。

4. ECU 的安装

ECU 的安装要考虑温度，防干扰、振动等因素。具体要求如下：

（1）ECU 的型号为 EDC16C39－4DC，该 ECU 为底盘安装方式，非发动机安装，即不能安装在发动机机体上。

（2）ECU 正常工作允许的环境温度范围是－40～85℃。

（3）ECU 必须有良好的通风。

（4）ECU 允许的振荡负荷 $<10\ m/s^2$。

（5）ECU 的悬挂位置总是垂直于位于一边的插接件。

（6）为了自由地对插头进行安装，要在插头一边预留出足够的空间位置（大约为 ECU 的宽度减去 180 mm）。

二、柴油共轨系统常见故障

1. 故障诊断安全提示

（1）没有接通蓄电池不要启动发动机。

（2）发动机运行时，不要从车内电网拆卸蓄电池。

（3）蓄电池的极性和控制单元的极性不能弄反。

（4）为启动发动机不能使用快速启动装置，只能采用蓄电池辅助启动。

（5）给车辆蓄电池充电时，需拆下蓄电池。

（6）控制线路的各种插头只能在断电状态（点火开关关闭）进行插拔。

（7）应遵循制造商的要求使用合适的设备进行故障诊断，故障诊断时，诊断设备应与发动机机体搭接。

（8）不能采用传统的方法对新型电控柴油发动机进行故障诊断。

（9）诊断设备与发动机控制单元的连接接插应合适。

2. 故障诊断原则

（1）只有经过该系统专业知识培训的技师才能从事新型电控柴油系统的故障诊断。

（2）应用合适的诊断设备、专用工具进行电控柴油系统的故障诊断。

（3）故障诊断前需要详细阅读发动机制造厂的操作指南和技术说明。

（4）电控柴油发动机系统故障诊断多采用逆源诊断法，先使用诊断设备找出故障的可能原因，然后从外围设备到控制单元逐步寻找故障所在的部位，最后加以解决。

3. 常见故障及可能的故障部位

（1）发动机不能启动。防盗系统→电源电压→主继电器→熔丝/连接电缆/接口→发动机转速传感器→没有燃油或燃油不正确→燃油系统有空气→低压油路堵塞，或漏气，或电动泵不工作→预热电路（冬季）→高压泵或供轨压力控制装置→喷油器电磁阀→控制单元→发动机机械故障。

（2）发动机熄火但可再次启动。熔丝/连接电缆/接口连接松动→点火开关触点→燃油标号不正确→低压油路堵塞或压力过低（电动输油泵、回油阀）→燃油系统有空气（重点低压油路）→高压油路（油泵、压力控制装置）→高压泵及喷油器控制电路。

（3）启动困难。蓄电池电压→启动电动机→继电器及启动开关→燃油有问题→燃油系统有空气→预热系统→冷却液温度传感器（冬季）→低压油路不畅或压力过低→高压油路压力过低→共轨压力调节装置→喷油器工作不良或控制问题→发动机机械系统问题。

（4）发动机工作在高怠速。加速踏板位置传感器。

（5）暖机过程及加速过程敲缸。冷却液温度传感器→喷油器连接电路→喷油器故障。

（6）怠速抖动。燃油问题→燃油系统有空气→低压油路堵塞或压力过低→喷油器工作不良→喷油器电路→共轨压力传感器、共轨压力调节装置→高压泵→发动机机械部分。

（7）发动机在所有范围动力不足。真空系统→空气滤清器堵塞→燃油问题→低压油路供油不畅或压力过低→涡轮增压器失效→加速踏板位置传感器位置不当或信号问题→废气旁通阀→排气制动→中冷器堵塞→增压器后有泄漏→冷却液温度、燃油温度、增压压力传感器→共轨压力传感器→喷油器、高压泵→发动机机械系统。

（8）发动机冒白烟或蓝烟。冷却液温度传感器→燃油系统有空气→低压油路堵塞→预热系统→机油平面过高→发动机机械系统。

（9）发动机冒黑烟。空气滤清器堵塞→冷却液温度传感器→涡轮增压器→喷油器及其控制电路→真空泵→发动机机械系统。

（10）发动机过热。燃油问题→冷却液温度传感器→冷却风扇→冷却风扇电路→发动机机械系统。

三、故障诊断仪测试

1. 仪器认知

金德 K81 诊断仪操作面板简洁明了、操作方便，数字输入速度快，而且在使用过程中每一步都有按键提示，只要按照提示操作就可以了，K81 诊断仪外观与操作面板如图 7—3—1所示，其端口布置如图 7—3—2 所示。

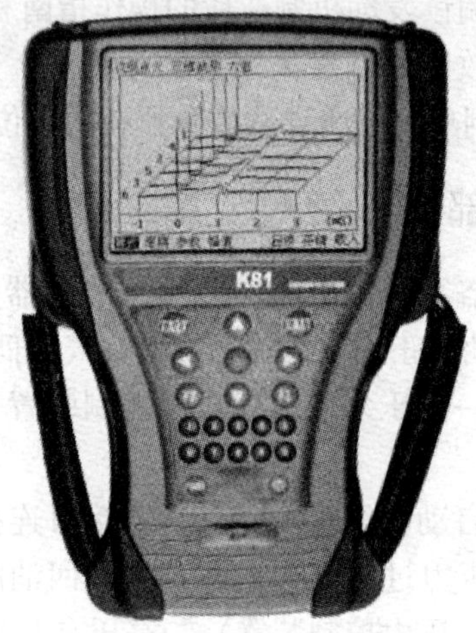

图 7—3—1　K81 诊断仪的外观

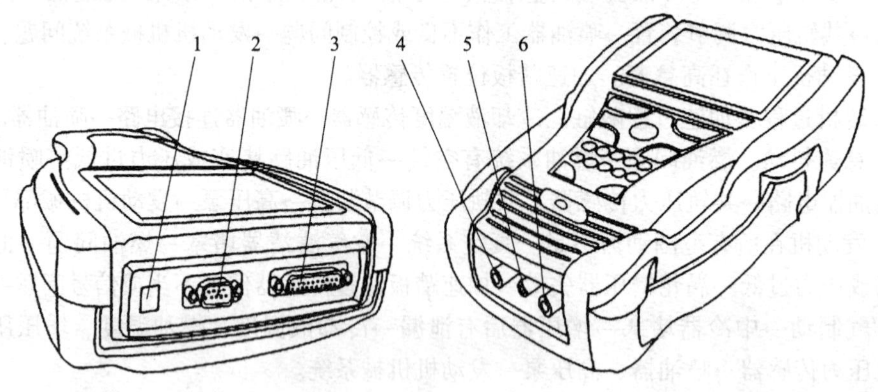

图 7—3—2　K81 诊断仪端口布置

1—DC12V 电源　2—RS－232 串口　3—诊断测试口

4—示波 CH1　5—触发 CH3　6—示波 CH2

2. 诊断功能使用

金德 K81 作为北汽福田配套的专用诊断仪，针对福田汽车装备过的所有系统都能进行诊断。现在福田汽车主要使用的是德国博世柴油共轨系统，主要配装在大柴4DC2机型和BI493ZLQ3机型上。

从诊断仪机箱中拿出测试延长线和OBD－II诊断接头，并与诊断仪连接好，再把OBD－II诊断接头接到表板台左下方的接口上，如图7—3—3所示，通过车上的诊断接头给K81诊断仪通电。这时仪器自动启动（K81诊断仪没设计电源开关）。

开机后屏幕会先出现正在初始化的图标，初始化完毕出现欢迎界面，这时按任意键都会进入到主界面，诊断主界面如图7—3—4所示。

图7—3—3　仪器与车辆诊断接口接线的位置

图7—3—4　金德K81诊断仪的主界面

选择车辆进行故障诊断，下面以北汽福田通用诊断仪为例，在主界面中选择“汽车检测”，在弹出的界面中选择“中国车系”并在下一级界面中选择“按车型选择”，在中国车型菜单中找到“北汽福田”并进入。这时会弹出北汽福田的四种车系：轿车、皮卡、SUV和轻卡。进入到轻卡中选择“博世柴油共轨系统（ECU）”，这时可以看到诊断界面为：读取故障码、清故障码、读数据流、动作测试。

（1）故障码读取和清除故障码。将光标放在“读取故障码”上按确认键，诊断仪就进入读码程序，若没有在发动机的ECU中发现故障记忆，则会弹出“系统正常”的提示。若读出有故障记忆，则可记录故障记忆的内容，并执行“清故障码”命令。然后进行试车验证故障码是否重复出现，如果出现则根据故障提示内容进行进一步诊断维修。

（2）读数据流。读动态数据流功能是帮助分析无故障码故障现象的最好手段，也是验证有故障记忆的故障现象的很好方法。通过对故障现象及故障码内容相关元件的数据进行动态分析可以判断和验证故障的发生位置及原因。

当然，观察动态数据流的能力需要一定时间的练习。数据没有唯一性只有相对性，可用于参考的数据资料大多来自测量正常车型过程中的总结，所以数据流分析能力来自平时的锻炼，在不熟悉数据流分析前一定要在平时多测试正常车辆的动态数据。

（3）动作测试。动作测试是对发动机ECU控制输出级性能的验证手段，是通信式诊断的主要手段之一。要验证发动机ECU对信号的理解、处理及驱动的性能，进行动作测试是很好的途径。通过解码器发送一个命令给发动机ECU，当ECU收到这个命令后，理解并控制其输出级功率放大器，对元件执行动作指令。通过观察执行器的动作或听执行器发出的响声来判断电脑及执行元件的执行情况，这样可快速判断出从电脑经线路到元件的功能是否正常。

3. 示波器使用

K81 示波器的附件如图 7—3—5 所示，示波器使用菜单如图 7—3—6 所示。

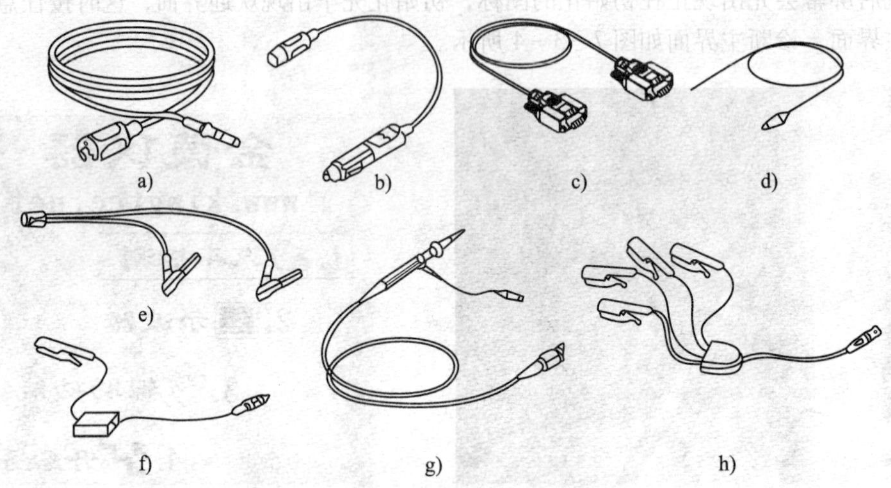

图 7—3—5　K81 示波器的附件

a）电源延长线　b）汽车点烟器接头　c）串行数据通信线　d）示波器探测针
e）电源鳄鱼夹　f）一缸信号夹　g）示波器探头　h）容性感应夹

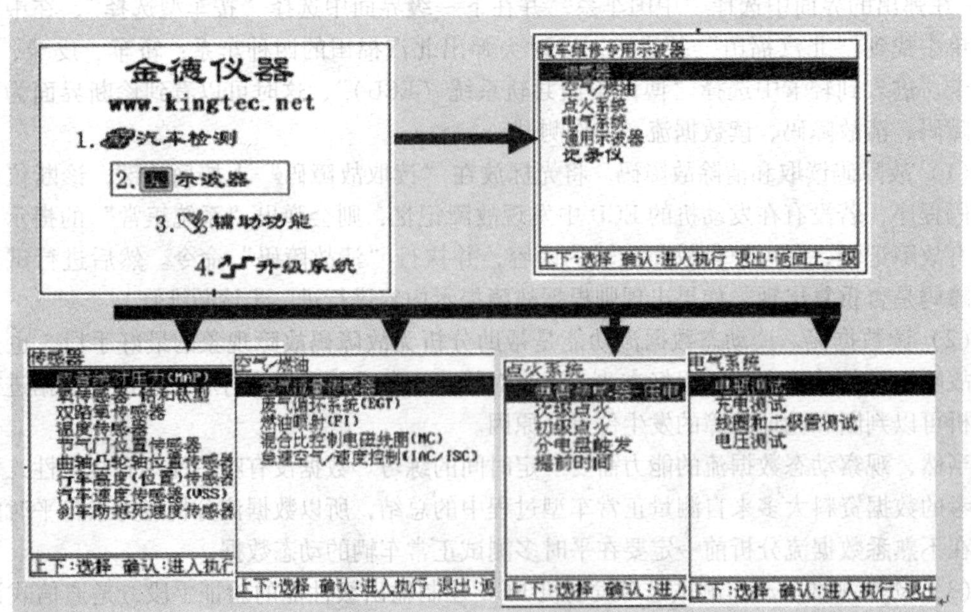

图 7—3—6　示波器使用菜单

通用型示波器通过仪器上的按钮可以调整波形的输出，屏幕的下方选项包括通道、周期、电平、幅值、位置、启停、存储和载入，按左右方向键可以对项目进行选择，如图 7—3—7 所示。

图 7—3—7　示波器按键排列

（1）通道调整。按上下方向键可以选择通道 1（CH1）、通道 2（CH2）和双通道三种方式。

（2）周期调整。选择周期调整，按上下键可以改变每单格时间的长短，如果开机时设定的是 10 ms/格，按向下的方向键则会变为 5 ms/格，波形会变稀，按向上的方向键则会变为 20 ms/格，波形会变密。

（3）电平调整。对纵轴的触发电平进行调整，对同一波形选择不同的触发电平，波形在显示屏上的位置就会跟着变化，如果触发电平的数值超出了波形的最大、最小范围，波形将会产生游动，在屏幕上不能稳定。

（4）幅值调整。按上下方向键可以调整纵向波形幅值的大小，K81 诊断仪可以选择 1: 100 mV、1: 200 mV、1: 0.5 V 、1: 1.0 V、1: 2.5 V、1: 5 V。

（5）位置调整。选择位置调整可以对波形的上下显示位置进行调整，按向上的方向键，波形就会上移，按向下的方向键，波形就会向下移动。

（6）波形的存储和载入。在选择通用示波器时，如果要存储当前波形，必须先选择启停，按［ENTER］键冻结当前波形，然后选择存储，按确认键，按左右方向键选择存储区，每一个界面可以存储两个波形。再次选择启停，按［ENTER］键确认，重新显示当前波形。如果要载入波形，则选择载入，按［ENTER］键确认，按左右方向键选择存储区，然后按［ENTER］键确认，就可以载入存在当前区间的波形。

第八章 捷达汽车SDI发动机系统检修

第一节 捷达汽车SDI发动机系统检修

一、捷达汽车 SDI 发动机系统电控元件位置图

捷达汽车 SDI 发动机系统电控元件位置如图 8—1—1 所示。

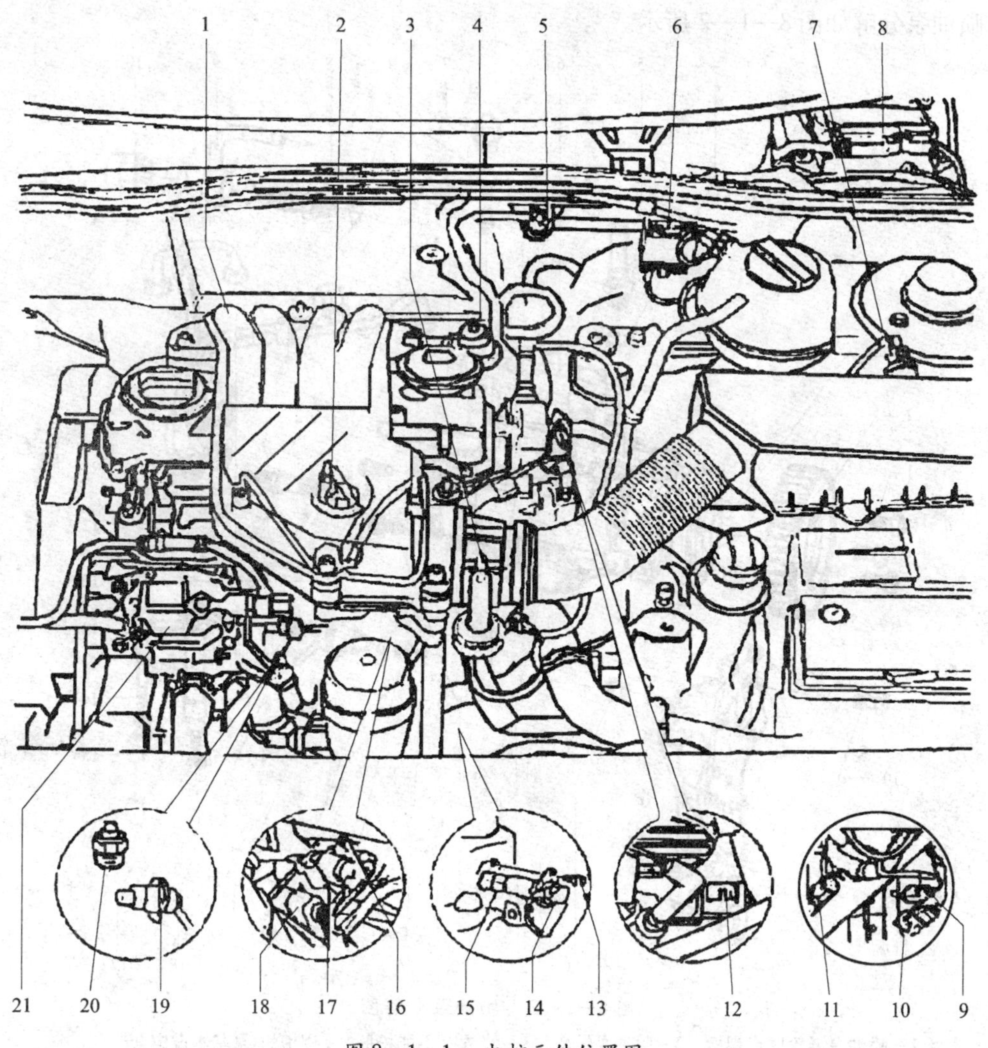

图 8—1—1　电控元件位置图

1—进气歧管上部　2—喷油器（3 缸喷油器带有针阀升程传感器 G80）　3—进气连接件　4—废气再循环阀（机械）
5—废气再循环阀（电子）N18　6—低热输出继电器 J359 与高热输出继电器 J360　7—进气歧管温度传感器 G72
8—发动机电控单元 J248　9—制动踏板开关 F47　10—制动灯开关 F　11—离合器踏板开关 F36
12—冷却液温度传感器 G62　13—螺栓（拧紧力矩为 10 N · m）　14—发动机转速传感器 G28　15—O 形环
16—2 脚连接器（棕色/黑色，针阀升程传感器 G80）　17—3 脚连接器（黑色/灰色，发动机转速传感器 G28）
18—10 脚连接器（黑色，燃油温度传感器 G81、油量调节器 N146、调节活塞运动传感器 G149、燃油切断阀 N109）
19—喷油阀 N108　20—燃油切断阀 N109
21—喷油泵（油量调节器 N146、调节活塞运动传感器 G149、燃油温度传感器 G81）

二、部件拆装

1. 喷油泵分解图

喷油泵分解如图 8—1—2 所示。

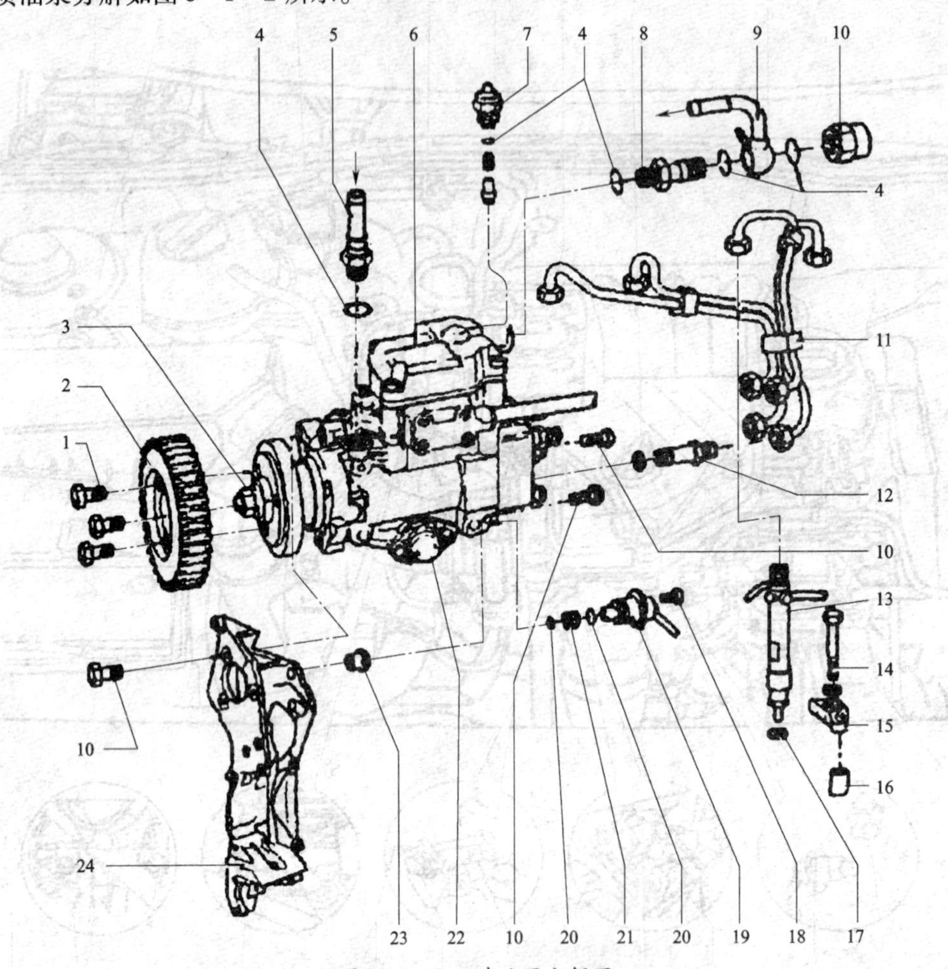

图 8—1—2 喷油泵分解图

1—喷油泵链轮固定螺栓 2—喷油泵链轮 3—螺母（不能松脱，否则喷油泵基本设定会改变）
4—密封件 5—管连接部分（拧紧力矩为 25 N・m）
6—喷油泵（带计量式油量调节器、油量调节器 N146、调节活塞运动传感器 G149、燃油温度传感器 G81）
7—燃油切断阀 N109（拧紧力矩为 40 N・m） 8—回油管连接部分
9—至燃油滤清器控制阀回油管 10—螺母（拧紧力矩为 25 N・m）
11—喷油管（拧紧力矩为 25 N・m） 12—管连接部分（拧紧力矩为 45 N・m，带有压力阀）
13—喷油器（3 缸喷油器带针阀升程传感器 G80） 14—螺栓（拧紧力矩为 20 N・m）
15—支架 16—底座 17—隔热密封环 18—螺栓（拧紧力矩为 10 N・m）
19—喷油阀 20—O 形环 21—滤网 22—正时装置护盖
23—衬套（带固定螺母） 24—组合支架

2. 进气歧管翻板电动机分解图

进气歧管翻板电动机分解如图 8—1—3 所示。

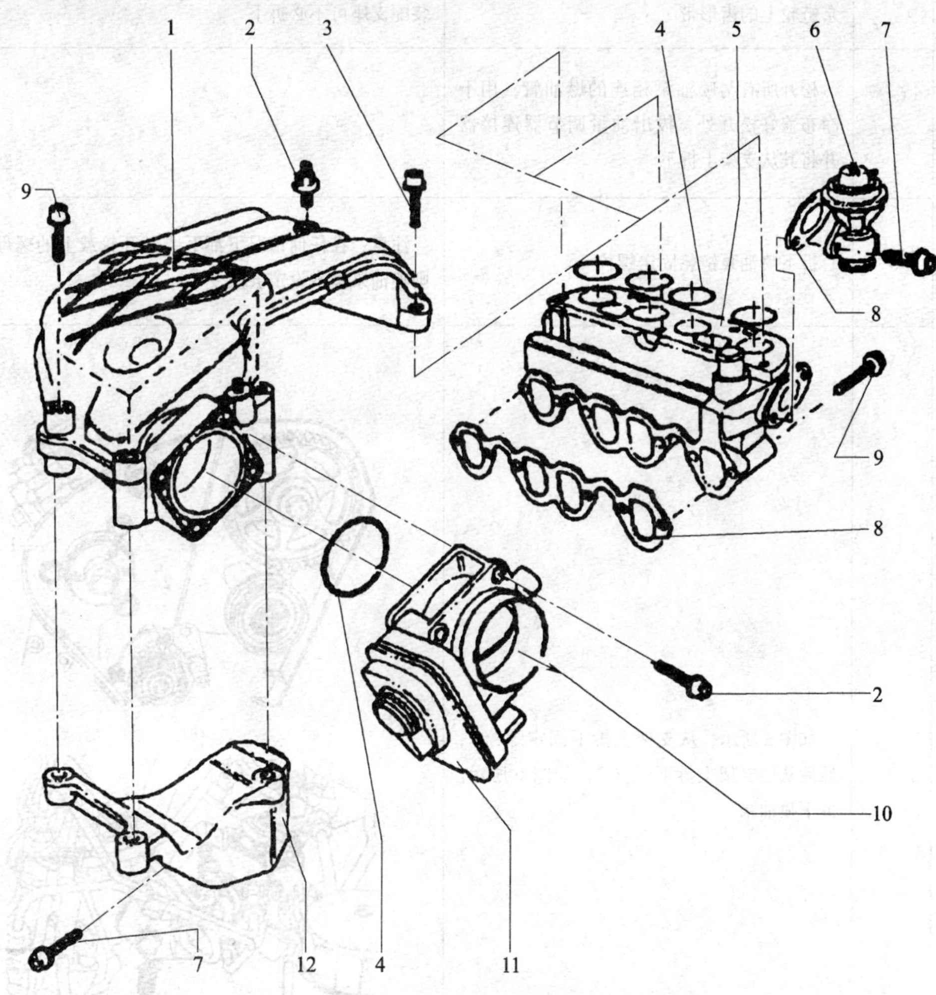

图 8—1—3　进气歧管翻板电动机分解图

1—进气歧管上部件　2—螺栓（拧紧力矩为 10 N·m）　3—螺栓（拧紧力矩为 15 N·m）
4—O 形环　5—进气歧管下部件　6—废气再循环阀（机械）　7—螺栓（拧紧力矩为 25 N·m）
8—垫片　9—螺栓（拧紧力矩为 20 N·m）　10—从空气滤清器到进气管
11—进气歧管翻板电动机 V157　12—支架

3. 喷油泵拆装

喷油泵的拆装详见表 8—1—1。

表 8—1—1　　喷油泵的拆装

项目	步骤	操作说明	示意图或注意事项
拆卸喷油泵	1	释放齿形带张紧力，拆下凸轮轴和喷油泵链轮上的齿形带	注意：减振器/带轮端、中部和下部齿形带护罩和装配支座可不必拆下
	2	松开所有与喷油泵相连的燃油管，用干净布盖好松开处，拔出油量调节器连接器并将其从支架上拆下	
	3	拆下喷油泵链轮固定螺栓	注意：在任何情况下都不要松开轮毂上的螺母，否则喷油泵基本设定会改变
	4	如图 a 所示，从支架上拆下固定螺栓 1，然后从后支架上拆下螺栓 2，如图 b 所示。拆下喷油泵	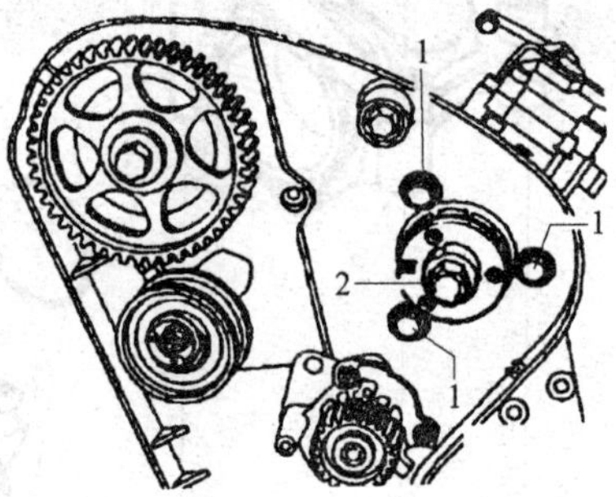 a) 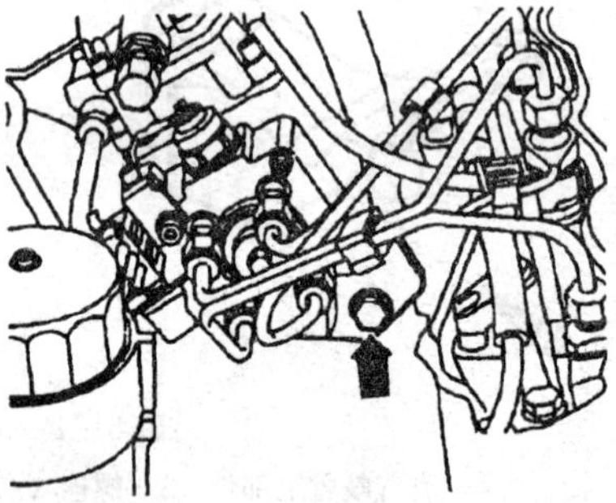 b) 1—固定螺栓　2—螺栓
安装喷油泵	1	将喷油泵装到支架上，拧紧后支架上带锥形螺母的螺栓。插入前固定螺栓，拧紧力矩为 25 N · m	

续表

项目	步骤	操 作 说 明	示意图或注意事项
安装喷油泵	2	如图所示，用固定螺栓将喷油泵链轮装到轮毂上，但不要拧紧。做此项工作时，要注意喷油泵链轮固定螺栓的类型	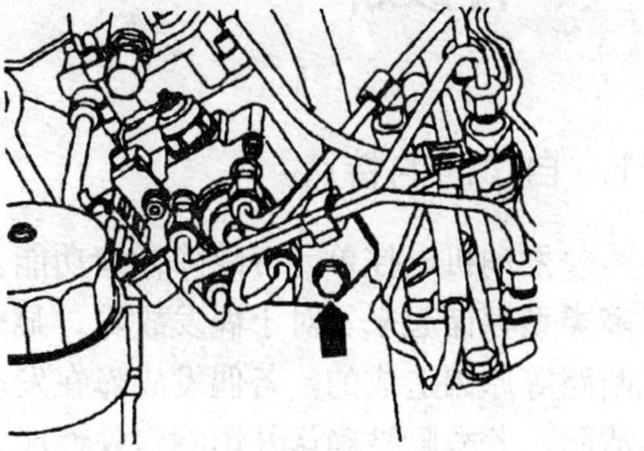
	3	如图所示，用心轴（3359）固定喷油泵链轮，将喷油泵链轮螺栓孔与长圆孔中间位置对齐，用反向固定工具（3036）松开凸轮轴固定螺栓一圈	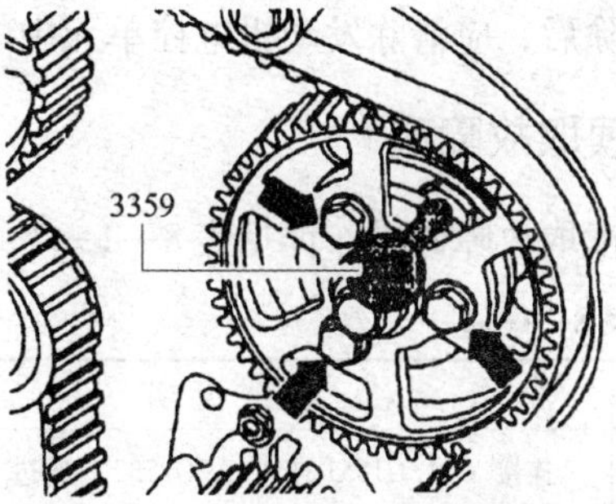 注意：在松开和紧固链轮时，不要用安装工具（T10098）作为固定工具，应用反向固定工具（3036）
	4	将带有单爪（T40001/2）的拉力器装到凸轮轴链轮上，取下凸轮轴链轮。工作时用开口扳手 C 做固定工具	
	5	检查飞轮上 TDC 标记是否与相关标记对齐，将齿形带装到喷射泵上并张紧张紧轮	
	6	将齿形带装到喷油泵链轮上并拧紧链轮，使凸轮轴仍然可以转动。张紧齿形带，重新接上喷油管、供油管和线束	
	7	按下列步骤将柴油注入喷油泵。如图所示，将接头（V. A. G1318/10）拧入喷油泵回路供油开口处，用 1 m 长的塑料软管将手动真空泵接到接头上，操作真空泵，直到有燃油从供油口流出。不要将燃油吸入真空泵，拆下接头，连接好供油管路。若有必要，则进行动态检查，调整喷油始点	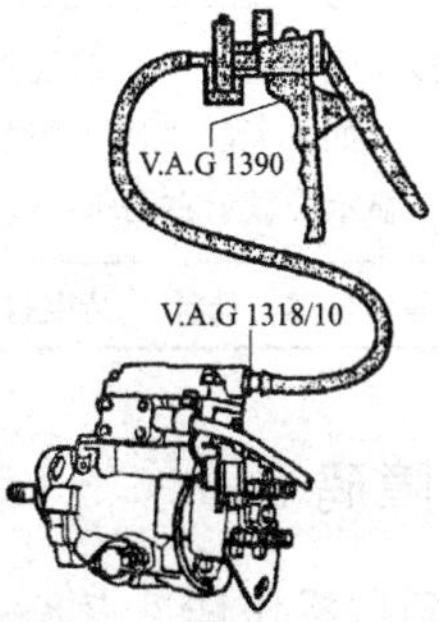

三、自诊断

1. 自诊断的特点

发动机电控单元有故障存储功能，它一旦检测到传感器或部件有故障，便会将故障和故障类型存储起来。对于偶发故障，显示屏上显示 SP。偶发故障可能是由于接触不良及导线断路等原因造成的。若偶发故障在发动机启动 50 次内没有再出现，则该偶发故障会自动被清除。若故障被确认并影响驾驶性能、状态，则报警灯会闪亮。储存的故障可用故障阅读仪（V. A. G1551）或整车系统测试仪（V. A. G1552）或新的测试仪 V. A. G5051 读出。在故障被排除后，应清除发动机电控单元中的故障码。

2. 读取故障码

读取故障码操作详见表 8—1—2。

表 8—1—2　　读取故障码操作

序号	操作说明	示意图
1	连接 V. A. G1551 或 V. A. G1552，通过“地址码 01”选择发动机电控单元。进行此操作时，发动机应处于怠速状态	
2	打开点火开关但发动机不启动，按 Print 键打开 V. A. G1551 打印器，按键里的报警灯必须点亮。显示屏显示右图所示的信息	Rapid data transfer（快速数据传递）　HELP（帮助） Select function ××（选择功能××）
3	根据显示屏显示的信息操作 V. A. G1551，按 0 键和 2 键，选择“查询故障记忆”功能，按 Q 键确认，显示屏会显示储存的故障码或无故障识别，显示屏显示右图所示的信息	X　Faults　recongnised X 个故障
4	若有一个或一个以上的故障码被储存，则故障码都会显示出来并可打印出来	
5	所有存储的故障码打印完毕后，显示屏显示右图所示的信息	Rapid data transfer（快速数据传递）　HELP（帮助） Select function ××（选择功能××）
6	使用故障表检修打印出的故障，检修结束后清除故障码。如果无故障码，则根据显示屏上的提示按键，显示屏显示右图所示的信息	Rapid data transfer（快速数据传递）　HELP（帮助） Select function ××（选择功能××）
7	按 0 键和 6 键，选择“结束打印”功能，按 Q 键确认，关闭点火开关	

3. 清除故障码

清除故障码操作详见表 8—1—3。

表 8—1—3　　清除故障码操作

序号	操 作 说 明	示 意 图
1	连接 V. A. G1551 或 V. A. G1552，通过“地址码 01”选择发动机电控单元。进行此项操作时，发动机处于怠速状态	
2	按 0 键和 2 键，选择“查询故障记忆”功能，按 Q 键确认。持续按键，直到所有仍储存的故障码出现。按 0 键和 5 键，选择“清除故障记忆”功能，按 Q 键确认，显示屏显示右图所示的信息	Rapid data transfer（快速数据传递）　HELP（帮助） Fault memory is erased（故障记忆被删除）
3	若无法清除故障记忆，则应排除该故障。根据显示屏上的提示按键，显示屏显示右图所示的信息	Rapid data transfer（快速数据传递）　HELP（帮助） Select function × ×（选择功能 × ×）
4	按 0 键和 6 键，选择“结束输出”功能，按 Q 键确认	

4. 自动检测顺序

在检测与装配工作过程中，如拔出连接器等，故障会被其他电控单元识别，所以完成此项工作后，应对所有的电控单元进行故障码读取和清除，详见表 8—1—4。

表 8—1—4　　自动检测

序号	操 作 说 明	示 意 图
1	按两次 0 键，输入“自动检测顺序”的地址口令，按 Q 键确认。V. A. G1551 会传输所有可识别的地址口令	
2	电控单元识别到故障时，被储存的故障码会在显示屏上显示或显示“无故障识别”字样。显示屏上的内容可以打印出来，之后 V. A. G1551 会传输下一个地址口令。显示屏显示右图所示内容时，自动检测结束	V. A. G SELF DIAGNOSIS（自诊断）　HELP（帮助） 1——Rapid data transfer（1——快速数据传递） 2——Flash code output（2——闪光码输出）
3	清除所有故障码，进行路试，使用“自动检测顺序”再次查询所有电控单元的故障码，应没有故障码储存	
4	若无故障码储存，则根据显示屏上的提示按键，显示屏显示右图所示信息	Rapid data transfer（快速数据传递）　HELP（帮助） Select function × ×（选择功能 × ×）
5	按 0 键和 6 键，选择“结束输出”功能，按 Q 键确认	

四、故障码表

故障码见表 8—1—5。

表 8—1—5　　　　故障码表

故障码	辅助故障码	故障诊断	故障原因	可能产生的影响	故障排除
00668		电源电路端子30信号不正常	①电源供应继电器J317端子30故障 ②继电器卡住（偶发故障）	①发动机无法启动 ②各种运行问题，包括无法启动	检查发动机电控单元电源电压
00741		制动踏板监测信号不正常	①制动灯开关F失效 ②制动踏板开关F47失效	①预热指示灯闪亮 ②制动灯失效	从F和F47开始检查信号
01044		发动机电控单元编码不正确	发动机电控单元编码无效	预热指示灯闪亮	对发动机电控单元编码
01117		发电机端子DF的负荷信号不正常	①发电机损坏 ②电压调节器失效 ③电路断路	发动机预热无效	检查发电机
01193		低热输出继电器J359断路或与车身短路	①电路断路或与车身短路 ②J359失效	发动机预热无效	检查J359
01194		高热输出继电器J360断路或与车身短路	①电路断路或与车身短路 ②J360失效	发动机预热无效	检查J360
01283		进气歧管 — 断路或与车身短路	①线束断路 ②进气歧管翻板电动机失效	无废气再循环，翻板全开	检查V157
		翻板电动机V157 — 与蓄电池正极短路	与蓄电池正极短路		
		翻板电动机V157 — 失效	控制翻板失效		
16485	P0101	空气流量传感器G70信号不正常	①电路断路或与车身短路 ②G70失效	①输出功率降低 ②冒黑烟	检查G70
16500	P0116	冷却液温度传感器G62信号不正常	①G62失效 ②节温器失效	①启动时冒黑烟 ②预热时间约需20 s	检查G62
16705	P0321	发动机转速传感器G28信号不正常	①G28失效 ②速度传感器/传感器轮间隙过大 ③G28上有金属屑或底座松动	①发动机无法启动 ②发动机熄火 ③预热指示灯闪亮 ④转速表无显示	检查G28
16706	P0322	发动机转速传感器G28无信号	①G28失效 ②节温器失效		

续表

<table>
<tr><th>故障码</th><th>辅助故障码</th><th colspan="2">故障诊断</th><th>故障原因</th><th>可能产生的影响</th><th>故障排除</th></tr>
<tr><td>16885</td><td>P0501</td><td colspan="2">车速信号不正常</td><td>速度传感器G22无信号</td><td>①车速表显示不好
②换挡时车辆振动</td><td>检查G22</td></tr>
<tr><td>16955</td><td>P0571</td><td colspan="2">制动灯开关F信号不正常</td><td>①制动灯开关F失效
②制动踏板开关F47失效</td><td>①预热指示灯闪亮
②制动灯失效</td><td>检查F和F47信号</td></tr>
<tr><td>16989</td><td>P0605</td><td colspan="2">发动机电控单元J248故障</td><td>发动机电控单元J248内部故障</td><td>①存在各种运行问题
②发动机熄火</td><td>更换J248</td></tr>
<tr><td>17552</td><td>P1144</td><td colspan="2">空气流量传感器G70断路或与车身短路</td><td>①电路断路或与车身短路
②G70失效</td><td>①输出功率降低
②冒黑烟</td><td>检查G70</td></tr>
<tr><td>17563</td><td>P1155</td><td colspan="2">进气歧管压力传感器G71与蓄电池正极短路</td><td>①电路与蓄电池正极短路
②G71故障</td><td>①输出功率降低
②尾气排放值升高</td><td>检查G71</td></tr>
<tr><td>17564</td><td>P1156</td><td colspan="2">进气歧管压力传感器G71断路或与车身短路</td><td>①电路断路或与车身短路
②G71失效</td><td>①输出功率降低
②尾气排放值升高</td><td>检查G71</td></tr>
<tr><td rowspan="2">17568</td><td>P1160</td><td colspan="2" rowspan="2">进气歧管温度传感器G72断路或与车身短路</td><td rowspan="2">①电路与车身短路
②G72故障</td><td rowspan="2">进气温度达到预先设定值136.8℃</td><td rowspan="2">检查G72</td></tr>
<tr><td>P1161</td></tr>
<tr><td>17570</td><td>P1162</td><td rowspan="2">燃油温度传感器G81</td><td>与车身短路</td><td>①电路与车身短路
②G81故障</td><td>燃油温度达到预先设定值-5.4℃</td><td rowspan="2">检查G81</td></tr>
<tr><td>17571</td><td>P1163</td><td>断路或与蓄电池正极短路</td><td>①电路断路或与蓄电池正极短路
②G81故障</td><td>①达到预先设定值-5.4℃
②尾气排放值升高</td></tr>
<tr><td>17653</td><td>P1245</td><td rowspan="3">针阀升程传感器G80</td><td>与车身短路</td><td>①电路与车身短路
②G80失效</td><td rowspan="3">①预热指示灯闪亮
②发动机运行粗暴
③输出功率降低
④尾气排放值升高</td><td rowspan="3">检查G80</td></tr>
<tr><td>17654</td><td>P1246</td><td>信号不正常</td><td>①燃油不足
②燃油系统有空气
③喷油管到带有针阀升程传感器的喷油器不畅
④G80故障</td></tr>
<tr><td>17655</td><td>P1247</td><td>断路或与蓄电池正极短路</td><td>①电路断路或与蓄电池正极短路
②G80故障</td></tr>
</table>

续表

<table>
<tr><th>故障码</th><th>辅助故障码</th><th colspan="2">故障诊断</th><th>故障原因</th><th>可能产生的影响</th><th>故障排除</th></tr>
<tr><td>17656</td><td>P1248</td><td colspan="2">喷油阀 N108 始点信号调整控制差异</td><td>①油箱没油
②燃油供应不良，燃油不足
③喷油阀喷油始点信号失效
④针阀升程传感器失效</td><td>①发动机运行粗暴
②输出功率降低
③尾气排放值升高
④冷启动性能差</td><td>①燃油滤清器或供油管堵塞，动态检查并调整喷油阀喷油始点
②检查 N108</td></tr>
<tr><td>17659</td><td>P1251</td><td rowspan="3">喷油阀 N108</td><td>喷油阀与蓄电池正极短路</td><td>电路与蓄电池正极短路</td><td rowspan="2">发动机急速时敲缸，因为喷油阀喷油始点始终为“提前”</td><td rowspan="3">检查 N108</td></tr>
<tr><td rowspan="2">17660</td><td rowspan="2">P1252</td><td rowspan="2">喷油阀断路或与车身短路</td><td>①电路断路
②N108 失效</td></tr>
<tr><td>电路与车身短路</td><td>喷油性能差，因为喷油阀喷油始点始终“滞后”</td></tr>
<tr><td>17663</td><td>P1255</td><td rowspan="2">冷却液温度传感器 G62</td><td>与车身短路</td><td>①电路与车身短路
②G62 失效</td><td rowspan="2">①启动时冒黑烟
②预热时间约需 20 s</td><td rowspan="2">检查 G62</td></tr>
<tr><td>17664</td><td>P1256</td><td>断路或与蓄电池正极短路</td><td>①电路断路或与蓄电池正极短路
②G62 失效</td></tr>
<tr><td>17762</td><td>P1354</td><td colspan="2">调节活塞运动传感器 G149 电路中的电器故障</td><td>①喷油泵故障
②电路断路或短路</td><td>①预热指示灯闪亮
②存在各种运行问题
③发动机熄火</td><td>检查 G149</td></tr>
<tr><td>17795</td><td>P1387</td><td colspan="2">发动机电控单元 J248 失效</td><td>发动机电控单元内部故障</td><td>①存在各种运行问题
②发动机熄火</td><td>检查 J248</td></tr>
<tr><td>17810</td><td>P1402</td><td rowspan="3">废气再循环阀（电子）N18</td><td>与蓄电池正极短路</td><td>电路与蓄电池正极短路</td><td rowspan="2">无废气再循环</td><td rowspan="3">检查 N18</td></tr>
<tr><td rowspan="2">17849</td><td rowspan="2">P1441</td><td rowspan="2">断路或与车身短路</td><td>①电路断路
②N18 失效</td></tr>
<tr><td>电路与车身短路</td><td>①废气再循环过强
②输出功率降低，冒黑烟</td></tr>
<tr><td>17911</td><td>P1503</td><td colspan="2">发电机 DF 端子负荷信号不正常</td><td>①发电机故障
②电压调节器失效
③电路断路</td><td>发动机预热无效</td><td>检查发动机</td></tr>
</table>

续表

<table>
<tr><th>故障码</th><th>辅助故障码</th><th colspan="2">故障诊断</th><th>故障原因</th><th>可能产生的影响</th><th>故障排除</th></tr>
<tr><td>17945</td><td>P1537</td><td rowspan="2">燃油切断阀N109</td><td>功能失效</td><td>N109失效、泄漏或卡住</td><td rowspan="2">①输出功率降低
②发动机熄火</td><td rowspan="2">检查N109</td></tr>
<tr><td>17946</td><td>P1538</td><td>断路或与车身短路</td><td>①电路断路或与车身短路
②N109失效</td></tr>
<tr><td>17948</td><td>P1540</td><td colspan="2">车速信号太高</td><td>①车速大于260km/h
②组合仪表失效</td><td>①车速表显示不好
②挂挡后耸车
③空调关闭</td><td>检查车速表信号</td></tr>
<tr><td>17954</td><td>P1546</td><td rowspan="3">增压压力控制电磁阀N75</td><td>与蓄电池正极短路</td><td>电路与蓄电池正极短路</td><td rowspan="2">①输出功率降低
②增压压力过低</td><td rowspan="3">检查N75</td></tr>
<tr><td rowspan="2">17957</td><td rowspan="2">P1549</td><td rowspan="2">断路或与车身短路</td><td>①电路断路
②N75失效</td></tr>
<tr><td>电路与车身短路</td><td>①输出功率降低
②增压压力过高</td></tr>
<tr><td>17964</td><td>P1556</td><td colspan="2">增压压力控制不良（未达到调节限度）</td><td>①N75失效
②涡轮增压失效
③涡轮增压器与发动机间漏气</td><td>①输出功率降低
②增压压力太低</td><td>检查N75</td></tr>
<tr><td>17965</td><td>P1557</td><td colspan="2">增压压力控制不良（超过调节限度）</td><td>软管接头混插或未插上</td><td>①输出功率降低
②增压压力太高</td><td>检查N75</td></tr>
<tr><td>17969</td><td>P1561</td><td rowspan="3">油量调节器N146</td><td>控制差异</td><td>①喷油泵故障
②电路断路或短路</td><td>①预热指示灯闪亮
②存在不同运行问题
③发动机熄火</td><td rowspan="3">检查N146</td></tr>
<tr><td>17970</td><td>P1562</td><td>上止点值</td><td>达到上止点值时N146失效或堵塞</td><td>①输出功率降低
②耸车</td></tr>
<tr><td>17971</td><td>P1563</td><td>下止点值</td><td>达到下止点值时N146失效或堵塞</td><td>①冒黑烟
②怠速不稳</td></tr>
<tr><td>17978</td><td>P1570</td><td colspan="2">发动机电控单元故障</td><td>①用未授权的钥匙启动车辆
②试图机械操作
③电路短路
④编码不正确
⑤防盗系统有故障
⑥防盗电控单元失效或无法找到
⑦已更换发动机电控单元，但未与防盗器匹配</td><td>①发动机短时启动后再次熄火
②预热指示灯闪亮</td><td>将发动机电控单元与防盗器进行匹配</td></tr>
</table>

续表

故障码	辅助故障码	故障诊断	故障原因	可能产生的影响	故障排除
18008	P1600	电源电压端子 15 电压过低	点火开关打开时无电压（端子 15）	存在各种运行问题，包括发动机不运转	检查发动机电控单元电源电压
18009	P1601	端子 30 电压供应继电器 J317 不正常	①端子 30 电压供应继电器失效 ②继电器卡住（偶尔出现）	①发动机无法启动 ②存在各种运行问题，包括发动机不运转	检查发动机电控单元电源电压
18020	P1612	发动机电控单元编码不正确	发动机电控单元编码无效	预热指示灯闪亮	对发动机电控单元进行编码
18026	P1618	预热塞继电器 J52：与蓄电池正极短路	①电路与蓄电池正极短路 ②J52 失效	①无预热过程 ②冷启动不良 ③预热指示灯闪亮	检查 J52
18027	P1619	预热塞继电器 J52：断路或与车身短路	①电路断路或与车身短路 ②J52 失效	①无预热过程 ②冷启动不良 ③预热指示灯闪亮	检查 J52
18039	P1631	加速踏板位置传感器 G79：信号电压过高；信号电压不正常	G179 失效	怠速转速增加	检查 G79
18040	P1632	加速踏板位置传感器 G79：电压不正常	①电路断路 ②工作电压太高或太低	①预热指示灯闪亮 ②怠速转速升高	检查 G79
18048	P1640	发动机电控单元 J248 失效	发动机电控单元 J248 内部故障	①存在各种运行问题 ②发动机熄火	更换 J248
18050	P1642	查询安全气囊系统故障码	安全气囊系统故障	安全气囊报警灯闪亮	检查安全气囊系统
18065	P1657	空调输入输出与蓄电池正极短路	电路与蓄电池正极短路	空调打开时车辆加速性能降低	检查空调压缩机
19458	P3002	强制降挡开关 F8 信号不正常	G79 失效	自动变速箱换挡点设置不好	检查 G79
19459	P3003	低热输出继电器 J359 与蓄电池正极短路	①电路断路或与蓄电池正极短路 ②J359 失效	发动机预热无效	检查 J359

续表

<table>
<tr><th>故障码</th><th>辅助故障码</th><th colspan="2">故障诊断</th><th>故障原因</th><th>可能产生的影响</th><th>故障排除</th></tr>
<tr><td>19461</td><td>13005</td><td colspan="2">高热输出继电器J360与蓄电池正极短路</td><td>①电路断路或与蓄电池正极短路
②J360失效</td><td>发动机预热无效</td><td>检查J360</td></tr>
<tr><td>19560</td><td>P3104</td><td rowspan="2">进气歧管转换阀N239</td><td>与蓄电池正极短路</td><td>①电路与蓄电池正极短路
②N239失效或在打开位置卡住</td><td rowspan="2">①冷启动故障
②冷车怠速故障
③负荷变化非常剧烈
④怠速故障</td><td rowspan="2">检查N239</td></tr>
<tr><td>19561</td><td>P3105</td><td>断路或与车身短路</td><td>①电路断路或与车身短路
②N239失效</td></tr>
</table>

五、执行元件诊断和读取/分析测量数据块

1. 执行元件诊断

（1）带空调系统车辆的检测要求。车辆处于室温下（温度高于15℃），打开空调，选择最低温度和鼓风机最高转速。

（2）按下列顺序依次启动部件。喷油阀N108、废气再循环阀（电子）N18、空调压缩机（切断）、进气歧管翻板电动机V157（AGP、AQM发动机）或燃油切断阀N109（AGP、AQM发动机）、预热塞继电器J52、预热指示灯K29、低热输出继电器J359（仅针对装有辅助加热装置的车辆）、高热输出继电器J360。在元件诊断过程中，每个元件会启动大约30 s，或直到下一元件被启动。在重复元件诊断工作前，必须关闭点火开关。

（3）连接V. A. G1551或V. A. G1552，通过“地址码01”选择发动机电控单元。进行此项工作时，发动机应怠速运转。显示屏显示如下信息：

Rapid data transfer（快速数据传递） HELP（帮助） Select function ××（选择功能××）

（4）根据显示屏显示的信息操作V. A. G1551，按0键和3键，选择“执行元件诊断”功能，显示屏显示如下信息：

Rapid data transfer（快速数据传递） Q 03Final control diagnosis（03 执行元件诊断）

（5）按Q键确认，显示屏显示如下信息：

Final control diagnosis（执行元件诊断） Commencement of injection valve—N108（喷油阀—N108 喷油始点信号）

(6) 启动喷油阀，在一定程度上将影响燃烧噪声（预点火），若燃烧噪声没有变化，则检查喷油时间。按→键，显示屏显示如下信息：

Final control diagnosis（执行元件诊断）
Exhaust gas recirculation valve—N18（废气再循环阀—N18）

(7) 废气再循环阀（电子）N18 发出“咔嗒”声。注意：因为发动机运行时有噪声，所以只能依靠感觉来检查阀是否发出“咔嗒”声。检查废气再循环阀（电子）N18。按→键，显示屏显示如下信息：

Final control diagnosis（执行元件诊断）
Conditioner compressor interuption（空调压缩机切断功能）

(8) 检查空调压缩机是否关闭（该检测步骤可应用在无空调的车型上），空调压缩机应在5 s内停止工作（目视检查），然后启动5 s，再停止。若空调压缩机不关闭，则检查来自或至空调系统的信号。按→键，显示屏显示如下信息：

Final control diagnosis（执行元件诊断）
Intake manifold flap motor—V157（进气歧管翻板电动机—V157）

(9) 启动进气歧管翻板电动机，可改变燃烧噪声（电动机打开或关闭进气歧管翻板）。若燃烧噪声无变化，则检查进气歧管翻板电动机 V157。按→键，显示屏显示如下信息：

Final control diagnosis（执行元件诊断）
Fuel shut off valve—N109（燃油切断阀—N109）

(10) 发动机应停止工作，若发动机不停止工作，则关闭点火开关，拧下燃油切断阀，清除所有金属颗粒或尘土，重新进行部件诊断。若发动机仍不停止工作，则更换燃油切断阀。若发动机停止工作，则继续进行部件诊断并打开点火开关。按→键。显示屏显示如下信息：

Final control diagnosis（执行元件诊断）
Glow plug relay—J52（预热塞继电器—J52）

(11) 因为预热塞能耗高，所以开启和断开继电器时，可看到内饰灯的明暗变化。若预热塞继电器没有发出“咔嗒”声，则检查预热塞继电器。按→键，显示屏显示如下信息：

Final control diagnosis（执行元件诊断）
Glow period warning lamp—K29（预热指示灯—K29）

(12) 若预热指示灯不闪，则检查预热指示灯。按→键，显示屏显示如下信息：

Final control diagnosis（执行元件诊断）
Low heater output relay—J359（低热输出继电器—J359）

(13) 低热输出继电器应发出“咔嗒”声，若低热输出继电器没有发出“咔嗒”声，则检查低热输出继电器。按→键，显示屏显示如下信息：

Final control diagnosis（执行元件诊断）
High heater output relay—J360（高热输出继电器—J360）

（14）高热输出继电器应发出“咔嗒”声，若高热输出继电器没有发出“咔嗒”声，则检查高热输出继电器。按→键，显示屏显示如下信息：

Rapid data transfer（快速数据传递）　HELP（帮助）
Select function ××（选择功能××）

（15）按0和6键，选择“结束输出”功能，按Q键确认，关闭点火开关。

2. 读取测量数据块

（1）检测条件：冷却液温度不低于80℃，所有耗电部件应关闭，若车上装有空调，则关闭空调，蓄电池电压不低于11.5 V，无故障码存储。

（2）连接V. A. G1551或V. A. G1552，通过“地址码01”选择发动机电控单元。进行这项工作时，发动机应在怠速状态。显示屏显示如下信息：

Rapid data transfer（快速数据传递）　HELP（帮助）
Select function ××（选择功能××）

（3）按0键和8键，选择“阅读测量数据块”功能，按Q键确认，显示屏显示如下信息：

Read measured data block（阅读测量数据块）
Input display group number ××（输入显示组号××）

注意：以001显示组为例演示工作顺序。

（4）按0、0和1键，选择“显示组1”，按Q键确认，显示屏显示如下（1~4为显示区）信息：

Read measured value block（阅读测量数据块）
1　2　3　4

（5）按→键，显示屏显示如下信息：

Rapid data transfer（快速数据传递）　HELP（帮助）
Select function ××（选择功能××）

（6）按0键和6键，选择“结束输出”功能，按Q键确认。

注意：按表8—1—6切换到另一显示组。

表8—1—6　切换显示组

显示组	V. A. G1551	V. A. G1552	显示组	V. A. G1551	V. A. G1552	显示组	V. A. G1551	V. A. G1552
高	按3键	按↑键	低	按1键	按↓键	转换	按C键	按C键

3. 分析测量数据块

（1）显示组000（发动机怠速运转，冷却液温度不低于80℃）见表8—1—7。

表 8—1—7　　显示组 000（发动机怠速运转，冷却液温度不低于 80℃）

AGP、AQM 发动机，显示组 000（显示小数值）		
发动机怠速运转		
阅读测量数据块 0 × × × × × × × × × ×	←显示屏显示	标准值
1 2 3 4 5 6 7 8 9 10	←显示区	
10	非相关的显示值	未采用
9	燃油温度	91 ~ 201℃
8	进气歧管温度	138 ~ 190℃
7	冷却液温度	35 ~ 80℃
6	大气压力	181 ~ 222 kPa
5	非相关显示值	未采用
4	喷油量	15 ~ 45 mg/h
3	加速踏板位置	0
2	喷油始点	37 ~ 75
1	发动机转速	41 ~ 45

（2）显示组 001 见表 8—1—8，分析结果见表 8—1—9 和表 8—1—10。

表 8—1—8　　显示组 001

显示组 001——喷油量				
阅读测量数据块 1 × r/min　×. × mg/h　×. × V　×. ×℃		←显示屏显示	标准值	分析结果
1 2 3 4		←显示区		
4	冷却液温度		80 ~ 110℃	
3	调节活塞位置传感器电压 AFR、AHF、ALH、ASV 发动机 AGP、AQM 发动机		1.5 ~ 2.1 V	见表 8—1—9
2	喷油量		39 mg/h	见表 8—1—10
1	发动机转速		861 ~ 945 r/min	

表 8—1—9　　分析结果（喷油量显示）

V. A. G1551 显示	可能的故障原因	故障排除
低于 3 mg/h	喷油过浓	更换喷油泵
高于 9 mg/h	①发动机过冷 ②喷油过稀	①提高发动机转速，暖机后再次检测 ②更换喷油泵

表 8—1—10　　分析结果（调节活塞运动传感器电压值显示）

V. A. G1551 显示	可能的故障原因	故障排除
低于 1.5 V	喷油过浓	更换喷油泵
高于 2.1 V	①发动机过冷 ②喷油过稀	①提高发动机转速，暖机后再次检测 ②更换喷油泵

（3）显示组 002（发动机怠速运转，暖机，冷却液温度不低于 80℃）见表 8—1—11，分析结果见表 8—1—12 和表 8—1—13。

表 8—1—11　　显示组 002（发动机怠速运转，暖机，冷却液温度不低于 80℃）

显示组 002——怠速						
阅读测量数据块 2 × ×r/min　× ×. ×%　× × ×　× × × ×℃				←显示屏显示	标准值	分析结果
1	2	3	4	←显示区		
			冷却液温度		80 ~ 110℃	
		运行条件			010	见表 8—1—13
	加速踏板位置				0%	见表 8—1—12
发动机转速					861 ~ 945 r/min	

表 8—1—12　　分析结果（加速踏板位置显示）

V. A. G1551 显示	可能故障原因	故障排除
1% ~ 100%	①加速踏板位置传感器 G79 失效 ②G79 断路	检查 G79

表 8—1—13　　分析结果（发动机运行条件 3 位数字代码含义）

显示 1 时的含义			
×	×	×	发动机运行条件
		1	空调压缩机打开
	1		怠速开关关闭
1			空调打开，怠速转速升高

（4）显示组 003（发动机怠速运转，暖机，冷却液温度不低于 80℃）见表 8—1—14，分析结果见表 8—1—15 和表 8—1—16。

表 8—1—14　　显示组 003（发动机怠速运转，暖机，冷却液温度不低于 80℃）

显示组 003——废气再循环						
阅读测量数据块 3 × × r/min　× × mg/h　× × × mg/h　× × × %				←显示屏显示	标准值	分析结果
1	2	3	4	←显示区		
			EGR 阀的占空比 AGR、AHF、ALH、ASV 发动机 AGP、AQM 发动机		40% ~75% 94% ~96%	
		进气量（实际值） AGR、AHF、ALH、ASV 发动机			230 ~ 370 mg/h	见表 8—1—16
	进气量（实际值） AGR、AHF、ALH、ASV 发动机 AGP、AQM 发动机				230 ~ 370 mg/h	见表 8—1—15
发动机转速					861 ~ 945 r/min	

表 8—1—15　　分析结果（进气量标准值显示）

V. A. G1551 显示	可能故障原因	故障排除
高于 370 mg/h	发动机过冷	提高发动机转速，热机后重新检测

表 8—1—16　　分析结果（进气量实际值显示）

V. A. G1551 显示	可能故障原因	故 障 排 除
低于 230 mg/h	废气再循环过度	检查废气再循环系统
	非计量空气	检查进气系统是否漏气
高于 370 mg/h	发动机太冷	提高发动机转速，使发动机暖机，然后重新检查
	废气再循环不足	发动机怠速运转约 2 min，突然加速
	空气流量传感器 G70 失效	检查空气流量传感器，若有故障，则测量数据块将会在发动机全转速和负荷范围内显示一个约为 550 mg/h 的恒定值

（5）显示组 004（发动机怠速运转，暖机，冷却液温度不低于 80℃）见表 8—1—17，分析结果见表 8—1—18 和表 8—1—19。

表 8—1—17　显示组 004（发动机怠速运转，暖机，冷却液温度不低于 80℃）

显示组 004——喷油始点						
阅读测量数据块 4 ×××r/min　××°ATDC　××°ATDC　××%				←显示屏显示	标准值	分析结果
1	2	3	4	←显示区		
			喷油阀占空比 AGR、AHF、ALH、ASV 发动机 AGP、AQM 发动机		3% ~80% 2% ~80%	
		喷油始点（标准值） AGR、AHF、ALH、ASV 发动机 AGP、AQM 发动机			2°ATDC ~3°ATDC 0°ATDC ~3°ATDC	见表 8—1—19
	喷油始点（实际值） AGR、AHF、ALH、ASV 发动机 AGP、AQM 发动机				2°ATDC ~3°ATDC 0°ATDC ~3°ATDC	见表 8—1—18
发动机转速					861 ~945 r/min	

表 8—1—18　分析结果（喷油始点标准值显示）

V. A. G1551 显示	可能故障原因	故障排除
高于 3°BTDC	发动机过冷	提高发动机转速，暖机后再检测

表 8—1—19　分析结果（喷油始点实际值显示）

V. A. G1551 显示	可能故障原因	故障排除
高于标准值	发动机太冷	提高发动机转速，发动机暖机后再检测
	喷油泵设置得太提前	动态检测和调整喷油始点
	喷油阀 N108 喷油始点信号失效	检查 N108
低于标准值	喷油泵设置得太滞后	在工作状态下，检查并调整喷油阀喷油始点信号
	①喷油阀 N108 失效 ②喷油阀锁死	检查 N108

（6）显示组 005 见表 8—1—20。

表 8—1—20　显示组 005

显示组 005——启动条件						
阅读测量数据块 5 ××r/min　××.×mg/h　×.×°V. OT　×.×℃				←显示屏显示	标准值	分析结果
1	2	3	4	←显示区		
			冷却液温度		80 ~110℃	
		喷油阀喷油始点信号（实际值）			0°V. 0T ~3°V. 0T	
	启动油量				15 ~24 mg/h	
发动机转速					861 ~945 r/min	

（7）显示组 006（点火开关打开）见表 8—1—21，分析结果见表 8—1—22 和表 8—1—23。

表 8—1—21　　分析结果（离合器与制动踏板监测 3 位数字代码含义）

显示组 006——开关位置						
打开点火开关，发动机不运转						
阅读测量数据块 6 ××km/h	×××	××××	×××	←显示屏显示	标准值	分析结果
1	2	3	4	←显示区		
			巡航控制系统		255	
		巡航控制系统			00000	
	离合器与制动踏板监测				000	
车速					0 km/h	

注：255 为不带巡航控制系统车辆。0 为带有巡航控制系统车辆，巡航控制系统关闭。1 为带有巡航控制系统车辆，巡航控制系统打开。

表 8—1—22　　显示组 006 点火开关打开

显示 1 时的含义			
×	×	×	离合器与制动踏板监测
		1	制动灯开关 F 关闭
	1		制动踏板开关 F47 打开
1			离合器踏板开关 F36 打开

表 8—1—23　　分析结果（巡航控制系统 6 位数字代码含义）

当显示为 1 时的含义						
×	×	×	×	×	×	巡航控制系统
					1	巡航控制系统打开
				1		巡航控制系统关闭
			1			减速
		1				继续/加速
	1					制动踏板动作
1						离合器踏板动作

（8）显示组 007（点火开关打开，发动机冷机且静止）见表 8—1—24，分析结果见表 8—1—25、表 8—1—26 和表 8—1—27。

表 8—1—24　　显示组 007（点火开关打开，发动机冷机且静止）

显示组 007——开关位置		
点火开关打开，发动机不运转		
阅读测量数据块 7 ×××. ×℃　×××. ×℃　×××. ×℃　←显示屏显示	标准值	分析结果
1　2　3　4　←显示区		
冷却液温度	80～110℃	见表 8—1—27
进气歧管温度	5～40℃	见表 8—1—26
燃油温度	20～80℃	见表 8—1—25

注：温度没有具体的标准值，冷机时，燃油、进气、冷却液温度约等于周围的环境温度。若有明显的温度偏差，则检查相应的传感器。

表 8—1—25　　分析结果（燃油温度显示）

V. A. G1551 显示	可能故障原因	故障排除
-5. 4℃	短路或燃油温度传感器 G81 损坏	检查 G81，若有故障，则测量数据块显示的燃油温度为 -5. 4℃

表 8—1—26　　分析结果（进气歧管温度或进气温度显示）

V. A. G1551 显示	可能故障原因	故障排除
约为 136. 8℃	进气歧管温度传感器 G72 失效	检查 G72，若有故障，则测量数据块显示一个恒定的进气歧管温度或进气温度，约为 136. 8℃

表 8—1—27　　分析结果（冷却液温度显示）

V. A. G1551 显示	可能故障原因	故障排除
与周围环境温度偏差过大	短路或冷却液温度传感器 G62 失效	检查 G62，若有故障，则燃油温度信号将作为替代值

（9）显示组 008（喷油量限制）见表 8—1—28。

表 8—1—28　　显示组 008（喷油量限制）

显示组 008——喷油量限制		
阅读测量数据块 8 ××r/min　××. ×mg/h　××. ×mg/h　←显示屏显示	标准值	分析结果
1　2　3　4　←显示区		
排烟特性	25～30 mg/h	
转矩要求	25～26 mg/h	
驾驶员意愿	0	
发动机转速	861～945 r/min	

（10）显示组 009 见表 8—1—29。

表 8—1—29　　　　显示组 009

显示组 009——喷油量限制						
阅读测量数据块 9 × × × × r/min　× ×. × mg/h　× ×. × mg/h				←显示屏显示	标准值	分析结果
1	2	3	4	←显示区		
			换挡过程中变速箱的喷油量限制		51 mg/h	
		喷油量（巡航控制系统启动）			0	
	发动机转速				861 ~ 945 r/min	

（11）显示组 010（怠速状态下）见表 8—1—30。

表 8—1—30　　　　显示组 010（怠速状态下）

显示组 01——气体数值						
阅读测量数据块 10 × × r/min　×. × kPa　× ×. × kPa　× × %				←显示屏显示	标准值	分析结果
1	2	3	4	←显示区		
				加速踏板位置	0%	
			负荷大气压力			
		大气压力			90 ~ 110 kPa	
	进气量					

（12）显示组 011 见表 8—1—31。

表 8—1—31　　　　显示组 011

显示组 011——负荷调节						
阅读测量数据块 11 × × r/min　× × × kPa　× × × kPa　× × %				←显示屏显示	标准值	分析结果
1	2	3	4	←显示区		
				占空比	73%	
			实际大气压			
		理论大气压				
	发动机转速				861 ~ 945 r/min	

（13）显示组 012 见表 8—1—32。

表 8—1—32　　显示组 012

显示组 012——预热塞系统					
阅读测量数据块 12 ××× ××.×× ××.×V ××.×℃				←显示屏显示	标准值	分析结果
1	2	3	4	←显示区		
			冷却液温度		80～110℃	
		电控单元供应电压			12.5～14.5 V	
	预热过程				0.00	
预热过程系统状态					11111111	

（14）显示组 013（发动机怠速运转，暖机，冷却液温度不低于 80℃）见表 8—1—33。

表 8—1—33　　显示组 013（发动机怠速运转，暖机，冷却液温度不低于 80℃）

显示组 013——稳定怠速控制						
发动机怠速运转						
阅读测量数据块 13 ×.×mg/h ×.×mg/h ×.×mg/h ×.×mg/h				←显示屏显示	标准值	分析结果[①]
1	2	3	4	←显示区		
			稳定怠速控制：4 缸喷油量		±1.9 mg/h	
		稳定怠速控制：3 缸喷油量			±1.9 mg/h	
	稳定怠速控制：2 缸喷油量				±1.9 mg/h	
稳定怠速控制：1 缸喷油量					±1.9 mg/h	

注：分析结果[①]：显示组 13，显示区 1～4 稳定怠速运转控制。喷射系统具有稳定怠速控制功能。当各气缸间有差异时，可以通过选择喷油量识别与平衡。

根据发动机转速传感器信号识别怠速，曲轴转动一圈，传感器发出 4 个信号传到发动机电控单元。若所有信号都以同样的节奏传送，则所有气缸也以同样的节奏运转。若某个气缸运转较弱，则曲轴就要用更多的时间进行运转。相反，若某个气缸运转较强，则曲轴所用时间较短。如果发动机电控单元识别到有差别，则提供给相关气缸的燃油会更多或更少，直到发动机运转平稳为止。+×mg/h 表示个别气缸动力较小时燃油供应较多，-×mg/h 表示个别气缸动力较大时燃油供应较少。

（15）显示组 015 见表 8—1—34。

表 8—1—34　　显示组 015

显示组 015——燃油消耗		
阅读测量数据块 15 × ×r/min　× ×. ×mg/h　×. ×L/h　×mg/h 1　2　3　4	←显示屏显示 ←显示区	标准值	分析结果
4	喷油量（通过加速踏板传达驾驶员的要求）	0	
3	燃油消耗	0.35 ~ 1.2 L/h	
2	喷油量（实际）	3 ~ 1.9 mg/h	
1	发动机转速	861 ~ 945 r/min	

（16）显示组 016（发动机怠速运转）见表 8—1—35，分析结果见表 8—1—36 和表 8—1—37。

表 8—1—35　　显示组 016（发动机怠速运转）

显示组 016——辅助加热器			
发动机怠速运转			
阅读测量数据块 16 ×%　××××××××　××　××. ×V 1　2　3　4	←显示屏显示 ←显示区	标准值	分析结果
4	来自电控单元的电压	12.5 ~ 14.5 V	
3	加热器部件动作		见表 8—1—37
2	辅助加热器		见表 8—1—36
1	发电机负荷	5% ~98%	

表 8—1—36　　分析结果（显示区 2 为辅助加热器的 8 位数字代码含义）

显示 1 时的含义								
×	×	×	×	×	×	×	×	辅助加热器关闭
							1	冷却液温度在 70 ~ 80℃以上或进气温度在 5℃以上
						1		发电机失效
					1			蓄电池电压低于 9 V
				1				发动机转速低于 875 r/min
			1					发动机在最后 10 s 内启动
		1						冷却液温度传感器 G62 或进气歧管温度传感器 G72 失效
	1							不相关
1								不相关

表 8—1—37　　分析结果（加热器部件动作的 2 位数字代码含义）

显示 1 时的含义		
×	×	加热器部件动作
	1	低热输出继电器 J359 打开
1		高热输出继电器 J360 打开

（17）显示组 019（发动机怠速运转）见表 8—1—38，分析结果见表 8—1—39。

表 8—1—38　　显示组 019（发动机怠速运转）

显示组 019——油量调节器					
发动机怠速运转					
阅读测量数据块 19 ×. × ×V　　×. ×V			←显示屏显示	标准值	分析结果
1	2	3	4	←显示区	
	调节活塞运动传感器电压（启动位置停止）			4. 101 31 ~ 4. 800 V	见表 8—1—39
调节活塞运动传感器电压（启动位置停止）				0. 500 ~ 0. 970 V	

表 8—1—39　　分析结果（显示区 1 和 2 为调节活塞运动传感器电压，启动，然后停止，位置停止）

V. A. G1551 显示	可能故障原因	故障排除
超差	喷油泵油量调节器的设定不正确	更换喷油泵

（18）显示组 0000（节气门完全打开，以 3 挡路试，冷却液温度不低于 80℃）见表 8—1—40。

表 8—1—40　　显示组 0000（节气门完全打开，以 3 挡路试，冷却液温度不低于 80℃）

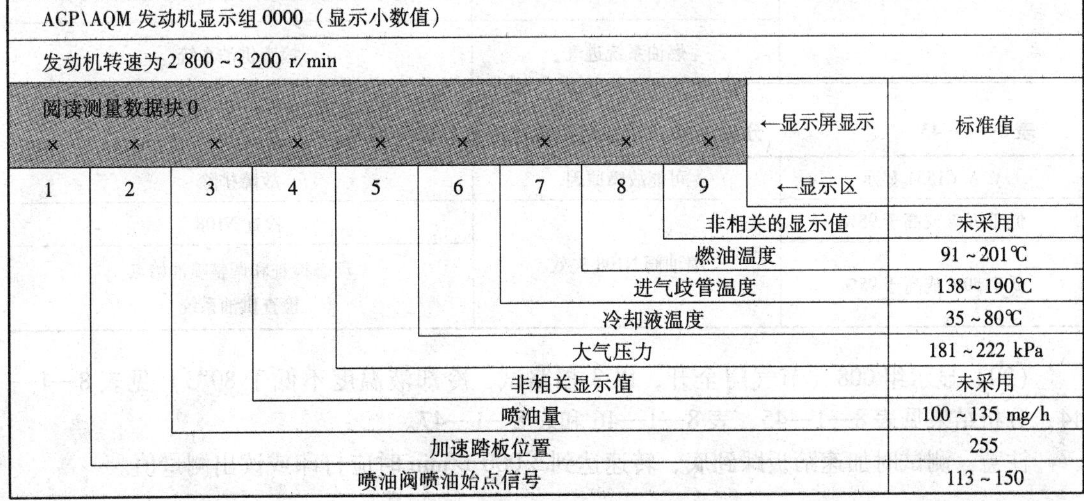

AGP\AQM 发动机显示组 0000（显示小数值）	
发动机转速为 2 800 ~ 3 200 r/min	
阅读测量数据块 0 ×　×　×　×　×　×　×　×　×　←显示屏显示	标准值
1　2　3　4　5　6　7　8　9　←显示区	
9 非相关的显示值	未采用
8 燃油温度	91 ~ 201℃
7 进气歧管温度	138 ~ 190℃
6 冷却液温度	35 ~ 80℃
5 大气压力	181 ~ 222 kPa
4 非相关显示值	未采用
3 喷油量	100 ~ 135 mg/h
2 加速踏板位置	255
1 喷油阀喷油始点信号	113 ~ 150

（19）显示组 004（节气门全开，以 3 挡路试，冷却液温度不低于 80℃）见表 8—1—41，分析结果见表 8—1—42 和表 8—1—43。注意：测试时，在节气门全开状态下加速，当转速达到 3 000 r/min 时必须打印或读取测量值。

表 8—1—41　显示组 004（节气门全开，以 3 挡路试，冷却液温度不低于 80℃）

显示组 004——喷油始点			
阅读测量数据块 4 ×r/min　×.×°B（A）TDC　×.×°B（A）TDC　×%　←显示屏显示		标准值	分析结果
1　2　3　4　←显示区			
4	喷油阀占空比 AGR、AHF、ALH、ASV 发动机 AGP、AQM 发动机	50% ~90% 70% ~95%	见表 8—1—43
3	喷油始点（实际值） AGR、AHF、ALH、ASV 发动机 AGP、AQM 发动机	8°TDC ~14°ATDC 6°ATDC ~10°ATDC	见表 8—1—42
2	喷油始点（标准值） AGR、AHF、ALH、ASV 发动机 AGP、AQM 发动机	8°TDC ~14°ATDC 6°ATDC ~10°ATDC	
1	发动机转速	2 800 ~3 200 r/min	

表 8—1—42　分析结果（显示区 3 为喷油阀喷油始点实际值）

V. A. G1551 显示	可能故障原因	故障排除
与标准值有很大偏差（约 5°）	喷油阀 N108 喷油始点信号失效	检查 N108
	油泵计时方式关闭	动态检测和调整喷油始点
	燃油系统进气	检查供油系统

表 8—1—43　分析结果（喷油起始阀脉冲占空循环显示）

V. A. G1551 显示	可能故障原因	故障排除
低于 70% 或高于 95%	喷油阀 N108 失效	检查 N108
低于 50% 或高于 95%		动态检查和调整喷油始点 检查供油系统

（20）显示组 008（节气门全开，以 3 挡路试，冷却液温度不低于 80℃）见表 8—1—44，分析结果见表 8—1—45、表 8—1—46 和表 8—1—47。

注意：测试时加速踏板踩到底，转速达到 3 000 r/min 时应打印或读出测量值。

表 8—1—44　显示组 008（节气门全开，以 3 挡路试，冷却液温度不低于 80℃）

显示组 004——喷油始点						
阅读测量数据块 8						
×r/min	×.×mg/h	×.×mg/h	×mg/h	←显示屏显示	标准值	分析结果
1	2	3	4	←显示区		
			根据进气量控制喷油量 AGR、AHF 发动机 ALH、ASV 发动机 AGP、AQM 发动机		37~40 mg/h 14~44 mg/h 24~30 mg/h	见表 8—1—47
		根据转速控制喷油量（转矩要求） AGR、AHF 发动机 ALH、ASV 发动机 AGP、AQM 发动机			34.2~38.2 mg/h 38.2~42.8 mg/h 26~27 mg/h	见表 8—1—46
	喷油量（驾驶员要求） AGR、AHF 发动机 ALH、ASV 发动机 AGP、AQM 发动机				38.8~42 mg/h 42~46 mg/h 41~44 mg/h	表 8—1—45
发动机转速					2 800~3 200 r/min	

表 8—1—45　分析结果（喷油量显示）

V. A. G1551 显示	可能故障原因	故障排除
低于 38.8 mg/h 或 41 mg/h 或 42.0 mg/h	节气门未全开	节气门全开时重新检测
	加速踏板位置传感器 G79 失效	检查 G79

表 8—1—46　分析结果（通过转速控制喷油量显示）

V. A. G1551 显示	可能故障原因	故障排除
低于 26.0 mg/h 或 34.2 mg/h 或 38.2 mg/h	转速过高或过低	检查、测量燃油系统的油压，检查喷油器是否积炭

表 8—1—47　分析结果（根据进气量控制喷油量显示，AGP、AQM 发动机）

V. A. G1551 显示	可能故障原因	故障排除
低于 24 mg/h	进气量不足	①检查进气歧管翻板电动机 ②检查废气再循环系统

六、部件检查

1. 动态检查并调整喷油阀喷油始点

(1) 注意事项

1) 在工作状态下，只有利用“基本设定04”功能，才能进行喷油阀喷油始点信号的检查与更正。

2) 更换齿形带后，或拧下喷油泵螺栓后，或拆下齿形带链轮后，应检查喷油阀喷油始点信号，并进行必要的调试。

(2) 检查与调试条件。发动机基本设定正常，齿形带张力正常。

(3) 检查步骤。检查步骤详见表8—1—48。

表8—1—48　　动态检查步骤

序号	操作说明	示意图
1	连接V. A. G1551或V. A. G1552，通过“地址码01”选择发动机电控单元。执行此项操作时，发动机应怠速运转。显示屏显示右图所示的信息	Rapid data transfer（快速数据传递）　HELP（帮助） Select function ××（选择功能××）
2	按0与4键，选择“基本设定”功能，按Q键确认，显示屏显示右图所示的信息	Basic setting（基本设定） Input display group number××（输入显示组号××）
3	按3次Q键，选择“显示组号0”功能，按Q键确认，显示屏显示右图所示的信息（1~10为显示区）	Basic setting（基本设定0） 1　2　3　4　5　6　7　8　9　10
4	在显示区7中检查冷却液温度，标准值小于73℃（等同于85℃），只有达到冷却液温度值时，才能继续检查。对于AGP、AQM发动机，显示区2中的喷油阀、喷油泵喷油始点信号取决于显示区9中的燃油温度，例如，在右图中显示区9（B）中的数值90，与显示区2（A）中的数值35~75有关。在右图中，A为显示区2喷油阀喷油始点信号，B为显示区9燃油温度，C为喷油阀喷油始点信号标准范围	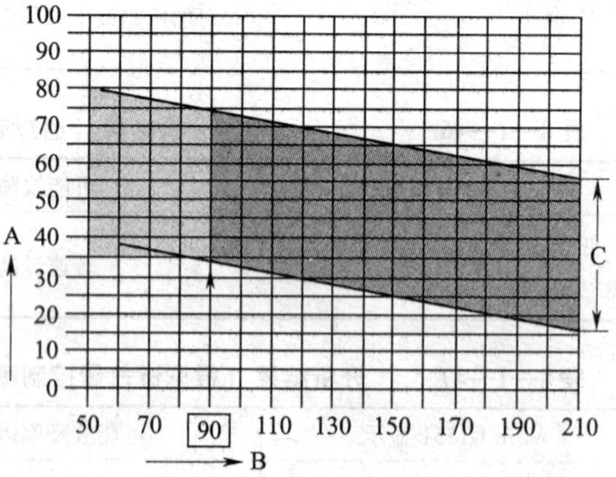
5	按→键，按0、6键，选择“结束输出”功能，按Q键确认。关闭点火开关，若喷油始点信号（正时）在公差之外，则调整喷油阀喷油始点	

续表

序号	操 作 说 明	示 意 图
6	调整喷油阀喷油始点的步骤：拆下齿形带的上部，松开两个喷油泵链轮紧固螺栓，在轮轴螺母上装好22 mm AF环形扳手，反抓住喷油泵轴，松开喷油泵链轮紧固螺栓，慢慢转动喷油泵轴，往左为延迟喷油泵喷油始点，往右为提前喷油泵喷油始点 注意：轮轴上的螺帽不能松开，否则喷油泵基本设定会改变	
7	注意显示区2的数值，如有必要，则重复调整，直到显示值在标准范围C的平均值内	
8	按→键，按0与6键，选择“结束输出”功能，按Q键确认。关闭点火开关。安装齿形带上护罩	

2. 喷油器检查

(1) 喷油器拆装

1) 拆卸喷油器。拆下进气歧管上体（AGP、AQM发动机）。用开口环形扳手（3035）拆下喷油管，拧下固定螺母，拆下支架，取出喷油器。

注意：只能成组更换喷油管，不要改变油管形状。

2) 安装喷油器。插入喷油器，检查底座是否正确地安装在缸盖上。装上支架，喷油管拧紧力矩为25 N·m，支架螺栓拧紧力矩为20 N·m。

注意：缸盖与喷油器间的隔热垫必须更换。

(2) 维修喷油器。详见表8—1—49。

表8—1—49　　维修喷油器

序号	操 作 说 明	示 意 图
1	喷油器失效可能导致下列故障：失火，一缸或多缸敲缸，发动机过热，动力损失，排气管冒黑烟，油耗高，冷启动时排气管冒蓝烟	
2	可按下述方法判断喷油器是否失效：逐一松开每个喷油器上的高压管路接头，若松开某个管路接头后发动机怠速转速仍然保持不变，则说明该喷油器失效	
3	检查步骤：打开压力计，如右图所示，将喷油器与喷油器测试仪相连，慢慢按压泵杆，当开始喷油时，读出开口处的压力，若与标准值不符，则更换喷油器。对于AGR、AHF、AGP、AQM发动机，新喷油器压力为19 ~ 20 kPa，最小压力为17 kPa	V.A.G 1322

续表

序号	操作说明	示意图
4	检查喷油器是否渗漏：慢慢压下泵杆，保持约 15 kPa 的压力 10 s，应没有燃油从喷油器尖处渗漏。若喷油器渗漏，则更换喷油器	
5	更换喷油正时装置护盖 O 形环。在喷油泵下垫上一块干净布，如右图所示，用六角扳手拆下护盖上的内六角螺栓，拆下护盖 2 并清洗，更换 O 形环 3，重新装好护盖和垫片 4	1—固定螺钉　2—护盖　3—O 形环　4—垫片　5—弹簧

注意：此发动机装有双弹簧喷油器，因此，喷油分两个阶段，若喷油器发生故障，则只能更换，不能维修或进行压力设定。

3. 检查发动机电控单元电源电压

（1）检查要求：蓄电池电压高于 11.5 V。

（2）检查步骤：关闭点火开关，将接线盒（V. A. G1598/31）与发动机电控单元和线束相连，检测插口 1/2 与 4/5 间及插口 37 与 4/5 间的电压，均约为 0 V。打开点火开关，再次检测插口 1/2 与 4/5 间及插口 37 与 4/5 间的电压，均为蓄电池电压。若电压不符合要求，则检查供电继电器 J317 端子 30 和线束连接间是否断路或短路。若线束和继电器无故障，则应更换发动机电控单元 J248。

4. 检查发动机转速传感器

若发动机转速传感器失效，则发动机会熄火。检查发动机转速传感器详见表 8—1—50。

表 8—1—50　　检查发动机转速传感器

序号	操作说明	示意图
1	关闭点火开关，拔出发动机转速传感器连接器，如右图所示，检测发动机转速传感器连接器端子 1 与 2 间的电阻，应为 1.1 ~ 1.6 kΩ。若阻值不符合要求，则更换发动机转速传感器 G28；若阻值符合要求，则进行下一步检查	2　1

续表

序号	操作说明	示意图
2	将接线盒（V. A. G1598/31）与发动机电控单元和线束相连，如右图所示，检测接线盒插口102与发动机转速传感器连接器端子1间、接线盒插口110与发动机转速传感器连接器端子2间及接线盒插口86与发动机转速传感器连接器端子3间的电阻，最大阻值为1.5 Ω。若阻值正常，则更换发动机电控单元J248	1 2

5. 检查冷却液温度传感器

检查冷却液温度传感器详见表8—1—51。

表8—1—51　　检查冷却液温度传感器

序号	操作说明	示意图
1	连接V. A. G1551或V. A. G1552，选择发动机电控单元“地址码01”。此时发动机怠速运转，显示屏显示右图所示信息	Rapid data transfer（快速数据传递）　HELP（帮助） Select function ××（选择功能××）
2	按0、0、8键，选择“阅读测量数据块”功能，按Q键确认，显示屏显示右图所示信息	Read measured value block（阅读测量数据块）　HELP（帮助） Input display group number××（输入显示组号××）
3	按0、0、7键，选择“显示组号7”后，按Q键确认，显示屏显示右图所示信息	Read measured value block 7（阅读测量数据块7） 15.45℃　15.95℃　16.75℃
4	观察显示区4的冷却液温度，温度值应均匀上升且不间断。若出现故障，则该值由燃油温度值替代或显示-45℃。若显示区4显示的不是实际值，则显示的是作为替代值的燃油温度或-45℃	

续表

<table>
<tr><th>序号</th><th>操作说明</th><th>示意图</th></tr>
<tr><td>5</td><td>检查冷却液温度传感器和传感器线束，按0、0、6键，选择“结束输出”功能，按Q键确认。关闭点火开关，拔出冷却液温度传感器连接器，如图a所示，检测冷却液温度传感器连接器端子C与D间的电阻，阻值见图b。在图b中，范围A为0~50℃间的电阻，范围B为50~100℃间的电阻，例如，30℃对应1 500~2 000 Ω范围内的电阻，80℃对应275~375 Ω范围内的电阻。若阻值不符合要求，则更换冷却液温度传感器G62；若阻值符合要求，则进行下一步检查</td><td> 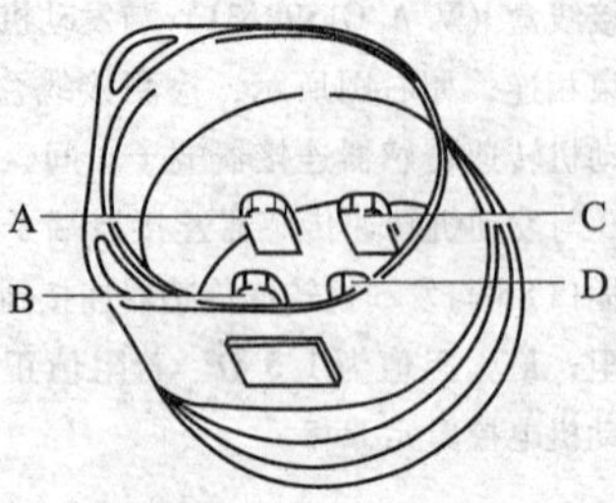A 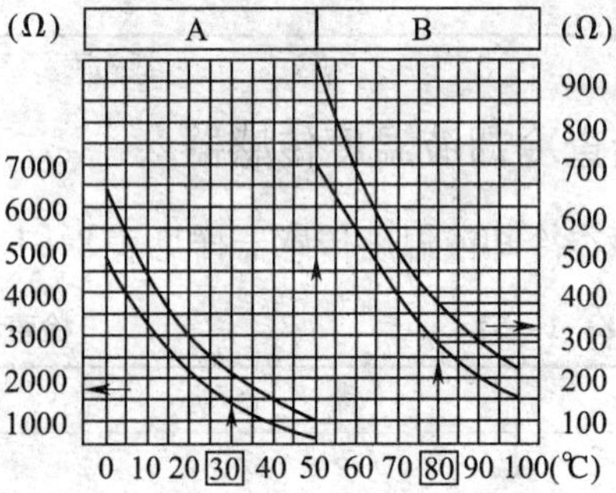 B C D
a)
(Ω) A B (Ω)
7000 6000 5000 4000 3000 2000 1000
900 800 700 600 500 400 300 200 100
0 10 20 30 40 50 60 70 80 90 100(℃)
b)</td></tr>
<tr><td>6</td><td>将接线盒（V. A. G1598/31）与发动机电控单元和线束相连，如右图所示，检查接线盒插口112与冷却液温度传感器连接器端子3间及接线盒插口104与冷却液温度传感器连接器端子4间的电路是否断路或短路。若正常，则更换发动机电控单元J248</td><td> 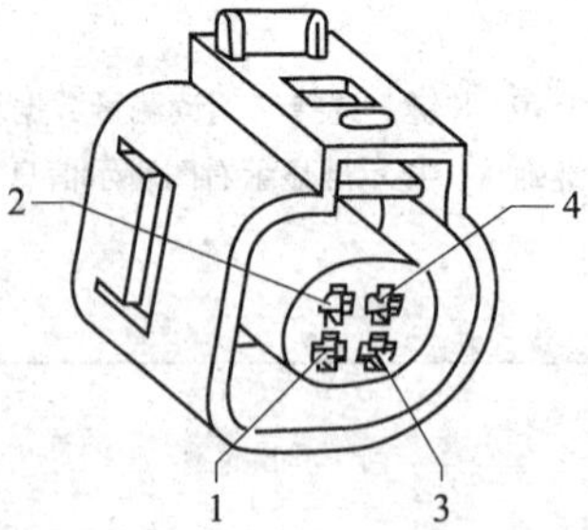2 4 1 3</td></tr>
</table>

6. 检查进气歧管温度传感器

检查进气歧管温度传感器详见表8—1—52。

表 8—1—52　　检查进气歧管温度传感器

序号	操作说明	示意图
1	连接 V. A. G1551 或 V. A. G1552，选择发动机电控单元“地址码 01”，此时发动机应怠速运转，显示屏显示右图所示信息	Rapid data transfer（快速数据传递）　HELP（帮助） Select function ××（选择功能××）
2	按 0、0、8 键，选择“阅读测量数据块”功能，按 Q 键确认，显示屏显示右图所示信息	Read measured value block（阅读测量数据块）　HELP（帮助） Input display group number××（输入显示组号××）
3	按 0、0、7 键，选择“显示组号 7”，按 Q 键确认，显示屏显示右图所示信息	Read measured value block 7（阅读测量数据块 7） 15. 45℃　15. 95℃　16. 75℃
4	若显示区 3 显示的不是实际值或替代值 136. 8℃，则检查进气歧管温度传感器及线束。按 0、6 键，选择“结束输出”功能，按 Q 键确认。关闭点火开关	
5	对于 AGP、AQM 发动机，拔出进气歧管温度传感器连接器，检测进气歧管温度传感器连接器端子间的电阻，阻值见右图。若阻值不符合要求，则更换进气歧管温度传感器 G72；若阻值符合要求，则进行下一步检查	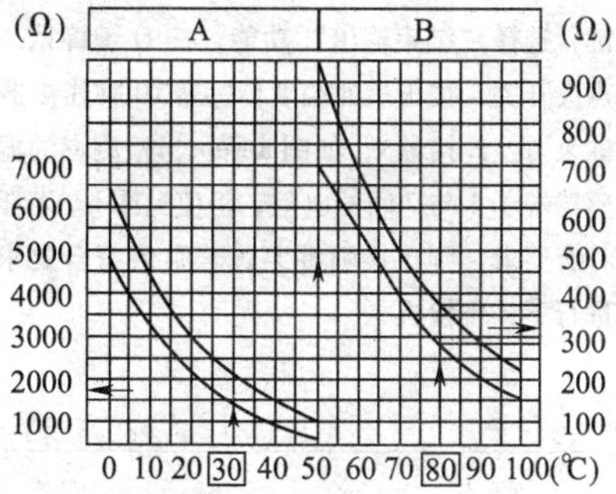 (Ω) A B (Ω) 7000 6000 5000 4000 3000 2000 1000 900 800 700 600 500 400 300 200 100 0 10 20 30 40 50 60 70 80 90 100(℃)
6	将接线盒（V. A. G1598/31）与发动机电控单元和线束相连，如右图所示，检查接线盒插口 73 与进气歧管温度传感器连接器端子 1 间及接线盒插口 54 与进气歧管温度传感器连接器端子 2 间的电路是否断路或短路。若正常，则更换发动机电控单元 J248	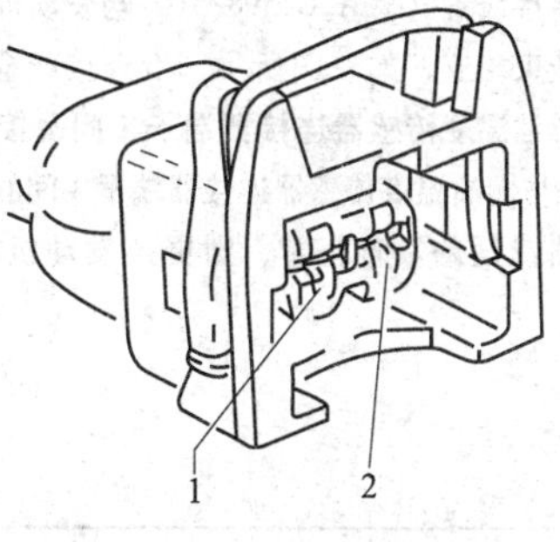 1　2

7. 检查燃油温度传感器

检查燃油温度传感器详见表 8—1—53。

表 8—1—53　　检查燃油温度传感器

序号	操作说明	示意图
1	连接 V. A. G1551 或 V. A. G1552，选择发动机电控单元“地址码 01”，此时发动机应怠速运转，显示屏显示右图所示信息	Rapid data transfer（快速数据传递）　HELP（帮助） Select function ××（选择功能××）
2	按 0、0、8 键，选择“阅读测量数据块”功能，按 Q 键确认，显示屏显示右图所示信息	Read measured value block（阅读测量数据块）　HELP（帮助） Input display group number××（输入显示组号××）
3	按 0、0、7 键，选择“显示组号 7”，按 Q 键确认，显示屏显示右图所示信息	Read measured value block 7（阅读测量数据块 7） 15.45℃　15.95℃　16.75℃
4	若显示区 1 显示的不是实际值或替代值 -5.4℃，则检查燃油温度传感器及线束。按 0、6 键，选择“结束输出”功能，按 Q 键确认。关闭点火开关，拔出燃油温度传感器 10 脚连接器（喷油泵监控连接器），如图 a 所示，检测燃油温度传感器端子 4 与 7 间的电阻，阻值见图 b。若阻值不符合要求，则更换喷油泵；若阻值符合要求，则进行下一步检查	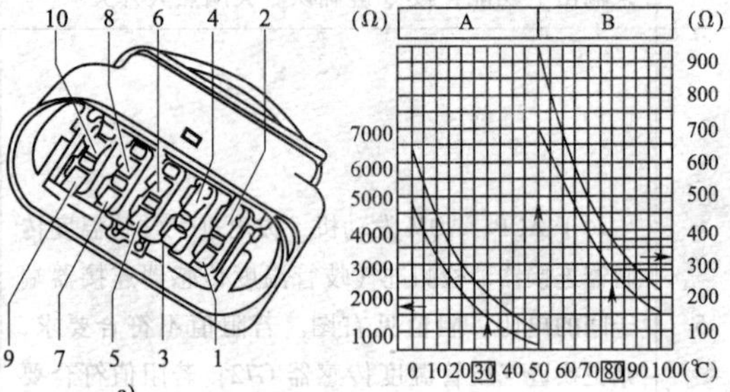 10 8 6 4 2 9 7 5 3 1 a) (Ω) A B (Ω) 7000 6000 5000 4000 3000 2000 1000 900 800 700 600 500 400 300 200 100 0 10 20 30 40 50 60 70 80 90 100(℃) b)
5	将接线盒（V. A. G1598/31）与发动机电控单元和线束相连，如右图所示，检查接线盒插口 111 与燃油温度传感器连接器端子 7 间及接线盒插口 103 与燃油温度传感器连接器端子 4 间的电路是否断路或短路。若正常，则更换发动机电控单元 J248	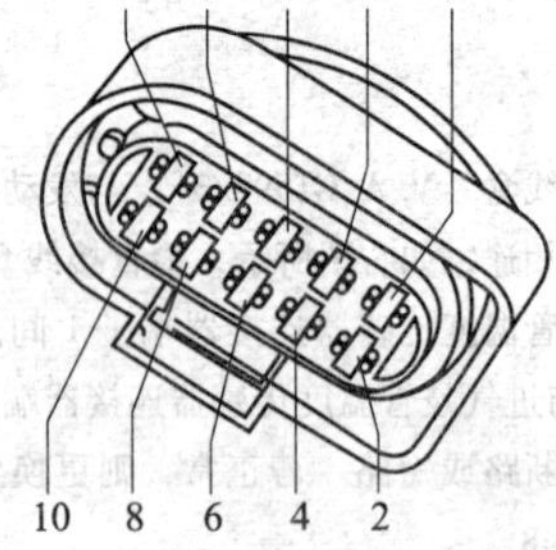 9 7 5 3 1 10 8 6 4 2

8. 检查调节活塞运动传感器和油量调节器

油量调节器是一个电磁转动电位计，由发动机电控单元通过定向的占空循环（开—关比例）进行控制。油量调节器上的偏心轴在高压活塞上移动调节活塞，以达到调节喷油量的目的。检查内容详见表8—1—54。

表8—1—54　　检查调节活塞运动传感器和油量调节器

序号	操作说明	示意图
1	连接V. A. G1551或V. A. G1552，选择发动机电控单元“地址码01”，此时发动机应急速运转，显示屏显示右图所示信息	Rapid data transfer（快速数据传递）　HELP（帮助） Select function ××（选择功能××）
2	按0、0、8键，选择“阅读测量数据块”功能，按Q键确认，显示屏显示右图所示信息	Read measured value block（阅读测量数据块）　HELP（帮助） Input display group number××（输入显示组号××）
3	按0、0、1键，选择“显示组号1”，按Q键确认，显示屏显示右图所示信息	Read measured value block 7（阅读测量数据块7） 840 r/min　6.5 mg/h　1.480 V　87.35℃
4	检查显示区4的冷却液温度，应不低于85℃。若达到要求温度，则进行下一步的检测	
5	检查显示区3的显示值（调节活塞运动传感器的电压值），AGP、AQM发动机的标准值为1.6～2.1 V，若检查结果不符合要求，则按下面的步骤检查调节活塞运动传感器和油量调节器	
6	检查调节活塞运动传感器G149，按0、6键，选择“结束输出”功能，按Q键确认。关闭点火开关，拔出喷油泵连接器，如图a所示，检测喷油泵连接器端子1与2间及端子2与3间的电阻，应为4.9～7.50 Ω，若阻值不符合要求，则更换喷油泵；若阻值符合要求，则将接线盒（V. A. G1598/31）与发动机电控单元和线束相连，如图b所示，检查接线盒插口108与喷油泵连接器端子1间、接线盒插口106与喷油泵连接器端子2间及接线盒插口99与喷油泵连接器端子3间的电路是否断路或短路。若正常，则更换发动机电控单元J248	10　8　6　4　2 9　7　5　3　1 a) 9　7　5　3　1 10　8　6　4　2 b)
7	检查油量调节器N146，按0、6键，选择“结束输出”功能，按Q键确认。关闭点火开关，拔出喷油泵连接器，如图a所示，检测喷油泵连接器端子5与6间的电阻，应为0.5～2.5 Ω，若阻值不符合要求，则更换喷油泵；若阻值符合要求，则将接线盒（V. A. G1598/31）与发动机电控单元和线束相连，如图b所示，检查接线盒插口1、2与喷油泵连接器端子5间的电路是否断路或短路。若正常，则更换发动机电控单元J248	

9. 检查针阀升程传感器

针阀升程传感器是用来确定喷油阀喷油始点的。若针阀升程传感器失效，则喷油阀喷油始点转换为开环控制（根据发动机转速和发动机负荷）。在正常操作过程中，喷油阀喷油始点为闭环控制（根据发动机转速、发动机负荷和温度控制）。

（1）关闭点火开关，拔出针阀升程传感器连接器，检测针阀升程传感器连接器端子间的电阻，应为 80 ~ 120 Ω。若阻值不符合要求，则更换带针阀升程传感器 G80 的 3 缸喷油器；若阻值符合要求，则进行下一步检查。

（2）将接线盒（V. A. G1598/31）与发动机电控单元和线束相连，如图 8—1—4 所示，检查接线盒插口 109 与针阀升程传感器连接器端子 1 间及接线盒插口 101 与针阀升程传感器连接器端子 2 间的电路是否断路或短路。若正常，则更换发动机电控单元 J248。

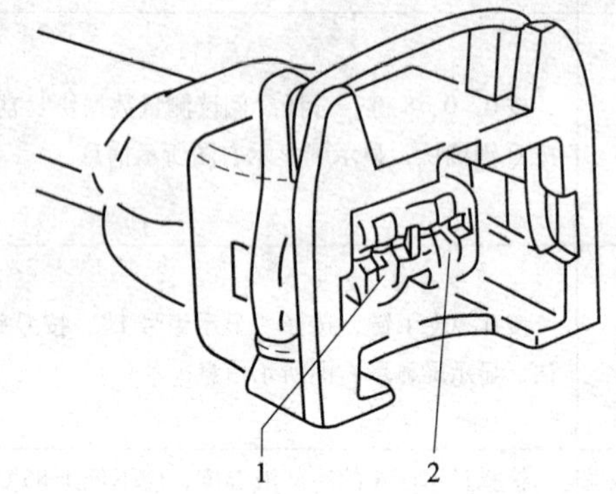

图 8—1—4　针阀升程传感器连接器端子

10. 检查喷油正时调整范围

检查喷油正时调整详见表 8—1—55。

表 8—1—55　　检查喷油正时调整

序号	操作说明	示意图
1	检查喷油正时调整范围要在“基本设定 04”功能下进行。发动机怠速运转，连接 V. A. G1551 或 V. A. G1552，选择发动机电控单元“地址码 01”，显示屏显示右图所示信息	Rapid data transfer（快速数据传递）　HELP（帮助） Select function ××（选择功能××）
2	按 0、4 键，选择“基本设定”功能，按 Q 键确认，显示屏显示右图所示信息	Basic setting（基本设定） Input display group number××（输入显示组号××）
3	按 0、0、4 键，选择“显示组号 4”，按 Q 键确认，显示屏显示右图所示信息	System in basic setting 4（基本设定 4） 880 r/min advanced 7. 95°BTDC 66%
4	显示区 3 规定值为提前 7°BTDC ~ 9°BTDC，约 10 s 后，正时装置移到推迟位置	
5	显示屏显示右图所示信息	System in basic setting 4（基本设定 4） 880 r/min retarded 3. 95°BTDC 74%
6	显示区 2 规定值为延迟 3°BTDC ~ 5°BTDC，若不符合要求，则按下面的步骤检查喷油始点	

续表

序号	操作说明	示意图
7	按0、6键，选择“结束输出”功能，按Q键确认。关闭点火开关。对于AGP、AQM发动机，拔出喷油泵连接器，如右图所示，检测喷油泵连接器端子9与10间的电阻，应为12~20 Ω。若阻值不符合要求，则更换喷油阀N108；若阻值符合要求，则进行下一步检查	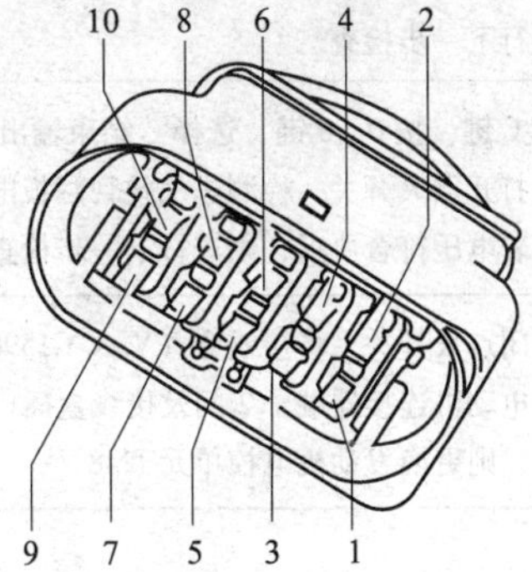 10 8 6 4 2 9 7 5 3 1
8	将接线盒（V. A. G1598/31）与发动机电控单元和线束相连，如右图所示，检查接线盒插口114与喷油泵连接器端子9间及接线盒插口1、2与喷油泵连接器端子10间的电路是否断路或短路。若正常，则更换发动机电控单元J248	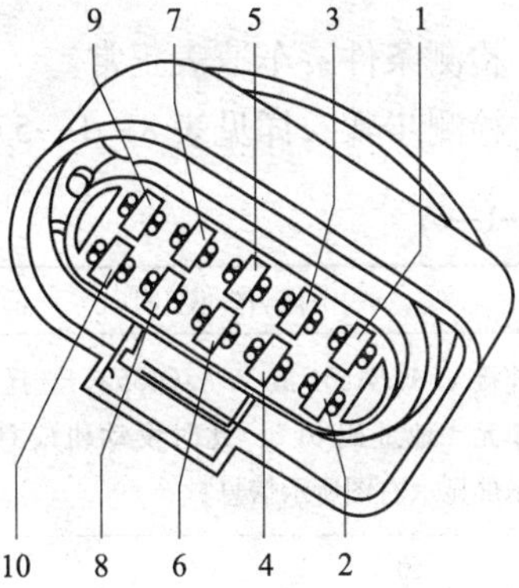 9 7 5 3 1 10 8 6 4 2

11. 检查进气歧管翻板电动机

检查进气歧管翻板电动机详见表8—1—56。

表8—1—56　　检查进气歧管翻板电动机

序号	操作说明	示意图
1	连接V. A. G1551或V. A. G1552，选择发动机电控单元“地址码01”，此时发动机应怠速运转，显示屏显示右图所示信息	Rapid data transfer（快速数据传递）HELP（帮助） Select function××（选择功能××）
2	按0、3键，选择“执行元件诊断”功能，显示屏显示右图所示信息	Rapid data transfer（快速数据传递）　Q 03 Final control diagnosis（03 执行元件诊断）
3	按Q键确认，显示屏显示右图所示信息	Final control diagnosis（执行元件诊断） Intake manifold flap motor—V157（进气歧管翻板电动机—V157）

续表

序号	操作说明	示意图
4	启动进气歧管翻板电动机，改变燃烧噪声（位置电动机打开，进气歧管翻板关闭），若听不到燃烧噪声变化，则进行下一步检查	
5	按C键，按0、6键，选择“结束输出”功能，按Q键确认。关闭点火开关，拔出进气歧管翻板电动机连接器，打开点火开关，检测进气歧管翻板电动机连接器端子4与车身间及端子4与1间的电压，应约为蓄电池电压。若电压符合要求，则进行下一步检查	
6	关闭点火开关，将接线盒（V. A. G1598/31）与发动机电控单元和线束相连，检查接线盒插口81与进气歧管翻板电动机连接器端子2间及接线盒插口75与进气歧管翻板电动机连接器端子3间的电路是否断路或短路。若正常，则更换发动机电控单元J248	

12. 检查车速信号

（1）检测条件：车速表正常。

（2）检测步骤：详见表8—1—57。

表8—1—57　　检查车速信号

序号	操作说明	示意图
1	连接V. A. G1551或V. A. G1552，选择发动机电控单元“地址码01”，此时发动机应怠速运转，显示屏显示右图所示信息	Rapid data transfer（快速数据传递）HELP（帮助） Select function ××（选择功能××）
2	按0、0、8键，选择“阅读测量数据块”功能，按Q键确认，显示屏显示右图所示信息	Read measured value block（阅读测量数据块）HELP（帮助） Input display group number××（输入显示组号××）
3	按0、0、6键，选择“显示组号6”，按Q键确认，试车时阅读该显示组，显示区标准值约为车速。若不是车速，则进行下一步检查	
4	按0、6键，选择“结束输出”功能，按Q键确认。将接线盒（V. A. G1598/31）与发动机电控单元和线束相连，用万用表检测接线盒插口4/5与20间的电压。打开点火开关，从左前方升起车辆，转动前车轮观察电压值，标准值为0~4 V（变化）。若显示值不变化，则检查发动机电控单元20脚连接器与组合仪表间的电路是否断路或短路	

13. 检查制动灯开关和制动踏板开关

制动系统工作时，为了安全起见，发动机应能自动调整，因此，电控单元需要来自制动灯开关与制动踏板开关的信号。当加速踏板处于一定位置时，若控制制动系统，则发动机会立即变为怠速状态。若开关调整不正确，则会使发动机进行不必要的调整。详见表8—1—58。

表 8—1—58　　检查制动灯开关和制动踏板开关

序号	操作说明	示意图
1	连接 V. A. G1551 或 V. A. G1552，选择发动机电控单元“地址码 01”，此时发动机应怠速运转，显示屏显示右图所示信息	Rapid data transfer（快速数据传递）HELP（帮助） Select function ××（选择功能××）
2	按 0、0、8 键，选择“阅读测量数据块”功能，按 Q 键确认，显示屏显示右图所示信息	Read measured value block（阅读测量数据块）HELP（帮助） Input display group number××（输入显示组号××）
3	按 0、0、6 键，选择“显示组号 6”，按 Q 键确认，显示屏显示右图所示信息	Read measured value block 6（阅读测量数据块 6） 0 km/h　000　0.0%　255
4	观察显示区 2 的显示值，标准值为 000	
5	慢慢踏下制动踏板，显示屏显示右图所示信息	Read measured value block 6（阅读测量数据块 6） 0 km/h　001　0.0%　255
6	观察显示区 2 的显示值，标准值为 011（显示值后两位数应为 1，且同时由 0 变为 1，中间的显示值对应制动踏板开关，右侧显示值对应制动灯开关）	
7	慢慢松开制动踏板并回到初始位置，显示屏显示右图所示信息	Read measured value block 6（阅读测量数据块 6） 0 km/h　000　0.0%　255
8	观察显示区 2 的显示值，显示值后两位数由 1 变到 0，若显示值中有一位或两位数字都不变，则应检查开关或开关线束	

14. 检查离合器踏板开关 F36

离合器踏板开关 F36 将接通或断开信号传送至电控单元，这可防止离合器在接通或断开时发动机抖动，同时也可防止巡航控制系统开关打开和离合器断开时发动机空转。详见表 8—1—59。

表 8—1—59　　检查制动灯开关和制动踏板开关

序号	操作说明	示意图
1	连接 V. A. G1551 或 V. A. G1552，选择发动机电控单元“地址码 01”，此时发动机应怠速运转，显示屏显示右图所示信息	Rapid data transfer（快速数据传递）HELP（帮助） Select function ××（选择功能××）
2	按 0、0、8 键，选择“阅读测量数据块”功能，按 Q 键确认，显示屏显示右图所示信息	Read measured value block（阅读测量数据块）HELP（帮助） Input display group number××（输入显示组号××）

续表

序号	操作说明	示意图
3	按0、0、6键，选择“显示组号6”，按Q键确认，观察显示屏显示区2，规定值为000，若检测结果不符合要求，则进行下一步检查	
4	按0、6键，选择“结束输出”功能，按Q键确认。关闭点火开关，拔出离合器踏板开关连接器，检测离合器踏板开关端子间的电阻，最大值为10 Ω。若阻值不符合要求，则更换离合器踏板开关F36；若阻值符合要求，则进行下一步检查	
5	将接线盒（V. A. G1598/31）与发动机电控单元和线束相连，如右图所示，检查接线盒插口66与离合器踏板开关连接器端子2间的电路是否断路或短路。若正常，则更换发动机电控单元J248	1 3 1

15. 检查来自空调和至空调的信号

（1）检测条件。空调功能正常，无故障码，车辆在室温下（高于15℃），空调打开。

（2）检查压缩机切断功能。发动机电控单元收到空调就绪信号后将很快接通空调。在下述条件下每次启动后6 s内，发动机电控单元均可能切断空调压缩机：低速时加速困难，车辆应急运转，冷却液温度高于120℃。详细检测见表8—1—60。

表8—1—60　　检查压缩机切断功能

序号	操作说明	示意图
1	连接V. A. G1551或V. A. G1552，选择发动机电控单元“地址码01”，此时发动机应急速运转，显示屏显示右图所示信息	Rapid data transfer（快速数据传递）HELP（帮助） Select function ××（选择功能××）
2	按0、3键，选择“执行元件诊断”功能，按Q键确认，显示屏显示右图所示信息	Rapid data transfer（快速数据传递）　Q 03Final control diagnosis（03执行元件诊断）
3	按Q键确认，显示屏显示右图所示信息	Final control diagnosis（03执行元件诊断） Commencement of injection valve—N108 （喷油阀—N108喷油始点信号）

续表

序号	操作说明	示意图
4	按Q键确认，显示屏显示右图所示信息	Final control diagnosis（03 执行元件诊断） Exhaust gas recirculation valve—N18 （废气再循环阀—N18）
5	按Q键确认，显示屏显示右图所示信息	Final control diagnosis（03 执行元件诊断） Conditioner compressor interruption （空调压缩机切断功能）
6	空调压缩机应在5 s内停止工作，然后启动运行5 s后再停止。若空调未切断，则继续完成全部部件诊断。按0、6键，选择“结束输出”功能，按Q键确认。将接线盒（V. A. G1598/31）与发动机电控单元和线束相连，检查接线盒插口29与空调系统间的电路是否断路	
7	检查空调系统信号与发动机转速间的匹配情况：空调系统在不同负荷条件下运行时，发动机电控单元控制发动机保持怠速稳定	
8	连接V. A. G 1551或V. A. G 1552，选择发动机电控单元“地址码01”，此时发动机应怠速运转，显示屏显示右图所示信息	Rapid data transfer（快速数据传递）HELP（帮助） Select function ××（选择功能××）
9	按0、0、8键，选择“阅读测量数据块”功能，按Q键确认，显示屏显示右图所示信息	Read measured value block（阅读测量数据块）HELP（帮助） Input display group number××（输入显示组号××）
10	按0、0、2键，选择“显示组号2”，按Q键确认，显示屏显示右图所示信息（1～4为显示区）	Read measured value block 2（阅读测量数据块2） 1　2　3　4
11	观察显示屏显示区3，空调不能被接通，标准值为0×0（空调系统信号）。打开空调，按下手动空调系统“A/C”开关，选择最低温度和鼓风机最高转速。空调压缩机应运转，观察显示区3的显示值，标准值为××1（空调系统信号）。若检测结果不符合要求，则将接线盒（V. A. G1598/31）与发动机电控单元和线束相连，检查接线盒插口34与空调系统间的电路是否断路	

16. 更换发动机电控单元

更换发动机电控单元操作详见表8—1—61。

表 8—1—61　更换发动机电控单元操作

序号	操作说明	示意图
1	首先打印出发动机电控单元标志和电控单元编码，连接 V. A. G1551 或 V. A. G1552，选择发动机电控单元“地址码 01”，V. A. G1551 将显示右图所示信息，按 print 键，打印出发动机电控单元标志	038906018D 1.9L R4 EDC G00SG 1817 Coding0002（编码 0002）WSC ××××××
2	按 0 和 6 键，选择“结束输出”功能，按 Q 键确认，显示屏显示右图所示信息	Rapid data transfer（快速数据传递）HELP（帮助） Select function ××（选择功能××）
3	关闭点火开关，拔出发动机电控单元连接器，取出发动机电控单元，装好新的发动机电控单元，检查前给新发动机电控单元编码，将发动机电控单元与防盗器进行匹配，然后查询新发动机电控单元的故障码存储情况。若有必要，则清除故障码	

17. 发动机电控单元编码

若发动机电控单元编码不正确或更换了发动机电控单元，则应按表 8—1—62 的步骤对发动机电控单元进行编码。

表 8—1—62　发动机电控单元编码

序号	操作说明	示意图
1	连接 V. A. G1551 或 V. A. G1552，选择发动机电控单元“地址码 01”，打开点火开关，显示屏显示右图所示信息	Read measured value block（阅读测量数据块）HELP（帮助） Input display group number ××（输入显示组号××）
2	按 0 和 7 键，选择“电控单元编码”功能，按 Q 键确认，显示屏显示右图所示信息	Rapid data transfer（电控单元编码）　Q Input code number ×××××（0~3200）（输入编码×××××）
3	按车型代码表输入本车型正确代码，按 Q 键确认，V. A. G1551 显示屏显示右图所示信息	车型代码 编码　车型 00001　自动变速箱 00002　手动变速箱，带应急切断 00003　四轮驱动 00005　手动变速箱，不带应急切断 038906018D 1.9L R4 EDC G00SG 1817 Coding0002（编码 0002）WSC ××××××
4	关闭点火开关，然后再打开。注意：关闭点火开关后再打开，将会启动发动机编码程序，若输入正确编码后，没有关闭点火开关，则存储器内的“电控单元编码不正确”故障码将无法清除	

18. 发动机电控单元与防盗器间的匹配

（1）检测条件：钥匙已被授权。

（2）检查步骤详见表8—1—63。

表8—1—63　　发动机电控单元与防盗器间的匹配

序号	操作说明	示意图
1	连接V. A. G1551或V. A. G1552，打开点火开关。按1键，选择“快速数据传递”，按1和7键，选择地址码“组合仪表”，按Q键确认，显示屏显示右图所示信息	1J0 919 086 D A4 Combi—instr. VDO V04 Coding0002（编码0002）WSC××××××
2	按Q键，显示屏显示“IMMO—IDENT No. VWZ7Z0V0071094”	
3	按Q键，显示屏显示右图所示信息	Rapid data transfer（快速数据传递）HELP（帮助） Select function ××（选择功能××）
4	按1和0键，选择“适配”功能，按Q键确认，显示屏显示右图所示信息	Adaption（适配） Feed in channel number××（输入通道号××）
5	按0键两次，选择“通道号0”功能，按2键确认，显示屏显示右图所示信息	Adaption（适配） Erase learnt values?（清除已学习值?）
6	按Q键确认，显示屏显示右图所示信息	Adaption（适配） learnt values have been erase（已学习值已被清除）
7	按Q键完成适配。按0和6键，选择“结束输出”功能，按Q键确认。关闭点火开关	注意：在下次打开点火开关时，发动机电控单元识别码将写入防盗电控单元内

19. 检查预热塞系统

（1）检测要求：蓄电池电压不低于11.5 V，关闭点火开关，发动机电控单元正常，预热塞熔丝S163正常。

（2）检查步骤：拔出冷却液温度传感器连接器，拔出预热塞连接器，打开点火开关约20 s，用万用表检测预热塞连接器与车身间的电压，应约为蓄电池电压。若无电压，则按电路图查找故障。

20. 检查预热塞

（1）检测条件：预热塞熔丝正常，蓄电池电压不低于11.5 V，关闭所有耗电部件。

（2）检查步骤：拔出预热塞连接器，用辅助夹将二极管检测灯与蓄电池正极相连，将二极管检测灯探头先后放在每个预热塞上，若二极管检测灯亮，则预热塞正常；若二极管检测灯不亮，则更换预热塞。

第八章 捷达汽车SDI发动机系统检修

第二节

捷达SDI发动机辅助系统检修

一、润滑系统

1. 润滑系统部件拆装

若油底壳中有大量铁屑和磨屑，则曲轴和连杆瓦可能损坏、抱死。为了防止损坏，应仔细清理机油管路，并更换机油滤清器。机油不能过多，否则会造成催化器损坏。

（1）润滑系统部件分解图如图 8—2—1 和图 8—2—2 所示。

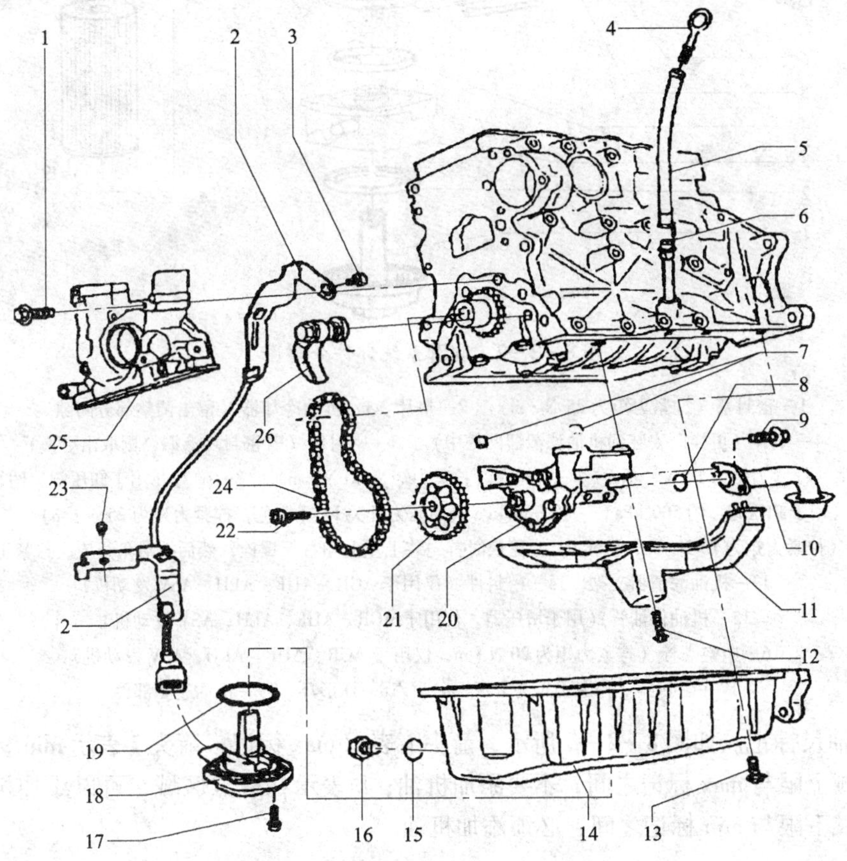

图 8—2—1　润滑系统部件分解图 1

1，3，9，12，13，23—螺栓（拧紧力矩为 15 N·m）　2—支架（用于油面和油温传感器线束）
4—油尺（油面不能超过 max 标记）　5—导向套（拔出，以排出机油）　6—导管　7—定位销
8—O 形环　10—进油管（若脏污，则清洗滤网）　11—防溅挡板
14—油底壳（安装前清洁密封表面，安装时用硅胶密封）　15，19—密封件
16—放油螺栓（拧紧力矩为 30 N·m）　17—螺栓（拧紧力矩为 10 N·m）　18—油面和油温传感器
20—油泵（带卸压阀，卸油压力 1 ~ 2 kPa，安装前检查油泵的两个定位销）　21—链轮
22—螺栓（拧紧力矩为 20 N·m）　24—驱动链　25—密封法兰（带油封）
26—带张紧轨的链条张紧器（安装时，先预紧弹簧，然后安装）

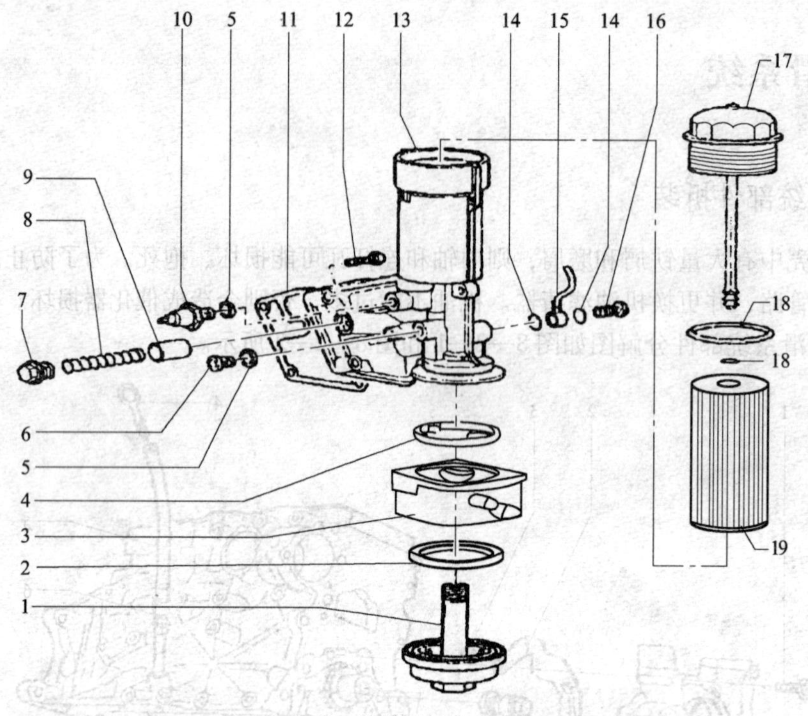

图 8—2—2　润滑系统部件分解图 2

1—密封塞（拧紧力矩为 25 N·m）　2—垫片　3—机油冷却器（留出调整部分间隙）
4—垫片（更换时安装到机油滤清器凹槽中）　5—密封件（若密封环渗漏，则取出更换）
6—密封塞（拧紧力矩为 10 N·m）　7—密封塞（拧紧力矩为 40 N·m）　8—弹簧（用于卸压阀，约 500 kPa）
9—活塞（用于卸压阀，约 500 kPa）　10—70 kPa 机油压力开关 F1（棕色，拧紧力矩为 25 N·m）　11—垫片
12—螺栓（拧紧力矩为 15 N·m，再转 90°。更换时首先装上左上和右下螺栓，然后按对角线依次拧紧 4 个螺栓）
13—机油滤清器支架　14—密封件（仅用于 AGR、AHF、ALH、ASV 发动机）
15—机油供油管（用于增压器，仅用于 AGR、AHF、ALH、ASV 发动机）
16—中空螺栓（拧紧力矩为 20 N·m，仅用于 AGR、AHF、ALH、ASV 发动机）
17—密封盖（拧紧力矩为 2 N·m）　18—O 形环　19—机油过滤部件

（2）油尺标记。如图 8—2—3 所示，箭头 1 表示 max 标记；箭头 2 表示 min 标记；a 表示麻点区域上限与 max 标记之间，不要添加机油；b 表示在麻点区域，可以添加机油；c 表示麻点区域下限与 min 标记之间，必须添加机油。

2．油底壳拆装

（1）油底壳拆卸。拆下中央、左侧和右侧隔声罩，排出发动机机油，拆下油底壳。若有必要，则用橡胶锤轻轻敲击油底壳，以便拆下。用平刮刀清掉缸体上残余的密封物，用旋转式刷子清掉油底壳上残余的密封物，清除密封表面的润滑油或润滑脂。

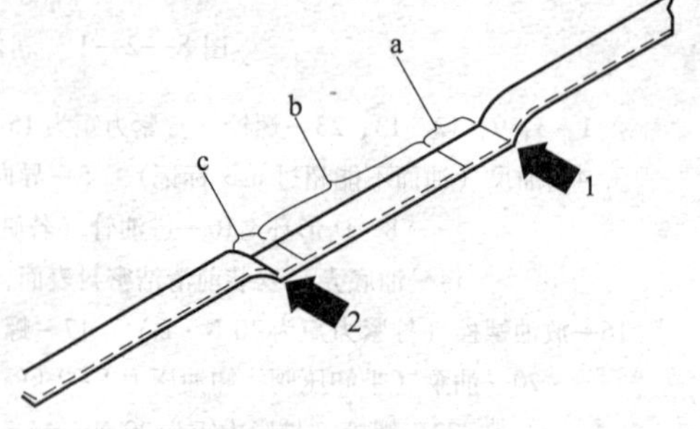

图 8—2—3　油尺标记

（2）油底壳安装。涂上密封胶5 min内，必须装上油底壳。

1）如图8—2—4所示，清洁密封表面后，涂上密封胶，密封胶必须有2 ~3 mm厚，向里绕过螺栓孔，见图8—2—4中的箭头。

注意：密封胶涂层不可过厚，否则多余的密封胶会进入油底壳堵塞吸油管滤网。

2）如图8—2—5所示，将密封胶涂到清洁的油底壳密封面上，装上油底壳，轻轻拧紧全部螺栓（注意：油底壳应与缸体对齐）。用15 N · m的力矩拧紧螺栓，用45 N · m的力矩拧紧油底壳/变速箱螺栓（注意：装配好油底壳后，30 min后再加注机油）。

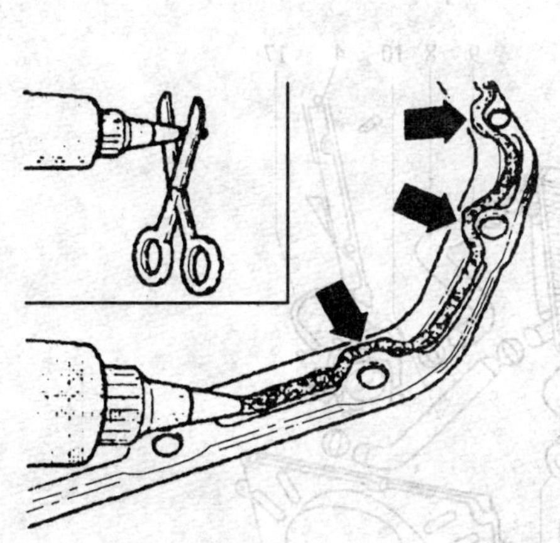

图8—2—4　油底壳指示

图8—2—5　油底壳密封垫

3. 检查机油压力和机油压力开关

（1）拧下70 kPa机油压力开关F1，如图8—2—6所示，将它拧到机油压力测试仪（V. A. G1342）上，将机油压力测试仪拧入原机油压力开关位置，将机油压力测试仪棕色导线搭铁，用辅助接线（V. A. G 1594）将发光二极管电笔（V. A. G 1527B）与机油压力开关和蓄电池正极相连，发光二极管应不亮。

（2）若发光二极管亮，则更换70 kPa机油压力开关F1。

（3）若发光二极管不亮，则启动发动机，慢慢提高发动机转速，压力在55 ~ 85 kPa时，发光二极管应亮，否则应更换机油压力开关。

（4）进一步提高发动机转速，发动机转速为2 000 r/min，机油温度为80℃时，机油压力不得低于200 kPa，若达不到上述要求，则排除机械故障，更换带卸压阀的机油滤清器支架

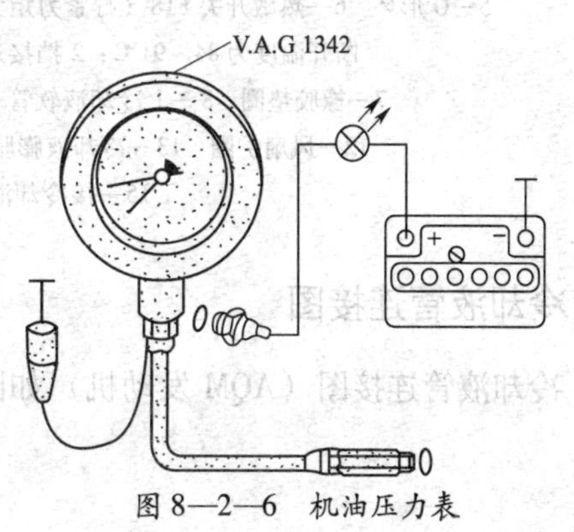

图8—2—6　机油压力表

或油泵。

（5）发动机转速升高时，机油压力不可超过 700 kPa，若超过该值，则检查机油油道。若有必要，则应更换带卸压阀的机油滤清器支架。

二、冷却系统

1．冷却系统零件分解图

冷却系统零件分解图如图 8—2—7 和图 8—2—8 所示。

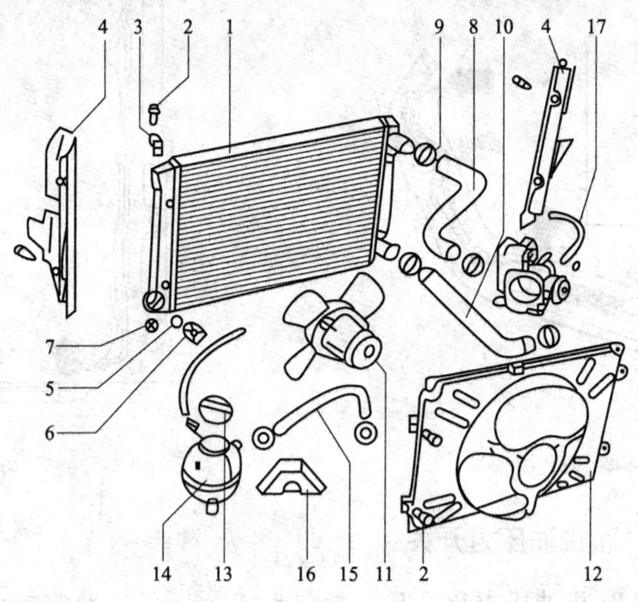

图 8—2—7　冷却系统零件分解图 1

1—散热器　2—螺栓（拧紧力矩为 10 N·m）　3—支架　4—空气导板
5—O 形环　6—热敏开关 F18（拧紧力矩为 35 N·m，用于电动风扇，1 挡接通温度为 92 ~ 97℃，断开温度为 84 ~ 91℃；2 挡接通温度为 99 ~ 105℃，断开温度为 91 ~ 98℃）
7—橡胶垫圈　8—上冷却液软管　9—弹性卡箍　10—下冷却液软管　11—风扇
12—风扇护圈　13—冷却液膨胀罐盖（压力为 140 ~ 160 kPa）　14—膨胀罐
15—接冷却液管　16—护罩　17—水管

2．冷却液管连接图

冷却液管连接图（AQM 发动机）如图 8—2—9 所示。

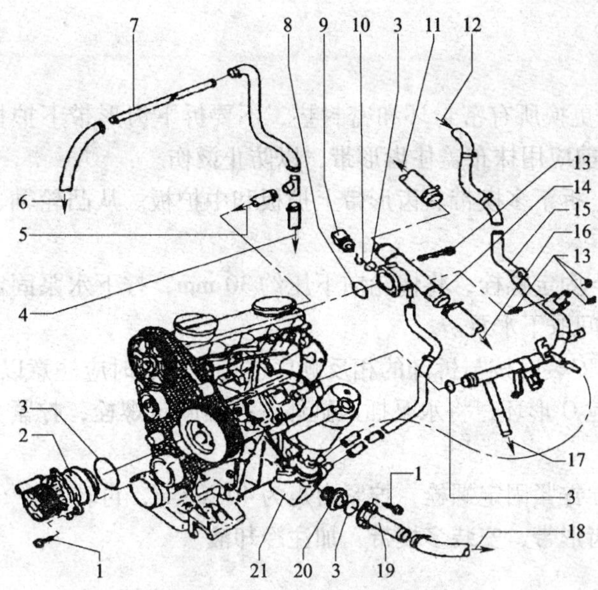

图 8—2—8 冷却系统零件分解图 2

1—螺栓（拧紧力矩为 15 N·m） 2—水泵（检查时应转动自如） 3，8—O 形环
4，16—至风扇上部 5—至气缸盖 6—至膨胀罐上部 7—上部冷却液管 9—冷却液温度传感器 G62
10—卡片 11—至散热器 12—来自散热器 13—螺栓（拧紧力矩为 10 N·m）
14—连接管 15—冷却液管 17—至膨胀罐底部 18—至风扇底部 19—连接 T 管（用于节温器）
20—节温器（开启温度约为 85℃，关闭温度为 105℃，开启升程最小值为 7 mm） 21—机油冷却器

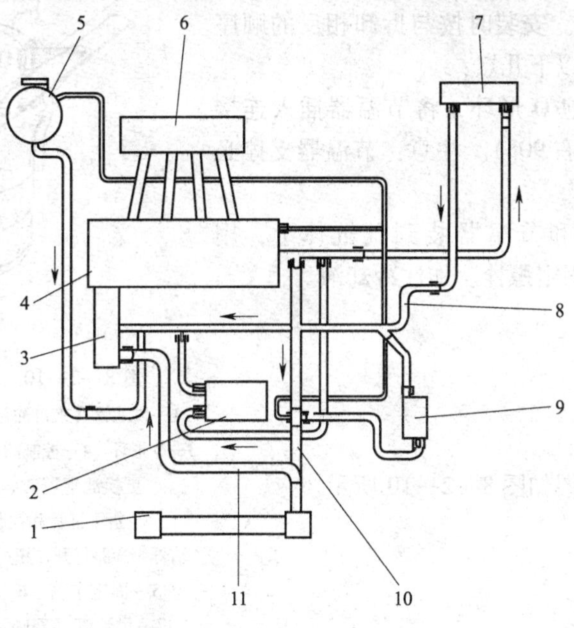

图 8—2—9 冷却液管连接图

1—风扇 2—机油冷却器 3—水泵/节温器 4—缸体 5—膨胀罐 6—进气歧管 7—加热系统加热器
8—冷却液管 9—变速箱机油冷却器（仅用于自动变速箱车型和装备 AGR、AHF、ASV 发动机车型）
10—上冷却液软管 11—下冷却液软管

3. 拆装水泵

（1）拆卸水泵。更换所有密封环和密封垫，不要拆下齿形带下护板，齿形带应在曲轴带轮左侧，拆卸水泵前应用抹布盖住齿形带，以防止烫伤。

1）排放冷却液。拆下多楔带、齿形带上护板和中护板。从凸轮轴、喷油泵和水泵链轮上拆下齿形带。

2）从惰轮上拧下固定螺栓，将惰轮向下压约 30 mm，拧下水泵固定螺栓，从发动机后支架和齿形带护罩中间取下水泵。

（2）安装水泵。安装时按与拆卸的相反顺序进行，安装时应注意以下几点：

1）用冷却液浸泡 O 形环，将水泵插入缸体，拧紧固定螺栓，拧紧力矩为 15 N · m。注意：水泵塞子朝下。

2）安装好惰轮，拧紧固定螺栓，拧紧力矩为 40 N · m，再转 90°（1/4 圈）。

3）安装和张紧齿形带，安装多楔带，加注冷却液。

4. 节温器拆装

（1）拆卸节温器。排放冷却液，从连接法兰上拔下冷却液管，拧下连接法兰的固定螺栓，拆下连接法兰和节温器，旋转节温器 1/4 圈（90°），取下连接法兰。注意：应更换密封环和密封垫。

（2）安装节温器。安装时按与拆卸相反的顺序进行，安装时应注意以下几点：

1）用冷却液浸泡 O 形环，将节温器插入连接法兰，转 1/4 圈（向右 90°）。注意：节温器支撑必须垂直。

2）将连接法兰和节温器装到气缸体上，用 15 N · m的力矩拧紧固定螺栓。加注冷却液。

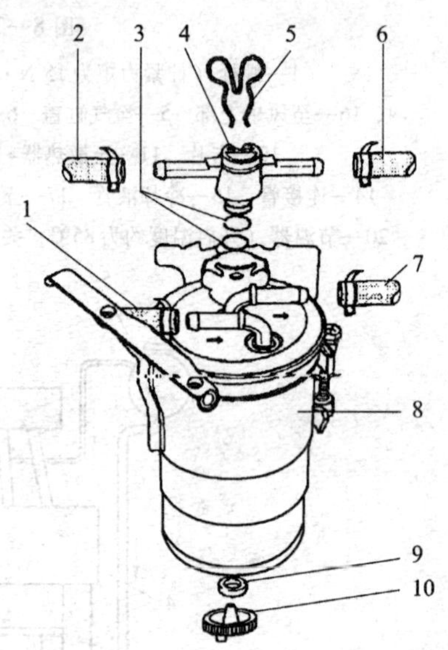

图 8—2—10 燃油滤清器分解图

1—供油管（来自油箱） 2—回油管（至油箱） 3—O 形环 4—控制阀（安装位置：箭头朝向油箱。更换滤清器时，拆下固定卡簧并整体拆下油管和控制阀。低于 15℃时滤清器旁通路打开，超过 31℃时滤清器旁通路关闭） 5—固定卡簧 6—回油管（来自喷油泵） 7—供油管（至喷油泵） 8—燃油滤清器（安装前添加燃油，箭头标出了燃油流向） 9—垫片 10—放水塞（排水时拆下固定卡簧，将软管和控制阀整体拆下，松开时允许排出 100 cm^3）

三、燃油系统

燃油滤清器分解图如图 8—2—10 所示。

四、排气系统

1. 排气歧管分解图

排气歧管分解图如图 8—2—11 所示。

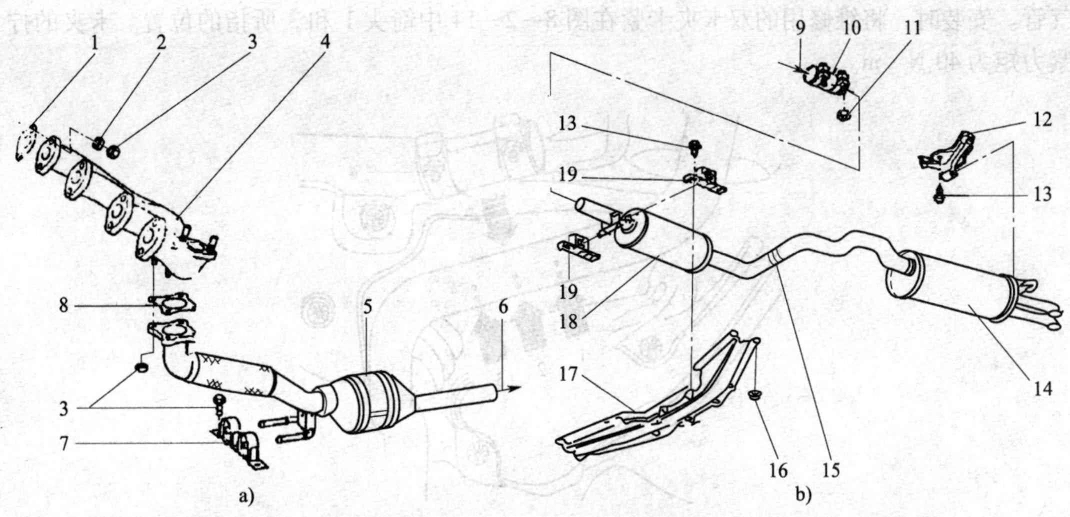

图 8—2—11　排气歧管分解图

a）排气管前段和带附件的催化器（AGP、AQM 发动机）　b）带支架的消声器（AGP、AQM 发动机）
1—密封垫　2—螺母　3，13—螺母（拧紧力矩为 25 N · m）　4—排气歧管
5—带催化器的排气管前段　6—至前消声器　7，12，19—支架　8—垫片
9—来自排气管前段　10—双卡夹　11—螺母（拧紧力矩为 40 N · m）　14—后消声器
15—分离点（在排气管表面标好 3 个痕迹，用专用工具 V. A. G1523 在分离点处沿垂直方向剪断排气管）
16—螺母（拧紧力矩为 20 N · m）　17—通道桥　18—前消声器

2．检查双卡夹

双卡夹位置离图 8—2—12 中的箭头所指标记 IA 约 5 mm（注意：对于自动变速箱和手动变速箱车型，标记 IA 都是有效的）。

3．支架安装位置

支架安装位置如图 8—2—13 中箭头所示，支架底侧有角度的一侧应朝向前方。

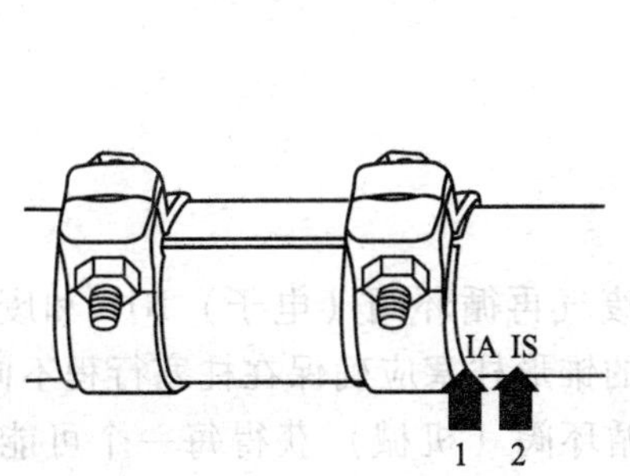

图 8—2—12　双卡夹位置

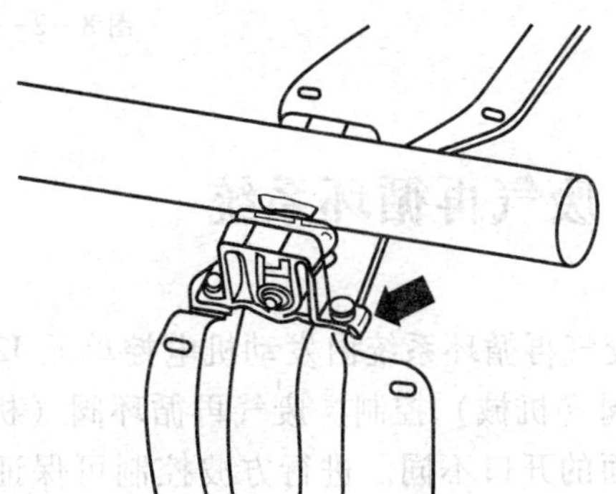

图 8—2—13　支架安装位置

4．排气管分离点

排气管分离点如图 8—2—14 所示。在图 8—2—14 中箭头 2 所指的分离点处垂直切开排

气管。安装时，将维修用的双卡夹卡紧在图 8—2—14 中箭头 1 和 3 所指的位置。卡夹的拧紧力矩为 40 N · m。

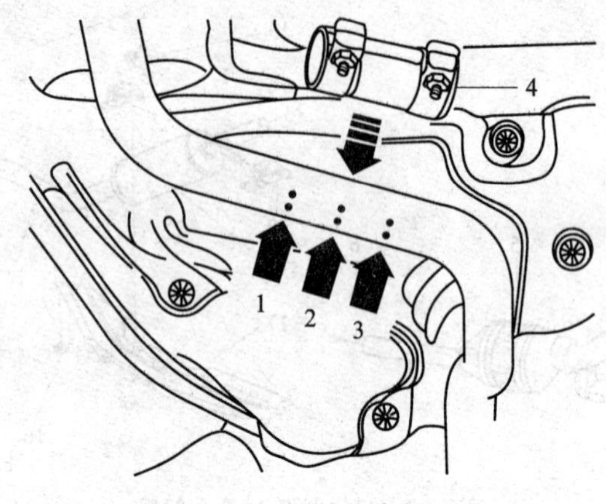

图 8—2—14 排气管分离点

5. 后消声器安装

排气管安装销应与通道桥平行，尺寸 *X* 左右相等，如图 8—2—15 所示。

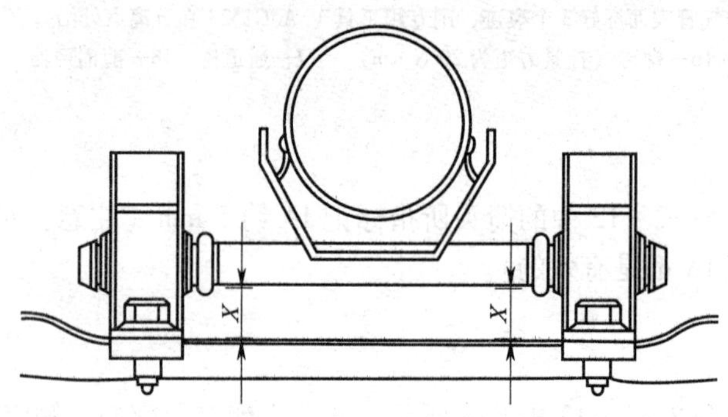

图 8—2—15 排气管安装

五、废气再循环系统

废气再循环系统由发动机电控单元 J248 通过废气再循环阀（电子）N18 和废气再循环阀（机械）控制。废气再循环阀（机械）中的锥形柱塞应确保在柱塞行程不同时，横截面的开口不同。进行方波控制可保证废气再循环阀（机械）获得每一个可能的位置。

1. 废气再循环系统部件分解图

废气再循环系统部件分解图如图 8—2—16 所示。

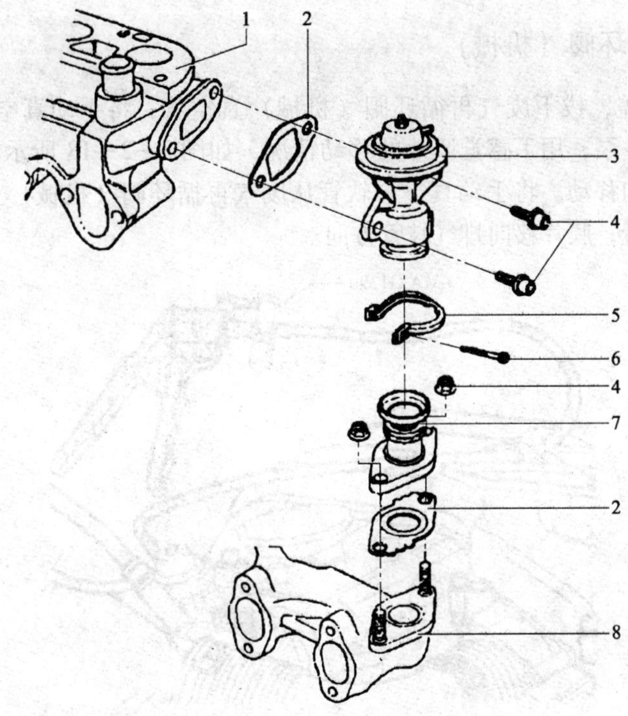

图 8—2—16 废气再循环系统部件分解图

1—进气歧管下体 2—垫片 3—废气再循环阀（机械） 4—螺母（拧紧力矩为 25 N·m）
5—卡夹 6—螺栓（拧紧力矩为 10 N·m） 7—连接管 8—排气歧管

2. 真空管连接图（AGP、AQM 发动机）

真空管连接图（AGP、AQM 发动机）如图 8—2—17 所示。

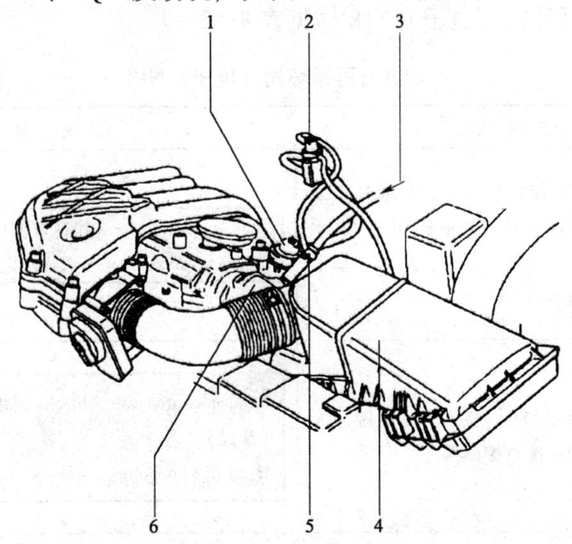

图 8—2—17 真空管连接图

1—废气再循环阀（机械） 2—废气再循环阀（电子）N18 3—来自制动助力器
4—空气滤清器 5—单向阀 6—真空泵

3. 检查废气再循环阀（机械）

拆下发动机护盖，拔下废气再循环阀（机械）真空管，将手动真空泵（V. A. G1390）接到阀上，操纵真空泵，用手感觉膜片的移动情况，如图 8—2—18 所示箭头所指位置，膜片应朝真空连接方向移动。将手动真空泵软管从废气再循环阀（机械）上拔下，应能清楚地听到阀关闭的声音，膜片移向排气歧管方向。

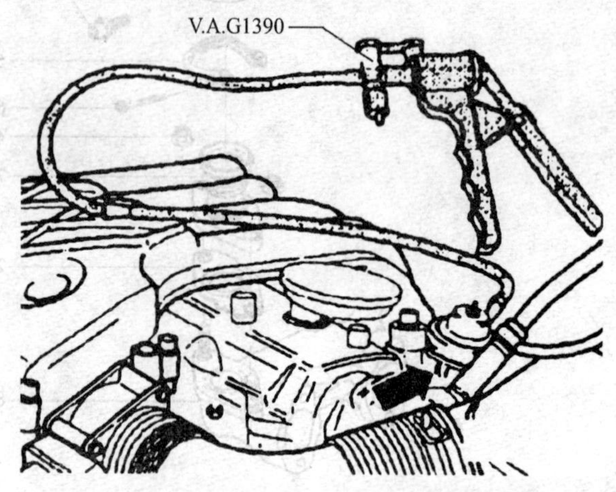

图 8—2—18　废气再循环阀的检查

4. 检查废气再循环阀（电子）N18

废气再循环系统可用“基本设定 04”功能检测，通过此方式，废气再循环阀（电子）每 10 s 启动一次，废气再循环的显示值（空气流量传感器）可在测量数据块 003 的显示区 3 中读取。检查废气再循环阀（电子）N18 详见表 8—2—1。

表 8—2—1　　**检查废气再循环阀（电子）N18**

序号	操作说明	示意图
1	发动机怠速运转，连接好 V. A. G 1551 或 V. A. G 1552，选择发动机电控单元“地址码 01”，显示屏显示右图所示信息，按 0 和 4 键，选择“基本设定”功能，按 Q 键确认	Rapid data transfer（快速数据传递）HELP（帮助） Select function × ×（选择功能 × ×）
2	显示屏显示右图所示信息，按 0、0、3 键，选择“显示组号”功能，按 Q 键确认	Read measured value block（阅读测量数据块）HELP（帮助） Input display group number × ×（输入显示组号 × ×）
3	对于 AQM 发动机，显示屏显示（1 ~ 4 为显示区）	基本设定　　3 900r/min　　ECRn. active　　0%

续表

序号	操作说明	示意图
4	显示区2的显示值应每10 s变化一次。在废气再循环系统工作和不工作时，显示区4的显示值应在下述范围内变化。废气再循环系统不工作时显示区4显示的标准值为0%～5%，废气再循环系统工作时显示区4显示的标准值为95%～100%。若无法获得标准值，则检查废气再循环阀（机械）和真空管	
5	检查废气再循环阀（电子）N18。按0和6键，选择“结束输出”功能，按Q键确认。关闭点火开关，将连接器1从废气再循环阀2上拔下，如右图所示。检测阀的电阻，标准值为14～20 Ω，若阻值不正常，则更换废气再循环阀（电子）N18 注意：在室温下，阻值低于标准值；在工作温度下，阻值高于标准值	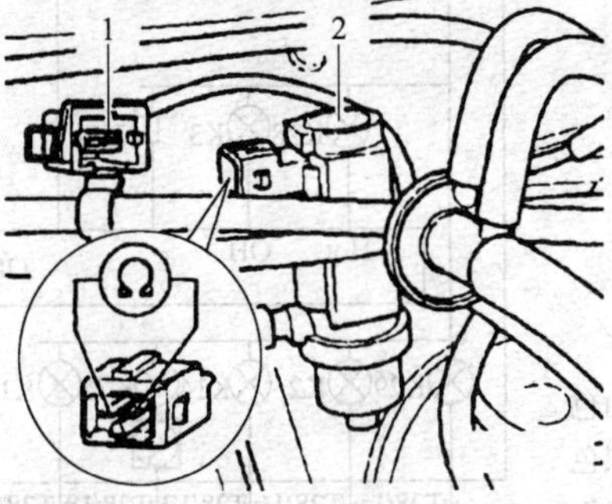 1—连接器　2—废气再循环阀
6	若无法测得阻值，则打开点火开关，如右图所示，检测废气再循环阀（电子）连接器端子1和车身间的电压，应为蓄电池电压	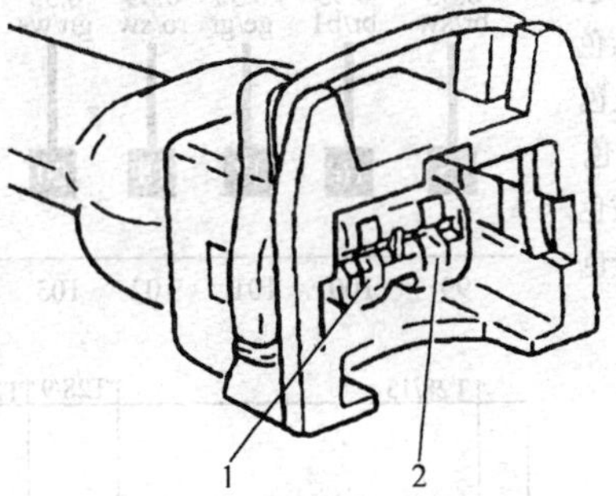
7	若无蓄电池电压，则关闭点火开关，将接线盒（V. A. G1598/31）与发动机电控单元线束相连，如右图所示，检测接线盒插口1、2与废气再循环阀（电子）连接器端子1间及接线盒插口61与废气再循环阀（电子）连接器端子2间的电路是否断路 若无故障，则更换发动机电控单元J248	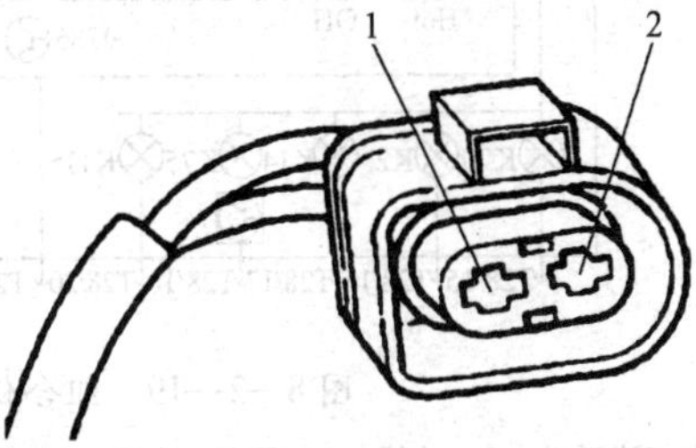

六、电路图

1. 组合仪表内带显示器的电控单元电路图如图8—2—19所示。

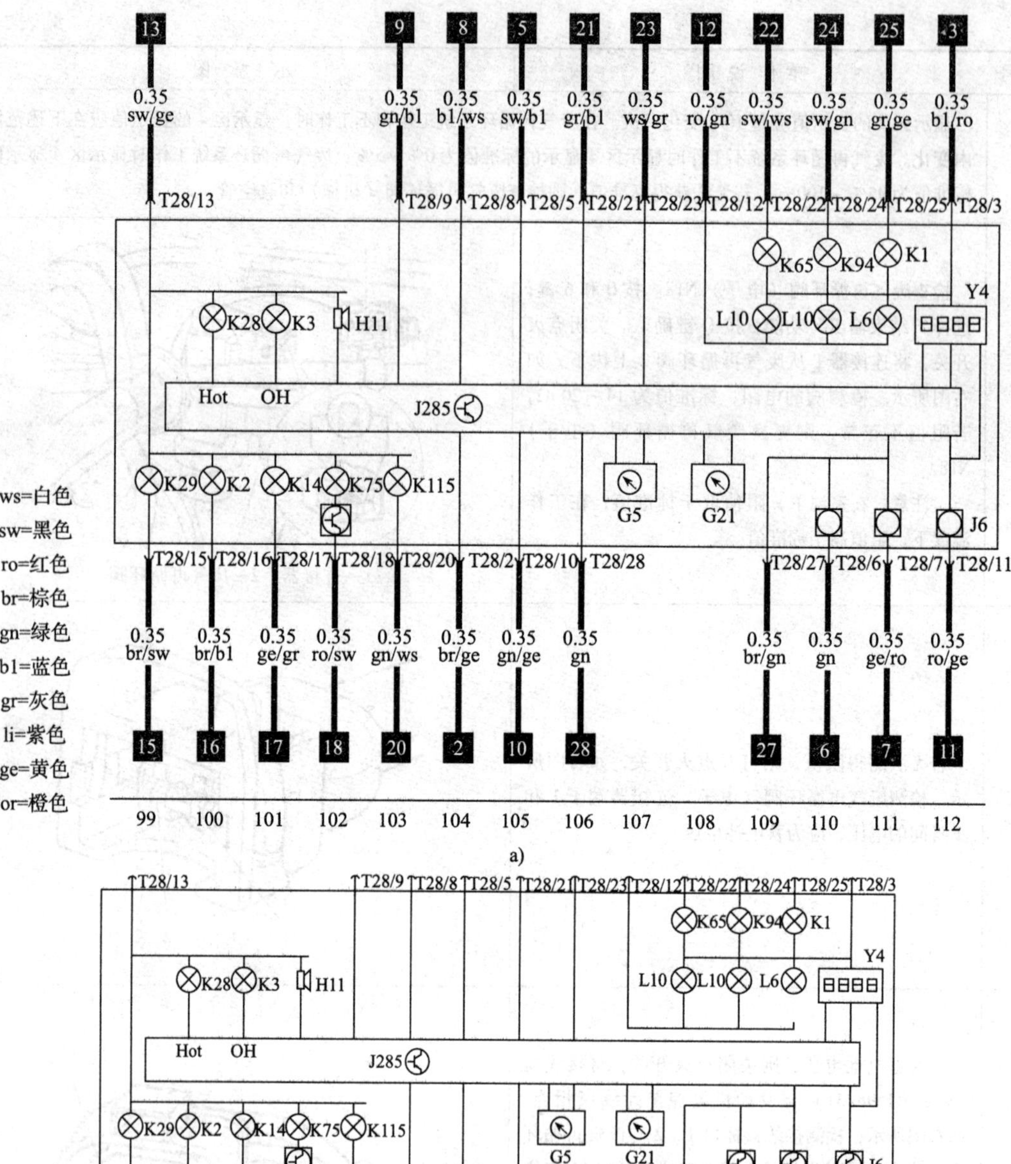

图 8—2—19　组合仪表内带显示器的电控单元电路图

2—冷却液不足　3—地线　5—数码 - 负极　6—车速信号出口 2　7—车速信号出口 1　8—机油压力（0.18 MPa）　9—机油压力（0.03 MPa）　10—TD 端子（转速信号）　11—蓄电池（30）　12—照明（58b）　13—点火开关（15）　15—预热控制　16—载荷控制（61）　17—手控制动　18—安全气囊　20—防盗器（WFS）　21—燃油传感器　22—左转向灯（49i）　23—冷却液温度　24—右转向灯（49r）　25—远光（56a）　27—车速信号输入端　28—挡位显示（仅用于自动变速箱）　G5—转速表　G21—车速表　H11—机油压力警报蜂鸣器　J6—稳压器　J285—组合仪表内带显示器的电控单元　K1—远光指示灯　K2—发电机警报灯　K3—机油压力警报灯　K14—手制动指示灯　K28—冷却液温度/缺水警报灯　K29—预热指示灯　K65—左转向指示灯　K75—安全气囊指示灯　K94—右转向指示灯　K115—防盗器指示灯　L6—车速表照明灯　L10—仪表照明灯　T28—插头，28 脚，仪表板上　Y4—里程显示器

2. AQM 发动机继电器安装位置图如图 8—2—20 所示。

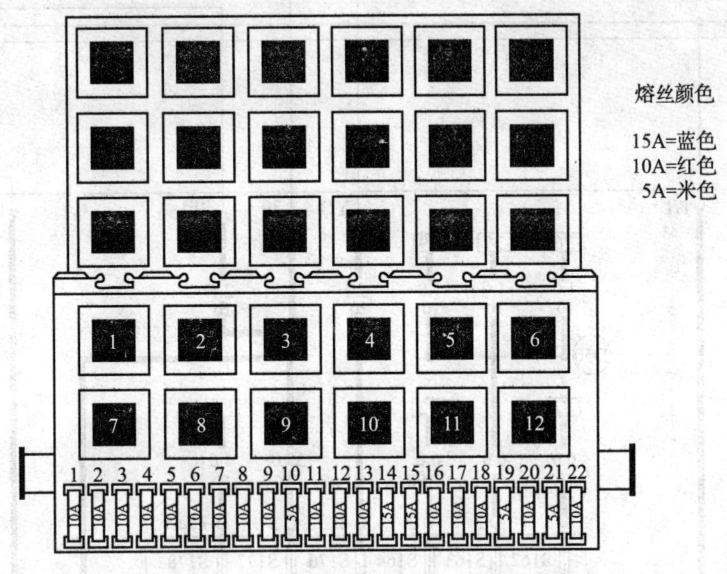

图 8—2—20 AQM 发动机继电器安装位置图

1—空调继电器 3—柴油直喷继电器（167） 4—X 触点卸荷继电器（18） 12—预热塞继电器（109）

注：图注中零件名称后括号内的数字为继电器壳体上的号码，此处只对与本书有关的继电器作了说明。

3. 蓄电池、发电机和启动机电路图如图 8—2—21 所示。

4. 发动机预热塞和柴油直喷继电器电路图如图 8—2—22 所示。

5. 防盗电控单元、冷却液温度传感器和车速传感器电路图如图 8—2—23 所示。

6. 发动机转速传感器、针阀升程传感器、进气歧管翻板电动机和废气再循环阀电路图如图 8—2—24 所示。

7. 燃油温度传感器、油量调节器、调节活塞运动传感器、喷油阀和燃油切断阀电路图如图 8—2—25 所示。

8. 制动灯开关、离合器开关、水加热塞、低热输出继电器和高热输出继电器电路图如图 8—2—26 所示。

9. 空调系统和冷却风扇电路图如图 8—2—27 所示。

10. 组合仪表电路图如图 8—2—28、图 8—2—29 和图 8—2—30 所示。

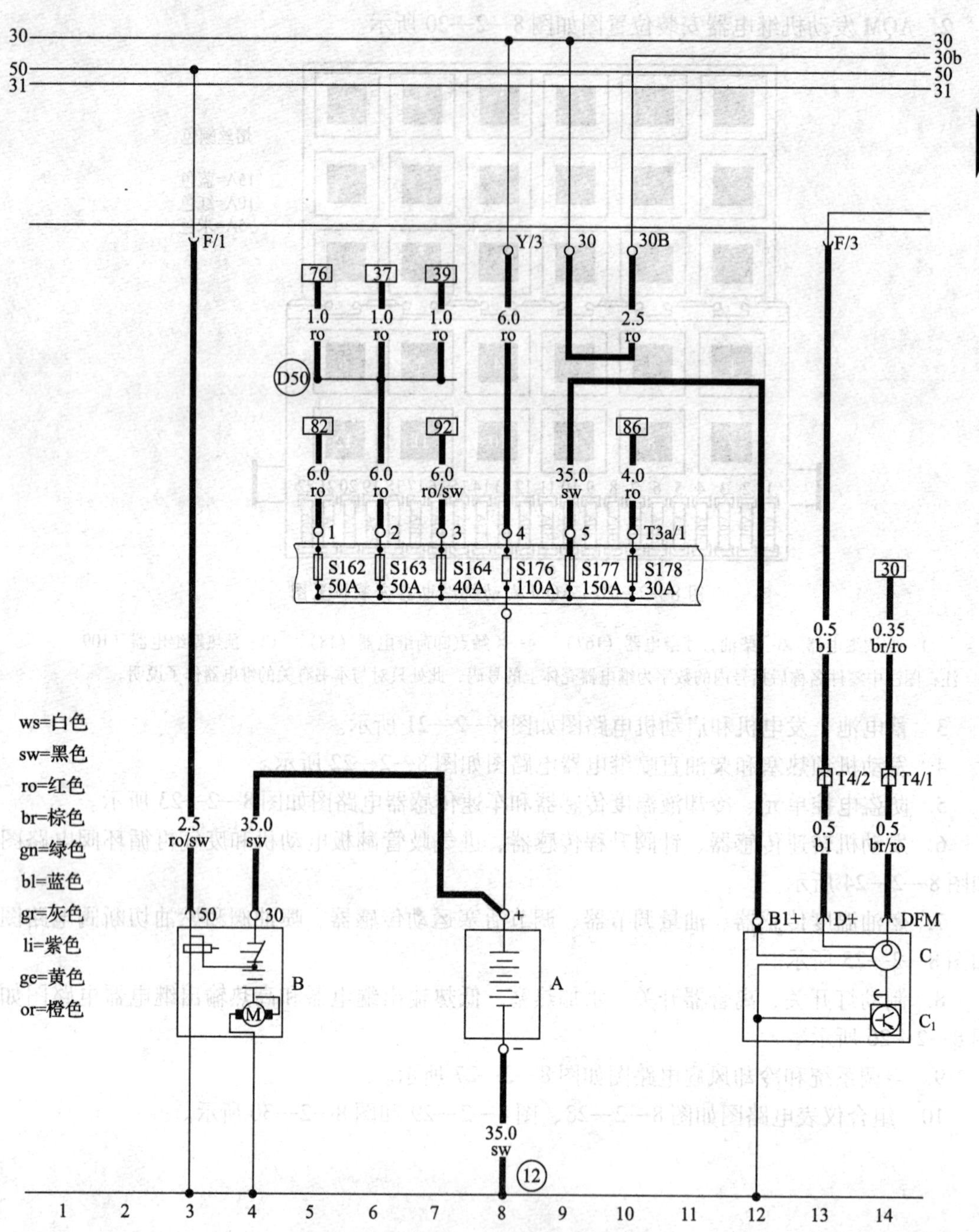

图 8—2—21 蓄电池、发电机和启动机电路图

A—蓄电池 B—启动机 C—发电机 C1—电压调节器 S162—熔丝 1（30），熔丝架/蓄电池内 S163—熔丝 2（30），熔丝架/蓄电池内 S164—熔丝 3（30），熔丝架/蓄电池内 S176—熔丝 4（30），熔丝架/蓄电池内 S177—熔丝 5（30），熔丝架/蓄电池内 S178—熔丝 6（30），熔丝架/蓄电池内 T3a—3 孔插头，熔丝架/蓄电池上 T4—4 孔插头，启动机附近 ⑫—接地点，发动机舱左侧 ⑯—发动机舱线束正极（30）接头

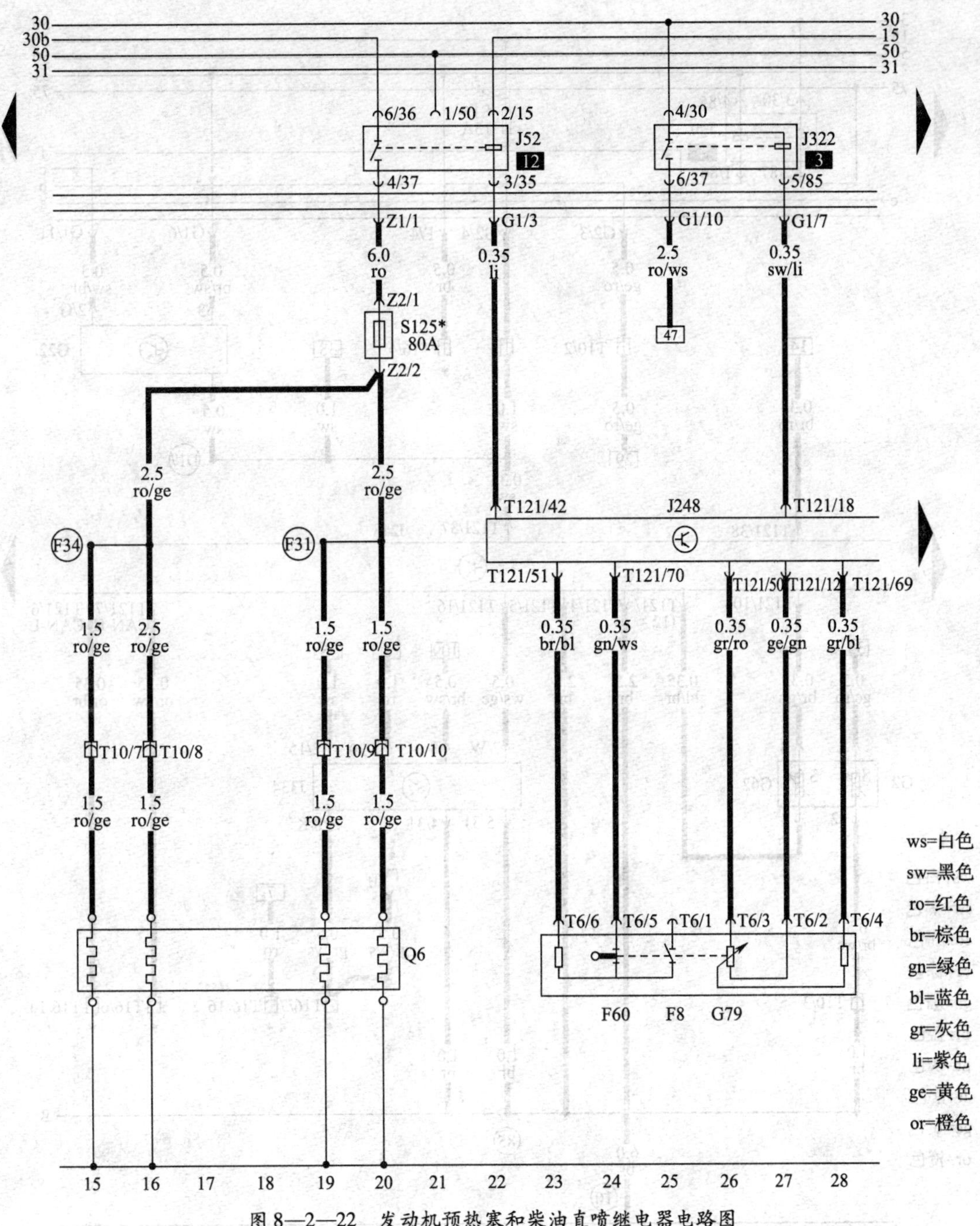

图 8—2—22　发动机预热塞和柴油直喷继电器电路图

F8—强制低挡开关　F60—怠速开关　G79—加速踏板位置传感器　J52—预热塞继电器

J248—发动机电控单元　J322—柴油直喷继电器　Q6—预热塞（发动机）　S125—预热塞熔丝

T6—6 孔插头，在加速踏板位置传感器上　T10—10 孔插头，黑色，在水槽箱左侧

T121—121 孔插头，在发动机电控单元上　(F31)—接头（预热塞—发动机），在柴油直喷线束内

(F34)—接头 2（预热塞—发动机），在柴油直喷线束内

*—中央继电器盘上的附加支架

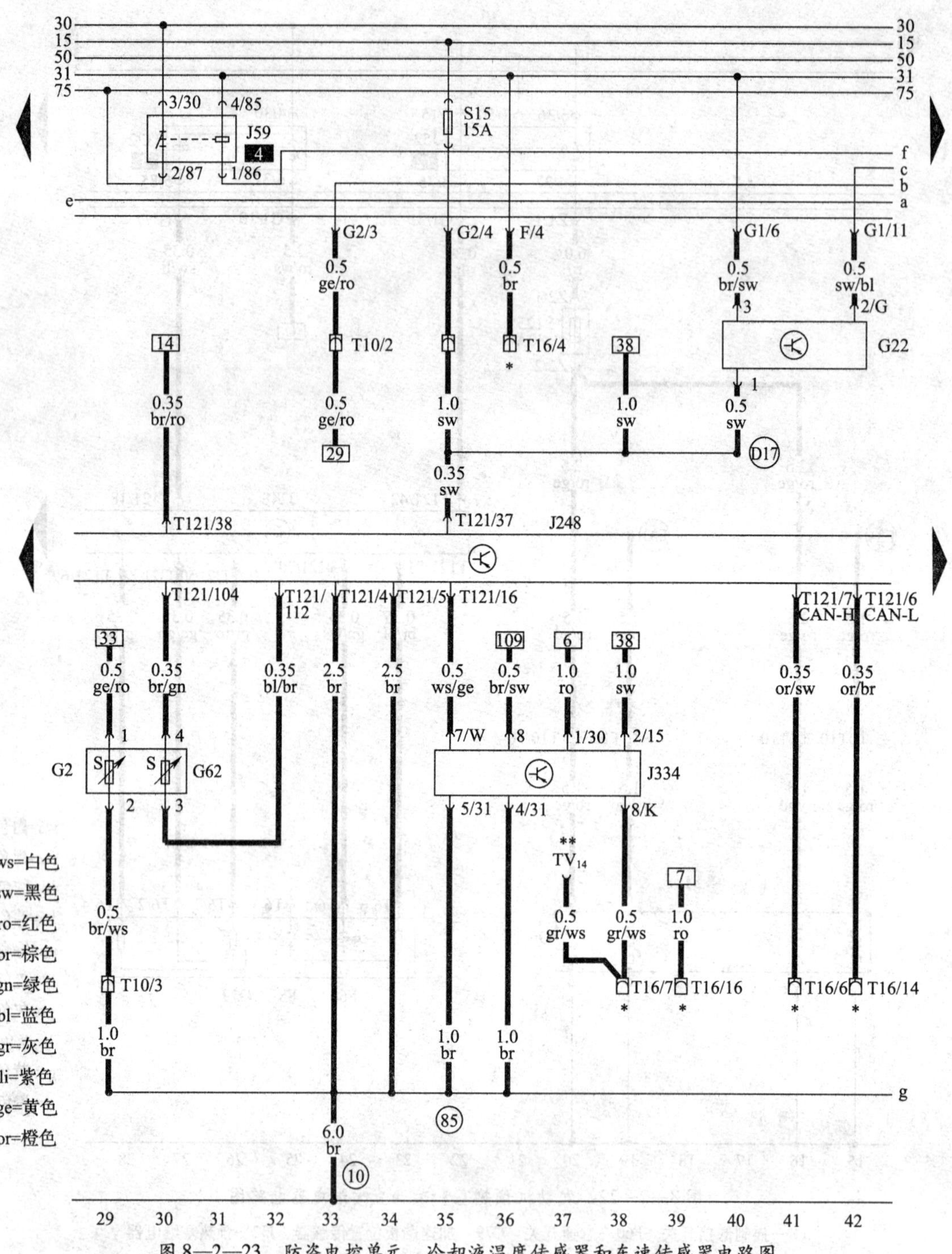

图 8—2—23　防盗电控单元、冷却液温度传感器和车速传感器电路图

G2—冷却液温度传感器　G22—车速传感器（霍尔传感器，变速箱上）　G62—冷却液温度传感器

J59—X 触点卸荷继电器　J248—发动机电控单元　J334—防盗电控单元　S15—熔丝

T10—10 孔插头，黑色，在水槽左侧　T16—16 孔插头，诊断插头　T121—121 孔插头，在发动机电控单元上

TV14—自诊断分线　⑩—接地点，在水槽箱内　⑧⑤—负极连接 1，发动机舱线束内

Ⓓ17—正极连接 1（15），在发动机线束内　＊—中央配电盒后面　＊＊—在中央配电盒上

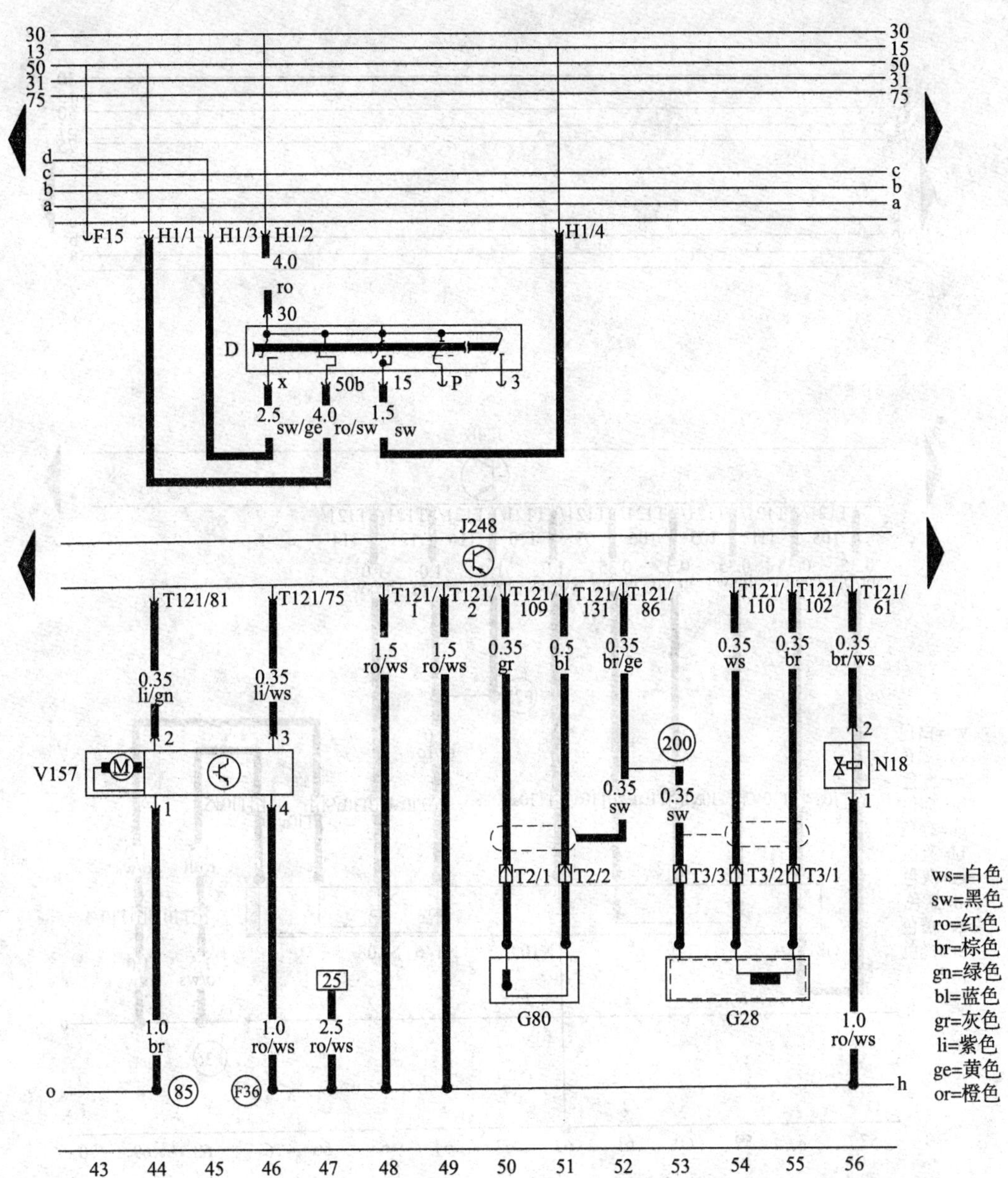

图 8—2—24　发动机转速传感器、针阀升程传感器、进气歧管翻板电动机和废气再循环阀电路图

D—点火开关　G28—发动机转速传感器　G80—针阀升程传感器　J248—发动机电控单元

N18—废气再循环阀　T2—2 孔插头，发动机前　T3—3 孔插头，发动机前　T121—121 孔插座

V157—进气歧管翻板电动机　㊽—负极接头，在发动机舱线束内

⑳—负极接头（屏蔽），在发动机舱线束内　Ⓕ36—接头（87a），柴油直喷线束内

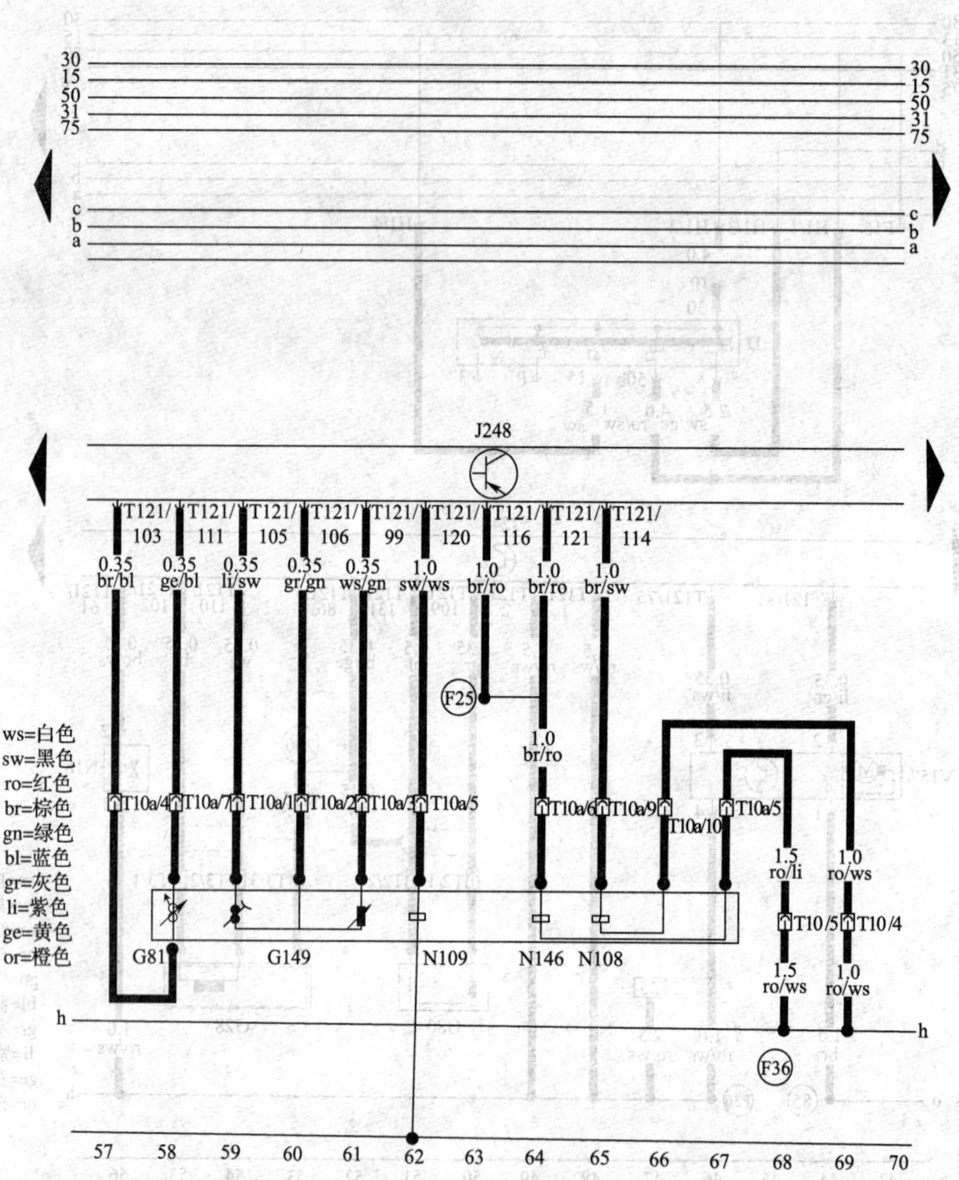

图 8—2—25 燃油温度传感器、油量调节器、调节活塞运动传感器、喷油阀和燃油切断阀电路图

G81—燃油温度传感器 G149—调节活塞运动传感器 J248—发动机电控单元，在水槽箱内

N108—喷油阀 N109—燃油切断阀 N146—油量调节器 T10—10 孔插头，黑色，在水槽箱左侧

T10a—10 孔插头，在发动机前 T121—121 孔插头，在发动机电控单元上

(F25)—接头 1，在柴油直喷线束内 (F36)—接头（87a），在柴油直喷线束内

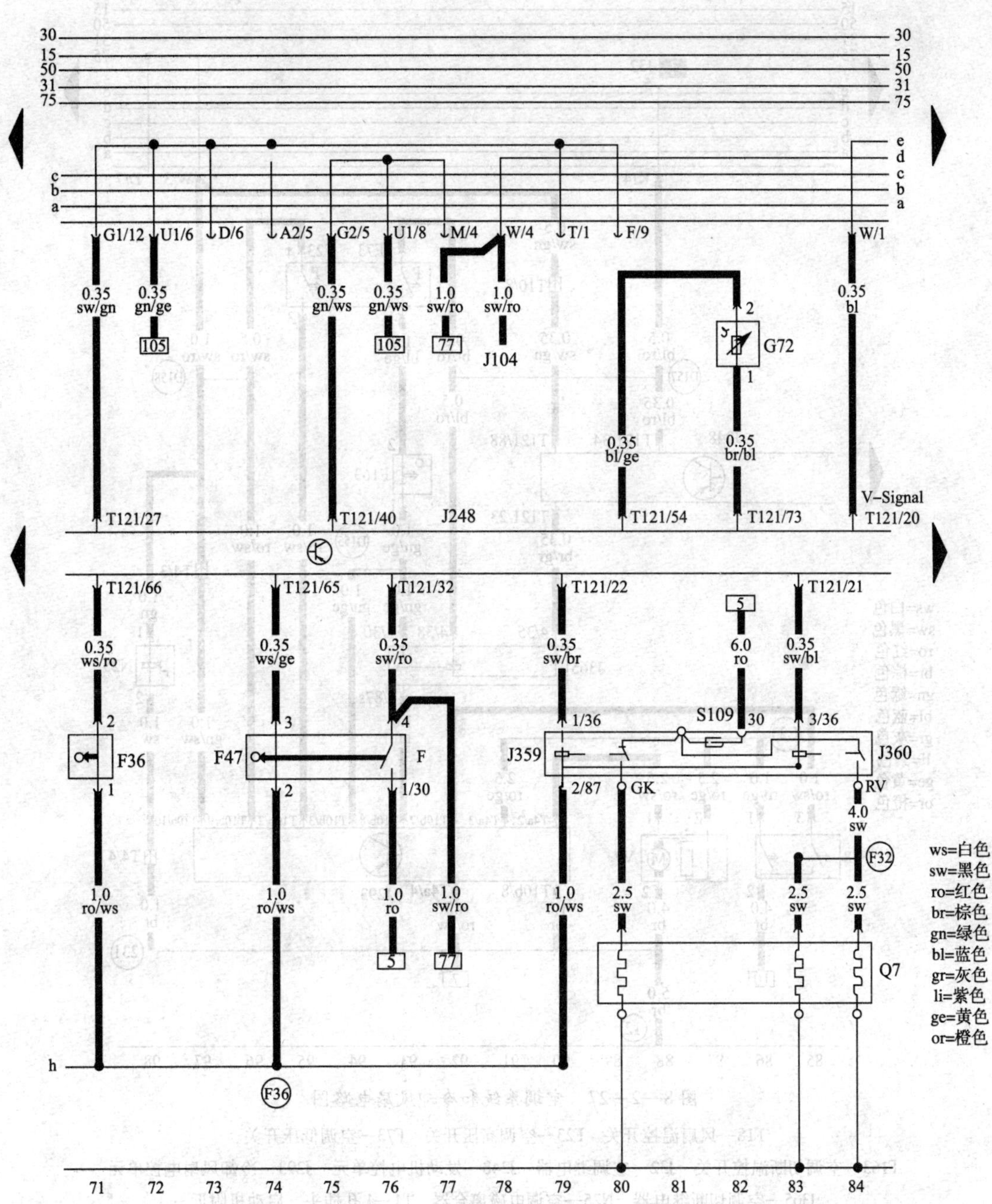

图 8—2—26　制动灯开关、离合器开关、水加热塞、低热输出继电器和高热输出继电器电路图

F—制动灯开关　F36—离合器开关　F47—GRA/柴油直喷系统制动踏板开关

G72—进气温度传感器　J104—ABS 带 EDS 电控单元　J248—发动机电控单元　J359—小功率加热继电器

J360—大功率加热继电器　Q7—水加热塞　S109—水加热塞熔丝　T121—121 孔插头，在发动机电控单元上

(F32)—接头（水加热塞），在柴油直喷线束内　(F36)—接头（87a），在柴油直喷线束内

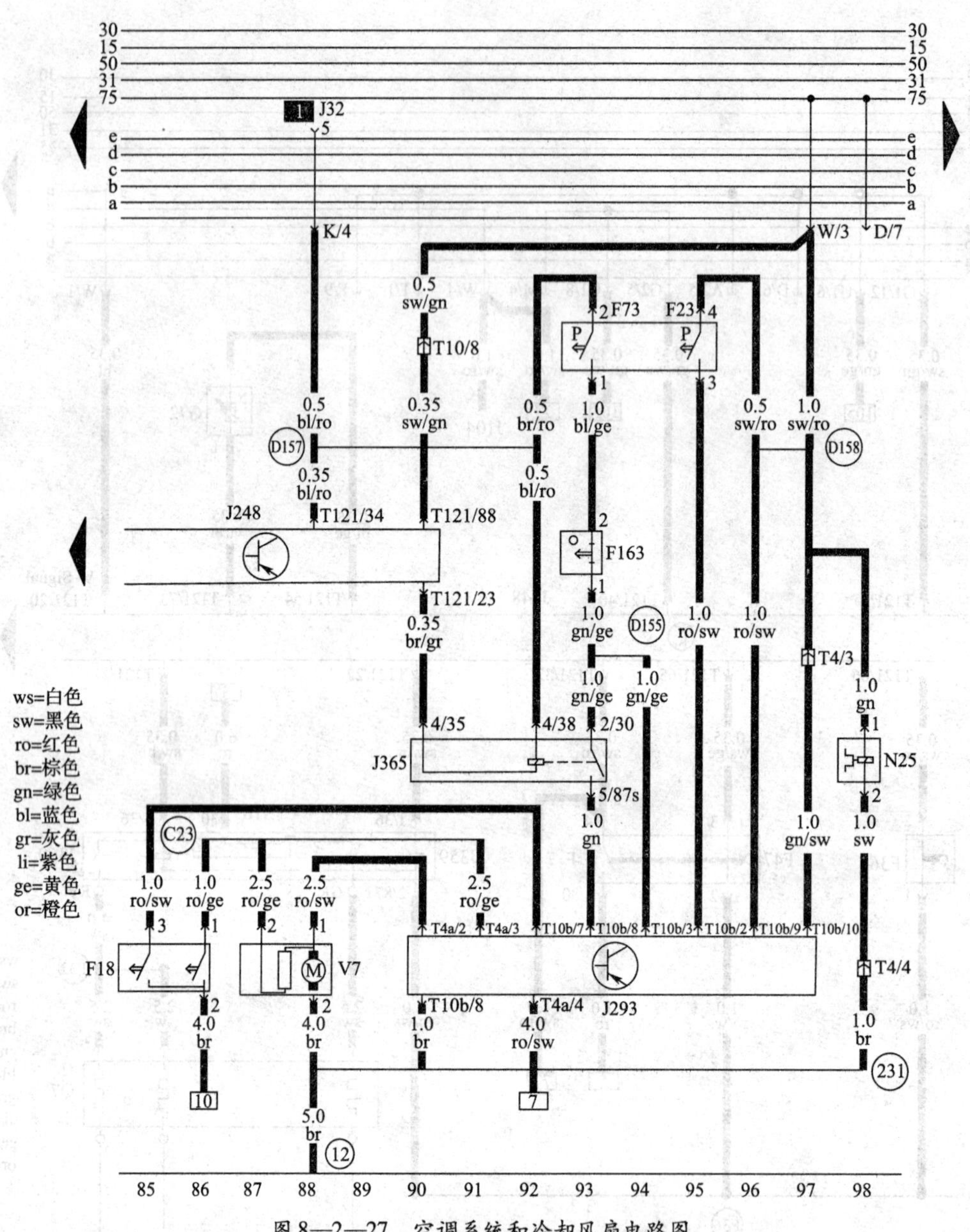

图 8—2—27 空调系统和冷却风扇电路图

F18—风扇温控开关 F23—空调高压开关 F73—空调低压开关

F163—空调切断温控开关 J32—空调继电器 J248—发动机电控单元 J293—冷却风扇电控单元

J365—空调切断继电器 N25—空调电磁离合器 T4—4 孔插头，启动机附近

T4a—4 孔插头，冷却风扇电控单元上 T10—10 孔插头，黑色，在水箱内左侧

T10b—10 孔插头，黑色，在冷却风扇电控单元上 T121—121 孔插头，在发动机电控单元上

V7—冷却风扇 ⑫—接地点，在发动机舱左侧 (231)—负极接头，在空调线束内

(C23)—接头（风扇 1 挡），在大灯/空调线束内

(D155)—接头 1（空调压力开关），在发动机舱线束内

(D157)—接头（打开空调），在发动机舱线束内 (D158)—正极接头（X），在发动机舱线束内

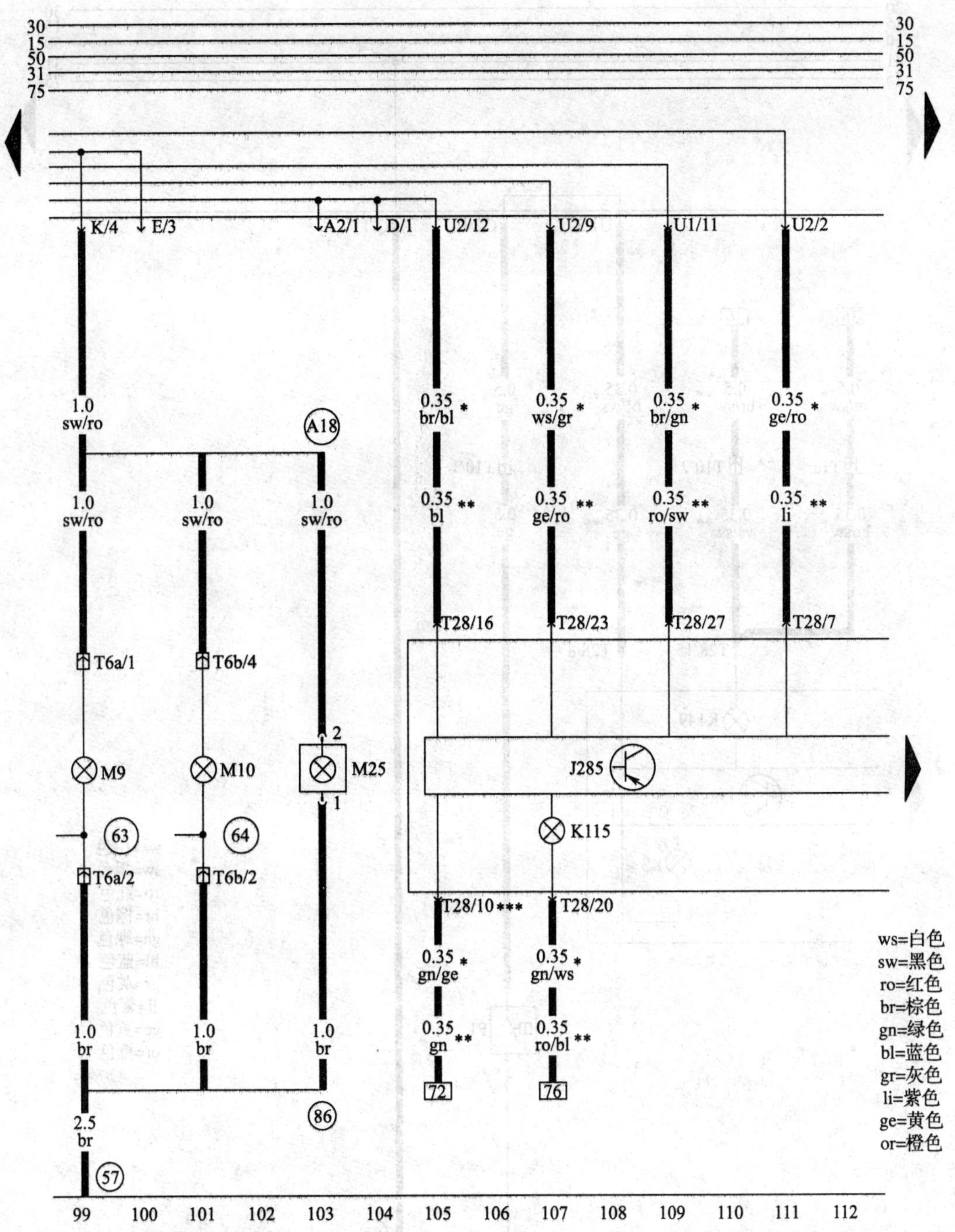

图 8—2—28　组合仪表电路图 1（机油压力开关和制动灯灯泡①，适用于捷达老内饰的车型）

J285—组合仪表内带显示器的电控单元　K115—防盗器指示灯　M9—左制动灯灯泡

M10—右制动灯灯泡　M25—高位制动灯灯泡　T6a—6 孔插头，右尾灯上　T6b—6 孔插头，左尾灯上

T28—28 孔插头，在仪表板上　57—接地点，左后立柱　63—接地点，左尾灯灯座　64—接地点，右尾灯灯座

86—负极连接 1，在后线束内　A18—接头（54），在仪表板线束内

*—新组合仪表　**—旧组合仪表　***—电控单元转速信号，用于柴油直喷系统

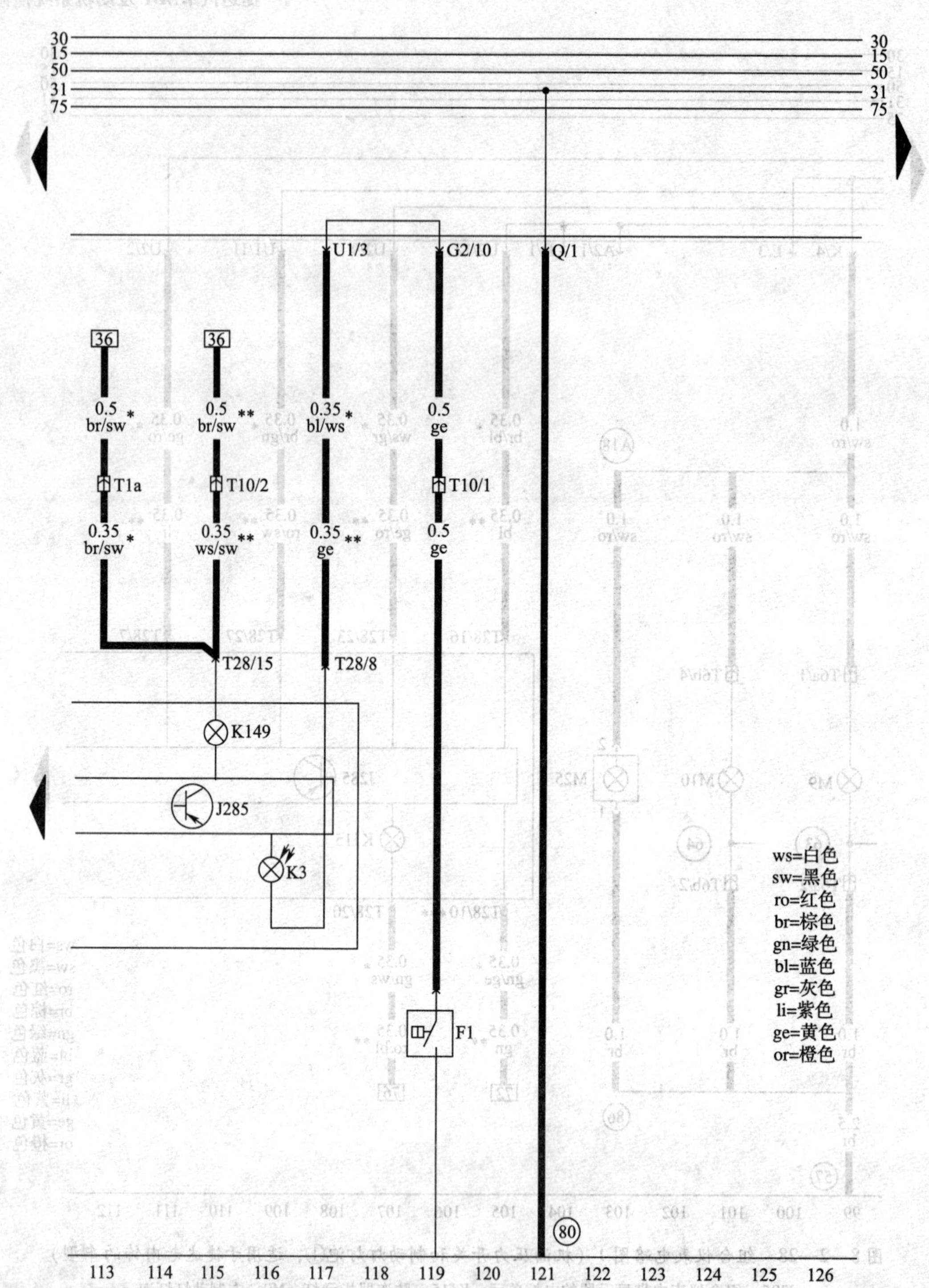

图 8—2—29　组合仪表电路图 2（机油压力开关和制动灯灯泡②，适用于捷达老内饰的车型）

F1—机油压力开关　J285—组合仪表内带显示器的电控单元　K3—机油压力警报灯　K149—发动机电器警报灯

T1a　插头，1 孔，中央配电盒后面　T10—插头，10 孔，黑色，在水槽箱内左侧

T28—插头，28 孔，在组合仪表上　⑧⓪—负极接头 1，在仪表板线束内　*—新组合仪表　**—旧组合仪表

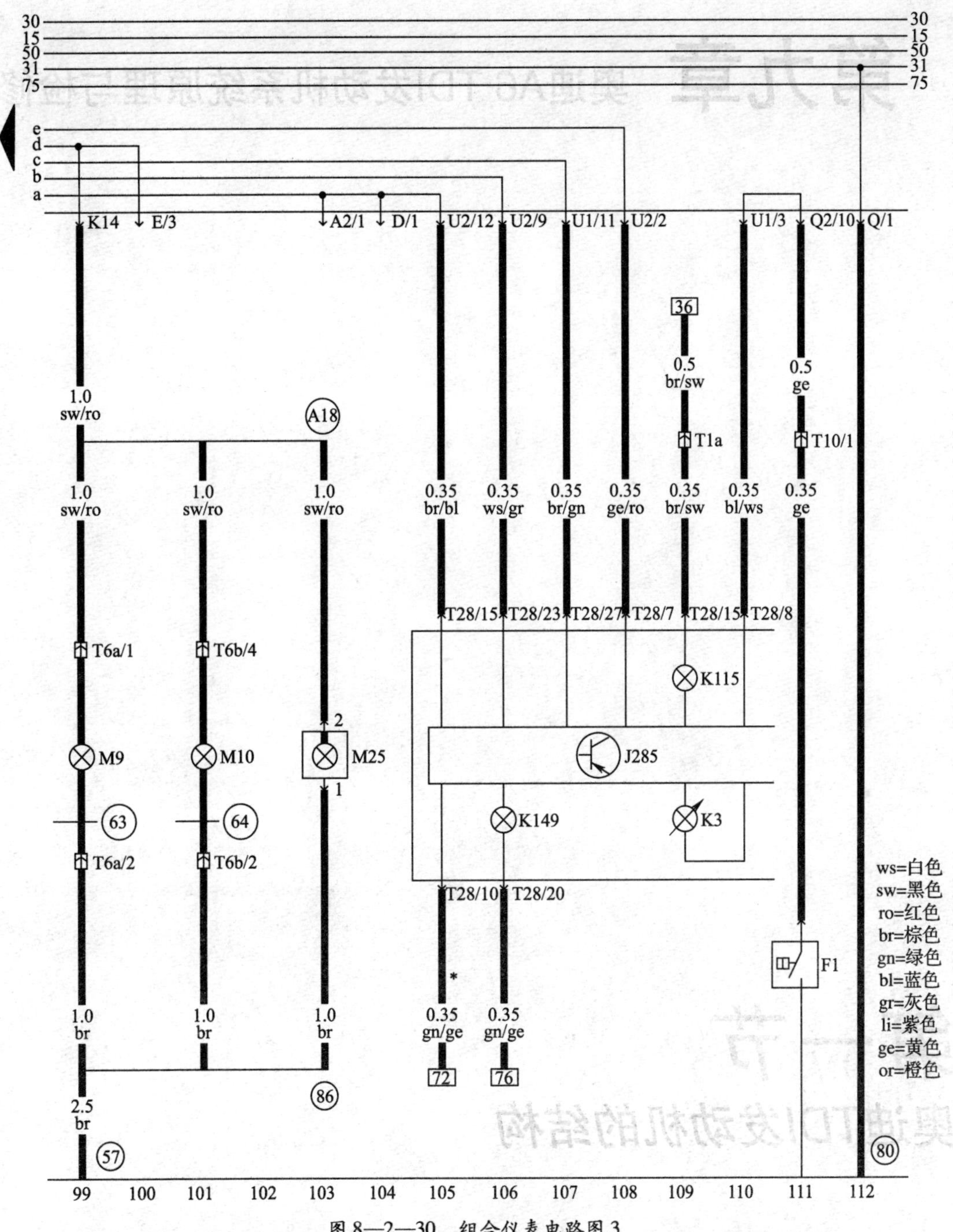

图 8—2—30 组合仪表电路图 3

F1—机油压力开关 J285—组合仪表内带显示器的电控单元 K3—机油压力警报灯 K115—防盗器指示灯 K149—发动机电气警报灯 M9—左制动灯灯泡 M10—右制动灯灯泡 M25—高位制动灯灯泡 T1a—1 孔插头，中央配电盒后 T6a—6 孔插头，右尾灯上 T6b—6 孔插头，左尾灯上 T10—10 孔插头，黑色，在水槽箱内左侧 T28—28 孔插头，在仪表板上 ㊿—接地点，左后立柱 63—接地点，左尾灯灯座 64—接地点，右尾灯灯座 80—负极连接 1，在后线束内 86—负极连接 1，在后线束内 A18—接头（54），在仪表板线束内 *—发动机电控单元转速信号

第九章 奥迪A6 TDI发动机系统原理与检修

第一节

奥迪TDI发动机的结构

一、奥迪 A6 3.0 L V6 型 TDI 的组成

1. 概述

新款奥迪 A6 3.0 L V6 型 TDI 柴油发动机的燃油供给系统采用了 BOSCH（博世）公司的第三代共轨技术，如图 9—1—1 所示。该系统配有一个由齿形带驱动的高压泵，左、右气缸座各有一条分配管。喷油压力提高到了 160 MPa，比以前的第二代共轨系统提高了 25 MPa。

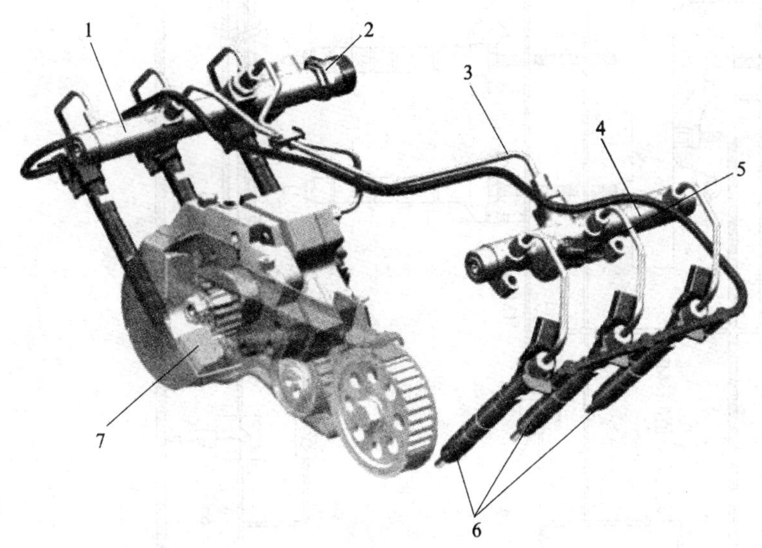

图 9—1—1　V6 型 TDI 共轨系统布置

1—右侧缸体共轨元件　2—压力调节阀　3—两轨之间的分配管　4—左侧缸体共轨元件
5—轨道压力传感器　6—压电喷油阀　7—高压泵

新一代共轨系统上最重要的改进就是使用了压电喷油阀，燃油喷射采用了压电效应，新一代燃油共轨系统的组成与工作如图 9—1—2 所示。

2. 齿轮泵和高压泵

齿轮泵（见图 9—1—3）由齿形带通过高压泵的贯穿偏心轴的驱动，将油箱中的燃油（用油箱内的泵）输送到高压泵中。

为了能更好地调节燃油压力，高压泵（见图 9—1—4）使用了两个调节系统。当发动机冷机且以怠速运转时，燃油压力由燃油压力调节器 N276 来调节，用以限制转矩的输出。在全负荷且发动机热机时，燃油压力由燃油压力调节器（计量单元 ZME）N290 来调节，以避免在不必要时加热燃油。当供油轨上的压力超过 20 MPa 时，发动机控制单元就会启动喷油过程。当供油轨上的压力降至 13 MPa 时，发动机控制单元就会终止喷油过程。

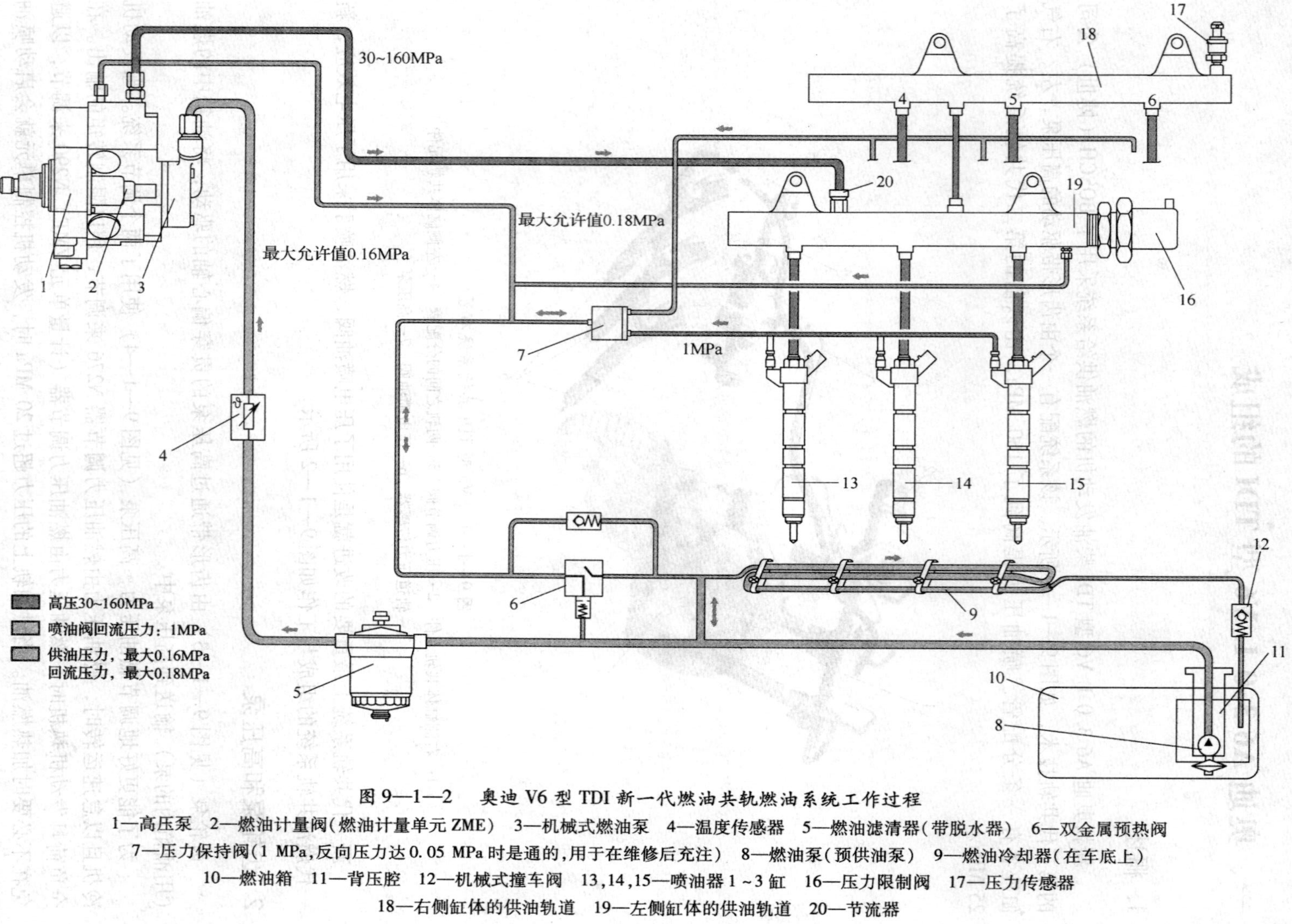

图 9—1—2　奥迪 V6 型 TDI 新一代燃油共轨燃油系统工作过程

1—高压泵　2—燃油计量阀（燃油计量单元 ZME）　3—机械式燃油泵　4—温度传感器　5—燃油滤清器（带脱水器）　6—双金属预热阀　7—压力保持阀（1 MPa，反向压力达 0.05 MPa 时是通的，用于在维修后充注）　8—燃油泵（预供油泵）　9—燃油冷却器（在车底上）　10—燃油箱　11—背压腔　12—机械式撞车阀　13，14，15—喷油器 1～3 缸　16—压力限制阀　17—压力传感器　18—右侧缸体的供油轨道　19—左侧缸体的供油轨道　20—节流器

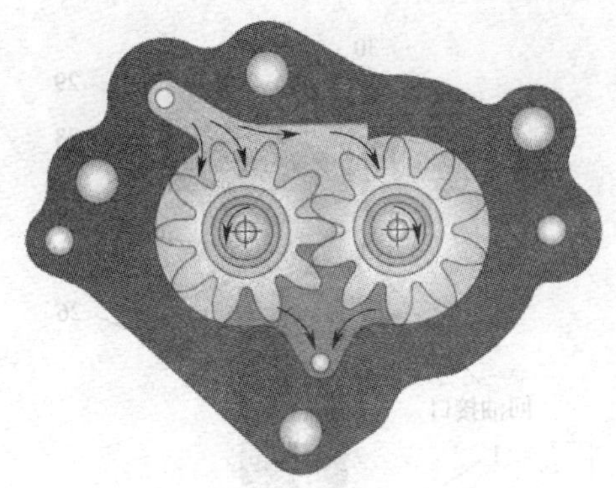

图9—1—3　齿轮泵工作过程

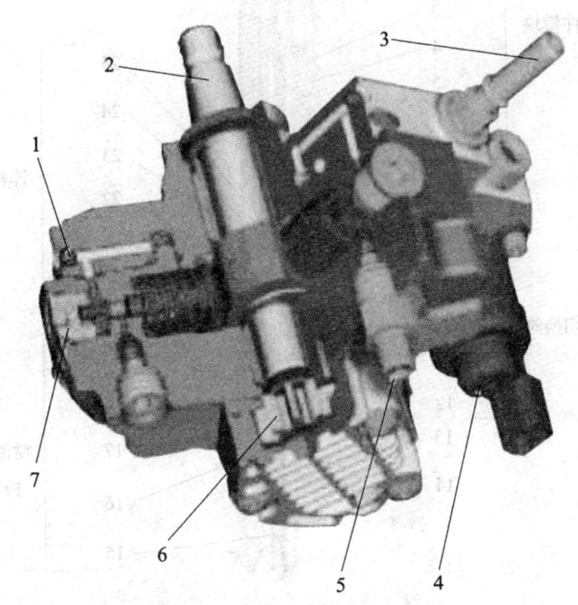

图9—1—4　高压泵结构组成图

1—进气阀　2—偏心轴　3—来自油箱的燃油入口　4—计量单元ZME N290
5—高压接口　6—齿轮式燃油泵　7—高压活塞

3. 压电喷油阀

新一代共轨系统上最重要的改进就是燃油喷射系统采用了如图9—1—5所示的压电喷油阀（Piezo－喷油阀）。这种喷油阀是利用压电效应来控制的。压电效应是指当离子构成的晶体（电气石、石英、酒石酸钾钠）发生变形时，会产生一个电动势。压电效应也可以反过来用，即加上电压后晶体会被拉长。

采用压电喷油阀的好处在于：每个工作行程都可产生多个触发周期，大大缩短了多个喷油阀之间的切换时间，可以产生很大的力以对抗共轨压力，燃油卸压时可精确地控制行程，触发电压为110～148 V，这取决于轨道的压力。

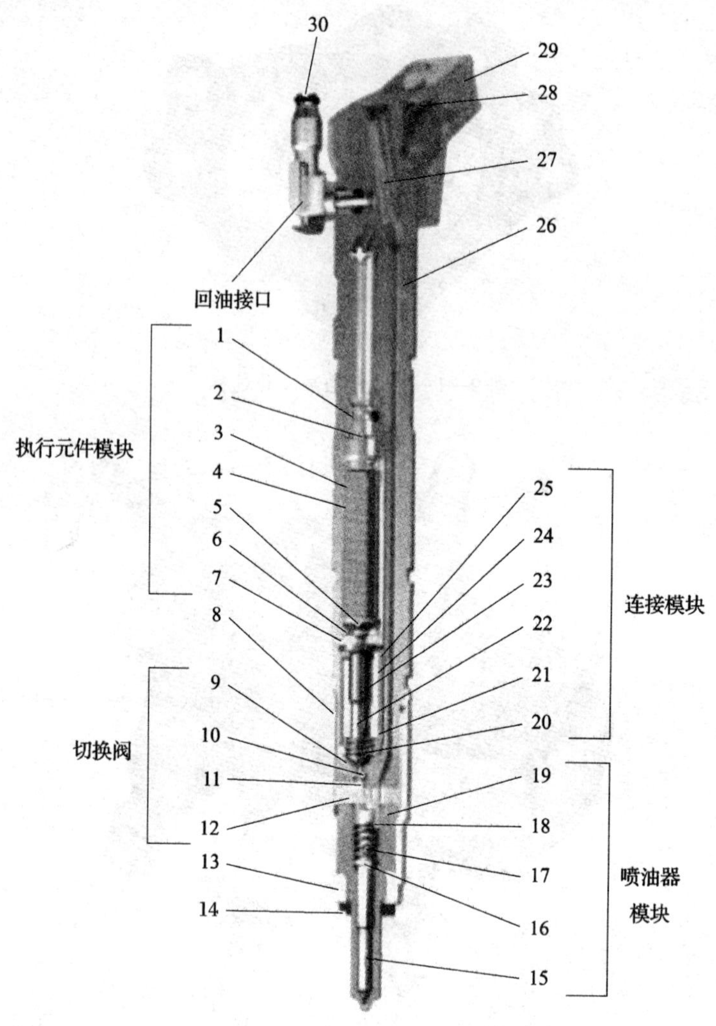

图 9—1—5　压电喷油阀结构

1，30—O 形环　2—执行元件底座　3—执行元件　4—执行元件套　5—执行元件头　6—膜片　7—调整件　8—低压密封圈　9—阀门板　10—阀门芯　11—阀门弹簧　12—节流片　13—喷油器张紧螺母　14—密封垫片　15—喷油器针阀　16，25—调整垫片　17—喷油器弹簧　18—弹簧座　19—喷油器体　20—阀活塞弹簧　21—管状弹簧　22—阀活塞　23—连接活塞　24—连接件　26—阀体　27—杆形滤清器　28—电气连接插头　29—模压插头

需要注意的是：维修时，如果更换了喷油阀，则必须对喷油阀进行与喷射系统匹配的操作，同时，还要进行喷油量对比（IMA）试验。

喷油阀中的液力转换器（连接模块）将执行元件模块长度的增长转化为液体压力和位移，然后作用到切换阀上。连接模块（见图 9—1—6）的作用就像液压缸，它的上面通过压力调节阀总是作用有 1 MPa 的燃油压力，该压力使这个液压缸反向运动。如果没有这个反向压力，喷油阀就会失效。燃油在连接模块中的连接活塞 A 和阀活塞 B 之间起压力缓冲垫的作用。当喷油阀有动作但不喷油时（系统内进入了空气），喷油阀就会以启动转速排气。

喷油阀中的切换阀（见图9—1—7）由阀门板、阀门芯、阀门弹簧和节流片组成。燃油经节流片上的入口节流阀（Z）流到喷油器针阀处并进入该针阀上部的腔内，于是喷油器针阀的上部和下部压力就平衡了，喷油器针阀就被喷油器弹簧的作用力保持在关闭的位置。当压下阀门芯时，回流通路就打开了，轨内的压力油首先流过喷油器针阀上部的一个较大的出口节流阀（A），于是喷油器针阀被该压力抬离针阀座，然后开始喷油。由于压电元件的切换脉冲非常快，因此在每个工作行程中可以完成多次连续的喷油过程。

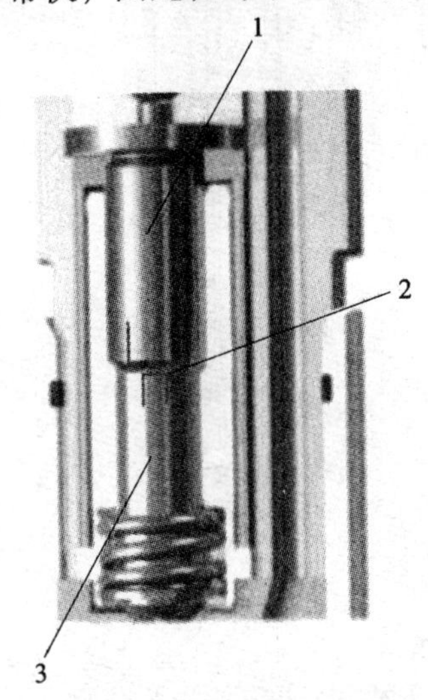

图9—1—6　喷油阀中的连接模块

1—连接活塞A　2—压力缓冲垫

3—阀活塞B

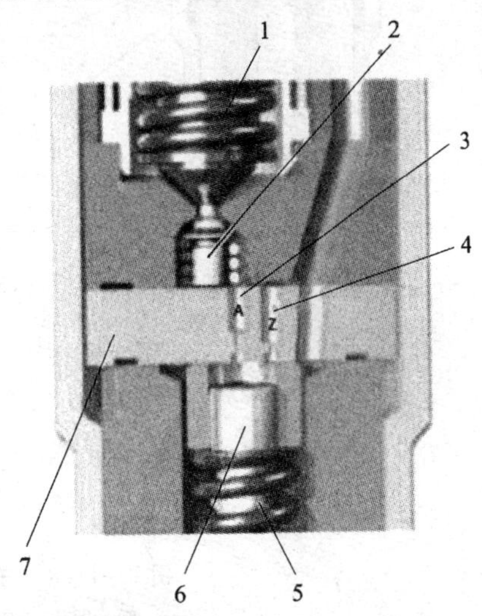

图9—1—7　喷油阀中的切换阀

1—连接元件　2—阀门芯　3—出口节流阀

4—入口节流阀　5—喷油器弹簧

6—喷油器针阀　7—节流片

当发动机冷机且以怠速运行时，喷油阀要进行两次预喷油和补充喷油，其工作过程如图9—1—8所示，是否进行预喷油取决于发动机的负荷、转速以及变速箱的挡位。随着负荷的增加，预喷油逐渐减少，直至全负荷时只有主喷油在工作。两次补充喷油都是用来还原颗粒过滤器的。

二、奥迪3.3 L V8 TDI发动机共轨系统

1. 系统组成

共轨系统包括预压泵、高压泵、高压控制单元、燃油轨道、喷油器等元件，如图9—1—9所示。共轨系统是一个蓄压式喷油系统，在共轨系统中，燃油压力的建立和喷油是分开的，一个独立的高压泵安装在缸体的V形中间，提供连续的的高压燃油，随着高压泵的不断工作，燃油轨道中的压力不断升高。发动机控制单元控制进入气缸的喷油量和喷油正时。

3.3 L V8共轨燃油系统工作过程如图9—1—10所示。

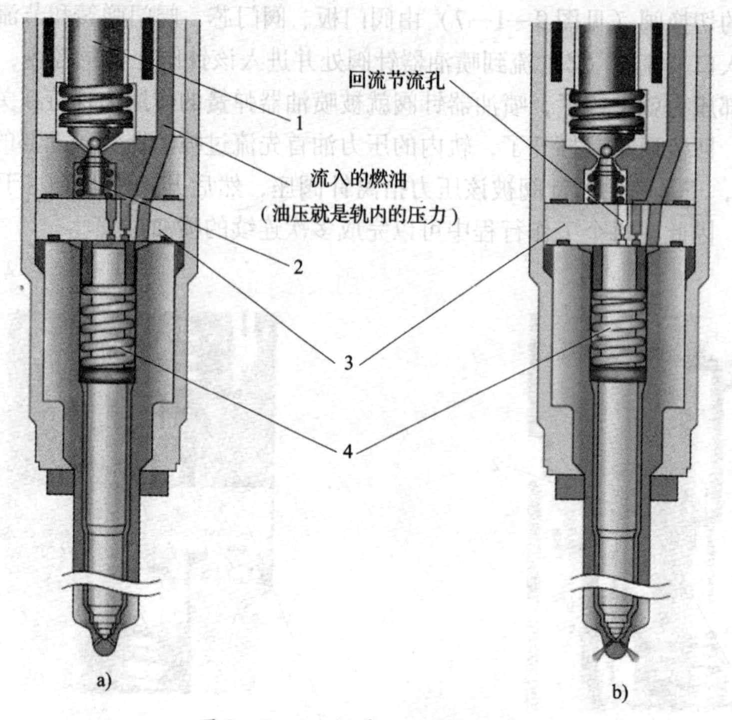

图 9—1—8　预喷油和补充喷油

a）喷油器已打开　b）喷油器已关闭

1—连接元件　2—阀门芯　3—节流片　4—喷油器弹簧

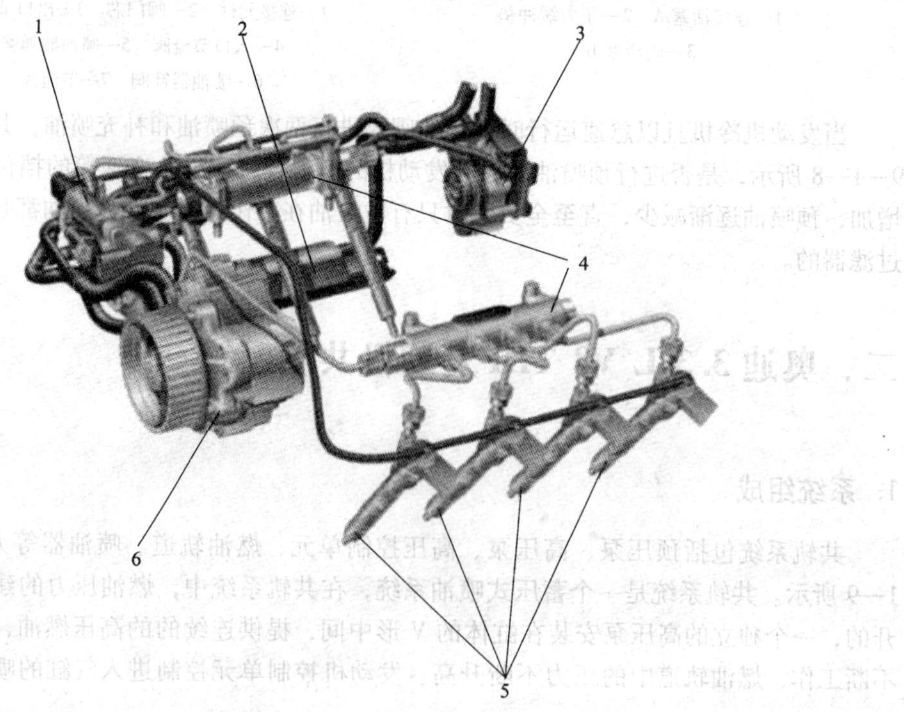

图 9—1—9　奥迪 3.3 L V8 燃油共轨系统

1—高压控制单元　2—燃油冷却器　3—齿轮式预压泵　4—燃油轨道　5—喷油器　6—高压泵

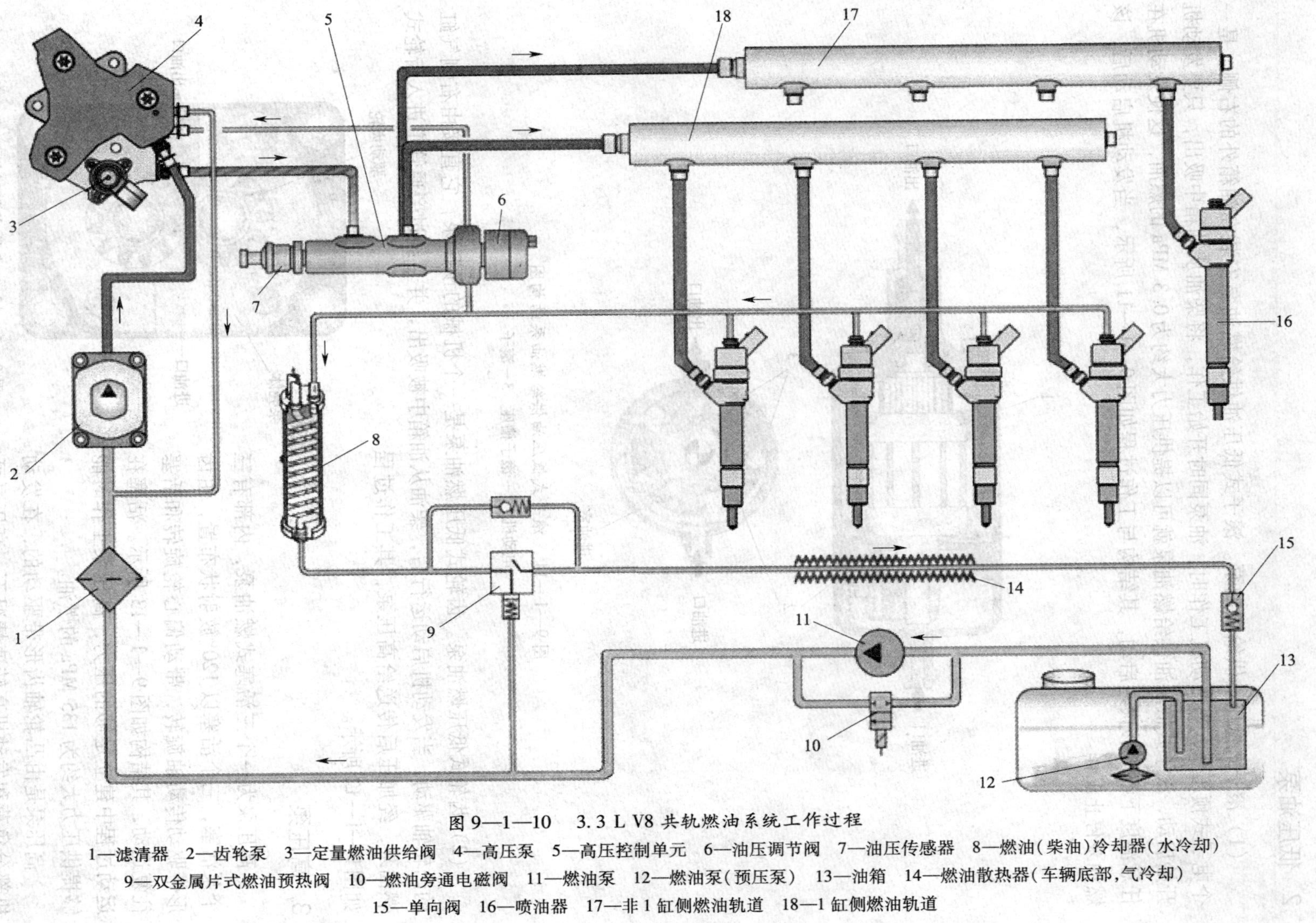

图9—1—10 3.3 L V8共轨燃油系统工作过程

1—滤清器 2—齿轮泵 3—定量燃油供给阀 4—高压泵 5—高压控制单元 6—油压调节阀 7—油压传感器 8—燃油（柴油）冷却器（水冷却） 9—双金属片式燃油预热阀 10—燃油旁通电磁阀 11—燃油泵 12—燃油泵（预压泵） 13—油箱 14—燃油散热器（车辆底部，气冷却） 15—单向阀 16—喷油器 17—非1缸侧燃油轨道 18—1缸侧燃油轨道

2. 低压油泵

（1）滚子式低压油供给燃油泵。滚子式低压油供给燃油泵安装在油箱外的右侧，是一个电子式预压泵，当启动机工作时，油泵同时开始工作，将柴油从油箱中吸出，只要发动机开始启动，滚子式低压油供给燃油泵就可以提供压力大约为0.3 MPa的燃油，这使发动机在任意温度下都能够快速启动，其结构与工作过程如图9—1—11所示，当发动机启动后，该燃油泵停止工作。

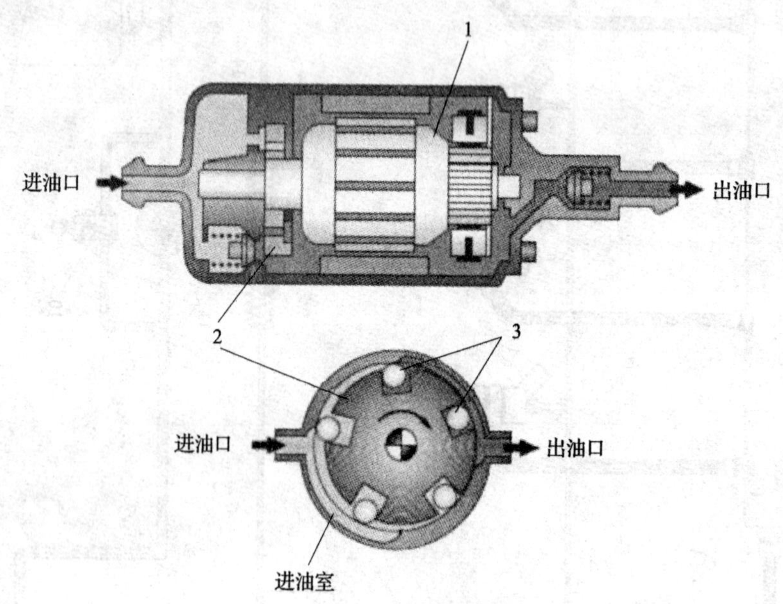

图9—1—11 滚子式低压油供给燃油泵结构图

1—电动机 2—滚子槽座 3—滚子

（2）齿轮式低压燃油泵。齿轮式低压燃油泵是一个机械的预压泵，它直接由右侧气缸的凸轮轴驱动，当发动机启动运行后，柴油从油箱中被吸出，并且经过旁通管道进入齿轮式燃油泵，经加压后传送给高压泵，其工作过程如图9—1—12所示。

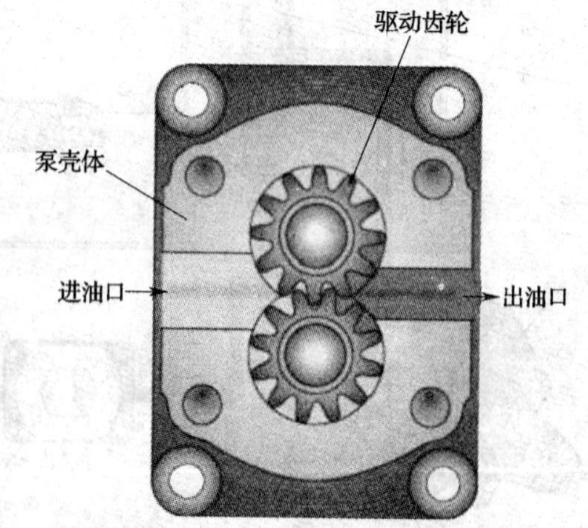

图9—1—12 齿轮式低压燃油泵结构

3. 高压泵

高压泵为一个三活塞式燃油泵，内部有三个泵活塞，三个活塞以120°放射状布置，由齿形带驱动传动轴旋转，带动偏心轮旋转和活塞往复运动，其结构如图9—1—13所示。活塞在运动过程中建立足够的压力，高压泵工作时能够提供压力大约为135 MPa的燃油。

高压泵是由凸轮轴齿形带驱动的，在发动机部分负荷和发动机高转速情况下，高压泵可

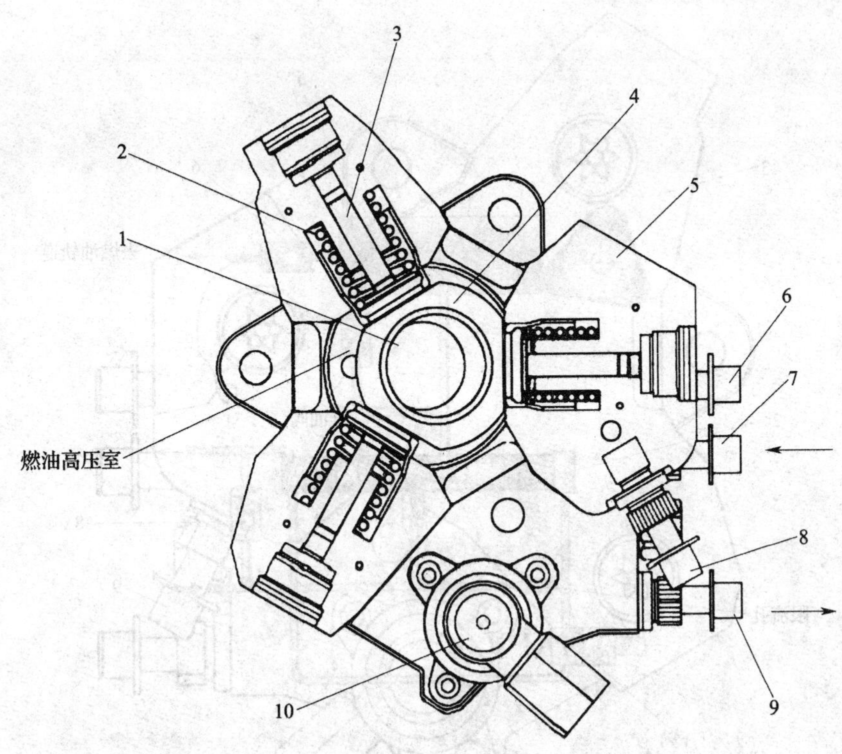

图9—1—13　高压泵的结构

1—输入轴　2—压力弹簧　3—泵活塞　4—偏心轮　5—泵壳体（部分）　6—至齿轮泵的回油管
7—来自燃油轨道回油管　8—来自齿轮泵　9—至燃油轨道　10—燃油定量供给阀

以提供更多和更高压力的燃油，这些燃油比喷入气缸所需的燃油要多一些。为了减少高压泵的动力消耗，避免对过量燃油进行不必要的压缩，燃油定量电磁阀可以在一定工况下改变高压泵内油路的走向，如图9—1—14所示。

在发动机处于不同工况时，电控单元会根据发动机的转速和负荷控制该电磁阀通电或断电，当该电磁阀被断电时，电磁阀处于常开状态，控制活塞在弹簧弹力和油压的作用下被推到左边，允许大量的燃油进入高压泵。当电磁阀通电时，电磁阀被关闭，使控制活塞右端弹簧腔的油压下降，活塞在油压和弹簧弹力的作用下右移，关闭了通往高压泵的通道。电控单元通过控制电磁阀占空比来控制通往高压泵的流量。

燃油轨道上的高压控制单元为油压传感器和电子控制阀提供一定油压，同时将135 MPa左右的油压均匀地分配给两个燃油轨道分支，其组成如图9—1—15所示。

油压调节阀安装在燃油轨道上，在高压油路中用于产生规定的油压，当发动机不工作时，电磁阀不通电，弹簧弹力阻碍来自高压泵的压力，使阀门有一定的开度，来自高压泵的燃油可以通过阀门流回高压泵和油箱，如图9—1—16所示，燃油轨道中有大约10 MPa的压力。

当发动机工作时，电控单元给油压调节阀通电，油压调节阀通电产生的磁场和弹簧弹力克服燃油高压使阀门关闭，如图9—1—17所示，燃油轨道中的压力不断升高，达到规定压力时，多余的燃油可以通过油压调节阀流回油箱，因此，该阀用来保证系统燃油轨道中的油压保持在一定范围内，这个范围是根据发动机的工况进行调整的。

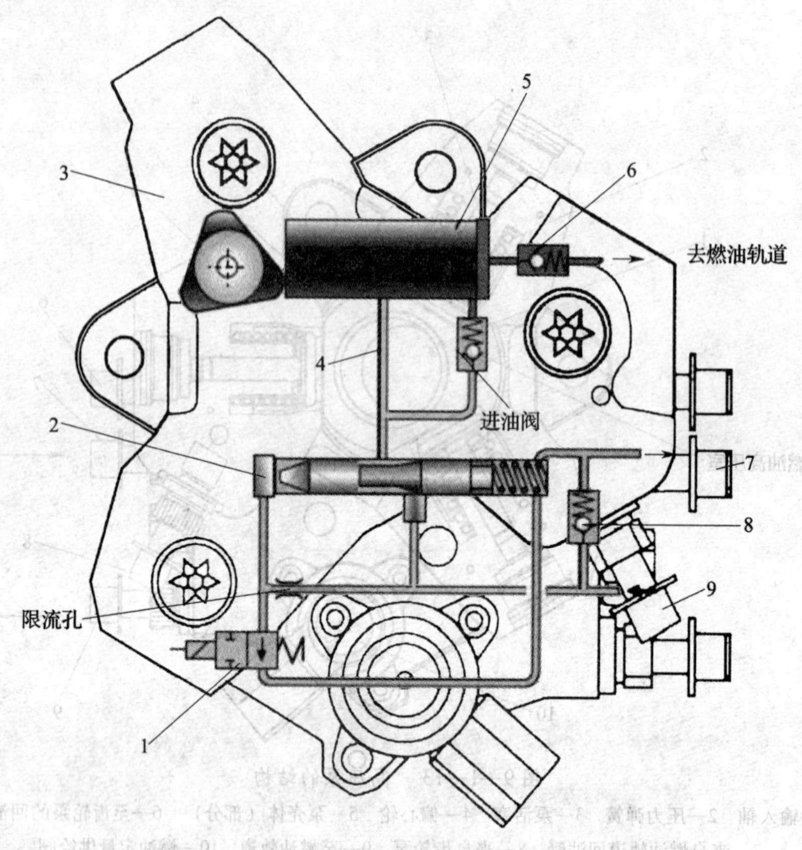

图 9—1—14　燃油定量供给阀

1—燃油定量供给阀　2—调节活塞　3—高压泵　4—润滑机油道　5—泵活塞
6—出油阀　7—回油管（齿轮泵）　8—安全阀　9—进油管（齿轮泵）

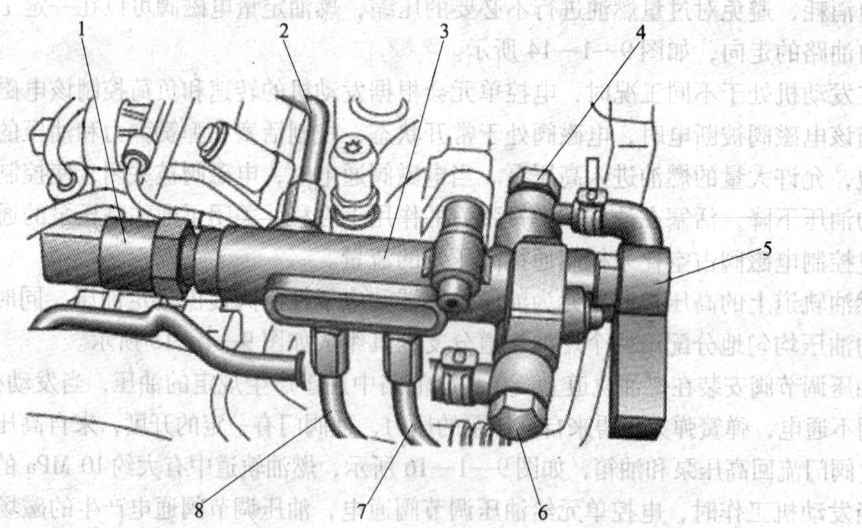

图 9—1—15　燃油轨道高压控制单元

1—燃油压力传感器　2—1 缸侧供油管　3—燃油轨道　4—高压泵回油管　5—油压调节阀
6—燃油冷却器回油管　7—来自高压泵油管　8—2 缸侧供油管

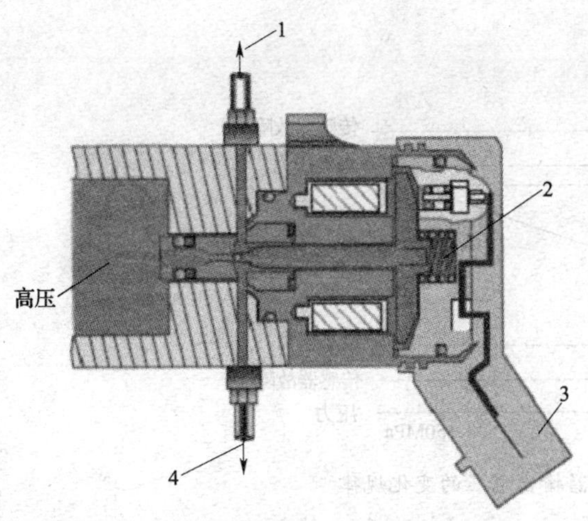

图 9—1—16 油压调节阀

1—至高压泵的回油管 2—压力弹簧

3—电磁阀接头 4—至油箱的回油管

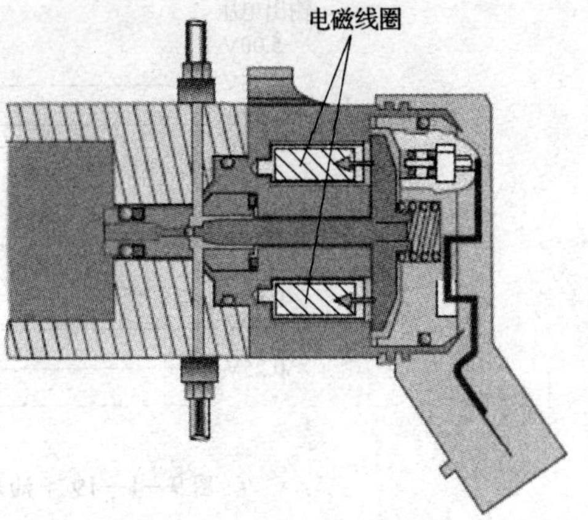

图 9—1—17 油压调节阀电磁线圈

油压传感器用来感受来自燃油系统的压力，由电子计算单元将感受到的压力转换为电信号发送给发动机控制单元，传感器的供电电源电压为5V，当压力升高时，传感器电阻下降，导致传感器的信号电压上升。油压传感器的结构与数据如图 9—1—18 所示。

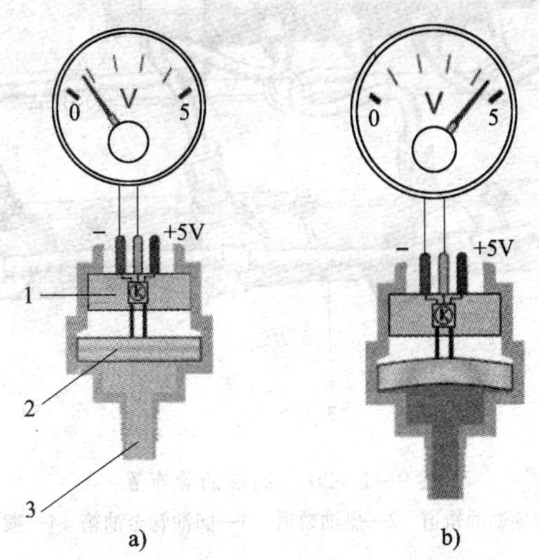

图 9—1—18 油压传感器的结构与数据

a）低压时传感器数据 b）高压时传感器的数据（约 150 MPa）

1—电子计算单元 2—传感器部分 3—高压接头

如果油压传感器失效，系统将工作在紧急模式，不会调节燃油轨道中的压力，而是将油压调节阀稳定在一定开度，使燃油轨道油压以保持定值。油压传感器在变化的压力下输出电压的变化如图 9—1—19 所示。

燃油系统高压管路元件包括高压泵、燃油轨道、压力调节阀、高压管路、喷油器等，如图 9—1—20 所示。

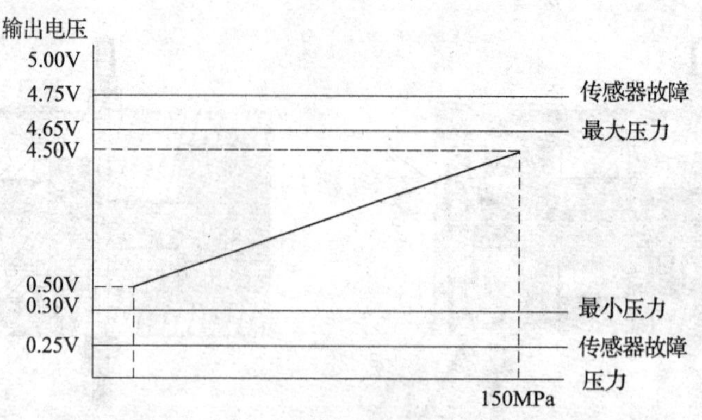

图 9—1—19　油压传感器输出电压的变化规律

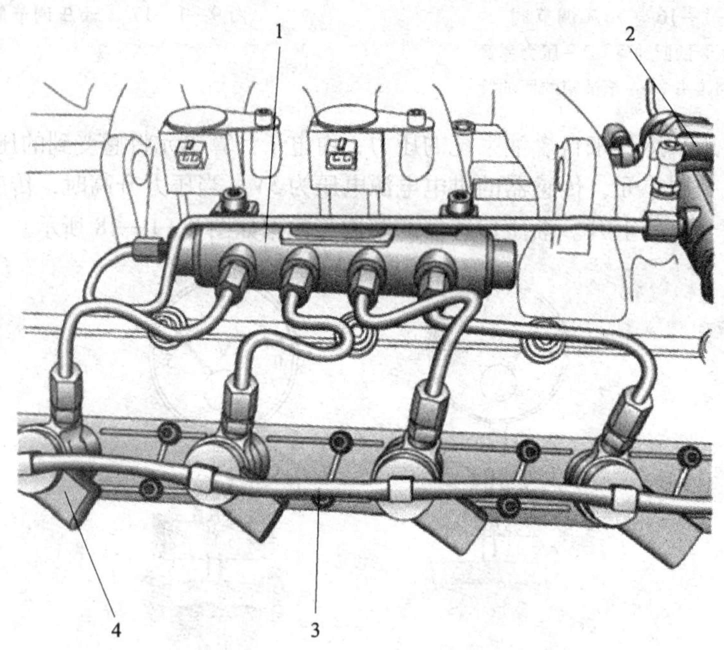

图 9—1—20　高压油管布置

1—1 缸侧燃油轨道　2—燃油轨道　3—回油管至油箱　4—喷油器

如图 9—1—21 所示，喷油器采用 6 孔针阀式电磁控制，燃油从高压管路接头进入喷油器，并通过高压通道传送到喷油器针阀，同时也可以到达阀门正时间隙经过限流孔和阀球到达流回油箱的回油管，阀球是否打开取决于喷油器的电磁线圈是否通电。

当喷油器不工作时，阀门是关闭的，高压油源源不断从燃油轨道提供到喷油器的高压接头，进入并充满喷油器中的燃油腔，同时通过限流孔也进入到阀门正时间隙，所以燃油腔和阀门正时间隙位置保持一定的燃油压力。阀门正时间隙上的燃油压力和喷油器弹簧的弹力都使阀门处于关闭状态，而燃油腔的压力使阀门受到一个打开的力。当给喷油器导线插头通电时，喷油器内的电磁线圈通电，电枢被吸上去，阀球被打开，阀门正时间隙内的燃油经过球阀流到回油管，导致喷油器活塞上方压力远远小于下面的压力，使活塞上移，针阀打开，喷油器开始喷油。

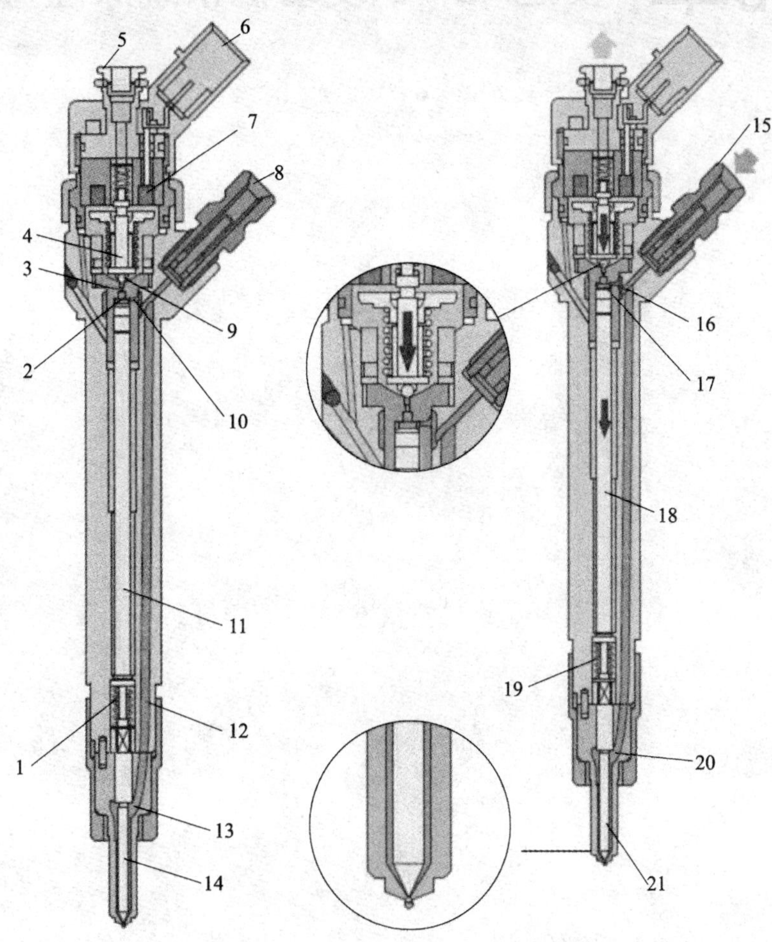

图 9—1—21　喷油器结构图

1— 弹簧　2— 阀门正时间隙　3—回油限流孔　4—电磁阀铁芯　5—回油管（至油箱）　6—喷油器接头　7—电磁阀　8—进油管（来自高压泵）　9—阀球　10—限流孔　11—阀门正时活塞　12—喷油器进油管　13—燃油腔　14—喷油器针阀　15—高压接头　16—限流孔　17—阀门间隙　18—阀门控制活塞　19—弹簧　20—燃油腔　21—针阀

第九章 奥迪A6 TDI发动机系统原理与检修

第二节
奥迪A6 TDI发动机检修

一、奥迪 A6 TDI 发动机组成

奥迪 A6 TDI 发动机电喷系统电控元件位置图如图 9—2—1 所示。

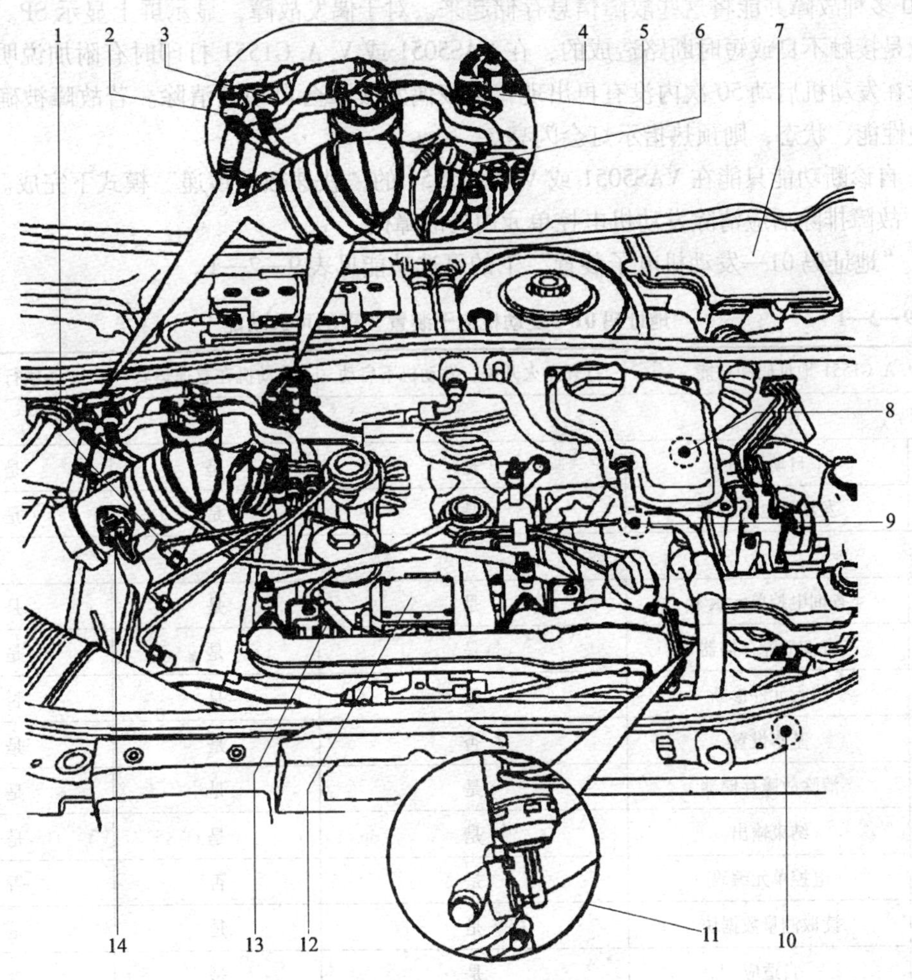

图 9—2—1 电控元件位置图

1—3 缸喷油器（带有针阀升程传感器 G80） 2—废气再循环阀（电子）N18 3—增压压力控制电磁阀 N75
4—连接器（2 脚，用于针阀升程传感器 G80） 5—连接器（3 脚，用于发动机转速传感器 G28）
6—机油温度传感器 G8 7—电子盒（发动机电控单元 J248，带海拔高度传感器 G6、柴油直喷继电器 J322、预热塞熔丝） 8—进气歧管翻板转换阀 N239
9—发动机转速传感器 G28 10—进气歧管压力传感器 G71（在增压空气冷却器上）
11—进气歧管翻板真空单元 12—喷油泵（带喷油泵电控单元、喷油量电磁阀、喷油泵转速传感器、喷油起始阀、燃油温度传感器） 13—冷却液温度传感器 G62
14—空气流量传感器 G70 和进气温度传感器 G2（空气滤清器壳体上部）

二、自诊断

1. 发动机电控单元内有一个故障存储器。发动机电控单元通过分析收到的信息，能识别出 50 多种故障并能将这些故障信息存储起来。对于偶发故障，显示屏上显示 SP。偶发故障可能是接触不良或短时断路造成的，在 VAS5051 或 V. A. G1551 打印时有附加说明。若偶发故障在发动机启动 50 次内没有再出现，则该偶发故障会自动被清除。若故障被确认并影响驾驶性能、状态，则预热指示灯会闪亮。

2. 自诊断功能只能在 VAS5051 或 V. A. G1551 的“快速数据传递”模式下完成。

3. 故障排除后应清除发动机电控单元内的故障码。

4. “地址码 01—发动机电子装置”下的可选功能见表 9—2—1。

表 9—2—1　　“地址码 01—发动机电子装置”下的可选功能

V. A. G1551 地址码和功能		打开点火开关，发动机不启动	发动机在怠速运转	车辆行驶时
地址码				
00	自动检测	是	是	是
01	发动机电子装置	是	是	是
功能				
01	查询电控单元版本	是	是	是
02	查询故障存储器	是	是	是
03	执行元件诊断	否	是	否
04	基本设置	否	是	是
05	清除故障存储器	是	是	是
06	结束输出	是	是	是
07	电控单元编码	是	否	否
08	读取测量数据块	是	是	是
10	自适应	是	是	否

三、奥迪 A6 TDI 燃油及相关部件检修

1. 喷油泵拆装

喷油泵的拆装详见表 9—2—2（注意：出于安全考虑，2002 年后车型的喷油泵都集成在防盗器内）。

表9—2—2　　喷油泵的拆装

	操作说明	示意图
拆卸喷油泵	①将锁支架置于修理位置。拆下黏液风扇、左前和右前齿形带护罩以及前部的进气管	
	②打开机油加油口盖。转动发动机，直至可以见到凸轮轴上的OT标记，见右图 注意：可通过曲轴中央螺栓转动发动机	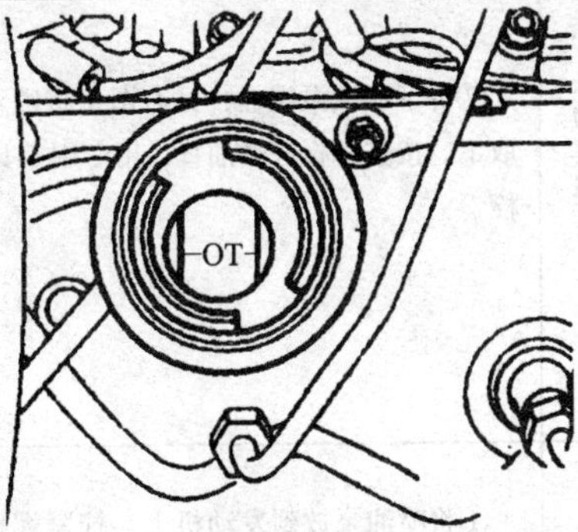 OT
	③拧下曲轴箱上的OT标记堵塞。在曲轴上有一个孔，位于堵塞后面。将专用工具3242拧入孔内并拧紧，见右图	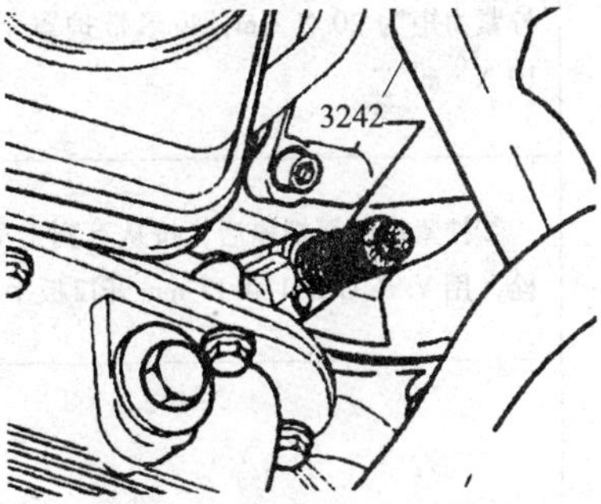 3242
	④拆下喷油泵齿轮的减振器螺栓1，见右图 注意：不要松开喷油泵齿轮上的螺母2，否则会改变喷油泵的基本设定。标出齿形带的转动方向，反向转动会导致齿形带损坏	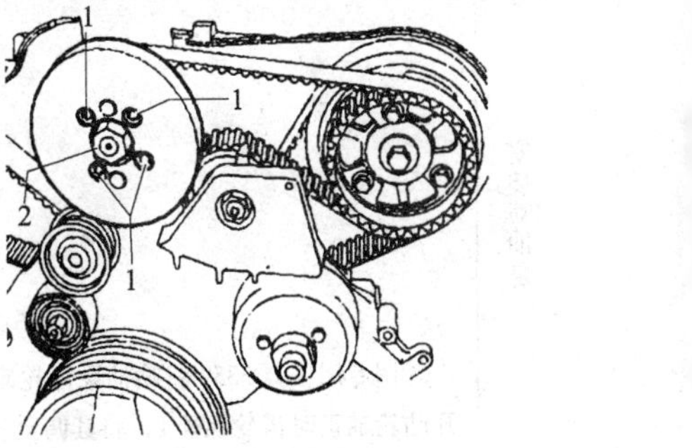 1 1 2 1 1—减振器螺栓　2—螺母
	⑤松开齿形带张紧器，取下齿形带，拔出喷油泵连接器	
	⑥拆下喷油泵的喷油管和回油管，用干净布堵住开口，用专用工具3035拧下喷油泵上的喷油管，见右图	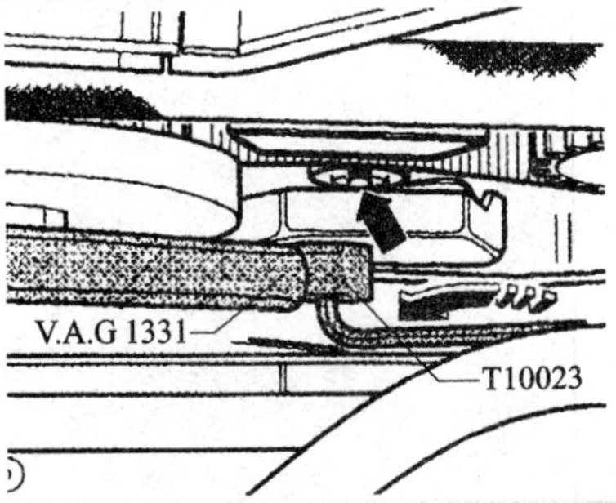 V.A.G 1331 T10023

续表

	操作说明	显示示意图
拆卸喷油泵	⑦拆下喷油泵螺栓，见右图，将喷油泵连同喷油管一同取下。按缸号标好喷油管，用专用工具 3035 拧下喷油管螺栓	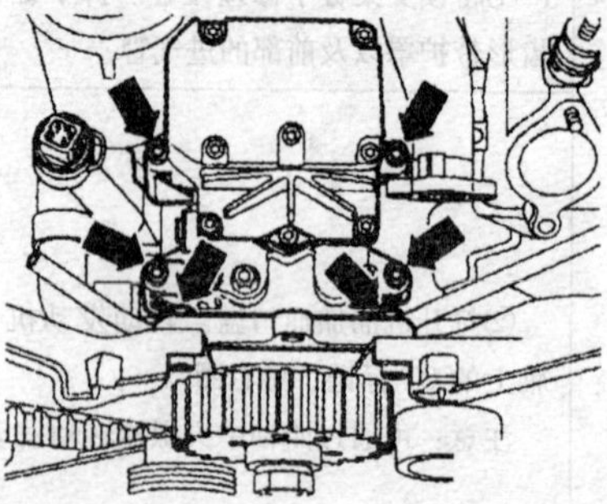
安装喷油泵	①将喷油泵放到发动机上，拧紧螺栓，曲轴箱上螺栓的拧紧力矩为 20 N·m，齿形带护罩上螺栓的拧紧力矩为 10 N·m	
	②拧紧喷油泵螺栓后，按从下到上的顺序拧上喷油管螺栓，用 V. A. G1331 和 17 mm 开口扳手拧紧	
	③用专用工具 3359 将喷油泵齿轮定位，见图 a 所示。松开凸轮轴正时齿轮螺栓 1，将其调至长孔的中间位置，见图 b，放上齿形带，应注意转动方向	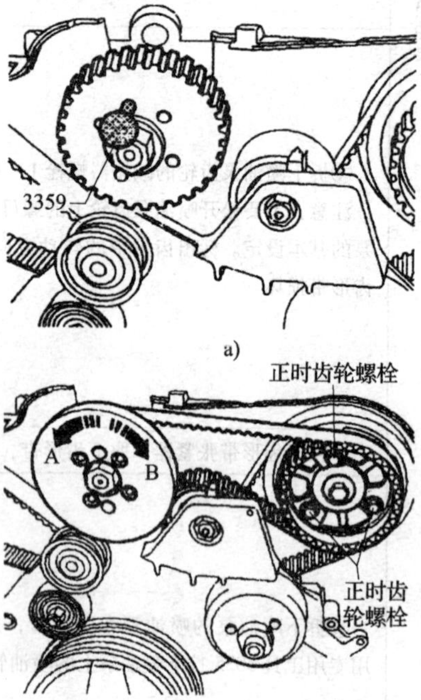 3359 a) 正时齿轮螺栓 A B 正时齿轮螺栓 b)

续表

操作说明		显示示意图
安装喷油泵	④张紧齿形带，见右图，逆时针转动内六角扳手，直至标记 1 对正，拧紧紧固螺母，拧紧力矩为 36 N·m	1 3078
	⑤拧紧凸轮轴正时齿轮上的螺栓，拧紧力矩为 20 N·m	
	⑥取下专用工具 3359 和 3242，沿发动机转动方向转动曲轴两圈，直至曲轴到达 3 缸上止点位置。再次检查齿形带张紧器上的标记，必要时检查齿形带的张紧状况	
	⑦装上喷油泵齿轮的减振器螺栓，拧紧力矩为 20 N·m	
	⑧装上前部进气管，拧紧力矩为 10 N·m。插上喷油泵连接器，接上燃油管	
	⑨装好喷油泵后，应给燃油系统排气，否则无法启动发动机	

2. 燃油系统加油和排气

（1）加油。要保证燃油系统的排气效果，背压腔（约 0.5 L）应充满燃油。燃油泵不工作时，油箱内燃油近似满的，背压腔内才会充满燃油。油箱内燃油不满时，应按下述方法操作：油箱内燃油不足 1/3 时，检查工作完成后，若没有给油箱加油，则在排气前给背压腔加油。打开仪表板左侧的熔丝盒盖，从盒中拔下 28 号熔丝，用 V. A. G1348/3—2 将 V. A. G1348/3A 接到 28 号熔丝座的右侧接线柱上，如图 9—2—2 中的箭头所示。将线夹接到蓄电池正极上，按下遥控器上的开关进行排气，燃油泵应运转。

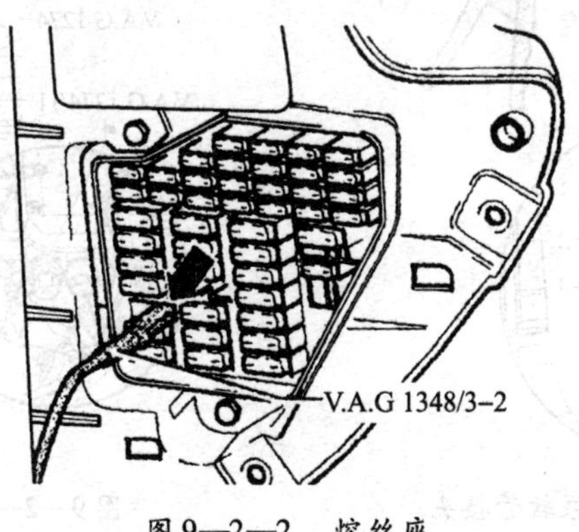

图 9—2—2　熔丝座

（2）排气

1）如图9—2—3所示，用专用工具3094夹住燃油回油管，若不行，则取下发动机盖罩上的堵塞并拧下螺栓。

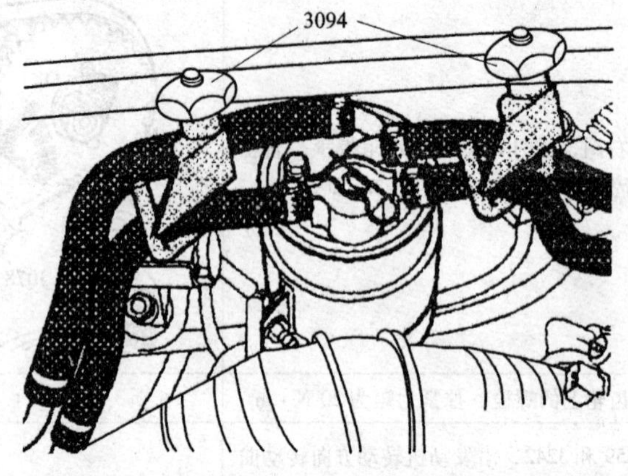

图9—2—3　专用工具连接

2）拔下右侧缸体上的喷油器回油管，将软管3插到喷油泵软管接头上，如图9—2—4所示。

3）将V. A. G1390/1中的渐缩管2插到软管3上。将渐缩管2与软管1和V. A. G1390/1相连。操纵手动真空泵3次，给V. A. G1390/1加油。

注意：即使给V. A. G1390/1加了3次油，管路中仍可能会有气泡。

4）再次将回油管接到喷油泵上。取下回油管上的夹子（3094），重新装上28号熔丝。启动发动机，检查燃油系统是否泄漏。

注意：试启动不要超过15 s，若发动机无法启动，则再次重复上述排气过程。

3. 检查燃油系统的密封性

（1）燃油系统泄漏会使喷油管内形成泡沫或气泡，造成功率不足、熄火、启动困难。

（2）如图9—2—5所示，将V. A. G1274/11与V. A. G1274相连。拆下喷油泵回油管后将V. A. G1274/11软管接到回油管。

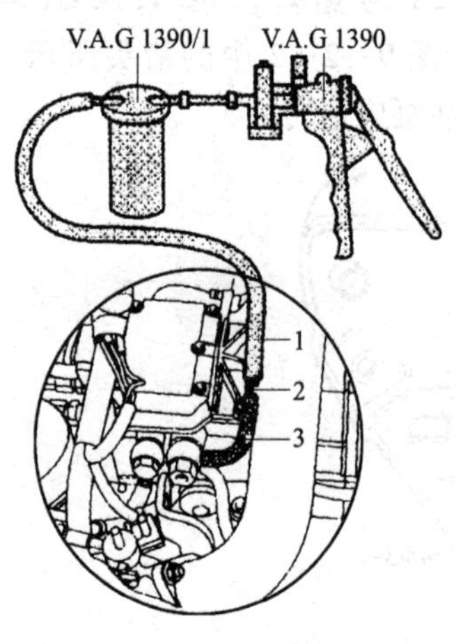

图9—2—4　喷油泵软管接头

1，3—软管　2—渐缩管

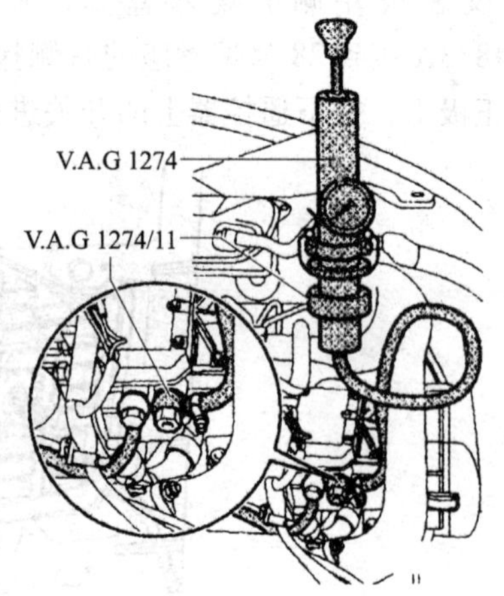

图9—2—5　工具连接1

（3）如图9—2—6所示，将专用工具3094夹到燃油滤清器后的喷油管和喷油泵回油管上。

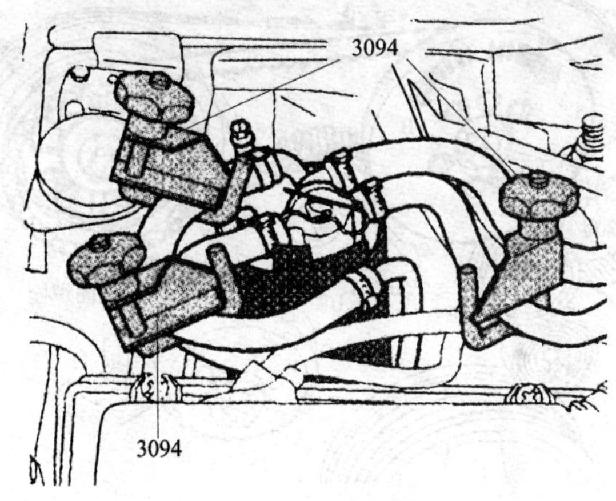

图9—2—6　工具连接2

（4）用V. A. G1274产生100～150 kPa的真空压力，若该压力不断下降，则应查找泄漏点并排除故障。

4. 对喷油始点进行动态检查和调整

注意：更换齿形带，松开喷油泵螺栓和齿形带轮后，应检查喷油始点，必要时进行调整。

（1）通过功能08读出显示组07中的发动机怠速情况，显示屏显示如下内容：

Messwerteblock lesen 7
45. 4℃　76. 3℃　25. 9℃　86. 7℃

（2）检查显示区4的显示内容（冷却液温度），标准值大于85℃。只有达到此冷却液温度时，才可进行检查。

（3）通过功能04读出显示组04中的发动机怠速情况，显示屏显示如下内容：

System in Grundeinstellung 4
850/min spat　1. 5°V. 0T　100%

（4）检查显示区4的显示内容，标准值为100%。

（5）检查显示区2的显示内容，标准值为spat（滞后）。

（6）检查显示区3的显示内容，应显示"Sollwert：2°V. 0T"。若不符合要求，则进行下一步检查。

（7）关闭点火开关，拆下左、右齿形带护罩，检查齿形带的张紧情况。检查标记是否对齐，若标记未对齐，则进行下一步检查。

（8）张紧齿形带，用专用工具松开带张紧器上的紧固螺母，逆时针转动内六角扳手，直至标记1重合，然后用36 N·m的力矩拧紧紧固螺母。

（9）如图9—2—7所示，松开凸轮轴正时齿轮上的紧固螺栓1，将环形扳手（SW22）装到泵轴上，适当拧入一点。图中箭头A表示喷油始点滞后，箭头B表示喷油始点提前。

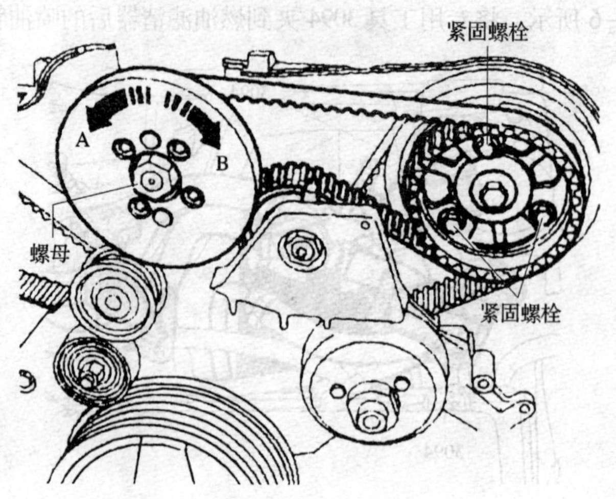

图 9—2—7　凸轮轴正时齿轮

注意：不要松开喷油泵齿轮上的螺母 2，否则会改变喷油泵的基本设定。

（10）拧紧凸轮轴正时齿轮上的螺栓，拧紧力矩为 20 N · m。再次检查喷油始点是否达到标准值，若喷油始点仍不符合要求，则应调整喷油泵齿轮。

5. 检查喷油器

（1）动态检查

1）发动机怠速运转，读取显示组 13（3 缸和 1 缸）信息，标准值为 -1.50 ~ 1.50 mg/h，显示屏显示如下内容：

Messwerteblock lesen 13	
0.82 mg/h	-0.12 mg/h

2）发动机怠速运转，读取显示组 14（6.4.5 缸）信息，标准值为 -1.50 ~ 1.50 mg/h。若某一侧所有气缸实际值都与标准值相差较大，则应检查带张紧度和张紧轮；若一缸或多缸实际值与标准值相差较大，则应相互交换喷油器（不包括 2 缸和 3 缸喷油器）。若故障消失，则应更换喷油器；若故障仍在某一缸，则应检查气缸压力。显示屏显示如下内容：

Messwer teblock lesen 14		
0.67 mg/h	-0.17 mg/h	-0.39 mg/h

（2）检查喷油压力和喷油器密封性

1）接通压力表，慢慢向下压泵杆，读出开始喷油时的压力，标准压力为 18 ~ 19 kPa，极限值为 16 kPa，若压力不符合要求，则应更换喷油器。

2）接通压力表，慢慢向下压泵杆，将压力保持为约 15 kPa，持续 10 s，喷油器开口处不应有燃油渗出。若渗漏，则应更换喷油器。

（3）喷油器拆装

1）拆卸喷油器

①拆下气缸盖罩，拆下相应喷油器的张紧夹，向上拔出喷油器。

②对于手动变速箱车型，若不方便拔下喷油器，则可挂4挡，将车向前推几米。

③对于自动变速箱车型，若不方便拔下喷油器，则将所有张紧夹再装到喷油器上，用手拧紧，拔下喷油泵插头。

2）安装喷油器。

注意：应更换气缸盖与喷油器间的铜密封垫。装上喷油器，装上张紧夹，用10 N·m的力矩拧紧张紧夹。装上气缸盖罩。

6. 检查喷油泵

（1）检查喷油泵识别码

1）打开点火开关. 不要启动发动机，读取显示组25信息，显示屏显示如下内容：

```
Messwer teblock lesen 25
00003 059130105A C062 - 1. V41    123456 769
```

2）显示屏显示的00003表示数据状态，059130105A表示喷油泵零件号，C062－1. V41表示软件版本号，123456表示序列号，769表示生产日期。

注意：若显示屏显示“功能未知或当前不能执行”，则应关闭点火开关后再打开点火开关。

（2）检查喷油提前调节器的调节范围

1）发动机怠速运转，在显示组04中进行基本设置，显示屏显示如下内容：

```
System in Grundeinstellung 4
850 r/min fruh    15. 45° V. OT    28%
```

2）喷油起始阀以10 s为间隔反复打开和关闭，显示屏显示如下内容：

```
System in Grundeinstellung 4
850 r/min    spat    1. 55° V. OT    100%
```

3）显示区2和3中的显示内容见表9—2—3。若不符合要求，则应修正喷油始点。若喷油始点正常，喷油提前调节器不正常，则应更换喷油泵。

表9—2—3　　显示区2和3中的显示内容

显示区2	显示区3	可能的故障原因
fruh（提前）	大于14. 0° V. OT	正常。喷油提前调节器有足够的提前量
	小于14. 0° V. OT	①喷油始点不正常 ②喷油泵的调节通道阻塞
spat（滞后）	小于0° V. OT	正常，喷油提前调节器有足够的滞后量
	大于0° V. OT	①喷油始点不正常 ②喷油泵的调节通道阻塞

（3）检查发动机电控单元与喷油泵间的数据总线。发动机电控单元与喷油泵间通过一条CAN总线相连，这条CAN总线由两条数据总线组成，喷油量、燃油温度等信号通过这两

条数据总线来传递。拔出喷油泵 9 脚连接器，将 V. A. G1598/30 或 V. A. G1598/31 与发动机电控单元线束相连，不要与发动机电控单元相连。如图 9—2—8 所示，检查喷油泵 9 脚连接器端子 1 与 V. A. G1598/30 插口 3/44 间、9 脚连接器端子 1 与 V. A. G1598/31 插口 83 间、9 脚连接器端子 2 与 V. A. G1598/30 插口 3/45 间、9 脚连接器端子 2 与 V. A. G1598/31 插口 82 间的电路是否断路或短路。

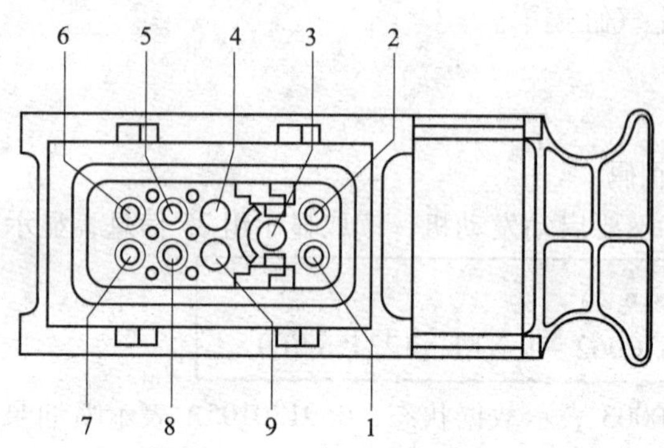

图 9—2—8　喷油泵连接器端子排列

（4）检查喷油切断信号。喷油切断信号用于使发动机停机。在关闭点火开关的情况下，发动机电控单元识别到一个故障，喷油切断信号由发动机电控单元传送至喷油泵，紧急切断喷油泵喷油。拔下喷油泵 9 脚连接器，将 V. A. G1598/30 或 V. A. G1598/31 与发动机电控单元线束相连，不要与发动机电控单元相连。检查喷油泵 9 脚连接器端子 5 与 V. A. G1598/30 插口 3/21 间及 9 脚连接器端子 5 与 V. A. G1598/31 插口 114 间的电路是否断路或短路。

（5）检查发动机转速信号。发动机转速信号是由发动机转速传感器 G28 产生的，该传感器将转速和曲轴位置信号传至发动机电控单元，喷油泵根据曲轴位置信号来控制喷油始点。拔下喷油泵 9 脚连接器，将 V. A. G1598/30 或 V. A. G1598/31 与发动机电控单元线束相连，不要与发动机电控单元相连。检查喷油泵 9 脚连接器端子 8 与 V. A. G1598/30 插口 3/07 间及 9 脚连接器端子 8 与 V. A. G1598/31 插口 93 间的电路是否断路或短路。

（6）检查柴油直喷装置电源电压。柴油直喷继电器 J322 向柴油直喷装置提供电源电压。J322 的工作条件是：电压通过 15 号接线柱传送到发动机电控单元上。

1）检查条件：蓄电池电压正常。

2）检查 15 号接线柱电源电压。将 V. A. G1598/30 或 V. A. G1598/31 与发动机电控单元线束相连，不要与发动机电控单元相连，打开点火开关，用万用表检测 V. A. G1598/30 插口 4/26 与车身间及 V. A. G1598/31 插口 37 与车身间的电压，应为蓄电池电压。若检测结果不符合要求，则应检查电路。

（7）检查柴油直喷继电器 J322 的搭铁情况。

1）检查条件：蓄电池电压正常，15 号接线柱电源电压正常。

2）打开点火开关，J322 应啮合。若 J322 不啮合，则进行下一步检查。

3）将 V. A. G1598/30 或 V. A. G1598/31 与发动机电控单元线束相连，不要与发动机电控单元相连，用 V. A. G1594 中的辅助导线将 V. A. G1598/30 插口 1/09 与 1/06 相连，将

V. A. G1598/31 插口 18 与 4 相连，J322 应啮合。若现在 J322 能啮合，但接上发动机电控单元后不能啮合，则应更换发动机电控单元；若 J322 不能啮合，则进行下一步检查。

4）关闭点火开关，拔出 J322，如图 9—2—9 所示，检测 J322 插座端子 4 与 V. A. G1598/30 插口 1/09 间及 J322 插座端子 4 与 V. A. G1598/31 插口 18 间的电路是否断路或短路。

（8）检查 30 号接线柱电源电压。

1）检查条件：蓄电池电压正常，15 号接线柱电源电压正常，J322 搭铁正常。

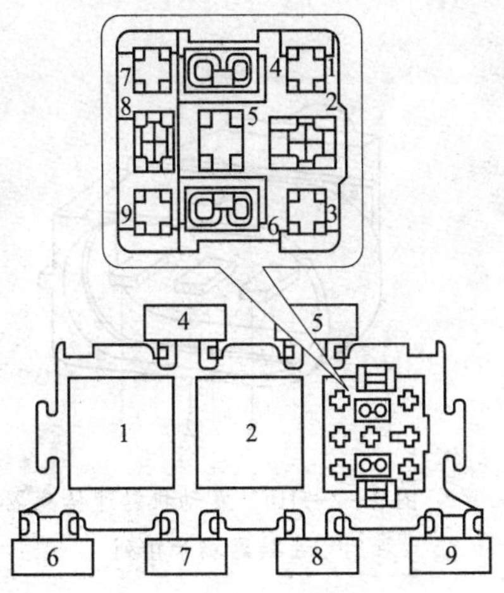

图 9—2—9　电路布置

2）关闭点火开关，拔出 J322，检测 J322 插座端子 2 与车身间的电压，应约为蓄电池电压。若检测结果不符合要求，则应检查电路；若检测结果符合要求，则进行下一步检查。

3）将 J322 插回到继电器座，拔出喷油泵 9 脚连接器，将 V. A. G1598/30 或 V. A. G1598/31 与发动机电控单元线束相连，不要与发动机电控单元相连，用 V. A. G1594 中的辅助导线将 V. A. G1598/30 插口 1/09 与 1/06 及 V. A. G1598/31 插口 18 与 4 相连。检测 V. A. G1598/30 插口 1/01 与 1/01 间、插口 1/01 与 1/05 间、插口 1/01 与 1/06 间、插口 1/08 与 1/04 间、插口 1/08 与 1/05 间、插口 1/08 与 1/06 间的电压，检测 V. A. G1598/31 插口 1 与 4 间、插口 2 与 4 间、插口 1 与 5 间、插口 2 与 5 间的电压，均应为蓄电池电压。检测喷油泵 9 脚连接器端子 7 与 6 间的电压，应约为蓄电池电压。若检测结果不符合要求，则应检查电路。

7. 检查发动机转速传感器 G28

发动机转速传感器是转速和参考点传感器，它出现故障时，发动机将无法启动。对于手动变速箱车型，发动机转速传感器感应的是飞轮上的 6 个凹槽；对于自动变速箱车型，发动机转速传感器感应的是变矩器上的 6 个金属销。由于传感器感应的对象不同，所以产生的信号波形是相反的。为了使发动机电控单元能接收到同样的信号，手动变速箱车型和自动变速箱车型上的发动机转速传感器接线正好相反。

（1）关闭点火开关，拔出发动机转速传感器 3 脚连接器，如图 9—2—10 所示，检测发动机转速传感器 3 脚连接器端子 3 与 2 间的电阻，应约为 1 kΩ。若阻值不符合要求，则更换发动机转速传感器 G28；若阻值符合要求，则进行下一步检查。

（2）将 V. A. G1598/30 或 V. A. G1598/31 与发动机电控单元线束相连，不要与发动机电控单元相连，如图 9—2—11 所示，对于手动变速箱和 Muhitronic（无级自动变速箱）车型，检测发动机转速传感器 3 脚连接器端子 1 与 V. A. G1598/30 插口 1/04 间、3 脚连接器端子 1 与 V. A. G1598/31 插口 4 间、3 脚连接器端子 2 与 V. A. G1598/30 插口 3/06 间、3 脚连接器端子 2 与 V. A. G1598/31 插口 110 间、3 脚连接器端子 3 与 V. A. G1598/30 插口 3/31 间、3 脚连接器端子 3 与 V. A. G1598/31 插口 102 间的电路是否断路或短路。

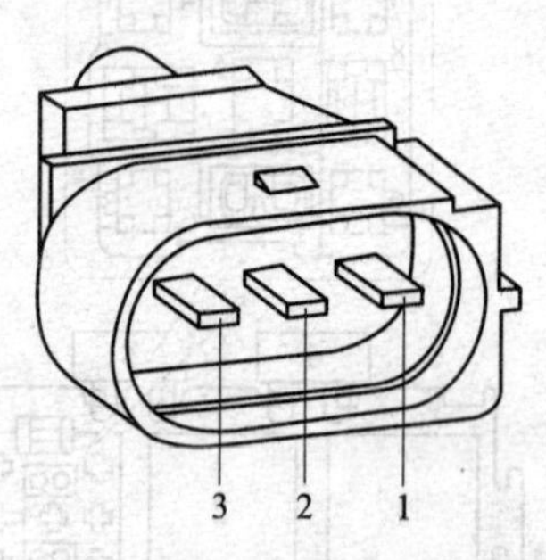

图 9—2—10　发动机转速传感器连接器端子排列

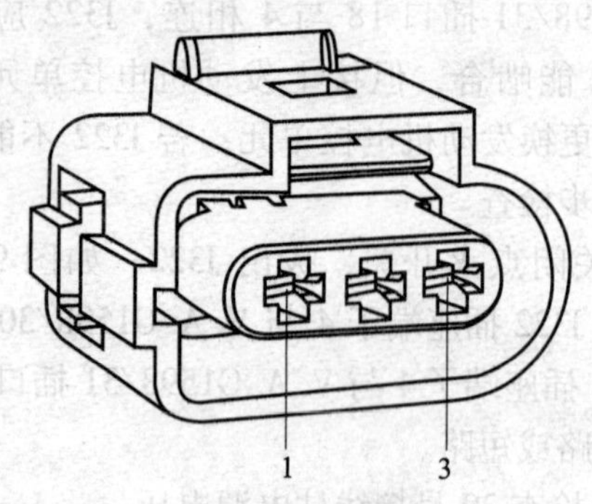

图 9—2—11　发动机转速传感器端子排列

（3）对于自动变速箱车型，检测发动机转速传感器 3 脚连接器端子 1 与 V. A. G1598/30 插口 1/04 间、3 脚连接器端子 1 与 V. A. G1598/31 插口 4 间、3 脚连接器端子 2 与 V. A. G1598/30 插口 133/31 间、3 脚连接器端子 2 与 V. A. G1598/31 插口 102 间、3 脚连接器端子 3 与 V. A. G1598/30 插口 3/06 间、3 脚连接器端子 3 与 V. A. G1598/31 插口 110 间的电路是否断路或短路。

8．检查针阀升程传感器 G80

针阀升程传感器用于检测喷油始点。该传感器损坏时，根据转速和负荷仍可以控制喷油始点。在正常工况下，根据转速、负荷和温度调节喷油始点。

（1）关闭点火开关，拔出针阀升程传感器 2 脚连接器，用万用表检测针阀升程传感器 2 脚连接器端子间的电阻，应为 90～120Ω（发动机热机时，电阻可能会高 20 Ω）。若阻值不符合要求，则应更换带有针阀升程传感器 G80 的 3 缸喷油器；若阻值符合要求，则进行下一步检查。

（2）将 V. A. G1598/30 或 V. A. G1598/31 与发动机电控单元线束相连，不要与发动机电控单元相连，检查针阀升程传感器 2 脚连接器端子 1 与 V. A. G1598/30 插口 1/05 间、2 脚连接器端子 1 与 V. A. G1598/31 插口 109 间、2 脚连接器端子 2 与 V. A. G1598/30 插口 3/18 间、2 脚连接器端子 2 与 V. A. G1598/31 插口 101 间的电路是否断路，如图 9—2—12 所示。

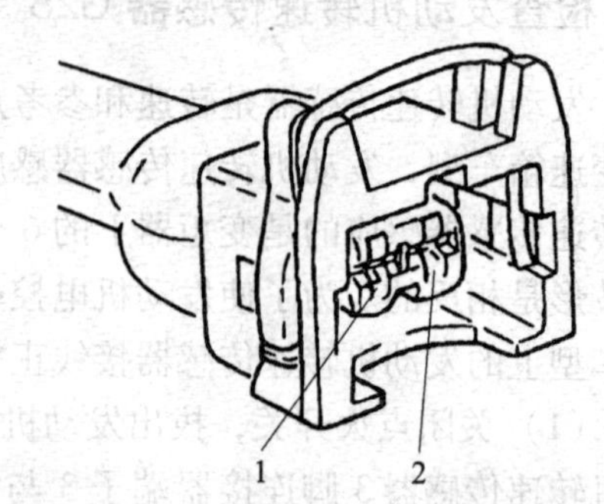

图 9—2—12　针阀升程传感器端子排列

9．检查冷却液温度传感器 G62

（1）发动机冷机怠速运转，读取显示组 07 信息，显示屏显示如下内容：

Messwer teblock lesen 7
15. 4℃　16. 3℃　15. 9℃　16. 7℃

（2）检查显示区4中显示的内容（冷却液温度），标准值：温度应稳步升高。当出现故障时，显示燃油温度作为替代值（显示区1）。若显示区显示值不对或显示的是燃油温度替代值，则进行下一步检查。

（3）关闭点火开关，拔出发动机冷却液温度传感器4脚连接器，将V. A. G1598/30或V. A. G1598/31与发动机电控单元线束相连，不要与发动机电控单元相连。对于方形连接器，如图9—2—13所示，检测冷却液温度传感器4脚连接器端子1与V. A. G1598/30插口3/32间、4脚连接器端子1与V. A. G1598/31插口104间、4脚连接器端子2与V. A. G1598/30插口3/28间、4脚连接器端子2与V. A. G1598/31插口112间的电路是否断路或短路；对于圆形连接器，如图9—2—13所示，检测冷却液温度传感器4脚连接器端子3与V. A. G1598/30插口3/28间、4脚连接器端子3与V. A. G1598/31插口112间、4脚连接器端子4与V. A. G1598/30插口3/32间、4脚连接器端子4与V. A. G1598/31插口104间的电路是否断路或短路。若电路无故障，则更换冷却液温度传感器。

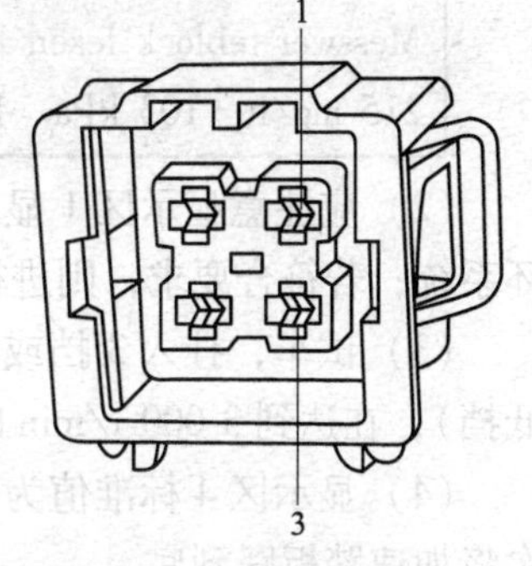

图9—2—13　冷却液温度传感器端子排列

10. 检查进气温度传感器G42

（1）发动机停机并已冷却，读出显示组07信息，显示屏显示如下内容：

Messwer teblock lesen 7			
15.4℃	16.3℃	15.9℃	16.7℃

（2）注意显示区3中的显示内容，若电路断路，则会显示一个替代值。若没有显示出实际温度，则进行下一步检查。

（3）拔出空气流量传感器5脚连接器，将V. A. G1598/30或V. A. G1598/31与发动机电控单元线束相连，不要与发动机电控单元相连。如图9—2—14所示，检测空气流量传感器5脚连接器端子1与V. A. G1598/30插口3/29间、5脚连接器端子1与V. A. G1598/31插口73间、5脚连接器端子3与V. A. G1598/30插口3/03间、5脚连接器端子3与V. A. G1598/31插口49间的电路是否断路或短路。

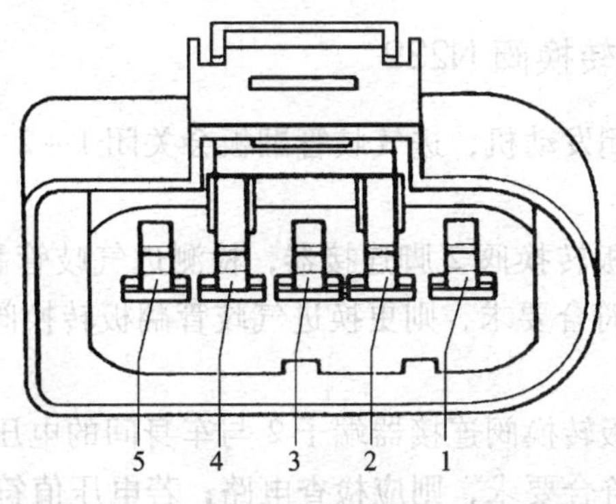

图9—2—14　空气流量传感器端子排列

11. 检查空气流量传感器 G70

发动机电控单元根据空气流量信号来计算喷油量并调节废气再循环系统。空气流量越小，喷油量越少。

（1）发动机怠速运转，读取显示组 10 信息，显示屏显示如下内容：

Messwer teblock lesen 10
215 mg/h　103 kPa　101.1 kPa　0.0%

（2）应注意显示区 1 显示的标准值为 180 ~ 250 mg/h。若不符合要求，则检查废气再循环系统；若符合要求，则进行下一步检查。

（3）试车，挂入 3 挡或 2 挡，从 2 000 r/min 开始，将加速踏板踩到底加速（未到强制低挡），在达到 3 000 r/min 时，按 V. A. G1551 上 Print 键打印，这时加速踏板已完全踩下。

（4）显示区 4 标准值为 100%（加速踏板位置）。若不符合要求，则重复此项检查并再次将加速踏板踩到底。

（5）显示区 3 标准值为 19 ~ 230 kPa（增压压力）。若不符合要求，则应检查增压压力。

（6）显示区 1 标准值应大于 750mg/h（吸入的空气量）。若不符合要求，则应更换空气流量传感器 G70。若显示区 1 显示一个恒定值（固定的替代值），则进行下一步检查。

（7）关闭点火开关，拔下空气流量传感器 5 脚连接器，打开点火开关，如图 9—2—14 所示，检测空气流量传感器 5 脚连接器端子 2 与车身间、端子 2 与 3 间的电压，应为蓄电池电压。检测空气流量传感器 5 脚连接器端子 4 与车身间、端子 4 与 3 间的电压，应约 5V。

（8）将 V. A. G1598/30 或 V. A. G1598/31 与发动机电控单元线束相连，不要与发动机电控单元相连。对于 AKN 发动机，如图 9—2—14 所示，检测空气流量传感器 5 脚连接器端子 3 与 V. A. G1598/30 插口 3/03 间、5 脚连接器端子 3 与 V. A. G1598/31 插口 49 间、5 脚连接器端子 4 与 V. A. G1598/30 插口 3/01 间、5 脚连接器端子 4 与 V. A. G1598/31 插口 30 间、5 脚连接器端子 5 与 V. A. G1598/30 插口 3/02 间、5 脚连接器端子 5 与 V. A. G1598/31 插口 68 间的电路是否断路或短路。对于 AKE、AYM 发动机，如图 9—2—14 所示，检测空气流量传感器 5 脚连接器端子 1 与 V. A. G1598/31 插口 30 间、5 脚连接器端子 3 与 V. A. G1598/31 插口 49 间的电路是否断路或短路。

12. 检查进气歧管翻板转换阀 N239

（1）启动发动机，关闭发动机，进气歧管翻板会关闭 1 ~ 2 s，若不是这样，则进行下一步检查。

（2）拔下进气歧管翻板转换阀 2 脚连接器，检测进气歧管翻板转换阀端子间的电阻，应为 30 ~ 40 Ω。若阻值不符合要求，则更换进气歧管翻板转换阀 N239；若阻值符合要求，则进行下一步检查。

（3）检测进气歧管翻板转换阀连接器端子 2 与车身间的电压，打开点火开关，应约为蓄电池电压。若电压值不符合要求，则应检查电路；若电压值符合要求，则进行下一步检查。

(4) 将V. A. G1598/30或V. A. G1598/31与发动机电控单元线束相连，不要与发动机电控单元相连，检测进气歧管翻板转换阀2脚连接器端子1与V. A. G1598/30插口2/20间、2脚连接器端子1与V. A. G1598/31插口81间的电路是否断路或短路。

13. 检查撞车信号电路

若安全气囊电控单元向发动机电控单元发送了撞车信号，则发动机电控单元会切断燃油泵，使发动机停机。将V. A. G1598/31与发动机电控单元线束相连，不要与发动机电控单元相连。检测V. A. G1598/31插口47与安全气囊电控单元J234端子间的电路是否断路或短路。

14. 检查空调压缩机信号和空调压缩机切断信号电路

空调压缩机信号用于告诉发动机电控单元压缩机将在140 ms后接通。在下述情况下发动机电控单元会切断空调压缩机：车速低而急加速，应急程序启动（应急运行），冷却液温度高于120℃，每次启动后的6 s内。

(1) 检查条件：空调正常，发动机电控单元内没存储故障信息。

(2) 发动机怠速运转，读取显示组02信息，显示屏显示如下内容：

Messwer teblock lesen 2
800 r/min　0.0%　0　01　00　18.4℃

(3) 接通空调，按Auto键，选择最低温度，显示屏显示如下内容：

Messwer teblock lesen 2
800 r/min　0.0%　1　01　01　18.4℃

(4) 检查显示区3中显示的内容，标准值为××××1（空调压缩机信号）。若显示值不符合要求，则进行下一步检查。

(5) 将V. A. G1598/30或V. A. G1598/3l与发动机电控单元线束相连，不要与发动机电控单元相连。检测V. A. G1598/30插口4/19与空调电控单元间、V. A. G1598/31插口29与空调电控单元间的电路是否断路或短路。

15. 检查空调信号电路

为达到所需的车内温度，发动机电控单元根据空调信号，决定是否提高怠速转速。

(1) 发动机怠速运转，读取显示组02信息，显示屏显示如下内容：

Messwer teblock lesen 2
780 r/min　0.0%　0　01　00　18.4℃

(2) 接通空调，按Auto键，选择最低温度，检查显示区3中的显示内容，标准值为1××××（空调装置信号）。若不符合要求，则进行下一步检查。

(3) 将V. A. G1598/30或V. A. G1598/31与发动机电控单元线束相连，不要与发动机电控单元相连。检测V. A. G1598/30插口4/39与空调电控单元间、V. A. G1598/31插口34与空调电控单元间的电路是否断路或短路。

16. 检查车外温度信号电路（仅用于1999年以前的车型）

该信号由空调系统或组合仪表发送至发动机电控单元。

（1）发动机停机，读取显示组20信息，显示屏显示如下内容：

```
Messwer teblock lesen 20
20.4℃  00.01 mg/h  11  11  18.4℃
```

（2）注意显示区1中的显示内容，标准值与组合仪表中显示的车外温度和周围环境温度相近。若没有显示标准值，则进行下一步检查。

（3）将V. A. G1598/30与发动机电控单元线束相连，检测V. A. G1598/30插口4/33与空调电控单元间的电路是否断路或短路。

17. 检查车速信号电路

车速信号用于加速时切断空调压缩机、GRA，提高行驶舒适性（防止耸车）。

（1）检查条件：车速表正常。

（2）发动机怠速运转，读取显示组06信息，显示屏显示如下内容：

```
Messwer teblock lesen 20
0km/h  0 0 0  000000  255
```

（3）试车，注意显示区1中的内容，标准值：应显示实际车速（相对于转速表）。没有显示实际车速值，则进行下一步检查。

（4）将V. A. G1598/30或V. A. G1598/31与发动机电控单元线束相连，不要与发机电控单元相连。检测V. A. G1598/30插口4/22与空调电控单元间、V. A. G1598/31插口20与空调电控单元间的电路是否断路或短路。

18. 检查预热塞

（1）检查条件：蓄电池电压大于11.5 V。

（2）关闭点火开关，拔出预热塞连接器，将V. A. G1527一端接到蓄电池正极，另一端依次接到各预热塞上。若二极管亮，则预热塞正常；若二极管不亮，则应更换预热塞。

19. 检查预热指示灯（仅用于1999年以前的车型）

（1）执行元件诊断，触发预热指示灯，显示屏显示如下内容：

```
Stellgliediagnose
Kontrollampe  Fur Vorgluhzeit - K29
```

（2）预热指示灯应闪亮，若预热指示灯不闪亮，则进行下一步检查。

（3）将V. A. G1598/30与发动机电控单元线束相连，用V. A. G1594的辅助导线将检测盒上的插口1/04与4/30相连，打开点火开关，预热指示灯应亮。若预热指示灯不亮，则应检查电路；若预热指示灯这时亮，但在执行元件诊断时不亮，则应更换发动机电控单元。

第九章 奥迪A6 TDI发动机系统原理与检修

第三节 电路控制

一、熔丝和继电器

AYM 和 AKE 发动机熔丝和继电器如图 9—3—1 所示。

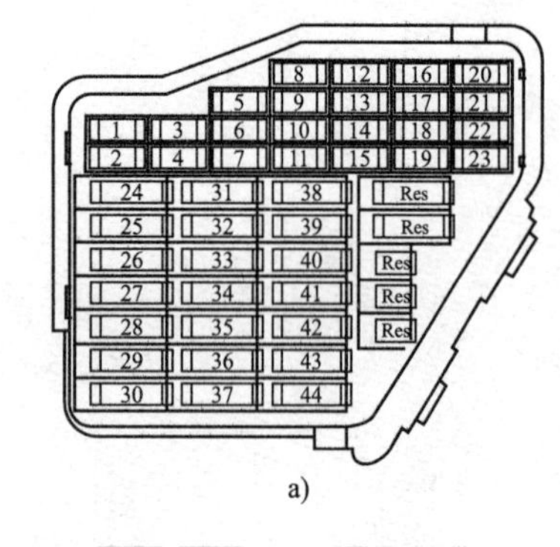

a)

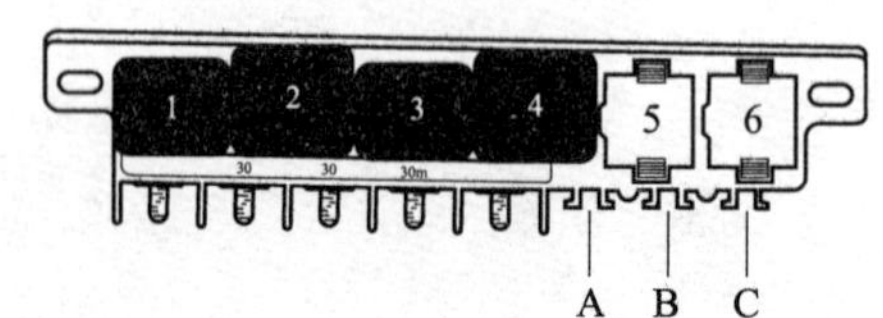

b)
4—预热塞继电器J52

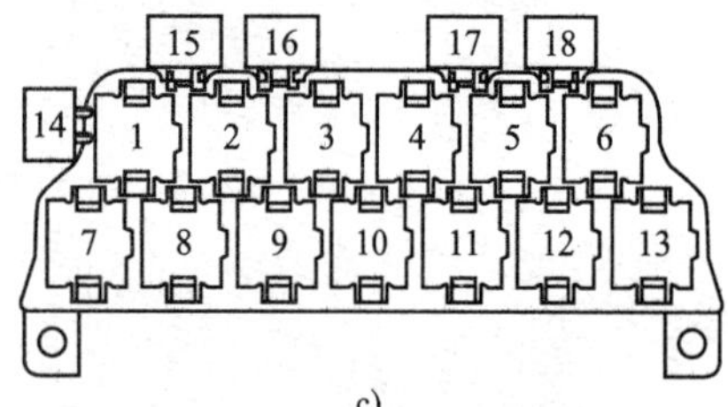

c)
4—启动锁止继电器J207　6—燃油泵继电器J17

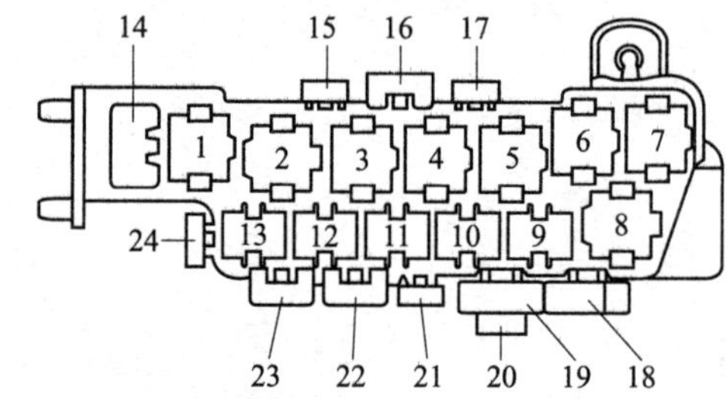

d)
2—散热器风扇2挡继电器J101　3—散热器风扇继电器J26
4—散热器风扇续动继电器J138　20—散热器风扇单熔丝S42
21—散热器风扇熔丝S142

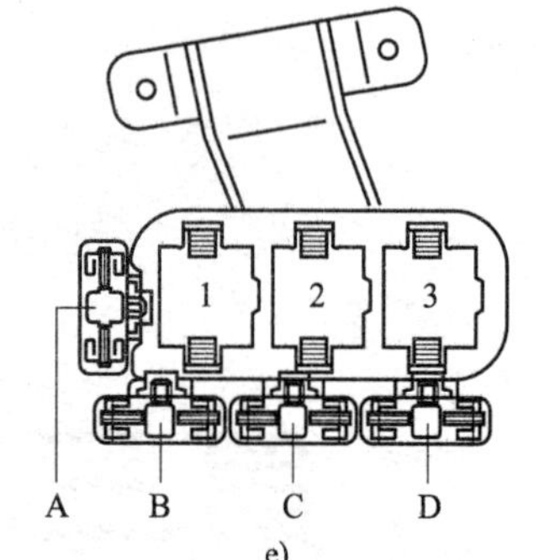

e)
1—低热输出继电器J359　3—高热输出继电器J360
C—辅助加热熔丝2 S143　D—辅助加热熔丝S109

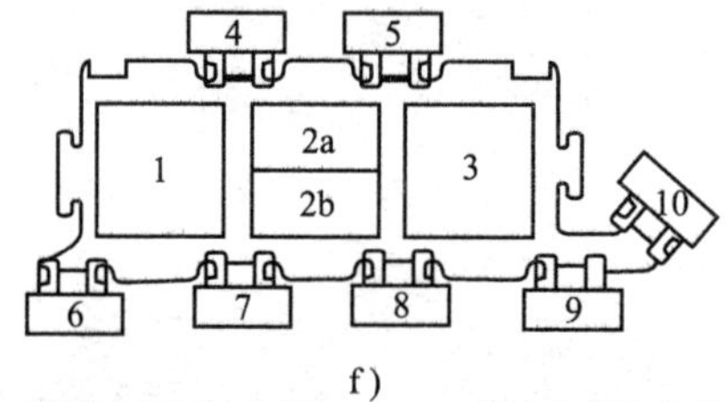

f)
26—燃油冷却泵继电器J445　3—柴油直喷继电器J322
5—发动机电控单元熔丝S102　7—发动机预热塞熔丝S39
9—发动机预热塞熔丝2 S125　10—燃油冷却泵熔丝S262

图 9—3—1　AYM 和 AKE 发动机熔丝和继电器

a）熔丝支架　b）微型中央电器盒　c）13 孔继电器盒　d）8 孔继电器盘
e）驾驶员侧仪表板后中央支架上继电器盘　f）流水槽电子盒内 3 孔继电器支架

二、电路图

1. 预热塞和预热塞继电器电路图如图 9—3—2 所示。
2. 发动机电控单元和柴油直喷继电器电路图如图 9—3—3 所示。

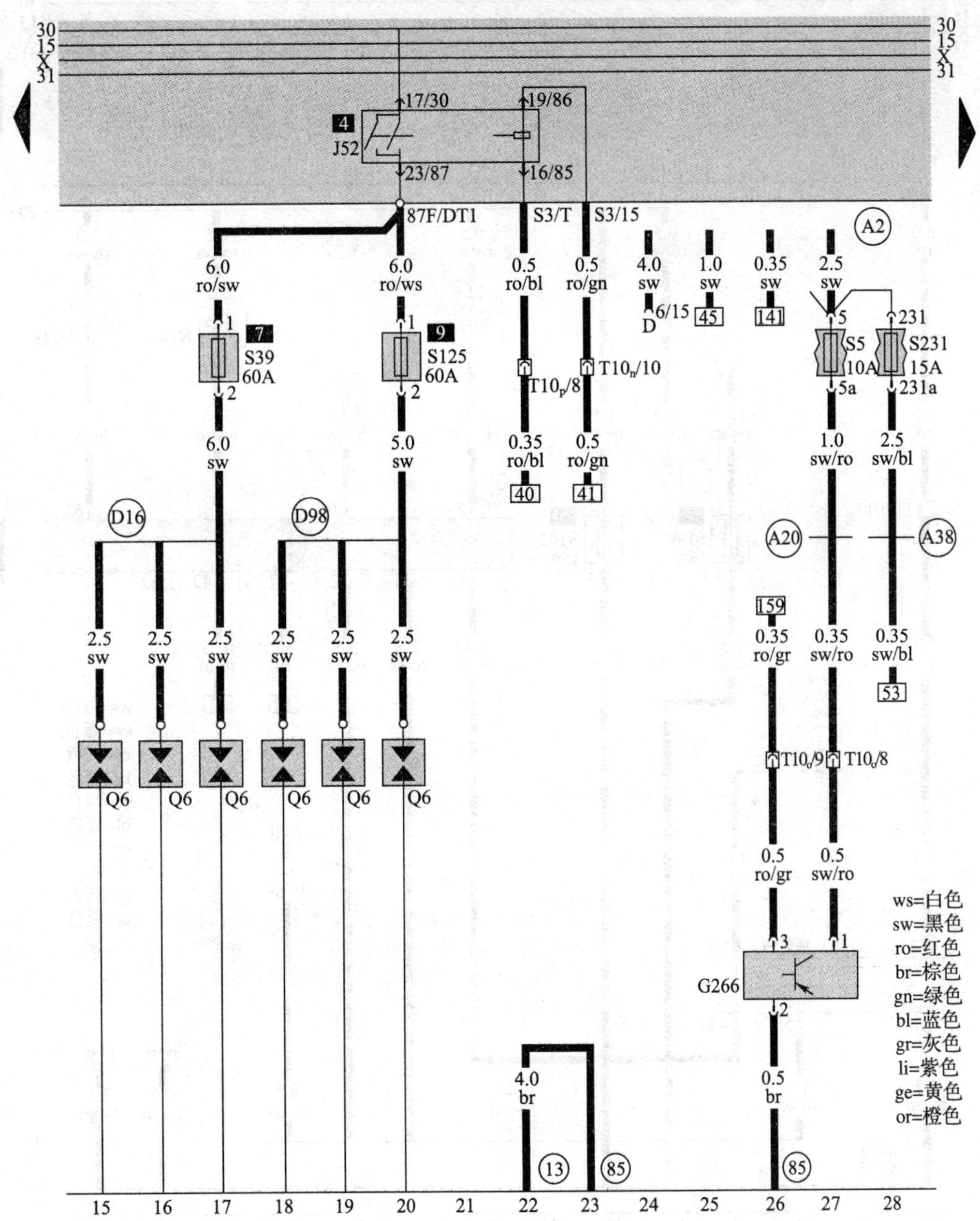

图 9—3—2　预热塞和预热塞继电器电路图

D—点火开关　G266—机油油面热敏传感器，保养间隔　J52—预热塞继电器　Q6—发动机预热塞　S5—熔丝支架上熔丝　S39—发动机预热塞熔丝　S125—发动机预热塞熔丝 2　S231—熔丝支架上熔丝 31　T10n—插头，10 孔，橙色，流水槽电子盒分线器　T10o—插头，10 孔，棕色，流水槽电子盒分线器　T10p—插头，10 孔，黑色，流水槽电子盒分线器

⑬—接地点，在发动机舱内右侧　(85)—接地连接 1，在发动机舱线束内　(A2)—正极连接（15），在仪表板线束内　(A20)—连接（15a），在仪表板线束内　(A38)—正极连接 2，在仪表板线束内

(D16)—连接（预热塞），在右前线束内　(D98)—连接（预热塞），在发动机舱线束内

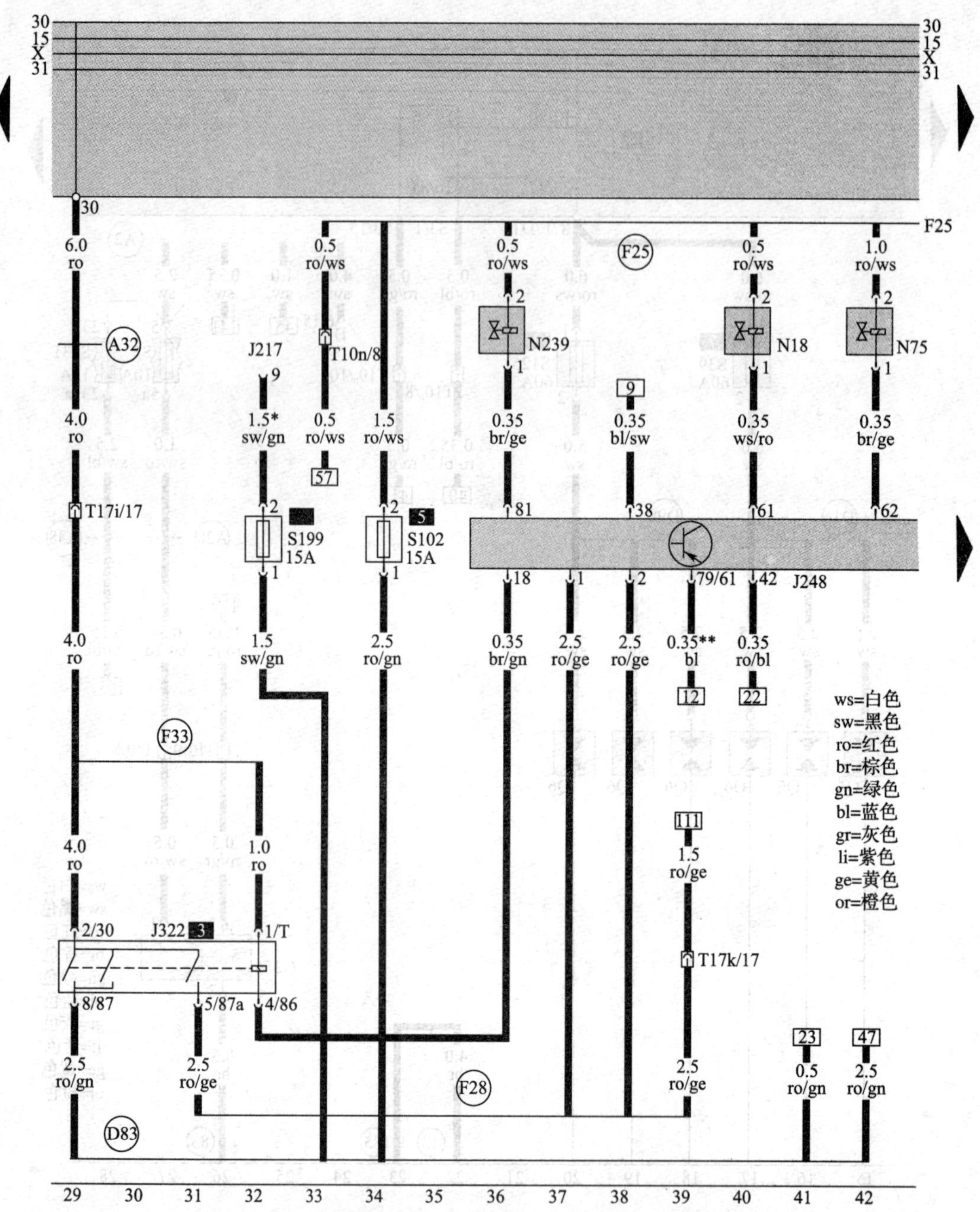

图 9—3—3　发动机电控单元和柴油直喷继电器电路图

J217—自动变速箱电控单元　J248—发动机电控单元　J322—柴油直喷继电器　N18—废气再循环阀（电子）　N75—增压压力控制电磁阀　N239—进气歧管翻板转换阀　S102—发动机电控单元熔丝　S199—熔丝 1（15），在壳体上电子盒内　T10n—插头，110 孔，橙色，流水槽电子盒分线器　T17i—插头，17 孔，白色，流水槽电子盒分线器　T17k—插头，17 孔，红色，流水槽电子盒分线器　Ⓐ32—正极连接（30），在仪表板线束内　Ⓓ83—连接（87），在发动机舱线束内　Ⓕ25—连接 1，在柴油直喷线束内　Ⓕ28—连接 3，在柴油直喷线束内　Ⓕ33—正极连接（30），在柴油直喷线束内　*—自动变速箱车型　**—非四轮驱动车型

3. 发动机电控单元、空气流量传感器和电气液压式发动机悬置电磁阀电路图如图9—3—4所示。

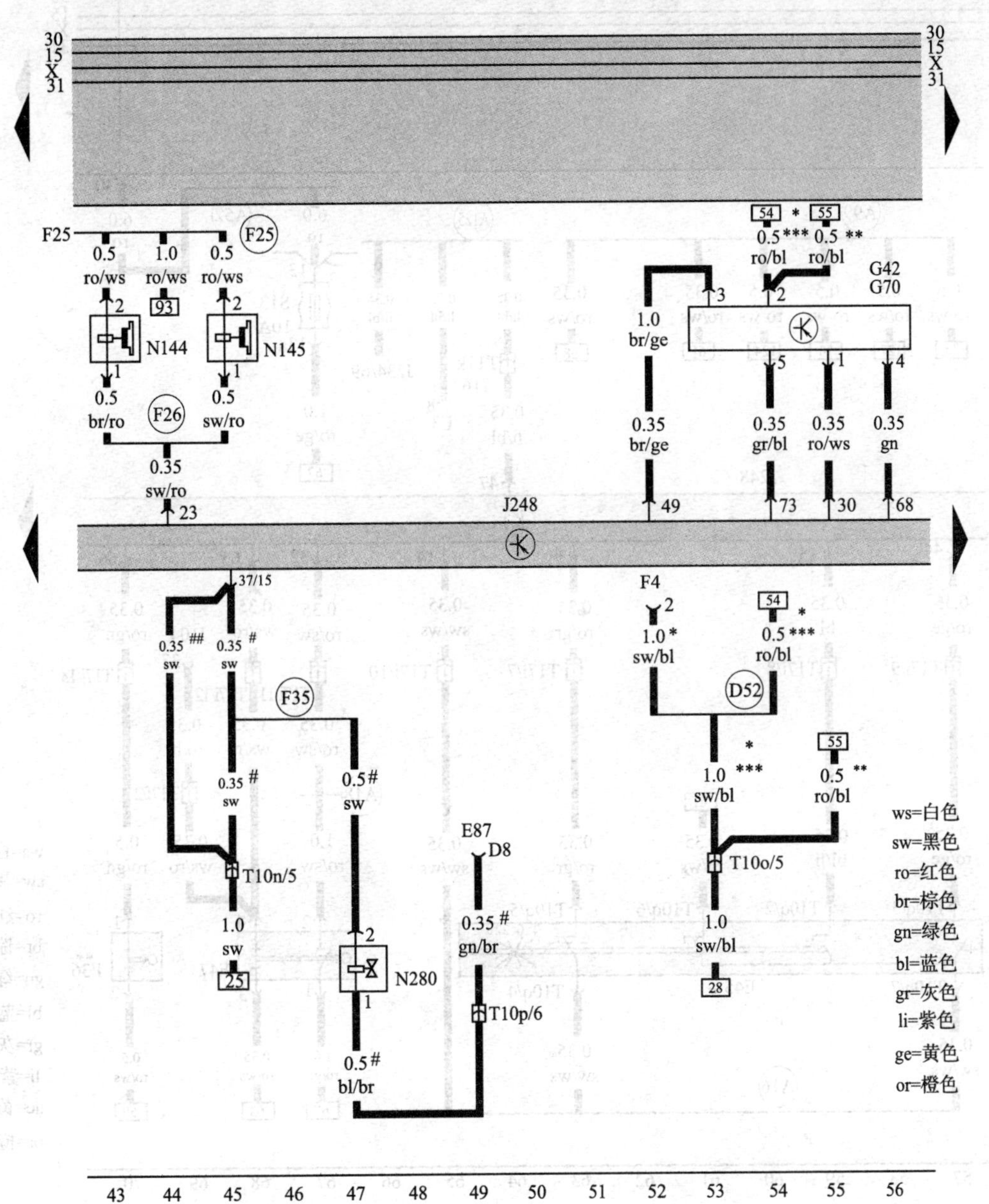

图9—3—4 发动机电控单元、空气流量传感器和电气液压式发动机悬置电磁阀电路图

E87—空调控制和显示单元 F4—倒车灯开关 G42—进气温度传感器 G70—空气流量传感器 J248—发动机电控单元 N144—电气液压式发动机左悬置电磁阀 N145—电气液压式发动机右悬置电磁阀 N280—空调压缩机调节阀 T10n—插头，10孔，橙色，流水槽电子盒分线器 T10o—插头，17孔，棕色，流水槽电子盒分线器 T10p—插头，17孔，黑色，流水槽电子盒分线器 (D52)—正极连接（15a），在发动机舱线束内 (F25)—连接1，在柴油直喷线束内 (F26)—连接2，在柴油直喷线束内 (F35)—连接4，在柴油直喷线束内 *—手动变速箱车型 **—01V自动变速箱车型 ***—01J multitronic自动变速箱车型 #—非四轮驱动车型 ##—仅指四轮驱动车型

4. 发动机电控单元、巡航（GRA）开关和制动灯开关电路图如图 9—3—5 所示。

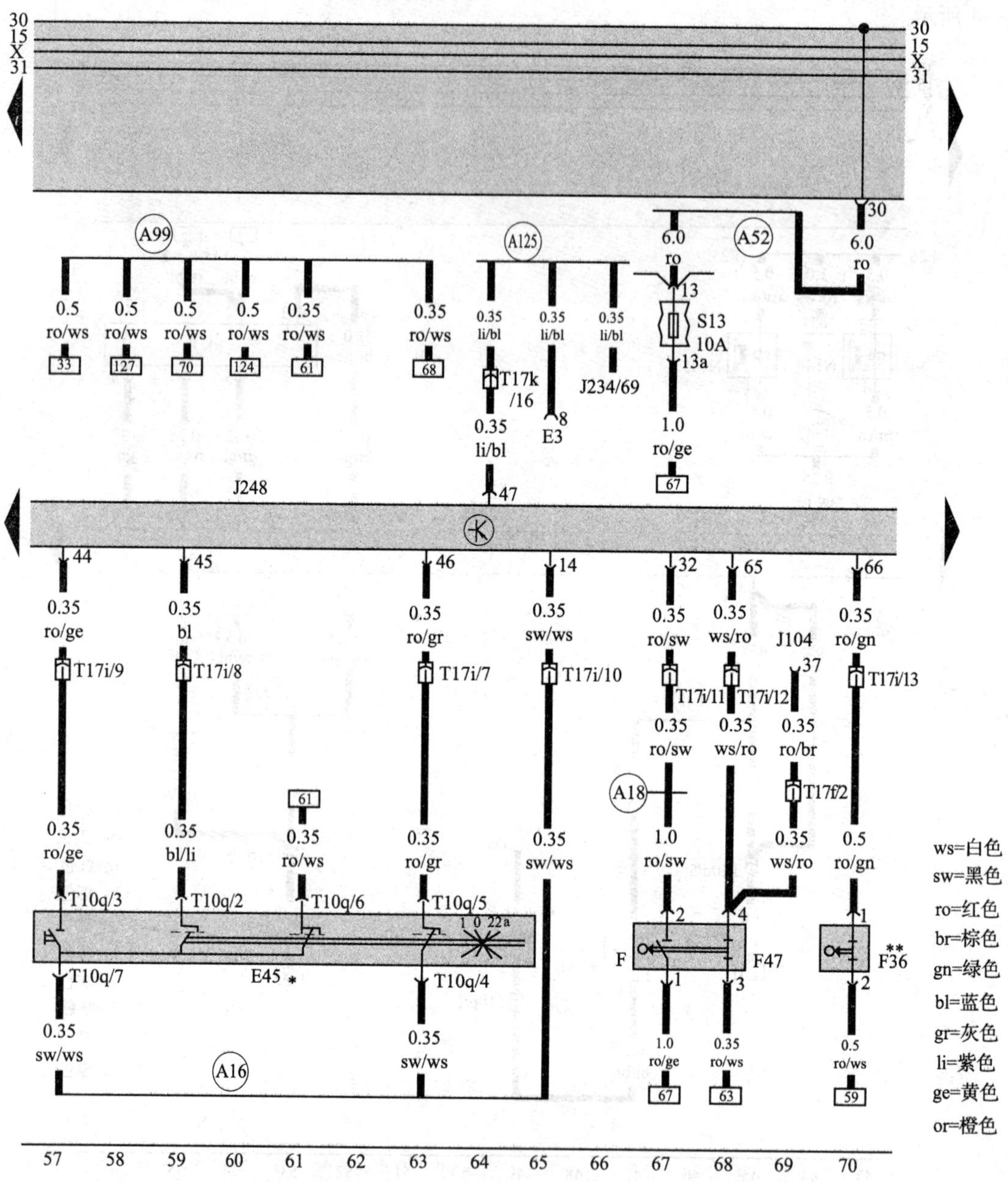

图 9—3—5 发动机电控单元、巡航（GRA）开关和制动灯开关电路图

E3—警报灯开关 E45—GRA 开关 F—制动灯开关 F36—离合器踏板开关 F47—GRA/柴油直喷制动踏板开关 J104—带 EDS 的 ABS 电控单元 J234—安全气囊电控单元 J248—发动机电控单元 S13—熔丝支架上熔丝 T10q—插头，10 孔，黑色，在 GRA 开关上 T17f—插头，17 孔，黑色，左侧 A 柱分线器 T17i—插头，17 孔，白色，流水槽电子盒分线器 T17k—插头，17 孔，红色，流水槽电子盒分线器 A16—连接（GRA），在仪表板线束内 A18—连接（54），在仪表板线束内 A52—正极连接 2（30），在仪表板线束内 A99—连接 1（87），在仪表板线束内 A125—连接（撞车信号），在仪表板线束内 *—有 GRA 的车型 **—手动变速箱车型

5．发动机电控单元、冷却液温度传感器、机油温度传感器、加速踏板位置传感器和喷油泵电控单元电路图如图 9—3—6 所示。

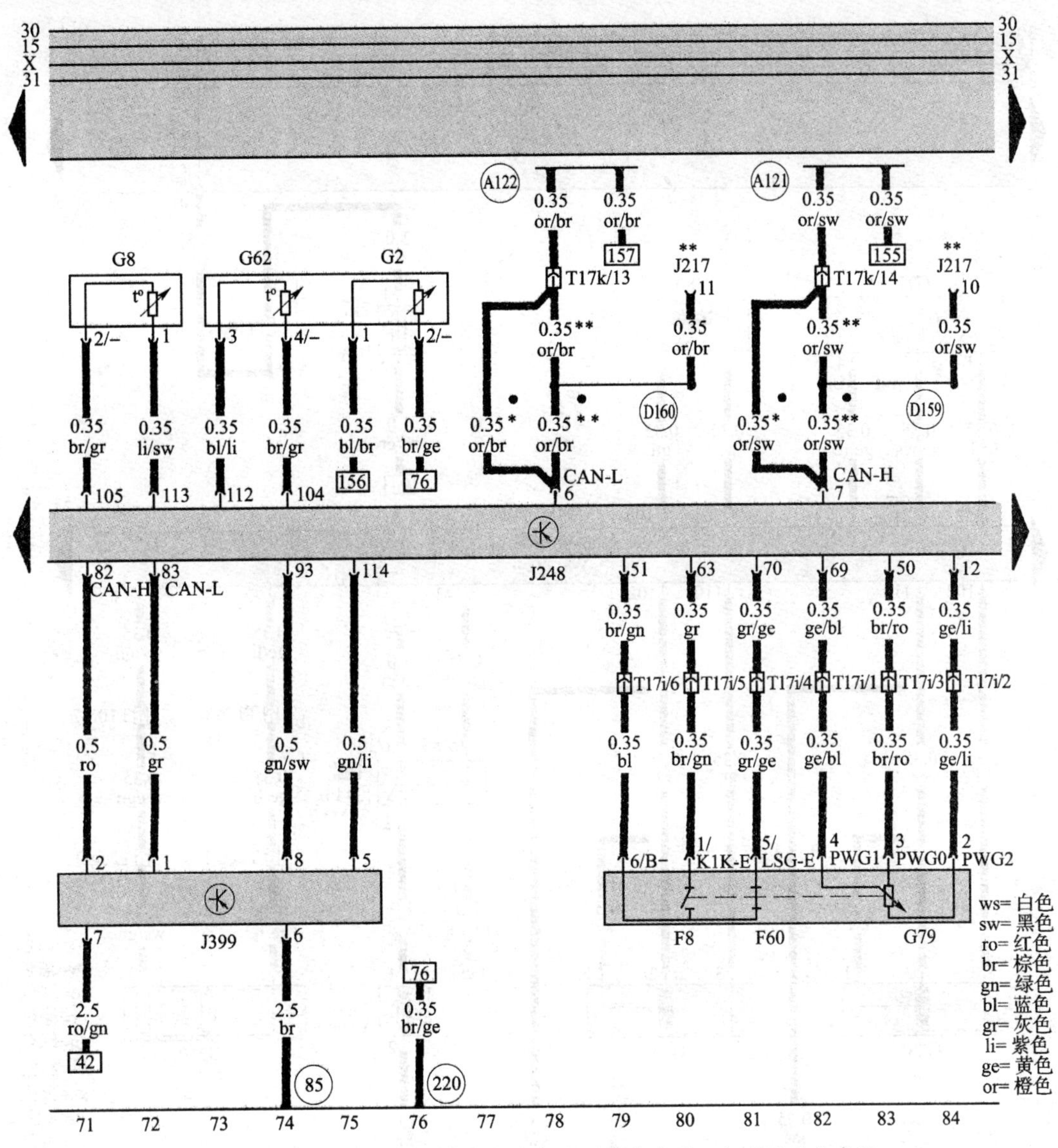

图 9—3—6 发动机电控单元、冷却液温度传感器、机油温度传感器、加速踏板位置传感器和喷油泵电控单元电路图

F8—强制低挡开关 F60—怠速开关 G2—冷却液温度传感器 G8—机油温度传感器 G62—冷却液温度传感器 G79—加速踏板位置传感器 J217—自动变速箱电控单元 J248—发动机电控单元 J399—喷油泵电控单元 T17i—插头，17 孔，白色，流水槽电子盒分线器 T17k—插头，17 孔，红色，流水槽电子盒分线器

⑧⑤—接地连接 1，在发动机舱线束内 ⑳—接地连接（传感器接地），在发动机线束内

A121—连接（High Bus），在仪表板线束内 A122—连接（Low Bus），在仪表板线束内

D159—正极连接（High Bus），在发动机舱线束内 D160—正极连接（Low Bus），在发动机舱线束内

●—CAN 总线（数据总线） ＊—带有手动变速箱和 01V 自动变速箱的车型

＊＊—带有 01J multitronic 自动变速箱的车型

6. 发动机电控单元、发动机转速传感器、进气歧管压力传感器和燃油冷却泵继电器电路图如图 9—3—7 所示。

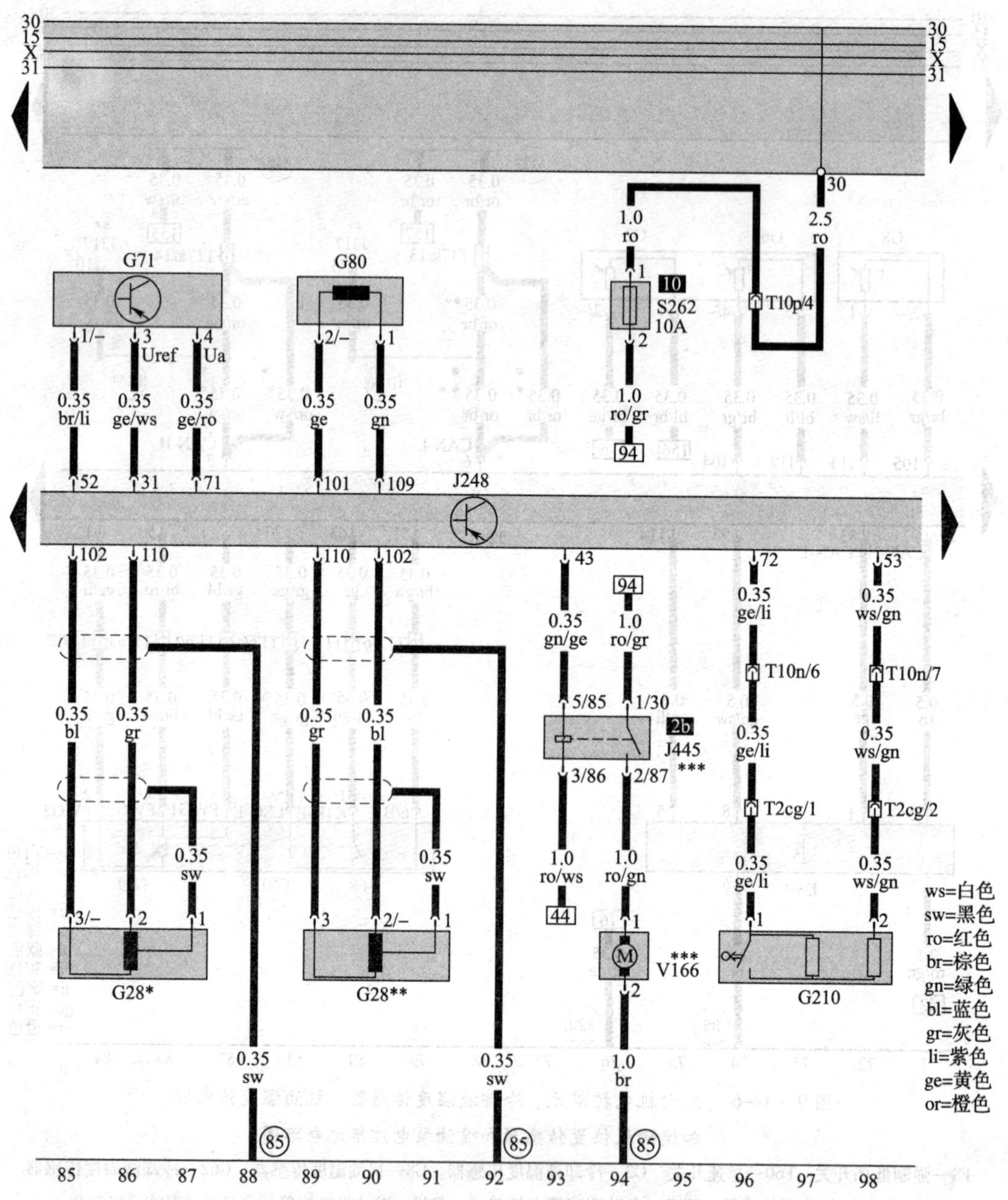

图 9—3—7 发动机电控单元、发动机转速传感器、进气歧管压力传感器和燃油冷却泵继电器电路图

G28—发动机转速传感器 G71—进气歧管压力传感器 G80—针阀升程传感器 G210—燃油不足传感器 J248—发动机电控单元 J445—燃油冷却泵传感器 S262—燃油冷却泵熔丝 T2cg—插头，2 孔，棕色，右侧 A 柱分线器 T10n—插头，10 孔，橙色，流水槽电子盒分线器 T10p—插头，10 孔，黑色，流水槽电子盒分线器 V166—燃油冷却泵 ⑧5接地连接 1，在发动机舱线束内

＊—带有手动变速箱和 01J Multitronic 自动变速箱的车型

＊＊—带 01 V 自动变速箱的车型 ＊＊＊—仅指四轮驱动车型

7. 发动机电控单元电路图如图9—3—8所示。

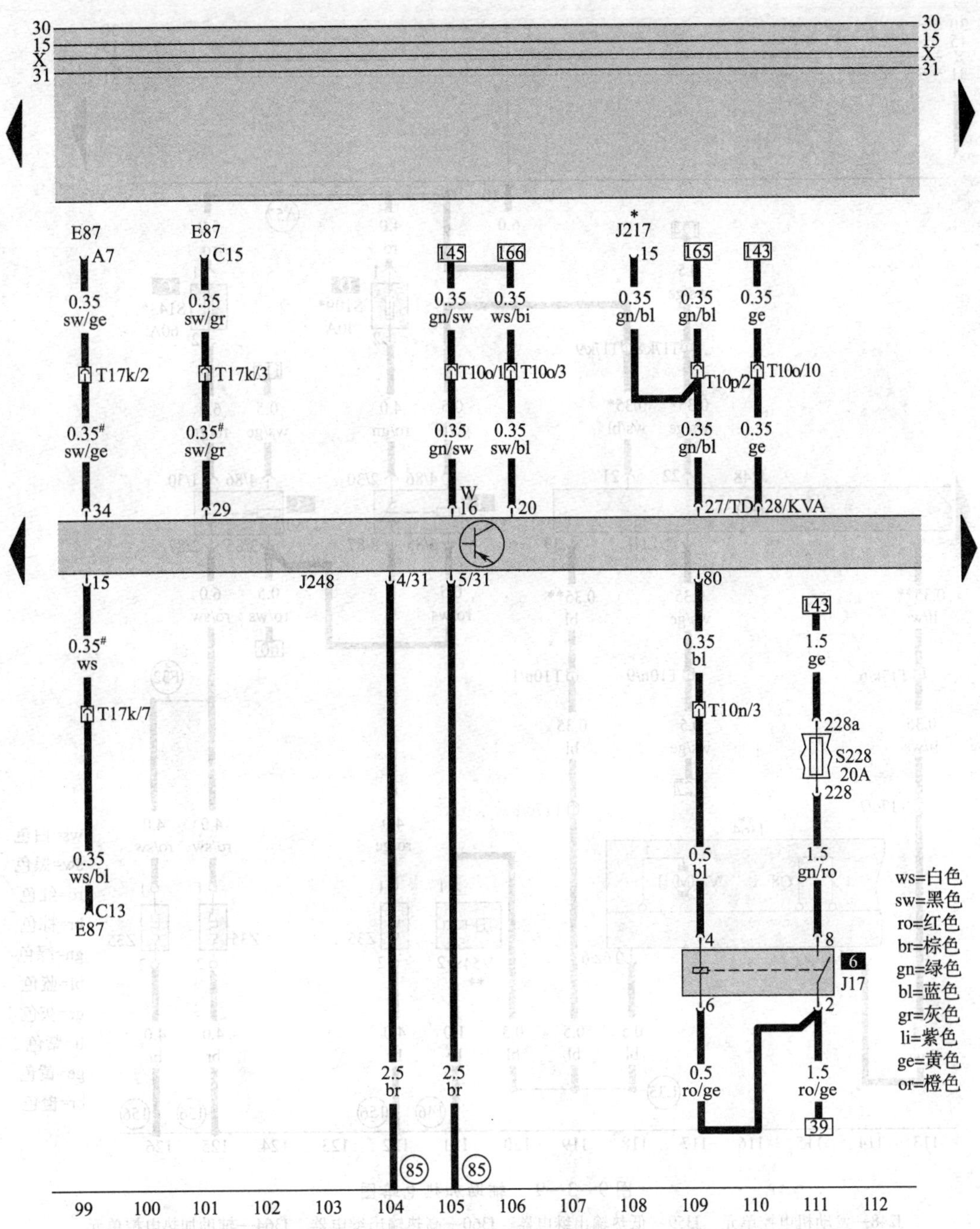

图9—3—8 发动机电控单元电路图

E87—空调控制和显示单元 J17—燃油泵继电器 J217—自动变速箱电控单元 J248—发动机电控单元 S228—熔丝支架上熔丝28 T10n—插头，10孔，橙色，流水槽电子盒分线器 T10o—插头，10孔，棕色，流水槽电子盒分线器 T10p—插头，10孔，黑色，流水槽电子盒分线器 T17k—插头，10孔，红色，流水槽电子盒分线器 ㊵—接地连接1，在发动机舱线束内

*—带有01J multitinic自动变速箱的车型 #—仅指四轮驱动车型

8．辅助加热电路图如图 9—3—9 所示。

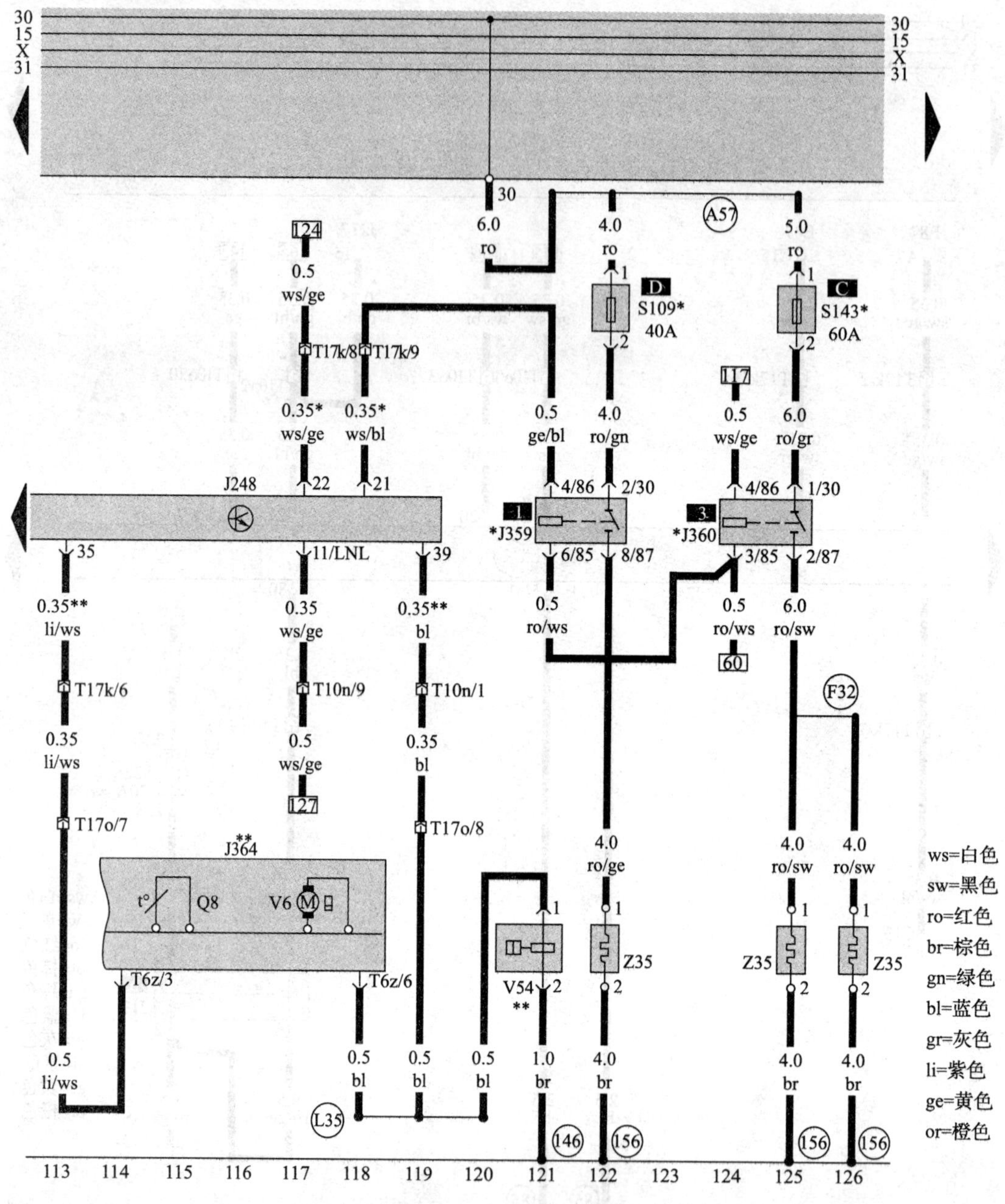

图 9—3—9 辅助加热电路图

J248—发动机电控单元 J359—低热输出继电器 J360—高热输出继电器 J364—辅助加热电控单元
Q8—带火焰监控的预热塞 S109—辅助加热熔丝 S143—辅助加热熔丝 2 T6z—插头，6 孔，在驻车加热电控单元上
T10n—插头，10 孔，橙色，流水槽电子盒分线器 T17k—插头，17 孔，红色，流水槽电子盒分线器
T17o—插头，17 孔，白色，左侧 A 柱分线器 V6—燃烧空气鼓风机 V54—计量泵 Z35—辅助加热器加热元件
⑭接地连接 1，在驻车加热线束内 ⑮接地连接，在柴油直喷线束内 Ⓐ57—连接（30），在仪表板线束内
Ⓕ32—连接（辅助加热），在柴油直喷线束内 Ⓛ35—连接 3，在加热器线束内
＊—无驻车加热的车型 ＊＊—有驻车加热的车型

9. 发动机冷却电路图如图 9—3—10 所示。

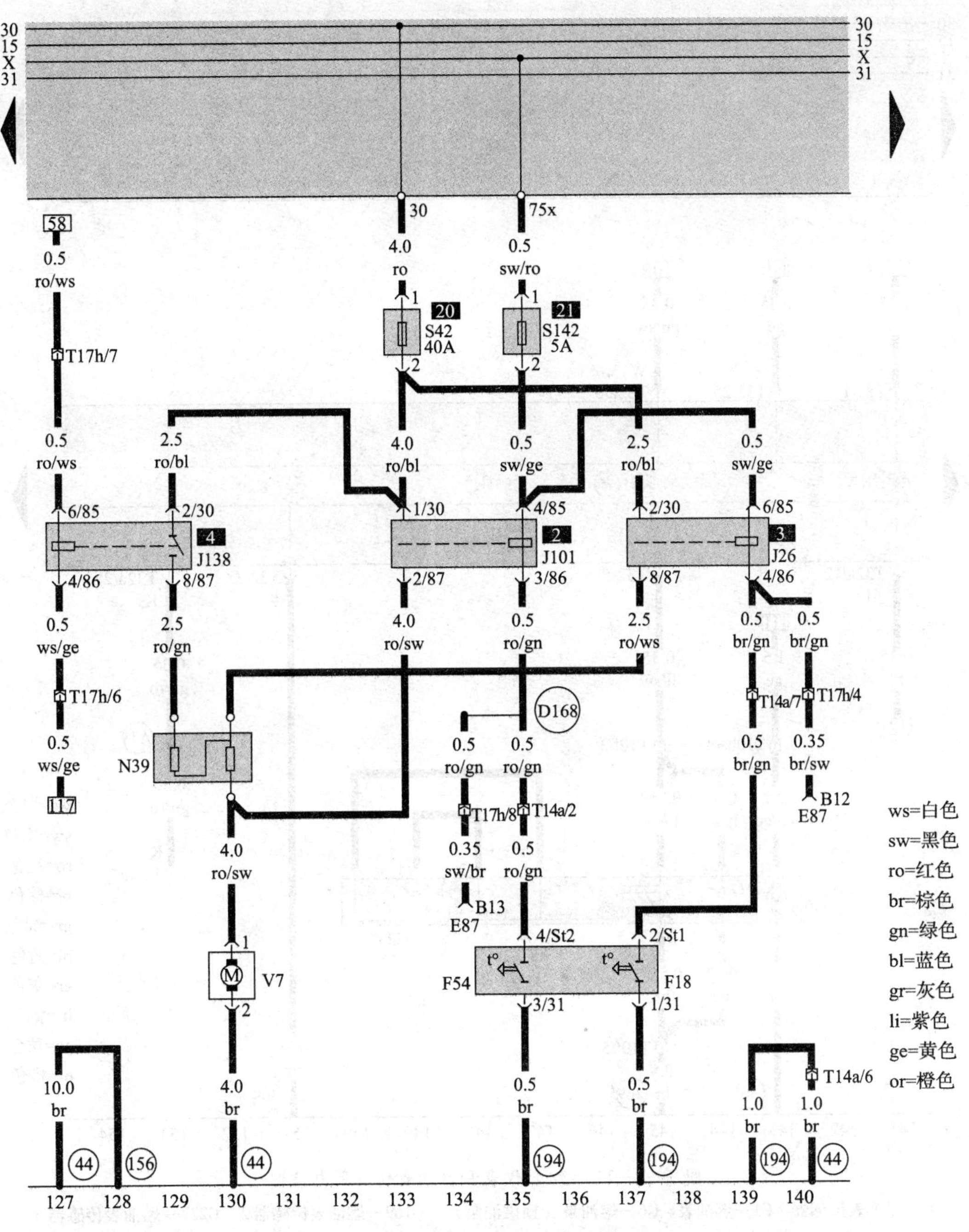

图 9—3—10 发动机冷却电路图

E87—空调控制和显示单元 F18—散热器风扇热敏开关 F54—散热器风扇热敏开关 J26—散热器风扇继电器 J101—散热器风扇 2 挡继电器 J138—散热器风扇续动继电器 N39—散热器风扇串联电阻 S42—散热器风扇单熔丝 S142——散热器风扇电控单元熔丝 T14a—插头，14 孔，黑色，在发动机舱左前部 T17h—插头，17 孔，棕色，左侧 A 柱分线器 V7—散热器风扇 ㊹—接地点，左侧 A 柱下部 ⑮⑥—接地连接，在柴油直喷线束内 ⑲④—接地连接 2，在散热器风扇线束内 D168—连接（风扇 2 挡），在发动机舱线束内

10．组合仪表和燃油表传感器电路图如图 9—3—11 所示。

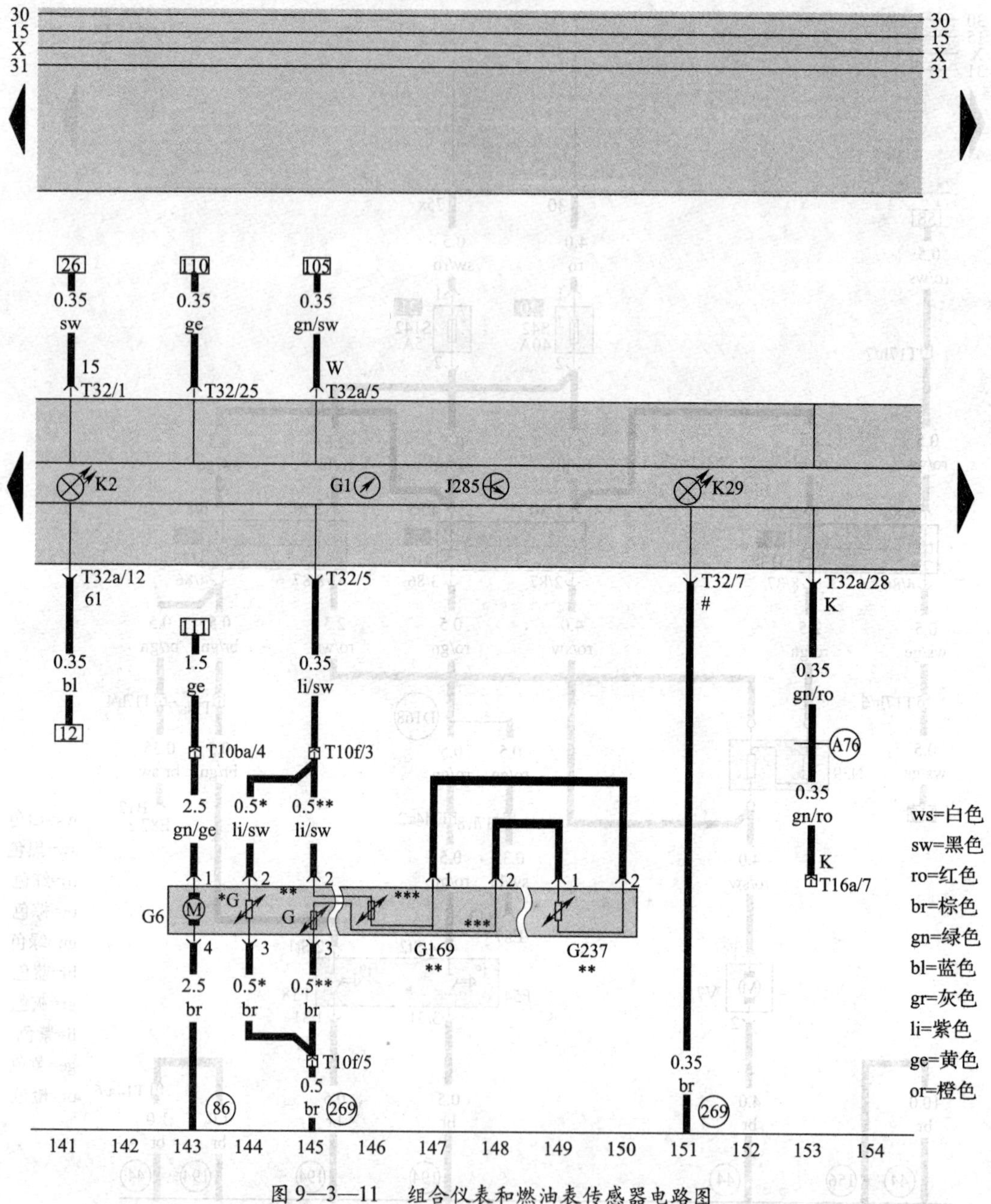

图 9—3—11　组合仪表和燃油表传感器电路图

G—燃油表传感器　G1—燃油表　G6—燃油泵（预供油泵）　G169—燃油表传感器 2　G237—燃油表传感器 3　J285—组合仪表内带显示器的电控单元　K2—发电机警报灯　K29—预热指示灯　T10f—插头，10 孔，棕色，左侧 A 柱分线器　T10ba—插头，10 孔，蓝色，左侧 A 柱分线器　T16a—插头，16 孔，自诊断连接　T32—插头，32 孔，蓝色，在组合仪表上　T32a—插头，32 孔，绿色，在组合仪表上　⑯—接地连接 1，在后部线束内　㉖—接地连接（传感器接地）1，在仪表板线束内　Ⓐ76—连接（自诊断 K 线），在仪表板线束内

＊—前轮驱动车型　＊＊—四轮驱动车型　＊＊＊—燃油箱内导线　#—传感器接地输出

11．组合仪表、车速表传感器和机油压力开关电路图如图9—3—12所示。

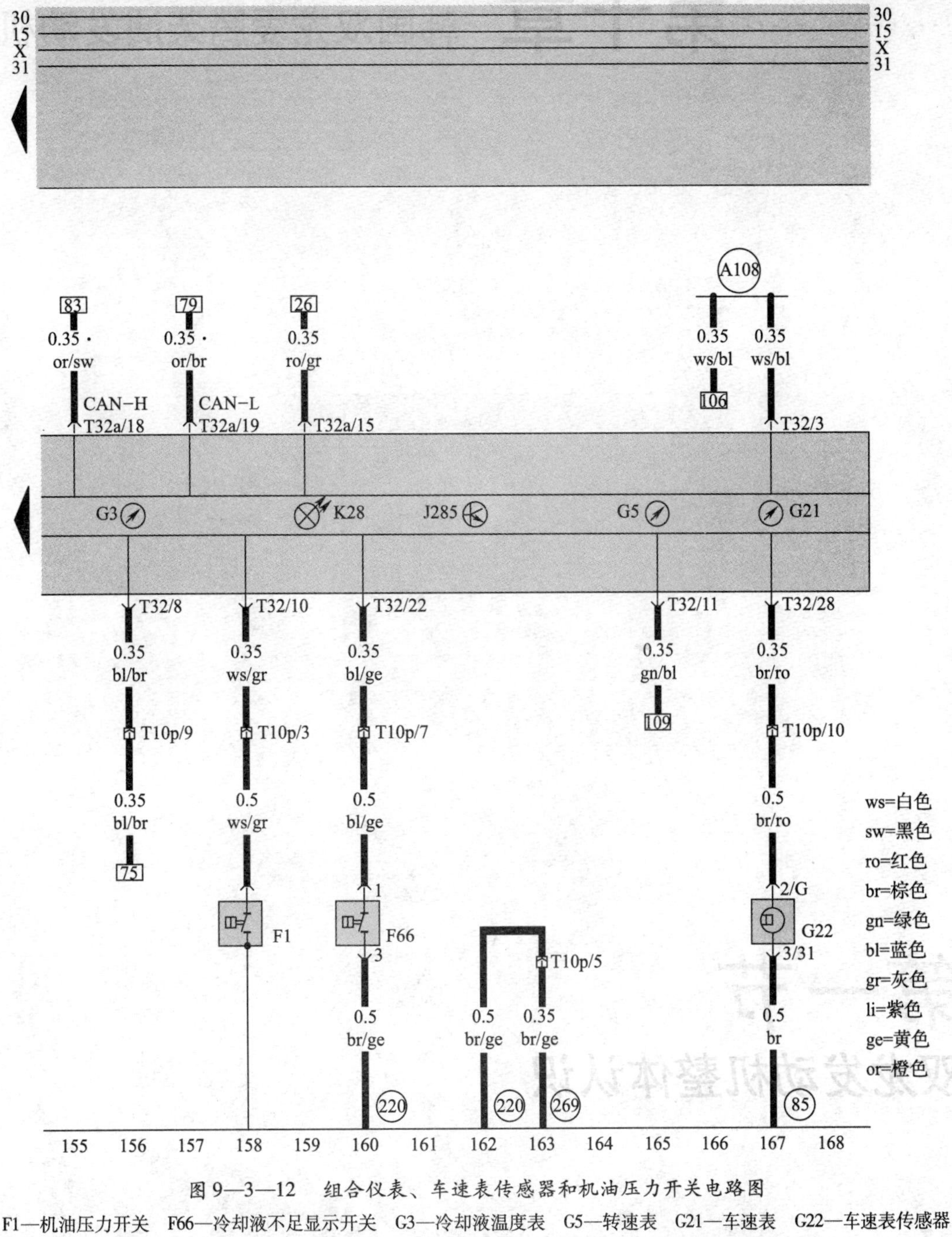

图9—3—12　组合仪表、车速表传感器和机油压力开关电路图

F1—机油压力开关　F66—冷却液不足显示开关　G3—冷却液温度表　G5—转速表　G21—车速表　G22—车速表传感器（霍尔传感器，在变速箱上）　J285—组合仪表内带显示器的电控单元　K28—冷却液温度/冷却液不足指示灯　T10p—插头，10孔，黑色，流水槽电子盒分线器　T32—插头，32孔，蓝色，在组合仪表上　T32a—插头，32孔，绿色，在组合仪表上　(85)—接地连接1，在发动机舱线束内　(220)接地连接（传感器接地），在发动机线束内　(269)—接地连接（传感器接地）1，在仪表板线束内　(A108)—连接（车速信号），在仪表板线束内　●—CAN总线（数据总线）

第十章 韩国双龙爱腾柴油发动机

第一节

双龙发动机整体认识

发动机整体简介：

1. 发动机的规格参数

双龙爱腾柴油电控发动机整体规格参数见表10—1—1。

表10—1—1　　发动机整体规格参数

说　明			D20DT
发动机	类型/气缸数		D20DT/4－气缸
气缸	内径/mm		86.2
	行程/mm		85.6
排量（cc）			1998
压缩比			17.5:1
最大动力（kW/r·min^{-1}）			141/4 000
最大转矩（N·m/r·min^{-1}）			310/1 800～2 750
怠速	手动变速器		（780±50）r/min
	自动变速器		（780±50）r/min
气门	进气	开启（BTDC）	9°
		关闭（ABDC）	26°
	排气	开启（BBDC）	38°
		关闭（ATDC）	16°
凸轮轴	类型		DOHC
燃油系统	燃油类型		低硫柴油
	燃油泵类型		高压泵内叶轮泵
	燃油供给压力		高压泵出口（IMV完全打开）：105 MPa
	排出燃油滤清器内的水		每隔10 000 km
	燃油箱容量/L		75
润滑系统	油规格		SAE 10W40，5W40 （指定油：MB Sheet 229.1，229.3）
	润滑形式		强制传输
	机油滤清器类型		完全流动，滤清器滤芯类型
	油容量/L		约7.5
冷却系统	冷却形式		水冷却式
	冷却风扇工作类型		带式
	节温器 （全开：100℃）	开启温度/℃	85
		类型	腊球式
	冷却水容量/L		约11.5

2. 发动机本体上的元件布置

将电动控制的配备高压燃油系统的先进D2ODT发动机引入到车辆内，它满足严格排放要求，改善了输出并提供了最大转矩。发动机前部元件布置如图10—1—1所示。

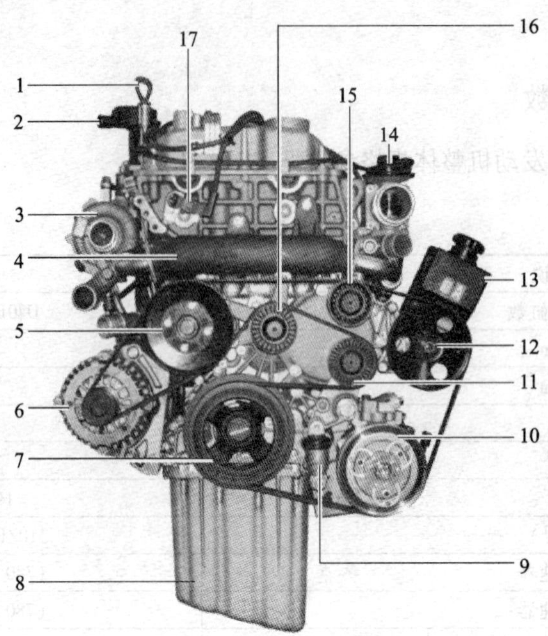

图 10—1—1　发动机前部元件布置

1—发动机机油尺　2—机油分离器（配备 PCV）　3—VGT 涡轮增压器　4—EGR 管　5—水泵带轮　6—发电机　7—曲轴带轮　8—油底壳　9—自动张紧器　10—空调压缩机　11—自动张紧器带轮　12—动力转向机油泵带轮　13—动力转向机　14—EGR 阀　15—惰轮　16—耦合器带轮　17—凸轮轴位置传感器规定转矩：(12 ±1.7) N · m

发动机顶部元件布置如图 10—1—2 所示。

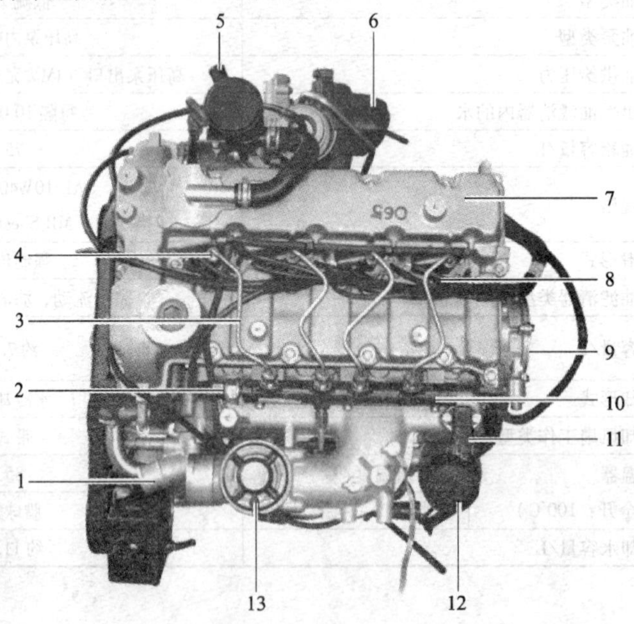

图 10—1—2　发动机顶部元件布置图

1—出水口　2—燃油压力传感器　3—油管［(40 ±4.0) N · m］　4—喷油器［(10 ±1.0) N · m→180 +20°］　5—机油分离器　6—VGT 涡轮增压器　7—气门室盖　8—预热塞［(15 ±3) N · m］　9—真空泵［(10 ±1.0) N · m］　10—共轨［(25 ±2.5) N · m］　11—进气压力传感器拧紧转矩：［(10 ±1.0) N · m］　12—机油滤清器　13—EGR 阀

发动机右侧元件布置如图 10—1—3 所示。

图 10—1—3　发动机右侧元件布置图

1—发动机固定支架　2—空调压缩机　3—高压泵总成　4—动力转向机油泵　5—动力转向机油泵储油罐　6—爆震传感器［（20±2.6）N·m］　7—EGR 阀　8—进气歧管　9—进气压力传感器　10—真空泵　11—机油滤清器及机油冷却器　12—EGR 阀的真空调节器　13—曲轴位置传感器［拧紧转矩：（0.8±0.4）N·m 间隙：0.7~1.5 mm］　14—飞轮　15—VGT 涡轮增压器执行器的真空调制器

发动机左侧元件布置如图 10—1—4 所示。

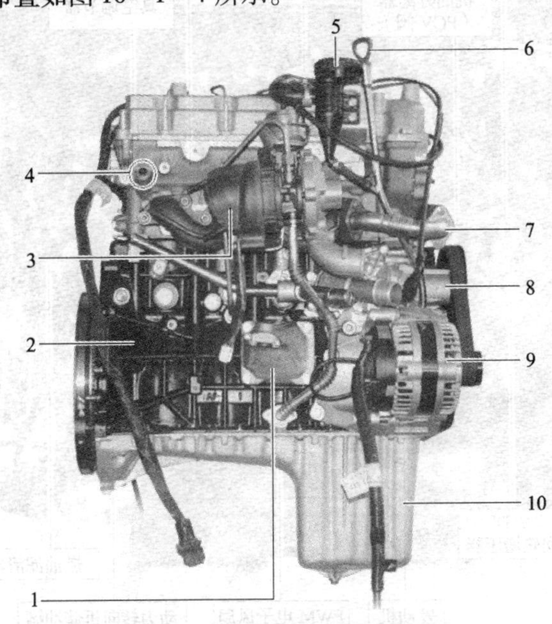

图 10—1—4　发动机左侧元件布置图

1—发动机固定支架　2—缸体总成　3—VGT 涡轮增压器总成　4—气缸盖塞孔、气门螺钉　5—机油分离器（配备 PCV）　6—发动机油尺　7—EGR 管　8—水泵　9—发电机　10—油底壳

传动带与带轮的布置如图 10—1—5 所示。

图 10—1—5　传动带与带轮的布置

3. 发动机室内元件布置

发动机室内的元件布置如图 10—1—6 所示。

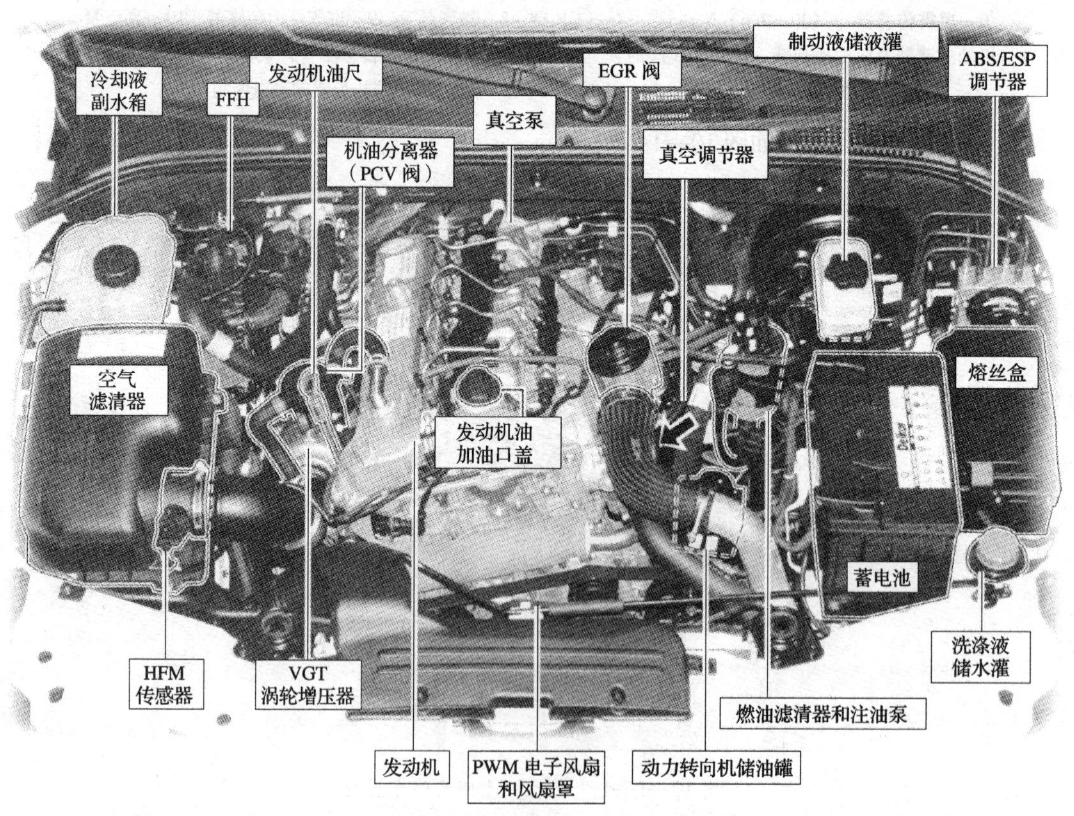

图 10—1—6　发动机室内的主要部件

4. 进气系统元件布置

进气系统元件布置如图 10—1—7 所示。

5. 排气系统元件布置

排气系统元件布置如图 10—1—8 所示。

6. 润滑系统元件布置

润滑系统元件布置如图 10—1—9 所示。

7. 冷却系统元件布置

冷却系统元件布置如图 10—1—10 所示。

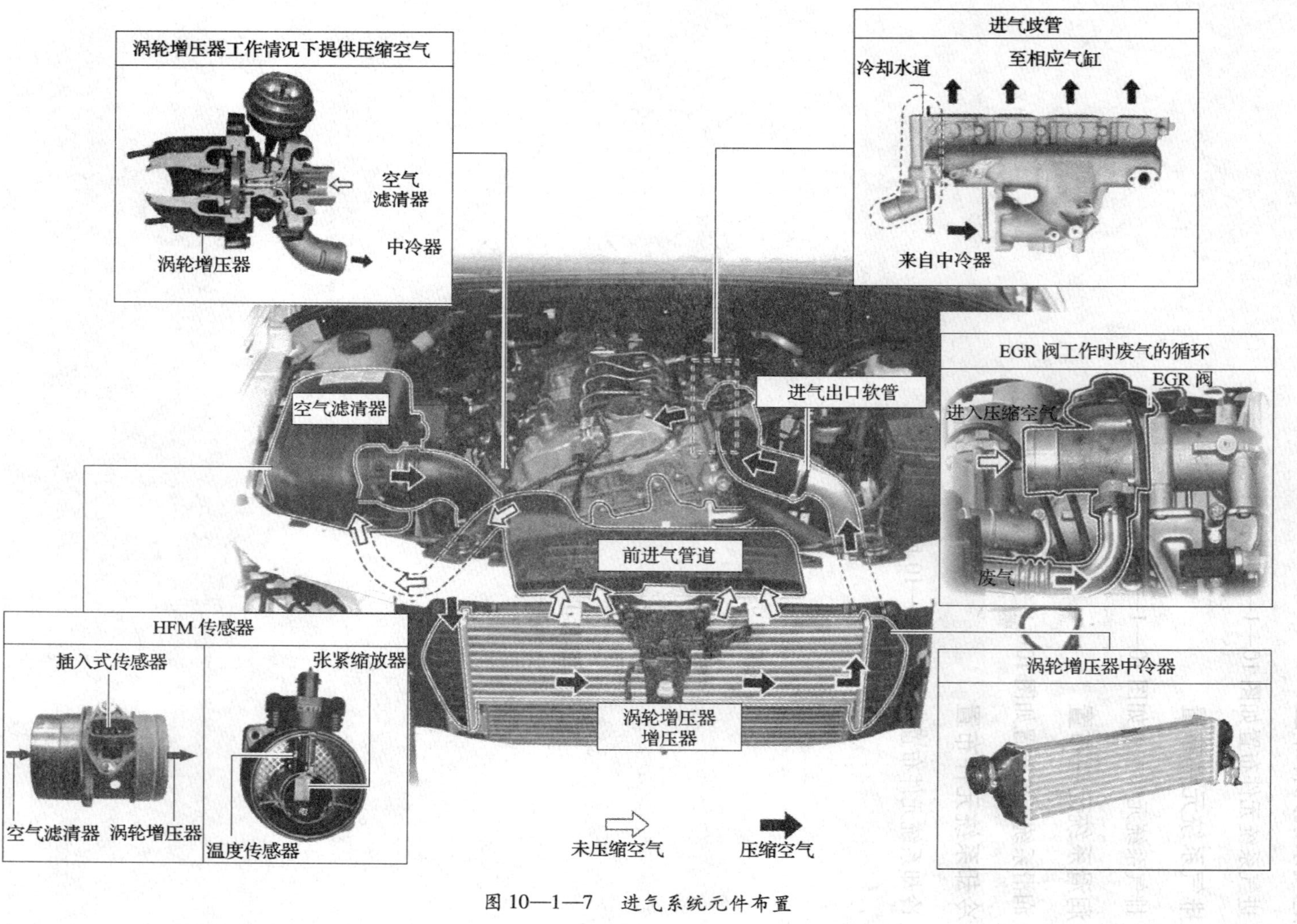

图 10—1—7　进气系统元件布置

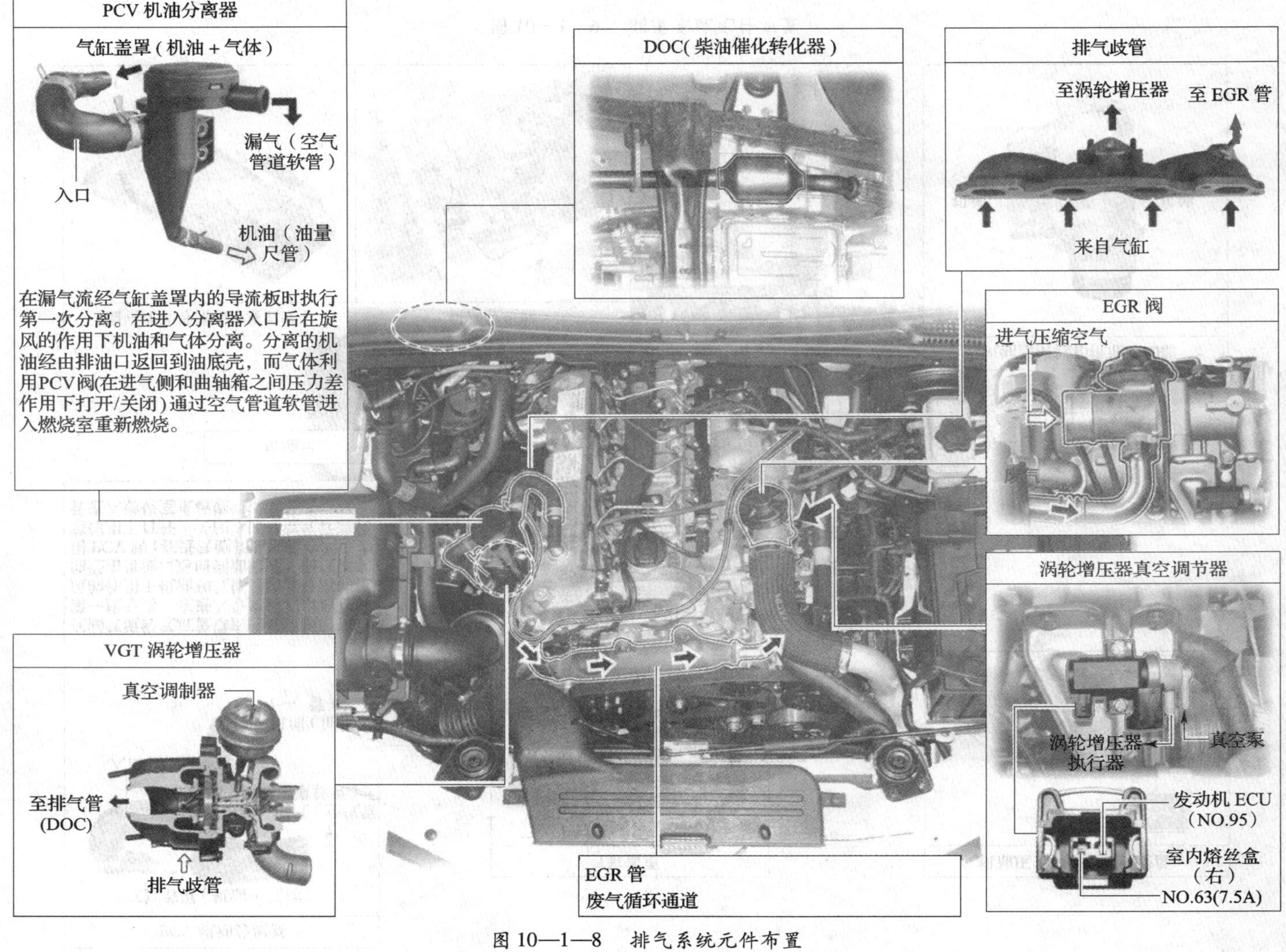

图 10—1—8　排气系统元件布置

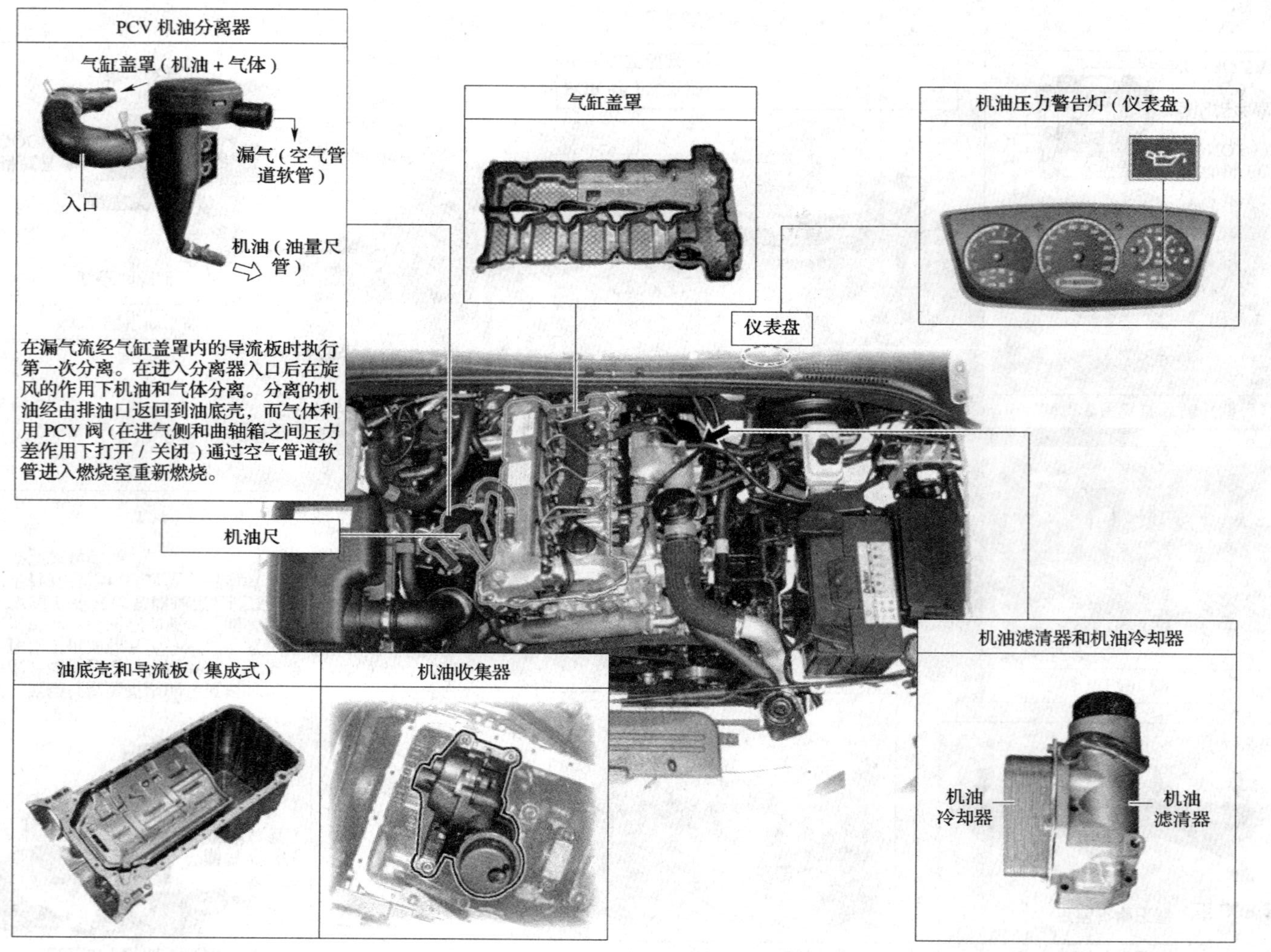

图 10—1—9　润滑系统元件布置

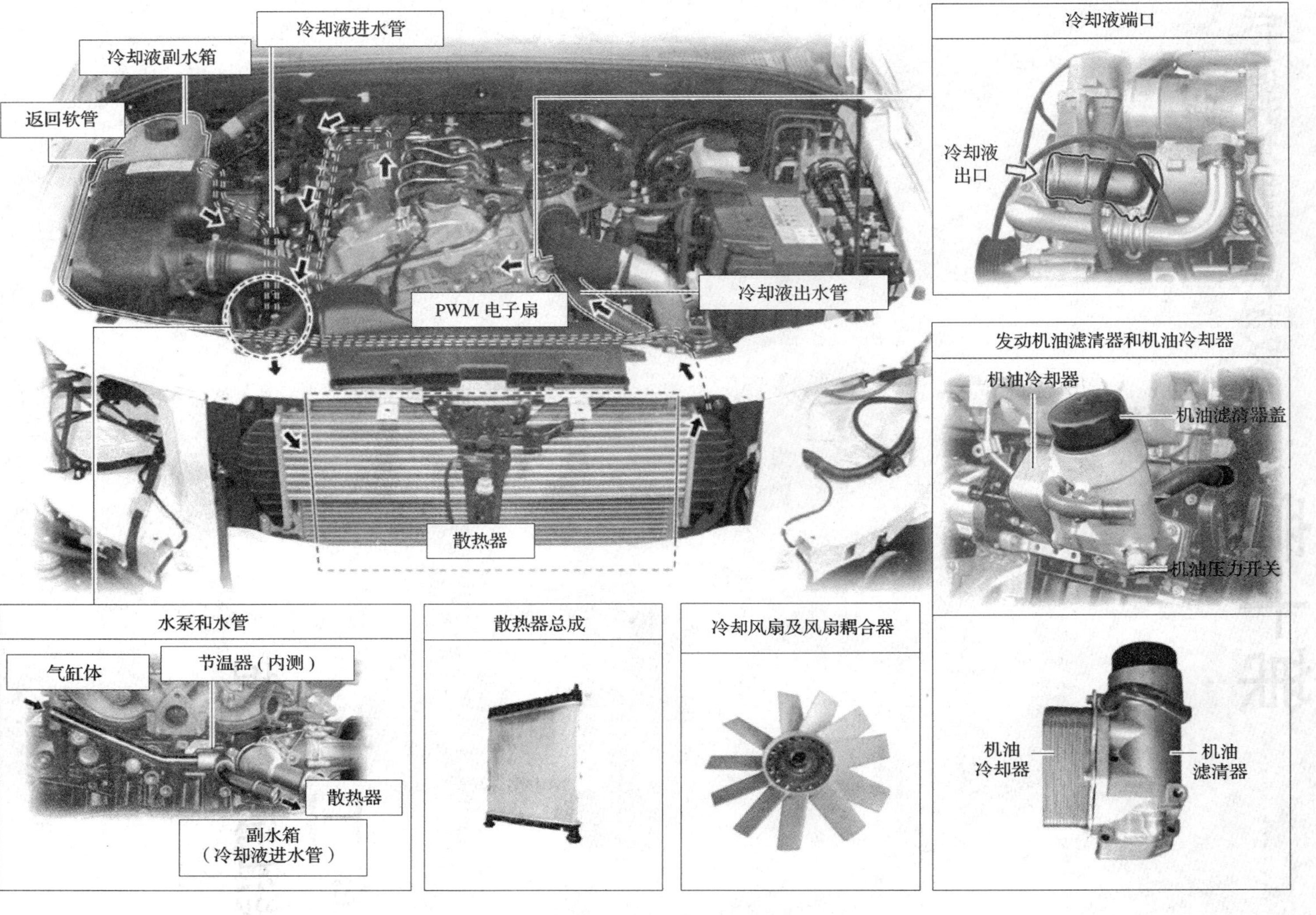

图 10—1—10　冷却系统元件布置

第十章 韩国双龙爱腾柴油发动机

第二节 柴油预热系统

一、系统组成与布置

在 D2ODT 预热控制装置系统中，预热塞安装在气缸盖（燃烧室）上，提高了冷启动性能并减少了冷启动期间的废气排放。ECU 接收水温和发动机转速信号进行控制，检测发动机预热系统和诊断功能后，把故障信息传送给 ECU。发动机预热/后热功能由 ECU 控制预热继电器激活，检测发动机温度并控制预热/后热时间。预热指示灯指示预热系统的工作状态。预热系统组成和元件布置如图 10—2—1 所示。

预热继电器结构如图 10—2—2 所示。

二、预热塞的类型

此车型共安装有两种不同规格的预热塞，这两种规格为 BERU 规格和 NGK 规格，绝缘体表面的颜色是正确使用预热塞的唯一标志。BERU 版本预热塞绝缘体表面上的颜色标记为绿色，顶端直径为 ϕ4 mm，电阻为（680 ± 110）mΩ，（20 ± 2）℃，如图 10—2—3 所示。NGK 绝缘体表面上的颜色标记为黄色。顶端直径为 ϕ3.5 mm。电阻为（1400 ± 300）mΩ，（20 ± 2）℃，如图 10—2—4 所示。

绝缘体表面上的颜色标记可能会由于碳污染而导致看不清。为了便于检查颜色，分离线束连接器并用碳清洁剂清洁预热塞装配表面，用压缩空气吹净装配区域。如图 10—2—5 和图 10—2—6 所示。

三、预热塞的更换

预热塞的更换需要使用的工具包括转矩扳手、气枪（小）、碳清洁剂（产品名称：IPO 组风门 & 化油器清洁剂，类型名称：PRO NO 5007，制造商：Sunbo）、机油、预热塞扳手（专用维修工具）、长嘴手钳。

1. 用长嘴手钳分离导线线束并用压缩空气清洁预热装配区域（使用气枪），如图 10—2—7 和图 10—2—8 所示。

2. 把碳清洁剂喷入预热塞和气缸盖之间的间隙并等待 10 min，用压缩空气彻底除去灰尘和异物（使用气枪），如图 10—2—9 和图 10—2—10 所示。

注意检查绝缘体表面的颜色标记并用相同版本的预热塞更换（BERU：绿色，NGK：黄色）。

3. 为避免损坏，在预热塞和气缸盖之间的间隙内添加发动机机油并等待 5 min，如图 10—2—11 所示。

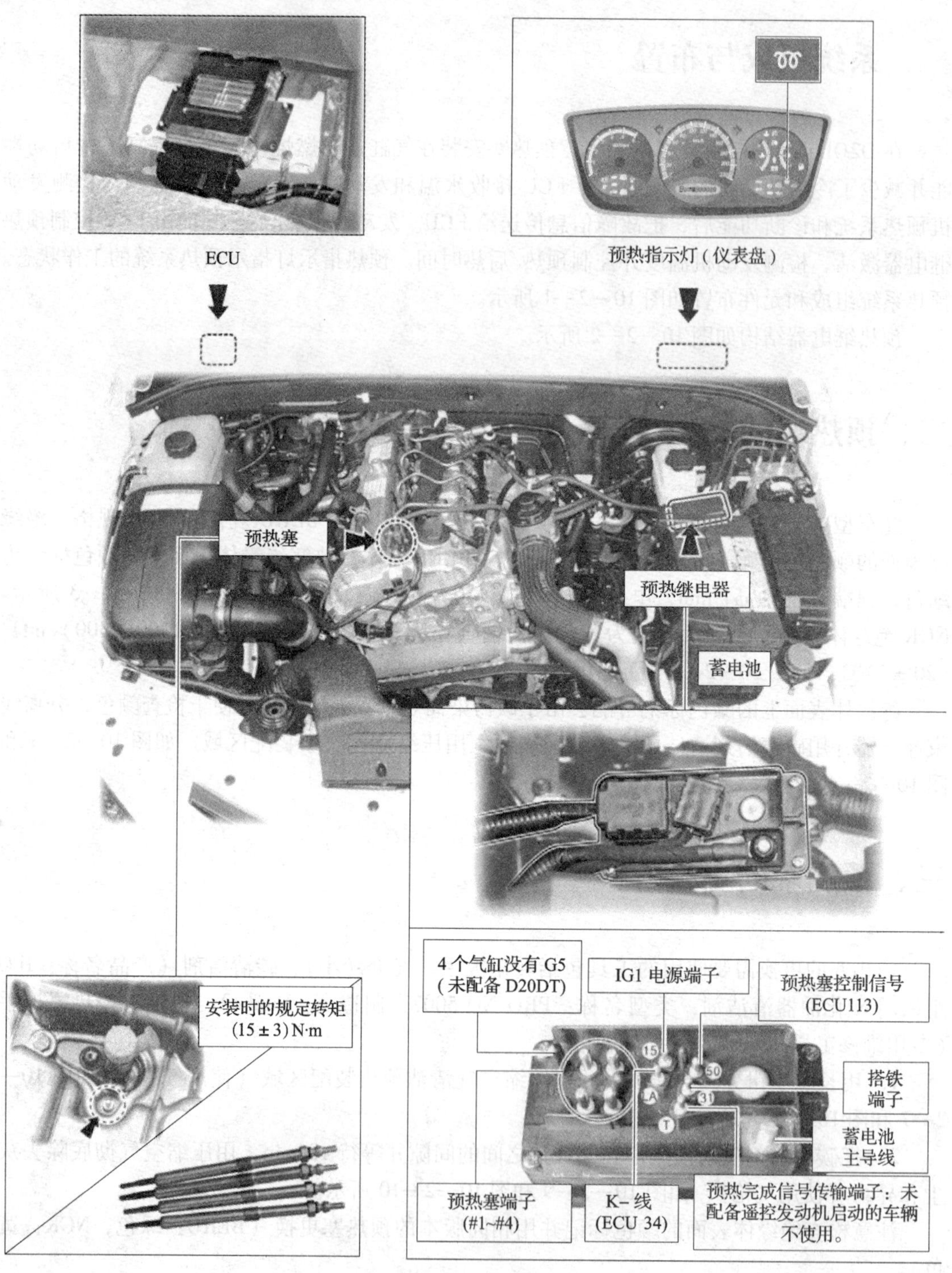

图10—2—1　预热系统组成和元件布置

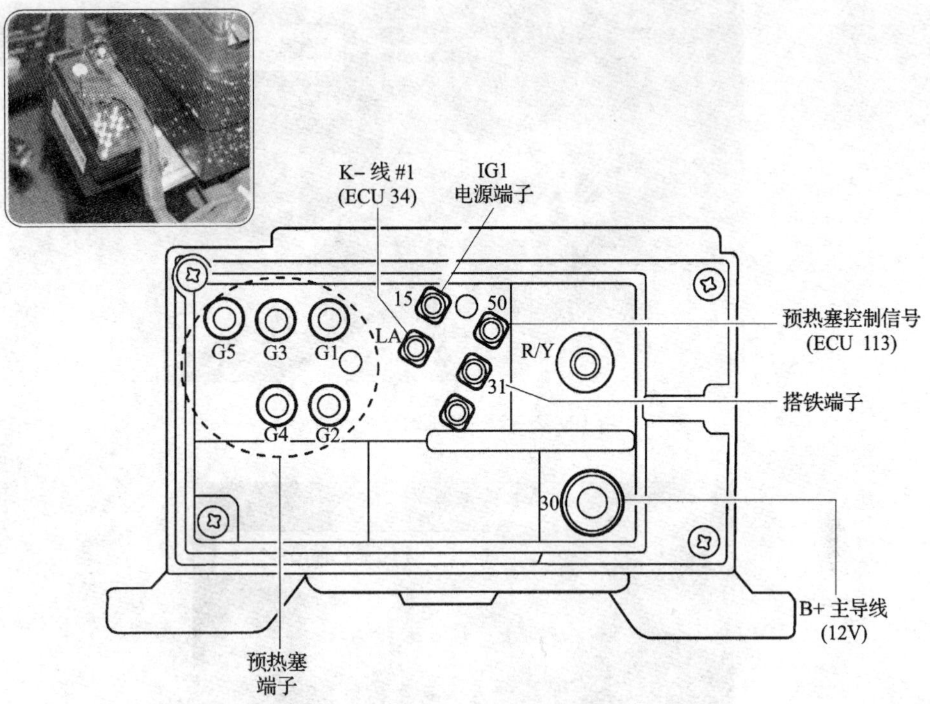

图 10—2—2　预热继电器结构图

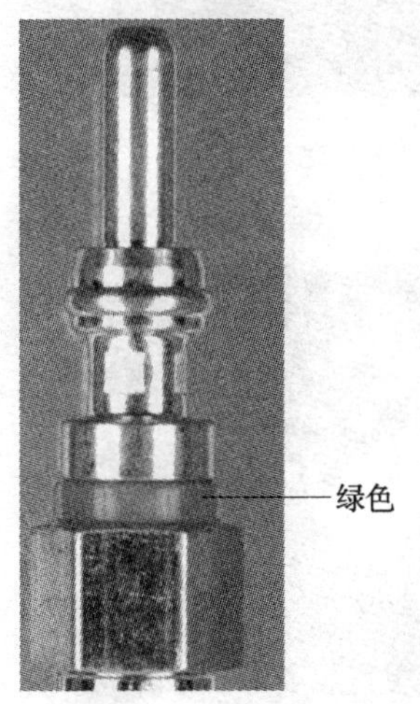

图 10—2—3　BERU 规格预热塞

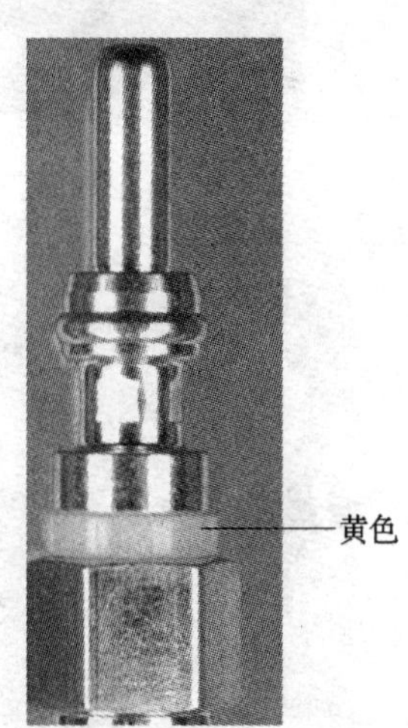

图 10—2—4　NGK 规格预热塞

图 10—2—5　用压缩空气吹气

图 10—2—6　检查颜色标记

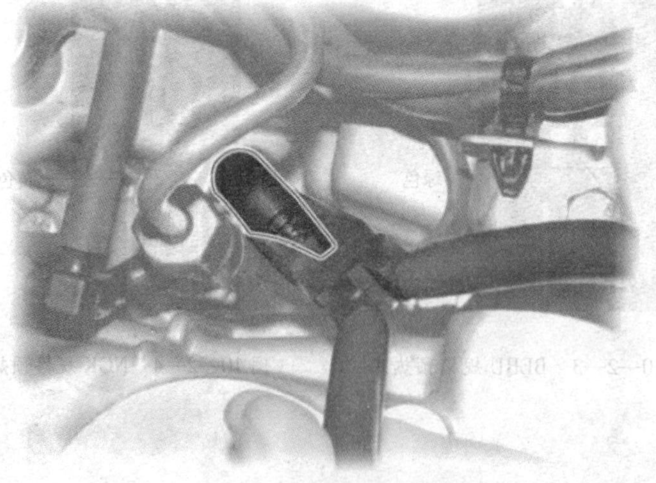

图 10—2—7　用长嘴手钳分离导线线束

图 10—2—8　气枪清洁预热塞周围

图 10—2—9　清洁剂喷入

图 10—2—10　用压缩空气清洁异物

图 10—2—11　在预热塞和气缸盖之间添加机油

4．用转矩扳手拆卸预热塞［规定转矩：（15 ±3）N · m］。

拆卸过程如图 10—2—12 所示，注意用低于 20 N · m 的转矩小心转动扳手，以免毁坏预热塞。禁止使用气动冲击工具或其他工具。

图 10—2—12　拆卸过程

5．彻底除去预热塞孔中的异物，按需要使用碳清洁剂和气枪。

需要的工具如图 10—2—13 和图 10—2—14 和图 10—2—15 所示。

图 10—2—13　碳清洁剂

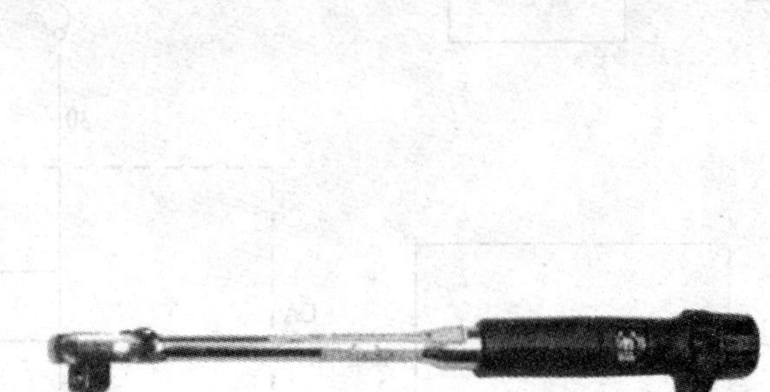
图 10—2—14　转矩扳手（最大 25 N·m）

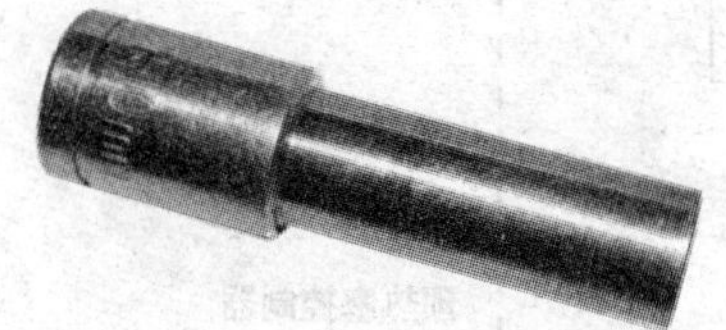
图 10—2—15　预热塞扳手

6. 按照拆卸的相反步骤安装一个新的预热塞。

四、预热塞电路检查

预热塞工作规格见表 10—2—1。

表 10—2—1　　**预热塞工作规格表**

说　明	规　格
额定电压	DC12 V
工作电压范围	DC8 ~ 15 V
工作温度范围	-40 ~ 100℃
继电器工作电压	6.5 V 以上
继电器解除电压	1.5 V 以上
继电器线圈电阻	11.3 Ω
电压降	每个预热塞处电压降低于 150 mV（16 A 的电流时）
寄生电流	最大 1 mA

从蓄电池向 IG 端子供电并且在 2 s 内与 ECU 正常通信时，通过 ECU 控制向预热塞供电。预热塞的表面被迅速加热到 850℃，从而通过汽化压缩冲程中的空气 - 燃油混合物辅助燃烧。预热系统电路如图 10—2—16 所示。根据电路检查每个预热塞是否短路，检查每个预热塞是否由于电压过高而断路，检查预热塞是否与搭铁电路短路。

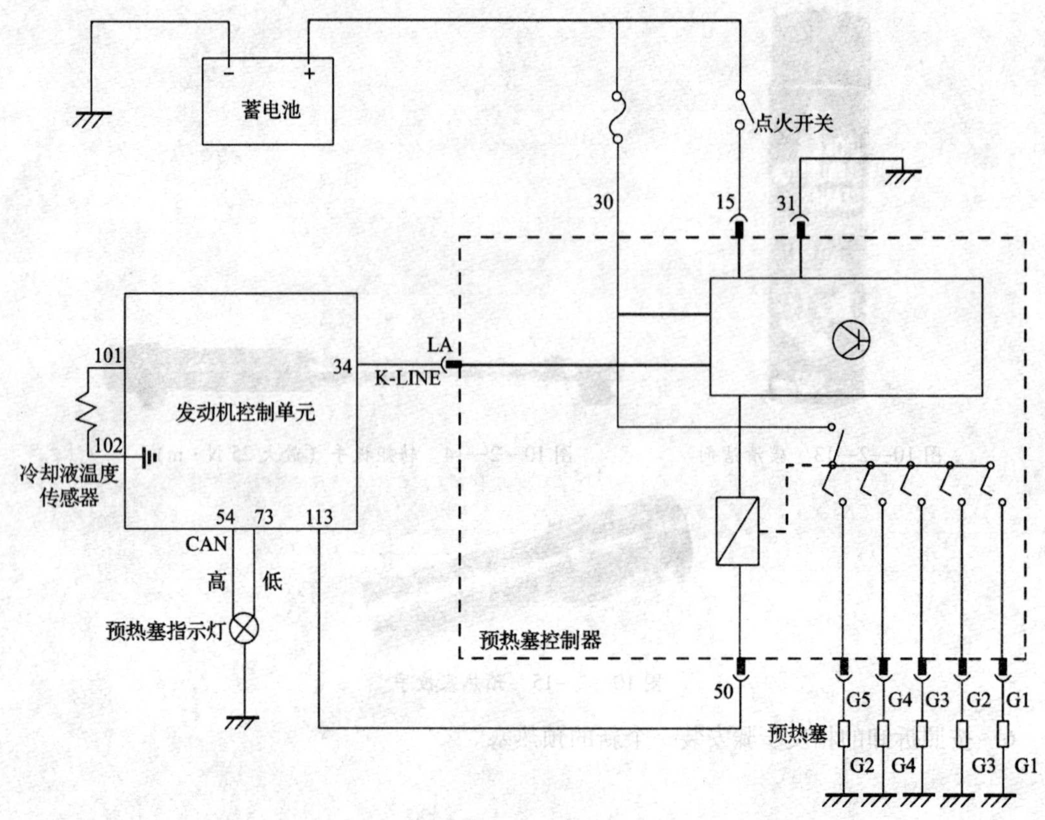

图 10—2—16 预热系统电路图

预热系统的工作时间由 ECU 控制，启动发动机时，由 ECU 控制开始预热和后热操作。增大了怠速（RPM），从而减少了有毒烟雾、污染物和噪声。按照预热工作时间表（见表 10—2—2）检查预热系统工作是否正常。

表 10—2—2 预热工作时间表

预热	冷却液温度	-35℃	-25℃	-20℃	-10℃	0℃	10℃	20℃
	工作时间	31 s	22 s	19 s	17 s	14 s	0 s	0 s
	工作条件	IG：“ON” B+：15.2 V 以下			释放条件	工作时间过去后 IG：“OFF”发动机转动时		
后热	冷却液温度	-30℃	-20℃	-10℃	0℃	10℃	20℃	35℃
	工作时间	115 s	80 s	30 s	19 s	11 s	11 s	0 s
	工作条件	发动机启动后			释放条件	工作时间过去后 转矩：190/170 N·m 速度：2 100/2 050 r/min		
预热指示灯	冷却液温度	-30℃	-25℃	-20℃	-10℃	0℃	10℃	20℃
	工作时间	18 s	16 s	10 s	5 s	2 s	0 s	0 s
	工作条件	IG：“ON”			释放条件	发动机转动时		

五、预热塞故障诊断

1. 用 SCAN－100 诊断仪检查预热塞故障代码。

2. SCAN－100 只能显示一个故障代码，用万用表检查每条预热塞电路是否断路，预热塞实物如图 10—2—17 所示，预热塞故障码见表 10—2—3。

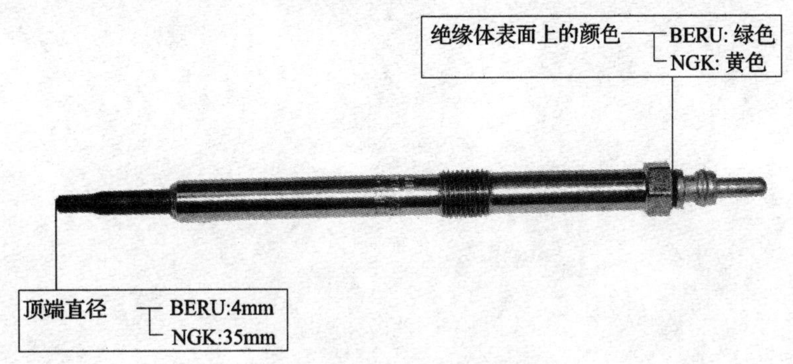

图 10—2—17 预热塞实物

表 10—2—3 预热塞系统的故障码 DTC

DTC	故　障	详细故障描述
P1678	预热塞断路	预热塞控制驱动器断路
P1679	预热塞短路	预热塞控制驱动器短路
P1680	预热塞与搭铁电路短路	预热塞控制驱动器与搭铁电路短路
P1676	预热塞通信故障	ECU 和预热塞控制器之间通信故障
P1677	预热塞控制器故障	ECU 和预热塞控制器之间通信故障
P0671	3 号预热塞故障	3 号预热塞断路
P0672	4 号预热塞故障	4 号预热塞断路
P0673	5 号预热塞故障	5 号预热塞断路（D20DT 发动机的 N/A）
P0674	1 号预热塞故障	1 号预热塞断路
P0675	2 号预热塞故障	2 号预热塞断路

第十章 韩国双龙爱腾柴油发动机

第三节 柴油供给系统

一、燃油系统整体部件与工作过程

柴油喷射发动机的燃油系统是由传输管（低压）和高压管组成的。最高压力达到160 MPa以上。喷油器和HP高压泵内的很多部件采用高精度加工。压力调节和喷射操作是通过来自发动机ECU的电源控制的。因此，如果由于外界杂质造成内部阀卡滞，喷油器维持开启状态。即使在这种情况下，HP高压泵仍然工作，以提供高压燃油。这样增加了到燃油室的压力（25 MPa以上），可能导致发动机严重损坏。燃油系统组成如图10—3—1所示。

燃油系统核心部件的精确性非常高，很容易受灰尘或非常小的外界杂质影响。只要分离，就应使用新品更换燃油分配管和各喷油器之间，以及高压泵和燃油分配管之间的燃油管。在安装时应按规定转矩拧紧管子，转矩不足或过大可能会使连接处损坏而造成泄漏。安装后，管子可能会因安装时的力量而导致变形，因此这些管子不能重复使用。应用新品更换喷油器上的铜垫圈，同时也应按规定转矩拧紧喷油器夹具螺栓，否则，喷射点可能会偏离正确位置，并导致发动机失调。

燃油系统部件包括高压燃油泵、燃油喷油器、燃油分配管、电控单元、燃油压力传感器，以及各种其他传感器和执行器，燃油系统的组成如图10—3—2所示。

二、低压传送管路的部件

低压阶段油路用于向高压部分提供充足的燃油，低压部分的部件包括燃油箱（包括滤网）、手动注油泵、燃油滤清器、传送泵和其他低压燃油软管。

1. 燃油箱

燃油箱由防腐材料制成，允许压力是工作压力（比最小值0.03 MPa大）的2倍。它配备了保护盖和安全阀，防止产生过大的压力。同时为平衡供油，具有防止冲击、倾斜和转弯时燃油泄漏的结构特点，如图10—3—5所示。

2. 注油泵

如果行驶期间燃油溢出或更换燃油滤清器后空气进入燃油管路，可能会导致发动机起动不良或损坏各部件。手动注油泵实物如图10—3—6所示，它用于给传送管路放气。因此在燃油溢出、排出油水分离器中的水或更换燃油滤清器后，在启动发动机前都要按压注油泵直到按不动为止，目的就是给系统放气。

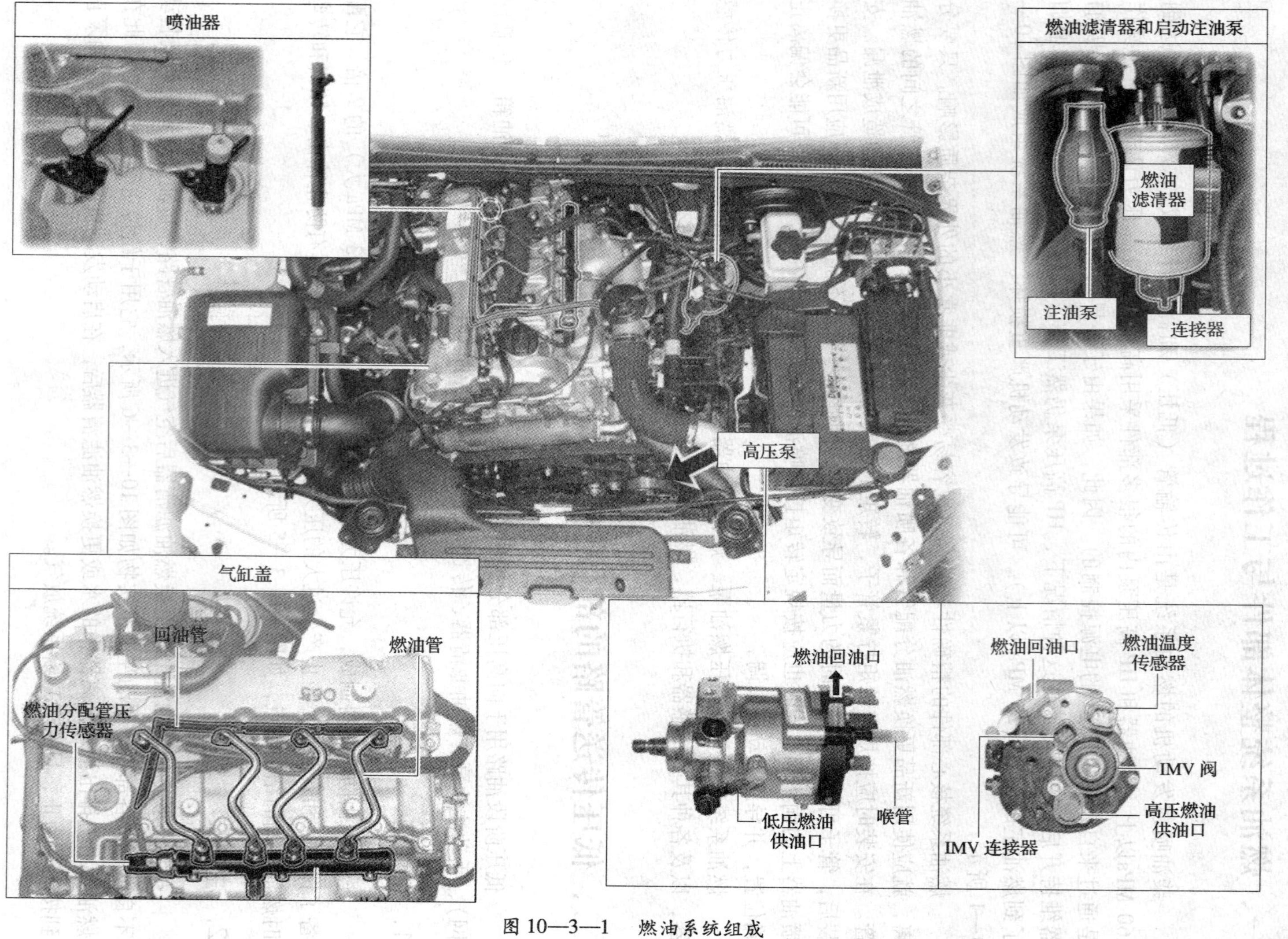

图 10—3—1　燃油系统组成

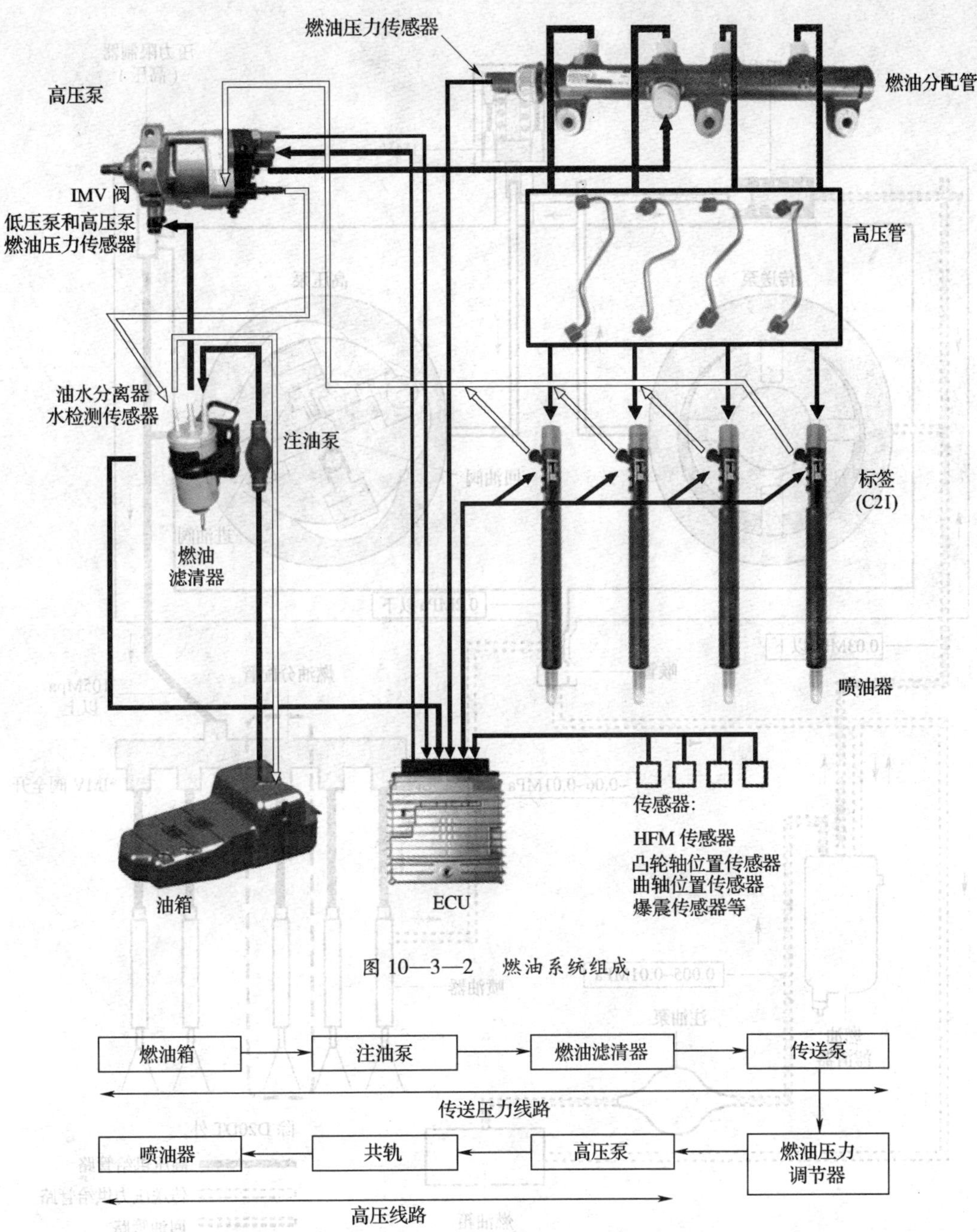

图 10—3—2　燃油系统组成

图 10—3—3　燃油传送路径图

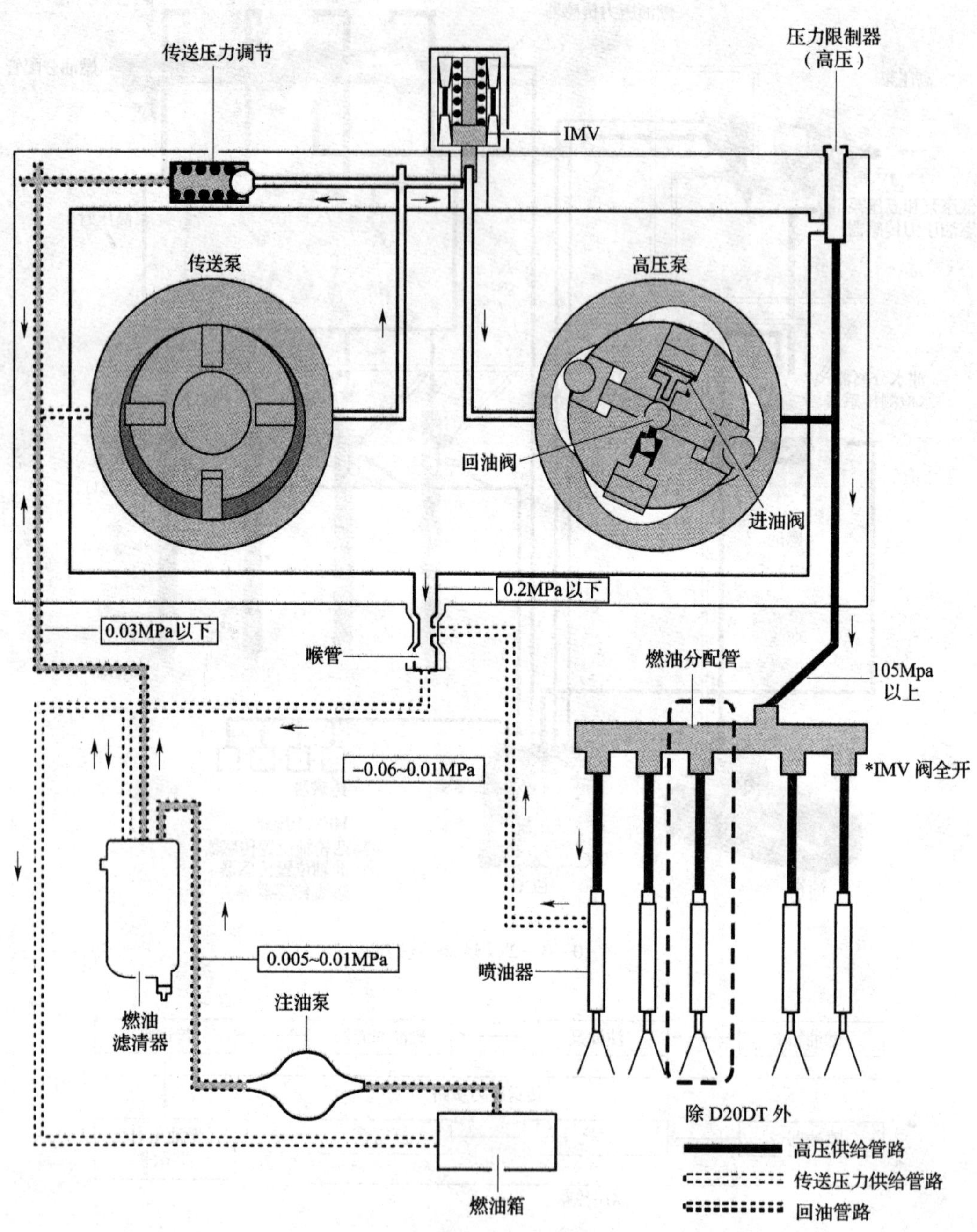

图 10—3—4　燃油管路内液压循环

图 10—3—5　燃油箱

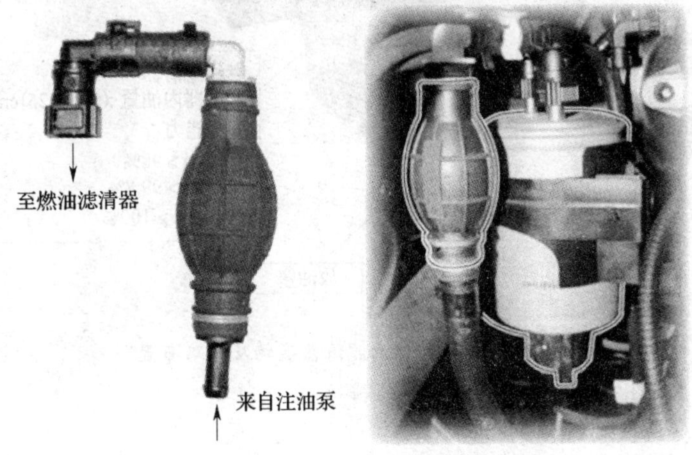

图 10—3—6　手动注油泵实物

3. 燃油滤清器

与传统的柴油发动机相比，高压系统需要更纯正的燃油供给。如果燃油中有杂质，则会损坏包括泵部件、输送阀和喷油器在内的燃油系统。燃油滤清器净化到达高压泵之前的燃油，有助于高压泵正常工作。同时，温度改变出现冷凝现象时，柴油内可能会含水，而冷凝水会腐蚀喷射系统从而损坏系统。因此燃油分配管式发动机应具备定期排水的功能。滤清器可以从燃油中分离水，防止水进入系统（高压管路）。燃油滤清器实物及管路布置如图 10—3—7 所示。

燃油滤清器的更换周期为每 30 000 km 更换一次，其有效的水储备容量为 120 cc，水警告灯亮的界限为 39 cc，更换发动机油或每次行驶 20 000 km 时需要进行一次排水。水位传感器集成在滤清器内，当滤清器内水位超过指定值（75cc 以上）时将信号传送至 ECU，执行排水。因柴油燃油的固有特性，在冬季温度达到指定范围（－15℃）以下时，一些燃油部件会出现凝固现象。而出现这些现象时，发动机可能会失灵。同时 D27DT 发动机高压泵内的一些燃油（温度因压缩压力而上升），当温度低于 50℃时返回到滤清器加热燃油，改善冬季启动性能，这是由滤清器的双金属片来控制的，如图 10—3—8 所示。

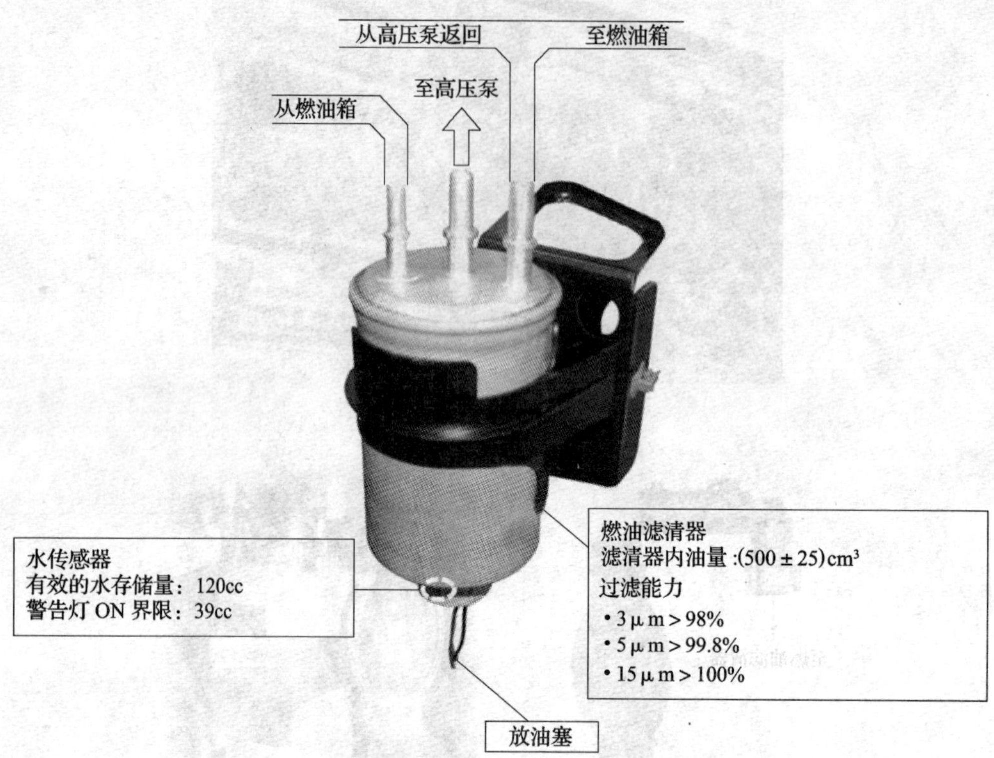

图 10—3—7　燃油滤清器实物及管路布置

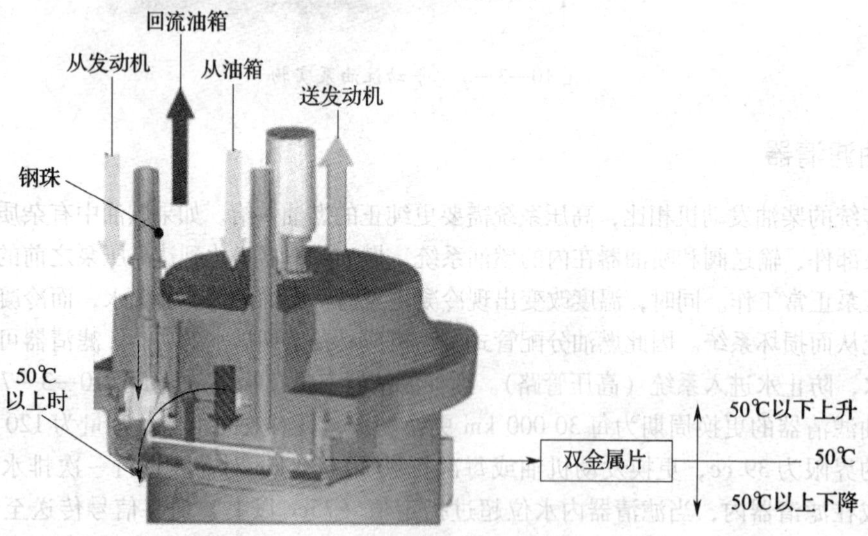

图 10—3—8　双金属片控制的管路走向

4. 传送泵

(1) 功能与结构。传送泵安装在高压泵壳内，如图 10—3—9 所示，它是容量叶片式泵。传送泵从燃油箱向高压泵持续传输需要的燃油量，属于机械式供给泵，由与曲轴相连的正时链条驱动。机械式供给泵由空气流动支配，因此安装手动启动注油泵给燃油传送管路放气。

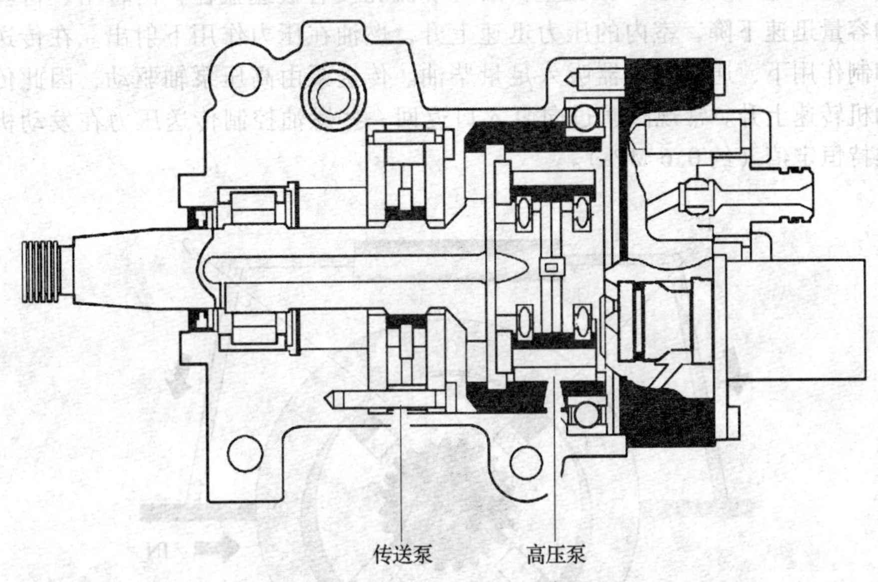

图 10—3—9　燃油泵的剖面图

传送泵是测定容量叶片式泵，由高压泵轴带动转子转动，通过花键轴连接。使用 6 个螺栓将偏心衬套固定在高压泵上，衬套由 2 个偏置销定位避免装配错误。以 90°间隔设置 4 个叶片，如图 10—3—10 所示，各叶片利用线圈弹簧顶住衬套。

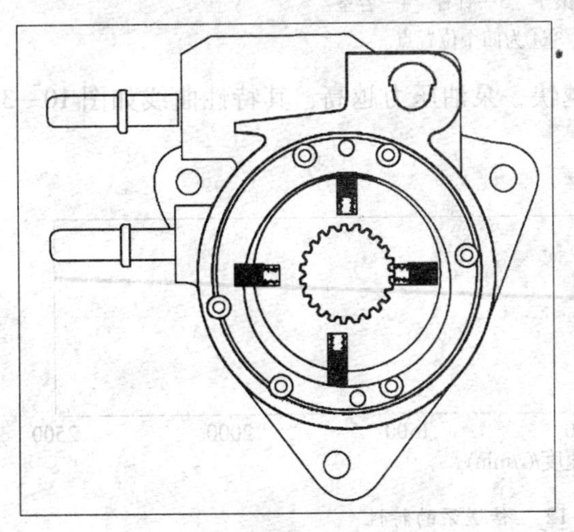

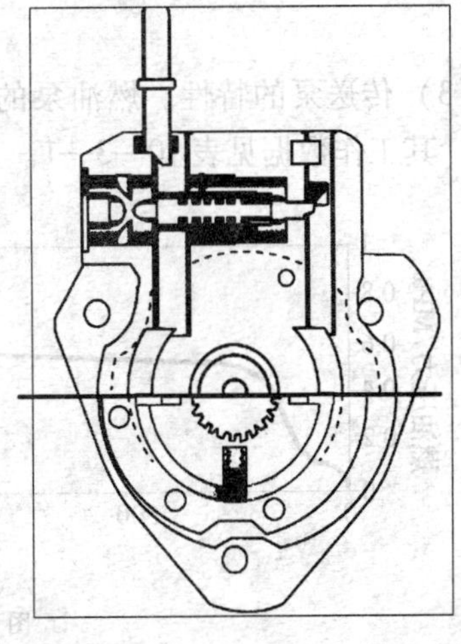

图 10—3—10　传送泵的剖面图

（2）工作原理。传送泵由转子、衬套和两个相邻的叶片划分容室，如图10—3—11所示。利用转子的旋转角度变化容室的空间大小。当容室处于1号位置时，其容量最小。转子顺时针旋转四分之一圈后，容室处于2号位置，入口节流孔没有被遮盖住，容室空间迅速增大，压力侧室内容量急速下降，燃油被吸入室内。转子继续旋转，容室处于3号位置，封住入口和出口节流孔。由转子、衬套和两叶片控制的容量处于最大状态。转子继续旋转，容室最后到达4号位置，出口节流孔没有被遮盖住，由转子、衬套和两叶片控制的容量迅速下降，室内的压力迅速上升，燃油在压力作用下射出。在传送泵旋转引起的抑制作用下，通过滤清器吸入足量柴油。传送泵由高压泵轴驱动，因此传送压力根据发动机转速上升。常规阀通过向泵入口返回一些燃油控制传送压力在发动机全程工作期间维持恒定值（约0.6 MPa）。

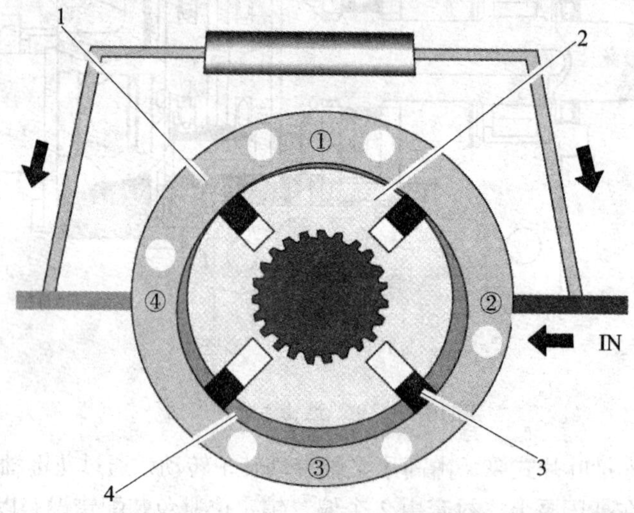

图10—3—11　传送泵的工作原理

1—外壳　2—滚子　3—针杆　4—容室

注：①②③④为四个位置点。

（3）传送泵的特性。燃油泵的速度越快，泵油压力越高，其特性曲线如图10—3—12所示，其工作数据见表10—3—1。

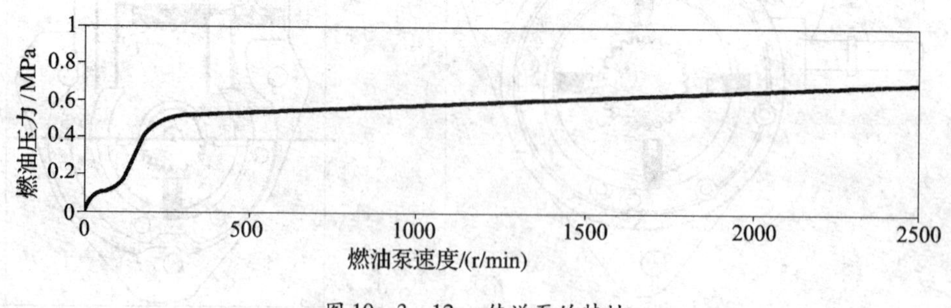

图10—3—12　传送泵的特性

表 10—3—1　　传送泵的工作特性表

常规压力	0.6 MPa
控制容量	5.6 cm^3/转数
流量	300 r/min 时 90 L/h
	2 500 r/min 时 650 L/h

三、高压传送管路的部件

燃油系统高压部分用来产生并储存喷油器需要的足够燃油压力，高压传送管路部件包括高压泵、燃油压力调节阀（IMV）、燃油分配管压力传感器、压力限制阀、燃油分配管、高压管、喷油器等元件。

1. 高压泵

（1）高压泵的结构。它是能产生高压的柱塞泵，由配备正时链条的曲轴驱动。高压泵能使燃油的压力提高约 160 MPa，并通过高压管路把这种被压缩的燃油传送到高压蓄能器（燃油分配管）。高压泵实物如图 10—3—13 所示，高压泵的位置与结构如图 10—3—14 所示。

图 10—3—13　高压泵实物图

高压泵产生高压燃油，由正时链条（径向柱塞原理）驱动。高压泵不再决定喷射周期，是为了降低驱动转矩，减少振动和噪声，延长高压泵送阶段。实际上与传统旋转泵的差别在于不再是压头转子在凸轮内侧转动，而是凸轮在压头周围转动。因为高压压力产生在泵固定部件内，消除了发生动压力紧密性相关故障的可能。高压泵的剖面图如图 10—3—15 和图 10—3—16 所示。

（2）高压泵的规格。高压泵的最大工作压力为（160 ± 15）MPa，工作压力极限制在 210 MPa 以内，入口处燃油压力为 0.6 MPa。发动机室在工作压力 - 30 ~ 120℃范围下持续工作，燃油的最大燃油进油温度为 85℃（能持续工作），泵进油压力很低，驱动转矩为 15 N · m/160 MPa。使用燃油作为内部润滑剂，使用发动机机油作为外部润滑（前轴承）剂。

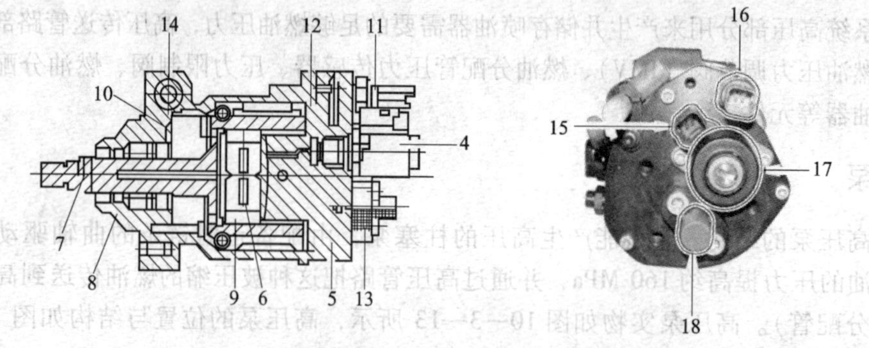

图 10—3—14　高压泵位置与结构图

1—低压管路　2—高压管路　3—喉管回油管路　4—进油量测量阀（IMV）　5—液压压头　6—柱塞　7—驱动轴和凸轮环　8—外壳　9—滚子和垫　10—低压泵　11—燃油温度传感器　12—通风口　13—高压燃油供应管路　14—压力调节器　15—IMV 连接器　16—燃油温度传感器　17—进油量测量阀（IMV）　18—高压供油管路

图 10—3—15　高压泵的剖面图（传送泵）

图 10—3—16　高压泵的剖面图

1—进油阀　2—温度传感器　3—供给阀　4—支撑垫块和滚子

（3）高压泵的工作原理与工作过程。工作过程如图 10—3—17 所示，进油阀和出油阀的工作如图 10—3—18 所示。

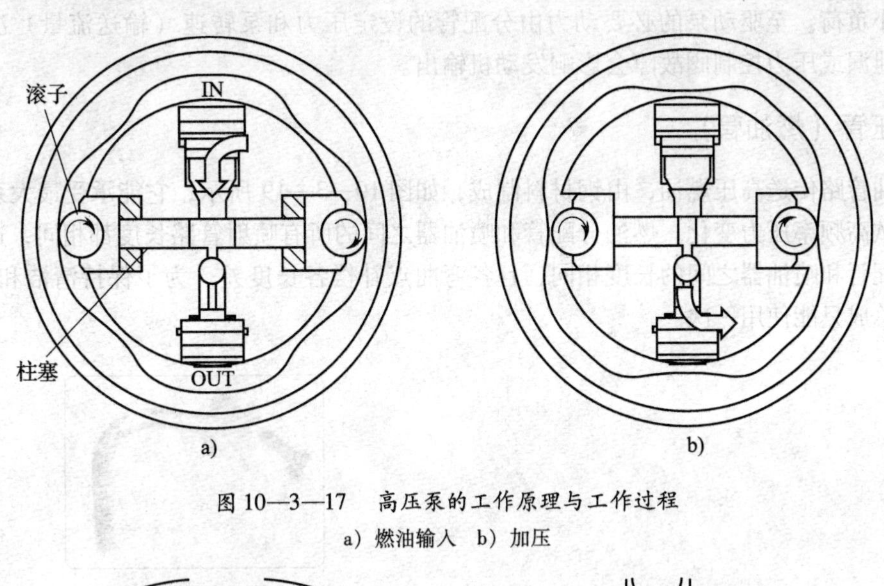

图 10—3—17　高压泵的工作原理与工作过程

a）燃油输入　b）加压

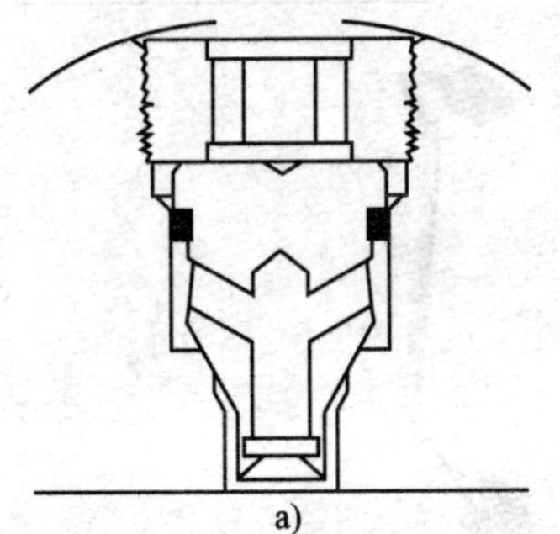

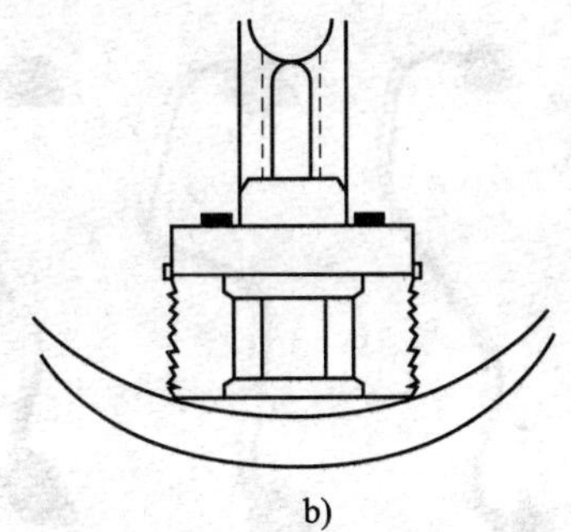

图 10—3—18　进油阀和出油阀的工作图

a）进油阀　b）出油阀

1）加油阶段：通过使用线圈弹簧固定任一侧的方式使滚子始终与凸轮保持接触。传送充足的压力打开进油阀，移开泵送柱塞，由此，两柱塞之间的死区容积填满了燃油。当直径上对置的滚子同时碰撞凸轮的前沿时，柱塞推压彼此。一旦压力高于传送压力，进油阀关闭。当压力高于分配管内的压力时，出油阀打开。因此，在压力作用下，燃油被泵送至分配管。

2）输入阶段：传送压力向后推进油阀，燃油进入泵送元件的本体内，在传送压力的作用下，两柱塞被迫分离。当滚子同时碰撞凸轮的前沿时，泵送元件本体内的压力突然上升。当泵送元件内的压力高于传送压力时，阀门关闭。

3）输出阶段：出油阀的滚珠受作用于其外表面上的分配管压力和作用于其内表面上的传送压力的支配。因此，将滚珠安置在座圈上，确保泵送元件本体滚珠压力紧密。当直径上对置的两滚子碰撞凸轮的前沿时，柱塞被迫连成一体，泵送元件本体内的压力迅速上升，滚珠失去平衡而打开。与压力相比，弹簧校准是可以忽略的。燃油在高压状态下泵送至分配管。

高压泵在峰值转矩的作用下产生驱动转矩。此转矩小于传统喷射泵转矩，因此，泵上只承载了小负荷。至驱动泵的必要动力由分配管的设定压力和泵转速（输送流量）决定。注意燃油泄漏或压力控制阀故障会影响发动机输出。

2. 高压管（燃油管）

燃油管路传送高压燃油，由钢材料制成，如图 10—3—19 所示，它能承受最大系统压力下的间歇高频率压力变化。燃油分配管和喷油器之间的所有喷射管路长度都相同，这意味着燃油分配管和喷油器之间的长度相同，且各弯曲点补偿各长度差。为了保持清洁和紧密性，高压管总成只能使用一次。

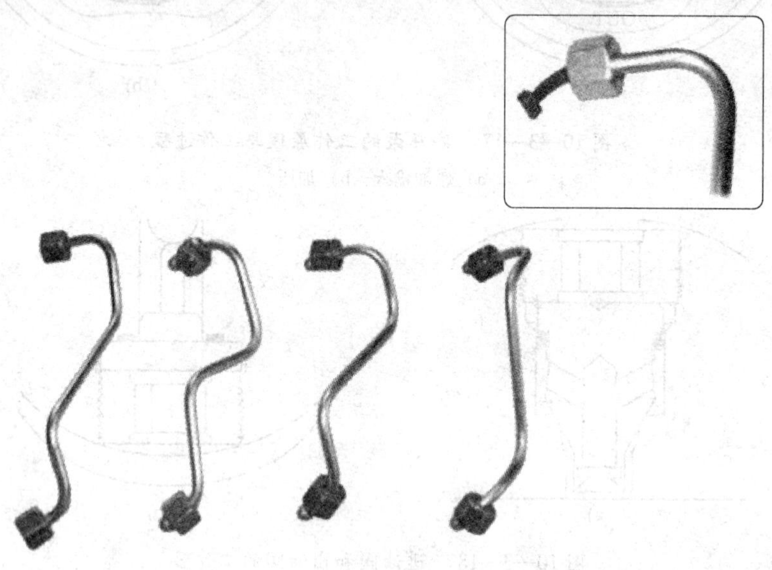

图 10—3—19　高压管

3. 燃油分配管（共轨）

燃油分配管也可以称为高压蓄能器，即通常所说的共轨，其实物如图 10—3—20 所示，它储存从高压泵传送来的燃油并储存燃油的实际高压。即使喷油器从燃油分配管喷射燃油，燃油分配管内的燃油压力仍维持规定值。

图 10—3—20　燃油分配管实物图

高压蓄能器储备高压燃油，同时因高压泵的输送，压力发生变化，并且燃油喷射因分配管容量而减小，一般所有气缸共用一个高压蓄能器。即使有大量燃油泄漏，共轨仍可维持内部压力。这也就确保了从喷油器打开开始能够维持喷射压力。

燃油分配管在系统中的作用如图 10—3—21 所示。

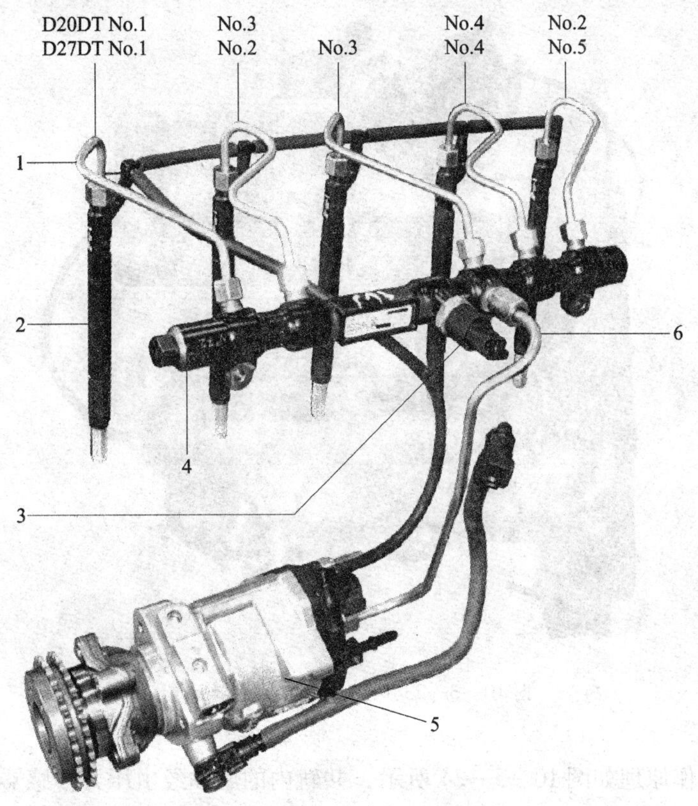

图 10—3—21　燃油分配管

1—高压管　2—喷油器　3—燃油压力传感器　4—高压管　5—高压泵　6—高压油管

燃油分配管共轨内的燃油压力随发动机转速变化，如图 10—3—22 所示。

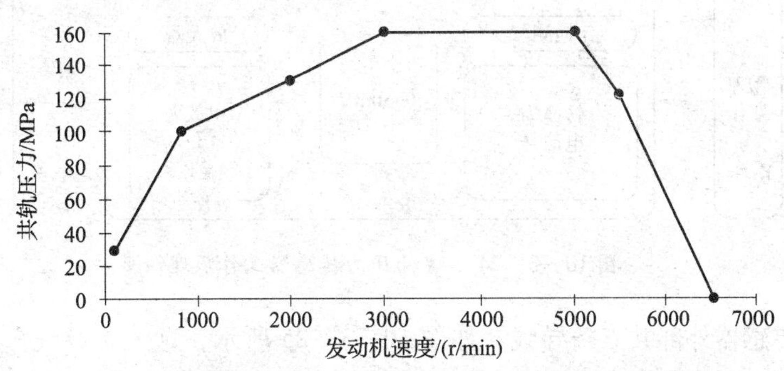

图 10—3—22　共轨压力变化曲线

4. 燃油压力传感器

共轨中心上的燃油压力传感器检测稳定的燃油压力变化，其位置如图 10—3—23 所示，该传感器将信号发送给 ECU，当接收到这些信号时，ECU 控制燃油喷射量和喷射时间。

图 10—3—23　燃油压力传感器位置

传感器的工作原理如图 10—3—24 所示，共轨内的燃油经由压力传感器内的盲孔到达传感器膜片，压力信号转换为电信号。由传感器测量的信号被放大，输入到 ECU。传感器内的压电元件把压力大小转换为电信号。当传感器内的膜片的形状改变时，膜片上层内的电阻改变，可输出 0.5 ~5 V 的电压。

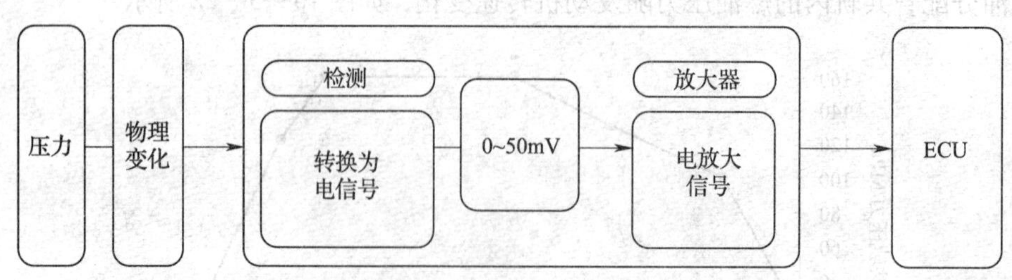

图 10—3—24　燃油压力传感器工作原理

燃油压力传感器外部共三条导线，如图 10—3—25 所示，这三条导线分别为 REF 5 V、信号和搭铁。REF 5 V 即传感器的输入电源电压为 5 V，压力为 0 ~160 MPa，传感器输出信号电压为 0 ~4 V，传感器信号电压变化如图 10—3—26 所示。

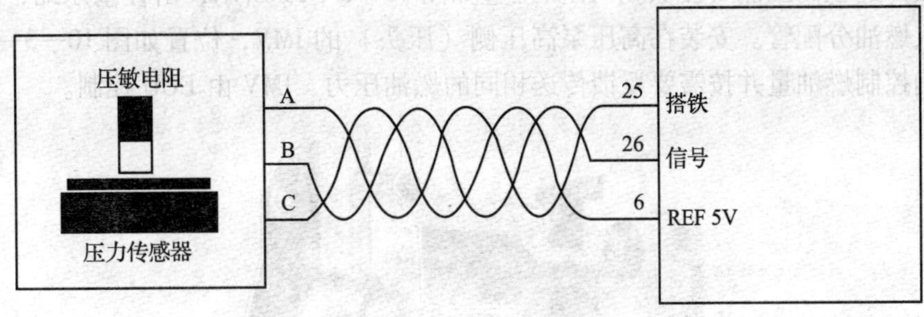

图 10—3—25　燃油压力传感器的电路

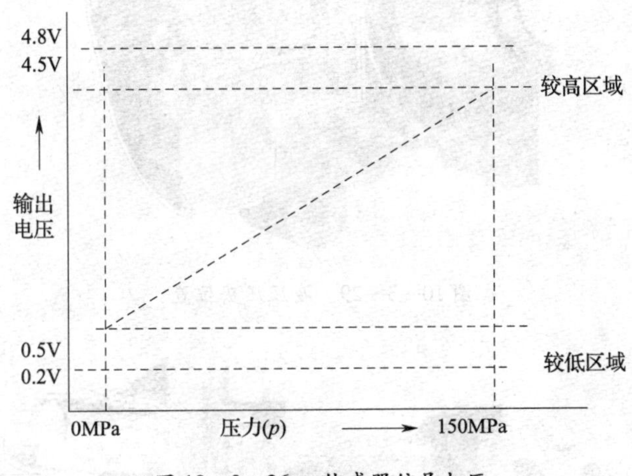

图 10—3—26　传感器信号电压

5. 燃油压力调节阀（IMV）

燃油压力调节阀也称进入测量阀，用于通过调节传送至高压泵泵送元件的燃油量控制分配管压力，其实物如图 10—3—27 所示，安装 IMV 和未安装 IMV 的共轨压力变化曲线如图 10—3—28 所示。

图 10—3—27　燃油压力调节阀实物

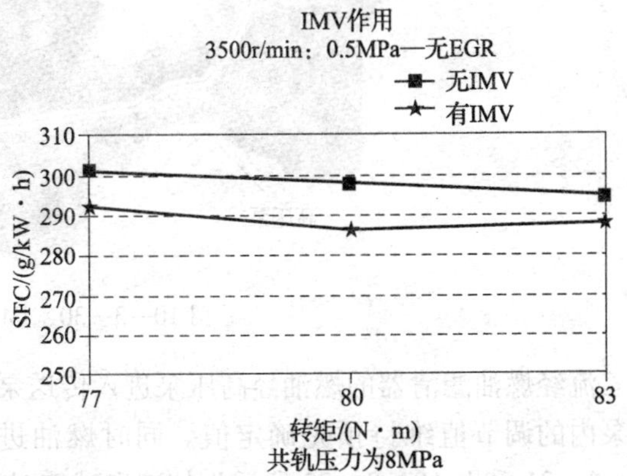

图 10—3—28　安装 IMV 共轨压力变化曲线

燃油被传送至高压侧（压头），压头位置如图 10—3—29 所示，由柱塞压缩，并且通过高压管进入燃油分配管。安装在高压泵高压侧（压头）的 IMV，位置如图 10—3—30 所示，它用于精确控制燃油量并按需要反馈传送相同的燃油压力，IMV 由 ECU 控制。

图 10—3—29 液压压头位置

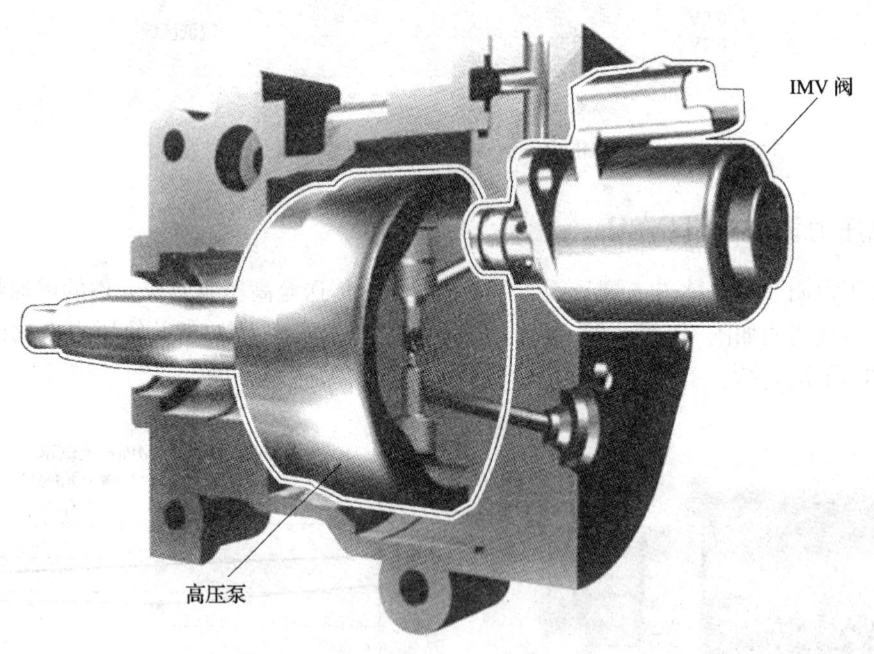

图 10—3—30 IMV 的安装位置

流经燃油滤清器的燃油经高压泵进入传送泵，在传送压力的作用下流经传送泵，并由高压泵内的调节值维持预先确定值。同时燃油进入 IMV，IMV 只控制至高压泵的燃油。图 10—3—31 和图 10—3—32 所示为加速和减速时两泵工作的情况。

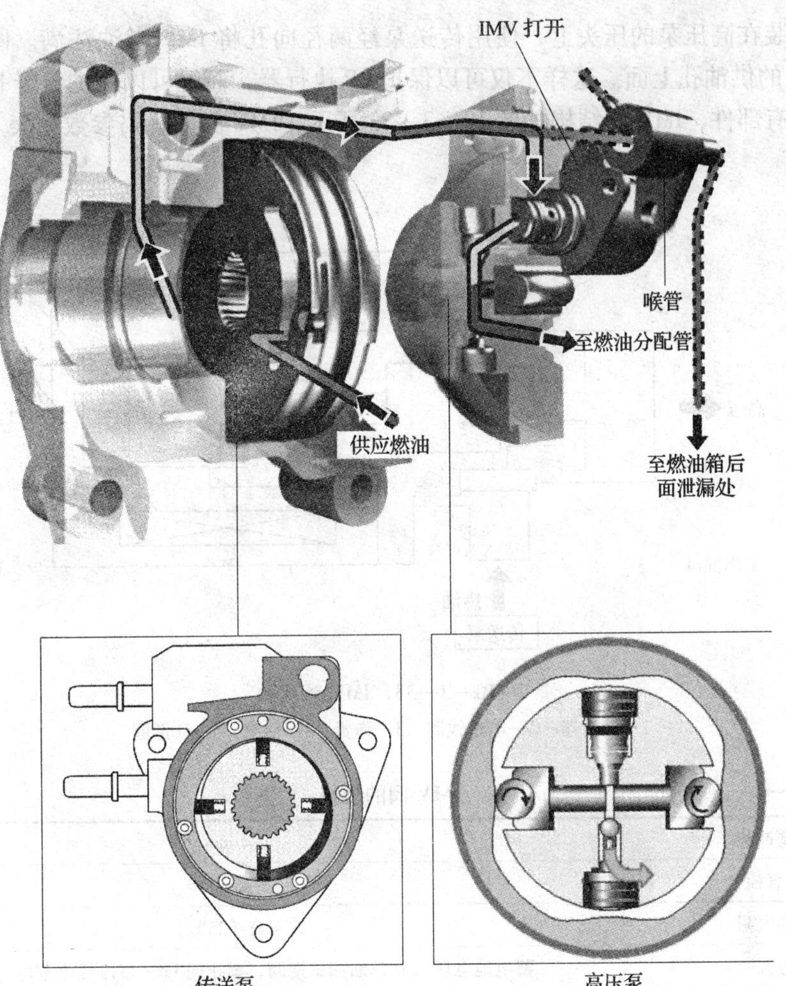

图 10—3—31　需要高压燃油时（加速时）（IMV 打开）

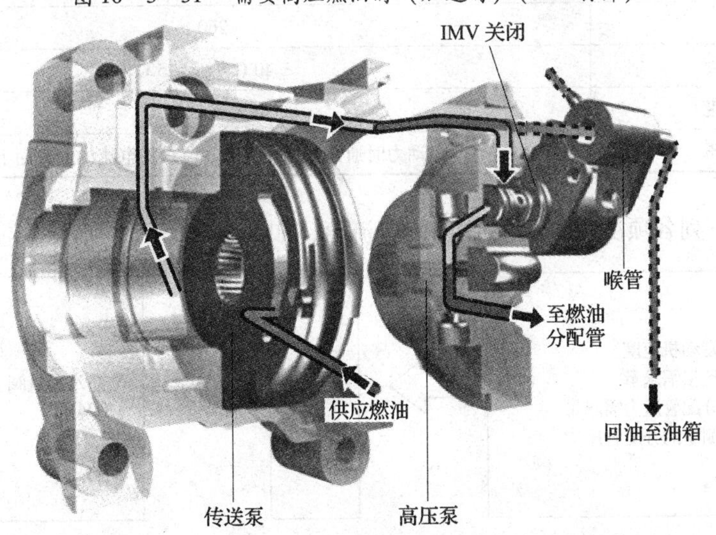

图 10—3—32　不需要高压燃油时（减速时）（IMV 关闭）

IMV 安装在高压泵的压头上，使用传送泵经两径向孔将 IMV 燃油注满。圆筒形滤清器安装在 IMV 的供油孔上面。这样不仅可以保护 LP 执行器，而且可以保护位于 IMV 下游的喷射系统的所有部件，IMV 的结构如图 10—3—33 所示，IMV 阀的规格参数见表 10—3—2。

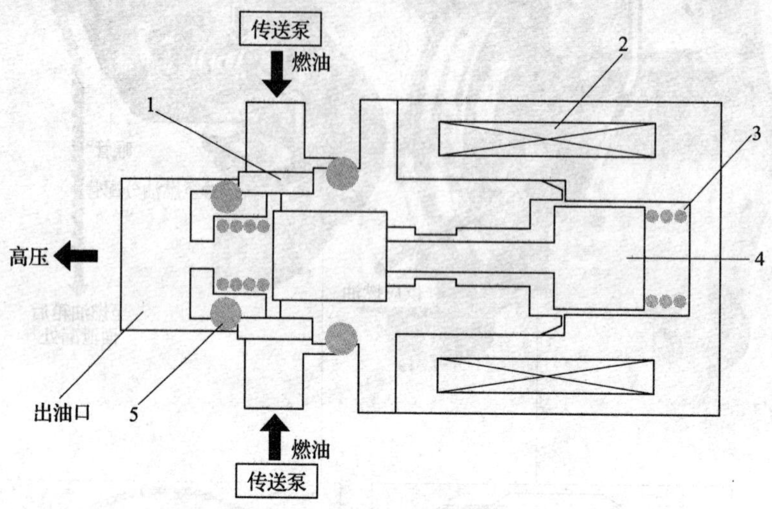

图 10—3—33　IMV 的结构

1—滤清器　2—电磁线圈　3—弹簧　4—活塞　5—O 形圈

表 10—3—2　IMV 阀的规格

活塞冲程	1.4 mm
孔直径	3.4 mm
线圈电阻	5.4 Ω（25℃）
电源	蓄电池电压（在诊断测试期间，禁止向 IMV 直接提供蓄电池电压）
最大电流	1 A
质量	260 g
工作温度	40℃ < t < 125℃
液体温度	40℃ < t < 90℃
控制逻辑	无动力时通常为打开状态（流量随电流的上升而下降）

ECU 根据下列各项决定传送至 IMV 的电流值，如图 10—3—34 所示。

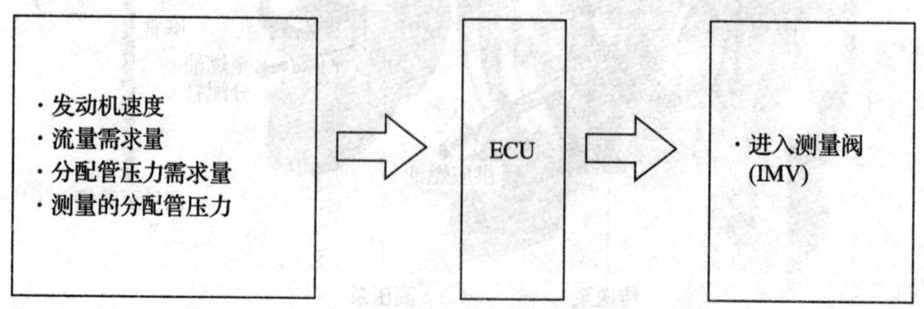

图 10—3—34　IMV 阀的控制

6. 喷油器

（1）结构组成。燃油喷射装置由电磁阀、针阀和喷嘴组成，由发动机 ECU 控制。电磁阀被激活时喷油器打开，直接向发动机内的燃油室喷射燃油。关闭喷嘴时，喷射后的剩余燃油通过回油管路返回燃油箱。低压返回的燃油和用于高压泵润滑的燃油也通过回油管路返回燃油箱。包含喷油器特性的 C2I 标签装在每个喷油器上。当更换 ECU 或喷油器时，用 SCAN－100 把这些 C2I 值输入到 ECU。喷油器的结构如图 10—3—35 所示，喷油器的规格参数见表 10—3—3。

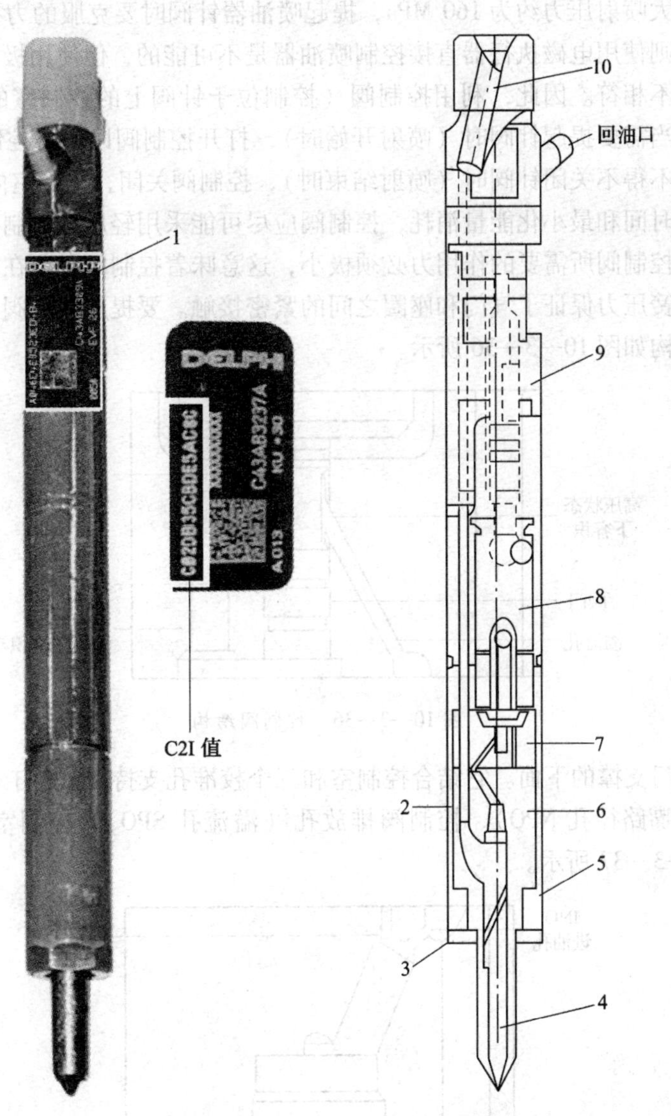

图 10—3—35　喷油器的结构

1—C2I 标签　2—盖螺母　3—垫圈　4—针阀　5，9—喷油器壳体
6—连接板　7—控制阀　8—线圈架　10—滤清器

表 10—3—3 喷油器的规格参数

长度	喷油器体 181. 35 mm 喷油器喷嘴 22. 155 mm
喷嘴	5 个孔，146°圆锥角，840 mm^3/min
控制	PWM 型（电磁喷油器）
紧固方式	利用夹紧拨叉
燃油回油	管接头

燃油系统最大喷射压力约为 160 MPa，提起喷油器针阀时要克服的力很大，因此必须使用极强电流，否则使用电磁执行器直接控制喷油器是不可能的，但使用极强电流与多重喷射需要的反应时间不相符。因此，利用控制阀（控制位于针阀上的控制室的加压或排放）间接控制喷油器，当需要提起针阀时（喷射开始时），打开控制阀以便将控制压力排放到后面泄漏电路中。当不得不关闭针阀时（喷射结束时），控制阀关闭，控制室内压力恢复。

为保证响应时间和最小化能量消耗，控制阀应尽可能采用轻质材料制作。控制阀行程应尽可能短。移动控制阀所需要的作用力必须极小，这意味着控制阀必须在液力平衡作用下返回关闭位置。弹簧压力保证了气门和座圈之间的紧密接触。要提起控制阀，就需要克服弹簧力，控制阀的结构如图 10—3—36 所示。

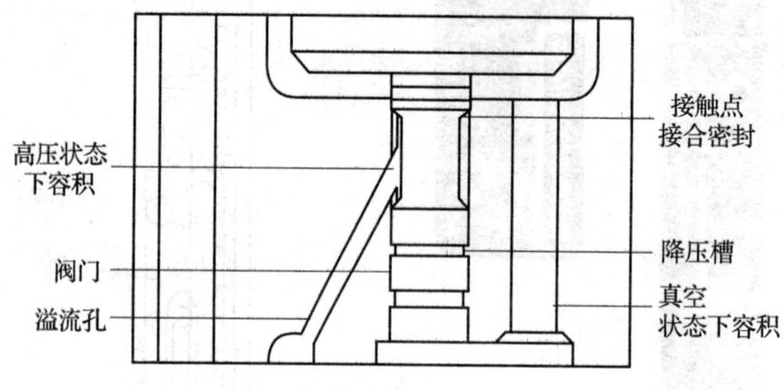

图 10—3—36 控制阀结构

隔圈位于阀门支撑的下面。它结合控制室和三个校准孔支持喷油器工作。这些孔包括喷油器供油孔（喷嘴路径孔 NPO）、控制阀排放孔（溢流孔 SPO）、控制室注入孔（进油孔 INO），如图 10—3—37 所示。

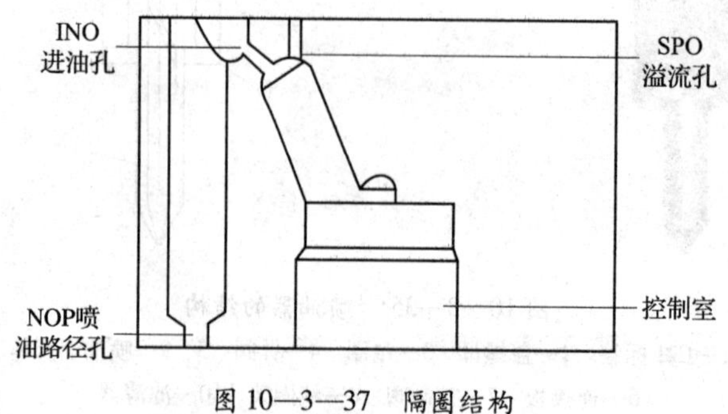

图 10—3—37 隔圈结构

（2）工作原理。如图 10—3—38 所示，燃油作用到针阀上的力包括 S 面上燃油的作用力和 A 面上燃油的作用力，分别用 F_f 和 F_o 表示，如果 $F_f > F_o$，针阀保持在关闭位置，不喷射。如果 $F_f < F_o$，针阀提起，开始喷射。只要控制阀打开，喷油器针阀将持续保持提起状态。开始喷射时，燃油循环向喷油器供油。通过喷油器（与喷嘴类似）进油孔的燃油引起压力降（取决于分配管压力）。当分配管压力处于最高点（160 MPa）时，压力降不超过10 MPa。作用在针阀圆锥部分的压力（喷射压力）因此小于分配管的压力。

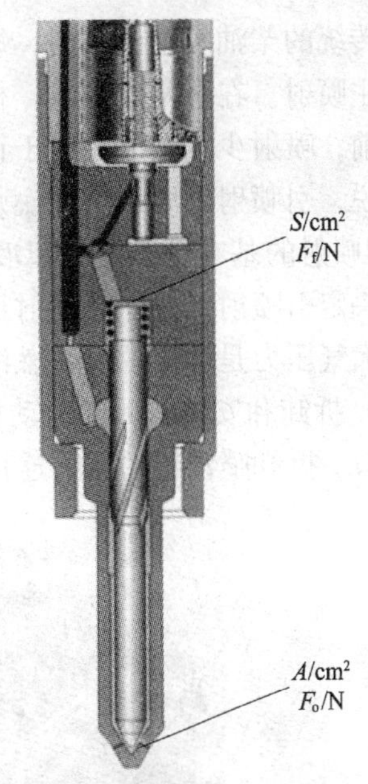

图 10—3—38　喷油器针阀的受力

注：S：喷油器喷嘴扁平上表面的面积。

A：针阀和座圈之间的接触面上由针阀表面占用的面积。

F_f："S" 面上燃油的作用力。

F_o："A" 面上燃油的作用力。

如果断开电磁阀，控制阀关闭，控制室注满燃油。因为针阀打开了，且在针阀每一侧上占用的止推部分面积不同，因此对这些面作用的压力也不同。控制室内的压力不能超过分配管压力，所以必须限制作用在针阀圆锥上的压力。针阀由 NPO 孔（当燃油流经它时产生压力降）获得压力极限值。静态时压力降为零，当控制室内压力变得高于作用在针阀圆锥上的压力时，喷射停止。喷油器的几种工作状态如图 10—3—39 所示。

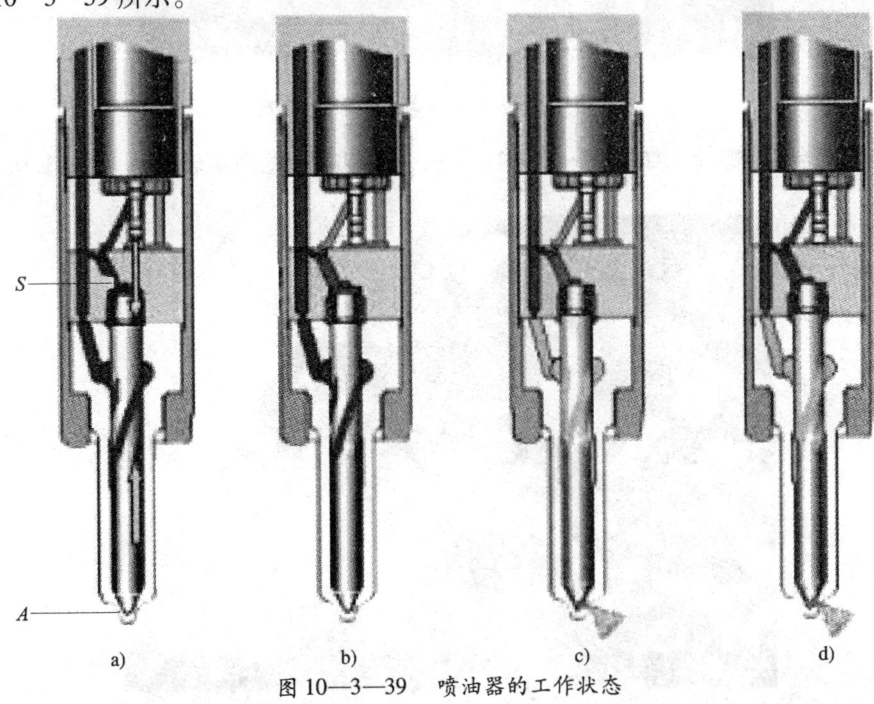

图 10—3—39　喷油器的工作状态

a）阀门已关闭，针阀已关闭，不喷射　b）阀门已打开，针阀已关闭，不喷射
c）阀门已关闭，针阀已打开，喷射　d）阀门已打开，针阀已打开，喷射

与传统的柴油发动机不同，燃油分配管式柴油发动机的喷射可分为如下两个阶段，即引喷射和主喷射。在这两个阶段，根据燃油压力和燃油温度校正燃油喷射量和喷射时期。开始主喷射前，喷射少量燃油有助于正常燃烧，称为引喷射。引喷射能减少发动机噪声和振动。换句话说，引喷射能增加平衡燃烧期间燃烧室内的压力，从而减少发动机噪声和振动（抑制）。引喷射的基本值根据冷却液温度和进气温度调整。发动机的实际输出由主喷射控制。主喷射决定引喷射，并计算喷射量。加速踏板位置传感器、发动机转数、冷却液温度、进气温度和大气压力是计算主喷射燃油喷射量的基本数据。

（3）拆卸和安装。拆卸发动机盖，分离喷油器回流软管。注意用密封盖盖住燃油分配管的开口。拆卸喷油器的相关连接器，如图 10—3—40 所示。

图 10—3—40　喷油器连接器的拆卸

拧下喷油器夹具螺栓，如图 10—3—41 所示，安装时注意规定转矩为（9 ±1.0）N · m。

图 10—3—41　拆卸喷油器夹具螺栓

分离喷油器夹具，用专用工具拆卸喷油器，并用专用工具从发动机中拉出掉落的垫圈，如图 10—3—42 所示。

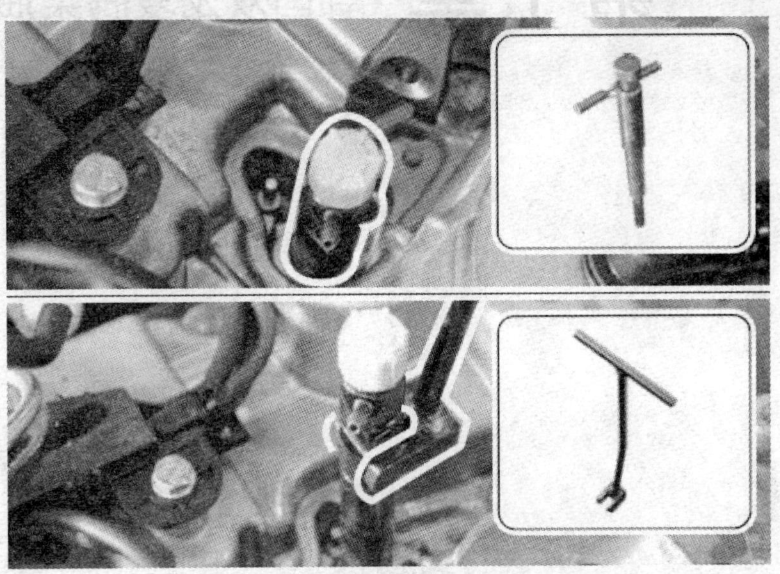

图 10—3—42　专用工具拆下喷油器

按拆卸的反过程进行安装，注意要换用新的钢圈、夹具螺栓和燃油供给管。

第十章 韩国双龙爱腾柴油发动机

第四节

电控系统

一、发动机控制系统的元件布置

发动机控制系统主要传感器和部件如图 10—4—1 所示。

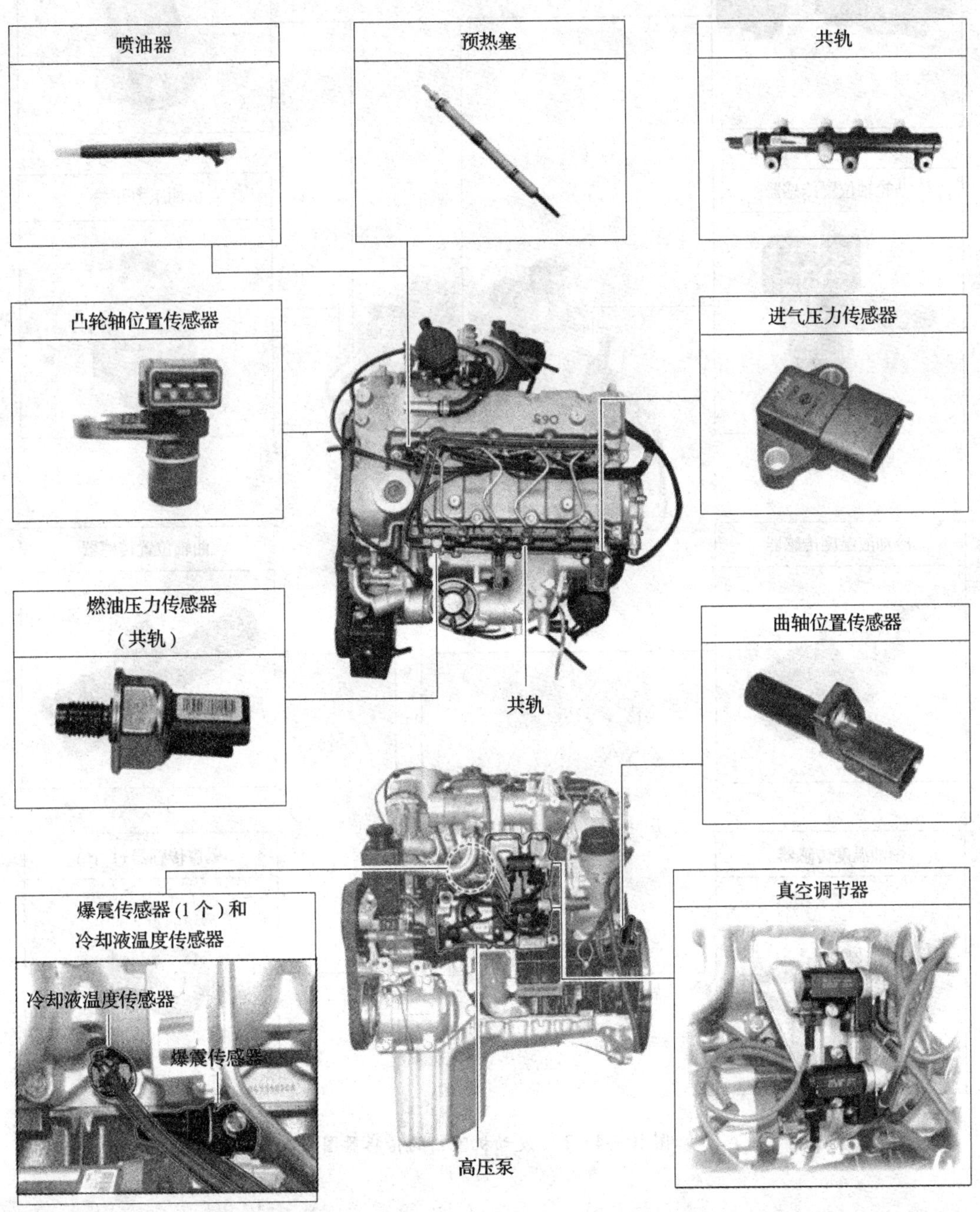

图 10—4—1　发动机控制系统主要传感器和部件图

发动机室内的传感器如图 10—4—2 所示。

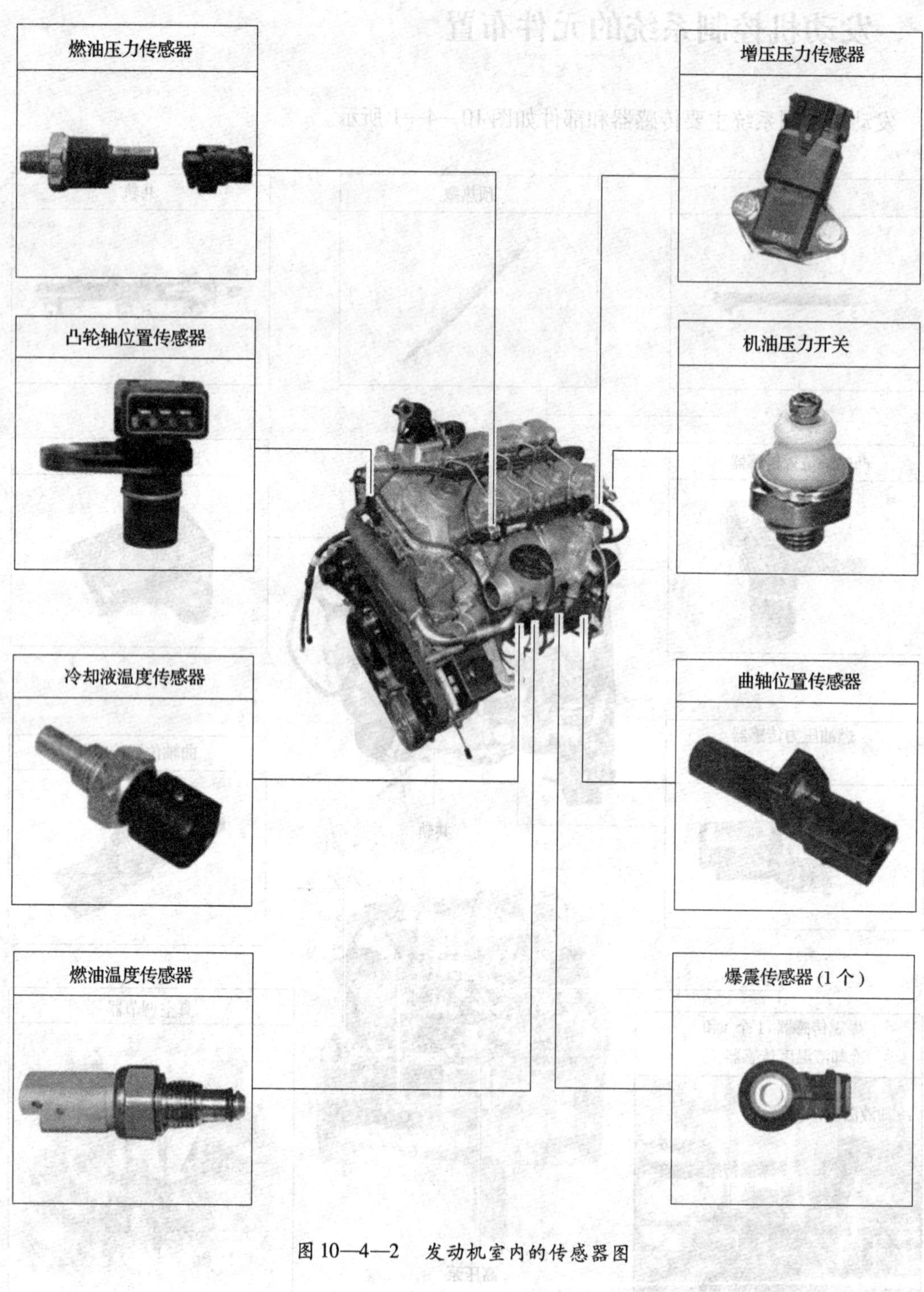

图 10—4—2　发动机室内的传感器图

与 ECU 相关的发动机附件如图 10—4—3 所示。

图 10—4—3　与 ECU 相关的发动机附件

二、ECU 排列及其功能

发动机 ECU 根据不同传感器的输入信号计算驾驶员的需求（加速踏板位置）信息，然后控制此时发动机和车辆的总工作性能。ECU 通过数据线从传感器接收信号，然后根据这些信号有效地控制发动机空燃比。

曲轴速度（位置）传感器用于测量发动机转速，凸轮轴速度（位置）传感器决定喷射顺序，ECU 根据加速踏板位置传感器内的可变电阻变化产生的电信号检测驾驶员踏板位置（驾驶员需求）。空气流量（热膜式）传感器检测进气量，然后把信息发送给 ECU。ECU 利用空气流量传感器通过识别瞬间空气量变化控制空燃比，减少气体排放（EGR 阀控制）。此外，ECU 把冷却液温度传感器和空气温度传感器、增压器压力传感器和大气压力传感器用做补偿信号，响应喷射启动和引喷射设定值及不同的工况和变量。ECU 信号输入和输出如图 10—4—4 所示。

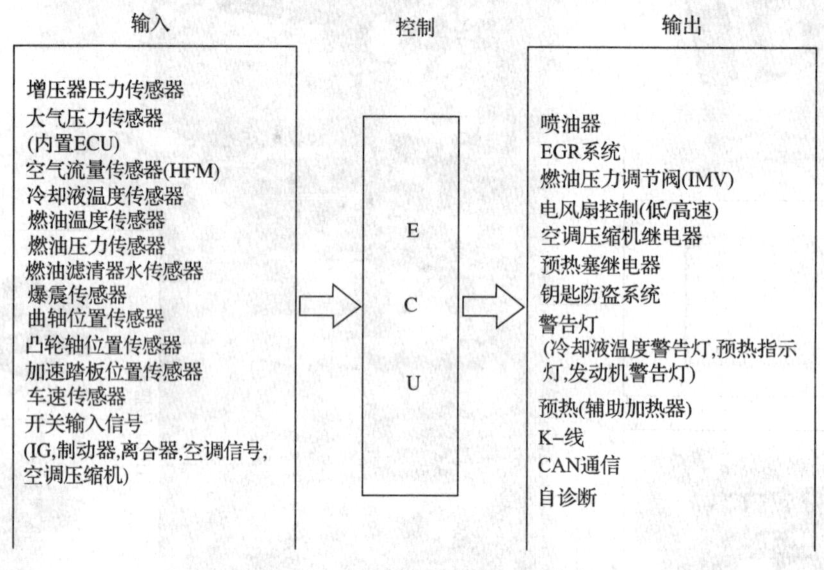

图 10—4—4　ECU 信号输入和输出

ECU 从各种传感器接收并分析信号，然后把这些信号转换为容许压力范围和分析结果，从而控制各自的执行器。ECU 根据输入数据计算适合发动机活塞速度和曲轴角的喷射正时和喷射周期，存储规格图，以控制发动机动力和废气。ECU 微处理器输出信号驱动压力控制阀，控制燃油分配管压力并启动喷油器电磁阀，从而控制燃油喷射周期和喷射时间，进而控制不同的执行器。为减少废气，提高燃油经济性、安全性、舒适性和方便性，采用了 ECU 的辅助功能。例如，由 EGR、增压器压力控制、自动巡航（仅输出）和钥匙防盗系统，和采用的 CAN 通信，在车辆内的电气系统（自动变速器和制动系统）之间交换数据。诊断仪用来诊断车辆状态和不良状态。通常，ECU 的工作温度范围是 -40 ~ 85℃。ECU 应防油、水、电磁等物质，并且应避免机械冲击。为在重复喷射时精确地控制燃油量，应立即提供高电流，而为在喷油器驱动阶段产生必要的电流，ECU 内应装有喷油器驱动电路。电流控制电路把电流供应时间（喷射时间）分为安全电流阶段和持恒电流阶段，喷油器在各种工作条件下都应当正常工作。

为使燃油在每个操作阶段都能进行最佳燃烧，ECU 综合各种因素计算每个时期适应的喷射量。在最初启动时，通过温度和发动机转速计算燃油喷射量。从点火开关转至点火位置持续喷射至发动机达到允许最小转速为止，如果车辆正常运转，则根据加速踏板位置和发动机 RPM 计算燃油喷射量。驱动图谱用来调整驾驶员的输入信息，以输出最佳发动机动力。ECU 外形及端子如图 10—4—5 和图 10—4—6 所示，ECU 端子含义见表 10—4—1。

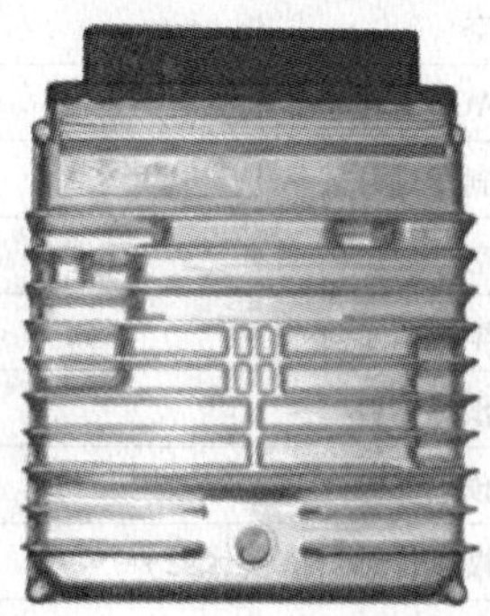

图 10—4—5　ECU 外形及端子

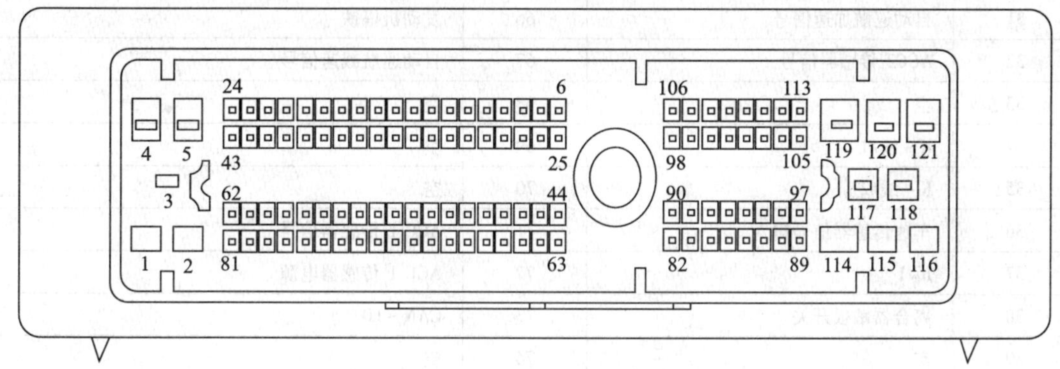

图 10—4—6　ECU 端子针脚排列

表 10—4—1　　ECU 端子针脚含义

端子号	说　明	端子号	说　明
1	发动机搭铁	8	空
2	发动机搭铁	9	ECU 电源保持继电器
3	主电源（IG 1）	10	空
4	主电源（IG 1）	11	空
5	主电源（IG 1）	12	ABD 信号
6	燃油分配管压力传感器电源	13	空
7	空	14	ACC 2 传感器搭铁

续表

端子号	说　明	端子号	说　明
15	空	50	自动巡航结果信号
16	空	51	空
17	自动巡航 OFF	52	空
18	自动巡航安全开关	53	ACC 1 传感器搭铁
19	空调压力信号	54	CAN－H1
20	燃油滤清器水检测警告灯	55	空
21	远程启动机输出	56	空
22	预热塞控制	57	ACC 2 传感器电源
23	预热塞警告灯	58	刹车灯开关
24	空	59	空
25	燃油分配管压力传感器信号	60	车速指示灯
26	燃油分配管压力传感器搭铁	61	预热器#1
27	空	62	预热器#2
28	空	63	爆震传感器搭铁（#2）
29	空	64	空
30	空	65	空
31	自动巡航加速信号	66	发动机搭铁
32	ACC2 传感器信号	67	自动巡航减速信号
33	空	68	空
34	K－线#1	69	空
35	K－线#2	70	空
36	车速传感器信号输入	71	ACC 1 传感器信号
37	IG 1	72	ACC 1 传感器电源
38	离合器踏板开关	73	CAN－L0
39	空	74	空
40	燃油滤清器水检测传感器	75	空
41	RPM 信号输出	76	A/C 循环压力开关
42	空	77	制动踏板开关
43	空	78	行车电脑
44	爆震传感器信号（#2）	79	空调继电器
45	爆震传感器信号（#1）	80	冷却风扇低速
46	空	81	冷却风扇高速
47	空	82	曲轴位置传感器（－）
48	空	83	HFM 传感器（空气质量传感器）
49	空	84	HFM 传感器（搭铁）

续表

端子号	说　明	端子号	说　明
85	空	104	冷却液温度传感器搭铁
86	HFM 传感器（电源）	105	发动机检查警告灯
87	IMV（燃油压力调节阀）	106	空
88	发动机搭铁	107	鼓风机开关
89	空	108	增压器压力传感器电源
90	曲轴位置传感器（+）	109	燃油温度传感器信号
91	空	110	燃油温度传感器搭铁
92	空	111	凸轮轴位置传感器电源
93	空	112	钥匙防盗系统
94	空	113	发动机检查警告灯
95	减压执行器	114	喷油器#1
96	EGR 阀	115	喷油器#4
97	空	116	喷油器#3
98	空	117	喷油器搭铁（#1，3，4）
99	增压器压力传感器信号	118	喷油器搭铁（#2，5）
100	增压器压力传感器搭铁	119	空
101	冷却液温度信号	120	喷油器#5
102	冷却液温度传感器搭铁	121	喷油器#2
103	冷却液温度传感器信号		

三、燃油压力控制过程

燃油压力控制包括两部分：一是根据发动机工作状态决定分配管压力，控制 IMV，使分配管压力达到期望值；二是根据发动机转速和发动机上的负荷决定燃油分配管内的压力，目的是使喷射压力适应发动机的需求。当发动机转速和负荷高时，涡流程度很大，高压状态下喷射燃油可优化燃烧。当发动机转速和负荷低时，涡流程度小，如果喷射压力过高，将导致喷嘴过量渗透，并且燃油被直接喷射到气缸的侧面，引起不完全燃烧，所以会出现烟雾并影响发动机的耐久性。燃油压力可通过空气温度、冷却液温度和大气压力以及冷态运转或高空驱动引起点火时期增加来校正。为了在启动期间获得额外流动量需要的规定压力，需根据喷射的燃油和冷却液温度决定喷射需求量，此期间 IMV 调节控制分配管压力。燃油压力调节过程如图 10—4—7 所示，开环决定需要传送至执行器的电流以便获得 ECU 需要的流动量，闭路将根据压力需求量和测量压力之间的差值来校正当前值。如果压力小于需求量，则减小电流，增加传送到高压泵的燃油。如果压力大于需求量，则增大电流，减小传送到高压泵的燃油。

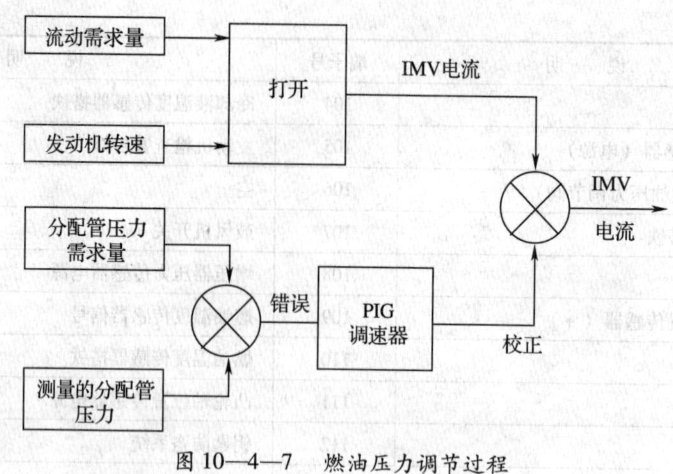

图 10—4—7　燃油压力调节过程

四、燃油喷射控制过程

1. 燃油喷射控制

燃油喷射控制用于决定传送至喷油器的脉冲特性。喷射控制包括喷射正时控制和喷射量控制。实现燃油喷射控制需要将燃油喷射正时和喷射量换算成能由喷油器驱动器识别的数据。主喷射脉冲是发动机转速和喷射流量的函数。根据空气和冷却液温度执行一次校准，执行此次校准能使正时适用于发动机的工作温度。这样，发动机加热时能够延迟正时，降低燃烧温度，减少废气污染（NO_x）。发动机冷却时，充分提前正时校正燃烧开始时间。根据大气压力执行二次校准，执行此次校准用于根据大气压力和高度调整正时提前。根据冷却液温度和启动时间执行三次校准，此次校准增加发动机暖机时喷射正时提前，目的是减少冷却启动后可能发生的缺火和不稳定的现象。根据压力错误信号执行四次校准，此次校准用于当分配管内的压力大于需求量时减少喷射正时提前。根据 EGR 比率执行五次校准，此次校准用于根据废气再循环的比率校正喷射正时提前。当 EGR 比率增加时，必须增加喷射正时提前，以补偿气缸内温度的下降。启动期间，必须延迟喷射正时，定位接近于 TDC 的燃烧启点。为此，使用特定图谱根据发动机转速和冷却液温度决定喷射正时提前。此情况仅影响启动阶段，一旦发动机已经启动，则必须重新使用图谱和先前描述的校准程序。

引燃喷射正时控制即根据发动机转速和总流量决定引燃喷射正时。内容包括根据空气和冷却液温度执行一次校准，此校准使引燃喷射正时适用于发动机的工作温度；根据大气压力执行二次校准，此校准用于根据大气压力和高度调整引燃喷射正时启动阶段。根据发动机转速和冷却液温度决定引燃喷射正时。

2. 燃油流量控制

主流量控制是指主喷射期间吸入气缸内的燃油量。引流量是指引燃喷射期间的燃油喷射量。一个周期（主流量+引流量）的总燃油喷射量流量控制过程如图 10—4—8 所示。驾驶员踩下加速踏板时，由系统估算需求量并决定燃油喷射量。驾驶员释放加速踏板时，怠速控制接收信号决定必须喷射到气缸内的最小燃油量以保持发动机运转。系统保留主流量和引流量这两个数值中的较大值，并将该较大值与 ASR 轨迹控制系统决定的较低流量限制进行比较。因为一旦燃油喷射量小于 ASR 轨迹控制系统决定的流量限制，则传递至驱动轮的对抗转矩（发动机制动）将大于车辆黏附力，这样会产生驱动车轮抱死的危险，因此系统选择两个数值（主流量和引流量）中的较大值以防止紧急制动时车辆失控。将此数值与巡航控制决定的流量限制进行比较，一旦燃油喷射量小于巡航控制决定的流量限制，车速将下降至驾驶员需要的车速以下，因此，系统选择这两个数值中的较大值以便将车速维持在需求量。将此数值与流量限制策略决定的流量限制进行比较，此策略根据发动机的工作状态限制流量，因此系统选择这两个数值中的较小值以保护发动机。然后将此数值与 ASR 轨迹控制系统决定的流量限制进行比较。一旦喷射的燃油高于 ASR 轨道控制系统确定的燃油极限，则传输到车轮的发动机的转矩将超过车辆的附着能力，这样存在驱动轮滑移的危险，因此系统选择这两个数值中较小的一个，以避免加速中车辆失控。抗波动策略能补偿瞬变工况期间发动机转速内的波动，此策略用于燃油校正，即在每次喷射前根据瞬时发动机转速对燃油进行校正。

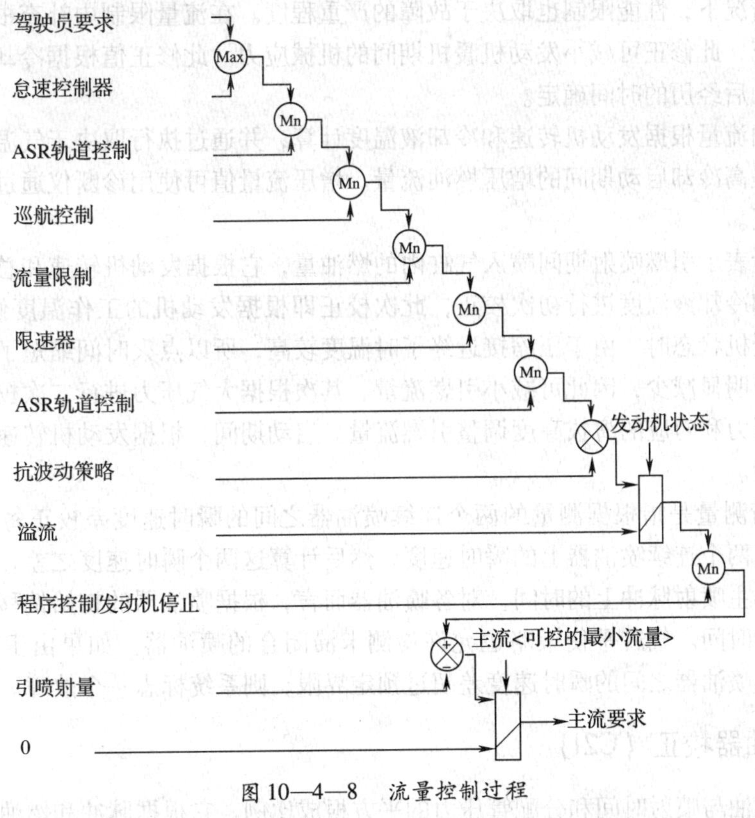

图 10—4—8　流量控制过程

驾驶员需求是通过把加速踏板位置转换为燃油需求来实现的。根据加速踏板位置和发动机转速计算而得。控制单元根据驾驶员需求以限制由加速踏板位置迅速变化导致的喘气现象。图谱确定能喷射的与驾驶员需求和燃油分配管压力相关的最大燃油量。由于燃油流量与喷射时间成比例且与喷射压力的平方根成比例，所以有必要根据压力限制燃油流量，以免喷射时间太过延长而进入发动机循环时间。系统比较驾驶员需求和此燃油流量限制并选择两值中较小的一个，然后根据冷却液温度校正驾驶员需求，并将此校正添加到驾驶员需求中。

怠速控制器包含两个主要模块，第一个模块根据下列因素确定需要的怠速速度：发动机工作状态（冷却液温度，啮合的齿轮）、耗电装置的使用（动力转向装置，空调，其他）、蓄电池电压、易干扰燃油分配管压力控制或喷射控制的故障。在这种情况下，加快怠速以免发动机在降级模式内工作时失速。提高或降低需要的怠速速度可在诊断工具的帮助下进行。第二个模块负责提供发动机怠速的闭路控制，通过需要的怠速速度和发动机转速之差调整最小燃油量来实现这个目的。

依赖注入发动机内的空气量的流量限制是根据发动机转速和气流量确定的，此流量限制可减少稳定运转期间的排气烟尘。依赖大气压力的流量限制是根据发动机转速和大气压力确定的，此流量限制可减少在高海拔地区行驶时的排气烟尘。全负荷流量曲线是根据啮合的齿轮和发动机转速确定的，这可以限制发动机传递的最大转矩。

如果系统检测到易干扰燃油分配管压力控制或喷射控制故障，则引入性能限制，系统激活。在这种情况下，性能限制也取决于故障的严重程度。在流量限制中补充根据冷却液温度而进行的修正，此修正可减小发动机暖机期间的机械应力。此修正值根据冷却液温度、发动机转速和启动后经历的时间确定。

增压燃油流量根据发动机转速和冷却液温度计算，并通过执行取决于气温和大气压力的校正操作以提高冷却启动期间的增压燃油流量。增压流量值可使用诊断仪通过添加一个流量偏离值来修正。

引燃流量表示引燃喷射期间喷入气缸内的燃油量，它根据发动机转速和总流量确定。首先根据空气和冷却液温度进行初次校正，此次校正即根据发动机的工作温度修正引燃流量。发动机处于暖机状态时，由于压缩接近终了时温度较高，所以点火时间缩短了。发动机暖机时，燃烧噪声明显减少，因此可减小引燃流量。其次根据大气压力进行二次校正，此次校正即根据大气压力和对应的海拔高度调整引燃流量。启动期间，根据发动机转速和冷却液温度确定引燃流量。

气缸平衡测量是指根据测量的两个连续喷油器之间的瞬时速度差校正每个喷油器的脉冲。首先计算两个连续喷油器上的瞬时速度，然后计算这两个瞬时速度之差，最后确定添加到不同喷油器主喷射脉冲上的时间。对各喷油器而言，根据喷油器的初始偏移和瞬时速度差计算应添加的时间。气缸平衡策略也允许检测卡滞闭合的喷油器。如果由于喷油器卡滞闭合，两个连续喷油器之间的瞬时速度差超过预定界限，则系统标志一个故障。

3. 独立喷油器校正（C2I）

喷射的燃油与喷射时间和分配管压力的平方根成比例。它根据脉冲和燃油管压力执行功能，燃油喷射曲线称为喷油器特性曲线，如图 10—4—9 所示。

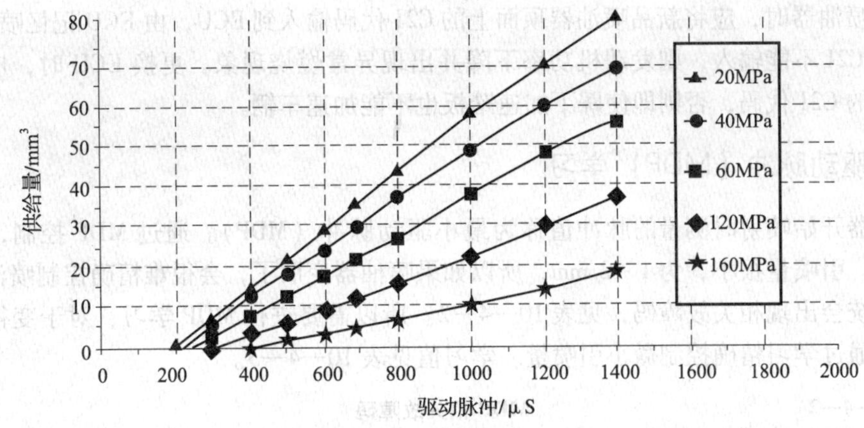

图 10—4—9　喷油器特性曲线

燃油分配管喷油器是非常精密的部件，在压力从 15 MPa 变化到 160 MPa 的情况下，喷油器喷射的燃油供给量从 0.5 mg 变为 100 mg。由于喷油器机械加工偏差，以及流经节流孔的电荷损失，使各喷油器移动部件和磁场磁路之间的摩擦互不相等，所以，相同压力的相同脉冲条件下，一个喷油器和另一个喷油器之间的燃油供给量之差可达到 5 mg。不同喷油器之间的偏差导致不能有效控制发动机，因此，必须执行校正，无论喷油器的初始液压特性如何，均传递需要的喷射燃油。方式包括校正应用在偏置喷油器上的脉冲（取决于喷油器的初始液压 MAP），所以，应根据各个喷油器的特性校正脉冲。以这些喷油器的特性为基础构成 C2I，C2I 代码位置如图 10—4—10 所示，C2I 包括 16 个数，由 1 到 9 的数字以及 A 到 F 的字母组成，ECU 记忆 C2I、各喷油器的特性，以便进行最佳燃油喷射。

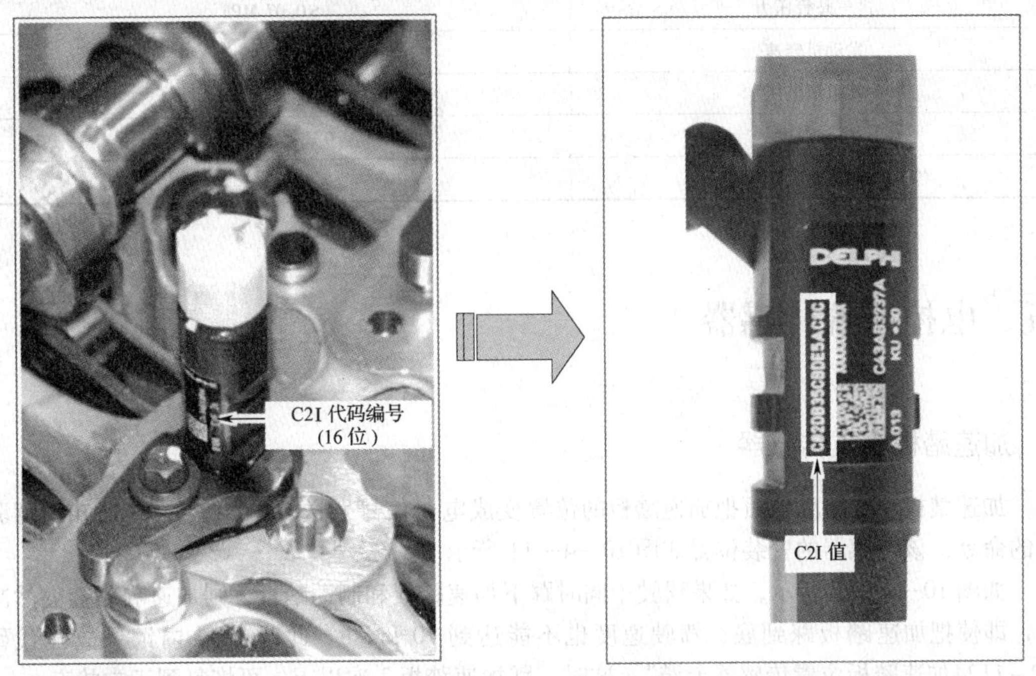

图 10—4—10　C2I 代码位置和组成

更换喷油器时，应将新品喷油器顶面上的C2I代码输入到ECU，由ECU记忆喷油器C2I值。如果C2I不能输入，则发动机功率下降并出现异常燃烧现象。更换ECU时，应输入每个喷油器的C2I代码，否则即使踩下加速踏板也不能加速车辆。

4. 最小驱动脉冲（MDP）学习

喷油器开始喷射时测量的脉冲值称为最小驱动脉冲（MDP）。通过MDP控制，能有效校正引喷。引喷量很小，为1～2 mm，所以如果喷油器变旧了，会很难精确控制喷油器，同时电控系统会出现相关故障码，见表10—4—2。所以需要进行MDP学习，对于变得较旧的喷油器，通过学习精确控制微小引喷量。学习值见表10—4—3。

表10—4—2　**MDP相关故障码**

故障代码	说　明	诊　断
P1171	喷油器NO.1上MDP学习故障	检查各喷油器
P1172	喷油器NO.2上MDP学习故障	
P1173	喷油器NO.3上MDP学习故障	
P1174	喷油器NO.4上MDP学习故障	
P1175	喷油器NO.5上MDP学习故障	

表10—4—3　**MDP学习值**

冷却液温度	>75℃
车速	>50 km/h（5 s以上）
进气歧管压力	>0.07 MPa
发动机转速	>2 500 r/min
蓄电池电压	10 V<U<16 V
燃油温度	0℃<t<80℃
各喷油器上初始MDP学习	5 s

五、电控系统传感器

1. 加速踏板位置传感器

加速踏板位置传感器可把加速踏板的位置变成电子信号发送至ECU，使ECU知道驾驶员的命令，该传感器的安装位置如图10—4—11所示。

如图10—4—12所示，如果驾驶中同时踩下加速踏板和制动踏板，则加速响应会突然减弱，即使把加速踏板踩到底，驾驶速度也不能达到70 km/h。此时ECU内记录故障代码“P－1124加速踏板位置传感器卡滞”，这时，踩加速踏板3次以上，可恢复到正常状态。

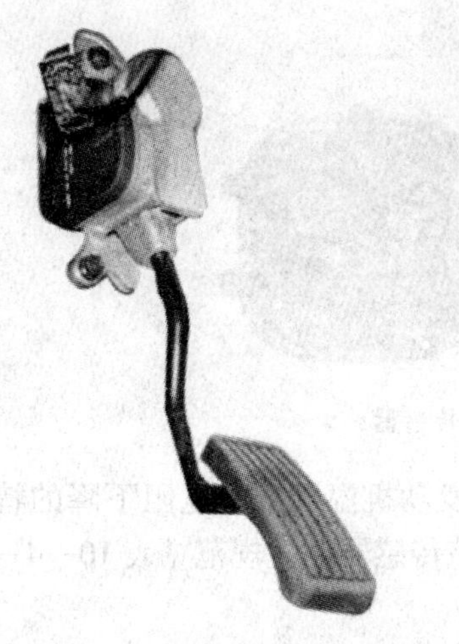
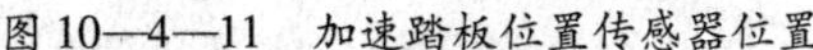

图 10—4—11　加速踏板位置传感器位置

图 10—4—12　同时踩下加速踏板和制动踏板

加速踏板位置传感器内有 2 个传感器，其电路结构如图 10—4—13 所示，1 号加速踏板（ACC 1）位置传感器信号确定驾驶期间的燃油喷射量和喷射时期，2 号加速踏板（ACC 2）位置传感器信号比较、判断 1 号传感器信号值是否正确。如果 1 号和 2 号加速踏板位置传感器故障，ECU 记录故障代码，且加速响应变差，发动机转速（RPM）几乎不增大。

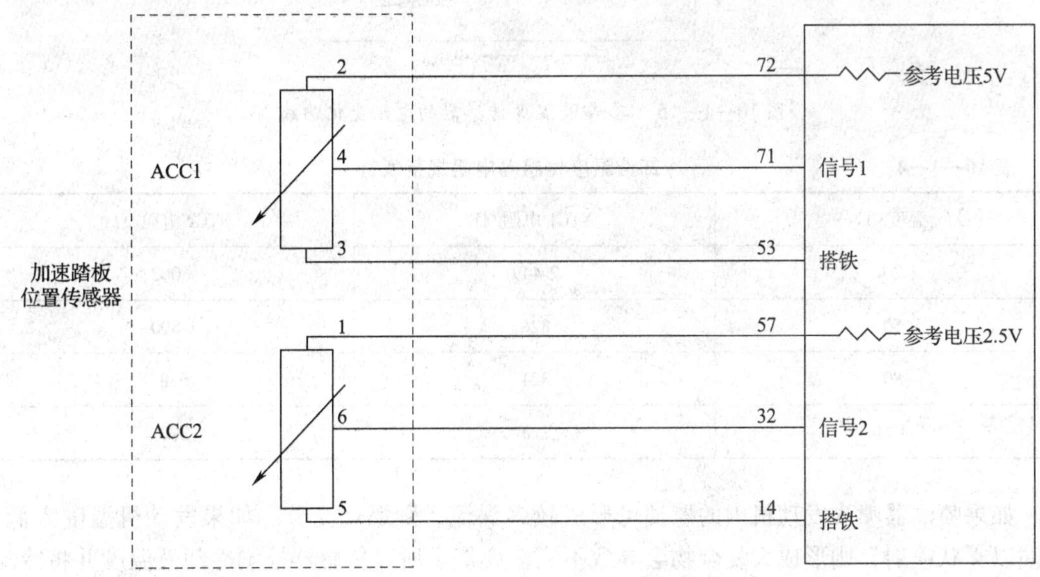

图 10—4—13　加速踏板位置传感器电路结构

2. 冷却液温度传感器

冷却液温度传感器是向 ECU 传送冷却液及发动机温度的传感器，传感器实物及端子如图 10—4—14 所示。

图 10—4—14　冷却液温度传感器

该传感器是一个 NTC 电阻器。NTC 电阻器具有使发动机温度上升电阻下降的特性，如图 10—4—15 所示，所以 ECU 检测下降的电压信号，该传感器电阻规范见表 10—4—4。

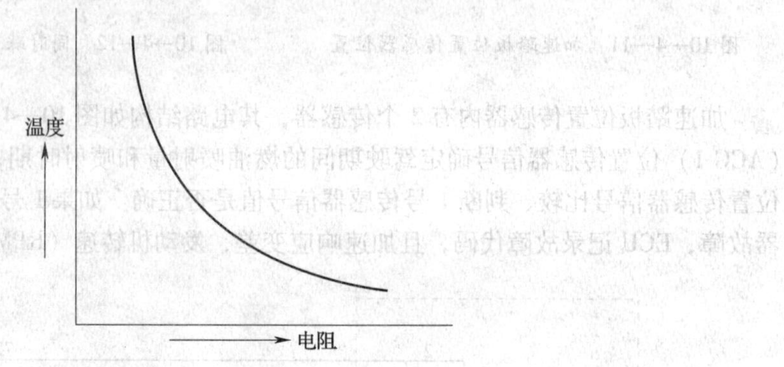

图 10—4—15　冷却液温度传感器的电阻变化曲线

表 10—4—4　　**冷却液温度传感器电阻规范表**

温度/℃	NTC1 电阻/Ω	NTC2 电阻/Ω
20	2 449	6 062
50	826	1 800
80	321	638
120	123	200

如果喷油器喷入发动机内的燃油可形成较多涡流，则燃烧充分。如果发动机温度太低，燃油以雾状喷射，则形成大复合物会导致不完全燃烧。所以传感器检测冷却液温度并将冷却液温度转化为电压，传送至 ECU 增加冷启动时的燃油量，确保启动良好。此外，还可根据该传感器检测是否由于燃油量减少而导致发动机过热以保护发动机。

冷却液温度传感器电路如图 10—4—16 所示，ECU 接收冷却液温度传感器信号，当发动机冷却时，控制燃油量校正怠速，当发动机过热时，控制电动风扇和空调压缩机保护发动机，并发送排放控制信息。

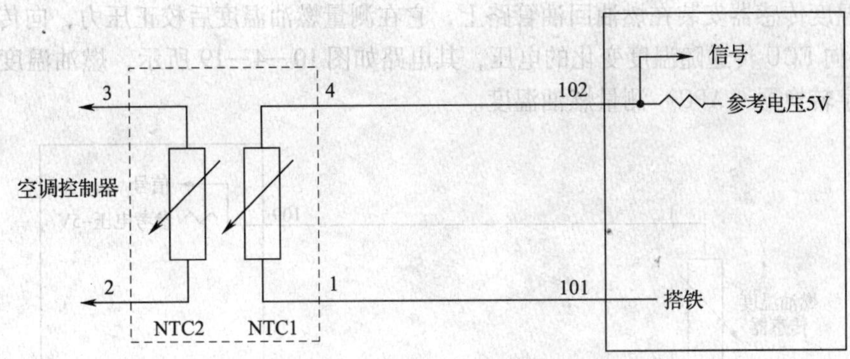

图 10—4—16　冷却液温度传感器的电路图

3. 燃油温度传感器

柴油燃油具有润滑效力，但是其润滑性能随温度上升而下降，因此，当燃油温度超过50℃时，应使燃油返回至燃油箱进行冷却，以提高燃油的润滑效力，防止燃油传送管路各部分因过热而损坏。这就需要安装燃油温度传感器对燃油温度进行监测，并随时传送信号给控制单元。该传感器实物及安装位置如图 10—4—17 所示。

图 10—4—17　燃油温度传感器实物及安装位置

燃油温度传感器是一个 NTC 电阻器，可向 ECU 传送燃油温度。NTC 电阻器在发动机温度上升时电阻下降，如图 10—4—18 所示。

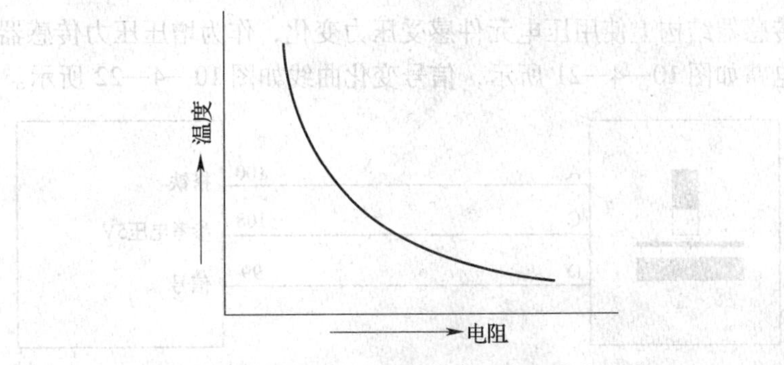

图 10—4—18　燃油温度传感器电阻变化曲线

燃油温度传感器安装在燃油回油管路上，它在测量燃油温度后校正压力，向传感器提供5 V电压并向 ECU 传递随温度变化的电压，其电路如图 10—4—19 所示，燃油温度传感器通过模拟数字转换器（APC）测量燃油温度。

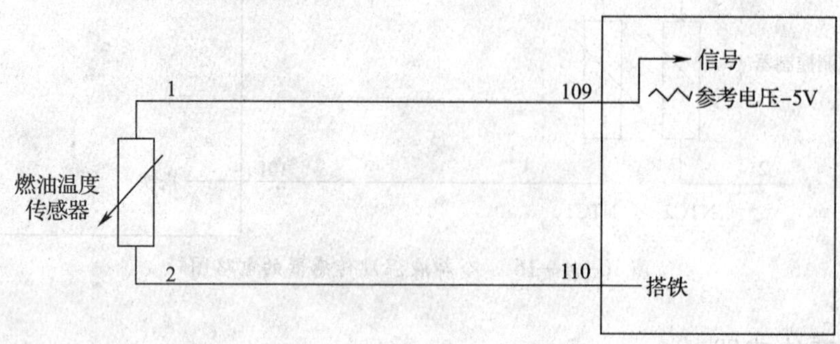

图 10—4—19　燃油温度传感器电路

4．增压压力传感器

增压压力传感器也可以称为进气压力传感器，它根据进气压力设置燃油喷射正时并校正燃油喷射量。增压压力传感器的另一个功能是决定 EGR 操作的停止，其实物及安装位置如图 10—4—20 所示。

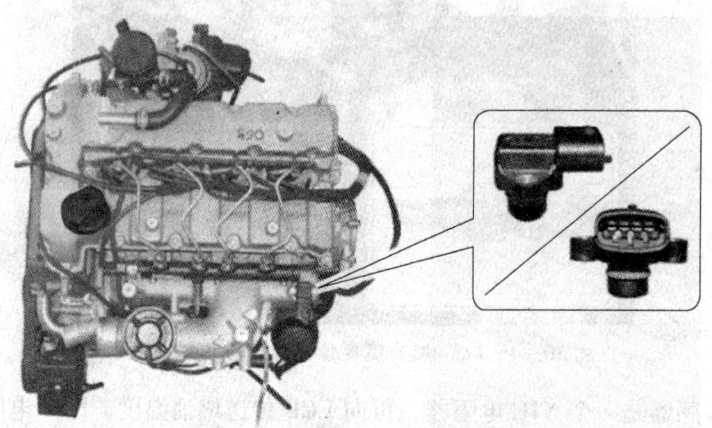

图 10—4—20　增压压力传感器实物及其安装位置图

增压压力传感器结构上使用压电元件感受压力变化，作为增压压力传感器使用 6 个端子中的 3 个，其电路如图 10—4—21 所示，信号变化曲线如图 10—4—22 所示。

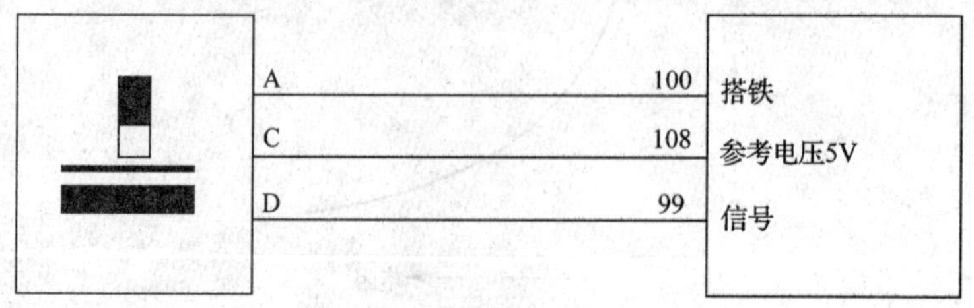

图 10—4—21　增压压力传感器电路图

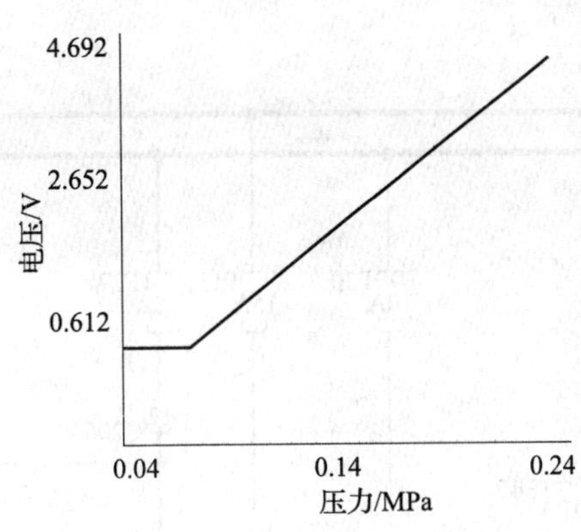

图 10—4—22　传感器的信号变化曲线

5. 车速传感器

ABS 或 ESP 控制模块向 ECU 传送车速信号。ECU 利用这些信号计算车速，仪表盘显示车速信号。控制单元使用车速传感器限制怠速控制校正占空比范围，控制冷却风扇，控制车辆换挡时间，如果车速超过最大速度，发动机会切断燃油喷射。

6. 大气压力传感器

大气压力传感器安装在发动机控制单元 ECU 内，用于检测绝对大气压力以便根据海拔高度校正燃油喷射正时和喷射量。

7. 制动开关

制动开关用于检测制动踏板的位置，然后把检测到的信号发送给发动机 ECU。制动开关有配备两个组合开关的二元结构，其电路结构如图 10—4—23 所示，输入这两个信号时，发动机判别为正常制动信号。这些开关信号与加速踏板位置有关，用于控制制动期间的燃油量，这意味着踩下制动踏板时操作加速踏板不会产生故障，但在踩下加速踏板期间操作制动踏板会降低燃油量。

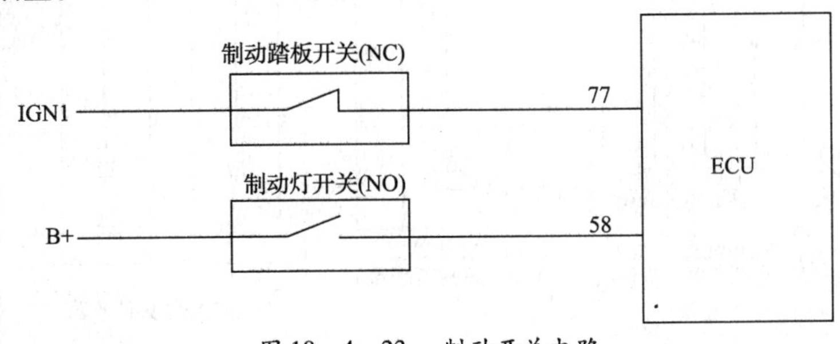

图 10—4—23　制动开关电路

六、发动机电控系统电路图

发动机电控系统电路如图 10—4—24 至图 10—4—26 所示。

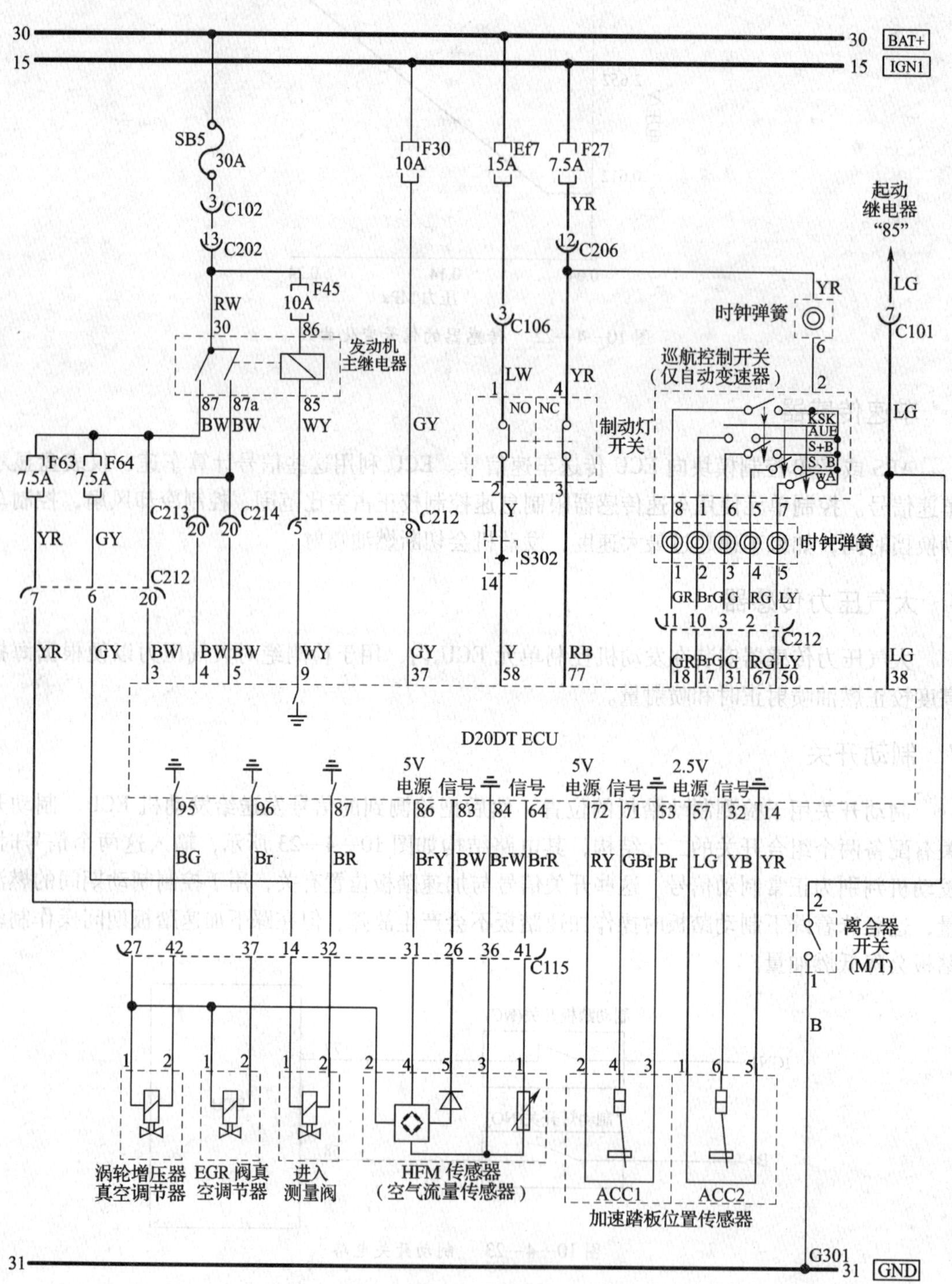

图 10—4—24　发动机电控系统电路图 1

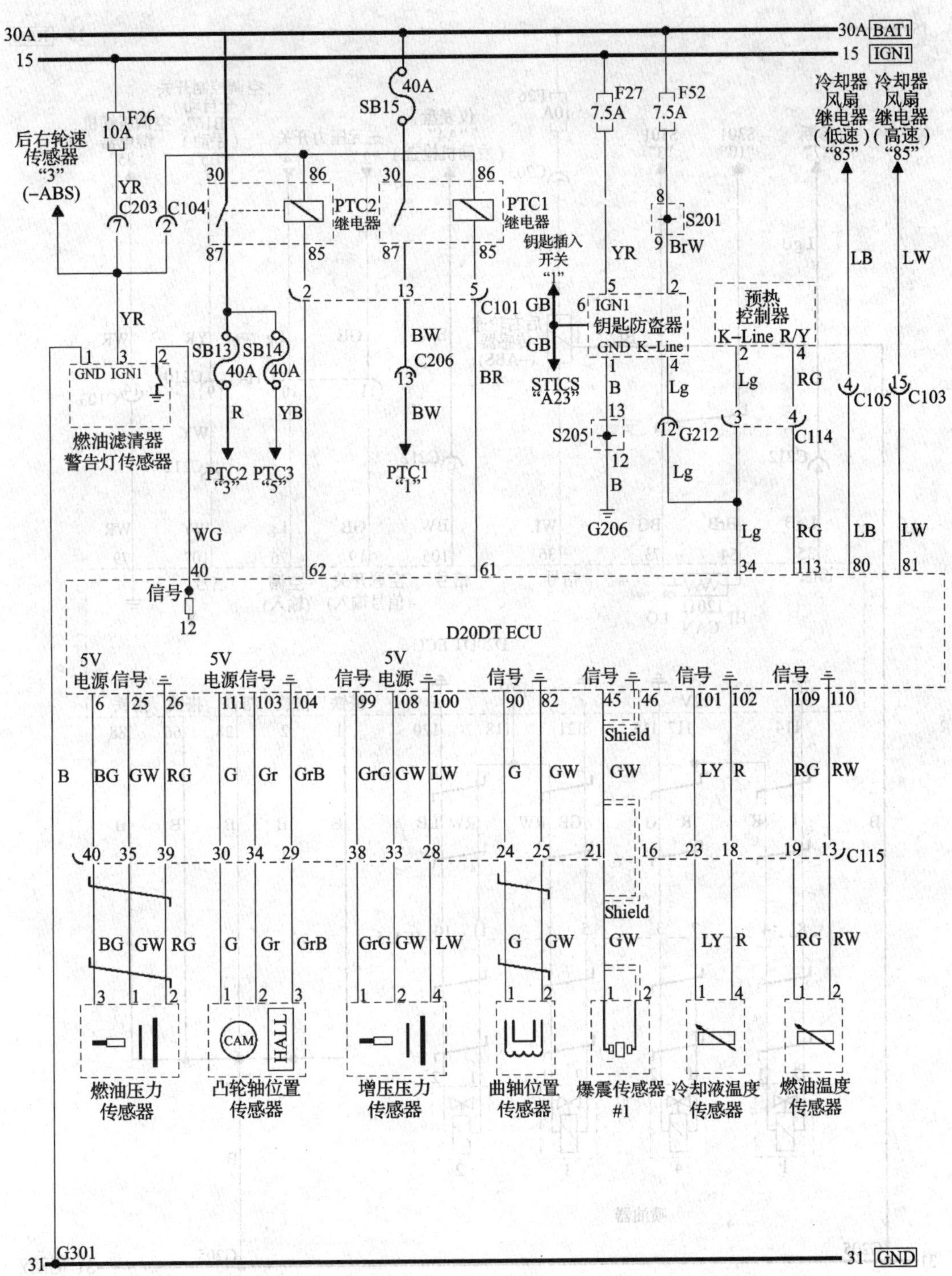

图10—4—25 发动机电控系统电路图2

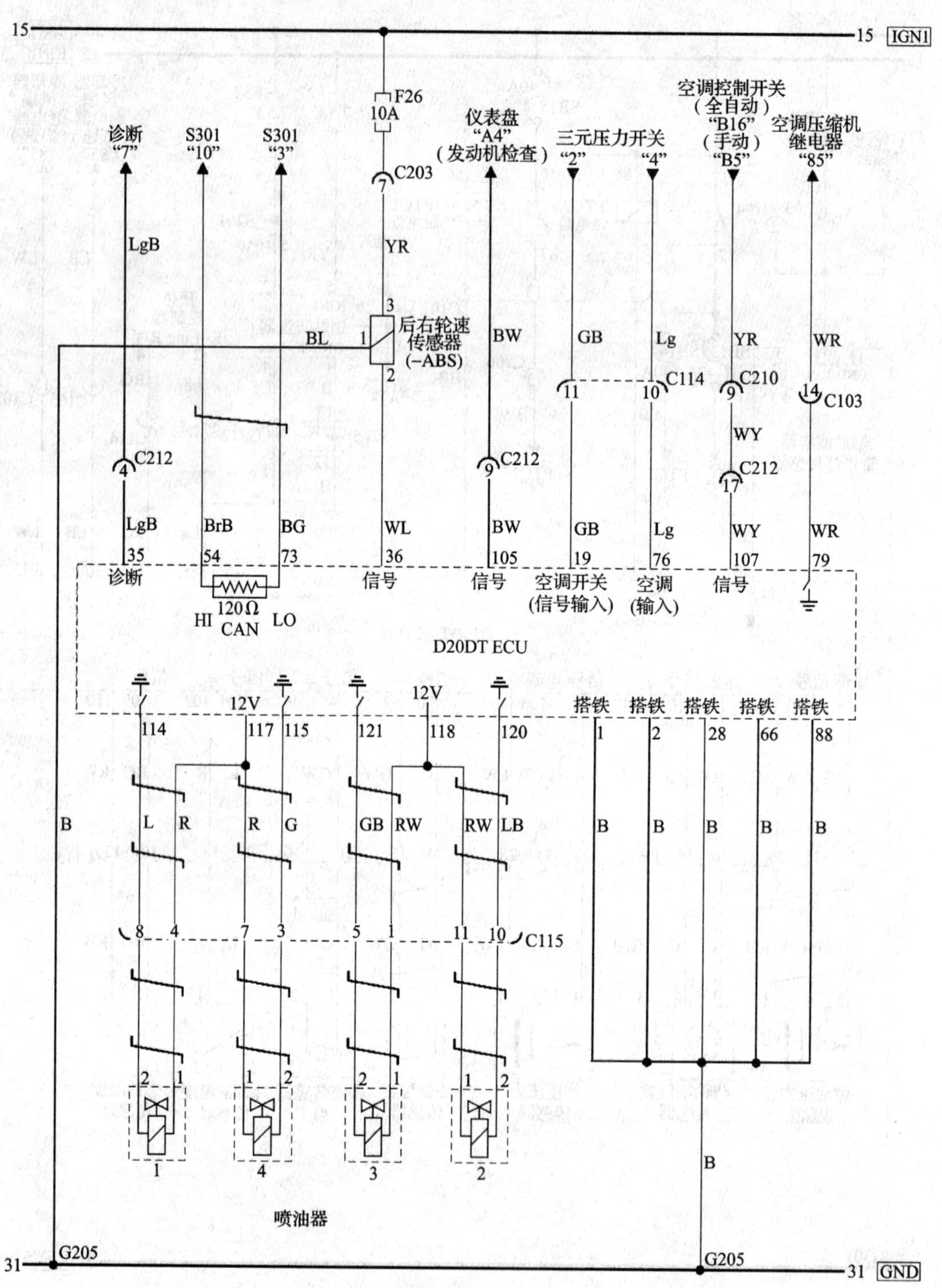

图 10—4—26 发动机电控系统电路图 3

第十章 韩国双龙爱腾柴油发动机

第五节 发动机检查与测试

一、压缩压力测试

进行压缩压力测试的目的是检查内部部件（活塞、活塞环、进气和排气门、气缸盖衬垫）的状态，此测试提供当前发动机工作状态。压缩压力测试如图 10—5—1 所示。

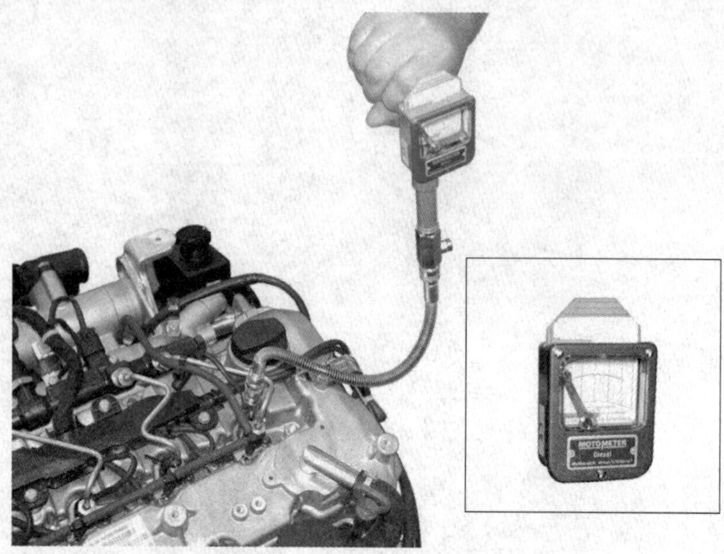

图 10—5—1　压缩压力测试

测试前注意分离凸轮轴位置传感器连接器切断燃油喷射，测试压缩压力前，排出气缸内的燃烧残留物，运转发动机前，施加驻车制动，暖机至正常工作温度（80℃）。压缩压力测试器组装如图 10—5—2 所示。

图 10—5—2　压缩压力测试器组装

拆卸预热塞，将压缩压力测试器装入塞孔内，规定转矩为 15 N · m，如图 10—5—3 所示。

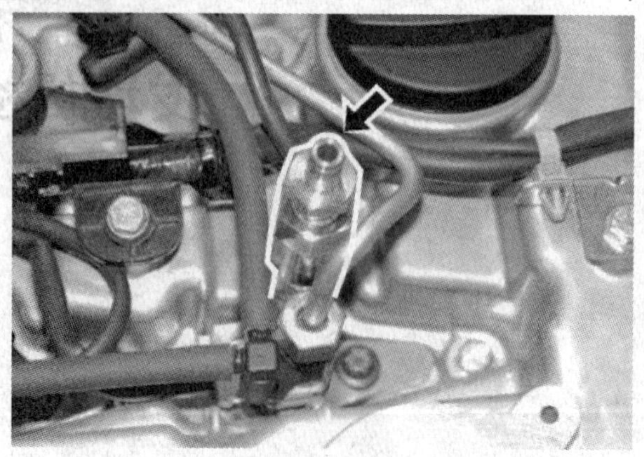

图 10—5—3　将压缩压力测试器装入预热塞孔

启动发动机使发动机转动约 10 s，记录测试结果，并对其他气缸执行相同操作，如图 10—5—4 所示。如果测量值不在规定值内，则执行气缸压力泄漏测试，压缩压力测试规范数据见表 10—5—1 所示。

图 10—5—4　执行压力测试过程

表 10—5—1　压缩压力规范数据

压缩比		18∶1
测试温度		正常工作温度（80℃）
压缩压力	标准值	3.2 MPa
	最小值	1.8 MPa
各气缸容许压力差		最大值 0.3 MPa

二、气缸压力泄漏测试

如果压缩压力测量值不在规定值内，则执行气缸压力泄漏测试，如图 10—5—5 所示，允许压力泄漏数据见表 10—5—2。

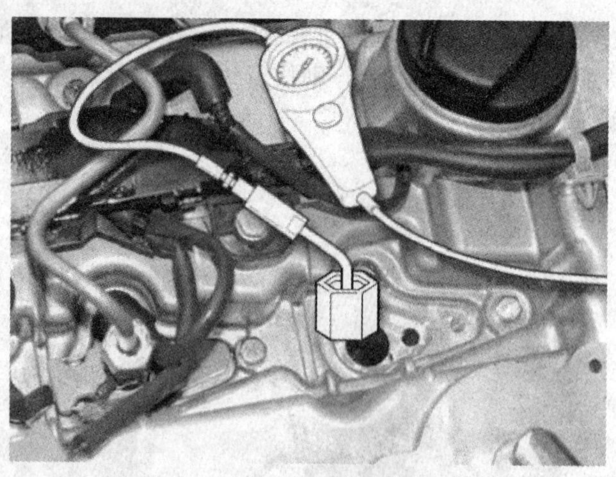

图 10—5—5　气缸压力泄漏测试

表 10—5—2　　容许压力泄漏数据

测量温度	正常工作温度（80℃）
整个发动机	最大值的 25%
气门和气缸盖衬垫处	最大值的 10%
活塞环处	最大值的 20%

注意要按顺序执行各缸压力泄漏测试（1—2—3—4），不能使用湿式测试程序测试气缸压力泄漏，即不能向燃烧室内喷射发动机油。

三、柴油喷射 DI 发动机的注意事项

1．紧急模式

与传统的柴油发动机相比，DI 发动机为电动控制燃油喷射，可传送高动力并减少废气排放。当车辆内出现严重故障时，系统安全模式被激活，从而减小驱动力，限制发动机转速并停止发动机操作，以保护系统。

2．油水分离器警告灯

一些加油站提供的燃油中水分超标。传统发动机，燃油内水过量只会导致发动机动力下降或发动机摆动。但是 DI 发动机的燃油系统包括精密部件，所以燃油内的水会导致高压泵故障［因高速泵送和防霉期间（长时间驻车情况下）涂层膜不良而导致泵润滑不良］，为防止燃油内水分超标而导致故障，在燃油滤清器内部安装油水分离器。当燃油流经滤清器时，较大比重的水沉积在滤清器的底部。如果燃油滤清器上分离器内的水量超出了一定范围，将会与燃油一起供应至高压泵。由于发动机配置，用户不用直接从燃油滤清器内排水，而是用户更换发动机机油时顺便排出燃油滤清器中的水。

燃油滤清器内油水分离器内侧的水位超过一定高度（约 39 cc）时，油水分离器警告灯亮并且蜂鸣器响起。车辆的驱动力也下降（转矩减小）。如果出现这些情况，应立即排出燃油滤清器内的水。

3. 注油泵的使用

注油泵安装在燃油滤清器侧面，是向燃油滤清器内填充燃油的设备。使用注油泵的条件包括：耗尽燃油后，排出油水分离器中的水后，更换燃油滤清器后，更换燃油滤清器和油水分离器后。以上几种情况都需要在启动发动机前按压注油泵直到按不动为止，如图 10—5—6 所示。

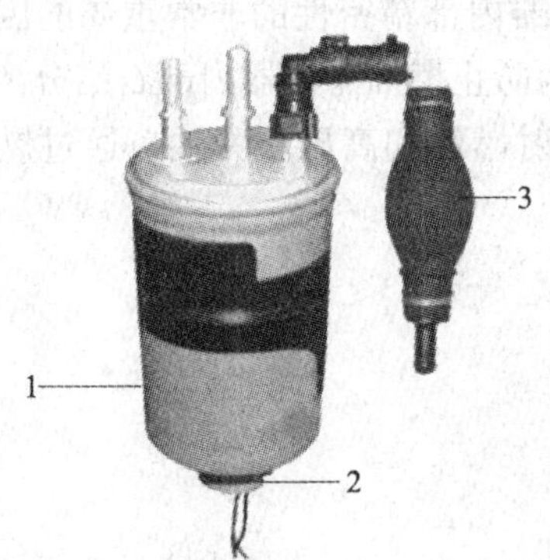

图 10—5—6　油水分离器和注油泵

1—燃油滤清器　2—水排放塞（水分离操作：每行驶 10 000 km）　3—注油泵

注意，无论何时更换发动机油，都应排出燃油滤清器内的水。操作方法如下：把水容器放到燃油滤清器下方，如图 10—5—7 所示，朝 *A* 方向转动排放塞以排水，等到出口中流出一定的燃油后再朝 *B* 方向转动排放塞以拧紧排放塞。排水后，按压注油泵直到压不动为止，然后启动发动机并检查状态。

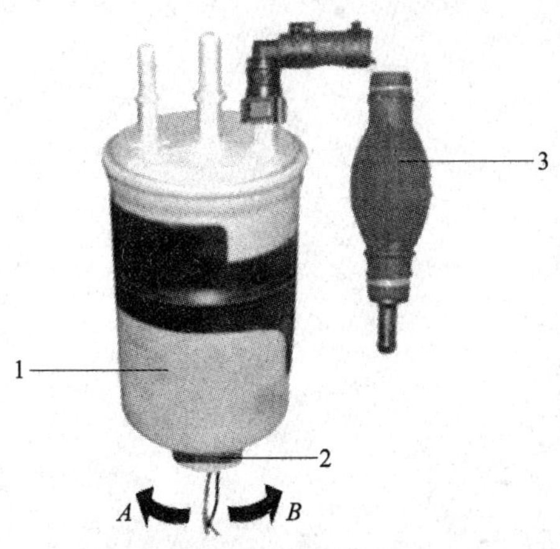

图 10—5—7　油水分离器放水的操作方法

1—燃油滤清器　2—水排放塞（水分离操作：每 10 000 km）　3—注油泵

警告：如果注油泵操作不当，空气会进入燃油管路，导致启动故障或燃油系统故障。

4. 柴油发动机的冷启动困难

对于柴油发动机，柴油中有石蜡，在冬季它会从燃油中分离，并可能会卡住燃油滤清器阻碍燃油流动，最终导致启动困难。因此，石油公司通常根据石油的不同混合比供应夏季用燃油和冬季用燃油，并根据区域和季节供应其他元素。但是，如果加油站设备不良或销售与季节不相符的燃油，则可能会发生上述现象。

5. 内部加热

对于 DI 发动机，纯正燃油是维持高压泵和喷油器内部精密性的非常重要的因素，因此与传统的燃油滤清器相比，使用了更多的稠密网。为防止燃油滤清器内部石蜡分离而导致内部堵塞，发动机系统使用燃油管路（利用喷油器喷射燃油和高压压力油，通过燃油滤清器返回）发挥类似内置加热器的作用（参考燃油系统）。